KB160652

한국 민주주의의 새 길

직접민주주의와 숙의의 제도화

한국 민주주의의 새 길

직접민주주의와 숙의의 제도화

국정과제협의회 정책기획시리즈 **07**

조대엽 차진아
서유경 서현수
김선혁 김선일
하상응 임 현
이우영 이태동
정태호 정연경
김선화 최창용

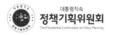 대통령직속
정책기획위원회
The Presidential Commission on Policy Planning

차 례

국정과제협의회 정책기획시리즈 발간에 붙여   008

서론 _ 촛불혁명, 한국인, 그리고 한국 민주주의   024

제1부 한국 민주주의의 새 길: 이론적 모색   051

제1장 생활과 민주주의   052

      : 자율과 협력과 책임의 민주주의를 위한 시론

제2장 한나 아렌트 '시민정치철학'과 한국 민주주의   113

제3장 정당정치와 운동정치: 관계의 재설정   162

제4장 직접민주주의와 숙의민주주의의 조화   198

      : 공론조사의 역할과 가능성

제2부 민주주의 관련 법과 제도 비교 검토   235

제5장 입법의 민주적 정당성과 직접민주주의적 입법과정   236

제6장 한국 헌법사에서의 직접민주제의 시련과 발전   270

제7장 한국의 직접민주주의 관련 법과 제도   322

제8장 21세기 민주주의의 새로운 도전,   352

      직접민주주의 강화가 답이 될 수 있는가?

      : 스위스, 독일의 직접민주주의의 특징과 시사점

제9장 직접민주주의의 숙의성 제고를 위한 세 가지 방법   396
    : 미국, 아일랜드, 핀란드의 민주적 혁신과 그 함의
제10장 참여적 정책 숙의의 조건   438
    : 영국과 일본의 연금개혁 비교

제3부 한국의 직접·숙의민주주의 제도: 현황과 개선 방향   481
제11장 지방자치와 주민의 직접참여   482
    : 주민조례발안제도를 중심으로
제12장 온라인 숙의 플랫폼: 공론화와 국민청원의 결합   506
제13장 지방정부의 시민참여 현황과 발전 방안   521
    : 서울특별시 서대문구를 사례로
제14장 직접·숙의민주주의의 전망과 과제   558

표 차례

〈표 2-1〉 한국 민주주의 패러다임의 현상적 특징 비교   145

〈표 2-2〉 '촛불' 시위의 진화 경로에 따른 특징 비교   149

〈표 4-1〉 숙의의 다양한 형태   213

〈표 4-2〉 외교정책에서의 공론조사 활용 가능성   223

〈표 7-1〉 주민발안 청구 요건   340

〈표 7-2〉 국가 단위에서 국민소환제를 둔 사례   341

〈표 7-3〉 주민소환 요건   347

〈표 7-4〉 주민소환 실시 사례   348

〈표 8-1〉 스위스 연방헌법 상 국민발안(Volksinitiative)   365

〈표 8-2〉 스위스 연방헌법 상 필요적 정책투표(obligatorisches Referendum)   366

〈표 8-3〉 스위스 연방헌법 상 임의적 정책투표(fakultatives Referemdum)   367

〈표 8-4〉 현행 독일기본법 상 국민발안(Volksbegehren)   376

〈표 8-5〉 현행 독일기본법 상 국민투표   377

〈표 8-6〉 독일 제3제국(나치 독재 시기) 국민투표(Volksbefragung) 시행 현황   379

〈표 8-7〉 국민발안제 도입에 관한   384
　　　　　국회 개헌특위 자문위원회안과 대통령 개헌안 비교

〈표 8-8〉 입법에 대한 국민발안제의 유형   386

〈표 8-9〉 국민소환 도입에 관한 개헌안 비교   388

〈표 9-1〉 직접민주주의에 대한 비판과 그에 대한 반론   402

〈표 9-2〉 미국의 직접민주주의: 연혁 및 제도적 유형   410

〈표 9-3〉 미국의 직접민주주의: 주민발의와 주민투표 활용 횟수(1904~2019)   411

〈표 9-4〉 핀란드 의회에 제출된 25개의 시민발의   429
　　　　　: 의제, 서명수, 의회 심의 결과(2012.3~2019.4)

〈표 10-1〉 블레어 정부의 연금개혁 주요 일정   447

〈표 10-2〉 2000년대 일본의 주요 연금개혁 일정   459

〈표 11-1〉 2000~2019년 주민조례청구 현황   490

〈표 12-1〉 원전 숙의형 공론화 비교   511

〈표 13-1〉 지방정부 시민참여 발전 방안과 세부 과제   543

〈표 13-2〉 시민참여 성과 측정지표(예시)   550

〈표 13-3〉 (가칭) 시민참여기본조례의 주요 내용   551

〈표 14-1〉 공론화 및 사회적 합의 성공 조건   575

〈표 14-2〉 참여비용과 효능감 4개 이념형   577

그림 차례

[그림 9-1] 미국 오리건주의 시민발의 리뷰 절차   414

[그림 10-1] 2018년 연금부회 운영계획 도안(2018년 4월 4일)   467

[그림 13-1] 연구의 분석틀   529

[그림 13-2] 참여자의 자질·역량과 구성 방식   531

[그림 13-3] 참여자 선정 방식   532

[그림 13-4] 참여의 목적과 운영방식   534

[그림 13-5] 시민참여 시작 시기   535

[그림 13-6] 의사소통 방법   536

[그림 13-7] 의사결정 권한   537

[그림 13-8] 숙의의 빈도와 규모   538

[그림 13-9] 참여 결과의 반영   539

[그림 13-10] 시민참여의 영향력과 효과성   540

[그림 13-11] 민관협력을 통한 정책의 공동생산 과정   548

[그림 13-12] 공공정책 참여 과정을 통한 사회적 학습의 내용   549

국정과제협의회 정책기획시리즈 발간에 붙여

대통령직속 정책기획위원회

위원장 조대엽

1. 문재인 정부 5년, 정책기획위원회 5년을 돌아보며

문재인 정부가 출범한 지 5년차가 되었습니다. 돌이켜보면 전국의 거리를 밝힌 거대한 촛불의 물결과 전임 대통령의 탄핵, 새 정부출범에 이르는 과정은 '촛불혁명'이라고 할 만했습니다. 2016년 촛불혁명은 법과 제도의 틀에서 전개된 특별한 혁명이었습니다. 1,700만 명의 군중이 모여 촛불의 바다를 이루었지만 법의 선을 넘지 않았습니다. 전임 대통령의 탄핵과 새 대통령의 선출이 법과 정치적 절차의 훼손 없이 제도적으로 진행되었습니다. '제도혁명'이라고도 부를 수 있는 참으로 특별한 정치 과정이 아닐 수 없습니다. 세계적으로 대의 민주주의의 위기와 한계가 뚜렷한 가운데 2017년 문재인 정부의 출범 과정은 현대 민주주의의 범위와 내용을 제도적으로 확장한 정치사적 성과라고도 할 수 있습니다.

현대 민주주의의 괄목할 만한 진화를 이끌고 제도혁명으로 집권한 문재인 정부가 5년차를 맞았습니다. 선거 후 바로 대통령 취임과 함께 국정기획자문위원회가 출발해 100대 국정과제를 선별하면서 문재인 정부의 정치 일정이 시작되었습니다. 집권 5년차를 맞으며 인수위도 없이 출발한 집권 초기의 긴박한 과정을 떠올리면 문재인 정부는 임기 마지막까지 국정의 긴장을 늦출 수 없는 운명을 지녔습니다. 어쩌면 문재인 정부는 '제도혁명정부'라는 특별한 성격을 갖는다는 점에서 거의 모든 정부가 예외 없이 겪었던 임기 후반의 '레임덕'이라는 표현은 정치적 사치일 수 있습니다. 문재인 정부의 남은 시간 동안 지난 5년의 국정 성과에 이어 마지막까지 성과를 만들어냄으로써 국정의 긴장과 동력을 잃지 않는 일이 무엇보다 중요한 시점입니다. 그것이 문재인 정부의 역사적 소명이기도 합니다.

정책기획위원회는 지난 5년간 대통령 직속기구로서 폭넓은 국정자문 활동을 했습니다. 정책기획위원회의 주된 일은 국정과제 전반을 점검하고 대통령에게 필요한 내용들을 보고하는 일입니다. 지난 5년 정책기획위원회의 역할을 구분하면 정책 콘텐츠 관리와 정책 네트워크 관리, 정책소통 관리라는 세 가지로 요약할 수 있습니다.

먼저, 정책 콘텐츠 관리는 국가 중장기 발전전략 및 정책 방향 수립과 함께 100대 국정과제의 추진과 조정, 국정과제 관련 보고회의 지원, 국정분야별 정책 및 현안과제 연구, 대통령이 요구하는 국가 주요 정책 연구 등을 포괄합니다. 둘째로 정책 네트워크 관리는 청와대, 총리실, 정부부처, 정부출연 연구기관, 정당 등과의 협업 및 교류가 중요하며, 학계, 전문가 집단, 시민단체 등과의 네트워크 확장을 포함합니다. 특히 정책기획위원회는 대통령 소속 위원회를 통괄하는 기능을 갖기도 합니다.

대통령 소속의 9개 주요 위원회로 구성된 '국정과제협의회'의 의장

위원회로서 대통령 위원회의 소통과 협업의 구심 역할을 했습니다. 셋째로 정책소통 관리는 정부부처 간의 소통과 협력을 매개하는 역할이나 정책 쟁점이나 정책 성과에 대해 국민들이 공감할 수 있도록 정책 담론을 생산하고 확산하는 일을 포괄합니다. 연구용역이나 주요 정책 TF 운용의 결과를 다양한 형태의 간담회, 학술회의, 토론회, 언론 기고, 자체 온라인 방송 채널을 통해 공유하기도 했습니다.

정책기획위원회의 1기는 정부 출범 시 '국정기획자문위원회'가 만든 100대 국정과제의 관리와 '미래비전 2045'를 만드는 데 중점이 두어졌습니다. 말하자면 정책 콘텐츠 관리에 중점을 둔 셈입니다. 정책기획위원회의 2기는 위기적 정책 환경에 대응하는 정책 콘텐츠 생산과 집권 후반부의 성과관리라는 측면에서 과제가 큰 폭으로 늘었습니다. 주지하듯 문재인 정부의 후반부는 세계사적이고 문명사적인 아주 특별한 시대적 위기를 맞고 있습니다. 코로나19 팬데믹이라는 문명사적 위기는 정책기획위원회 2기의 정책 환경을 완전히 바꾸었습니다. 정책기획위원회는 코로나19 발생 이후 포스트 코로나시대에 새롭게 부가되는 국정과제를 100대 과제와 조정 보완하는 작업, 감염병 대응과 보건의료체제 혁신을 위한 종합 대책의 마련, 코로나19 이후 거대 전환의 사회변동에 대한 전망, 한국판 뉴딜의 보완과 국정자문단의 운영 등을 새로운 과제로 진행했습니다.

정책기획위원회의 2기는 코로나19 팬데믹으로 인한 방역위기와 경제위기를 뚫고 나아가는 국가 혁신전략들을 지원하는 일과 함께, 무엇보다도 문재인 정부의 국정성과를 정리하고 〈국정백서〉를 집필하는 일이 남아 있습니다. 우리 위원회는 성과관리를 단순히 정부의 치적을 정리하는 수준이 아니라 국정성과를 국민의 성과로 간주하고 국민과 공유해야 한다는 차원에서 정책 소통의 한 축으로 간주하고 있습니다.

우리 위원회는 문재인 정부가 촛불혁명의 정부로서 그리고 제도혁명의 정부로서 지향했던 비전의 진화 경로를 종합적 조감도로 그렸고 이 비전 진화의 경로를 따라 축적된 지난 5년의 성과를 포괄적으로 정리하기도 했습니다. 다양한 정책성과 관련 담론들을 세부적으로 만드는 과정이 이어지는 가운데, 우리 위원회는 그간의 위원회 활동 결과로 생산된 다양한 정책담론들을 단행본으로 만들어 대중적으로 공유하면 좋겠다는 데에 뜻을 모았습니다. 이러한 취지는 정책기획위원회뿐 아니라 국정과제협의회 소속의 다른 대통령 위원회도 공유함으로써 단행본 발간에 동참하게 되었습니다. '국정과제협의회 정책기획시리즈'가 탄생했고 각 단행본의 주제와 필진 선정, 그리고 출판은 각 위원회가 주관해서 진행하는 것으로 했습니다.

정책기획위원회가 출간하는 이번 단행본들은 정부의 중점 정책이나 대표 정책을 다루는 것이 아닙니다. 또 단행본의 주제들은 특별한 기준에 따라 선별된 것도 아닙니다. 이번에 출간하는 단행본 시리즈의 내용들은 정부 정책이나 법안에 반영된 것도 있고 그렇지 않은 것도 포함되어 있습니다. 따라서 이 책의 내용들은 정부나 정책기획위원회의 공식 입장이라고 할 수 없습니다. 정책기획위원회에서 지난 5년간 다양한 방식으로 논의된 정책담론들 가운데 비교적 단행본으로 엮어내기에 수월한 것들을 모아 필진들이 수정하는 수고를 더한 것입니다. 문재인 정부의 정책기획위원회에 모인 백여 명의 정책기획위원들이 다양한 분야에서 국가의 미래를 고민했던 흔적을 담아보자는 취지라 할 수 있습니다.

2. 문재인 정부 5년의 국정비전과 국정성과에 대하여

문재인 정부는 촛불시민의 염원을 담아 '나라다운 나라, 새로운 대한민국'을 약속하며 출발했습니다. 지난 5년은 우리 정부가 국민과 약속한 나라를 만들기 위해 진지하고도 일관된 노력을 기울인 시간이었습니다. 지난 5년, 국민의 눈높이에 미흡하고 부족한 부분이 있었습니다. 그러나 예상하지 못한 거대한 위기가 거듭되는 가운데서도 정부는 국민과 함께 다양한 국정성과를 만들었습니다.

어떤 정부든 공과 과가 있기 마련입니다. 한 정부의 공은 공대로 평가되어야 하고 과는 과대로 평가되어야 합니다. 아무리 미흡한 부분이 있더라도 한 정부의 국정성과는 국민이 함께 만든 것이기 때문에 국민적으로 공유되어야 하고, 국민적 자부심으로 축적되어야 합니다. 국정의 성과가 국민적 자부심과 자신감으로 축적되어야 새로운 미래가 있습니다.

정부가 국정 성과에 대해 오만하거나 공치사를 하는 것은 경계해야 할 일이지만 적어도 우리가 한 일에 대한 자신감과 자부심 없이는 대한민국의 미래 또한 밝을 수 없습니다. 정책기획위원회는 이 같은 취지로 2021년 4월, 『문재인 정부 국정비전의 진화와 국정성과』라는 제목의 보고서를 만들었고, 이 보고서를 바탕으로 5월에는 문재인 정부 4주년을 기념하는 컨퍼런스도 개최했습니다.

문재인 정부는 2017년 출범 후 '국민의 나라, 정의로운 대한민국'을 국가비전으로 제시하고 5대 국정목표, 20대 국정전략, 100대 국정과제를 제시했습니다. '국민의 나라, 정의로운 대한민국'이라는 국정의 총괄 비전은 "대한민국의 모든 권력은 국민으로부터 나온다"라고 하는 헌법 제1조의 정신입니다. 여기에 '공정'과 '정의'에 대한 문재인 대통령의 통치 철학을 담았습니다. 정의로운 질서는 사회적 기회의 윤리인 '공정', 사회적 결과의 윤리인 '책임', 사회적 통합의 윤리인 '협력'이라는 실천윤리가 어울려 완성됩니다. 문재인 정부 5년은 공정국가, 책임국가, 협력국가를 향한 일관된 여정이었습니다. 그리고 문재인 정부의 국정성과는 공정국가, 책임국가, 협력국가를 향한 일관된 정책의 효과였습니다.

돌이켜보면 문재인 정부 5년은 중첩된 위기의 시간이었습니다. 집권 초기 북핵위기에 이은 한일통상위기, 그리고 코로나19 팬데믹 위기라는 예측하지 못한 3대 위기에 문재인 정부는 놀라운 위기 대응 능력을 보였습니다. 2017년 북핵위기는 평창올림픽과 다자외교, 국방력 강화를 통한 한반도 평화 프로세스로 위기 극복의 성과를 만들었습니다. 2019년의 한일통상위기는 우리 정부와 기업이 소부장산업 글로벌 공급망을 재편하고 소부장산업 특별법 제정 등 모든 수단을 동원해 제조업의 경쟁력을 강화함으로써 위기를 극복했습니다. 일본과의 무역마찰을 극복하는 이 과정에서 '아무도 흔들 수 없는 나라'를 만들겠다는 대통령의 약속이 있었고 마침내 우리는 일본과 경쟁할 만하다는 국민적 자신감을 갖게 되었습니다.

이제는 핵심 산업에서 한국 경제가 일본을 추월하게 되었지만 우리 국민이 갖게 된 일본에 대한 자신감이야말로 무엇보다 큰 국민적 성과가 아닐 수 없습니다.

2020년 이후의 코로나19 위기는 지구적 생명권의 위기이자 인류 삶의 근본을 뒤흔드는 문명사적 위기라 할 수 있습니다. 우리는 개방, 투명, 민주방역, 과학적이고 창의적 방역으로 전면적 봉쇄 없이 팬데믹을 억제한 유일한 나라가 되었습니다. K-방역의 성공은 K-경제의 성과로도 확인됩니다. K-경제의 주요 지표들은 우리 경제가 코로나19 이전으로 회복되었을 뿐 아니라 성공적 방역으로 우리 경제가 새롭게 도약하고 있다는 사실을 보여주고 있습니다.

문재인 정부 5년 간 겪었던 3대 거대 위기는 인류의 문명사에 대한 재러드 다이아몬드식 설명에 비유하면 '총·균·쇠'의 위기라 할 수 있습니다. 인류문명을 관통하는 총·균·쇠의 역사는 제국주의로 극대화된 정복과 침략의 문명사였습니다. 그러나 문재인 정부가 지난 5년 총·균·쇠에 대응한 방식은 평화와 협력, 상생의 패러다임으로 인류의 신문명을 선도하는 것이었습니다. 세계가 이 같은 총·균·쇠의 새로운 패러다임에 주목하고 있습니다. 문재인 정부가 총·균·쇠의 역사를 다시 쓰고 인류문명을 새롭게 이끌고 있다고 감히 말할 수 있습니다.

문재인 정부는 지난 5년, 3대 위기를 극복함으로써 '위기에 강한 정부'의 성과를 얻었습니다. 또 한국판 뉴딜과 탄소중립 선언, 4차 산업혁명과 혁신성장, 문화강국과 자치분권의 확장을 주도해 '미래를 여는 정부'의 성과를 만들었습니다. 돌봄과 무상교육, 건강공공성, 노동복지 등에서 '복지를 확장한 정부'의 성과도 주목할 만합니다. 국정원과 검찰·경찰 개혁, 공수처 출범 및 시장권력의 개혁과 같은 '권력을 개혁한 정부'의 성과에도 주목해야 합니다. 나아가 문재인 정부는 한반도 평화유지와 국방력 강화를 통해 '평화시대를 연 정부'의 성과도 거두고 있습니다.

위기대응, 미래대응, 복지확장, 권력개혁, 한반도 평화유지의 성과를 통해 강한 국가, 든든한 나라로 거듭나는 정부라는 점에 주목하면 우리는 '문재인 정부 국정성과로 보는 5대 강국론'을 강조할 수 있습니다. 이 같은 '5대 강국론'을 포함해 주요 입법성과를 중심으로 '대한민국을 바꾼 문재인 정부 100대 입법성과'를 담론화하고, 또 문재인 정부 들어 눈에 띄게 달라진 주요 국제지표를 중심으로 '세계가 주목하는 문재인 정부 20대 국제지표'도 담론화하고 있습니다.

2021년 4월 26일 국정성과를 보고하는 비공개 회의에서 문재인 대통령은 "모든 위기 극복의 성과에 국민과 기업의 참여와 협력이 있었다"는 말씀을 몇 차례 반복했습니다. 지난 5년, 국정의 성과는 오로지 국민이 만든 국민의 성과입니다. 그래서 문재인 정부 5년의 성과는 오롯이 우리 국민의 자부심의 역사이자 자신감의 역사입니다. 문재인 정부 5년의 성과는 국민과 함께 한 일관되고 연속적인 국정비전의 진화를 통해 축적되었습니다. '국민의 나라, 정의로운 대한민국'이라는 국가비전이 구체화되고 세분화되어 진화하는 과정에서 '소득주도성장·혁신성장·공정경제'의 비전이 제시되었고, 이러한 경제운용 방향은 '혁신적 포용국가'라는 국정비전으로 포괄되었습니다.

3대 위기과정을 극복하는 과정에서 문재인 정부는 '아무도 흔들 수 없는 나라', '위기에 강한 나라'라는 비전을 진화시켰고, 코로나19 팬데믹 위기에서 '포용적 회복과 도약'의 비전이 모든 국정 방향을 포괄하는 비전으로 강조되었습니다. 코로나19 팬데믹으로 인한 방역위기와 경제위기를 극복하는 과정에서 대한민국은 새로운 세계표준이 되었습니다. 또 최근 탄소중립시대와 디지털 경제로의 대전환을 준비하는 한국판 뉴딜의 국가혁신 전략은 '세계선도 국가'의 비전으로 포괄되었습니다.

이 모든 국정비전의 진화와 성과에는 국민과 기업의 기대와 참여가 있었습니다. 그러나 우리는 문재인 정부의 임기가 그리 많이 남지 않은 시점에서 국민의 기대와 애초의 약속에 미치지 못한 많은 부분들은 남겨놓고 있습니다. 혁신적이고 종합적인 새로운 그림이 필요한 부분도 있고 강력한 실천과 합의가 필요한 부분도 있습니다. 무엇보다도 민주주의에 대한 새로운 기획이 필요합니다. 문재인 정부는 촛불혁명이라는 제도혁명을 통해 민주주의를 진화시킨 정치사적 성과를 얻었으나 정작 민주주의에 대한 새로운 전망을 제시하는 데는 미치지 못했습니다. 문재인 정부는 헌법 제1조의 민주주의를 실현하고자 했으나 문재인 정부 이후의 민주주의는 국민의 행복추구와 관련된 헌법 제10조의 민주주의로 진화해야 할지 모릅니다. 민주정부 4기로 이어지는 새로운 민주주의의 디자인이 필요합니다.

둘째는 공정과 평등을 구성하는 새로운 정책비전의 제시와 합의가 요구됩니다. 오늘날 대부분의 국가는 정의로운 공동체를 추구합니다. 정의로운 질서는 불평등과 불공정, 부패를 넘어 실현됩니다. 이 같은 질서에는 공정과 책임, 협력의 실천윤리가 요구되지만 우리 시대에 들어 이러한 실천윤리에 접근하는 방식은 세대와 집단별로 큰 차이를 보입니다.

신자유주의 시대에 성장한 청년세대는 능력주의와 시장경쟁력을 공정의 근본으로 인식하는 반면 기성세대는 달리 인식합니다. 공정과 평등에 대한 '공화적 합의'가 필요합니다. 소득과 자산의 분배, 성장과 복지의 운용, 일자리와 노동을 둘러싼 공정과 평등의 가치에 합의함으로써 '공화적 협력'에 관한 새로운 그림이 제시되어야 합니다.

셋째는 지역을 살리는 그랜드 비전이 새롭게 제시되어야 합니다. 공공기관 이전을 통한 중앙정부 주도의 혁신도시 정책을 넘어 지역 주도의 메가시티 디자인과 한국판 뉴딜의 지역균형 뉴딜, 혁신도시 시즌

2 정책이 보다 큰 그림으로 결합되어 지역을 살리는 새로운 그랜드 비전으로 제시될 필요가 있습니다.

넷째는 고등교육 혁신정책과 새로운 산업 전환에 요구되는 인력양성 프로그램이 결합된 교육혁신의 그랜드 플랜이 만들어져야 합니다.

다섯째는 커뮤니티 케어에 관한 혁신적이고 복합적인 정책 디자인이 준비되어야 합니다. 지역 기반의 교육시스템과 지역거점 공공병원, 여기에 결합된 지역 돌봄 시스템이 복합적이고 혁신적으로 기획되어야 합니다.

이 같은 과제들은 더 큰 합의와 더 많은 시간이 필요합니다. 그러나 이러한 쟁점들이 다음 정부의 과제나 미래과제로 막연히 미루어져서는 안 됩니다. 문재인 정부의 국정성과들이 국민의 기대와 참여로 가능했듯이 이러한 과제들은 기존의 국정성과에 이어 문재인 정부의 마지막까지 국민과 함께 제안하고 추진함으로써 정책동력을 놓치지 않는 것이 중요합니다.

코로나19 변이종이 기승을 부리면서 여전히 코로나19 팬데믹의 엄중한 위기가 진행되는 가운데 국민의 생명과 삶을 지켜야 하는 절체절명한 시간이 흐르고 있습니다. 문명 전환기의 미래를 빈틈없이 준비해야하는 절대시간이기도 합니다. 여기에 대응하는 문재인 정부의 남은 시간이 그리 길지 않습니다. 그러나 인수위도 없이 서둘러 출발한 정부라는 점과 코로나 상황의 엄중함을 생각하면 문재인 정부에게 남은 책임의 시간은 길고 짧음을 잴 여유가 없습니다.

이 절대시간 동안 코로나19보다 위태롭고 무서운 것은 가짜뉴스나 프레임 정치가 만드는 국론의 분열입니다. 세계가 주목하는 정부의 성과를 애써 외면하고 근거 없는 프레임을 공공연히 덧씌우는 일은 우리 공동체를 국민의 실패, 대한민국의 무능이라는 벼랑으로 몰아가는 것과 다르지 않습니다. 국민이 선택한 정부는 진보정부든 보수정부든 성공해야 합니다. 책임 있는 정부가 작동되는 데는 책임 있는 '정치'가 동반되어야 합니다.

정책기획위원회를 포함한 국정과제위원회들은 문재인 정부의 남은 기간 동안 국정성과를 국민과 공유하는 적극적 정책소통관리에 더 많은 의미를 두어야 합니다. 문재인 정부의 성과를 정확하게, 사실에 근거해서 평가하고 공유하는 데 더 많은 시간을 써야 합니다. 다른 무엇보다도 객관적이고 종합적인 국정성과에 기반을 둔 세 가지 국민소통전략이 강조됩니다.

첫째는 정책 환경과 정책 대상의 상태를 살피고 문제를 찾아내는 '진단적 소통'입니다. 둘째는 국정성과에 대한 이해를 통해 민심과 정부 정책의 간극이나 긴장을 줄이고 조율하는 '설득적 소통'이 중요합니다. 셋째는 국민들이 삶의 현장에서 정책의 성과를 체감할 수 있게 하는 '체감적 소통'을 강조할 수 있습니다. 위기대응정부론, 미래대응정부론, 복지확장정부론, 권력개혁정부론, 평화유지정부론의 '5대 강국론'을 비롯한 다양한 국정성과 담론들이 이 같은 국민소통전략으로 공유될 수 있기를 바랍니다.

정책기획위원회의 눈으로 지난 5년을 돌이켜보면 문재인 정부의 시간은 '일하는 정부'의 시간, '일하는 대통령'의 시간이었습니다. 촛불혁명으로 집권한 제도혁명정부로서는 누적된 적폐의 청산과 산적한 과제의 해결이 국민의 명령이었기 때문에 옆도 뒤도 보지 않고 오로지 이 명령을 충실히 따라야 했습니다. 그 결과가 '일하는 정부', '일하는 대통령'의 시간으로 남게 된 셈입니다.

정부 광화문청사에 있는 정책기획위원회 위원장실에는 한 쌍의 액자가 걸려 있습니다. 위원장 취임과 함께 우리 서예계의 대가 시중(時中) 변영문(邊英文) 선생님께 부탁해 받은 것으로 "先天下之憂而憂, 後天下之樂而樂"(선천하지우이우, 후천하지락이락)이라는 글씨입니다. 북송의 명문장가였던 범중엄(范仲淹)이 쓴 '악양루기'(岳陽樓記)의 마지막 구절입니다. "천하의 근심은 백성들이 걱정하기 전에 먼저 걱정하고, 천하의 즐거움은 모든 백성들이 다 즐긴 후에 맨 마지막에 즐긴다"는 의미로 풀어볼 수 있습니다. 국민들보다 먼저 걱정하고 국민들보다 나중에 즐긴다는 말로 해석됩니다. 일하는 정부, 일하는 대통령의 시간과 닿아 있는 글귀입니다.

문재인 정부의 남은 시간이 길지 않지만, 일하는 정부의 시간으로 보면 짧지만도 않습니다. 결코 짧지 않은 문재인 정부의 시간을 마지막까지 일하는 시간으로 채우는 것이 제도혁명정부의 운명입니다. 촛불시민의 한 마음, 문재인 정부 출범 시의 절실했던 기억, 국민의 위대한 힘을 떠올리며 우리 모두 초심으로 돌아가야 합니다.

앞선 두 번의 정부가 국민적 상처를 남겼습니다. 진보와 보수를 떠나 국민이 선택한 정부가 세 번째 회한을 남기는 어리석은 역사를 거듭해서는 안 됩니다. 문재인 정부의 성공이 우리 당대, 우리 국민 모두의 시대적 과제입니다.

3. 한없는 고마움을 전하며

아무리 작은 일이라도 일이 마무리되고 결과를 얻는 데는 드러나지 않는 많은 분들의 기여와 관심이 있기 마련입니다. 정책기획위원회는 앞에서 밝힌 바와 같이 정책 콘텐츠 관리와 정책 네트워크 관리, 정책 소통 관리에 포괄되는 광범한 활동을 수행하고 있습니다. 사실 이 책과 같은 단행본 출간사업은 정책기획위원회의 관례적 활동과는 별개로 진행되는 여벌의 사업이라 할 수 있습니다. 이러한 부가적 사업이 가능한 것은 6개 분과 약 백여 명의 정책기획위원들이 위원회의 정규 사업들을 충실히 해낸 효과라 할 수 있습니다. 무엇보다도 정책기획위원회라는 큰 배를 위원장과 함께 운항해주신 두 분의 단장과 여섯 분의 분과위원장께 감사의 말씀을 드려야 합니다. 미래정책연구단장을 맡아 위원회에 따뜻한 애정을 쏟아주셨던 박태균 교수와 2021년 하반기부터 박태균 교수의 뒤를 이어 중책을 맡아주신 추장민 박사, 그리고 국정과제지원단장을 맡아 헌신적으로 일해주신 윤태범 교수께 각별한 마음을 전합니다. 김선혁 교수, 양종곤 교수, 문진영 교수, 곽채기 교수, 김경희 교수, 구갑우 교수, 그리고 지금은 자치분권위원회로 자리를 옮긴 소순창 교수께서는 6개 분과를 늘 든든하게 이끌어 주셨습니다. 한없는 고마움을 전합니다.

단행본 사업에 흔쾌히 함께 해주신 정책기획위원뿐 아니라 비록 단행본 집필에는 참여하지 않았지만 지난 5년 정책기획위원회에서 문재인 정부의 다양한 정책담론을 다루어주신 1기와 2기 정책기획위원 모든 분께 이 자리를 빌려 그간 가슴 한 곳에 묻어두었던 고마운 마음을 전합니다.

위원들의 활동을 결실로 만들고 그 결실을 빛나게 만든 것은 정부 부처의 파견 공무원과 공공기관의 파견 위원, 그리고 전문위원으로 구성된 위원회 직원들의 공이었습니다. 국정담론을 주제로 한 단행본들이 결실을 본 것 또한 직원들의 헌신 덕분입니다. 행정적 지원을 진두지휘한 김주이 기획운영국장, 김성현 국정과제국장, 백운광 국정연구국장, 박철웅 전략홍보실장께 각별한 감사를 드리며, 본래의 소속으로 복귀한 직원들을 포함해 정책기획위원회에서 함께 일한 직원들 한 분 한 분께도 감사의 마음을 전합니다.

한국판 뉴딜을 정책소통의 차원에서 국민적으로 공유하기 위해 정책기획위원회는 '한국판 뉴딜 국정자문단'을 만들었고, 지역자문단도 순차적으로 구성한 바 있습니다. 한국판 뉴딜 국정자문단의 자문위원으로 함께 해주신 모든 분들께도 이 자리를 빌려 감사드립니다.

촛불혁명, 한국인,
그리고 한국 민주주의

촛불혁명, 한국인, 그리고 한국 민주주의

서유경 경희사이버대학교 후마니타스학과 교수

"대한민국은 민주공화국이다. 대한민국의 주권은 국민에게 있고, 모든 권력은 국민으로부터 나온다." 이 대한민국헌법 제1조가 바로 2016년과 2017년 사이의 넉 달 동안 그 추운 겨울 광장에 온기를 가득 불어넣었던 거대한 함성, 그때 우리를 단단히 함께 묶어준 혁명의 시대정신(Zeitgeist)이었다. 그 촛불혁명 이후 5년, 지금 우리 한국인과 한국 민주주의의 현주소는 어디인가. 그때 우리가 함께 이룩한 촛불민주주의는 지금 어디를 향해 전진하고 있는 것일까.

이 책 『한국 민주주의의 새 길: 직접민주주의와 숙의의 제도화』는 이 두 개의 질문에 대해 법학, 정치학, 사회학, 행정학 분야에서 다년간 민주주의를 연구해온 최고 전문가들이 다각도로 그 답을 제시함으로써 심원한 한국 민주주의의 새 길을 안내할 종합 지침서이다.

국제사회조사프로그램(ISSP)이 2016년 6월 27일에서 11월 23일까지 실시한 조사결과에 따르면 한국인의 정치적 효능감과 정치참여 의지는 매우 높은 수준인데 비해 '정치에 대한 관심'과 '정치 이슈에 대한 이해도'는 최하위 수준이었다. 이를 다소 거칠게 표현하면, 한국인은 정치에 관심은 별로 없는데 정치참여를 열망하고, 정치에 대한 이해도는 떨어지는데 정치적 효능감은 매우 높은 수준이라는 것이다. 같은 조사에서 영국인의 경우는 이와 정반대로 정치적 효능감은 평균 이하지만 정치 이슈에 대한 이해도 수준은 평균보다 훨씬 높게 나타났다. ISSP는 이러한 결과에 대해 영국 국민이 정부, 정치인, 공무원들을 신뢰하기 때문에 정치참여의 필요성을 상대적으로 덜 느끼는 것 같다는 설명을 덧붙였다.

어쩌면 이러한 상반된 결과는 영국인이 간접참여 방식인 대의민주주의 제도를 선호하는 데 비해 한국인은 직접참여 방식인 참여민주주의를 선호한다는 사실을 시사할지도 모른다. 그도 그럴 것이 현재의 영국 민주주의는 이른바 1688년 명예혁명 이후 프랑스나 러시아 또는 미국의 폭력적인 근대 시민혁명 전철을 밟는 대신 자국의 유서 깊은 의회 제도를 잘 운용하여 점진적 혁신과정을 통해 의회민주주의 전통을 확립한 결과였다.

이와 대조적으로, 오늘 우리 한국의 자랑스런 민주주의는 사실상 대한민국 제1공화국 출범 이래로 공화국의 깨어 있는 시민들이 전근대적 독재정권들을 상대로 천금 같은 60여 년 세월을 반독재민주화투쟁에 바친 대가로 쟁취한 영광의 월계관과 다름없다. 이러한 견지에서 자국 민주주의 수호에 앞장서온 한국인들이 스스로 직접참여를 통해 정치적 효능감을 얻는 행위는 마치 자연스럽게 몸에 밴 습관이 그러하듯 이미 전 국민적 삶의 일부가 되었다고 해도 결코 지나친 표현은 아닐 것이다.

촛불혁명 이후 국내에서 실시된 한국행정연구원의 「2016~2017년 촛불민주주의 이후 국민인식조사 결과」 역시 우리 국민이 느끼는 정치적 효능감 수준이 매우 높다는 사실을 다시 확인해주었다. 응답자들은 촛불혁명이 박근혜 대통령 탄핵(96.5%), 현 정부의 국정운영 방식 (88.8%), 국민의 시민의식 향상(87.9%), 2017년 대통령선거 후보자 선택(87.6%), 우리 사회 전반의 개혁 분위기 조성(87.5%), 정치인들의 국민 의견 중시(77.3%) 등에 지대한 영향을 준 것으로 인식했다.

한편, 촛불항쟁의 참여 동기를 묻는 질문에 대해서도 그들 중 무려 88.7%가 "나는 국민의 한 사람으로서 참여하는 것을 당연한 의무로 생각한다"라고 답했다. 결과적으로 촛불항쟁의 추동력은 높은 정치적 효능감을 가진 한국인들이 자신이 속한 정치공동체의 주권자로서 국가의 정치과정에 자발적으로 개입한 시민공화주의적 책임의식이었던 것이다.

이렇게 정치적 효능감이 충만하며 국가공동체에 대한 책임의식이 강한 한국인들은 현재 자국(自國) 민주주의 수준에 대해 어떤 생각을 가지고 있을까. 2020년 한국행정연구원이 조사·발표한 한국 민주주의 수준에 대한 만족도는 2019년 대비 0.4점이 상승한 5.7점을 기록했고, 5년 후 민주주의에 대한 만족도의 가정치는 이보다 더 높은 6.1점이었다. 이러한 결과는 우리 시민들이 한국 민주주의 수준이 계속 향상되고 있다고 믿고 있음을 방증한다. 특히 향후 5년 뒤를 가정한 기대치가 조금 더 높게 나타난 것은 그들이 한국 민주주의의 미래에 대해서도 낙관적으로 보고 있음을 시사한다. 그러나 총 10점 만점에 5~6점으로 평가한다는 사실은 여전히 개선의 여지가 있다는 현실 인식이 반영된 결과로 보인다. 이러한 정황으로 미루어 짐작컨대 한국인들은 앞으로도 대한민국의 명실상부한 주권자로서 한국 민주주의를 부단히 혁신해갈 것으로 보인다.

1. 책의 구성과 내용

촛불민주주의 이후 한국 민주주의는 무엇을 어떻게 더 개선할 수 있는 것일까. 이 책『한국 민주주의의 새 길: 직접민주주의와 숙의의 제도화』는 이러한 문제의식 하에 14명의 민주주의 관련 분야 전문가들이 의기투합하여 이룩한 결과물이다. 우선 제1부 민주주의 이론적 측면의 논의(1장에서 4장)에는 조대엽, 서유경, 김선혁, 하상응이 참여하였고, 제2부 민주주의 관련 법과 제도에 관한 논의(5장에서 10장)에는 이우영, 정태호, 김선화, 차진아, 서현수, 김선일이 참여하였으며, 제3부 한국의 직접·숙의민주주의 제도의 현황 및 개선과 관련된 논의(11장에서 14장)에는 임현, 이태동, 정연경, 최창용이 참여하여 촛불민주주의 이후 한국 민주주의의 새 길에 대한 방향성과 전망을 다각도로 타진하여 제시하였다.

제1장「생활과 민주주의: 자율과 협력과 책임의 민주주의를 위한 시론」에서 조대엽은 한국 사회가 1987년 6월 민주항쟁 이후 수립된 '87년 체제'를 통해 절차적 민주주의를 확보했지만 1997년 IMF 환란과 함께 급습한 전 지구적 신자유주의 물결에 편승하게 됨으로써 "이른바 '구조조정'을 통해 시장질서가 재편되었고 경쟁과 효율의 가치를 중심으로 해체되고 개인화가 진행되었다"고 주장한다. 요컨대 87체제가 수립한 절차적 민주주의가 시민들 속에 제대로 안착하기도 전에 국가적 경제위기가 닥침으로 인해 국가주의 정치질서가 다시 틈입함으로써 실질적 민주주의로의 이행이 지연되었다는 것이다.

이러한 견지에서 필자는 장차 한국 민주주의가 나아갈 방향은 "시민의 실존적 삶을 정치에서 배제시키는 오랜 국가주의 정치 프레임"

을 타파하고 "생활과 정치의 결합, 생활의 정치적 복원"을 이루는 일, 즉 참여민주주의의 한 형태로서 '생활민주주의'가 한국 민주주의의 새로운 정치 패러다임이 되어야 한다는 주장을 펼친다. 이 패러다임의 핵심은 "개인의 실존적 생활에 공공성의 질서가 내재화되는 것" 즉 시민의 '공민성', 정책 목표의 '공익성', 모든 절차의 '공개성'이라는 3개 요소로 구성되는 '생활공공성'이 시민의 생활 영역에 착근하는 것으로 요약된다. 이것은 한마디로 능동적 시민의 관점에서는 '자아실현적 민주주의', 국가공동체의 관점에서는 자율과 협력과 책임의 가치 위에 세워진 '성찰적 민주주의'를 가리킨다고 볼 수 있다.

제2장 「한나 아렌트 '시민정치철학'과 한국 민주주의」에서 서유경은 사실 '민주주의(democracy)'만큼 다양한 수식어를 수반하는 용어도 없을 것 같다고 전제한다. 예를 들면 '직접', '간접', '대의', '인민', '자유', '사회', '글로벌', '탈식민'과 같은 기존의 수식어 목록에 20세기 말 '참여'와 '숙의'라는 표현이 추가되었다. 이에 덧붙여 한국인의 입장에서 결코 빼놓을 수 없는 '촛불'이라는 수식어는 한국의 시민들이 60여 년 민주화운동의 진화과정에서 재발명해낸 독특한 촛불민주주의, 즉 한국 민주주의 진화과정의 가장 나중 것인 패러다임4.0의 양태를 상징하는 언어적 기표이자, 성격상 시민들의 공민성에 바탕을 둔 성찰적 참여민주주의 형태를 가리키는 용어로 이해한다.

다른 한편, 필자는 한국 민주주의 진화과정을 제대로 이해하기 위해서는 1960년 4·19혁명에서 2016~17 촛불항쟁에 이르기까지 출몰했던 다채로운 '시민광장'들이 우리의 '개별 시민의 차원'에서는 어떤 정치적 의미였는지, 또 그들이 급속한 한국 민주주의 진화과정에서 '개인적으로' 경험하고 학습한 것이 무엇인지에 주목해야 한다는 주장을 펼친다. 이어 독일실존주의 정치철학자 한나 아렌트의 대의민주주의 비판 입장과 그의 정치존재론, 즉 '시민정치철학'의 관점을 도입하여 한국 민주주의 패러다임과 개별 시민의 4단계에 걸친 존재론적 정체성 진화과정에 대해 유의미하고 체계적인 설명을 제공하고, 그 바탕 위에서 향후 촛불민주주의 이후 한국 민주주의가 나아갈 방향성을 제시한다.

제3장 「정당정치와 운동정치: 관계의 재설정」에서 김선혁은 우선 한국의 민주화가 정당정치와 운동정치의 반권위주의 거대 연합에 의해 이루어졌음을 전제한다. 이어 정당정치와 운동정치의 관계에 대한 기존의 관점들을 검토하고 한국에서 그 관계의 역사적 진화를 고찰한 다음, 그 바탕 위에서 한국 민주주의 발전을 위해 정당정치와 운동정치의 관계가 어떻게 재설정되어야 할 것인가를 논의한다. 필자에 따르면 한국의 '민주화 이후 민주주의'에서 정당정치는 그간의 여러 발전에도 불구하고 여전히 국민의 다양한 의사와 이익을 반영하기에는 협애하고 부족하다. 정당보다 더 큰 국민의 신뢰와 기대를 받으며 대안적인 대의의 기제로 작동해 온 시민단체의 운동정치도 최근 들어 정당정치에 편입되어 독자성을 상실하고 부차적인 위치로 추락하고 말았다. 이러한 상황에서 나라의 중대한 위기와 중요한 현안들을 둘러싸고 시민의 동원력을 보여주는 '촛불' 현상이 반복적으로 발생했던 것이다.

다른 한편, 필자는 시민사회 내부적으로 다양한 문제해결 중심의 실사구시적 조직들이 생겨나 약진하고 있다고 진단한다. 그리고 정치사회는 큰 변화가 없지만 시민사회는 여러 중요한 변화들을 목도하면서 빠르게 재편되고 있으므로 이제 시민사회의 여전한 동원력과 새로운 문제해결력을 바탕으로 '시민'이 중심이 된 새로운 민주주의를 지향해야 한다고 주장한다. 요컨대 시민이 중심이 된 풀뿌리 민주주의, 문제해결형 민주주의로 나아가야 한다는 것이다. 이에 필자는 시민의 직접참여를 법·행정적으로 제도화하는 직접민주주의 기제에 관한 논의와 그 법제화는 큰 중요성을 가지므로 다양한 층위에서 다양한 방식으로 시민이 목소리를 높이고 시민의 의사를 정책과정에 담아내려는 노력이 계속되어야 한다고 강조한다.

제4장 「직접민주주의와 숙의민주주의의 조화: 공론조사의 역할과 가능성」에서 하상응은 우선 대의민주주의는 경우에 따라 선출직 정치인들이 민의를 제대로 정책결정 과정에 반영하지 못해 민주주의의 기본 원리를 훼손할 가능성이 있는 반면, 직접민주주의는 정치 현안에 대한 기본 지식조차 갖추지 못한 유권자들의 참여로 인해 민주주의의 원활한 작동을 방해할 가능성이 있다고 전제한다. 이러한 문제점을 해결하기 위한 고민의 결과가 숙의민주주의라는 형태의 민주주의 운영 방식이며 이는 궁극적으로 "정치 현안을 잘 이해하고 있는 국민의 의견을 정확하게 반영하는" 제도로 볼 수 있다.

숙의민주주의는 일반 유권자를 숙의 과정에 포함시킴으로써 합리적 유권자(rational voters)로 만들고, 이렇게 만들어진 합리적 유권자의 의견을 종합하여 정책결정 과정에 반영하는 그림을 상정한다. 이러한 숙의 제도의 한 가지 사례가 공론조사(deliberative polls)이다. 이 장에서 필자는 대의민주주의의 위기와 포퓰리즘의 등장이라는 문제를 간략히 기술하고, 이에 대처하기 위한 방안으로 직접민주주의와 숙의민주주의라는 아이디어를 어떻게 공론조사라는 제도로 융합할 수 있는지를 다룬다. 특히 공론조사가 전제로 하는 숙의민주주의 내용을 자세히 살펴본 다음, 공론조사를 수행하는 과정에서 겪는 문제점들을 최근 한국에서 진행된 공론조사의 예를 통해 살펴보고 그 해결책에 대해 논의한다.

제5장 「입법의 민주적 정당성과 직접민주주의적 입법과정」에서 이우영은 현재 한국 민주주의가 대의민주주의를 근간으로 하면서도 공개와 참여라는 직접민주주의적 요소를 한층 강화하고 있는 시점이라고 진단한다. 이에 필자는 입법의 민주적 정당성을 제고하기 위한 입법과정의 개선 또는 보완 역시 한국 민주주의의 당면 과제가 되어야 한다는 주장을 펼친다. 그리고 나서 직접민주주의적 입법과정 내지 요소의 관점에서 입법의 의의와 필요성을 검토하고 법제화의 방향을 논의할 것을 방안으로 제시한다.

그 이유는 입법의 정당성은 근본적으로나 궁극적으로 입법 대상에 대한 그리고 전체로서의 입법에 대한 공동체 구성원의 의사와 입장이 실체와 절차 면에서 정확하고 합리적으로 반영되어 입법이 정당하고 효율적으로 이루어지는지에 근거하고 있기 때문이다. 이에 덧붙여 입법의 민주적 정당성과 그에 대한 신뢰는 민주주의 실현의 근간이기도 하다. 필자는 이러한 관점에서 입법의 정당성 제고를 위한 한국의 직접민주주의적 입법과정의 보완 및 도입 관련 논의를 분석하고 그 실질적 입법화의 방향성을 제시하고 있다.

제6장 「한국 헌법사에서의 직접민주제의 시련과 발전」에서 정태호는 경제 및 정보통신기술이 고도로 발전하고 국민의 민주역량에 대한 신뢰가 증대하면서 점차 직접민주주의적 제도의 확대 방안 및 개선 방향을 모색할 필요성이 증대하고 있다고 본다. 그리고 이러한 문제의식을 가지고 먼저 대의제와 직접민주주의제의 결합 가능성에 관한 헌법학의 논쟁과 함께 직접민주적 제도, 특히 국민투표제 확산의 역사와

한국 헌법학계의 논의 상황을 개관한다.

이어 1987년 민주화 이전에 직접민주제가 독재정권에 의해 어떻게 악용되고 1987년 민주화 이후 어떻게 민주적으로 시행되고 발전해 왔는지를 조감하는 한편, 촛불혁명 이후 정치권이 제시하고 있는 직접민주제 확대안의 문제점과 한계를 검토한다. 끝으로, 국민이 제안하고 국민이 표결하는 강력한 유형의 국민발안제가 정치적·사법적 사전·사후의 통제장치 등을 수용할 필요가 있음을, 특히 국회의원·대통령에 대한 소환제도는 소환 사유를 부패로 한정할 필요성이 있음을 지적하고 있다.

제7장 「한국의 직접민주주의 관련 법과 제도」에서 김선화는 우리 헌법이 우선 국민투표제도만 정하고 있고 국가 단위에서는 국민투표제도만을 두고 있기 때문에 국민소환이나 국민발안제도를 도입하기 위해서는 헌법에서 명문의 근거를 마련해야 제도로 정립될 수 있을 것이라고 지적한다. 그런 한편, 주민자치단체 단위에서는 주민투표, 주민발안, 주민소환제도를 모두 실시하고 있고, 헌법상 직접적 근거는 없지만 청원규정을 근거로 입법청원제도와 같이 국민발안과 유사한 제도도 제한적으로 도입하고 있다고 설명한다.

이에 덧붙여 소수자 인권 문제 등 다수결로 정하기 어려운 문제라든가 소수자인권보호와 같이 민주주의의 요청에 부합하지 않는 상황에 직접민주주의 제도를 적용할 경우 면밀한 검토가 요구된다고 주장한다. 직접민주주의 제도는 대의제 하에서 대표되지 않는 소수자들에게 오히려 더 큰 효용이 있는 제도로 활용될 수 있기 때문이다. 현재 주민투표, 주민발안, 주민소환 제도의 활용 수준은 우리의 기대보다 낮은 것으로 나타난다. 이는 주민들이 자발적으로 참여할 수 있는 여러 제도적 보완 필요성을 시사한다. 그러나 지역 이기주의의 문제가 제기될 가능성 역시도 신중한 검토가 필요하다고 조언한다.

제8장 「21세기 민주주의의 새로운 도전, 직접민주주의 강화가 답이 될 수 있는가?: 스위스, 독일의 직접민주주의의 특징과 시사점」에서 차진아는 21세기 서구적 민주주의가 새로운 도전에 직면하고 있다는 점에 대한 공감대가 확산되고 있는 반면 이에 대한 뚜렷한 해결책은 아직 나오지 않고 있다고 진단한다. 그런 가운데 대의제의 한계를 극복하기 위해 직접민주제의 확대·강화에 대한 관심이 높아지고 있지만 직접민주제의 확대·강화에 대한 기대만큼이나 우려도 적지 않다고 본다. 예컨대 스위스 등의 성공한 모델을 보면서 기대치가 높아지지만 독일 등과 같이 직접민주제가 실패한 우려할 만한 사례도 존재하기 때문이다.

이에 필자는 21세기 민주주의의 위기 징후를 조망하면서 대의제와 직접민주제의 관계 및 최근 직접민주제에 대한 기대 사항을 정리하고, 이어 스위스 직접민주제의 성공 사례의 통찰 및 독일의 직접민주제 실패 사례를 통해 우리가 배워야 할 교훈을 적시한다. 이에 덧붙여 2017년 국회 개헌특위의 개헌 논의에서 직접민주제의 확대·강화에 관한 다양한 대안과 견해의 차이에 대해 분석·정리한 다음, 향후 제10차 개헌 시에 이루어질 직접민주제 관련 사항들은 충분한 시간을 두고 공론화 과정을 거쳐 진행되어야 한다는 점을 강조하고 있다.

제9장 「직접민주주의의 숙의성 제고를 위한 세 가지 방법: 미국, 아일랜드, 핀란드의 민주적 혁신과 그 함의」에서 서현수는 20세기 후반 민주주의의 참여적·숙의적 전환과 디지털 정보통신기술의 급속한 발달이 이루어지면서 현대의 표준적 대의민주주의 시스템의 한계와 위

기를 극복하기 위한 다양한 형태의 민주적 혁신(democratic innovations) 실험이 전개되고 있다고 주장한다. 최근 빠르게 확산되고 있는 시민발의와 시민투표 등의 직접민주주의 기제는 주기적 선거 참여를 넘어 개별 정책의 형성과 입법 과정에 시민의 직접참여를 보장함으로써 대표 중심 의사결정의 한계를 뛰어넘는 참여적 민주주의를 추구한다. 그런 한편, 시민의 직접참여 확대가 의회 등 정치적 대표 기구들의 본질적 기능을 훼손하거나 공론장에서 정치적 주류의 목소리를 증폭시키는 도구로 활용될 수 있고, 그 과정에서 불평등과 포퓰리즘 등 또 다른 폐해가 심화될 위험성이 있는 것도 사실이다.

이에 직접민주주의와 대의민주주의의 역동적 양립가능성, 특히 직접민주주의와 숙의민주주의의 결합 필요성을 강조하는 한편, 시민의 직접참여와 숙의가 결합된 실제 사례로서 미국 오리건주의 시민발의리뷰(Citizens' Initiatives Review), 아일랜드 시민의회(Irish Citizens' Assembly), 그리고 핀란드의 시민발의제도(Finnish Citizens' Initiatives)가 보여주는 민주적 혁신 잠재력에 주목한다. 필자의 의도는 현대 민주주의의 핵심 원칙이자 상보적 속성인 대표, 참여, 숙의의 3요소를 독창적으로 결합한 세 가지 사례에 대한 체계적 분석을 통해 시민 참여의 양적 확대와 숙고된 의사결정의 증진을 동시에 추구하는 대안적 경로를 제시하려는 것이다.

제10장 「참여적 정책 숙의의 조건: 영국과 일본의 연금개혁 비교」에서 김선일은 대의민주주의 국가가 지금까지 정책의 정당성 제고를 위해 다양한 참여와 숙의 제도를 도입해 오고 있으며, 특히 경제성장 시기 저부담 고혜택으로 설계된 연금제도를 시민의 저항을 무릅쓰고 개편해야만 하는 나라들은 이를 통해 정치적 부담을 극복하려 했다고

보고한다. 필자는 그러한 실제 사례로서 2000년대 연금위원회를 통해 연금개혁을 시도했던 영국과 일본의 경우를 선정하여 의미 있는 시민참여와 숙의의 조건을 검토한다.

영국 정부는 독립적인 3인의 연금위원회를 구성해 개혁의 이해당사자를 대상으로 수년에 걸친 숙의 과정, 시민참여형 토론, 미디어 홍보를 통한 연금제도에 대한 이해도 제고, 정치권과 초당적 합의 도출 등을 통해 상대적으로 높은 개혁 만족도를 창출했다. 반면 일본 정부는 후생노동성 산하에 연금부회를 설치하고 시민 대표를 포함한 이해당사자들을 위원으로 임명해 숙의를 진행했으나 관료적 정책 결정 과정과 시민 대표의 제한적 역할로 인해 연금제도 개혁 필요성에 대한 동의를 효과적으로 끌어낼 수 없었다. 이에 필자는 권한을 충분히 위임받은 독립적인 위원회가 충분한 숙의를 통해 정책 대상의 이해도를 높이고, 도출된 정책안 역시 정책 집행자들이 정치력을 발휘하여 초당적으로 추진하는 연금정책이 더욱 효과적이라고 제언한다.

제11장 「지방자치와 주민의 직접참여: 주민조례발안제도를 중심으로」에서 임현은 지방자치제의 본격 시행 이후 지방분권과 주민참여는 지방자치의 핵심 내용으로 계속해서 강조되어 왔다고 설명한다. 왜냐하면 지방자치는 국가와의 관계에서는 분권을, 주민과의 관계에서는 자치행정에 대한 주민참여를 그 핵심적인 내용으로 하며, 결과적으로는 더 많은 민주주의의 실현을 궁극적 목적으로 하기 때문이다. 실제로 지방자치 행정에 있어 주민의 직접참여제도는 국가 차원에서보다 훨씬 다양하고 강화된 형태로 운영되고 있다.

필자는 다양한 주민의 직접참여제도 중에서도 특히 주민조례발안제에 초점을 맞춰 지방자치 행정에 있어 주민의 직접참여제도의 의의와 한계를 먼저 살펴본 다음, 주민조례발안제의 구체적 내용을 검토하고 그 개선 방향을 제시한다. 좀 더 구체적으로, 주민의 직접적인 참여제도와 관련해서는 의회민주주의 원칙과의 관계, 정치적 책임소재의 문제, 대상 사무에 따른 한계 등을 검토한 후 그것을 바탕으로 주민조례발안제의 쟁점과 개선 방안을 도출하고 있다. 결론적으로 주민조례발안제가 주민조례발안법 제정을 통해 상당히 개선되었지만 청구 대상의 확대, 지방의회와 집행기관의 협력과 지원, 지방의회의 전문성과 역량 강화, 심의과정에서의 주민참여 등의 문제는 여전히 개선이 필요하며 이를 위해서는 무엇보다 주민, 지방의회, 지방자치단체장 및 입법자의 인식 전환이 중요하다고 제언한다.

제12장 「온라인 숙의 플랫폼: 공론화와 국민청원의 결합」에서 이태동은 한국 민주주의의 새로운 방향성을 정립하는 데 있어 중요한 한 가지 방안은 온라인 청원과 숙의형 공론화를 결합하여 제도화하는 것이라고 주장한다. 즉 언제, 어떻게, 어떤 어젠다로, 왜 숙의형 공론화·온라인 청원을 사용하는가에 대한 논의와 제도화가 요구된다는 것이다. 이를 위해서는 공론화위원회 구성, 숙의형 공론화 결과를 어떻게 사용할 것인가에 대한 (법)제도 정비와 직접민주주의를 확산하고 심화하는 방법으로 정보통신기술(ICT)을 적극 활용하는 온라인 숙의 플랫폼의 도입이 필요하다.

특히 온라인 숙의 플랫폼과 관련하여 첫째, 숙의할 수 있는 토론 주제 선택 및 온라인 찬반 토론, 분임 토론 등을 가능하게 하는 시스템의 구축을, 둘째, 투명하고 공정한 숙의형 온라인 공론화 청원제도 운영을 위해 현재의 온라인 청원 시스템을 온라인 숙의와 결합·전환하여 숙의의 비중을 한층 강화할 것을 권유한다. 셋째, 숙의형 공론화 결과에 대한 신뢰할 만한 권한(Credible empowerment)을 부여하여 숙의의 효과성을 높일 것을, 네 번째로는 시민들의 숙의형 온라인 공론화 정책 결정과정을 보다 투명하고 효과적으로 만들기 위해 숙의형 공론화 제도 정립 방안을 중앙·지방 정부와 의회 차원에서 전문가와 시민들이 함께 검토할 것을 제언한다.

제13장 「지방정부의 시민참여 현황과 발전 방안: 서울특별시 서대문구를 사례로」에서 정연경은 서울특별시 서대문구를 사례로 지방정부에서 진행되고 있는 민관협력 사업에 대한 실증 분석을 통해 시민참여의 현황을 파악하고 그것을 바탕으로 발전 방안을 모색하였다고 밝힌다. 저자가 분석한 지방정부 차원에서 이루어지는 시민참여의 가장 두드러진 특징은 최근 참여자 구성방식에 공개모집이 확대·적용되면서 일반 시민의 참여가 늘어났음에도 여전히 포괄성 확대 및 대표성·전문성 강화가 필요한 상황이었다. 다음으로는 정책과정에서 다양한 형태의 민관협력 사업이 기획·추진되고 있을지라도 시민들의 참여방식은 아이디어나 의견을 제안하는 수준에 머물러 있다는 사실을 확인할 수 있었다.

따라서 필자는 의사결정 권한과 관련하여 시민과 공무원 간에 인식 차가 컸으므로 우선 시민과 공무원 간 격차를 해소할 수 있는 방안이 모색될 필요가 있고, 또한 시민참여의 효과성에 대해 시민·공무원 모두 낮게 인식하고 있는 것으로 나타나 효과성 강화를 위한 방안을 모색할 필요가 있다고 제언한다. 이에 덧붙여 그러한 문제해결의 관점에서 시민 참여자의 포괄성·대표성·전문성 강화 방안, 정부와의 협력자 및 공동생산자로서의 참여자 역할 확대 방안, 촉진자로서 정부기관의 역할 변화 및 참여과정의 설계·운영 방안, 시민참여 성과 측정 방안,

제도적 기반 마련 방안 등을 제시하고 있다.

제14장 「직접·숙의민주주의의 전망과 과제」에서 최창용은 한국사회가 한편으로는 급속한 경제성장과 산업화를, 다른 한편으로는 자부할 만한 수준의 민주화 과정을 거쳐왔지만 사회적 양극화와 불공정에 의한 계층간·세대간 갈등이 계속 심화하고 있다고 진단한다. 이어 한국의 양적 성장 이후 제기되는 한국 사회의 질적 성숙의 성공 여부는 바로 민주주의의 공고화에 달려 있으므로 지금은 우리가 함께 지향해야 할 진정한 민주주의 형태가 무엇인지를 진지하게 성찰해야 할 시점이라고 인식한다. 그리고 그것의 방향성과 관련해서는 권력으로부터 시민적 자유와 정치적 자율성 공간의 범위를 확장하는 것이 되어야 한다고 주장한다.

필자가 이해하는 민주주의는 정치적으로는 사회구성원 모두가 정치적 자유를 보장받으면서 공적 의사결정 구조에 참여하는 형태이고, 경제적으로는 개인의 이익을 추구할 수 있는 자유가 보장되는 체제이며, 사회적으로는 차별과 구속없는 시민적 삶을 영위할 수 있는 조건을 의미한다. 이러한 관점에서 볼 때 일반 시민의 정치과정에의 참여와 숙의는 절대적으로 중요하다. 그러나 직접·숙의민주주의가 성공적으로 정착하기 위해서는 소통역량과 숙의역량의 제고와 함께, 대표성, 전문성, 공정성 등의 문제가 먼저 해결되어야 한다. 그럼에도 필자는 모든 정책 과정 참여자들이 보다 완전한 정보와 전문지식을 바탕으로 공공선과 공익 실현을 위해 자신의 시간과 비용을 투자하는 숙의민주주의로의 이행은 한국의 정치 혁신 및 사회 통합의 길을 닦는 의미 있는 도전이 될 것이라고 제언한다.

2. 한국 민주주의의 새 길을 향하여

"가령 아무 책임도 떠맡지 않고 자신의 정부에 아무런 개입도 하지 않는 시민들이 있다면 그들을 어떤 종류의 시민들로 봐야 하는가?"[1] 이것은 '숙의의 날(Deliberation Day)'처럼 대의민주주의 제도와 숙의의 결합을 통한 '민주적 혁신' 필요성을 주창하는 숙의민주주의 이론가 제임스 피시킨이 최근작 『인민이 사유(思惟)하는 민주주의: 공적 숙의 를 통한 우리 정치 되살리기』[2]의 서문에서 던진 의미심장한 질문이다.

이 죽비(竹篦) 같은 질문은 BC 5세기 고대 아테네의 고전적 민주주 의자 페리클레스의 추도사에 나오는 다음 문장을 떠올리게 한다.

> 아테네에서 각각의 개인은 본인의 사무뿐 아니라 국가 업무에도 관심을 가집니다… 우리는 정치에 아무런 관심이 없는 사람을 두고 자기 사무만 챙기는 자라고 하지 않고, 이곳과 아무 상관도 없는 자라고 합니다.

누구나 알고 있듯이 민주공화국의 명실상부한 주인은 하나의 집합

---

1 이 질문에 대한 답과 관련하여 피시킨(Fishkin, 2018: 5)은 밀(J. S. Mill)이 『대의정부 론』(1861)에서 사용한 "정신적으로 수동적인 국민(a mentally passive people)"과 마 넹(B. Manin)이 『대의정부의 원칙들』(1997)에서 사용한 "청중 민주주의(audience democracy)"라는 표현을 제시한다.

2 James S. Fishkin. 2018. *Democracy When The People Are Thinking: Revitalizing Our Politics Through Public Deliberation* (Oxford: Oxford University Press). 이 제목을 우 리말로 옮기면서 'the people'의 대칭어로서 '국민' 대신 '인민'을 선택한 이유는 후자 가 한 국가공동체 내 모든 거주자를 다 포괄하는 개념이기 때문이다.

체[3]로서 '국민'이다. 따라서 원칙적으로 한 민주공화국 국민의 구성요소인 시민들이 정치에 관심을 가지는 일, 즉 국가공동체의 정치과정에 참여하고 그것의 집합적 결과에 대해 공동으로 책임을 지는 일은 결코 선택사항이 아니며 마땅히 의무사항으로 간주되어야 한다. 그럼에도 대의민주주의 체제의 시민들 대부분은 선거 때 투표권을 행사하는 것만으로 모든 의무를 다 했다고 생각하는 듯하며,[4] 선출된 대표들에게 자신의 주권, 즉 정치적 권리와 공동체에 대한 책임을 일괄 위임한 다음 뒤로 물러나 방관자나 비판자의 입장을 취하는 경향이 있다.

우리 한국인은 이러한 부류의 시민들과 아주 거리가 멀다. 우리의 깨어 있는 시민들이 부단히 다채로운 방식으로 조직화하여 스스로 민주주의 최후의 보루가 되었던 한국 민주화운동 60년사가 이를 여실히 증명한다. 우선 4·19혁명을 통해서는 이승만 독재 정권이 공화국 국민을 신민화(臣民化)한 것에 맞서 국민의 지위에 맞는 대우를 요구했

---

3 이 '하나의 집합체'를 정치철학자 한나 아렌트의 개념 범주로 바꿔 표현하면 '하나의 인간다수체(a human plurality)', '하나의 세계(a world)', '하나의 공영역(a public realm)', '하나의 정치영역(a political realm)' 등으로 다양하게 설명할 수 있다(Suh 2017 참조). 또한 이 '하나의 집합체'는 구조적 성격상 '인간관계망(a network of human relations)'을 지칭하며, 정치존재론적으로는 개별 구성원들이 언어행위를 매개로 묶인 하나의 세계로서 집합적 삶을 공동으로 지탱하고 그것의 의미를 생성하여 공유하는 동시에 개인이 공적 삶의 의미를 추출하는 '의미의 지평'으로 이해할 수 있다. 여기서 한 가지 유념할 것은 이 '인간다수체', '세계', '정치영역'이라는 개념 범주는 비단 국가뿐 아니라 사람들이 함께 구성하는 크고 작은 집합체, 영구적 성격의 집합체는 물론 잠정적인 것에도 두루 적용될 수 있다는 점이다. 이 책 2장에서 설명하는 '시민광장'이 바로 그러한 적용 사례이다.

4 한편 합리적 선택이론은 시민들이 자익 추구의 관점에서 정치참여에 수반되는 비용을 절약하고 자신의 일에 집중하고자 하는 태도를 "합리적 무관심(rational ignorance)"으로 설명한다. 보다 자세한 설명은 *An Economic Theory of Democracy* (Downs, 1957)를 참고할 것.

다. 5·18 민중항쟁을 통해서는 전두환 군부독재 정권이 공화국 국민의 인권을 유린한 것에 분노하여 국민의 생명보호가 국가의 최우선적 신성한 의무임을 만천하에 선포했다. 6·10 민주항쟁을 통해서는 노태우 신(新) 군부정권으로부터 대통령직선제 개헌을 이끌어냄으로써 '형식적 민주주의(Formal Democracy)'의 틀을 확립할 수 있는 길을 튼 동시에 공화국 시민으로서 마땅히 누려야 할 헌법적 기본권을 확고히 했다.

1987체제가 들어선 지 어언 30년, 여섯 번의 평화로운 정권교체의 위업을 달성한 뒤 들이닥친 공화국의 총체적 위기 상황에서 연인원 1,700만 명이라는 어마어마한 숫자가 참여한 2016~17 촛불항쟁에서는 '이게 나라냐'라는 민주공화국 국민으로서 던질 수 있는 가장 근본적인 질문을 제기하면서 분연히 궐기했다. 그것은 공화국의 통치권력을 비폭력 수단에 의해 교체한 대(大) 역사적 사건이었다. 우리 시민들은 이 사건을 통해 내면적으로 자신이 대한민국의 진정한 주인임을 스스로 각성하는 소중한 정치존재론적 체험을 했고, 그로써 대한민국은 사실상 '실질적 민주주의(Substantive Democracy)'의 원년을 맞이하게 되었던 것이다.

요점은 한국 시민들이 민주화운동 60년 세월의 끝에서 마침내 자기 사무뿐 아니라 공화국 업무에도 관심을 가지며 공화국의 과오도 공동으로 책임지는 고대 아테네적 '공민(公民)'의 근사치에 다다르게 된 듯하다는 것이다. 우리가 잘 알고 있듯이 고대 아테네 시민들은 추첨이나 윤번제와 같은 방식으로 시민들 간의 정치적 평등을 보장했고, 동료 시민들과 공론을 펼치고 숙의하는 과정에 적극 참여함으로써 정치공동체의 공공선에 복무하는 것을 시민이 누릴 수 있는 최고의 명예로 여겼다. 일반적으로 정치학자들은 이 아테네인들처럼 선공후사(先公後

私)의 미덕을 지닌 시민 유형을 특별히 '공민'이라 부른다.

　고대 아테네인들이 도시국가 전체의 이익이라는 관점에서 말하고 행동하였던 데는 특별한 이유가 있었다. 그것은 바로 아테네의 민주정이 시민들의 직접적인 참여와 숙의과정이 결합된 형태였기 때문이다. 이를 정치철학자 한나 아렌트의 정치행위론적 논법으로 바꿔 설명하면, 아고라 광장에 나온 시민들은 자신의 일거수일투족이 동료 시민들에게 보여지고 들려지는 상황, 즉 공개 평가의 대상이 되는 상황이었으므로 전략상 사익을 지양하고 공익을 증진하는 의견을 내고 발언하는 것이 동료 시민들의 동의와 지지를 확보하는 데 유리했다는 것이다. 이처럼 투명하고 공개된 의사소통의 조건은 공공성의 발현을 지원하며, 결과적으로 일반시민을 '공민'으로 거듭나게 한다.[5]

　근래 숙의민주주의 이론가들은 바로 이 점에 주목하면서 시민들에게 논쟁적인 공공 이슈들에 관해 '숙의할 수 있는 최적의 조건'을 제공한다면 그들이 사사로운 이해관계나 의견을 고집하기보다 공동체 전체에 이로운 잠정 결론(a modus vivendi)에 도달하게 될 것이라고 주장한다. 요컨대 그러한 숙의의 조건을 갖춘 '소우주(microcosmos)'나 '미니퍼블릭(mini-public)' ─특정 정치 이슈에 대한 숙의가 이루어지기에 적합한 크기와 인적 대표성이 확보된 숙의 단위─ 내에서 시민들은 공공성의 영역으로 진입하게 된다는 것이다. 제9장에 소개된 미국, 아일랜드, 핀란드의 실제 사례들은 대체로 이 주장을 뒷받침하고

5　이러한 관점은 한국 시민이 어떻게 공민으로 거듭나게 되는가를 이해하는 데 도움이 된다. 제2장에서 서유경은 한국 민주화운동의 진화과정에서 출현한 다양한 형태의 '시민광장' ─특히 2002년 이후 등장한 촛불광장─ 이 고대 아테네의 아고라처럼 '공공성 발현의 장'으로 기능했다고 설명한다.

있다.

한국의 경우에도 지난 20년 사이 주민참여예산제를 필두로 시민의 직접적인 정치참여와 숙의의 결합 형태를 제도화하는 정책 거버넌스 시도가 눈에 띄게 증가하고 있으며 시민들도 적극 호응하고 있다. 2008년부터 시행된 국민참여재판제도는 시민의 직접참여와 숙의가 사법과정 속에 결합된 형태이다. 현대판 '신문고'로 일컬어지는 문재인 정부의 청와대국민청원 게시판은 시행 4년 차인 2021년 7월 현재 104만여 건이 접수되었고 시민 2억 명이 실명 동의 표시를 했다. 신고리 5·6호기 공론화위원회와 대입제도 개편 공론화위원회는 시민·전문가·정책 책임자들이 공동 참여하는 숙의와 결정과정을 거쳐 정책 자문 의견을 내놓음으로써 해당 정책의 향방에 무시 못할 영향력을 행사했다. 그런가 하면 대한민국 국회는 2020년 1월부터 온라인 '국민동의청원' 플랫폼을 통해 시민들이 법안 발의를 청원할 수 있는 제도를 도입했다.[6]

기왕에 시작했으니 국민발안제에 관해서도 잠시 짚고 넘어가자. 이것은 실제로 대의민주주의가 보증하는 '형식적' 정치적 평등과, 숙의 민주주의가 요구하는 '실질적' 정치적 평등을 한데 묶는 매개체로서 기능한다. 국민이 주권자라 함은 기본적으로 민주공화국 안에서 국민이 자기 삶의 규칙을 자기 스스로 정할 수 있어야 한다는 의미이다. 시

---

6 이 가운데 공론화위원회만이 진정한 직접참여·숙의 결합형 제도로 볼 수 있다. 주민 참여예산제의 경우는 안건 숙의 시간이 턱없이 제한적이고, 청와대국민청원 제도나 국회의 국민동의청원의 경우는 말 그대로 '민원'이나 '법안 발의'를 위한 청원까지만 허용된다. 따라서 시민 참여는 이루어지지만 정치과정 또는 입법과정에 부분적으로 또는 불완전하게 참여하는 형태인 셈이다.

간, 비용, 물리적 제약이 심했던 과거와 달리 요즘과 같은 디지털 시대에는 시민들이 온라인 플랫폼에서도 얼마든지 손쉽게 입법과정에 참여할 수 있다. 과거에 전문성 부족과 정보의 취약성 때문에 참여를 주저했던 시민들도 이제는 인터넷 검색엔진 등의 도움으로 별로 힘들이지 않고 입법과정 참여에 필요한 전문지식과 정보를 획득할 수 있다.

이러한 획기적인 정치참여 환경 변화에 힘입어 법률안에 대한 국민발안제를 도입하는 국가가 점점 늘어나고 있다. 독일은 2005년 연방의회가 전자청원제도를 도입하여 4주간 5만 명 이상의 동의를 얻으면 청원위원회가 논의하도록 했다. 영국은 2006년 내각이 온라인 청원 사이트를 개설하였고, 2015년부터는 하원과 공동으로 운영하며 청원안이 10만 명 이상의 서명을 확보하면 하원 본회의에서 반드시 논의하도록 하고 있다. 핀란드는 2012년 12월 헌법개정을 통해 법률안에 대한 시민발안제도를 전격 도입했는데 이 경우는 6개월 내에 5만 명이상의 서명을 받으면 의회가 법률안으로서 접수하게 된다.

한국도 2020년 1월 10일 국민동의청원 사이트를 개통하여 비록 제한적 형태이기는 하지만 국민발안제 도입의 물꼬를 텄다. 그 결과 현재 대한민국의 국회의원 선거권자는 누구나 입법청원이 가능하며 법률안 전자청원 후 30일 안에 10만 명의 동의를 얻으면 자동으로 국회논의 대상이 된다. 따라서 법률안 발의는 더 이상 국회의원만의 배타적 권한이나 국회의 재량 사안이 아니며, 또한 국민에 대한 시혜적 조치라는 기존의 인식도 탈피하게 되었다. 이 법률안 국민발안제는 전자청원 사이트 개통 이후 불과 4개월 만에 83건의 청원이 동의 대상으로서 공개되고 이 중 7건의 청원이 10만 명 전자서명 요건을 충족하여 국회 심사 대상으로 접수되는 등 빠르게 정착되고 있다. 그러나 아

쉽게도 지난 2년 동안의 실질적 성과는 매우 초라한 수준이었다.[7]

끝으로, 2020년 형식적으로나마 시민들에게 문호가 개방된 법률안 발안제와는 달리 헌법에 대한 발안 기회는 완전히 막혀 있다. 「대한민국헌법」 제128조 제1항이 "헌법개정은 국회재적의원 과반수 또는 대통령의 발의로 제안된다"라고 명시함으로써 헌법개정에 관한 발의권을 국회와 대통령으로 한정하고 있기 때문이다. 따라서 헌법에 대한 국민발안제를 도입하려면 우선 우리 헌법 제128조 제1항에 '헌법개정은 국회재적의원 과반수 또는 대통령 또는 국회의원선거권자 50만 명의 발의로 제안된다'라는 형태로 바꾸는 원포인트 개헌이 선결되어야 한다. 그러나 그것을 대통령이나 국회가 발의해야 한다는 요건으로 인해 현재로서는 현실적 가능성이 극히 희박해 보인다.

만일 시민들이 헌법개정의 세 번째 주체로서 국민주권의 실질적 의미를 구현하게 된다면 많은 것이 달라질 것이다. 첫째, 우리 시민들이 국가의 최상위 입법과정에 직접 참여함으로써 촛불민주주의 이후 한국 민주주의의 성격과 향방에 훨씬 더 심오한 영향력을 행사하게 된다. 둘째, 국민발안을 통한 헌법개정은 충분한 준비 기간을 두고 다양한 형태의 민의수렴과 각계각층의 공론화 과정을 거쳐야 할 중대 사안이다. 따라서 일각에서 제기하는 포퓰리즘의 문제는 기우에 지나지 않으며, 오히려 이성적 의사소통을 매개로 차이들을 상쇄하거나 초월한 사회적 합의를 도출할 수 있는 사회통합의 계기가 될 수 있다. 셋째,

---

7 2021년 시행 2년 차를 맞은 '국민동의청원'은 총 4단계 청원 절차의 1단계에서 90%가 좌절하였고 청원 성립 비율이 고작 0.82%로 나타나 유명무실한 제도라는 비판에 봉착했다. 다음 기사를 참고할 것(https://ilyo.co.kr/?ac=article_view&entry_id=420264).

시민들이 자유롭게 부분 개헌 발의를 할 경우 대통령과 입법부의 힘겨루기에 개헌이 볼모로 잡혀 무산되는 사태는 사라진다. 대신 시민들의 역동적 개헌 제안들이 그 빈 자리를 채우게 될 것이다.

3. 에필로그: 민주주의 비상(飛上)을 위하여

고대 아테네의 고전적 민주주의로부터 현대 대의민주주의에 이르기까지 불변하는 민주주의의 기본 원칙은 공화국의 국가 업무, 즉 통치과정에 보다 폭넓고 효과적인 방식으로 '인민의 의지(the will of the people)'를 반영하는 것이다. 여기서 '인민'은 "공화국의 구성원이라면 누구나 다"라는 정치적 평등을 전제하므로 원칙상 형식과 실질 모두에서 개인적 역량이나 인간적 덕목이 통치과정에의 참여나 배제의 기준이 되어서는 안 된다. 모름지기 민주공화국의 주권은 하나의 집합체로서 '국민'에게 있고, 그 국민은 공동체에 속한 모든 시민을 총망라한다는 것을 의미하기 때문이다.

그러나 동시에 이 정치적 평등 조건은 참여의 '질'과 '효과'를 담보할 수 있는가의 문제를 수반한다. 요컨대 참여자의 개인적 역량과 정치적 의사소통 능력에 좌우되는 참여의 질과 참여자가 공공선 도출에 얼마나 기여하는가에 좌우되는 참여의 효과가 특정 민주주의 체제의 수준을 결정하는 가늠자라는 것이다. 이러한 관점에서 아리스토텔레스는 귀족정과 민주정을 결합한 혼합 정체를 가장 이상적인 통치 형태로 간주했고, 슘페터는 정치 엘리트가 앞에서 끌고 일반 시민들이 뒤에서 미는 방식의 대의민주주의를 최선의 통치체제라고 주장했다. 안타깝게도 아리스토텔레스나 슘페터 식의 엘리트 민주주의는 선도자 역할을 하는 '귀족'이나 '엘리트'가 자애로운 정치가라는 '이상적' 가정에 근거하고 있고, 현실은 종종 이 가정을 배반한다.

숙의민주주의는 이에 대한 대응으로서 귀족과 엘리트의 선의에 기대하기보다 일반 시민들이 결여하는 부분을 적절히 보충·지원하는 방식으로 참여의 질과 효과를 담보하려는 전략을 구사한다. 예컨대 탈(脫)원전 정책에 관한 공론화위원회의 경우, 원전에 대한 개인적 의견은 가지고 있지만 별다른 전문지식이 없는 시민들을 무작위로 선정하여 정치적 평등 조건을 확보한 다음, 전문가들의 도움으로 과학적·객관적인 지식과 정보를 보충하여 '비전문가' 시민들이 동일하게 적정 수준의 정보와 지식을 바탕으로 스스로 자신이 이전에 가졌던 선입견을 재평가할 수 있는 근거를 제공한다. 이후 시민들은 분임토론과 전체 토론을 통해 상대의 입장을 충분히 이해하고 존중하는 가운데 '합리적' 결론을 도출하는 과정에 돌입한다.

흥미롭게도 그들의 최종 결론은 그들 각자가 공론화 과정 이전에 가졌던 개인적 선입견을 뛰어넘어 공공성을 지향하는 특정의 객관적이고 합리적인 성격을 띠는 선택지로 모아진다. 이러한 숙의과정의 중요성은 비단 공공성을 표상하는 현실적 결론만이 아니다. 그것이 어쩌면 공동체 내 민주주의의 비상을 위해 더욱 중요하지만 얼른 눈에 보이지 않는 영구적 효과, 즉 개별 참여자가 한 사람의 공민으로 거듭나는 정치존재론적 고양(高揚)이라는 부수적 참여 효과도 함께 창출한다는 사실을 결코 간과해서는 안 된다. 이러한 내면적 고양을 경험한 이후에는 그 누구라도 다시 평범한 '소시민적' 정치적 무관심으로 후퇴할 수 없을 것이다. 그가 경험한 고양은 중독성이 있기 때문이다.

비유적으로 말해서, 그러한 '직접참여·숙의민주주의적' 고양의 경험은 아마도 마치 어떤 지구인이 우주로 여행할 때 느끼는 무한한 자유의 느낌, 미지의 세계로 나아가는 호기심, 우주선에 함께 오른 동료들과 공유하는 신선한 행동규범과 연대의식 및 책임감, 그리고 다시 지구로 귀환할 때 지구인들에게 들려줄 소중한 여행담과 그들에게 선사할 멋진 기념품 등과 두루 관련이 있을 것이다. 물론 이 지구인이 개인적으로 우주여행 과정에서 느끼게 될 자유, 호기심, 연대의식과 책임감 등이 그가 지구로 귀환해서 전할 여행담과 선물을 통해 다른 지구인들과 추가적인 공감대를 형성한다면, 이는 분명 인간적 자부심과 기쁨으로 한 차원 더 승화하게 될 것이다. 이것은 공적인 영역에서만 얻을 수 있는 행복감(public happiness)이다.

여기서 다시 숙의민주주의 논의로 돌아가보자. 가령 한 시민이 공적 행복감이 어떤 느낌인지 또 그것을 얻는 방법이 무엇인지를 알게 된다면 그는 지속적으로 공적인 영역에 관여하고자 할 것이며, 같은 이유로 '사려깊은 시민(thoughtful citizen)'으로서의 정치적 삶에 헌신하게 될 것이다. 이러한 견지에서 숙의민주주의의 공식인 직접참여와 숙의의 결합은 동시에 사려깊은 시민의 배양 공식이기도 한 셈이다. 시민들이 직접 참여하여 숙의하는 기회가 많아지면 많아질수록 사려 깊은 시민들이 늘어날 것이고, 사려깊은 시민들이 많아지면 많아질수록 우리 민주주주의는 더 높은 차원으로 날아오를 것이다.

한국 민주주의는 우리의 고유한 역사와 정치·문화·사회적 맥락 속에서 지금까지 이 땅에 존재해온 모든 깨어 있는 시민들이 함께 발명하고 혁신해온 우리 민주공화국의 자랑스러운 정치체제이다. 그러나 지금 우리의 깨어 있는 시민들은 한층 더 개선된 민주주의를 원한다. 이에 『한국 민주주의의 새 길: 직접민주주의와 숙의의 제도화』에 참여한 14인의 필자들은 우리 시민들이 꿈꾸는 새로운 한국 민주주의의 이상 실현에 참조할 만한 혁신적인 방안들을 다각도로 제시하고자 했다. 오늘 우리의 작은 날갯짓이 한국 민주주의의 또 다른 비상을 위한 커다란 나비효과로 이어지길 기대해마지 않는다.

제1부

한국 민주주의의 새 길
: 이론적 모색

제1장

생활과 민주주의[1]
: 자율과 협력과 책임의 민주주의를 위한 시론

조대엽 고려대학교 사회학과 교수

Ⅰ. 세 개의 국가행동
: 1987년의 정치와 1997년의 사회에 대한 성찰

1980년 5월, 광주에는 국민을 총칼로 무참히 도륙하는 광기어린 폭력의 국가가 있었다. 이른바 신군부의 군대가 자행한 무도한 국가폭력 앞에서 국민의 생명과 삶은 오로지 진압의 대상일 뿐이었다. 2014년 4월, 진도 앞바다에는 구조를 절규하는 생명 앞에서도 심신이 마비되어 움직이지 않는 중증의 식물국가가 있었다. 거짓과 무능, 무책임을 대통령의 '우아한' 드레스 코드와 선동정치로 가렸던 정치권력은 이미 영혼과 육신에 병이 깊은 기만의 국가였다. 미친 폭력의 국가든 병든 기만의 국가든 자신의 국민을 죽이는 패륜의 정부이긴 마찬가지였다.

2016년 겨울, 1,700만 시민의 촛불행동은 촛불혁명을 만들었고 대통령 탄핵의 절차가 있은 후 가식과 기만의 정부는 무너졌다. 그리고

---

1 이 글은 필자의 졸저인 『생활민주주의의 시대』(2015, 나남)에 포함된 '제1장 생활민주주의 패러다임과 생활공공성의 논리'를 수정·보완한 것임을 밝힌다.

2019년 말 출현한 코로나19 감염병이 마침내 팬데믹이 되어 세계를 죽음의 계곡으로 몰아넣은 문명사적 위기가 닥쳤다. 지구적 수준의 위기가 본격화된 2020년, 대한민국에는 감염병 방역과 경제회복을 위한 국가적 동원이 시작되었다. 국민의 생명과 삶을 지키기 위한 책임국가적 국가 행동이 전개되었다. 1980년과 2014년, 2020년의 국가 행동은 한국의 정치와 민주주의, 국가에 대한 적극적이고도 획기적인 성찰을 요구하고 있다.

돌이켜보면, 광주로부터 7년 후 한국 사회는 6월 항쟁이라는 거대한 분노를 분출함으로써 이른바 '87년 체제'(김종엽 편, 2009)라는 정치질서를 갖추었다. 집권 신군부의 후계였던 노태우와 야권의 김대중, 김영삼, 김종필 등 3김씨가 합의한 개헌의 핵심은 5년 단임의 대통령제, 대통령직선제, 소선거구제의 권력구조였다. 시민들은 자신들이 직접 대통령을 선출할 수 있다는 사실 하나만으로도 군부독재를 무너뜨린 민주화에 감격했다. 좀 더 분석적으로는 '정치'의 민주화, 절차적 민주주의를 확보한 것으로 이해하기도 했다. 한국의 권력구조는 거기서 멈추었다. 한국의 민주주의는 더 이상 진화하지 않았다.

거칠게 말하자면, 박정희와 전두환을 잇는 오랜 군부독재에 대한 엄청난 저항과 희생을 치르고 얻어낸 1987년의 민주주의는 시민들로서는 대통령을 직접 선출하기 위해 손에 쥔 한 장의 투표권으로 남은 것일 수 있다. 한 장의 투표권을 더한 것 외에 민주화로 불리든 민주주의의 후퇴로 불리든 한국 정치는 중앙집권적 국가주의나 중앙집권적 대의정치의 본질을 크게 넘어서지 못한 상태였다.

1990년대 들어 지구적 질서는 '냉전·국가주의' 역사 국면에서 '탈냉전·시장주의' 역사 국면으로의 전환기를 맞았다(조대엽, 2010). 이 새로운 역사 국면에서 한국 사회는 IMF 외환위기를 겪었고 신자유주의 시장화라는 지구적 거대 경향으로 빨려 들었다. 전대미문의 국가부도 사태를 겪으면서 한국 사회는 선택의 여지없이 이른바 '구조조정'을 통해 시장질서가 재편되었고 경쟁과 효율의 가치를 중심으로 해체되고 개인화되었다. 분단·국가주의 정치체제의 껍질이 견고하고 민주주의는 여전히 형식적으로 가동되고 있는 상태에서 신자유주의가 한국 사회를 급습했던 것이다. 한국의 시민사회는 반공국가주의의 규율을 걷어내고 공존의 민주주의를 미처 내면화하기 전에 경쟁과 효율의 살벌한 '시장'으로 해체되기 시작했다. 민주주의는 참으로 늦게 왔고 그 진화는 더딘 것이었지만 사회의 해체와 개인화는 급작스럽게 왔다.

2014년 4월, 진도 앞바다에 침몰한 '세월호'의 대한민국은 역사 국면이 바뀐 지구적 전환의 시대에도 변함없이 응고된 중앙집권적 국가주의의 외피와 해체된 개인의 시민사회가 결합된 기형적 질서를 백일하에 드러냈다. 말하자면 민주화 이후 한국 사회는 '87년 정치'와 '97년 사회'가 모순적으로 결합된 비정상성이 근간을 이루었던 것이다. 이 같은 비정상성은 다른 무엇보다도 한국의 정치사회가 오랜 중앙집권적 국가주의의 덫에서 탈출하지 못한 상태에서 다시 신자유주의의 늪에 빠진 탓이 크다. 그 결과 시민의 삶은 정치에서 철저하게 배제되고 말았다. 87년의 정치와 97년의 사회는 시민의 '생활'과 '정치'를 분리시키는 이중적 과정이었다. 정치에서 배제된 '생활', 정치와 '생활'의 분리야말로 우리 시대 비정상의 뿌리라고 할 수 있다.

이러한 비정상성의 질서 속에서 정부와 정당은 공공적 책임의 윤리보다는 점점 더 소수권력을 중심으로 운영됨으로써 시민의 실질적 삶의 욕구와는 멀어져 갔다. 더구나 시민의 생활은 경쟁에서 살아남은 자는 승자가 되고 살아남지 못한 자의 삶은 파괴되고 마는 정글의 질서 속에서 점점 더 '개인화'의 경향을 드러냈다.

　시민의 생활과 분리된 정치는 아무리 '대의'나 '보호'의 수식어가 붙는 민주주의라 할지라도 중앙집권적으로 폐쇄된 구조 속에서 소수의 정치권력과 시장권력의 흉측한 무대로 썩어가기 마련이다. 안전하고 행복한 시민의 삶이 국가의 본원적 목적이자 기능이며 존재 이유라고 한다면 1980년 5월과 2014년 4월의 국가나 정부는 박제가 된 장식이나 다름없었다. 대통령 중심의 중앙집권적 대의정치에 오랜 권위주의의 뿌리가 남아 시민의 '생활'을 정치에서 배제하는 국가주의 정치질서는 민주화 이후 우리 시대에 역주행하는 한국 정치의 근본적 문제로 남았다.

　'생활'의 정치적 복원, 정치와 생활의 결합은 국가의 구조와 기능, 운영방식을 전환시키는 시대정신이자 핵심적 정치 과제이다. 민주화 이후 이러한 과제를 추구하는 정치적 실천은 비록 더디지만 진전이 없었던 것은 아니다. 정치 패러다임의 전환을 가져오지는 않았지만 중앙집중적 권력구조나 위임민주주의의 대의적 질서를 제도적으로 조금씩 보완하는 방식으로 국민의 삶과 정치의 결합은 더디게 그리고 부분적으로 진행되었다. 무엇보다도 지방자치와 참여민주주의의 제도정치 영역에서의 실천은 삶과 정치의 결합에 있어서 의미 있는 진전이라 할 수 있다. 1995년에 시작된 현행 지방자치제도는 한국 민주주의의 제도적 진전을 가져온 것이 분명하지만 실질적 분권과 자치는 여전히 취약하다. 한국에서 참여민주주의, 혹은 참여사회의 개념은 1994년 참여연대의 출범과 함께 대중적으로 알려졌고, 참여정부로 불린 노무현 정부에 와서 참여민주주의는 제도적 실험이 이루어졌다.

문재인 정부에 들어 삶과 정치의 결합은 훨씬 더 적극적으로 진전되었다. 지방자치제도의 진전이 있었을 뿐만 아니라 소득주도성장과 포용국가의 국정 비전은 무엇보다도 국민의 삶을 살리고 불평등을 줄이는 정책과제로 실현되었으며 복지의 폭이 크게 확장되었다. 아울러 2020년부터 세계적인 팬데믹이 된 코로나19의 위기에 대응하는 방식은 세계적으로 가장 안전하게 국민의 생명을 지키고 가장 빠른 경제회복으로 국민의 삶을 지킨 나라가 되었다. 문재인 정부는 코로나19 팬데믹이라는 문명사적 위기를 거치면서 국민의 삶과 생명을 정치와 가깝게 결합시킨 국가를 만든 셈이다.

생활과 정치의 결합, 삶의 정치화 과제는 이처럼 자치의 역사, 참여민주주의의 도입, 문재인 정부의 코로나19 팬데믹 대응 과정 등에서 주목할 만한 진전을 보였다. 그러나 이러한 진전이 87년의 정치 이후 강고하게 남은 중앙집중적 정치질서와 97년의 해체된 사회를 넘어서는 새로운 공적 질서를 구축하는 데는 여전히 제한적이다. 게다가 2008년 세계금융위기 이후 신자유주의에 대한 적극적 성찰이 가져온 이른바 '국가의 귀환'과 2020년 코로나19 팬데믹의 문명사적 위기에 대응하는 재정국가의 확장은 사회의 연대와 협력 공간이 비어있는 상태에서 국가 역할이 강화된 '큰 국가'의 시대가 도래함으로써 집중화된 국가주의에 대한 성찰과 함께 이를 넘어서는 새로운 공공성에 대한 모색이 시급하다.

생활과 정치의 결합, 혹은 생활의 정치적 복원은 참여 민주적 정치 절차와 제도만으로는 실험에 그치기 쉽다. 아무리 좋은 참여 민주적 절차를 도입하더라도 실제로 시민들이 참여할 수 있는 삶의 여건이 갖추어지지 않으면 그야말로 '참여 없는 참여제도'에 그칠 수 있다. '저넉이 없는 삶'에서 참여민주주의는 구호에 머물 뿐이다. 따라서 민주주의는 정치 참여의 절차에 국한된 문제가 아니라 사회경제적 영역의 문제와 분리될 수 없는 과제가 된다. 생활과 정치를 결합시키는 정치적 과제는 단순히 하나의 절차를 더하는 문제가 아니다. 그것은 정치 패러다임의 전환을 의미한다. 한편으로는 국가주의에 경도된 국가운영의 근본 방향을 바꾸는 문제이며, 다른 한편으로는 신자유주의적으로 개인화되고 해체된 질서를 바꾸는 문제라 할 수 있다.

이 글은 참여민주주의의 실현이 중앙집권적 국가주의 정치의 두꺼운 벽 안에서 한계적 수준에 있다는 사실을 전제로 삶의 양식을 바꾸고 참여 민주적 절차와 제도를 보장할 수 있는 새로운 정치 패러다임을 '생활민주주의'의 개념으로 포괄하고자 한다. 생활민주주의는 참여적 제도를 포함하는 새로운 공공성에 대한 포괄적 구상이라 할 수 있다. 이 글에서 생활과 정치의 결합, 생활의 정치적 복원이라는 시대적 과제를 담은, 그리하여 87년의 민주주의가 남긴 중앙집권적 질서와 97년의 사회로 해체된 개인화된 질서를 넘어서는 새로운 민주주의가 어떤 모습이어야 하는지를 탐색한다.

II. '생활'과 민주주의: 국가주의 프레임을 넘어

'생활'은 개인의 실존적 삶이 구성되는 사회적 장이다. 생활은 가장 높은 수준의 공적 질서로서의 정치와는 다른 사회적 차원이라는 통념이 오랜 국가주의 정치 프레임 속에서 상식화되었다. 정치와 생활을 분리하는 관념은 인류 대부분의 공동체적 삶에서 보편화된 공과 사를 구분하는 이른바 '거대한 이분법'(great dichotomy)에 기원을 두고 있다 (Bobbio, 1989: 1-2; Fay, 1975: 78; Pesch, 2005: 23; Benn & Gaus, 1983: 7). 의 사소통적 행위이론에 바탕을 두고 이른바 '체계'와 '생활세계'를 구분한 하버마스의 논리(위르겐 하버마스, 2006) 또한 근대 부르주아 사회의 국가주의를 체계에 의한 '생활세계의 식민화'의 한 측면으로 풀어낸 정교한 사회이론이라 할 수 있다. 실제로 국가주의는 근대 민족주의와 냉전 이념, 제3세계의 군부독재 등과 결합되어 다양한 방식으로 진화되었다.

국가주의 정치 프레임에서 정치의 행위자는 정부, 의회, 정당, 거대 이익집단 등 중앙집권적 대의정치를 구성하고 중앙정부의 권력을 공유하는 주요 집단들이다. 이들은 민족주의와 냉전 이념, 성장주의, 군사안보주의 등의 이념과 가치를 추구함으로써 시민의 실질적 생활과 정치의 분리를 가속화했다. 이 같은 국가주의 프레임이 오랜 기간 내면화됨으로써 국가 영역이 지향하는 가치들은 공적인 것으로 우선시된 반면, 생활 영역의 가치는 개인의 실존적인 것으로 공적 영역에서 배제됨으로써 국가 지향의 가치와는 다른 차원의 요소로 간주되곤 했다. 나아가 신자유주의적 시장화의 거대 경향은 공공적 삶의 해체와 개인화를 추동함으로써 생활 영역의 정치적 배제는 더욱 강화되었다.

생활의 정치적 복원이야말로 우리 시대의 가장 근원적인 정치사회적 과제이다. 분산 문명으로의 문명전환, 탈영토화된 협업정치, 네트워크 기반의 사회적 경제 등 우리 시대의 거대 전환의 징후들[2]은 공·사

---

2 이러한 징후를 설명하는 새로운 관점들로는 3차 산업혁명(third industrial revolution) 과 분산자본주의(distributed capitalism)(제레미 리프킨, 2012), 자연자본주의(natural

구분의 원리에 바탕을 둔 오랜 공공성의 질서를 새롭게 재구성하고 있다. 그럼에도 생활의 정치적 복원이 어려운 근원에는 무엇보다도 강고한 국가주의 프레임이 자리 잡고 있기 때문이다.

탈근대, 탈냉전의 사회변동 속에서도 여전히 만연한 국가주의 프레임은 정치와 생활, 혹은 민주주의와 생활은 서로 다른 차원이기 때문에 일원적으로 결합할 수 없는 요소들이라는 입장에 있다. 이러한 시각에는 진보와 보수가 구분되지 않는다. 대부분의 민주화운동 세대 혹은 민주운동 진영은 독재와 민주, 보수와 진보의 이분법적 구도를 넘어서지 못함으로써 '국가주의 진보'의 틀을 벗지 못하고 있다. 적어도 국가주의 진보의 프레임에서 한국 민주주의의 과제는 분단체제가 배태한 국가보안법 같은 악법의 폐지라고 생각하는 경향이 있다. 물론 국가보안법 폐지는 민주주의의 진전과 관련된 것으로 재론의 여지가 없지만 이것이 우리 시대 민주주의의 본질적 과제가 될 수는 없다.

이러한 입장은 87년 정치체제의 완성을 위한 연속적 노력으로 간주할 수는 있으나 87년의 민주주의에서 한 발짝도 나아가지 못하는 한계를 가진다고 말할 수 있다. 이것은 독재적 국가주의의 잔재를 민주적 국가주의로 바꾸고자 하는 것인데 어느 것이든 중앙집권적 국가주의의 벽에 갇혀 우리 시대의 정치적 욕구와는 여전히 멀리 있다는 점은 마찬가지이다.

국가주의 프레임 가운데 다소 진전된 입장은 개헌으로 87년 체제를 극복해야 한다는 입장이 있다. 대통령중심제, 5년 단임제, 소선거구제

---

capitalism)(폴 호큰 외, 2011), 영성자본주의(conscious capitalism)(Aburdene, 2007), 생명자본주의(이어령, 2012) 등이 있다.

도 등의 권력구조를 바꾸는 개헌에 대한 주장은 불합리한 대의적 정치질서를 합리적으로 개편한다는 점에서는 역시 재론의 여지가 없다. 그러나 정치권에서 필요에 따라 언급되는 개헌은 중앙정치 권력구조를 대체하자는 것으로 엘리트 정치와 대의적 정당정치의 효율을 높이는 데 초점이 맞추어져 있다. 개헌이 권력구조 개편을 넘어 국가주의 정치질서의 전환으로 이어지기에는 한계가 뚜렷하다. 개헌은 한국 정치의 의미 있는 변화를 가져올 수 있지만 이 또한 87년 정치질서라는 낡고 오랜 외피를 다른 모양의 외피로 바꾸는 데만 그쳐서 87년의 정치와 97년의 사회가 만든 모순에는 큰 변화를 줄 수 없는 것일 수 있다. 문제는 정치로부터 배제된 시민의 '생활'이다. 국가주의를 뛰어넘는 새로운 정치 과제는 다른 무엇보다 생활과 정치의 결합에 있다.

국가주의 진보의 프레임 가운데는 절차적 민주주의도 제대로 되지 않는데 생활과 민주주의의 결합이 가능하겠느냐는 문제의식도 있다. 대의정치가 제대로 작동하지 않는 요인은 한국 사회의 굴절된 정치문화에도 문제가 있지만 폭증하는 시민사회의 정치적 욕구를 대의적 정치 양식으로 담아낼 수 없는 한계적 상황이 오히려 문제의 핵심이다. 이 점에서 오늘날 대의민주주의의 문제는 한국 사회만의 문제가 아니다. 따라서 절차적 민주주의의 완성과 생활과 정치의 결합은 선후의 문제가 아니라 동시적인 문제일 수 있으며 선택의 문제이기도 하다.

이와 아울러 국가주의 프레임에는 거시적 제도와 미시적 삶을 분리하는 다양한 관점, 성장(개발)가치와 생활가치를 서로 다른 차원으로 구분하는 관점, 정부혁신이나 정당혁신의 과제와 생활 영역의 과제를 분리하는 관점 등도 포함될 수 있다. 이러한 입장들은 대부분 생활과 정치, 생활과 국가를 구분함으로써 시민의 실존적 삶을 정치에서 배제시키는 오랜 국가주의 정치 프레임의 효과라 할 수 있다.

정치로부터 생활을 배제시키는 논리가 국가주의 프레임에 국한된 것은 아니다. 국가주의보다 훨씬 더 복고적이고 퇴행적인 '신민주의' (臣民主義) 프레임에도 주목할 수 있다. 대부분의 정치인들이 입버릇처럼 달고 다니는 '민생'과 '서민'의 프레임이 그것이다. 민생의 개념은 '시민의 생활'을 '백성'의 삶으로 치환함으로써 시민을 정당한 주권과 시민권의 주체로 보는 것이 아니라 늘 보살피고 베풀어줘야 할 '어리석은 백성'으로 대상화하는 것일 수 있다. 게다가 '서민'도 평등한 시민의 프레임이 아니라 '벼슬하는 사람'과 '벼슬하지 않는 사람'으로 사회 계층적 지위를 구분하는 데서 나온 개념으로 관료나 공직자가 보살펴야 될 평범한 백성의 의미를 담고 있다. 이처럼 전통적 신민사상에 뿌리를 둔 민생과 서민의 프레임은 수동성, 위계성, 시혜성을 내재함으로써 자율적 시민의 '생활'을 정치로부터 배제시키고 축소시키는 장치로 작동할 수 있다. 결국 신민주의적 민생의 프레임은 생활의 의미를 축소시킴으로써 생활이 저 높은 수준의 정치와 분리되어 있는 것을 상식으로 만드는 셈이다.

정치와 생활을 분리시키는 또 다른 원천은 '생활정치' 개념이 갖는 제약을 들 수 있다. 생활정치(life politics)는 주지하듯이 후기현대사회에서 자아정체성을 실현시키는 생활 양식과 관련된 정치이다(Giddens, 1991). 착취와 불평등, 억압을 제거하기 위해 권력과 자원의 불평등한 체계에 저항하는 전통적 사회운동을 '해방의 정치'(emancipatory politics)라 지칭하고, 후기 현대에서 등장하는 여성, 평화, 환경과 같은 새로운 이슈의 '신사회운동'을 자아실현의 정치로서의 '생활정치'라고 부른 것이다. 이러한 점에서 생활정치는 지향하는 가치의 범위가 어떻든 간에 제도정치와는 다른 차원의 하위 정치(sub-politics)(울리히 벡, 1998), 혹은 사회운동의 정치를 의미하게 된다. 따라서 사회운동으로의 생활정치와 국가 수준의 제도정치는 서로 다른 차원에서 논의될 수밖에 없다.

최근 한국의 진보 진영이나 제도정당에서도 '생활정치' 개념을 도입해 정치적으로 활용하고 있다. 여기에는 적어도 두 가지 오류가 발견된다. 하나는 운동정치로서의 생활정치를 제도정당에서 개념의 가공 없이 활용함으로써 생활정치와 제도정치의 이론적 접합 과정이 생략되어 새로운 정치 전망을 생산하지 못하게 한다는 점이다. 다른 하나는 '생활정치' 개념을 아주 단순하게 현실정치에서 흔히 사용하는 민생정치의 새로운 표현이나 세련된 표현 정도로 간주하고 있다는 점이다. 따라서 '생활정치'의 의미는 그 본래적 개념의 한계와 현실정치권의 단순한 사용에 따라 개념적 확장이 일종의 딜레마에 빠져 있으며 이러한 딜레마가 생활과 정치의 분리, 정치로부터 생활의 배제에 의도하지 않게 기여한 셈이 되고 말았다.

생활의 정치적 복원을 추구하는 가장 주목할 만한 정치적 지향은 '참여민주주의'라 할 수 있다. 일반적으로 신좌파의 사상은 자유주의 정치와 사회주의 정치를 변화시키는 두 가지 핵심적 과제로 첫째, 의회·국가관료제·정당 등을 더욱 공개적이고 책임성 있게 만듦으로써 국가를 민주화해야 하며, 둘째는 각 부문에서의 새로운 형태의 투쟁을 통해 국가뿐 아니라 사회도 책임성을 보장하는 절차를 따라야 한다는 점을 들었다(데이비드 헬드, 2010: 399-400). 이 같은 전제의 연장에서 자유와 개인의 발전은 사회와 국가를 통제하는 데 시민이 직접적이고 지속적으로 관여함으로써 충분히 성취될 수 있다는 생각이 보다 급진적으로 변형되었다. 이에 따라 참여민주주의는 사회와 정부를 경쟁적 정당과 직접민주주의 조직을 결합한 체제를 근간으로 변화시키려는 진화된 민주주의로 주목되었다(Macpherson, 1977).

한국에서 이 같은 참여민주주의는 시민단체 '참여연대'와 노무현 대통령의 '참여정부'를 통해 크게 부각되었으며 운동과 제도라는 두 영역에서 새로운 정치 패러다임을 제시했다. 참여연대는 무엇보다도 기존의 자유민주주의와는 다른 '참여민주사회'라는 민주주의의 진화된 개념에 시민사회가 주목하게 했다. 아울러 시민운동에 '참여'하는 것이 민주주의를 진전시킨다는 시민의식을 독려함으로써 적어도 운동과 참여의 가치를 확산시키는 데 중요한 기여를 했다. 그러나 참여연대의 경우, 참여민주주의에 대한 분명한 이념적 접근 없이 비교적 단순한 '참여사회적 지향'만을 강조하는 경향이 있었다. 참여연대는 창립선언문에서 "우리가 추구하는 민주주의는 인간성의 존엄이 실현되고 인권보장을 으뜸의 가치로 삼는 정치이념입니다 … 새로운 사회의 지향점을, '참여'와 '인권'을 두 개의 축으로 하는 희망의 공동체 건설로 설정했습니다"라고 함으로써 '참여민주주의'에 대해 특별히 구체적인 언급이 없다. 나아가 '참여'적 시민을 강조하는데, 이 경우 '참여'는 시민운동에 참여하는 계몽된 시민을 강조하는 구호였다.

이와 아울러 참여연대의 실질적 운동방식은 참여민주주의의 실현이라기보다는 입법, 사법, 행정의 국가권력 감시와 시장권력을 감시하는 데 주력함으로써 국가주의의 프레임 내에서 권력 운영을 감시하는 운동을 전개했던 것이다. 참여민주주의는 국가주의 프레임을 넘어 생활의 정치적 복원을 선도하는 절차와 제도의 실천이기 때문에 현장과 생활 영역에서 우선적으로 작동해야 한다. 그러나 참여연대의 운동은 중앙정부 및 거시 제도에 대한 감시와 주창에 몰입함으로써 여전히 국가주의 프레임 내에서 전개되는 운동의 한계를 가질 수밖에 없었다. 엄밀히 말하면 참여연대가 추구하는 질서는 억압적 국가주의에서 민주적 국가주의로의 전환을 의미하는 것이었기 때문에 국가주의의 프레임을 벗어나기 어려웠던 것이다. 이러한 점에서 참여연대운동은 적어도 '참여민주주의'에 관한 한 새로운 민주주의의 전망에 주목시키는 효과만을 가졌다.

실제로 참여민주주의를 제도적으로 실험한 것은 2003년 집권한 노무현 대통령의 참여정부에 들어서였다. 참여정부는 입법, 사법, 행정의 영역에서 공론조사, 시민배심원제, 주민 참여의 협치제도(governance)를 실험함으로써 참여민주주의를 실질적으로 진전시키는데 기여했다. 그럼에도 참여정부의 참여민주주의 또한 정부 영역에서 참여와 숙의 제도를 실천했지만 견고하게 보수화된 사회 영역 혹은 생활 영역의 현장에는 확산성을 갖기 어려웠다. 중앙집권적으로 구조화된 국가주의의 오랜 질서에서 분절적이고 실험적으로 시도되는 참여민주적 제도는 실제로 생활과 정치를 결합시키기에는 뚜렷한 한계를 가질 수밖에 없었다. 참여정부의 참여민주적 제도 확충을 위한 노력에도 87년 정치와 97년 사회의 정치 현실은 크게 변화되지 않았다. 게다가 참여정부를 뒤이은 이명박 정부와 박근혜 정부는 87년의 정치질서를 훨씬 더 복고적인 중앙집권적 국가주의 질서로 회귀시킴으로써 시민의 삶은 여전히 정치로부터 배제되었다.

생활과 정치의 결합, 시민의 삶과 민주주의의 실질적 결합은 무엇보다도 지방자치의 발전으로 진전되었다. 지방자치제도는 1991년 지방의회가 부활되고 1995년에 현행 자치제도가 시행된 후 약 30년이 지난 문재인 정부 들어 자치분권의 괄목할 만한 성장이 있었다. 2020년 말 국회를 통과한 「지방일괄이양법」은 지방정부의 자율을 확장했고, 「지방자치법 전부개정안」은 주민 중심의 지방정부 실현을 앞당겼으며, '자치경찰제' 법안은 질 높은 치안서비스를 통해 주민 삶을 보장하는 등 이른바 자치분권 3법이 통과됨으로써 자치분권의 제도적 성과를 얻었다. 이 같은 지방자치의 오랜 제도화 과정에서 주목할 현상은 비록 더디지만 공동체정치가 조금씩 복원되었다는 점이다. 특히 2010년 6·2 지방선거 이후 학교 현장에서 '친환경무상급식'의 시행과 아울러 다양하게 전개된 '마을민주주의'의 실험은 지역 기반의 생활정치를 진전시켰던 것이다.

참여민주주의의 본질적 의의는 바로 생활 영역의 정치적 복원이자 정치의 생활화에 있다고 하겠다. 이러한 전형이 2010년 지방선거 이후 지역공동체에서 빠르게 확산되고 있는 다양한 생활정치운동들이라고 할 수 있다. 그러나 가장 직접적인 생활현장에서 운동으로 구현되는 참여민주주의는 더 높은 수준으로 확산성을 갖기 어렵거나 제도 영역으로 확대되더라도 실험적으로 분절된 정치 절차로 존재하기 쉽다. 특히 강력한 중앙집권적 국가주의 질서가 온존하는 속에서 삶과 정치의 결합은 그 자체로 제도화되기 어렵기 때문에 참여적 제도를 확장시킬 수 있는 새로운 민주주의에 대해 훨씬 더 구조적이고 본질적인 접근이 필요하다.

국민의 삶과 정치의 결합을 지향하는 국가 운영의 혁신은 문재인 정부의 생활국가 패러다임에 주목할 수 있다. 문재인 정부는 사람이 먼저인 나라, 국민의 삶이 최우선인 나라의 가치를 담은 '국민의 나라, 정의로운 대한민국'의 국가 비전을 통해 소득주도성장과 혁신성장, 공정경제를 구체화했고, 이를 '혁신적 포용국가'의 비전으로 포괄했다. 특히 문재인 정부는 치매국가책임제나 아동수당, 문재인 케어 등을 통해 복지를 크게 확장시켰고, 국민과 분리된 권력기관을 개혁했으며, 평화경제를 통해 한반도 평화프로세스를 추구하는 등 국민의 삶과 정부 혹은 정치의 거리를 좁혔다. 말하자면 정치와 민주주의, 국가의 중심에 국민의 삶을 둔 셈이었다.

더구나 문재인 정부는 2020년부터 본격적으로 휘몰아친 코로나19 팬데믹이라는 문명사적 위기에 직면해 방역으로 국민의 생명을 지키고 경제회복으로 국민의 삶을 복원시키는 데 전력투구했다. 2021년 12월 현재 6차례의 대규모 추경을 통해 재난 대응 재정을 운용했다. 전국민 재난지원금과 함께 소상공인과 자영업자, 청년을 살리기 위한 예산이 투입되었고 경제회복과 거대 전환의 지구적 불확실성에 대응하는 '한국판 뉴딜'이라는 국가혁신 전략이 추진되었다. 국민의 생명과 삶을 살리는 생명국가, 생활국가로의 전환은 삶과 국가의 간극을 크게 좁혔다고 할 수 있다. 그러나 팬데믹 극복 과정에서 대규모 재정 투입을 통한 재정국가의 모습은 세계적인 신자유주의 이후 큰 정부의 복원, 국가의 귀환에 다름 아니었다. 특히 확장재정의 과정에서 여전히 정부 핵심 부처의 중앙집권적 예산 편성과 중앙집권적 예산 운영 방식은 새로운 국가주의를 우려하게 할 수 있다.

국가의 귀환에 대한 우려와 사회의 해체에 대한 우려를 동시적으로 직면한 것이 현실이다. 중앙집중적 국가주의를 넘어서고, 신자유주의적 해체를 넘어 자율과 책임, 협력에 기반을 둔 새로운 공공성에 대한 모색이 절실한 시점이다. 삶은 지역을 현장으로 전개된다는 점에서 지역혁신과 자치분권을 확장하는 정부조직의 혁신과 재구성이 선제되어야 하며 국민의 삶에 직접 닿아 있는 공정과 평등의 경제 패러다임이 진화되어야 한다. 정치의 궁극적 목적은 시민의 안전하고 건강한 삶이어야 한다.

다양한 이념으로 장식된 국가주의의 베일이 걷힌다면 국가와 정치, 민주주의의 가장 뚜렷한 근본은 적나라하게 드러난 시민의 생활이다. 좌도 아니고 우도 아닌 모든 정치의 중심에 시민의 고단한 생활을 두는 그런 정치야말로 우리 시대의 중층적이고 복합적 위험사회에서 시민의 안전과 공공적 삶을 보장하는 근간이 될 수 있다. 생활이 국가와 정치, 민주주의의 가장 직접적이고 뚜렷한 목적이자 본질이 될 때 생활은 정치적으로 복원됨으로써 생활과 정치는 결합될 수 있다.

III. 공공성의 재구성과 생활공공성

1. 생활공공성과 내재적 공공성

1987년 민주화 이래 한국의 제도정치는 좀처럼 변화하지 않고 있다. 반면 1997년 한국은 전대미문의 국가부도 사태를 겪으면서 이른바 시장화라는 '악마의 맷돌' 속으로 빨려 들었고(칼 폴라니, 2009), 무자비한 경쟁과 효율의 가치에 목을 매면서 사회는 해체되고 개인화되었다. 한국의 민주주의는 늦게 찾아왔고 그 정치적 진화는 더딘 것이었지만 사회의 해체와 개인화는 급작스러운 것이었다. 1997년 이후의 한국 사회에서 시민의 생활 영역은 경쟁에서 살아남은 자는 독점적 승자가 되고 살아남지 못한 자의 삶은 파괴되고 마는 정글의 질서로 변했다. 중앙집권적 국가주의 정치질서로 고착된 국가공공성의 구조는 시민의 생활세계를 '억압'했던 역사를 넘어 이제 시민의 생활 영역을 노골적으로 '배제'함으로써 공적 질서의 기형성을 가중시켰다. 변하지 않은 '정치'와 급격하게 변화하는 '사회'의 탈구는 무엇보다도 한국 사회 전체의 공공성 위기를 빠르게 가중시켰던 것이다.

이제 시민의 실존적 '생활'을 정치적으로 복원시키는 과제는 단순히 정치 영역이나 민주주의의 과제에 국한된 것이 아니라 우리 사회의 공적 질서를 전환시키는 '공공성의 재구성'과 결부되어 있다는 사실이 강조되어야 한다. 정치, 특히 제도정치는 한 사회의 공적 질서 가운데 가장 높은 수준에 있다. 정치의 범주를 확장해서 일상의 삶에 내재된 다양한 하위 정치를 포괄한다면, 공공성 또한 국가와 정부의 공적 질서에서부터 시민사회의 다양한 수준에서 전개되는 공공적 요소를 포괄할 수 있다. 따라서 한 시대의 정치적 전망을 포괄하는 정치 패러다임은 공공성의 프레임과 직접적으로 결부되어 있다. 이 같은 공공성의 프레임은 거시적인 역사 과정에서 서로 다른 유형으로 나타났다.

봉건적 군주제의 경우 모든 사회질서가 왕권을 정점으로 신분적으로 구성되어 있었다. 이 시대의 공적 질서는 국왕과 왕실에 절대적으로 일체화되었다. 근대 자본주의 사회구성 방식에서 보편적으로 분화된 국가, 시장, 시민사회의 영역은 아직 미분화되었으며 정부의 영역에서 입법, 사법, 행정의 기능이 존재했으나 이 또한 왕정으로 통합되어 있었다. 조선조의 경우 모든 백성들은 국왕에게 복속되어 있었고, 사대부 계층을 제외하고는 공공적 지위에서 철저하게 배제되었다. 정치적 차원에서 종묘에 뿌리를 둔 왕권의 정통성을 기반으로 한(강문식·이현진, 2011: 21) 왕위의 세습, 사대부와 일반 백성의 왕에 대한 신민적 관계 등은 국왕 1인에게 공적 권력이 집중된 전제성을 보여주고 있다. 모든 정치 과정은 국왕과 조정(朝廷)의 범위에서 이루어졌다. 경제적 차원에서도 토지를 비롯한 주요 자원들은 왕명에 따라 배분되고 처분되었다. 사회적 소통의 차원에서도 공론의 질서를 규정하는 제례와 왕명의 전달체계가 과시적이거나 교시적으로 이루어졌다. 경연, 간언, 구언, 상소, 신문고 등 소통의 장치들이 있었으나 대부분 왕명하달의 기능이거나 형식적 소통의 장치에 그쳤다. 이 같은 점에서 전근대의 왕정은 모든 공적 질서가 국왕에게 집중되고 국왕 자체가 공공성과 일체화된 '절대공공성'의 시대였다고 말할 수 있다(조대엽·홍성태, 2013: 28). 절대공공성의 시대에 백성의 실존적 삶은 정치의 영역에서, 나아가 공공성의 영역에서 철저히 억압되고 배제되었다.

근대국가는 폭력 수단의 독점적 통제, 배타적 영토권, 국민주권, 입헌성, 법적 권위를 정당성의 원천으로 하는 비인격적 권력, 공공관료제, 시민권 등의 요소로 구성되어 있다(크리스토퍼 피어슨, 1998: 23). 절대왕정과 달리 근대국가는 입법으로만 변경할 수 있는 행정과 법질서를 갖추고 이 질서는 행정 공무원들의 조직 활동을 통해 유지된다(Weber, 1978: 54). 따라서 무엇보다도 근대 국민국가의 핵심은 헌법적 질서로서의 국가체계이며 그 운영자들이 주권자로서의 국민의 위임을 받아 통치하기 때문에 근대사회의 공공성은 국가 행위에 집약된 '국가공공성'을 근간으로 하고 있다(조대엽·홍성태, 2013: 30).

한국 사회는 구한말 근대국가의 핵심 요소가 형성되는 과정에서 일제강점기를 경험했다. 2차 세계대전의 종결과 함께 한국 사회는 정치적으로는 의회민주주의에 기반을 둔 대통령중심제, 경제적으로는 자본주의 생산체제, 이념적으로는 자유주의에 기초한 근대 민족국가가 출범했다. 한국의 국가공공성 시대는 냉전질서가 응축된 한반도의 분단과 함께 민족주의와 반공 이념이 훨씬 더 견고하고 강력한 국가주의 프레임을 형성했고 국가주의 프레임 내에서 오랜 기간 독재의 시기를 겪기도 했다. 정부 수립 이후 국가공공성의 시대에 한국의 정치질서는 비록 의회민주주의의 형식을 취했지만 대부분의 시기에 독재적이거나 권위주의적인 수준을 넘어서지 못하는 한계를 보였다.

강력한 국가공공성의 질서에서 경제적 자원의 배분구조 또한 국가주의의 뚜렷한 특징을 보였다. 이승만 시기의 귀속재산 불하, 개발독재 시기의 계획경제 속에서 특혜금융과 정부 주도의 산업화 및 기업육성 전략 등은 강력한 국가공공성의 시스템 내에서 경제적 자원이 일방적으로 배분되었다는 점을 보여준다. 억압적 국가공공성의 시대에 사회적 소통 역시 일방적이었다. 특히 이승만 정권, 박정희 정권, 전두환 정권 시기의 언론탄압과 국민교육헌장 제정, 반상회 제도, 이른바 땡전뉴스 등과 같이 대통령과 정부가 필요한 것을 하달하고 국민적 계도와 교화를 위한 '일방성'이 소통의 질서였다고 말할 수 있는 것이다(조대엽·홍성태, 2013: 30-31).

1987년 6월 대항쟁은 한국 민주주의의 제도적 진전을 이루었다. 87년의 민주화는 오랜 권위주의 정치질서를 무너뜨리고 시민들이 대통령을 직접 선출할 수 있다는 사실 하나만으로도 민주적 절차의 엄청난 진전으로 생각되었다. 그러나 중앙집권적 국가주의에 기반을 둔 강력한 국가공공성의 질서 속에서 정치로부터 배제된 시민의 생활은 변화하지 않았다. 정치와 시민의 실질적 삶의 거리는 좁혀지지 않았고, 시민의 참여와 개입을 통한 민주주의의 진전 역시 지체되었다.

한 사회의 공적 질서의 모든 구성요소들이 본질적으로는 시민의 삶을 위해 기능해야 한다고 할 때 절대공공성과 국가공공성의 구조는 공적 질서가 시민의 실존적 삶 바깥에서 작동하는 '외재적 공공성'의 질서라고 말할 수 있다. 절대공공성은 모든 공적 질서가 국왕을 축으로 구성되기 때문에 백성의 생활이라는 입장에서는 절대적으로 외재화된 공적 질서이며, 국가공공성 또한 시민의 일상적 삶과는 분리되어 국가주의적으로 작동하기 때문에 시민의 삶에 외재적인 질서라고 할 수 있는 것이다. 서구에서 국가주의가 민주적으로 진화된 국가 형태는 '복지국가 모델'이라 할 수 있다.

복지국가 모델은 시민의 생활 영역을 복지시혜를 위한 정책 대상으로 포괄함으로써 시민의 일상적 삶을 국가공공성의 질서로 편입하는 사회의 국가화 전략을 지향한다. 따라서 복지국가는 시민의 삶을 후원하고 보장하는 공적 기능이 크게 확대된 국가 형태이기는 하지만 근본적으로는 물적 자원의 관리와 배분에 국가 기능이 편중된 재정국가의 한계를 넘어서기 어렵다. 이 점에서 서구 복지국가 또한 기본적으로는 국가주의에 기반을 둔 국가공공성의 질서를 넘지 못하는 것이다.

오늘날 우리 시대의 해체된 시민생활을 형식적으로 지탱하고 있는 오랜 국가주의의 제도와 정치 관행은 국가공공성의 위기 국면을 초래하고 있다. 이 점에서 우리 시대의 과제는 다른 무엇보다도 시민의 실존적 삶이 국가와 정치, 민주주의의 중심에 있고 시민의 구체적인 생활 속에 국가와 정치, 민주주의가 살아 숨쉬게 하는 것이라고 말할 수 있다. 이를 위해서는 시민의 실질적 삶의 밖에서 작동하는 외재적 공공성의 질서를 시민의 생활 속에 공공성이 내면화되는 '내재적 공공성'의 질서로 바꾸는 공공성 패러다임의 전환이 절실하다.

절대공공성과 국가공공성의 시대를 넘어서는 내재적 공공성의 패러다임을 '생활공공성'의 질서라고 할 수 있다. 생활공공성은 시민사회의 다양한 생활 영역에서 자발적으로 만들어진 협력적 제도나 공동체 지향의 공공성이 참여, 공유, 개방, 합의의 과정을 통해 정부와 시장 영역에서 작동하는 기존의 외재적 공공성의 구조와 결합된 새로운 공적 질서이다. 즉 생활공공성은 시민사회의 자율적 공공성이 기존의 제도적 공공성과 결합된 새로운 공공성의 질서인 것이다.

생활공공성의 질서는 생활과 정치의 결합을 통해 생활의 정치적 복원을 가능하게 하며 공공적 질서가 실존적 삶에 내재됨으로써 거시적 제도와 미시적 실천을 분리시키지 않는 공적 질서라 말할 수 있다. 생활공공성은 시민의 다양한 실존적 삶의 영역에서 자발적 실천과 외재적 공공성을 결합함으로써 시민적 자아실현의 수준을 확장하는 내재적 공공성의 프로젝트이다.

2. 생활공공성 운동의 구조와 지향

1997년 이후 한국 사회의 해체화와 개인화는 기존의 시민 배제적 국가공공성을 새로운 공적 질서로 전환할 수 있는 시민적 수혈의 기회를 박탈시켰다. 2016년 겨울에서 2017년 봄까지의 촛불혁명으로 문재인 정부가 출범하면서 헌법 제1조 정신이 강조되고, '국민의 나라'라는 국가 비전이 제시되고, 나아가 코로나19 팬데믹의 위기로 국가 역량을 국민의 생명과 생활을 살리는 데 동원하기 이전까지는 적어도 한국 사회에서 화석화된 국가주의가 점점 더 공적 질서로서의 기능이 위축되는 현실에 있었다. 이러한 조건에서 배제적 국가공공성의 프레임을 생활공공성의 프레임으로 전환하는 과제는 무엇보다도 다양한

'생활공공성 운동'에서 그 가능성을 찾을 수 있었다.

민주화 이후 1990년대 한국의 시민운동은 참여연대, 경실련, 환경운동연합 등 주요 시민운동단체들을 중심으로 한 조직운동이 주류를 이루었다. 주요 시민운동단체들은 서로 다른 운동 이슈별로 조직화되었지만 이들이 주도하는 1990년대 시민운동은 정치제도와 경제제도의 개혁과 감시에 초점이 맞추어졌다(조대엽, 2007). 이 시기 시민운동은 억압적이고 배제적인 국가공공성을 구성하는 정치권력과 이와 결탁된 시장권력을 향해 주장하고 저항하는 운동이었기 때문에 시민운동 또한 원칙적으로는 국가주의의 틀에서 벗어날 수 없었다. 말하자면 국가공공성의 질서 내에서 억압적이고 배제적인 국가공공성을 민주적 국가공공성으로 변화시키고자 했다는 점에서 국가주의 프레임 내에서 작동하는 운동이었던 것이다.

2000년대 이후 한국의 시민운동은 생활정치운동이 주류화되는 경향을 보였다. 기존의 시민운동 단체들은 환경, 여성, 평화, 인권 등 실질적인 생활정치의 이슈를 추구하는 경향을 보였고, 거대 조직 중심의 운동보다는 네트워크를 중심으로 다양한 생활 영역에서의 협력경제운동, 토착적 마을 만들기운동, 다양한 생태공동체나 생활공동체 실험운동 등이 지역에 기반을 두고 점차 확산되었다. 이러한 '생활정치'의 흐름은 자아실현과 자기확장을 추구하는 새로운 사회운동이기 때문에 국가주의 프레임에서 작동하는 1990년대식 '권력지향'이나 '영향력 지향'의 시민운동과는 달리 '정체성 지향의 운동'이며(Cohen, 1984; Rucht, 1990; Cohen & Arato, 1992), 원칙적으로 시민사회 영역에서 전개되는 운동이기도 하다(Scott, 1990).

생활공공성 운동은 시민사회에 국한되지 않고 제도 영역으로도 확장 가능한 생활정치 운동이라 말할 수 있다. 생활공공성 운동은 시민 사회의 운동 영역에서 새로운 삶의 방식을 실천하는 생활정치 '운동' 의 한계를 넘어 제도 영역으로 자율적 공공성의 질서를 확장하는 시민 운동의 새로운 지향이라 할 수 있다. 따라서 생활공공성 운동은 첫째, 시민사회의 운동 영역과 정부 및 정치 영역을 비롯한 제도 영역을 포 괄함으로써 사회구성체 전체에 결부된 운동이라는 점이 강조되어야 한다. 둘째, 생활공공성 운동은 중앙집권적 국가주의를 기반으로 하는 87년 정치 지향의 운동을 넘어 생활에 내재하는 공공성을 추구함으로 써 탈개인화된 삶을 추구하는 운동이라 할 수 있다. 셋째, 생활공공성 운동은 억압적 국가공공성과 직접적 대립을 통한 투쟁, 저항, 감시, 해 방의 운동보다는 새로운 제도와 새로운 삶의 '실현'을 추구하는 데 더 많은 가치를 두는 운동이다.

먼저, 생활공공성의 구조에 주목할 필요가 있다. 생활공공성은 공공 성의 구조적 요소들이 생활 영역으로 확장됨으로써 개인의 실존적 생 활에 공공성의 질서가 내재화되는 것을 말한다. 공공성을 구성하는 요 소들은 무엇보다도 공민성, 공익성, 공개성의 세 가지 핵심요소를 분 석적 수준에서 구분할 수 있다(조대엽·홍성태, 2013).[3]

먼저 '공민성'은 공적 시민 혹은 자격 있는 사회구성원이 공공성 의 주체로서 획득한 민주적 성취의 수준을 의미하는 것으로 공공성이 근대적 질서이면서 동시에 민주주의 질서라는 점을 함의한다(조대엽,

---

3 공공성의 세 가지 핵심 요소의 분석적 지표에 관해서는 조대엽·홍성태(2013)의 논문 에서 상세히 다루고 있다. 공민성, 공익성, 공개성의 요소에 대한 여기서의 설명은 이 논문에서 발췌·인용한 것임을 밝힌다.

2012: 11). 공민성은 근대자본주의 사회구성체가 추구하는 정치질서의 근간이다. 즉 공민성은 주권자로서의 시민이 누리는 민주주의의 수준을 의미하는 것으로 공공성을 구성하는 정치적 차원이라 할 수 있다. 이 점에서 공민성은 민주주의의 이념과 가치의 수준, 사회 영역이나 제도 내에서 보장되는 민주적 결정과 민주적 참여의 수준, 사회 영역의 구성원이나 제도의 운영자, 나아가 정책의 수혜자 집단이 관련되는 삶의 영역에서 민주적 자아의 실현을 체감하는 수준 등을 주요 내용으로 할 수 있다.

둘째, '공익성'은 일반적으로 공공성 개념과 혼용해서 사용하는데, 여기서는 '물적 자원의 공유성'이라는 차원으로 협의적으로 정의하고자 한다. 하나의 사회구성체가 공동체적 삶과 생존을 유지하기 위해서는 물질적 자원 혹은 효용적 편익설비를 포괄하는 경제적 요소가 필수적이다. 공민성의 가치가 제도와 행위에 반영되어 나타나듯 공익성 또한 자원을 배분하는 다양한 제도와 규범으로 현실화된다. 오늘날 대부분의 사회에서 경제적 자원과 편익설비는 공동체 구성원의 인간적 삶에 공통적으로 필요한 사회기반 자원이 있는가 하면, 사회적 분배의 차원에서 공급되는 정책(복지)자원이 있고, 나아가 자연의 물리적 편익을 제공하는 자연자원도 있다. 이러한 자원들이 구성원들에게 실제로 제공되는 것은 공적 관리체계를 통해 구현되기 마련이다. 따라서 한 사회의 물적 자원이 어떤 수준에서 공유되고 있는가를 가리키는 공익성은 물적 자원을 배분하는 다양한 제도와 법규범에 반영되어 있다.

셋째, '공개성'은 행위의 개방성과 관련되어 있다. 의사소통적 행위를 본질로 하는 이른바 공론장의 개방성이 공개성의 핵심이라 할 수 있는 것이다. 특정의 조직이나 제도가 드러내는 대내적 소통과 아울러 대외적 소통의 수준이 바로 공개성의 수준을 말한다. 대부분의 사회조직과 공적 제도는 그 자체가 공론장으로서의 의의를 갖는다. 그러나 많은 경우 제도와 규범에는 개방과 소통을 지향하는 형식적, 법적 규정이 있으나 실제 운영방식과 행위 양식에 있어서는 반영되지 않는 경우가 대부분이다. 말하자면 형식적 개방성과 실질적 폐쇄성을 보여주고 있는 것이다. 이러한 점에서 공공성의 사회문화적 차원이라고도 할 수 있는 공개성의 범주는 형식적 개방에서 실질적 개방까지 다양한 수준을 구체화할 수 있다.

이 같은 공민성·공익성·공개성의 요소는 한 사회의 공공성을 측정할 수 있고, 공공성의 수준을 알 수 있게 하는 지표라 할 수 있다. 생활공공성 운동은 다른 무엇보다도 개인의 실존적 삶이 작동하는 모든 생활 영역에 이 같은 공민성, 공익성, 공개성의 범위와 수준을 확장시킴으로써 공민, 공익, 공개의 제도를 광범하게 실현하는 것을 목적으로 하는 운동이다. 우리 시대에 생활의 영역은 정치, 경제, 복지, 환경, 노동, 여성, 가족, 보건의료, 식품, 교육, 과학기술, 주택, 예술, 학술 등 대단히 다양하다. 이 모든 생활 영역에 공민, 공익, 공개의 질서를 확장함으로써 모든 생활 영역에서 공공성의 수준을 획기적으로 높이는 것이야말로 생활공공성 운동의 목적이라 할 수 있는 것이다.

요컨대, 생활공공성 운동은 개인의 실존적 삶에 공공성의 요소를 내재화하는 것으로 생활의 정치적 복원을 실현하는 운동을 의미한다. 이러한 생활공공성의 패러다임에서 제도정치의 영역은 개인의 실질적 삶과는 동떨어져서 작동하는 대의적 권력의 정치가 아니다. 생활공공성의 질서에서 "정치는 내 삶에 필요한 것을 제공해주는 제도"이고 "정치는 내 삶의 문제를 해결해주는 제도"로 재구성되어야 한다. 나아가 생활공공성의 질서에서 정치는 참여와 숙의, 분권과 자율의 정치과정을 통해 삶을 온전히 '나의 것'으로 실현하는 과정이기도 하다.

다른 한편 생활공공성의 질서에서는 물질적 자원을 복지의 차원에서 공유하거나 협업 관리함으로서 "내 삶을 살 만한 것으로 만드는 것"이 정치이다. 아울러 공개성의 수준에서도 "내 삶을 표현할 수 있고 공감할 수 있는 개방적이고 투명한 정치"야말로 개인의 실존적 삶에 공공성을 내재화하는 실천적 과제라 할 수 있다. 이러한 점에서 생활공공성 운동은 시민사회의 영역에서, 나아가 국가와 정부의 제도 영역에서 자아실현적이고 참여적인 공공성의 질서를 구축하는 '실현운동'이라 말할 수 있는 것이다.

IV. 공공성의 재구성과 생활민주주의

1. 외재적 민주주의와 내재적 민주주의

생활공공성은 한편으로는 국가공공성이 드러내는 억압과 배제의 위기와 다른 한편으로는 신자유주의 시장화에 따른 공공성 해체의 위기를 동시에 넘어서는 새로운 공공성의 질서이다. 따라서 생활공공성 운동은 모든 사회구성 영역에서 개인의 실존적 삶에 공공적 요소를 내재화함으로써 자율성과 공공성을 결합한 생활의 정치적 복원을 지향하는 운동인 것이다. 이제 생활공공성 운동은 시민의 삶에 내재하는 공공성을 보다 높은 수준의 공적 질서로 실현하는 데 운동의 자원이 모아짐으로써 단순히 생활의 정치적 복원이 아니라 생활의 '민주주의적 복원'을 지향하게 된다. 여기에서 '생활민주주의'야말로 생활공공성 운동의 핵심적 이념으로 강조된다. 생활민주주의를 이념적 기반으로 하는 생활공공성 운동은 이제 시민적 삶의 다양한 영역을 민주주의의 가치와 제도로 재구성하는 과정을 의미하게 된다.

생활공공성의 구조에서 살펴보았듯이 사실 생활공공성의 질서에는 이미 공민성의 요소가 내재되어 있다. 생활민주주의는 이러한 점에서 이론 구성의 중첩적 요소로 해석될 수도 있다. 그러나 생활공공성 운동의 이념으로서의 생활민주주의는 생활공공성을 구성하는 제1요소이기도 하지만 생활공공성 시대를 선도하는 보편적 민주주의의 원리이자 나아가 생활공공성 시대 사회구성 원리로서의 가능성을 함의한다는 점에서 정치, 경제, 사회문화적 삶을 아우르는 새로운 질서를 지칭하는 것일 수 있다.

주지하듯이 역사상 존재했던 민주주의의 유형은 대단히 다양하며, 유사한 유형이라 하더라도 국가마다 독특한 차이를 갖기 마련이다. 대체로 보더라도 민주주의 유형들은 아테네 고전 민주주의, 이탈리아 도시공화정과 근대 초기의 공화제 민주주의, 근대의 자유민주주의, 마르크스주의적 직접민주주의, 경쟁적 엘리트 민주주의, 다원민주주의, 신자유주의 법치민주주의(legal democracy), 참여민주주의(participatory democracy), 숙의민주주의(deliberative democracy) 등을 들 수 있다.[4] 이러한 민주주의 유형들은 공화주의, 자유주의, 사회주의의 사상적 전통에 다양한 방식으로 결부됨으로써 정당한 권위의 문제, 정치적 평등

---

4 헬드는 역사적으로 등장한 민주주의의 주요 모델을 네 개의 고전 모델과 다섯 개의 현대 모델로 정리하고 있다(데이비드 헬드, 2010: 20-21).

의 문제, 자유의 문제, 도덕적 자기 발전의 문제, 공익의 문제, 공정한 도덕적 절충의 문제, 욕구 충족의 문제, 효과적 결정의 문제 등에 대한 입장들을 발전시켰다(데이비드 헬드, 2010: 19).

이러한 입장들은 현대 민주주의론의 몇 가지 핵심적 쟁점에 관해서는 크게 대별되는 지점들을 보이고 있다. 첫째, 시민이 정치과정에 관여하는 수준이 어느 정도까지인가라는 문제에 관해 대별되는 입장이 있다. 민주주의를 시민이 공적 정치과정에 직접 관여하는 시민권력으로 이해하는 입장과 시민의 정치 관여는 대표의 선출에 국한하고 선출된 대표들이 권한과 책임을 갖는 체제를 민주주의로 이해하는 입장이 구분될 수 있다. 직접민주주의나 참여민주주의는 전자에 해당하고 대의민주주의나 자유민주주의는 후자의 입장이라 할 수 있다.

둘째, 민주주의의 적용 범위에 관해서도 근본적으로 대별되는 입장들이 있다. 즉 사회구성 영역을 국가와 시민사회로 구분할 때, 시민사회와 개인의 자유를 보장하기 위해 민주주의는 국가 영역에 국한되어야 한다는 입장과 민주주의는 시민사회 영역까지 확대되어야 한다는 입장이 대별된다. 자유주의나 신자유주의, 엘리트주의 이론에 기반을 둔 민주주의 유형은 전자에 해당하고 사회주의, 신좌파 사상에 기초한 마르크스주의적 직접민주주의, 참여민주주의, 숙의민주주의 모델 등은 후자의 입장이라 말할 수 있다.

셋째, 민주주의의 목적 혹은 정치참여의 성격에 대해서도 서로 다른 입장이 구별된다. 즉 민주주의를 시민의 근본적인 자기실현의 방식으로 이해하는 입장과 민주주의를 개인적 자유를 보호하기 위한 수단으로 간주하는 입장이 대별될 수 있는 것이다. 전자는 시민이 인간적 존재로 발전하는 데 있어 정치참여가 갖는 본질적 가치가 강조됨으로써 민주주의를 시민적 덕성을 갖추는 과정으로 보는 것이다. 후자는, 민주주의는 자의적 권력으로부터 개인의 자유와 이익을 보호하기 위해 작동하는 제도적 장치로 이해하는 것이다. 직접민주주의, 참여민주주의, 숙의민주주의 등은 전자의 입장에 있고, 자유주의에 기초한 민주주의 유형이라 할 수 있는 경쟁적 엘리트 민주주의, 다원민주주의, 신자유주의적 법치민주주의 등의 흐름은 후자에 해당한다고 할 수 있을 것이다.[5]

이제, 시민의 실존적 삶으로서의 '생활'과 민주주의의 관계라는 점에서 볼 때 민주주의의 다양한 유형들은 시민의 구체적인 삶 속에 민주주의와 국가, 정치가 깊이 결합되어 있는 '내재적 민주주의'와, 다른 한편으로는 민주주의와 국가, 정치의 영역에서 시민의 생활이 배제됨으로써 민주주의와 국가, 정치가 시민의 삶 밖에 존재하는 '외재적 민주주의'를 구분해 낼 수 있다. 민주주의와 관련된 세 가지 핵심 쟁점에 관해 대별되는 입장 가운데 직접민주주의, 신좌파적 시민사회 민주주의, 그리고 계발민주주의 등은 내재적 민주주의를 '지향'하고, 대의민주주의, 자유주의 및 신자유주의 민주주의, 보호민주주의 등은 외재적 민주주의를 지향한다고 할 수 있다.

---

5 민주주의의 다양한 모델들을 헬드는 민주주의의 목적이나 정치참여의 성격이라는 측면에서 '계발주의(Developmental Democracy)'와 '보호주의(Protective Democracy)'로 구분한다. 참여를 통한 시민의 자아실현을 지향하는 직접·참여·숙의민주주의 등은 계발주의적 요소가 강조되고, 민주주의가 국가 영역에서 오로지 개인의 자유와 이익을 보호하기 위해 작동해야 한다는 대의민주주의 및 자유민주주의의 다양한 유형은 보호주의 요소가 강조되는 것으로 평가한다. 물론 공화제적 민주주의나 자유민주주의도 계발민주주의와 보호민주주의 측면이 공존하고 있으며 이러한 특성이 다시 민주주의 모델의 분화 경향을 드러내는 것으로 보기도 한다(데이비드 헬드, 2010: 22).

2차 세계대전 이후 등장한 민주주의 모델 가운데 신자유민주주의 (혹은 법치민주주의), 참여민주주의, 숙의민주주의 등의 모델에 주목하면 민주주의의 내재성과 외재성 문제에 관해 보다 엄밀하게 살필 필요가 있다. 근대의 자유민주주의가 분화된 다양한 민주주의의 형태들 가운데 신자유민주주의 모델은 서구 복지국가의 개입주의적 경향에 명시적으로 반대함으로써 자유주의를 재강화하는 신우파의 민주주의 모델이라 할 수 있다. 이 모델은 개인 외에 다른 어떤 사회적 실체나 정치적 실체도 존재할 수 없다는 전제에서 출발해 사회에 대해 우선순위나 분배 유형을 명확히 제시해주는 어떤 일반원칙도 정당화될 수 없다고 강조한다(Nozick, 1974: 33; Hayek, 1976). 이 모델에서 강조되는 유일한 권리는 사회와 무관한 그리고 무엇보다 다른 사람의 권리를 침해하지 않는 한 자신의 목적을 추구할 수 있는 권리를 포함하는 양도할 수 없는 개인의 권리이다(데이비드 헬드, 2010: 383).

따라서 신자유주의적 민주주의는 개인 권리의 보호에 부응하는 최소 개입의 정치권력을 의미하며, 여기서 개인의 권리는 재산과 자원 축적의 권리와 관련되어 있고 개인은 정치적, 사회적 실체가 아니라 시장적, 경제적 존재인 셈이다. 이러한 점에서 하이예크에게 민주주의는 목적이 아니라 하나의 수단이다. 말하자면 최고의 정치적 목표라 할 수 있는 자유를 보호하는 수단이자 실용적 장치인 것이다(Hayek, 1976: 62).

자유시장 사회와 최소국가를 지향하는 신자유주의 민주주의 모델에서 시민의 생활은 정치과정으로부터 배제되어 있을 뿐 아니라 고도의 경쟁과 효율의 가치가 만연한 시장사회에서 개인은 자유로운 권리의 존재가 아니라 고단한 삶이 해체되고 파편화되어 마침내 삶이 파괴되고 마는 개인으로 몰락하게 된다. 일반적인 대의민주주의에서 제도정치 영역은 위임권력이 작동하는 영역으로 다른 사회 영역과 구분됨으로써 시민의 구체적인 생활 영역은 정치에서 분리되고 배제되는 경향을 갖는다. 어쩌면 오늘날 신자유주의적 법치민주주의는 대의민주주의의 극단적 형태라고도 할 수 있다. 여기에 한국과 같은 중앙집권적 국가주의의 오랜 정치관행이 결합되면 시민의 삶은 더욱더 정치와 멀어지거나 해체되고 만다. 이러한 형식 민주주의의 질서는 아무리 정당정치와 선거제도를 갖고 있다 하더라도 시민의 실질적인 삶과 분리되어 시민의 생활 바깥에서 작동하는 절차와 제도로 존재하는 외재적 민주주의라 말할 수 있는 것이다.

신자유주의적 법치민주주의가 신우파의 가장 선명한 정치이념이라면 이에 직접적으로 대응하는 신좌파의 정치이념으로는 '참여민주주의'와 '숙의민주주의'가 있다. 참여민주주의는 국가 영역을 공개적이고 책임있게 만들어 민주화시키는 한편, 사회도 책임성을 보장하는 절차를 갖추어야 한다는 관점에 있다. 이러한 참여적 절차들을 갖춘 참여사회는 인간의 계발을 촉진하고 정치적 효능감을 제고해주며 권력중심으로부터의 소외감을 감소시키고 집단 문제에 대한 관심을 키울 뿐만 아니라 정부의 일에 좀 더 민감하게 관심을 가질 수 있는 적극적이고 식견 있는 시민을 형성하는 데 기여하는 사회라는 점이 강조된다(Pateman, 1970).

무엇보다도 참여민주주의가 대의민주주의의 대안의 정치질서가 아니라 대의적 질서를 수용하는 체제라는 점이 강조되어야 한다(Pateman, 1970·1985). 즉 경쟁적 정당, 정치적 대표, 정기적인 선거 등 자유민주주의의 핵심 제도 대부분은 참여사회의 불가피한 요소이며,

참여민주주의의 가장 현실적인 진전은 정부를 둘러싼 정당과 이익집단의 경쟁에 의해 보완되는 직장이나 지역 현장에 대한 직접참여와 통제라 할 수 있다. 페이트먼은 대의제로 보완되는 참여민주주의의 의의에 대해 다음과 같이 강조한다(Pateman, 1970: 110). 첫째, 개인이 현장수준의 의사결정에 직접참여 기회를 가질 경우에만 일상생활에 대한 실질적 통제가 이루어질 수 있다. 둘째, 현장 영역의 광범한 참여 기회는 전국적 정치의 대의적 환경을 근본적으로 변화시킬 것이다. 셋째, 지역적 수준과 전국적 수준 모두에 적합한 참여사회의 구조는 개방적이고 유동적이어야 하며 사람들이 새로운 정치 형태를 실험하고 배울 수 있어야 한다. 따라서 참여사회는 반드시 실험사회가 되어야 한다. 이러한 점에서 참여민주주의는 생활 현장의 정치화를 지향한다.

참여민주주의가 지향하는 목적은 원칙적으로 식견있는 시민의 성장을 통한 자아실현과 자기계발이라 할 수 있다. 이러한 목적은 민주주의의 내재성을 보여주는 참여민주주의의 지향점이라 할 수 있지만 실제로 참여민주주의 이론과 현실은 외재적 민주주의를 넘어서지 못하는 한계를 보이고 있다. 첫째, 참여민주주의는 대의민주주의 제도와 직접민주주의 제도의 체계적인 결합 방식에 대해 언급하지 않음으로써 행정조직과 권력이 직접민주주의에 의해 어떻게 견제되는지를 살피지 않고 있다. 따라서 참여민주적 제도와 절차들은 대의제의 외곽에서 분절적이고 일시적으로 작동함으로써 내재적 민주주의로 기능하기 어렵다. 둘째, 참여민주주의는 시민들이 참여적 정당을 비롯한 다양한 참여제도에 실제로 참여할 수 있기 위해서는 경제적 조건이나 문화적 조건을 비롯한 생활 영역의 포괄적 조건이 갖추어져야 한다는 사실을 간과하고 있다. 참여민주주의는 정치적 절차뿐 아니라 새로운 삶의 양식에 이르는 민주주의 이론이기 때문에 경제를 비롯한 생활 영역이 실제로 어떻게 조직되고 정치과정과 어떻게 연관되는지에 대해 설명해야 하지만 여기에 대해 취약하다. 따라서 참여민주주의는 여전히 생활과 구분되는 정치 영역의 참여적 절차와 제도에 방점을 둠으로써 민주주의의 외재성을 넘어서기 어렵게 한다.

참여민주주의의 질적 개선을 추구하는 새로운 민주주의 모델은 '숙의민주주의'(Bessette, 1980·1994)이다. 숙의민주주의는 참여 자체를 위해 정치 참여를 증대시키는 것이 아니라 참여의 본질과 방식을 제고하는 데 초점을 맞춘다. 말하자면 참여와 합리성 간에는 비례적 관계가 존재하지 않기 때문에, 계몽된 논쟁, 이성의 공적 사용, 진리의 불편부당한 추구 등이 지지되는 것이다. 따라서 현대 민주주의론의 도전과제는 "숙고를 거친, 일관된, 상황에 얽매이지 않는 절차의 도입"(Offe & Preuss, 1991: 167)에 있다.

이 같은 숙의민주주의에는 직접민주주의나 참여민주주의의 한계에 대한 뚜렷한 자각이 있다. 직접민주주의나 참여민주주의에 대한 회의는 첫째, 가장 일반적 이유로 고도로 분화되고 복잡한 현대사회에서 직접민주주의의 이상은 실현될 수 없다는 점에서 비롯된다. 둘째, 소규모 공동체에서 대면적 의사결정을 이상적인 것으로 간주하는 것 자체가 문제라는 것으로 이는 소규모 민주주의는 선동에 훨씬 더 취약하기 때문이다. 셋째, 참여가 확대되는 것만으로는 참여의 '질' 문제를 해결할 수 없다. 특히 참여민주주의론은 숙의의 결여에 관심을 갖지 않았다(Fishkin, 1991: 21-50).

참여민주주의에 대한 성찰을 토대로 숙의민주주의는 자유주의 이론과 민주주의 사상의 공통된 시각을 근본적으로 바꿀 필요가 있다는 점을 강조한다. 따라서 무엇보다도 민주주의적 정통성의 근원을 이미 결정된 개인의 의사가 아니라 오히려 그것의 형성과정, 즉 숙의 그 자체에서 찾고자 하며 숙의의 절차를 핵심적 정치과정으로 간주하는 것이다. 숙의민주주의는 시민들의 고정된 선택을 열린 학습과정으로서의 정치로 대체하고자 한다. 여기에는 공공적 수준에서는 의사결정의 질을 논쟁의 핵심 과제로 삼아야 한다는 점과 개인의 선호는 고정된 것이 아니라 변화 가능한 것이라는 점을 전제로 하는 공론장의 출현이 필요하다는 인식이 자리 잡고 있다.[6] 이러한 점에서 숙의민주주의는 "자유롭고 평등한 시민들의 공적 숙의가 정당한 정치적 의사결정이나 자치의 핵심요소"가 되는 민주주의의 새로운 유형이라 할 수 있다. 이 민주주의 모델에서 정치적 정통성은 투표함이나 다수결 자체에 있기보다는 공적 결정에 대해 옹호 가능한 이유와 설명을 제시하는 데 달려 있다(Manin, 1987; Dryzek, 1990; Bohman, 1998; Saward, 2003).

숙의민주주의의 절차와 제도는 숙의적 여론조사(deliberative polls), 숙의일(deliberative days), 시민배심원제, 유권자 반응(voter feedback) 메커니즘과 시민 의사소통의 확대 등으로 다양하게 나타나고 있다.[7] 이러한 제도들은 오늘날 인터넷이나 TV, 라디오 네트워크 참여, 전자정부 및 전자민주주의의 다양한 실천적 정치 양식을 통해 공적 토론의

---

6 이러한 공론장에서 선호나 이해의 타당성을 검토하는 것은 무엇보다도 '타인의 입장에서 생각하는 것'을 의미하는데(Benhabib, 1992: 9-10), 롤즈의 '원초적 상태', 하버마스의 '이상적 담화 상황', 배리의 '불편부당주의적 논증' 등에 공유된 핵심 내용이다(Rawls, 1971; Habermas, 1996; Barry, 1989 ·1995).

7 이 같은 숙의민주주의 제도에 대한 제안과 설명은 Fishkin(1991), Ackerman & Fishkin(2003), Beetham(2005), Adonis & Mulgan(1994), Hacker & Dijik(2001) 등의 저술을 참고할 수 있다.

범위와 질을 확대시킴으로써 훨씬 더 활발하게 구현되고 있다. 이 같은 숙의민주주의의 제도들은 민주적 생활의 질을 발전시키고 민주적 결과물을 강화하는 데 목적이 있으며 이러한 숙의적 요소를 포함함으로써 민주적 절차와 제도의 정통성을 강화할 수 있게 된다(데이비드 헬드, 2010: 451).

이처럼 공적 숙의의 과정을 통해 이해관계를 이성적 토론의 제도로 바꾸고자 하는 숙의민주주의는 무엇보다도 사회적 관계에 부착된 권력, 계급, 위세와 관련된 일체의 지위를 내려놓은 불편부당한 상태, 즉 오로지 논증의 권위만이 작동하는 이상적 담화 상황(위르겐 하버마스, 2001)을 전제로 하기 때문에 추상적이고 비현실적이라는 원천적 비판에서 자유롭지 못하다(Gutmann & Thompson, 1996). 이와 아울러 숙의민주주의는 비록 공적 숙의의 과정을 통해 정제되고 사려 깊은 선호를 계발함으로써 시민의 실존적 삶과 정치의 거리를 획기적으로 좁힐 수 있는 정치적 기획일 수 있지만 실제로는 참여민주주의가 갖는 외재성의 한계를 넘어설 수 없는 것으로 보인다.

첫째로 숙의 과정은 대의제를 보완하는 절차이자 대의제의 정당성을 보증하는 장치로 작동함으로써 여전히 정치 영역의 절차와 제도로 포섭되기 때문에 숙의민주적 과정이 시민의 일상과 실존적 삶의 영역으로 내재화되기 어렵다. 둘째로 공적 숙의가 활발하게 되어 대의민주적 질서를 포위할 수준이 되기 위해서는 숙의적 참여가 보편적으로 수월할 수 있는 사회경제적 조건이 동시적으로 갖추어져야 한다. 말하자면 숙의민주주의의 문제는 정치의 문제를 넘어서는 생활의 문제와 결부되어 있는 것이다. 따라서 숙의적 절차가 생활 영역의 현실적 조건의 변화 없이 분절적으로 실천되는 것은 숙의민주주의가 여전히 시민의 생활 밖에서 작동하는 외재적 수준에 머무르고 있다는 점을 말해준다.

2. 생활민주주의의 가치와 내재적 민주주의

참여민주주의와 숙의민주주의는 비록 참여와 숙의의 절차를 통해 자아실현의 가치를 추구함으로써 민주주의의 내재성을 지향하지만 현실적 수준은 여전히 절차와 제도에 갇혀 시민의 실질적 삶과 결합되지 않고 있다. 그럼에도 참여민주주의와 숙의민주주의의 절차는 민주주의의 내재성을 확대하는데 없어서는 안 될 요소들이라 할 수 있다. 따라서 시민의 생활을 국가와 정치, 민주주의 질서에 결합시킴으로써 생활을 정치적으로 재구성하기 위해서는 참여민주주의와 숙의민주주의를 포괄하면서도 이를 넘어서는 내재적 민주주의가 추구되어야 한다.

자유민주주의가 중앙집권적 국가주의로 강화된 대의정치 질서에서 시민은 정치의 도구이고 시민의 삶은 정치의 장식으로 전락함으로써 민주주의는 생활의 외재적 요소가 되었다. 민주주의의 궁극적 목적이 개인의 자유를 보장하고 보호하는 데 있다는 입장에서는 민주주의는 하나의 제도적 수단으로 간주되고 정치적 절차와 과정에 국한된 분석적 개념이 되고 만다. 민주주의가 정치적 수단과 과정으로 규정될 때 시민의 삶은 정치와 분리되고 정치과정에서 배제되는 것이다. 생활민주주의는 무엇보다도 민주주의를 절차와 수단이 아니라 목적이자 결과로 전환시킨다. 민주주의가 삶과 결합됨으로써 민주주의 자체가 정치의 궁극적 목적과 결과가 되는 것이다. 시민의 생활이 민주주의이고, 국가이며, 정치로 구성됨으로써 민주주의가 절차와 수단에 머무는 것이 아니라 목적으로서의 생활과 일치하는 것이야말로 생활민주주의의 핵심 논리라고 말할 수 있는 것이다.

생활민주주의는 민주주의와 국가, 정치는 곧 생활이라는 점에서 가장 적극적인 내재적 민주주의라 할 수 있다. 생활민주주의는 우리 시대의 탈냉전, 탈근대의 지구적 사회변동을 반영하는 다음과 같은 다섯 가지 내재적 민주주의의 특징을 강조할 수 있다.

첫째, 생활민주주의는 민주주의의 궁극적 목적이라 할 수 있는 시민의 생활에 민주주의를 내재적으로 구현하는 '본원적 민주주의'이다. 정치의 본질을 '권력'으로 보는 일반적 시각은 정치와 민주주의를 다른 사회 영역으로부터 분리시킴으로써 과정과 수단으로서의 정치를 강조하는 경향이 있다. 수단으로서의 정치, 절차로서의 민주주의는 중앙집중적 대의정치의 질서에서 필연적으로 '제도정치'라는 고유의 영역을 구축함으로써 시민의 생활을 정치로부터 분리시키고 배제시킨다. 정치와 민주주의, 국가의 원천은 시민의 삶이다. 시민의 생활은 정치와 민주주의, 국가의 본질이자 존재 이유이기도 하다. 따라서 대부분의 민주주의 모델들은 수단과 절차, 과정의 측면만을 강조함으로써 비본질적 민주주의론이라고도 말할 수 있다.

근본주의적 시각의 생활민주주의는 민주주의를 제도적 절차나 수단을 넘어 실현해야 할 공공의 가치이자 생활양식으로 간주한다. 가치와 생활양식으로서의 생활민주주의는 개인의 실존적 삶을 정치적으로 재구성한다. 말하자면 생활의 정치적 재구성은 개인의 실존적 삶에 내재된 소외, 고립, 고통, 가난, 불안, 우울, 분열, 해체와 같은 불안정한 측면들을 공감, 소통, 협력, 공존, 자아의 공적 실현 등과 같은 생활공공성의 질서로 재구성하는 것을 의미한다.

둘째, 생활민주주의는 정치와 민주주의의 작동 범주를 확장시킴으로써 다양한 생활 영역을 정치적으로 포괄하는 '포괄적 민주주의'라 할 수 있다. 대의민주주의의 질서에서 정치 영역은 대체로 정부와 의회, 정당의 영역이 포함됨으로써 시장 영역이나 시민사회 영역과 구분되는 질서로 간주된다. 생활민주주의는 정치 영역뿐 아니라 시장 영역과 시민사회 영역을 포괄적으로 정치화하는 것을 과제로 삼는다. 생활민주주의는 공적 영역과 사적 영역의 구분을 넘어서는 생활공공성의 질서를 추구하는데, 생활공공성의 질서는 다른 무엇보다도 다양한 생활 영역에서 구축된 참여, 소통, 공감, 합의의 질서를 의미한다. 참여, 소통, 공감, 합의의 절차를 생활 영역에 내재화하기 위해서는 정치적 절차와 제도만 갖추어져서는 안 된다. 제도와 절차가 실효성을 가지려면 생활 영역 일반의 고른 민주적 성장이 필요하며 특히 시장 영역의 보편적 성장을 통해 경제민주주의 혹은 시장공공성이 확장되어야만 정치적 참여와 합의의 가능성이 그만큼 확장된다. 고도로 양극화된 신자유주의적 경쟁사회에서 생계 자체가 버거운 시민들로서는 자율에 바탕을 둔 정치 참여 자체가 무망한 일이 될 수 있다. 따라서 생활민주주의는 비정치적 영역의 민주주의를 포괄하는 정치 전망이라 말할 수 있다.

셋째, 생활민주주의는 근대성의 제도에 갇혀 정치적 동원의 대상이 된 수동적 '국민'을 능동적 시민으로 정치화시키는 '자아실현적 민주주의'이다. 근대성의 핵심 제도로 구축된 국민국가와 중앙집권적 대의정치가 권위주의와 억압적 통치로 전환되었을 때 민주주의는 정치적 억압에 대한 해방과 탈출의 이념이었고 민주화운동의 신념 체계였다. 그러나 생활민주주의는 시민의 실존적 삶 속에 내재화된 민주주의를 지향하기 때문에 시민사회의 운동 영역에서 전개되는 자아실현적인 생활공공성 운동의 가치지향일 뿐 아니라 정부정책이나 정당과 같은 제도 영역을 생활공공성의 질서로 재구성하는 새로운 이념이기도 하다.

자아실현의 민주주의로서의 생활민주주의는 민족, 냉전이념, 성장, 개발, 군사안보 등 국가주의를 이끄는 거대담론의 정책 이슈들보다는 공동체, 평화, 인권, 평등, 생태, 안전 등 개인의 실존을 공공적으로 재구성하는 이슈를 지향한다. 이러한 협력과 공존의 이슈를 실현하기 위해 생활 영역을 민주적이고 공공적으로 재구성하는 우선적 과제는 무엇보다도 참여와 숙의의 절차를 갖추는 일이다. 따라서 자아실현적 민주주의로서의 생활민주주의는 참여민주주의와 숙의민주주의의 가치와 제도들을 포함하며 이를 확장하는 민주주의 모델이라 할 수 있다.

넷째, 생활민주주의는 '지구적 민주주의'로의 확장성을 갖는다. 근대 국민국가는 민족, 이념, 종교의 외피와 형식으로 포장된 일국적 국가공동체에 기반을 둠으로써 서로 다른 민족, 이념, 종교, 이익의 외피를 가진 다른 국가와 끊임없는 긴장과 충돌 나아가 전쟁 위기에 직면해 있다. 이 같은 국가 간 긴장과 위기의 현실은 각국 시민의 삶과는 무관하게 작동하는 외교와 안보정치의 결과일 수 있다.

국가와 정치는 폭력과 전쟁을 낳을 수 있지만 시민과 생활은 안전과 평화를 원한다. 일국적 단위에서 시민의 생활에 정치와 민주주의가 내재된다면, 그리하여 만국의 시민들이 정치와 국가, 민주주의의 중심에 생활을 두고 생활 속에 민주주의를 내재화하는 생활민주주의를 지향한다면 지구적 정의와 지구적 민주주의는 훨씬 더 보편적 질서로 자리 잡을 수 있다. 이러한 점에서 생활민주주의는 외교와 안보의 새로운 지향이 될 수 있고 나아가 국제관계를 평화와 공존의 질서로 전환할 수 있는 새로운 이념적 원천이 될 수 있다.

오늘날 동아시아는 영토문제와 역사문제, 미국의 방위전략이 중첩되어 국가 간 긴장이 확대되고 있다. 적어도 동아시아 시민사회의 생활민주주의 세력들이 생활민주주의 네트워크를 구축하고 이를 통해 각국의 국가권력을 생활민주주의로 재구성할 수 있다면 동아시아 시민의 안전과 평화는 훨씬 더 빠르게 현실화될 수 있을 것이다. 동아시아 생활민주주의 네트워크는 지구적 생활민주주의 네트워크로 확산될 수도 있다. 아울러 남북관계에서도 민족적 상처와 냉전이념의 외피를 벗고 남북한 시민의 실존적 삶을 모든 정치의 근본적 요소로 삼을 때 남북 간의 한반도 협업정치는 크게 진전될 수 있다. 생활민주주의는 한반도 평화를 향한 새로운 전망일 수도 있다.

다섯째, 생활민주주의는 '탈냉전, 탈계급의 민주주의'라 할 수 있다. 자유민주적 대의정치든 사회민주적 대의정치든 계급 기반 민주주의의 유산이라는 점은 다르지 않다. 계급 기반이 해체된 탈냉전, 탈근대의 소비사회 구성체에서 계급 기반 대의민주주의는 한계를 보일 뿐더러 대의민주주의 질서 자체도 시민사회의 새로운 욕구를 담아내지 못하고 있다. 더구나 중앙집권적 국가주의가 대의정치와 결합되면 정치와 시민사회, 국가와 시민의 생활은 더욱더 분리된다. 생활민주주의는 국가주의 진보와 국가주의 보수를 넘어 탈냉전적이고 탈계급적인 생활 지향 진보의 지형을 열어준다. 생활민주주의를 지향하는 생활공공성의 구축은 새로운 진보의 과제일 수 있는 것이다. 여기에서 새로운 진보의 생활민주주의는 탈산업적 생태민주주의를 포괄하게 된다.

이상과 같이 생활민주주의는 본원성, 포괄성, 자아실현성, 지구적 확장성, 탈계급성 등을 특징으로 하는 내재적 민주주의라 할 수 있다. 내재적 민주주의로서의 생활민주주의는 무엇보다도 시민들의 실존적 생활 영역 안에 공공성을 갖추는 것을 의미하는 데 이것이 국가공공성을 넘어선 생활공공성의 질서인 것이다. 이러한 생활민주주의의 다섯 가지 특징 속에는 생활민주주의가 지향하는 몇 가지 원천적이고 핵심적인 가치가 작동하고 있다.

우선, 생활공공성은 외재적이고 타율적인 국가공공성과 달리 '자율'을 기반으로 한다. 자율적으로 출현한 공적 질서가 정부 중심의 국가공공성과 결합될 때 책임성의 영역이 훨씬 더 광범하게 작동하는 것이다. 생활민주주의는 이러한 점에서 공적 질서에 자율성과 책임성을 보다 넓게 확보하려는 실험이라고도 할 수 있다. '자율'의 가치가 구현되기 위해서는 형식적이고 정치적인 권리의 확보도 중요하지만 사회질서의 본원적 요소로서의 생활의 기반이 갖추어져야 한다. 특히 생활을 운영할 수 있는 사회경제적 필수요건이 충족되어야만 한다. 이러한 생활의 조건은 참여적이고 숙의적인 자아실현의 민주주의가 가능할 수 있는 전제이며 공동체의 자치를 위한 기초이기도 하다. 이 점에서 '자율'은 중앙집권적 국가주의로 억압되었던 민주주의의 본원성과 포괄성에 근거해서 자아실현적이고 지구적이며 탈계급적 민주주의를 가능하게 하는 생활민주주의의 핵심 가치이다.

둘째로 강조할 수 있는 생활민주주의의 핵심 가치는 '협력'의 가치를 들 수 있다. 중앙집권적 국가주의의 정치적 형식과 이념적 갈등, 통제적 제도의 외피를 벗은 시민의 실존적 삶이 생활민주주의로 재구성되는 것은 억압적이고 수동적인 개인의 실존이 해방적이고 적극적 실존으로 전환하는 것을 의미한다. 여기에서 시민의 실존적 삶은 경쟁과 갈등, 분열의 장이 아니라 자율에 바탕을 둔 '협력'의 가치가 작동하는 장이 되어야 한다. 어쩌면 생활민주주의의 본원성과 포괄성은 민족, 이념, 이익, 종교, 인종, 계급으로 균열되어 대결과 폭력, 투쟁과 전쟁으로 얼룩지고 가려졌던 인류문명 속에 원천적으로 내재되어 있었던 '협력'의 유전자를 찾아냄으로써 대안적 사회구성의 질서를 모색하고자 하는 새로운 민주주의의 뿌리를 함의하는 것일 수 있다. 협력의 가치는 현실적으로 협치의 정치와 협력의 경제를 모색함으로써 지구적이고 탈계급적인 민주주의를 실현하는 원천적 동력일 수 있다. 나아가 협력의 윤리는 우리 사회의 공공성을 새롭게 재구성하는 핵심 원리이기도 하다. 적어도 새로운 생활공공성의 질서는 자율과 협력의 윤리로 구축되어야만 자아실현성을 높이는 공적 질서로서의 의미를 가질 수 있다. 자아실현의 민주주의는 개별화되고 해체된 경쟁과 분열의 현실에서 확보될 수 없다. 개인의 자아는 함께하는 협력적 삶 속에서만 진정한 정체성을 확인할 수 있고 또한 만족할 수도 있다.

셋째로 강조되는 생활민주주의의 가치는 '책임'의 가치이다. 무엇보다도 생활민주주의는 중앙집권적 국가주의와 대의정치에 내재된 집중적 권력의 질서를 분산적 과정을 통해 재구성한다. 권력의 분산은 책임의 분산적 공유를 의미한다. 생활 영역의 민주화는 시민사회의 민주화를 의미한다. 생활민주주의는 시민의 삶에 대한 국가 영역의 책임을 강화함으로써 민주주의의 폭을 넓히는 반면 시민사회의 생활 영역도 정치적 기능을 공유함으로써 민주적 참여와 책임 또한 공유하는 새로운 질서라 할 수 있다. 권력의 분산은 책임의 분산과정이기도 하다. 자율의 가치와 협력의 가치는 책임의 가치를 수반함으로써 생활민주적 질서를 보장할 수 있게 된다. 생활민주주의는 시민의 삶과 직접적으로 결부된 생태적 조건과도 연관되어 있다. 생태적 현실은 생활의 선택에 따라 결정되기 때문에 생태민주주의는 생활민주주의에 종속적이다. 따라서 생활민주주의의 핵심 가치로서의 책임 윤리는 생태적 책임도 수반하게 된다.

이처럼 자율과 협력, 책임의 가치는 생활민주주의를 지탱하는 세 가지 핵심축이라 할 수 있다. 내재적 민주주의로서의 생활민주주의의 특징을 보여주는 본원성, 포괄성, 자아실현성, 지구적 확장성, 탈계급성의 다섯 가지 성격 속에는 이러한 세 가지 핵심 가치가 내재되어 있다. 이제 자율과 협력, 책임이라는 핵심 가치는 '생활국가' 혹은 '생활정부'의 제도로 구체화됨으로써 다양한 정책적 비전을 가능하게 한다.

3. 생활민주주의의 제도화와 생활국가

생활민주주의의 본원성은 정치와 국가, 민주주의 운영의 중심에 시민의 생활을 두는 것에 있다. 본원적 민주주의로서의 생활민주주의를 지향하는 새로운 국가 모델을 '생활국가'라 할 때, 생활국가는 정치, 경제, 복지, 노동, 국방, 외교, 문화 등 국가 운영의 모든 영역이 시민의 실질적 '생활'을 향해 통합적으로 재구성됨으로써 중앙집권적 국가주의를 넘어서는 새로운 국가 모델이라 할 수 있다. 앞 절에서 생활민주주의의 주요 성격을 본원성, 포괄성, 실현성, 탈계급성, 지구적 확장성 등으로 설명했고 이러한 특성에 내재된 생활민주주의의 핵심 가치로는 자율과 협력, 책임의 가치를 강조했다. 생활국가는 무엇보다도 이 같은 생활민주주의의 가치가 구현된 제도적 총체이다. 생활국가의 제도와 정책들은 시민의 생활 영역과 적극적으로 결합함으로써 생활민주주의의 자율과 협력, 책임의 가치를 체계화하고 있는 것이다.

우선, 자율, 협력, 책임을 핵심 가치로 하는 생활민주주의는 정치권력 구조 및 국가권력 운용 방식의 절차와 제도의 수준에서는 분권, 참여, 합의라고 하는 세 가지 구체적인 원칙을 반영한다.

첫째, 자율과 협력·책임의 가치를 반영하는 '분권'의 원칙은 정치권력을 시민의 삶에 더욱 가깝게 나누는 것으로 생활국가의 정치권력 구조를 구성하는 제1의 원리라 할 수 있다. 무엇보다도 분권의 원칙은 현존하는 대통령 중심의 중앙집권적 국가주의 권력구조를 권력 간 균형과 견제를 가능하게 하는 훨씬 더 분산적 권력질서로 전환하는 핵심 원리이다. 아울러 선거제도의 개편을 통해 행정 권력을 견제할 수 있는 의회의 기능을 강화하고 시민의 대표성을 보다 충실하게 반영하는 것도 분권의 원리이다. 나아가 지방 분권적 자치 권력을 실질적으로 강화함으로써 지역적 삶을 정치의 중심에 두는 것을 포괄한다.

둘째, 생활민주주의의 가치를 구현하는 국가권력 운용의 제2원리는 '참여'의 원칙이다. 입법, 사법, 행정의 모든 절차를 시민 참여적으로 운영하는 것은 제도의 개방과 공개의 원리에 상응한다. 생활민주주의가 참여민주주의를 포괄하듯이 생활국가의 절차와 제도는 참여의 절차와 제도를 원칙으로 한다. 참여의 원칙이 대의적 질서를 완전히 직접 민주적 방식으로 전면 전환하는 것을 의미하는 것은 아니다. 참여의 원칙은 현장과 지역의 자치적 입법, 사법, 행정의 영역에서 적극적으로 실현되어야 하며 중앙정부의 영역에서도 보다 적극적인 참여의 실험이 이루어져야 한다. 참여의 원칙은 무엇보다도 생활국가의 절차와 제도가 다양한 참여적 실험에 개방되어 있어야 한다는 점을 강조한다. 참여의 절차가 대의적 영역을 포위하고 대의적 과정을 압박하며 감시할 때 대의적 영역 또한 생활민주주의의 실험이 확대될 수 있다.

셋째, 생활민주주의를 추구하는 권력운용 절차의 제3원리는 '합의'의 원칙이다. 민주주의의 절차는 원칙적으로 합의의 과정이어야 한다. 오랜 군부독재와 권위주의 정치과정에서 한국의 정치는 이른바 '기울어진 운동장'에서 전개되는 게임에 비유되었다. 형식적이거나 일방적인 준강제적 합의의 절차는 갈등의 골을 깊게 함으로써 훨씬 더 큰 사회적 비용을 치를 뿐이다.

생활민주주의의 합의의 질서는 시민의 참여와 숙의의 기회를 충분히 제공함으로써 비록 시간이 걸리더라도 이성적 숙의의 과정을 거치는 것이다. 숙의에 따른 합의의 절차는 소수의 권리를 보장하고 소수의 의견을 청취할 수 있는 기회를 가짐으로써 궁극적 협력을 지향하는 효과를 갖는다. 입법, 사법, 행정의 절차에 숙의적 합의의 절차를 갖추는 것이야말로 생활국가의 또 하나의 원칙인 것이다.

이제 자율과 협력, 책임 등 생활민주주의의 핵심 가치가 제도적으로 구현된 생활국가의 권력 운용 절차의 세 가지 원칙을 분권, 참여, 합의라고 한다면, 생활국가를 구성하는 정책과 제도의 비전에 주목해야 한다. 다음과 같은 생활국가의 정책 비전들은 특정의 제도 영역과 정책 분야에 해당하는 것일 수도 있으나 동시에 생활국가의 다양한 정책들이 공유하는 비전이기도 하다.

가장 우선적으로 강조할 수 있는 생활국가의 정책 비전은 포용과 상생의 '공정한 성장주의'이다. 일반적으로 진보진영의 경제 운영 기조를 '반성장주의'라고 기계적으로 보는 것은 오류일 수 있다. 일과 노동 없이 생활이 가능할 수 없듯이 부의 생산과 성장 없이 사회의 발전은 무망한 일일 수 있다. 문제는 어떤 성장이냐는 것이다. 생활민주주의의 자율, 협력, 책임의 핵심 가치는 생활국가의 보편적 운영 원칙이지만 특히 오늘날 국가주의 정치질서와 시장주의 사회질서가 기형적으로 맞물린 한국 사회에서는 공정하고 형평적인 사회경제시스템은 경제 영역에서 직접적으로 요구되는 원리라 할 수 있다. 한국 사회는 오랜 중앙집권적 국가주의의 정치질서에서 정치 유착적으로 성장한 재벌기업과 신자유주의적 시장조건에서 팽창한 대기업이 불공정하고 불균등한 시장구조를 주도함으로써 양극적 사회경제 현실을 확대시키고 있다. 중소기업과 골목 자영상권을 죽이는 대기업 중심의 경제구조, 지방을 죽이는 수도권 중심의 경제구조에 대한 범국가적 우려는 경제민주화, 지속가능한 성장, 동반성장, 포용적 성장, 나아가 사회적경제의 확대 등에 대한 공적 관심으로 나타난 지 오래되었다.

무엇보다 우리가 대면한 포스트코로나 시대는 문명사적 전환의 시대이자 거대 위기의 시대이다. 디지털 혁신과 그린 혁신이 주도하는 기대만큼이나 양극화 심화에 대한 우려 또한 크다. 공정한 성장과 정의로운 전환이 특히 강조되는 시대다. 생활민주주의에 내재된 협력과 책임의 가치는 공정한 성장주의로 정책화됨으로써 양극적 경제구조를 협업적이고 사회책임적으로 전환시킬 수 있어야 한다. 대기업과 중소기업, 대규모 유통업체와 재래 골목상권, 수도권경제와 지방경제 간의 선순환을 통한 정의로운 성장과 정의로운 혁신만이 생활민주주의를 실현하는 생활국가의 사회경제적 기반이 될 것이다.

특히 공정한 성장주의의 지향은 시장경제를 주도하는 기존의 기업들이 다양하고도 폭넓은 사회공헌 활동이나 협동조합과 같은 사회적경제활동에 대한 지원 등을 통해 '시장공공성'을 확대시킬 수 있다는 점에 주목해야 한다. 아울러 시민사회 영역에서 협동조합, 사회적 기업, 마을공동체, 생태도시 등 연대와 협력, 상생과 공생의 원리를 지향하는 사회적 경제는 공정한 성장주의를 확산하는 또 하나의 축이다.

둘째로 강조할 수 있는 생활국가의 정책 비전은 '생활·생태 안전주의'를 들 수 있다. 생활국가에서 정치의 중심에는 시민의 생활이 있고 시민의 생활은 곧 시민의 안전한 삶을 의미한다. 시민의 안전한 삶은 생활민주주의가 추구하는 자율과 협력, 책임의 가치를 통해 가장 근본적으로 실현되는데 이러한 가치들은 무엇보다도 '사람'의 가치를 지향하고 있다. 사람의 가치를 중심에 두는 시민의 안전한 삶은 그 토대로서의 생태적 조건과 직접적으로 결부되어 있다.

지구온난화, 기후변화, 자원고갈, 환경오염, 생물종 멸종 등 생태위험이 이미 지구적 재앙으로 다가오고 있는 현실에서 생태의 위험과 생활의 위험은 분리될 수 없는 요소가 되었다. 오늘날 예고되는 생태적 재앙은 인류의 집중화된 문명과 화석에너지에 의존하는 생활 양식이 만든 효과라고 할 때, 무엇보다도 생태 위기를 관리하는 일은 어떤 생활 양식을 선택할 것인가에 달려 있다. 결국 생태의 문제는 생활의 문제인 것이다. 생태의 문제를 포괄하는 생활공공성이야말로 생활국가를 구성하는 보편적 질서다. 최근 세계가 보편적으로 수용하고 있는 기후위기 대응과 탄소중립의 과제는 생태공공성이 생활공공성과 분리될 수 없는 과제라는 점을 잘 보여주고 있다.

국왕 1인 중심의 공적 질서가 구축되었던 절대공공성의 시대는 군주의 나라, 군주의 신민, 군주의 백성만이 존재하는 시대였다. 이 같은 시대에 모든 것은 국왕과 왕실을 위한 수단적 가치를 가질 뿐이었다. 사람의 가치 또한 마찬가지였다. 비록 전통사회에서 '민본주의'가 유교적 윤리로 강조되지만 사농공상의 엄격한 신분적 질서에서 '민본'의

원리는 한 번도 실현된 적이 없었다. 근대 국민국가가 모습을 드러낸 국가공공성 시대에 국민은 민족과 이념의 포로가 되었다. 특히 분단한 국의 조건에서 형성된 안보국가의 윤리는 모든 가치의 우선순위에 민족적 과제와 국가적 과제, 반공의 이념적 과제를 둠으로써 사람과 삶은 여전히 부차적인 것이 되었다.

이제 생활민주주의를 지향하는 생활국가의 시대는 정치와 생활이 분리되지 않고 생활과 생태 또한 분리되지 않는 질서의 시대라 할 수 있다. 정치와 생활, 생태의 질서가 오로지 사람을 살리고, 사람과 공생하는 생태를 살림으로써 보다 안전한 삶을 보장하는 새로운 질서를 실현하는 시대라고 할 수 있는 것이다. 생태와 생활의 자율, 생태와 생활의 협력, 책임의 최종 영역이라고도 할 수 있는 생태적 책임 등을 추구하는 생활민주주의의 실현이야말로 가장 적극적인 삶의 안전을 확보하는 생활국가의 비전이라 할 수 있다.

셋째로 강조할 수 있는 생활국가의 정책 비전은 생활주권과 생활자치를 실현하는 '분권자치주의'이다. 생활민주주의를 본원적 민주주의라고 강조하는 것은 모든 정치와 국가, 민주주의의 중심에 시민의 삶이 있고, 시민의 생활이 정치의 본질이 되는 정치를 지향하기 때문이다. 중앙집권적 국가주의의 일방적 정치질서가 이 같이 시민의 생활 중심으로 재구성되는 것은 우선 국가권력의 분산화 과정을 의미하게 된다. 국가기능의 분산이 폭넓게 추진되고 실질적 권력이 지방에 이양되는 강력한 분권자치의 실현은 생활국가의 행정원리일 뿐 아니라 생활국가 운영방식의 보편적 원리이기도 하다.

적어도 분권자치주의의 원리에는 자율과 협력, 책임이라는 생활민주주의의 핵심 가치가 충실히 반영되어 있다. 먼저 실질적 분권과 자치는 지역 생활공동체의 자율성이 보장되어야 가능하다는 점에서 자율의 가치가 강조된다. 실질적 분권과 자치를 위한 자율의 기반은 다른 무엇보다도 현재 극히 불균형한 국세와 지방세의 비율을 균형적으로 조정함으로써 재정분권을 실현하는 것에서부터 출발해야 한다. 다른 한편 분권자치주의는 단순히 지역분산의 자치를 지향하기보다는 '협력'에 바탕을 둔 분산화가 강조된다. 흔히 인프라로 표현되는 지역적 기반 자원과 국가적 기반 자원은 상생과 협력의 기초가 될뿐더러 지역에 산재한 국가적 자연자원들도 협력적 자치의 매개적 요소가 될 수 있다. 생활민주주의의 핵심 가치인 책임의 가치 또한 분권자치주의의 중심적 가치라 할 수 있다. 분권자치주의는 자율의 확대와 함께 책임의 확대를 동반한다. 분권적 자치주의를 구성하는 자율자치, 협력자치, 책임자치의 요소들은 지역주민의 실질적 삶이 지역에서 온전하게 뿌리내릴 수 있는 생활자치가 실현된다는 점을 의미한다.

나아가 행정과 제도의 분산화를 통한 분권자치주의가 보다 실질적이고 강력하게 실현된다면 연방적이거나 준연방적인 국가운영 모델을 고려할 수도 있다. 무엇보다 중요한 분권자치의 방향은 중앙집권적 국가주의의 강력한 국가공공성의 질서를 생활공공성의 질서로 전환함으로써 지역 주민들이 자기 삶의 실질적 주권을 갖게 되는 생활주권과 생활자치의 새롭고도 다른 삶을 선택할 수 있게 해야 한다. 실질적 분권 없는 명목적 자치의 현실을 적어도 5할 행정으로 바꾸어 국가행정의 지방화와 실질적 재정분권을 실현하는 것이야말로 분권자치주의의 당면한 정책목표가 되어야 한다. 생활주권과 생활자치를 실현하는 실질적 분권자치주의는 생활국가의 필연적이고 당면한 과제이다.

넷째로 들 수 있는 생활국가의 정책 비전은 생활가치를 실현하는

'노동·복지주의'라 할 수 있다. '일'과 노동은 자기자신의 가치를 실현하고 현실의 조건을 개선하는 인간 존재의 가장 근본적 활동이다. 산업사회의 대량생산 체제에서 억압된 노동은 격렬하고도 오랜 계급투쟁을 통해 적어도 서구에서는 사회민주주의에 기초한 계급 타협을 이루었다. 그러나 오늘날 후기 근대의 탈산업적 사회 변동과 신자유주의적으로 해체된 노동, 나아가 구심을 잃은 계급동력은 비정규직의 양산과 일자리의 감소와 함께 점점 더 일과 노동의 가치를 주변화시켰다. 그러나 모든 시민들에게 변함없는 사실은 일과 노동이 삶의 가장 본원적 요소라는 점이다. 따라서 해체된 노동과 사라진 일자리는 삶 자체를 파괴하는 결과를 갖기 마련이다. 정치의 본질을 시민의 '생활'이라고 할 때, 생활의 원천은 일과 노동이다. 일과 노동의 복원을 통해 자기실현적 삶을 제공하는 과제야말로 본원적 민주주의로서의 생활민주주의의 핵심이다. 이러한 점에서 생활민주주의를 지향하는 일과 노동의 패러다임은 계급가치가 아니라 생활의 가치를 기반으로 하는 '노동하는 시민'의 관점에 있다.

노동의 복원과 동시에 생활국가는 자격 있는 사회구성원 전체의 안정적 생활을 보장하는 보편적 복지를 추구해야 한다. 보편적 복지는 생활민주주의의 본원성을 가시화하는 가장 핵심적 과제이며 자율과 협력, 책임의 가치를 구현하는 가장 의미 있는 정책 비전이다. 생활국가의 보편적 복지는 국가주의 프레임에 갇힌 구래의 '복지국가' 패러다임에서 벗어나는 것이 관건이다. 시민사회의 자율적 공공성과 국가 공공성을 재구성하는 생활국가의 복지 패러다임은 복지비용에 초점을 두는 '재정국가'적 지향이 아니라 복지제도 자체를 '생활공공성'의 체계로 재구성하는 방향성을 가져야 한다. 노동과 복지는 생활국가가 추구해야 할 자율과 협력적 삶의 가장 본원적 요소이다.

다섯째로 강조할 수 있는 생활국가의 정책 비전은 '평화안보주의'이다. 중앙집권적 국가주의 정치질서가 반공이념과 억압적 권위주의의 시대를 거치면서 강력한 정책 비전이 '군사안보주의'로 자리 잡았다. 외교, 국방, 안보 정책이 군사력에 기초해 있고, 국가 간 관계 또한 군비경쟁을 통한 군사안보에 토대를 두었던 것이다. 한미군사협정은 여전히 한반도 분단 상황을 통제하는 장치로 작동하고 있으며, 한중일 3국의 외교, 국방, 안보정책은 냉전이념에 바탕을 둔 군사적 봉쇄전략이 만들어낸 이른바 샌프란시스코 체제에 구속됨으로써 기본적으로 미국과의 군사적 관계에 얽매여 있다. 군사안보주의의 비전은 정치와 외교, 안보의 본질을 시민의 '생활'에 두는 것이 아니라 군사력과 경제력이라는 하드파워의 성장에 둔다. 이러한 하드파워가 시민의 욕구, 시민의 삶과는 무관하게 작동하는 것은 당연한 이치다.

생활국가는 종속적, 대결적, 집중적 권력의 '군사안보국가'가 아니라 자율과 협력, 책임의 가치를 지향하는 '평화국가'이다. 따라서 평화국가는 시민의 '안전한 삶'을 가장 본질적으로 추구할 뿐만 아니라 시민의 '평화로운 삶'을 가장 보편적 조건으로 삼아야 한다. 이 점에서 생활국가의 외교, 국방, 안보정책은 생활민주주의에 내재된 평화주의를 근간으로 하는 평화안보주의, 생활안보주의를 지향해야 한다. 일반적으로 외교, 안보, 국방정책의 결정 과정은 군사기밀과 국방안보의 명목으로 가장 폐쇄적으로 운영되고 있다. 그러나 생활민주주의의 질서에서 이러한 정책 과정은 훨씬 더 시민 참여적이고 숙의적인 절차와 제도로 재구성되어야 한다. 자율, 협력, 책임의 가치에 기초한 생활민주주의가 외교, 안보, 국방 영역의 정책 과정을 변화시킬 수 있다면 생활국가를 추구하는 정치 세력과 시민사회 세력들은 한반도 차원에서, 나아가 동아시아, 지구적 차원에서 평화안보네트워크와 생활안보네트워크를 훨씬 더 광범하고 강력하게 확산시켜야 한다.

여섯째로 강조할 수 있는 생활국가의 정책 비전은 '문화 포용주의'이다. 성장과 개발을 지향하는 국가주의와 시장효율성을 지향하는 개인화의 경향이 결합되어 문화는 점점 더 산업화되고 독점화되는 경향을 갖는다. 생활국가의 문화적 지향은 문화의 객체화를 넘어 자아와 공동체를 실현하는 문화를 지향해야 한다. 문화는 생활에 내면화됨으로써 모든 계층과 모든 세대를 포용해야 하는 것이다. 문화의 탈독점화를 통한 문화의 공공성을 생활 속에서 실현시켜야 한다. 적어도 문화를 삶 속에서 즐기고 누리는 생활민주적 문화 프레임을 개발해야 하는 것이다. 나아가 문화의 자율성과 다양성을 기반으로 세계가치를 생산하는 문화자원을 실험함으로써 문화의 포용성과 자존성을 확대시켜야 한다.

마지막 일곱째로 강조할 수 있는 생활국가의 정책 비전은 남북한의 화합을 지향하는 '한반도 협업주의'의 시대를 여는 일이다. 평화와 생활안보주의에 기초한 생활국가의 외교안보 패러다임은 남북한 관계에도 적극적으로 반영되어야 한다. 생활국가의 남북관계는 기존의 '통일'의 관점이나 '통합'의 관점이 아니라 남북한의 각 사회 분야별로 느리지만 실질적인 교류와 합의를 이루어냄으로써 화해를 바탕으로 하는 화합을 지향해야 한다. 이 같은 화합적 남북관계는 사회구성 영역별, 분야별로 서로 간의 장점은 공유하고 단점은 보완해주는 기능적 협업의 관계를 확장시키는 방식으로 나아가야 한다. '국가주의 통일론'을 넘어 '생활민주주의 통일론'은 화해와 화합을 지향하는 한반도 협업주의를 추구하는 논리로 의미가 있다. 한반도 협업주의는 평화와 생활안보주의뿐 아니라 실제로 공정성장주의, 생활·생태안전주의, 분권자치주의, 노동·복지주의, 문화포용주의 등의 생활국가 비전이 남북관계를 실질적 화합의 과정으로 전환하는데 복합적으로 기여한 한반도적 효과라고도 할 수 있다.

공정성장주의, 생활·생태안전주의, 분권자치주의, 노동·복지주의, 평화안보주의, 문화포용주의, 한반도 협업주의 등과 같은 생활국가의 정책 비전은 모든 정책의 중심에 시민의 '생활'을 두고, 생활과 제도를 결합시키고자 하는 생활민주주의의 실천전략이라 할 수 있다. 이 같은 정책 비전은 생활국가의 보편적 실천전략이기도 하지만 주요 정책 영역별 실천전략으로 작동할 수도 있다.

V. 결론: 생활민주주의와 생활국가의 전망

2014년 진도 앞바다에 침몰한 세월호 사태는 국가의 존재 이유에 대한 근본적 성찰을 요구했다. 시민의 삶과 생명을 위해 우리 시대의 국가, 한국의 국가는 도대체 어떤 존재인가에 대한 통렬한 질문의 시간이 주어진 것이다. 필자는 이 처참한 비극의 씨앗이 우리에게 너무도 오래 익숙해진 정치의 왜곡된 질서에 있다고 보았다. 정치와 국가, 민주주의의 본질이 자유로운 시민이라는 것은 구호에 그칠 뿐, 언제나 시민은 정치의 수단이 되었고, 시민의 삶은 정치의 장식에 불과했다. 공적 질서와 민주주의는 너무 오랫동안 시민의 생활과 분리되어 있었기 때문에 시민의 구체적인 삶 밖에서 작동하는 외재적 질서로 형식화되었던 것이다. 정치와 국가, 민주주의가 시민의 삶 밖에서 작동하는 외재적 질서가 될 때 시민의 삶과 생명은 정치의 수단이자 나아가 자본의 수단으로 내몰릴 수밖에 없다.

세월호 이후의 한국 사회가 보다 근본적으로 바뀜으로써 고장 난 국가를 정상화해야 한다는 인식은 새로운 정치 패러다임에 관한 구상과 결부되어 있다. 1990년대 한국의 시민사회에서 참여민주사회의 이념은 새로운 민주주의의 지평을 열었고, 2003년 출범한 노무현 정부에서 참여민주주의의 제도적 실험이 추구되었다. 그러나 운동으로서든 제도로서든 이 시기까지의 참여민주주의는 오랜 중앙집권적 국가주의 정치 패러다임의 프레임 속에서 확장성을 갖기 어려웠다. 이제 한국 사회의 근본적 전환은 무엇보다도 정치 패러다임의 전환에 달려 있고, 그것은 기형적 국가주의 정치를 적극적으로 떨쳐내고 모든 정치질서의 중심에 시민의 '생활'을 두는 새로운 민주주의 패러다임을 모색하는 데서 출발해야 한다. '생활민주주의'는 바로 이 점에서 시민의 생활 속에서 정치와 민주주의가 살아서 작동하는 내재적 민주주의 모델이자, 참여민주주의와 숙의민주주의를 포괄함으로써 정치가 시민의 삶과 직접 대면하는 본원적인 민주주의 모델이다.

생활민주적 혁신은 정치제도에 한정된 변화가 아니라 한 사회의 공적 질서를 새롭게 재편하는 공공성의 재구성과 관련되어 있다. 따라서 중앙집권적 국가주의 정치 패러다임의 구심이 되었던 오랜 국가공공성의 질서는 생활공공성의 질서로 재편되어야 한다. 시민사회에서 자율적으로 구성된 공적 질서가 국가 영역의 제도적 공공성과 결합된 새로운 공적 질서로서의 생활공공성은 시민의 실존적 삶의 영역 속에 공공성의 요소를 내면화하는 내재적 공공성의 질서라고 말할 수 있다.

이제 중앙집권적 국가주의 프레임 내에서 전개되었던 시민운동 영역은 국가권력을 감시하고 견제하는 기능에서 생활공공성을 실현하는 운동으로 전환해야 한다. 시민사회에서 모든 생활 영역에 공적 질서를 구축하는 생활공공성 운동과 함께 시민사회의 제도 영역과 국가 영역의 제도와 정책이 다른 무엇보다도 시민의 실질적 삶의 안녕을 위해 작동하도록 영향력을 미치는 생활공공성 실현 운동이 추구되어야 할 것이다. 이제 생활공공성 운동은 시민사회의 운동 영역에 머무는 것이 아니라 생활민주주의를 이념으로 시민사회와 국가 영역을 포괄하는 새로운 공공성 프로젝트로 기획되어야 한다.

생활공공성은 국가공공성의 외재성을 넘어서는 내재적 공공성의 질서이듯이 생활민주주의 또한 대의적 민주주의를 넘어서는 내재적 민주주의 모델이라 할 수 있다. 내재적 민주주의로서의 생활민주주의는 본원성, 포괄성, 자아실현성, 지구적 확장성, 탈계급성 등이 중요한 특징으로 강조되었다. 생활민주주의의 이러한 성격은 자율과 협력, 책임이라는 핵심적 가치를 반영하고 있다. 생활민주주의의 제도적 총체는 생활국가 혹은 생활정부라 할 수 있다. 생활국가의 절차와 제도를 운용하는 근간이 되는 국가권력 운용의 핵심적 원칙으로는 분권의 원칙, 참여의 원칙, 합의의 원칙을 강조할 수 있다. 이러한 권력구성의 원칙을 근간으로 한 생활국가의 정책 지향은 공정성장주의, 생활·생태 안전주의, 분권자치주의, 노동·복지주의, 평화안보주의, 문화포용주의, 한반도 협업주의 등이 강조된다.

생활민주주의가 지향하는 가치와 생활국가의 정책 비전들은 최근 한국 사회와 한반도 상황에서 절실하게 요구되는 현실적 과제를 극복할 수 있는 생활국가 효과를 열어놓고 있다. 첫째, 생활국가는 복합 위험사회의 현실을 국가 운영방식을 바꿈으로써 보다 원천적으로 관리할 수 있는 생활 및 생태 안전사회 효과를 얻을 수 있다. 우리 시대의 생태파괴적 삶의 방식이 드러내는 기후위기, 원전 재앙, 철도·해운·항공 등 교통수단의 대형사고 등 모든 위험사회 요소들로 인한 생태, 생활재난을 가장 근본적으로 관리할 수 있는 방법은 국가와 정부가 시민의 생활 속에서 상시적인 안전시스템의 공공성을 작동시키는 생활국가로의 패러다임 전환이라 할 수 있다.

둘째, 생활국가는 자율과 협력, 책임의 가치를 추구하는 정책 비전을 가짐으로써 오늘날 동아시아 국가 간 역사적, 이념적, 군사적 매듭을 풀고 새로운 협업정치의 가능성을 여는 효과를 가질 수 있다. 생활국가는 민족과 이념에 바탕을 둔 군사안보국가의 대결과 긴장을 넘어 자율과 협력, 평화주의를 지향하는 탈영토적 연대의 가능성을 크게 열어놓는 탈냉전의 국가 모델이라 할 수 있다. 동아시아 지역 시민사회 연대운동의 가장 큰 장애는 각국의 국가주의 프레임이라 할 수 있다. 생활국가 모델은 지역협업 정치의 문을 보다 적극적으로 여는 효과를 갖는다.

셋째, 생활국가는 한반도 통일에 실질적으로 다가가는 국가 모델이라 할 수 있다. 남북한의 통합을 제약하는 요인 역시 전쟁의 역사와 이념 대결의 역사, 군사적 대결의 구조 등을 누적시킨 냉전 국가주의에 있다. 지구적이고 탈계급적 생활국가는 대립적 국가주의의 틀을 넘어 시민의 실질적인 생활이 남북간 실질적 교류의 축을 만들어 한반도 협업정치를 확장시킬 수 있게 한다. 생활국가가 지향하는 생활민주주의적 한반도 북방정책은 통일에 다가서는 가장 근본적인 접근일 수 있는 것이다.

민주주의는 정치적 절차와 제도의 문제에 국한된 것이 아니다. 능동적 시민이 주체적으로 구축하는 정치과정과 함께 시민들의 능동적 정치 참여를 가능하게 하는 사회경제적, 문화적 조건을 갖추는 총체적 과정이 민주주의의 내용에 포함되어야 한다. 그래서 정치와 민주주의와 국가는 그 원천으로서의 사람이 중심이 되는 질서, 사람이 먼저인 질서가 되어야 한다. 본원적 민주주의이자 포괄적 민주주의론으로서의 생활민주주의는 바로 '사람'의 가치를 생활국가의 제도로 보장하고자 하는 정치 패러다임인 것이다.

요컨대, 생활민주주의론은 정치 영역의 변화에 국한된 전망이 아니라 한국 사회의 새로운 사회구성을 위한 공공성 재구성 프로젝트의 이념적 기초라 할 수 있다. 따라서 한편으로는 시민사회 영역에서 기존의 시민운동에 대한 성찰과 새로운 도전의 과제로서 생활민주주의 지향의 생활공공성 운동이 적극적으로 모색되어야 한다. 다른 한편으로 국가 영역에서도 중앙집권적 국가주의 권력구조를 생활민주주의를 지향하는 생활국가로 재편하는 적극적 정치과정을 현실화시킴으로써 새로운 정치 패러다임으로서의 생활민주주의 시대를 열어야 할 것이다.

| 참고문헌 |

강문식·이현진, 2011,《종묘와 사직 - 조선을 떠받친 두 기둥》, 책과함께.

김종엽 편, 2009,《87년 체제론: 민주화 이후 한국사회의 인식과 새전망》, 창비.

데이비드 헬드(David Held), 박찬표 역, 2010,《민주주의의 모델들》, 후마니타스.

울리히 벡(Ulrich Beck), 문순홍 역, 1998,《정치의 재발견》, 거름.

위르겐 하버마스(Jürgen Habermas), 한승완 역, 2001,《공론장의 구조변동: 부르주아사회의 한 범주에 관한 연구》, 나남.

위르겐 하버마스(Jürgen Habermas), 장춘익 역, 2006,《의사소통행위이론 2》, 나남.

이어령, 2014,《생명이 자본이다: 생명자본주의 생각의 시작》, 마로니에북스.

제레미 리프킨(Jeremy Rifkin), 안진환 역, 2012,《3차 산업혁명》, 민음사.

조대엽, 2007,《한국의 사회운동과 NGO - 새로운 운동주기의 도래》, 아르케.

조대엽, 2010, 〈4월 혁명의 순환구조와 6·3항쟁 - 역사주기론의 시각〉,《한국과 국제정치》제26권 제2호(2010년 여름호).

조대엽, 2012, 〈현대성의 전환과 사회구성적 공공성의 재구성 - 사회구성적 공공성의 논리와 미시공공성의 구조〉,《한국사회》제13집 1호.

조대엽·홍성태, 2013, 〈공공성의 사회적 구성과 공공성 프레임의 역사적 유형〉,《아세아연구》제56권 2호.

조대엽, 2015,《생활민주주의의 시대 - 새로운 정치패러다임의 모색》, 나남.

칼 폴라니(Karl Polanyi), 홍기빈 역, 2009,《거대한 전환, 우리시대의 정치경제적 기원》, 길.

크리스토퍼 피어슨(Christopher Pierson), 박형신 외 역, 1998,《근대국가의 이해》, 일신사.

폴 호큰(Paul G. Hawken)·에이머리 로빈스(Amory B. Lovins)·헌터 로빈스 (L. Hunter Lovins), 김명남 역, 2011,《자연자본주의》, 공존.

Aburdene, Patricia. 2007. *Megatrends 2010: The Rise of Conscious Capitalism*. Hampton Roads Publishing Company.

Ackerman, B. & Fishkin, J. 2003. "Deliberation Day." In J. Fishkin & P. Laslett(eds.). *Debating Deliberative Democracy*. Oxford: Blackwell.

Adonis, A. & Mulgan. G. 1994. "Back to Greece: the Scope for Direct Democracy." *Demos*. 3.

Barry, B. 1989. *Theory of Justice*. London: Harvester Wheatsheaf.

Barry, B. 1995. *Justice as Impartiality*. Oxford: Oxford Unibersity Press.

Beetham, D. 2005. *Democracy*. Oxford: Oneworld.

Benhabib, S. 1992. *Situating the Self*. Cambridge: Polity Press.

Benn, S. I. & G. F. Gaus. 1983. "The Public and The Private: Concepts and Actions." In S.I. Benn & G. F. Gaus, *Public and Private in Social Life*. London and Canberra: Croom Helm.

Bessette, J. 1980. "Deliberative Democracy: the Majority Principle in Republican Government." In R. A. Goldwin & W. A. Schambra(eds.). *How Democratic is the Constitution?* Washington: American Enterprise Institute.

Bessette, J. 1994. *The Mild Voice of Reason: Deliberative Democracy and American National Government*. Chicago: University of Chicago Press.

Bobbio, N. 1989. *Democracy and Dictatorship: The Nature and Limits of State Power*. Minneapolis: University of Minnesota Press.

Bohman, J. 1998. "The Coming of Age of Deliberative Democracy."

Journal of Political Philosophy, 6.

Cohen, Jean. L. 1984, "Strategy or Identity: New Theoretical Paradigm and Contemporary Social Movements." *Social Research* 52-4.

Cohen, Jean L. & Andrew Arato. 1992. *Civil Society and Political Theory*. Cambridge, MA: The MIT Press.

Dryzek, J. 1990. *Discursive Democracy: Politics, Policy, and Political Science*. Cambridge: Cambridge University Press.

Fay, B. 1975. *Social Theory and Political Practice*. New York: Holmes & Meier Publishers.

Fishkin. 1991. *Democracy and Deliberation: New Directions for Democratic Reform*. New Haven: Yale University Press.

Giddens, Anthony. 1991. *Modernity and Self-Identity: Self and Society in the Late Modern Age*. Cambridge: Polity Press.

Gutmann, A. & Thompson, D. 1996. *Democracy and Disagreement*. Cambridge: Belknap Press.

Habermas, J. 1996. *Between Facts and Norms: Contributions to a Discourse Theory of Law and Democracy*. Cambridge: Polity.

Hacker, K. & Dijik, J. 2001. *Digital Democracy*. London: Sage.

Hayek, F. A. 1976. *The Roads to Serfdom*. London: Routledge & Kegan Paul.

Macpherson, C. B. 1977. *The Life and Times of Liberal Democracy*. Oxford: Oxford University.

Manin, B. 1987. "On Legitimacy and Deliberation." *Plotical Theory* 15(3).

Nozick R. 1974. *Anarchy, State and Utopia*. Oxford: Blackwell.

Offe, C. & Preuss, U. 1991. "Democratic Institutions and Moral Resources." In D. Held(ed.), *Political Theory Today*. Cambridge: Polity.

Pateman. C. 1970. *Participation and Democratic Theory*. Cambridge:

Cambridge University Press.

Pateman. C. 1985. *The Problem of Political Obligation: A Critique of Liberal Theory*. Cambridge: Polity.

Pesch, Udo. 2005. *The Predicaments of Publicness*. CW Delft: Eburon Academic Publishers.

Rawls, J. 1971. *A Theory of Justice*. Cambridge, MA: Harvard University Press.

Rucht, Dieter. 1990. "The Strategies and Action Repertoires of New Movements," in Russell J. Dalton & Manfred Kuechler, *Changing the Political Order: New Social and Political Movements in Western Democracies*. Cambridge: Polity Press.

Saward, M. 2003. *Democracy*. Cambridge: Polity.

Scott, Alan. 1990. *Ideology and New Social Movements*. London: Unwin Hyman.

Weber, Max. 1978. *Economy and Society*, volume I. New York: Bedminster.

제2장

한나 아렌트 '시민정치철학'과 한국 민주주의

서유경 경희사이버대학교 후마니타스학과 교수

여기[아테네]서 각각의 개인은 본인의 사무뿐 아니라 국가 업무에도 관심을 가집니다…. 우리는 정치에 아무런 관심이 없는 사람을 두고 자기 사무만 챙기는 자라고 하지 않고, 이곳과 아무 상관도 없는 자라고 합니다. (페리클레스, 「전몰장병을 위한 추도사」 중)

I. 서론

사실 '민주주의(democracy)'만큼 다양한 수식어를 동반하는 용어도 없을 것 같다. 우리가 가장 먼저 떠올리는 것은 물론 민주주의의 고전적 이상형으로 알려진 고대 아테네의 '직접'민주주의인데 이것은 항상 현대의 '간접'민주주의라는 표현과 대비된다. 누구나 아는 사실이지만 현재 지구상에 존재하는 그 어떤 민주주의 국가도 순전한 직접민주주의 형태는 아니다. 그러나 군이 따지고 들자면 아테네 민주정도 추첨과 순번제를 통해 대표를 선출했을 뿐 아니라 당시 인구의 약 20% 정도만이 시민권을 보유할 수 있었다는 점에서 오늘날의 기준으로는 '대의'민주주의 체제였다는 것이 더 적확한 평가일지도 모른다.[1]

현대국가 대부분이 채택하고 있는 대표적인 간접민주주의 방식은 '대의'민주주의이다. 이것은 유권자들이 선거를 통해 대표들을 선출하는 동시에 그들에게 통치권을 위임하는 형태이다. 같은 대의제이지만 중국이나 북한 같은 사회주의 국가는 '인민'민주주의라는 표현을 선호하며 그것의 대척점에 있는 자본주의 국가들은 '자유'민주주의라는 표현을 사용한다. 또한 유럽처럼 정치이념의 스펙트럼이 세분된 지역에서는 우파의 자유민주주의와 좌파의 사회주의(또는 공산주의) 중간에 놓인 중도좌파의 '사회'민주주의라는 표현도 널리 사용된다. 20세기 말부터 '글로벌'이나 '탈식민(post-colonialist)' 민주주의 같은 표현도 일반화되기 시작했다.[2]

　　그러나 '인민', '자유', '사회', '글로벌', '탈식민'과 같은 수식어가 지시하는 특수한 정치체제적 지향성의 차이는 이것들이 대체로 대의제의 기본 틀에 국민투표, 국민소환, 국민발안 등과 같은 일부 직접참여 제도를 가미한 모종의 직·간접 혼합 민주주의 양태로 운영되고 있다는 사실로 환원된다. 이는 현실적으로 순전한 형태의 직접민주주의 제

1　고대 아테네에서 시민권을 가진 시민의 숫자는 가장 많을 때가 10만 명 정도였고 대개는 3만 명 수준에 머물렀다고 알려져 있다(Dunn, 2005: 35; 서유경, 2012: 232, 각주 10 참조). 아테네의 추첨제도에 관해서는 마넹 저·곽준혁 역(2007)과 이지문(2012)을 참조할 것. 현재 지구상에서 유일하게 직접민주주의 체제를 유지하고 있는 스위스도 의회제도와 같은 대의제 방식을 일부 활용하고 있다.

2　그 외에 토크빌(Tocqueville, 2003)의 유명한 '미국' 민주주의, 무페(Mouffe, 2006)의 '근대' 민주주의, '의회' 민주주의, '다원적' 민주주의, '입헌적' 민주주의, 바버(Barber, 1984)의 '얄팍한'/'강한' 민주주의 등의 표현도 널리 통용되고 있다. 국내에서도 '추첨' 민주주의(이지문, 2012), '생활'민주주의(조대엽, 2015), '숙련'·'수정'·'잘 조절된' 민주주의(서병훈, 2015) 등의 표현이 채택된 바 있다. 최근 우리 지역사회에서는 풀뿌리 지방자치 구현을 위한 '마을' 민주주의 활성화 필요성이 강조되고 있다.

도의 배타적 운용이 불가능하다는 사실과 순전한 형태의 간접민주주의는 다수의 지배라는 민주주의의 본질을 훼손한다는 문제에 대한 타협안인 셈이다. 그럼에도 "민주주의는 모든 사회계층의 거대 과반수가 민주주의 게임의 규칙들을 준수하기로 결연한 의지를 보이지 않는 한 만족스럽게 기능을 하리라고 기대할 수 없다"(Schumpeter, 1987: 269).

이러한 이유로 20세기 동안 대다수 민주국가의 투표율이 꾸준한 내림세를 보이자[3] 민주주의 위기론이 터져 나오기도 했다. 그러나 최근 연구조사에 따르면 선진 민주국가의 시민들은 자신들이 직접 정치과정에 개입하는 '자가-동원적' 참여 방식을 점점 더 선호하는 것으로 나타났다. 이는 비단 정치인들이 실제로 유권자 대의(代議)보다 소속 정당의 필요와 사익을 우선시한다는 사실에 대한 실망감 때문만은 아니다. 최근 들어 유권자들이 직접참여 방식을 선호하는 근본 이유는 자기 권리와 이익을 타인의 입과 손을 빌리지 않고 직접 대표할 수 있는 시민적 역량은 물론 정치적 효능감 추구에 대한 개인적 욕구가 커졌기 때문이다(Dalton, 2010: 112-113; 서유경, 2012: 248).[4]

---

3 한국 대선의 경우 투표율은 제2대 88.1%, 14대 81.9%, 15대 80.7%, 16대 때 70.8%로 완만한 내림세를 보였으며, 총선의 경우는 96년 15대는 63.9%, 16대는 57.2%로 하향 폭이 더욱 컸다. 그러나 2010년대 이후 대선과 총선의 투표율이 동반 상승했다. 2007년 17대 대선 투표율은 63%였지만 18대 75.8%와 19대 77.2%로 각각 상승했고, 총선도 2004년 17대는 60.6%, 18대는 46.1%였지만 2012년 19대는 54.25, 20대는 58%, 2020년 21대는 66.2%로 역시 꾸준히 상승했다.

4 "점점 더 많은 시민이 '선거는 노(no)!', 직접행동은 '오케이(okay)!'라고 말한다. 직접 정치인들을 접촉하고, 결사체를 만들어 입법 로비활동을 벌이며, 국정감사를 모니터하고, 상품불매 운동을 벌이며, 자치단체에 가입하여 흩어진 이익을 집성하고, 촛불시위를 제안하며, 인터넷 서명운동에 참여한다"(Dalton, 2010: 16). 2002년 이후 한국도 이와 유사한 변화를 경험하고 있다. 이와 관련해서는 이현우(2005), 조희정·강장묵(2008), 임혁백(2009), 서유경(2009; 2010; 2012)을 참고할 것.

이러한 배경하에서 20세기 말 대의제 민주주의의 보완책으로서 '참여'민주주의 담론이 부상했으며, 그것의 주안점은 새로운 정치참여 형식과 필요성을 제시하는 것이었다. 그 내용 중 가장 혁신적인 항목은 '정치' 개념을 "일상적인 사회생활에 따르는 각종 의사결정에 스스로 참여하는 것까지"(김대환, 1997: 14) 포괄하도록 확장함으로써 대의제가 사실상 제한하고 있는 참여의 형태와 범위를 재규정하는 효과를 창출한 점이다. 결과적으로 투표, 입후보, 선거운동 등과 같은 기존의 제도화된 참여 방식 외에도 시민의 자발적 정치 개입 양식으로서 시민행동의 조직 및 단체 결성을 통해 이루어지는 다양한 '시민불복종의 형태들'[5]을 망라하는 비제도적 참여 방식 전체가 정치참여의 개념 범주 안으로 포섭되었다.

여기서 '참여'는 대의제의 민주성 결여에 대한 보완 필요성 차원에서 더 많은 시민이 정치과정에 참여해야 한다는 민주적 정당성을 대변한다. 그리고 시민불복종이 기본적으로 저항과 도전 성격의 비제도적 참여 방식이라면, 거버넌스는 개선과 협업을 목적으로 공론하는 제도화된 참여 방식으로 볼 수 있다. 후자의 참여 방식을 강조하는 '숙의' 민주주의는 일반 시민들을 제도적 정치과정에 더 많이 초대하여 특정 이슈에 관한 공론 절차에 따라 의견을 형성한 다음 신중하게 의결권을 행사하도록 함으로써 직접참여의 기회를 늘리는 동시에 참여자의 아마추어리즘과 주관성의 부작용을 최소화하고자 한다(Dryzek, 2002; 장동

---

5 달톤은 이러한 정치 양식을 특별히 '항의정치(protest politics)'라고 지칭하며 그것의 발단을 1968년 프랑스 5월 혁명으로 간주하고 있다(Dalton, 1996: 69). 여기서 항의는 성격상 저항 또는 시민불복종과 상호치환적이다.

진, 2006; Fishkin, 2018; 서유경, 2003 ; 2012 ; 2014a & 2020a).

끝으로, 한국과 한국인에게 특수한 '촛불' 민주주의라는 표현도 있다. 지난 몇 년 사이 우리 사회에서 다양한 맥락에서 수식어로 쓰인 '촛불'은 우리 시민들이 60년 민주화운동의 진화과정에서 발명한 독특한 한국 민주주의 양태를 상징하는 기표이다. 2016~17년 겨울 광화문의 촛불광장은 앞서 존재했던 각양각색의 '시민광장'—4·19, 5·18, 6·10 민주광장, 2002년 월드컵광장, 2004년 탄핵반대광장, 2008년 광우병광장, 2014년 세월호광장— 이후에 나온 가장 나중의 것이었다. 한국 민주주의가 우리 시민들의 이채로운 정치 광장들과 더불어 진화해갔다는 사실, 그 거리의 광장들이 한국 민주주의의 거대한 실험실로 또 민주시민의 자발적 학습장으로 복무해왔다는 사실에 이의를 제기할 사람은 아무도 없을 것이다.[6] 문제는 이 다채로운 시민광장들이 '개별 시민의 차원'에서는 어떤 정치적 의미였는지, 또 그들이 거기서 개인적으로 경험하고 학습한 것은 무엇인가 하는 것이다.

이 글은 이러한 문제의식에 대한 답을 찾기 위해 아리스토텔레스의 고전적 인간 이해방식을 독일 실존주의적 관점에서 재해석한 정치철학자 한나 아렌트의 대의민주주의 비판 입장과 그것에 대한 보완책으로 제시된 정치존재론적 통찰을 적극적으로 원용할 것이다. 좀 더 구체적으로는 아렌트의 정치존재론을 '시민정치철학'이라는 새로운 학

---

6 한국의 2016~17 촛불항쟁은 2016년 10월 29일부터 2017년 4월 29일까지 총 20주에 걸쳐 23차례 주말 광장시위를 조직하였으며 연인원 1,700만 명이 참여했다. 2017년 독일의 프리드리히 에버트 재단은 이 민주시민의 자발적 저항운동에 인권상을 수여하여 민주주의 확산 공로를 국제적으로 공인했다(촛불혁명출판시민위원회, 2018). 2019년 홍콩에 울려 퍼진 '임을 위한 행진곡'이 방증하듯 한국의 민주화운동은 이제 한국의 경계를 넘어 국제적 명성과 가치를 획득하게 된 것이다.

문 분과 형식으로 재해석한 다음 한국 민주주의의 과거, 현재, 미래를 조망하는 이론적 분석 틀로 사용하고자 한다. 그렇게 함으로써 한국 민주주의의 진화과정 —즉 한국 민주주의 패러다임(KDP) 4개의 출현과정— 에 대해 유의미하고 체계적인 설명을 제공할 수 있을 것으로 기대하기 때문이다.

이후의 논의 순서는 다음과 같다. 이어지는 II절에서는 아렌트의 대의민주주의 비판점과 이상적 민주주의에 대한 논점을 검토한다. III절에서는 이 글의 분석 틀로서 시민과 시민정치철학에 관해 논의하고, IV절에서는 아렌트 정치사상과 한국 민주주의의 접점을 파악한다. V절에서는 한국 민주주의 패러다임과 '공민(公民)'의 출현과정의 의미를 되짚어본다. VI절 결론에서는 촛불민주주의 이후 한국 민주주의가 나아갈 방향성을 전망해볼 것이다.

II. 아렌트의 대의민주주의 비판과 이상적 민주주의

1. 아렌트의 대의제 민주주의 비판 입장

고대 아테네 민주정은 모든 시민이 평등하게 국가공동체의 크고 작은 의사결정 과정에 참여하는 정치적 평등이 보장된 정치체제, 즉 이소노미아(Isonomia)였다. 아렌트는 이것을 가장 이상적인 정치 양식으로 간주했다. 그런 관점에서 보면 현대 대의제 민주주의의 최대 결함은 정치적 평등 조건이 실효적이지 않다는 데 있다. 대의제의 핵심은 정당정치인데 각 정당은 의회 권력을 잡을 때까지만 인민에게 접근하며 그 이후는 그들로부터 급격히 멀어지고 사실상 그들의 지배자로 군림하는 경향이 있기 때문이다. 결과적으로 일반 시민들은 피지배자로서 국가의 정치과정에서 대체로 배제된다. 아렌트는 이것을 대의정부의 위기로 보았다.

> 대의정부 자체가 모종의 위기 상황에 처해 있다. 부분적으로는 그것이 시간이 지남에 따라 시민들의 실제적 참여를 허용하는 모든 제도를 상실했고, 또한 그것이 지금 정당 시스템이 고통을 받게 될 질병에 지독하게 걸려 있기 때문이다. 그 질병이란 관료화와 두 개 [거대] 정당이 정당 기구를 제외한 그 어떤 것도 대표하지 않는 경향이다(Arendt, 1972: 89. [ ] 안의 내용 더함).

우선, 국가공동체의 정치과정으로부터의 배제는 단순한 주권의 유보 상태 그 이상의 중대한 의미를 내포한다. 아렌트에 따르면 모든 인간에게는 자신의 생물학적 삶 못지않게 정치적 삶을 추구하고자 하는 실존적 욕구가 잠재되어 있으며 이것이 공적인 영역에 참여하고자 하는 열망으로 표출된다.[7] 아렌트 연구자들은 이 실존적 욕구, 즉 '탄생성(natality)'[8]을 아리스토텔레스 정치존재론적 맥락에서의 '제2의 탄생'

---

7 서유경(2002)은 아렌트가 아리스토텔레스의 정치존재론을 독일 실존주의적 시각으로 재해석하여 독특한 정치존재론적 관점을 형성할 수 있었다고 보았으며 그러한 아렌트의 관점을 '정치적 실존주의(political existentialism)'로 지칭한 바 있다.

8 이 '탄생성' 개념은 아렌트가 아우구스티누스에 관해 기술한 1929년 하이델베르크 대학의 박사논문 『사랑 개념과 성 아우구스티누스』(영문판 1996; 한글판 2017)에서 처음 등장한다. 따라서 이것은 아렌트가 아우구스티누스로부터 전유한 개념이지만 『인간의 조건』(1958)을 저술하면서 아리스토텔레스와 유사한 정치존재론적 해석을 추가

─인간은 자신의 자유의지에 따라 동료 인간들과 함께 구성하는 세계, 즉 공적 영역에 참여함으로써 정치적으로 유의미한 존재인 시민으로 거듭나게 된다─ 과 거의 같은 개념으로 이해한다. 다음에서 한 이론가의 설명을 직접 들어보자.

> 인간의 탄생성은 새로움을 가능하게 하는 조건이다…. 그가 자신의 말과 행위가 들려지고 보여지며 타인들에 의해 판단되는 공적인 세계의 무대로 진입하는, … 바로 그 순간에 [생물학적인] **일차적 탄생성**(primary natality)이 정치적인 것으로서의 특성을 띠게 된다. 이를테면 그것이 인간의 '**이차적 탄생**(second birth)'이다…. 이것이 탄생성의 특수한 정치적 차원이며 **정치적 탄생성**(political natality)으로 불려 마땅하다(Bowen-Moore, 1989: 41, 42. [ ] 안의 내용 및 강조 더함).

둘째로, 시민 개개인의 삶의 관점에서 보면 정치는 자유의 출현을 위해 존재하는 것이고, 그 자유는 행위를 통해서만 경험할 수 있다(Arendt, 1958: 197). 이 수수께끼 같은 아렌트의 주장이 의미하는 바는 우리와 동시대인인 참여민주주의 이론가의 주장에서도 어렵지 않게 확인할 수 있다. "자신의 공통된 삶[의 조건]들을 정하는 정치에 대해서 공동 숙의, 공동 결정, 공동 행동을 통해 직접적으로 책임지지 않는 사람들은 그들이 안전, 사적 권리, 간섭으로부터의 자유를 얼마나 많이 향유하는가와 상관없이 실제로는 결코 자유롭지 못하다"(Barber, 1984:

한 것으로 보인다.

145-6). 이 벤자민 바버의 주장은 사실상 우리가 정치의 장에 참여하지 않는 한 진정한 의미의 자유를 경험할 수 없다는 아렌트의 관점을 현대적 용어상으로 바꿔 표현한 것과 다름없기 때문이다.

끝으로, 아렌트의 견해에 따르면 대의민주주의 체제에서 "대의되는 것은 지역구민의 이익이나 복리이며 그들의 행위나 의견은 아니다." 엄밀히 말해서 "여론은 공개토론과 공적 논쟁을 통해서 형성되는 것"인데 대의제하에서는 공개토론과 공적 논쟁의 기회가 매우 제한적이기 때문이다. 만약 개인의 의견을 집성하는 여론 형성의 기회가 부재할 경우는 대중과 개인들의 풍조(風潮)만이 존재하게 되는데, 이 풍조라는 것은 공적 토론을 통해 형성되는 여론과 달리 변덕스럽고 신뢰할 수 없는 것이므로 정치적으로는 부적합하다고 말할 수 있다. 그럼에도 선출직 정치인들은 여론을 수렴한다는 명분으로 자신들의 입맛에 맞는 풍조에 편승함으로써 대의(代議)의 핵심을 종종 비껴간다(Arendt, 1963: 268-9; 서유경, 2012).

이러한 아렌트의 비판적 관점에서 보면 현대 민주주의의 '숙의적 전환(the deliberative turn)'은 너무나 당연한 일이다. 아테네의 극장식 민주주의도 사실상 시민 개개인의 발언 행위나 표현된 의견이 동료 시민들에게 보이고 들려지는 것에 방점이 찍혀 있었다.[9] 그러므로 아테네인들은 동료 시민들과 함께 공통분모를 형성해야 할 필요성 때문에 자신

---

9 참고로 미국 뉴잉글랜드의 타운홀미팅도 대체로 '아테네의 극장식 민주주의'의 특성이 있었다. 토크빌은 자신의 저서 『Democracy in America』에서 미국과 같은 "평등사회 속에서 개인은 "남 뒤로 숨으려 [하고], 다중의 이름으로 자기 생각을 대신하려 한다. 그러나 정치에 참여하게 되면 자신에 대해 일종의 자존심을 느끼게 [되고], 책임감을 느낌으로써 군중 속에 매몰되는 것을 방지해준다"(Tocqueville, 2003: 233, 302)고 적었다. 여기서는 서병훈(2015: 321)을 재인용했다.

의 이익이나 복리보다 도시국가 전체의 이익과 복리를 우선시하는 의견을 제시했고 필요한 사안마다 공적인 숙의 및 결정 과정을 거쳐야 했다. 페리클레스의 유명한 추도사의 내용도 그 사실을 확인해준다.

> 우리 아테네인들은 개인 자격으로 정책에 관한 결정을 스스로 수립하거나 적절히 토론에 부친다. 이는 우리가 말(words)과 실행(deeds)이 비(非)양립적이라고 생각지 않을 뿐더러, [장차 초래될] **결과에 대해 제대로 논의도 안 하고서 선불리 행동하는 것을 최악으로 간주하기 때문이다**(「전몰장병을 위한 추도사」 중. 강조와 [ ] 안의 내용 더함).

위 인용문을 통해 우리는 아테네 시민들의 정치참여가 어떤 방식으로 이루어졌는지에 대한 믿을 만한 단서 2가지를 확보하게 된다. 첫째 아테네 시민들은 '개인 자격으로' 스스로 정책에 관해 입장을 수립하거나 동료 시민들과 '적절히 토론'에 임했다는 사실이다. 둘째는 시민들이 '신중한' 의사결정을 하도록 행동에 앞서 사전 '논의' 과정을 거치게 함으로써 '말과 실행'이 유기적으로 결합하도록 했다는 사실이다. 이 두 가지 사항 —개인 자격의 직접참여와 숙의를 통한 의사결정— 은 나중에 아렌트의 정치존재론(그리고 우리의 입장에서는 '시민정치철학')의 골간을 이루는 중요한 정치참여 원칙으로 정립되었다.

이에 덧붙여, 아렌트 대의제 비판은 다른 무엇보다 대의제가 일반 시민들이 공적 영역에서 말과 행위를 통해 정치적 유의미성 또는 효능감을 경험할 수 있는 공간을 특정인에게만 개방한다는 사실에 초점이 맞추어져 있다. 일반 시민들이 공적인 영역에서 동료 시민들과 함께함으로써 맛볼 수 있는 행복감의 추구 기회가 사라지는 상황은, 사람들이 그러한 정치적 공간에서 서로 대화하고 서로에게 의미를 부여하는 방식으로 이 세상에 존속하며 거동하고 유의미성을 경험한다는 자신의 '정치적 실존주의'[10] 입장과 배치되기 때문이다.

여기에서 이러한 아렌트의 참여민주주의에 관한 관점과 다른 두 명의 현대 참여민주주의 이론적 관점이 어떤 유사성과 차이점을 보여주는지 간단히 짚고 넘어가기로 하자.

2. 현대 참여민주주의 이론과 아렌트의 정치적 실존주의 관점

요즘은 일반 시민들도 민주주의의 규범적 형식 요건과 운영방식에 대해 민주주의 이론가들 못지않은 이해 수준을 보여준다. 일례로 우리 헌법 제1조가 명시하고 있는 바로서 '인민의 인민에 의한 인민을 위한 통치'를 요청하는 주권재민 사상이 민주주의 체제의 으뜸 가치라는 것은 모두가 잘 아는 사항이다. 이 주권재민 사상은 특정 개인이 아니라 "집합체로서의 시민들", 즉 인민이 바로 정치적 권위의 원천이며 민심의 주체이자 결정의 기준이라는 의미를 내포하고 있다.

따라서 민주주의 정치는 법치주의와 공동이익 추구 목표에 복무해야 하며, 민주주의 체제의 유일한 정당성의 원천은 인민의 의지뿐이므로 법이나 정책은 '인민의 이익'에 근거한 경우에만 정당화되는 것이

---

10 아렌트의 '정치적 실존주의(political existentialism)'라는 용어와 의미에 관해서는 Yi-Huah Jiang(1993), 서유경(1999; 2002)을 참조할 것.

다(Parekh, 2008: 261). 따라서 민주정의 정당성은 '인민'은 비록 물리적으로 부재한 상태라도 국가의 정치과정 속에 항상 '참여'하고 있다고 전제할 때 확보된다고 볼 수 있다.

다음으로, 민주주의의 실질적 운영방식과 관련하여 『강한 민주주의: 새 시대를 위한 참여정치』의 저자인 바버는 시민의 이름으로 대표가 통치하는 것보다 시민에 의한 자치가 시행되는 국가를 민주주의가 최고 성숙 단계에 도달한 '강한 민주주의(strong democracy)' 체제로 규정한다(1992: 231). 그리고 기존의 '자유민주주의' 체제 ─그의 용어로는 "얄팍한 민주주의(thin democracy)"─ 는 공적인 삶을 사적인 목적 추구 수단으로 변질시키기 때문에 '강한 민주주의' 체제로 대체되는 게 바람직하다고 주장한다. 요컨대 기존의 대의민주주의 체제는 더 많은 시민이 자신이 속한 정치공동체의 의사결정 과정에 직접 관여하는 참여민주주의 체제로 전환되어야 한다는 것이다.[11] 바버의 논지는 한마디로 대의제가 '대의(代議)'를 실패하고 있으므로 시민들이 직접 참여하여 스스로 대표하는 것이 바람직하다는 것이다.

큰 틀에서 보았을 때 참여민주주의자인 비쿠 파레크나 바버는 대의민주주의의 민주적 정당성 결여 문제에 주목하여 주권재민의 실효성을 강조하거나 직접참여를 강조하는 방식으로 시민의 정치참여 기회 증대와 공공선의 추구에 복무하는 숙의의 필요성을 암묵적으로 일깨우고 있다. 그런 점에서 그들은 아렌트와 참여민주주의적 문제의식을

---

11 "시민들은 시·공간을 연결하는 공동체 속의 공동 발언, 공동 가치, 공동 작업에 대해 의식적이고 비판적으로 참여하는 자들이[며] … 민주주의는 사람들이 스스로 통치하도록 허용하며 실제로 그들이 그렇게 하도록 요구한다"(Barber, 1992: 265).

공유한다고 볼 수 있다. 그러나 그들과 아렌트의 접근법 사이에는 중요한 차이점이 드러나고 있다. 아렌트는 파레크와 달리 "집합체로서 시민들"의 관점 대신 '개별체로서의 시민'이라는 관점에서 민주주의를 이해한다. 또한 시민의 더 많은 참여, 즉 참여 기회 확대라는 기본 목표를 공유하는 한편 아렌트는 바버와 달리 참여의 정치존재론적 차원으로 한 발 더 깊이 들어간다는 차이점이 있다.

약간 부연하면, 아렌트는 『인간의 조건』(1958)에서 이상적인 정치와 시민의 삶이 어떤 것이어야 하는지를 제시한다.[12] 본래 인간은 다른 사람들이 구성하고 있는 세계 속으로 태어나서 그것의 일부가 되어 그들과 더불어 삶을 영위해야 한다는 삶의 조건을 피할 수 없다. 바로 이 "인간다수성(human plurality)" 조건에 부응하여 특정 정치공동체 내에서 동료 시민들과 더불어 사는 삶의 양식이 바로 정치이고 '정치적 삶(bios politikos)'이다. 이러한 방식으로 인간과 정치의 긴밀한 상관성을 설정하는 아렌트에게 정치적 삶은 개별 인간이 자신이 속한 공동체 안

---

12 아렌트를 '시민공화주의자(a civic republican)'로 보는 견해는 주로 아렌트와 몽테스키외, 매디슨, 칸트, 토크빌과의 지적 연계성에 주목하고 있다. 사실 아렌트는 "권력은 인민(the people) 속에 존재한다"(Arendt, 1963: 171)는 공화주의적 주권재민 사상을 지지한다. 그러나 실제로 그는 프랑스혁명 이후 구성된 공화정의 통제 불능성을 경원시하였으며, 그가 이상적 정치체제로 제시한 형태는 미국 연방제 공화국(the American Federal Republic)이었다. 이와 관련하여 로이드는 아렌트가 토크빌처럼 "법치주의와 결사를 통한 정치참여를 허용하는 지방분권적 정치체제"를 가장 이상적인 정치 형태로 인정했다고 주장하고 있다(Lloyd, 1995: 36-7). 여기서 추가할 점은 아렌트가 이상형으로 생각하는 시민(개인)은 역사 속에 존재했던 어떤 공화국의 열렬한 애국전사처럼 공동체 건설에 투신하는 유형이 아니라 인간실존의 차원에서 시민적 권리를 최대한 누리려는 이기적 존재라는 사실이다. 이런 관점에서 볼 때 아렌트는 '아리스토텔레스적' 시민공화주의와도 약간 결을 달리한다고 볼 수 있다. 아렌트의 '시민공화주의'에 관한 매우 심도 있는 논의는 호노한(Honohan, 2002)을 참조할 것.

에서 동료들과 더불어 각자에게 주어진 권리와 책임을 다하는 인간실존의 양태이다. 이러한 아렌트의 정치적 실존주의 관점에서 시민과 정치는 불가분의 관계를 맺고 있다.

그런 한편, 아렌트 정치이론 전체를 관통하는 중심 사상은 정치와 철학의 분리라는 플라톤주의의 이원론적 세계관을 뒤집는 반(反)플라톤주의, 즉 정치와 철학의 결합 필요성에 대한 강조로 집약된다. 이를테면 서구철학의 전통에서 인간 삶을 구분하는 2가지 양식으로서 활동적 삶(vita activa)과 관조적 삶(vita contemplativa)의 분리가 인간 개개인에게나 그들이 속한 공동체 전체에게 결코 바람직하거나 유익하지 않다는 것이 아렌트의 기본 입장이다. 잘 알려진 것처럼 고대 그리스적 맥락에서 정치는 좋은 시민이 실천하는 삶의 양식으로서 자기가 속한 공동체를 돌보는 것을 그것의 본령으로 여긴 반면, 철학은 좋은 사람이 추구하는 삶의 양식으로서 자기의 영혼을 돌보는 것을 그것의 본령으로 간주하였다.

그러나 만약 여기 어떤 정치공동체 속에서 사는 시민이 있는데 그가 자기 영혼을 돌보는 일을 제쳐둔 상태로 자기 공동체를 보살피는 일에 헌신하기로 했다면, 비록 그렇게 하는 것이 가능하다고 하더라도, 우리가 아돌프 아이히만의 사례에서 이미 확인했듯이 그것이 과연 바람직한 결과로 이어질 수 있을지는 의문이다. 또 그와 정반대로 플라톤과 같은 철학자가 자기 영혼을 돌보는 데 전념하면서 공동체와 담을 쌓고 산다면 과연 그것을 행복한 삶이라고 볼 수 있을까. 주지하듯이 플라톤의 '비(非)자발적' 은둔은 스승 소크라테스의 죽음을 본 철학자가 자신의 안전을 선택한 결과였지 결코 행복을 추구한 결과는 아니었다.[13]

아렌트의 정치적 실존주의 관점에서 볼 때 누군가가 인간의 행복에 관해 제대로 설명하려면 그는 반드시 개인주의적 관점과 공동체주의적 관점을 동시에 고려해야 한다. 인간 개개인은 그가 누구든 특정의 공동체 속에서 타인들과 더불어 살아가야 하는 '인간다수성'의 조건을 벗어날 수 없기 때문이다. 사실상 아렌트 정치철학의 중심에 놓인 것이 바로 이 인간다수성이란 실존의 조건에 대한 성찰이며, 그것의 근간은 정치와 철학, 즉 행위와 사유의 결합만이 가장 인간다운 삶을 보장한다는 정치존재론적 신념이다(Suh, 2017). 이에 우리가 이러한 아렌트의 정치존재론적 신념과 통찰에 기초하여 특정 공동체 속의 개별체로서 '시민'에 초점을 맞춘 정치철학의 분과에 '시민정치철학'이라는 학문적 정체성을 부여하는 것이 나름 정당화될 수 있을 듯하다.

Ⅲ. 시민(市民)과 '시민정치철학'

아렌트는 우선 '시민' 개념과 관련하여 아리스토텔레스의 이원적 인간 정의 ―언어적 존재(*homo logon ekhon*)와 정치적 존재(*zoon politikon*)― 에 기초하여 인간의 언어행위를 실존주의적 정치행위 개념으로 재탄생시킴으로써 그의 정치존재론을 탈도구화하는 성공을 거두었다고 평가된다(Villa, 1996; 서유경, 2000). 이렇게 재해석된 인간과 정

---

13 젊은 시절 플라톤은 자신이 생각하는 정치적 이상인 '철인왕'의 실현 가능성을 타진하고자 세 차례나 시라큐스를 방문했지만, 매번 실망하고 아테네로 귀환했다. 특히 마지막 방문 때는 가까스로 목숨을 부지하고 탈출했는데 이 개인적 경험이 그의 정치에 대한 혐오를 한층 강화했을 것으로 추정된다.

치행위 개념을 두 축으로 하는 그의 정치존재론은 개인을 정치공동체의 목적에 부응하는 부수적 존재가 아닌 자기 실존의 의미를 독자적으로 추구하는 자기충족적인 존재로 탈바꿈시킨다. 그 바탕 위에서 아렌트는 아리스토텔레스의 공동체주의적 계기와 실존철학의 개인주의적 계기를 연계시킨 '정치적 실존주의'라는 정치철학 분과와 현대적 의미로 재해석된 정치존재론을 탄생시켰다(서유경, 2003).

다음으로, '시민정치철학'[14]이라는 용어는 바로 이 아렌트의 정치적 실존주의적 정치존재론을 다른 유사한 이론들과 구별하기 위한 목적으로 채택한 학문 분과명이다. 구문론적 측면에서 볼 때 시민정치철학은 시민 + 정치 + 철학이란 세 개의 단어가 한데 묶인 합성어 형태이므로 그것을 제대로 설명하기 위해서는 '시민', '정치', '철학'이라는 세 가지 구성요소 각각에 대한 사전 이해가 필수적이다. 또한 그러한 개념들은 시대와 장소에 따라 또 논의의 맥락과 관점에 따라 상당히 다른 설명이 가능할 것이다. 이런 점들을 염두에 두고 아렌트의 정치존재론적 관점과 한국 민주주의의 사건 맥락에서 그 3가지 개념의 특수한 함의를 조명해보기로 하자.

---

14 필자는 2017년 봄학기부터 경희사이버대학교 대학원에서 '시민정치철학세미나'라는 과목을 강의하고 있지만, 이 용어를 논문에서 공식적으로 다룬 것은 이 글이 처음이다. 이에 덧붙여 시민정치철학의 영어 표현 'civic political philosophy'는 시민, 정치, 철학이라는 3가지 개념범주의 기계적 결합 그 이상의 화학적 결합 효과를 겨냥하므로 '시민의'라는 뜻을 가진 형용사인 'civil' 대신에 '공민'이라는 의미의 'civic'이 선택되었음을 밝힌다. 그 이유는 후자인 civic은 시민이라는 행위 주체를 전제하는 동시에 공공성 측면에 방점이 찍힌 표현이기 때문이다.

1. 시민 개념의 변천과 그 시사점

현재 우리가 사용하는 '시민(citizen)'이라는 서구적 기원을 가진 개념은 시대와 장소에 따라 기준과 의미가 달라져 왔다. 그런데도 유독 한 가지 사실만큼은 예외였다. 그것은 바로 BC 5세기 페리클레스 시대 아테네 폴리스의 주민, 즉 'polites'를 인류 역사상 가장 이상적인 '시민' 모델로 간주했다는 사실이다. 투키디데스는 『펠로폰네스전쟁사』에서 페리클레스의 입을 빌려 당시 아테네 정치와 시민의 관계성에 관해 다음과 같이 정의하고 있다.

> 우리의 정체는 이웃 나라들의 제도를 모방한 것이 아닙니다. 우리는 남을 모방하기보다 남에게 본보기가 되고 있습니다. 소수자가 아니라 다수자의 이익을 위해 나라가 통치되기에 우리 정체를 민주정치[15]라고 부릅니다…. 우리 **아테나인들만이 특이하게도 정치에 참여하지 않는 자들을 비(非)정치가가 아니라 무용지물로 간주합니다**(투키디데스, 2011: 168, 170-171. 강조 더함).[16]

---

15 박광순의 번역본은 데모크라티아(demokratia)를 민주정치가 아닌 '공민통치(公民統治)'로 옮겼다. 그 이유에 대해 당시 아테네의 민주정은 현대와 달리 전체 시민이 참정권을 가지고 있지 않고 "개인적으로 유능한 자"가 법적으로 평등한 전체 시민들에 의해 선출되어 공직에 임하는 방식이었기 때문이라고 설명한다(2011 상: 173, 각주 46 참조). 이에 덧붙여 그는 "오늘날의 '민주주의'가 주장하는 주권재민(主權在民)을 근본 취지로 삼고 있지는 않기 때문이다"라고 주장한다. 여기서 박광순은 아테네의 시민권이 전체 주민의 10~20%에게 제한적으로 주어졌으므로 '엘리트' 민주주의' 형태였고, 그들은 현대의 보통 '시민'보다 책임성이 강한 '공민'의 역할을 감당했다는 사실을 환기하는 듯하다.

16 당시 아테네에서는 정치에 관심을 두지 않는 사람, 즉 아테네의 공적 업무에 참여하

앞의 인용문에서 짐작할 수 있듯 아테네 시민들에게 정치참여는 모종의 의무사항에 가까웠다. 그들은 현대국가의 입법부에 해당하는 민회, 행정부에 해당하는 오백인회, 사법부에 해당하는 시민법정 등에 출석하여 동료 시민들 앞에서 발언하고 논쟁하며 설득하는 방식으로 도시국가의 정치과정에 직접 관여했기 때문이다. 이러한 아테네의 '시민공화주의적(civic-republican)' 시민 모델은 아리스토텔레스의 인간에 대한 이해방식뿐 아니라 이후 그를 거쳐 서구 정치학과 정치이론가들의 대체 불가한 이상형으로 자리매김했다.

아렌트의 설명에 따르면, 아리스토텔레스가 인간을 조온 폴리티콘(*zoon politikon*), 즉 정치적 존재(political being)로 정의한 것은 정치공동체 속에서 삶을 영위하는 존재로서의 폴리스 시민을 직접적으로 전거한다.[17] 그뿐 아니라 그가 추가로 특정한 인간의 특질로서 '호모 로곤 에콘(*homo logon ekhon*)', 즉 언어적 존재(speaking being)로서 인간이라는 관념 역시 아테네 시민의 삶의 양태를 참조한 것이 틀림없어 보인다. 결국 아리스토텔레스에게 이상적인 인간이란 특정 정치공동체 속에서 언어적 활동을 통해 국가의 의사결정 과정에 참여하는 아테네 시민이었던 셈이다. 그 연장선상에서 '이상적' 시민은 정치과정에 '몸소' 참여하며 '의사소통적'인 방식으로 참여해야 한다는 고전적 정치참여

지 않고 사적 영역에 머무는 사람을 '이디오테스(*idiotes*)'라고 불렀다(Arendt, 1958: 39). 한 가지 '의미심장한' 사실은 이것이 현대 영어에서 어리석은 사람을 뜻하는 'idiot'의 어원이라는 점이다.

17 당시 아테네 도시 외부에 사는 '야만인(*barbaroi*)'들은 그리스어를 쓰지 않았을 뿐 아니라 아테네의 국정에 참여할 시민 자격 및 권리 자체가 아예 허용되지 않는 '비(非)시민'으로 간주하였다.

원칙이 함께 수립되었다고 볼 수 있다.

한편, 로마에서는 아테네에서와 같은 시민-비시민의 이분법이 엄격히 적용되지 않았다. 로마제국의 영토가 확장됨에 따라 로마시민의 범주에도 여성과 정복민을 비롯한 다양한 사회계급이 두루 포섭되었기 때문이다. 시민들은 평등하게 로마법의 보호를 받을 권리를 누렸지만 아테네 시민에게 주어졌던 평등한 정치참여의 권리나 의무는 없었다 (Pocock, 1998: 31). 그런가 하면 중세 봉건시대에 등장한 '신민(subject)' 은 교회나 영주의 영지에 거주하며 보호를 받는 대신 복종하기로 계약을 맺은 농노 신분이었다. 따라서 중세는 아테네의 정치적 평등이나 로마의 사법적 평등과 같은 시민적 권리나 '시민' 개념이 증발한 시대였다고 볼 수 있다.

르네상스기를 거쳐 다시금 세속질서로 회귀한 근대로 넘어가자 시민혁명의 주도 세력인 도시상공인, 즉 부르주아(bourgeois)가 새로운 '시민'으로서 고대 아테네 시민이 보유했던 자유로운 발언과 국정 참여의 권리를 요구했다. 그들은 제3계급이라는 이름으로 의회에 정식으로 입성했으며, 국왕·성직자·귀족들과 동등하게 합법적인 방식으로 국가의 정치과정에 관여하기를 기대했다. 당시 제3계급이 획득한 특권적 시민권은 19세기 말과 20세기 초입에 전개된 강렬한 참정권운동을 거쳐 오늘날의 보통 시민권으로 성격이 바뀌었을 뿐 아니라 보유 자격도 전체 시민에게 확대·적용되었다. 이제 시민이라면 누구나 선거권과 피선거권을 가지며 원칙상 국가의 정치과정에 평등하게 참여할 수 있다고 간주한다.

그러나 보다 엄밀한 의미로 보면, 현재 대의민주주의를 채택하고 있는 대한민국의 시민으로서 우리 각자는 '시민(a citizen)'인 동시에

'국민(a subject)'이다. 시민의 자격으로서 우리는 국가공동체의 중요 사안에 대해 의견을 제시하고 국정에 참여할 권리를 보장받으며, 국민의 자격으로서 우리는 대표자들에게 우리를 대신하여 국가를 통치하도록 각자의 주권을 위임하고 기꺼이 피통치자의 역할을 떠맡는다.[18] 슘페터(Schumpeter, 1998)와 같은 엘리트주의 이론가는 전문 정치인들이 정치적으로 서툰 시민들을 대신하여 통치를 전담하는 것이 민주주의 정치체제는 물론 국가 전체에도 실질적 도움이 된다고 보았다.[19] 그러나 현재 우리의 평등주의적 민주주의 관점에서 볼 때 이러한 엘리트주의 입장은 정당화되기 어려울 뿐 아니라, 특히 한국처럼 전문 정치인의 정치적 역량에 의문부호가 붙는 경우라면 더욱 그러할 것이다.

따라서 20세기 말 참여민주주의로의 선회 움직임은 여러 요인이 한꺼번에 복합적으로 작용한 불가피한 결과로 보는 게 합리적일 것이다. 몇 가지 예를 들면, 시민들의 소득 수준 증가와 높아진 교육 수준, 산업구조 및 자동화에 따른 근로시간 감축과 시간적 여유의 증가, 정보통신기술 발달과 뉴미디어 ―이메일, 인터넷, 스마트폰, SNS 등― 기술의 지속적인 출현과 상용화 덕분에 정치 이슈 관련 정보 및 정치인

---

18 모든 시민이 국정에 참여하는 직접민주주의 체제였던 고대 아테네에서도 추첨에서 떨어졌거나 순번이 아닌 시민의 입장 또는 시민권이 없는 비(非)시민의 관점에서 보면 아테네는 '대의'민주주의 형태였다고 주장할 수도 있을 것이다.

19 밀(J. S. Mill)도 이와 유사한 입장을 견지했다(서병훈, 2015 참조). 최근 국내 한 민주주의 이론가는 "사회의 여러 문제는 전문가가 아니면 알 수 없는 영역이 있다. 무엇이 좋은지, 어떤 방식으로 접근해야 하는지 제대로 알 수 없는 경우가 생긴다. 그래서 정당이 존재하는 것이고 대표자를 선출하는 것"이라면서 "직접민주주의에 대한 환상을 경계해야 한다"라고 주장했다(최장집, 2021). 이는 원론적으로 맞는 얘기일 수 있다. 하지만 정치를 단순히 사회문제 해결의 수단으로 간주하는 도구주의적 관점으로 환원시킨다는 비판에서 벗어날 수 없는 것도 사실이다.

에 대한 접근성이 매우 좋아진 점, 지방자치 및 분권화 확산 추세에 따른 지역 차원의 정치참여 기회 증대 등이 그러한 요인이다. 그러나 정치참여를 둘러싼 외부 환경 조건의 변화 외에도 참여민주주의로의 방향 선회를 촉진한 다른 중요한 요인이 또 있었다.

다른 무엇보다 우리 시민들의 '정치적 삶'에 대한 근원적 욕망이 증대된 사실을 빼놓을 수 없을 것이다. 좀 더 구체적으로 말하면 이 근원적 욕망의 증대는, 우리 한국인들이 60여 년 민주화운동 진화과정에서 증명했듯이, '국민'이라는 집합적 관념이 보장하는 익명성과 수동성에서 '시민'이라는 개별적 관념이 요구하는 실명성과 능동성으로의 이행에 수반된 부수 현상이다. 이러한 '시민'의 관점에서 볼 때 대의제의 문제는 국민투표를 비롯하여 국민소환이나 국민발안과 같은 일부 직접민주주의적 제도를 통한 정치참여 기회가 매우 제한적이라는 것이다. 게다가 그러한 제도가 실행된다 해도 '완전한' 참여를 보장하는 방식이 아니어서 종종 정치참여의 본질을 비껴가기 일쑤다.[20] 이 근원적 욕망의 성격을 이해하기 위해서는 우선 정치적 삶과 정치행위의 본질이 무엇인지를 되짚어볼 필요가 있다.

2. 정치적 삶(*bios politikos*)과 정치행위

일반적으로 선진 민주주의 국가 시민들은 단순히 유권자로서의 '국

---

20 비근한 예로 2000년부터 대한민국 국회는 '국민동의청원' 제도를 도입하고 온라인 플랫폼 운영을 개시했다. 많은 국민이 참여하고 있는 가운데 '청원'까지만 허용하는 현행 청원제도에 대한 불만이 답지하고 있다. 웹사이트: https://www.pressian.com/pages/articles/2021110510502550751#0DKU

민' 지위에 만족하는 것이 아니라 정치적 평등과 자유는 물론 정치적 효능감을 만끽하는 '시민'의 지위와 권리를 요구한다. 이런 점에서 그들이 마치 고대 아테네의 정치적 삶과 이상적 시민상을 소환하고 있는 듯한 인상을 풍기는 것도 사실이다. 앞에서 이미 언급했듯이 고대 아테네 시민과 정치는 불가분의 관계였다. 거기서 '정치'는 도시국가 내에서 언어를 매개로 이루어지는 시민들 사이의 특수한 의사소통 방식과 내용을 함께 아우르는 용어였고, 그 연장선상에서 정치적 행위 역시 언어를 매개로 한 의사소통 행위를 가리켰다. 이렇듯 의사소통이 정치의 실질적 내용인 한, '행위'와 '정치행위'는 사실상 동의어였던 셈이다.

아렌트는 이러한 맥락에서 정치적 삶의 바탕을 '행위', 즉 '말과 실행(words and deeds)'으로 규정한다(Arendt, 1958·1963; 서유경, 2000·2011). 그런데 이 '행위' 개념은 아리스토텔레스의 실천적 행위로서 프락시스(praxis) 개념을 전유하여 현대적인 맥락으로 재해석해낸 결과였다.[21] 프락시스는 인간의 세 가지 —노동(labor), 작업(work), 행위(action)— 활동 범주 중 '행위'에 해당한다. 우리가 이 행위의 특성을 정확히 파악하고자 한다면 그것을 다른 두 가지 인간 활동과 서로 비교해볼 필요가 있다.

우선 아렌트는 노동과 행위가 서로 다른 동기에 의해 추동된다고 간주한다. 전자가 인간의 생물학적 필요에 부응하기 위한 도구적 성격

---

21 하버마스는 아렌트가 아리스토텔레스의 범주 중 '실천적 행위(praxis)'의 개념을 체계적으로 일신(一新)하며, 그 당시 그리스의 '고전적 상황'을 오늘에 비추어 고려하지 않은 채로 "의사소통행위(the communicative action)의 인류학을 구축한다"(Habermas, 1977: 3-22)라고 비판했다. 사실 이 비판은 아렌트의 정치철학을 매우 피상적이고 자의적으로 독해한 편견에 불과했다.

의 활동이라면, 후자는 인간이 자신의 인간성을 구현하기 위한 탈도구적 성격의 활동이다. 좀 더 사실적으로 말하면, 노동은 인간이 다른 생물체와 공유하는 특성으로서의 종(種)의 보전, 즉 다른 생물체와의 관계를 유지하며 인간이 지구상에서 생존하는 데 요구되는 생활의 필요들을 충족시키는 목적에 복무한다. 이러한 성격상 노동은 주로 물리적 세계와 관계를 맺으며 인간의 인식적 세계와는 별로 관계가 없다. 결론적으로 노동은 인간을 하나의 특수한 개체로 인식하기에 부적절한 활동 범주이며 또한 인간을 절대적인 방식으로 규정할 수 없으므로 개별체로서 인간의 정체성과 관련한 질문에는 답할 수가 없다(Arendt, 1958: 3·11).

반면에 행위는 인간이 단지 생물체에 지나지 않는다는 속견을 반증(反證)하는 인간 활동의 범주이자 인간 삶에 유의미성을 부여하는 요소이다. 아렌트에 따르면 서로 대화하고 서로에게 의미를 부여하는 일이 곧 행위이므로 그것은 노동과 달리 '물리적' 세계 못지않게 '인식적' 세계와도 관계를 맺는다. 예컨대 사람들은 스스로 조직한 인공세계 속에서 서로 대화하고 서로에게 의미를 부여할 수 있는 까닭에 이 세계에 살며, 그 속에서 거동하고, 유의미한 경험을 공유하는 것이다. 이런 맥락에서 아렌트는 "언어활동을 매개로 행해지는 정치적 행위야말로 인간다운 생활의 원천이며, 이것이 인간을 정치적 존재로서 성격화[한다]"고 설파한다(Arendt, 1958: 3). 아래에서 노동과 행위의 성격에 관한 아렌트의 비교 설명을 직접 들어보자.

인간은, 다른 이들이 자신을 대신해서 노동하게 할 수 있으며, 단한 개의 사물도 물질세계에 더하지 않으면서 오직 그것[세계]을 이용하고 향유하기로 마음먹을 수도 있다. [노동의] 착취자나 노예주(奴隸主)로서의 삶, 기생체로서의 삶은 부당한 것이지만 확실히 인간적이다. 한편, 말(speech)과 **행위(action)가 부재한 삶은.... 문자 그대로 세계에 대해 죽은 삶이다. 그것은 인간답기를 중지한 삶이다**(Arendt, 1958: 176. 강조 더함).

어쩌면 위 인용문의 내용은 무엇이 '인간다운' 삶인지에 대한 다소 편향적인 견해일 수 있다. 그러나 여기서 아렌트가 강조하는 바로서 인간이 진정으로 '인간답다'라고 말할 수 있는 상황은 그가 자신의 자연적(또는 생물학적) 필요에 부응하는 노동을 할 때가 아니라 동료 인간들과 함께 구성한 세계 속에서 '말과 행위'를 수행할 때라는 사실이다. 그가 이렇게 하는 이유는 우리 인간이 세계 속에서 행위를 수행할 때 비로소 인간다움의 정수(精髓)에 도달할 수 있다는 확고한 믿음 때문이다.

이 독특한 행위 개념의 기원은 아리스토텔레스의 '프락시스'로 거슬러 올라간다. 본래 프락시스는 그 자체가 목적인 자기충족적 행위, 즉 순수하게 행위를 위한 행위를 의미했다. 이를테면 피리 불기, 춤추기, 치료행위, 정치행위 등과 같이 행위의 수행 자체가 목적이며, 그것 외에 제2·3의 목적을 갖지 않는 것들이 자유로운 행위, 즉 프락시스의 범주에 속한다. 아렌트는 정치행위도 이 범주에 속한다고 보았다. 가령 정치행위가 아테네 폴리스에서처럼 외부에 존재하는 목적 달성을 위한 수단이 아니라 행위의 수행 그 자체로서 목적이 실현된다고 전제한다면 말이다. 다시 말해, 자유로운 행위는 "한편으로는 동기로부터 다른 한편으로는 예측 가능한 결과라는 의도된 목표로부터 자유로워야 한다"(Arendt, 1968: 151)는 것이다.

이러한 탈(脫)도구주의적 관점에서 볼 때 아리스토텔레스는 심각한 문제점을 드러냈다. 우선 그가 프락시스에 국가의 공동선에 대한 복무라는 목적성(telos)을 부여한 것, 다음으로는 외부에 존재하는 그 어떤 목적에도 봉사하지 않는 순수하게 행위를 위한 행위는 오직 관조(觀照)뿐이라고 규정한 사실이 그것이다.[22] 특히 후자와 관련하여 정신의 활동인 테오리아(theoria)가 육신의 활동인 프락시스보다 우월하며 자기충족적이기 때문에 훨씬 더 완전한 인간활동이라고 규정했던 것이다. 이는 실제로 철학자의 관조적 삶을 정치가(또는 시민)의 활동적 삶보다 우위에 둔 당시 아테네의 인식적 관행을 따른 결과이기도 했다.

그러나 아렌트는 그런 전통적 테오리아·프락시스 또는 관조적 삶·활동적 삶의 이분법에 동의하지 않으며 아리스토텔레스가 프락시스를 공동체의 윤리적 목적성에 종속시킴에 따라 훼손된 프락시스 본연의 자기충족적·탈도구적 본질이 복원되어야만 한다는 입장을 견지한다. 같은 맥락에서 정치에 대한 철학의 우위를 고집하는 고대 아테네적인 전통 역시 현대적 맥락에 적합하지 않다고 지적했다. 왜냐하면 "사유함(thinking)은 인간에게 현재하는 정신기능"(Arendt, 1978 I: 191)이기 때문이다. 이에 덧붙여 근대 이후 철학은 고도의 지성을 요구하는 진리 추구라는 목적을 포기하는 대신 '인간 이성에 근거한 삶의 의미 추구' 방향으로 선회했으므로 인간이라면 누구나 사유함을 통해 철학의

---

22 아리스토텔레스는 폴리스에서 시민들은 "목적을 심의하는 것이 아니라 그 목적을 얻는 수단에 대해서 심의한다. 우리는 그 목적을 당연시하며, 어떤 방식으로, 무슨 수단으로 이 목적을 실현할 것인가를 강구한다"고 말함으로써 정치에 도구성을 부여하였다. 그리고 이성(nous)에 의해 인도된 활동이야말로 가장 자기충족적이며 영속적인 '최고의 활동'이라고 전제하면서 이 활동은 '관조적인 것'이라고 명백히 밝히고 있다(최명관 역, 『니코마코스 윤리학』, 1112b11-2, 1178a 참조).

영역에 진입할 수 있다고 보았기 때문이다.[23]

지금까지 논의한 내용을 요약하면, 아렌트는 정치행위나 사유행위는 인간 삶의 의미를 추구하는 인간의 활동이지 행위 외부에 존재하는 목적에 복무하는 수단이 아니라는 파격적인 정치존재론적 관점을 구축함으로써 아리스토텔레스의 정치존재론을 현대화했다. 이 작업은 아리스토텔레스의 인간에 대한 이원적 정의를 전유하는 단계에서 출발하여 그의 프락시스 개념의 탈도구화를 통해 순수하게 행위를 위한 행위로서 자기충족적인 정치행위 개념을 수립한 다음, 고대 그리스에서 철학자의 특권으로 여겨졌던 관조, 즉 '철학함(philosophizing)'을 모든 인간에게 고유한 정신기능으로 재규정하는 단계로 나아간 것이다.

이 대목에서 '철학(philosophy)'의 어원을 잠시 환기하면, 그것은 그리스어 *philo*(애호하다)와 *sophia*(지혜)의 합성어로서 '지혜 사랑(love of wisdom)'을 의미한다. 그러나 아렌트의 설명에 따르면 고대 그리스에서 철학은 관조적 삶의 상징이었을 뿐 아니라 '좋은' 사람이 자기 영혼을 돌보는 일에 헌신하는 삶의 양식을 가리켰다. 그런 반면 정치는 활동적 삶의 상징으로서 '좋은' 시민이 자신이 속한 정치공동체에 헌신하는 삶의 양식을 가리켰다. 이러한 배경으로 인해 플라톤 이래 서구 철학에서는 이 두 가지 인간 삶의 양식을 각각 철학자와 정치가의 전유물로 간주하는 전통이 수립되어 면면히 이어져왔던 것이다.

그러나 아렌트는 철학(또는 사유함)과 정치(또는 행위함)의 분리를 거부

---

23 이러한 아렌트의 '반(反)엘리트주의' 경향이 '철학의 대중화'를 선도했다고 평가된다. 이는 아렌트의 '엘리트' 민주주의, 즉 대의민주주의에 대한 비판이 어디서 출발하고 있는 것인지를 미루어 짐작할 수 있는 한 가지 단서이기도 하다.

하며 이 둘이 함께 결합해야 할 당위성을 강조한다. 요컨대 공동체에 우선순위를 두어야 한다는 정치행위의 문법과 자기 영혼의 복리를 추구하는 철학함의 문법이 시민의 삶 속에서 함께 결합할 때 비로소 인간의 '인간다움'이 온전히 구현될 수 있기 때문이다. 이것이 아렌트가 상정하는 좋은 시민이 추구해야 할 정치적 이상이자, 이론상으로는 공동체주의와 개인주의가 결합된 현대적 정치존재론, 즉 아렌트 시민정치철학의 근간이다. 이제 아렌트 시민정치철학의 개념 범주들이 한국 민주화운동과 한국 민주주의 진화과정과 관련하여 어떤 적실성 있는 설명을 제공할 수 있을지 확인해볼 순서이다.

IV. 한나 아렌트 정치사상과 한국 민주주의의 접점

1. 인간의 '실존적 저항'과 '세계-건설(World-making)'

지구는 기본적으로 우리 인간이 단지 생물체로서 다른 모든 동식물과 마찬가지로 굳이 인공적 창조물을 만들지 않고서도 목숨을 부지할 수 있는 생물학적 삶의 터전이다(Arendt, 1958: 2). 그러나 인간의 탄생은 새로운 행위능력이 기성 세계에 추가되는 사건이자 각각의 사건을 통해 인간이 동등한 행위능력을 가지고 세계 속으로 진입하는 현상이다.[24] 우리 대부분은 일반적으로 주어진 환경에 안주하고 상태에 만족하기보다 저항하고 거부하는 일에 더 흥미를 느끼며, 여건만 허락한다면 주변의 모든 것들을 제 마음대로 바꿔놓아야만 직성이 풀린다고 한다. 이러한 관점에서 볼 때 인간의 삶이란 각자가 결행하는 크고 작은

'실존적 저항'의 누적 과정 또는 축적 결과라고 해도 크게 잘못된 표현은 아닐 것이다.

아렌트에 따르면 인간의 실존적 저항으로서 자신에게 주어진 삶의 조건을 변화시키는 행위능력은 불가불 스스로 인공(人工) 세계를 건설하는 작업으로 귀결된다. 이 인공세계라는 것은 생득적·물리적 자연환경인 지구와 구별되는 후천적·인식적 환경으로서 그것에 함께 참여하는 사람들에게만 유의미성이 있는 모종의 '세계(a world)'이다. 그러므로 우리가 인간의 삶이 이러저러한 세계-건설 작업과 불가분의 관계에 있다는 데 동의한다면 우리 삶이 "지속적인 물화(物化) 과정에 있다는 사실"도 함께 인정해야만 한다. 이는 마치 어떤 건물의 청사진이 멋진 건축물로 물화하듯 세계-건설에도 그와 동일한 원리가 적용될 수 있을 것이기 때문이다.

그런데 우리 대부분의 예상과 달리 이 세계-건설 과정에서 지속해서 물화하는 것은 바로 우리의 "말과 생각 그리고 행위들"이다. 이것들이 인간의 기억 속에 물화(또는 저장)됨으로써 '세계'는 인식적 차원에서도 실재성을 획득하고 존속성을 보장받게 된다(Arendt, 1958: 96). 이러한 물리적 세계와 인식적 세계의 상호연계성이라는 관점에서 볼 때 인간이 창조한 세계 ―즉 물리적 세계와 그것의 물화한 형태인 인식적 세계― 는 계속 추가되는 신참자들의 행위능력 덕분에 헐거나 낡아지지 않고 생동감을 유지할 수 있는 것이다. 이런 견지에서 아렌트

---

24 아렌트의 이중의 '탄생성' 개념, 즉 개인이 물리적 세계 속으로 태어나는 비선택적·생물학적 탄생성과 이후 인공적 세계에 진입하는 선택적·정치적 탄생성에 관해서는 앞의 II절을 참조할 것.

는 가령 우리가 인간의 "탄생이 담지하는 신성성으로부터 일반적인 의미를 추출하고자 한다면, … 세계의 잠재적 구원은 인간 종(種)이 자신을 지속적이고 영구적인 방식으로 쇄신한다는 바로 그 사실에서 찾아야 할 것"이라고 귀띔한다(Arendt, 1978 Ⅱ: 212).

그러나 역으로 인간 자신의 관점에서 보면 각각의 개인은 그가 태어난 세계 속에서 그에게 부여된 실존적 조건을 수용하거나 저항하기도 하고 때로는 새로운 조건을 추가하는 방식으로 자기 삶을 영위해 간다. 여기서 한 가지 간과해서 안 될 것이 있는데, 이러한 인간의 '실존적 분투'[25]는 타인과 함께 참여하는 '세계' 속에서 이루어질 때 비로소 세계와 자신 양자 모두에게 유의미한 결과를 창출한다는 사실이다. "우리가 보는 것을 [같이] 보며, 듣는 것을 [같이] 듣는 타인들의 현전이 우리에게 세계와 우리 자신에 대한 실재감을 보증한다"(Arendt, 1958: 50). 이는 세계가 단지 그것에 속한 사람들 다수가 함께 출현하는 공동의 물리적 공간만이 아니라 그들이 함께 공유하는 의미의 지평이기도 하기 때문이다. 이 아렌트의 '세계' 개념은 우리 '시민광장'의 성격과 기능을 이해하는 데 매우 중요한 이론적 통찰을 제공한다.

---

25 이와 관련하여 아렌트의 '시간' 개념을 간략히 설명하면, '현재(the present)'는 과거 ('이제-없는 no-longer' 시간)와 미래('아직-없는 not-yet' 시간) 사이에 찰나적으로 존재하는 지금('Nunc Stans', the standing now)이다. 시간의 성격상 '지금'은 과거와 미래 사이의 간극에서 부단히 생성과 소멸을 반복하는 찰나적 순간이다. 이 '지금'을 자각하여 의미화함으로써 포획하고 탈(脫)시간화하는 방식으로 '절대 현재 (the absolute present)'로 바꾸는 일이 바로 인간의 실존, 즉 삶이다. 이런 견지에서 인간은 마치 시시포스가 그러하듯, 지속적인 실존적 분투 과정에 놓여 있는 것이다 (서유경, 2002).

2. '깨어 있는 시민들'의 조직화 양태로서 시민광장

60여 년에 걸친 한국 민주화운동의 역사는 우리 시민들의 실존적 저항의 표출 방식으로서 '세계-건설' 작업의 연속이었다고 해도 결코 지나친 말이 아닐 것이다. 한국 민주주의는 그것의 진화과정에서 다채로운 모습으로 출몰했던 이른바 '시민광장'을 빼놓고는 온전한 설명이 불가능해 보이기 때문이다. 대강만 짚어보더라도 한국과 한국인에 특화된 시민광장의 역사는 4·19혁명의 거리광장에서 시작하였고 이후 1980년 광주의 5·18 민중광장으로, 1987년 서울 광화문의 6·10 민주광장에서 다시 2002년 월드컵축제의 광장과 효순·미선 추모제 광장으로, 2004년 노무현 대통령 탄핵 반대 광장에서 2008년 광우병 쇠고기 수입 반대 광장으로, 그리고 2014년 세월호 분노의 광장을 거쳐 마침내 2016~17년 겨울 박근혜 대통령 탄핵 광장으로 이어졌다.

그 시민광장들 각각은 시민들이 자각한 시대정신에 의해 촉발한 세계-건설 작업의 현장이자 실존적 저항에 의해 개방된 한시적 공간이었다. 그것들은 실제로 어떤 고정된 물리적 장소보다는 시민들이 몸소 출현하여 함께 구축한 '인공세계',[26] 즉 시대정신의 깃발들이 나부끼는 정치적 상징과 표현의 공간이었다. 각각의 시민광장에는 예외 없이 당시 시대정신을 밝히는 공통 의제와 실행 목표가 존재했다. 우리의 '깨

---

26 나는 다른 곳(Suh, 2017)에서 다수의 사람들이 몸소 출현하여 함께 구축한 '인공세계'를 '인간다수체(human plurality)'로 규정했다. 이것은 아렌트의 '인간다수성' 조건이 물화(物化)한 형태로서 사람들의 무리를 가리킨다. 이 글에서의 '시민광장'은 이 '인간다수체'의 여러 유형 중 하나인 셈이다.

어 있는 시민들'[27]이 그곳으로 모여듦으로써 스스로 기꺼이 시대정신의 담지자가 되었고 자기 시대의 문법을 다시 썼으며 자신들의 공통의 제 관철을 위해 때론 목숨도 불사하면서 '민주주의의 최후의 보루'가 되었기 때문이다.

이러한 점에서 각각의 시민광장은 아렌트가 말하는 '세계'였고, 노무현이 말하는 '깨어 있는 시민들의 조직된 힘'의 산실이었다. 이러한 한국 민주화운동에 대한 아렌트 정치존재론적 이해를 바탕으로 필자는 다른 곳에서 한국민주화운동 60년을 4단계 진화과정으로 구분하고 각 단계별로 하나의 상징적·역사적 사건 —4·19혁명, 5·18 민중항쟁, 6·10 민주항쟁, 그리고 2016~17 촛불항쟁— 을 특정하여 4개의 단계별 '한국 민주주의 패러다임(Korean Democracy Paradigm: 이하 KDP로 약칭)'으로서 제시한 바 있다. 다음 절에서 그 내용을 자세히 살펴보기로 하자.

---

27 이 '깨어 있는 시민'이란 표현은 "민주주의 최후의 보루는 깨어 있는 시민의 조직된 힘입니다"라는 노무현 대통령의 언명에서 직접 차용되었다. 나는 다른 곳에서 이 언명 전체를 '노무현 민주주의 테제'로 전유하여 이론 틀로서 원용한 바 있다(서유경, 2018·2020b). 여기서 '깨어 있는 시민'은 대체로 1960년 이후 독재·반민주 정권에 맞서 '민주화운동과 시민운동에 참여한 시민', 즉 4·19혁명, 5·18 민중항쟁, 6·10 민주항쟁, 그리고 2016~17 촛불항쟁에 이르는 민주주의 투쟁사의 주역들을 일컫는다. 좀 더 자세한 내용은 서유경(2020b)을 참고할 것.

V. 한국 민주주의 패러다임과
'공민(公民)'의 출현 과정

1. 한국 민주주의 4개 패러다임의 특징과 성격 비교

한국 민주주의 패러다임의 특징과 성격을 파악하기 위해서는 당시 깨어 있는 시민들의 실존적 저항의 결과로서 출현한 세계, 즉 시민광장의 현상적 요소들을 살펴보아야 한다. "누가 왜 어떤 방식으로 항쟁에 참여했는가"라는 질문에 대한 답이 곧 각 패러다임의 구성적 성격을 밝혀줄 것이기 때문이다.

〈표 2-1〉은 한국 민주화운동사에서 가장 중요한 분수령이었던 4대 사건의 핵심 정치 슬로건, 참여 양태, 참여 인원, 폭력 수단의 사용 유무, 공공성의 성격, 자발주의 등의 현상적 기준에 따라 한국 민주주의 패러다임의 성격과 특징을 비교한 결과표이다.

〈표 2-1〉에 대한 독자의 이해를 돕기 위해서는 보다 상세한 설명이 제공되어야 할 것 같다. 우선 1960년 KDP1.0의 주역으로서 '깨어 있는 시민'은 소수의 엘리트층이었다. 그들은 '이승만 대통령 하야'라는 공공선 추구를 목적으로 조직화하지 않은 민중의 일원으로서 일부는 동원되었고 일부는 자발적으로 참여했으며, 폭력 수단의 사용도 불사하면서 1960년 4월 18일에서 26일까지 8일에 걸쳐 약 30만 명이 동참하였다. 종국에 이승만 대통령이 하야함으로써 성공을 거둔 시민운동이라고 평가되었다. 하지만 이듬해 5·16 군사정변까지 고작 1년간 지속되었다.

〈표 2-1〉 한국 민주주의 패러다임의 현상적 특징 비교

항목 \ KDPs	KDP1.0	KDP2.0	KDP3.0	KDP4.0
시위 연도	1960	1980	1987	2016-17
역사적 사건	4·19혁명	5·18 민중항쟁	6·10 민주항쟁	촛불항쟁
핵심 정치 슬로건	이승만 대통령 하야	군사독재 타도	호헌철폐/ 대통령 직선	이게 나라냐?
참여 양태	비조직화된 무리의 일원으로 참여			조직화된 다중의 일원으로 참여
참여 인원 (운동기간)	30만 이하 (4월 18~26일)	20만 이하 (5월 17~26일)	1백만 이상 (6월 9~29일)	1천7백만 (10월 29일~ '17년 4월 29일)
폭력 수단	사용			비사용
공공성	공공선 추구[28]			
자발주의	자발적 참여 (부분적 동원 가미)			자발적 참여
성공(S) 실패(F)	S	F	S(F)[29]	S

출처: 서유경(2020b: 84)에서 재인용.

1980년 **KDP2.0**의 주역으로서 '깨어 있는 시민'은 일부 소수 엘리트층을 포함하여 대다수가 보통 시민이었다. 광주 시민들 대부분이 극악무도한 '전두환 군사독재 타도'라는 공공선을 위해 자발적으로 참여한 비조직화된 민중이었으며, 공권력의 불법적인 폭력에 맞서 스스로

28 여기서 공공선은 국가공동체의 민주주의의 수호와 관련된 반독재나 전 국민적 공감대가 형성된 이슈의 추구를, 공동선은 특정 계층이 규명한 이익이나 진영 논리에 입각한 이익 추구를 가리킨다. 〈표 2-2〉에서 확인할 수 있듯이 시민의 권능이 강화될수록 공동선의 추구 빈도가 증가하는 경향이 있다.

29 6·10 민주항쟁은 목표했던 대통령 직선 요구를 관철했다는 점에서 성공을 거둔 것은 맞지만, 선거 결과 신군부 출신인 노태우가 당선됨으로써 민주화운동 진영으로부터 반절의 성공이었다는 평가를 받게 되었다.

'시민군'을 조직하여 무장한 다음 가용한 모든 폭력 수단을 동원하였다. 수적으로는 5월 18일에서 26일까지 8일간 연인원 20만 명이 참여한 것으로 나타났고, 5월 27일 군사작전에 의해 전격 진압되어 좌절한 시민운동이었다고 평가되었다(서유경, 2014b). 그러나 5·18 민중항쟁의 웅혼한 저항정신과 공동체를 위한 숭고한 희생이 한국 민주주의뿐 아니라 글로벌 민주주의 진전에 영감과 추동력으로 작용해왔고 현재도 그러하다는 점에서 실패했다고 단정하기는 어려워 보인다.

1987년 KDP3.0의 주역으로서 '깨어 있는 시민'은 소수의 엘리트층과 중산층이었고, 그들은 '호헌철폐, 대통령 직선'이라는 공공선 추구를 목적으로 거리로 나선 '비조직화된 민중'의 일원으로서 일부는 동원되었고 대다수는 자발적으로 참여했다. 시위대는 경찰의 최루탄 살포에 맞서 돌멩이 투척과 같은 가용한 폭력 수단 사용도 불사하였고, 6월 10일에서 29일까지 19일에 걸쳐 약 150만 명이 동참하였다. 이 6·10 민주항쟁은 노태우의 6·29선언과 12월 대통령 직선 및 헌법 개정 약속을 끌어내는 데 성공을 거둔 한편, 김영삼과 김대중의 야권분열 틈새에서 노태우가 13대 대통령으로 당선됨으로써 절반의 성공이었다는 평가를 받았다.

2016~17년 KDP4.0의 주역으로서 '깨어 있는 시민'은 기본적으로 모든 연령·성별·정치성향·사회계급, 심지어는 국적과도 무관하게 이 땅의 모든 남녀노소가 다 '깨어 있는 시민'이었다고 해도 큰 무리는 아닐 것이다. 그들은 '박근혜 탄핵'이라는 공공선 추구를 목적으로 '조직화된 다중(多衆)'의 일부로서 일부는 동원되었고 대다수는 자발적으로 참여했으며, 폭력 수단의 사용을 철저히 금하면서 평화적이고 질서정연한 '공민(公民)정치'의 모델을 예시하였다. 결과론적으로 이 사건은

운동과 제도적 절차를 결합하여 합법적인 정권교체를 이루어냄으로써 성공을 거둔 시민운동이었다고 평가할 수 있다.

여기서 우리가 앞에서 살펴본 '시민'의 변천사적 관점을 소환하여 대입해 보면 매우 흥미로운 결과가 도출된다. 한국의 깨어 있는 시민들은 4·19혁명을 통해 스스로 근대적 군주제 하의 '신민(臣民)' 지위를 벗어날 수 있었으며, 5·18 민중항쟁을 통해 잔혹한 군부독재의 국가폭력에 목숨 걸고 항거하는 공화국의 구성체인 '인민(人民)'으로 거듭났고, 6·10 민주항쟁을 통해 '1987체제'[30]로 불리는 민주공화국의 명실상부한 '국민(國民)'으로서의 존엄을 회복했다. 그리고 마침내 2016~17 촛불항쟁을 통해 온전한 자율과 권능을 갖춘 '능동' 시민(市民)이 되었으며,[31] 새로운 시대정신의 담지자로서 자율과 권능 못지않게 배려와 책임을 중시하는 성찰적 시민, 즉 '공민(公民)'[32]의 위상을

---

30 1987년 제9차 헌법개정 이후 등장한 이른바 '87년 체제'의 민주주의적 의미는 "'오늘의 야당이 내일의 여당이 되고, 오늘의 여당이 내일의 야당이 될 수 있는' 평화적 정권교체가 반복되는 '민주주의의 공고화' 단계로 이행하도록 제도화한 것"(박성민, 2012: 28)으로 평가된다.

31 한국행정연구원의 「2016~2017년 촛불민주주의 이후 국민인식조사 결과」에 따르면, 동 제목의 2018년 설문조사에서 응답자들은 촛불혁명이 박근혜 대통령 탄핵(96.5%), 현 정부의 국정운영 방식(88.8%), 국민의 시민의식 향상(87.9%), 2017년 대통령선거 후보자 선택(87.6%), 우리 사회 전반의 개혁 분위기 조성(87.5%), 정치인들의 국민 의견 중시(77.3%) 등에 지대한 영향을 준 것으로 인식했다. 이 결과는 우리 시민들의 정치적 효능감이 매우 높은 수준임을 보여준다. 또한 "나는 국민의 한 사람으로서 참여하는 것을 당연한 의무로 생각한다"라고 답한 응답자도 무려 88.7%나 되었다. 이 경우는 정치적 효능감보다는 자신이 속한 정치공동체의 주권자로서 국가의 정치과정에 자발적으로 참여하려는 시민공화주의적 책임의식이 동기로 작용한 것으로 볼 수 있다.

32 '공민(公民)'은 고대 아테네 시민의 시민공화주의적 정치참여 양태를 직접 전거하려는 의도를 담아 선택한 용어이다(앞의 각주 15 참조). 나는 이들이 장차 한국 민주주

빠르게 획득해가고 있는 듯하다.

2. 2016~17 촛불항쟁: 개인과 공동체의 민주적 결합

앞에서 논의의 편의상 공화국의 구성원을 '국민'과 '시민'으로 나누고, 전자는 정치참여와 관련하여 수동적·소극적 태도를, 후자는 능동적·적극적 태도를 가진 것으로 양자의 성격적 차이를 설명하였다. 그 연장선상에서 공민은 시민의 능동적·적극적 정치참여 태도에 추가로 성찰성이 가미된 보다 책임감 있고 신중한 공화국의 구성원을 지칭한다. 이러한 개념 범주를 적용했을 때 분명 한국인들 상당수는 개인적으로 자신의 정체성이 한 사람의 국민에서 시민으로, 다시 시민에서 공민으로 진화했다는 느낌을 경험했을지도 모른다. 한국 민주주의가 KDP3.0에서 KDP4.0으로 이행하는 과정에서 이러한 변화의 물결이 세차게 휩쓸고 지나갔기 때문이다.

돌이켜보건대 그 변화의 시발점은 2002년 6월 월드컵경기 한 달간 연인원 2,400만 명이 만원 사례를 이룬 시민들의 '응원광장'이었다. 그것은 그동안 우리가 무수히 보아왔던 광장들과 전혀 다른 유형이었다. 폭력이, 공권력이, 분노에 찬 고함과 고통스러운 비명이 완전히 사라진 열린 공간이었다. 손에 손에 태극기를 든 젊은이들의 웃음소리가, 얼굴과 팔다리 곳곳을 익살스럽게 페인트칠한 붉은악마의 북과 꽹과리 추임새에 맞춰 '대~한민국 짜자작 짝짝!'하는 군무와 박수 소리

의를 다음 단계, 아마도 '직접'과 '숙의'의 방식이 강화된 보다 시민참여 지향적인 민주주의 시대를 견인하게 될 것으로 전망한다.

가, '와~'하거나 '에이~'하는 탄성 소리가 끊임없이 터져 나왔던 그 여름의 응원광장마다, 호프집 치맥 파티장마다 삶의 에너지와 행복감, 기쁨과 열정, 희망과 기대, 애국심과 자긍심, 웃음꽃과 이야기가 넘쳐 났다. 그 결과 2002년 6월, 우리의 시민광장이 종래의 어둠과 부정성에서 밝음과 긍정성의 상징으로 탈바꿈하게 된 것이다.

부연하면 이 전국적인 '광장 응원' 사건 이전 우리의 시민광장은 대체로 민주화운동 참가자에게 특화된, 즉 그들이 정치적 신념에 따라 불이익을 감수하면서 무단점거하여 공권력과 대치하는 싸움의 공간이었다. 그러나 이제는 그것이 남녀노소 모두에게 개방된, 즉 다함께 국가 간 경기를 즐기고 한마음으로 한국팀의 승리를 응원하는 애국심의

〈표 2-2〉 '촛불' 시위의 진화 경로에 따른 특징 비교

항목 \ KDPs	'촛불'시위의 진화 경로			KDP 4.0
시위 연도	2002	2004	2008	2016~17
역사적 사건	효순·미선 촛불추모제	탄핵반대 촛불집회	미국산 쇠고기반대 촛불문화제	촛불항쟁
핵심 정치 슬로건	SOFA 재협상	대통령직 수호	쇠고기 수입협정 재협상	이게 나라냐?
참여 양태	집단의 일원으로 참여		조직화된 다중의 일원으로 참여	
참여인원 (운동기간)	200만 이상 (11~12월)	100만 명 (3월 12일~ 4월 15일)	550만 (5월 2일~ 8월 중순)	1,700만 (10월 29일~ '17년 4월 29일)
폭력의 사용	(부분적) 사용			비사용
공공성	공익 추구			공공선 추구
자발주의	동원된 참여 (부분적 자발주의)		자발적 참여	자발적 참여
성공(S)/ 실패(F)	F(S)	S	S	S

출처: 서유경(2020b: 93)에서 재인용. 이탤릭은 촛불시위의 개칭 내용임.

발현과 허물없이 동료 시민들과 함께 연대하는 공간으로 성격이 바뀐 것이다. 이는 사실상 우리 시민들이 장차 시민광장을 어떤 용도로 사용하게 될지를 암시하는 결정적인 신호탄이었다. 그 연장선상에서 월드컵 이후 우리 시민광장에 등장한 '촛불'은 바로 우리 시민들의 애국심과 동료 시민들과의 연대를 상징하는 기표였고 이른바 '능동' 시민의 출현을 알리는 징표였다.

〈표 2-2〉에서 보듯이 우리가 전개한 4가지 유형의 촛불항쟁은 각각 '추모제', '집회', '문화제', '항쟁'이라는 용어의 어감적 차이만큼이나 사건 발생의 현상적 양태나 시민운동적 특성에서도 상당한 차이를 나타낸다. 그러나 자세히 살펴보면 몇 가지 일관된 진화의 방향성을 찾아볼 수 있다.

'최초의' 촛불 등장 사건인 2002년 '효순·미선 촛불추모제'는 2002년 6월 13일 미군의 장갑차에 치여 사망한 두 명의 여중생을 추모하기 위해 6월 20일 광화문광장 분향소에 '촛불'이 밝혀진 데서 시작됐다. 마침 월드컵경기에 모든 이목이 쏠린 때라 두 여학생의 '촛불' 영정사진대는 큰 관심을 받지 못했고 사건도 그대로 묻히는 듯했다. 그러나 11월 18~22일 미2사단 캠프 케이시에서 열린 군사재판에서 관련 미군 장병들이 무죄판결을 받자 관련 시민단체들이 '촛불추모제'라는 이름으로 주한미군의 공식 사과와 'SOFA 재협상'을 요구하는 정치집회를 조직하였고 분노한 시민들은 너도나도 촛불을 들고 광화문 미국 대사관 인근에 모여들었다. 12월 조지 W. 부시 대통령이 정식으로 사과할 때까지 이 촛불집회에 참가한 연인원은 200만 명에 달했다.[33]

---

33 당시 대학생이었던 한 시민은 "효순·미선이를 추모하는 촛불을 들면서 광장에 모

우리 시민들은 승리의 기쁨(또는 정치적 효능감)을 만끽했고, 그 여세를 몰아 노무현 대통령후보 선거운동에 적극적으로 가담했으며 다시금 승리를 경험했다.

2002년 12월 노무현 후보가 제16대 대통령에 당선되었고 이듬해 노 대통령이 전방위적 개혁 드라이브를 걸자 원내 수적 우위를 점한 한나라당이 대통령 탄핵소추안을 발의하여 통과시켰다. 이에 여당에 우호적이었던 참여연대와 녹색연합, 민주노총 등 550여 개 시민사회 단체로 이뤄진 '탄핵 무효 부패정치 척결을 위한 범국민행동'이 '노무현 대통령 탄핵 반대 촛불집회'를 조직하였고 야당의 정치적 손익계산에 따른 부정의한 무리수에 분노한 일반시민들이 전국적으로 가세하여 헌법재판소가 탄핵안을 기각하도록 압력을 가했다.[34] 그들 중 상당수는 집회 조직위와 관련된 '집단의 일원'으로 참여했고 일부 여당 지지 시민들이 자발적으로 참여하여 힘을 보태는 형태였다. 결과는 또다시 시민광장의 승리였다.

뜻밖에도 2008년 '광우병쇠고기수입반대촛불문화제'의 중심 인물은 한 여고생이었다. 2002년 촛불추모제와 2004년 탄핵반대 촛불집회가 다소 무거운 정치 이슈, 즉 '공공선'의 문제를 들고나왔던 데 비해 이번 촛불시위는 상대적으로 가벼운 생활이슈, '공익(公益)'이 쟁점

여서 하나의 목소리를 표출할 수 있다는 것을 체험했다"라고 회고했다(《조선일보》 2019. 09. 22.). https://news.v.daum.net/v/20190922060313680 [검색일: 2020. 11. 30.]

34 당시 실시한 한 여론조사에서는 "국민 10명 중 7명 이상이 '탄핵 사유가 정당하지 못하다'라고 응답했고, '탄핵안 가결은 잘못한 일'이라는 답변도 74.9%에 달했다"라는 결과가 나왔다. http://www.sisajournal.com/news/articleView.html?idxno=160440 [검색일: 2020. 11. 30.]

사항이었다. 5월 2일 첫 집회 이후 이미 관행이 된 방식으로 '광우병국민대책회의'가 현장 시위행사 프로그램을 조직·운영하였고 시민들이 이에 동조하는 형태였지만 분명 확연히 달라진 점이 있었다. 조직위에 참여했던 한 시민활동가의 말처럼 "뿔뿔이 흩어져 있는 무관심한 개인이라고 치부했던 평범한 시민들이 촛불 항쟁을 주도했는데, 시민단체들은 이들과 제대로 소통하지 못했다"(안진걸, 2008)라는 사실이 그것이다.

100회에 걸친 촛불문화제는 시민단체 활동가들과 같은 기존의 참여자 군(群) 외에 중고생, 여성, 비정치적 동호회, 교민, 종교인 등이 신규로 가세하면서 외연이 급격히 넓어졌다. 이들 참가자 대부분이 뉴미디어를 통해 스스로 조직화하고 정치 이슈화할 수 있는 디지털 기술과 정보수집 능력을 갖춘 월드컵세대('W세대')였다. 스스로 조직화할 수 있는 역량이 있다면 누군가의 '대리' 조직화에 의존할 필요성이 줄어든다. 이미 시민광장을 자기 것으로 만든 우리 시민들은 이제 자신 외부의 목적에 따라 움직이기보다 자기 스스로 판단하여 설정한 목적에 복무하는 '자기충족적' 정치행위를 수행하는 단계에 진입하기 시작했다고 볼 수 있다.

그리고 우리가 목도한 2016년 10월 29일부터 2017년 4월 29일까지 거의 매 주말 23차례 개최된 촛불항쟁은 지구상에 존재하는 민주주의 국가 그 어디에서도 선례가 없는 '민주주의의 신기원'을 이룩한 사건이었다. 그 촛불항쟁에는 연인원 1천7백만 명이 참여했지만 단한 개의 돌멩이도 단 한 개의 진압봉도 허공을 가르지 않았고, 단한 발의 최루탄도 발사되지 않았으며 어느 한 사람도 팔을 부러뜨렸다거나 발목을 삐었다고 보고한 일이 없었다. 이러한 평화적이며 법과 제도를 존중하는 촛불시민, 즉 시민공화주의적 공민의 등장은 개인과 공동체의 민주적 결합을 의미한다. 우리는 여기서 아렌트의 시민정치철학과 한국 민주주의의 유의미한 접점을 확인하게 된다.

VI. 결론
: 촛불민주주의 이후 한국 민주주의의 미래 전망

대한민국의 '시민'이란 정체성은 지난 60여 년 한국 민주주의의 진화과정을 통해 '신민'에서 '국민'으로, 다시 '시민'에서 '공민'으로 그것의 정체성도 계속 변해갔다. 아마도 2016~17 촛불항쟁이 그 총체적 민주주의 진화과정의 최종 목적지였을지도 모른다. 그것은 인류 역사상 가장 다양한 계층의 남녀노소가 촛불을 밝히고 가장 인상적인 방식으로 민의를 표출하여 가장 합리적인 방식으로 소기의 목적을 달성한 가장 강력하고도 평화로웠던 시민항쟁이었기 때문이다. 이제 한국 민주주의는 어디로 나아가야 할 것인가.

이 난감한 질문에 답하기 위해서는 우리가 민주주의의 전범(典範), 즉 고대 아테네 민주주의로 돌아가서 진지하게 고민해보는 게 도움이 될 것이다. 그런 점에서 아테네 시민의 정치참여 양태를 이상형으로 설정하여 수립한 아렌트 시민정치철학의 통찰들은 한국 민주주의와 시민의 정체성 진화과정을 심층적으로 이해하는 데 매우 타당하고 적실한 전거(典據)가 될 수 있다. 현재 더 많은 한국의 시민들이 과거 아테네 시민들처럼 정치공동체의 문제해결에 직접 나서기를 원하며 자기 삶에 미칠 중요한 국가의 정책수립과 결정과정에 더 깊숙이 참여하기를 원한다.[35] 그들은 특히 지난 20년 촛불민주주의 시기에 건설했던 촛불광장의 놀라운 정치적 효능을 직접 실감했을 뿐 아니라 거기 속한 자신의 시민적 자긍심을 자각할 수 있었기 때문이다.

그 촛불광장은 동료 시민들의 다양한 발언과 행동 일거수일투족을 보고 듣고 판단하는 고대 아테네의 아고라와 같은 정치극장이었고, 아렌트가 말하는 '세계', 즉 그들이 함께 공유하는 의미의 지평이었으며, 민주적 시민성의 산실이자 학습장이었다. 우리 시민들은 4·19혁명을 통해 근대적 군주제를 타파하였고(KDP1.0), 5·18 민중항쟁을 통해 국가폭력에 목숨 걸고 항거하여 공화국의 주인임을 만천하에 선포하였으며(KDP2.0), 6·10 민주항쟁을 통해 민주공화국의 국민적 존엄을 회복했다(KDP3.0). 그리고 종국에는 2016~17 촛불항쟁을 통해 자율과 권능을 겸비한 성찰적 시민임을 전 세계인들에게 천명하였던 것이다(KDP4.0).

돌이켜보면 우리 민주화운동 60년은 한마디로 그 지난한 여정 속에서 우뚝 솟아난 4개의 거대한 역사적 분수령, 4개의 시민적 정체성과 그것을 표상하는 시민광장, 그리고 4개의 한국 민주주의 패러다임을 상징한다. 특히 한국 민주주의 패러다임4.0 단계에서 나타난 '국민'에서 '시민'으로의 정체성 전환은 2002년에서 2017년까지의 '촛불'민주주의 시기에 이루어졌는데 그것의 추동력은 다름 아닌 2002년 한일월드컵이었다. 2002년 6월 한 달간 우리 내면에 똬리를 튼 즐거운 '광장경험(Plaza Experience)' 이후 광장은 우리에게 시민, 기쁨, 열정, 공정 경쟁, 붉은악마, 인정, 승리, 환희, 박수, 4강 기적, 멋, 말, 응원, 연대, 힘,

---

35 이 점과 관련된 경험적 연구결과는 앞의 각주 30을 참조.

자신감, 태극기, 애국심, 대한민국을 상징하는 '긍정성'의 기표로 그 성격이 완전히 바뀌었기 때문이다.

우리는 계속해서 '광장'을 욕망했다. 2002년 '효순·미선 촛불추모제', '노사모'의 선거운동, '노무현 대통령 탄핵 반대 촛불집회', 2008년 '광우병쇠고기수입반대촛불문화제', 2014년 세월호 촛불추모제, 2016~17 촛불항쟁으로 이어진 '촛불'광장은 월드컵 시민 응원광장의 변종이자 '재현물'이었던 셈이다. 같은 생각을 하는 시민들이 함께 '광장'에 모이는 일이라면 그 내용과 형식이 무엇이든 상관없이 '즐거운' 일로 인식되었다. 광장에 가면 동지들과 더불어 무언가 '의미 있는' 일 ―'세계-건설 작업'― 을 할 수 있다는 믿음이 그 '즐거움'의 원천이었기 때문이다. 아렌트는 이러한 심리상태를 '공적 행복(public happiness)'이라고 부른다.

2016~17 촛불항쟁은 우리에게 바로 이 공적 행복의 최대치를 선사했다. 앞으로 우리가 그것보다 더 완벽한, 더 강력한 광장을 재현할 수 있을까. 안타깝게도 아마 그런 일은 없을 것이다. 우선 지난 5년 사이 우리는 이른바 '이대녀'와 '이대남' 논쟁을 일으키면서 빠르게 부상하는 새로운 세대의 출현 현상을 주의 깊게 지켜보았다. 아렌트의 정치존재론적 관점에서 볼 때 이 'MZ세대'의 등장은 또다른 유형의 '세계-건설' 작업이 착수될 수 있다는 신호이다. 이는 동시에 2002년 월드컵과 함께 등장하여 촛불광장의 대역사를 썼던 'W세대'의 시간이 끝나가고 있다는 의미이며, 우리가 지난 20여 년간 우리의 몸과 영혼을 지배했던 그 광장의 마성에서 깨어나야 할 순간이 다가왔다는 이야기가 된다.

이제 1,700만 'MZ' 시민의 시간이 시작된다. 이들은 1997년 외환

위기 전후에 태어났고, 2007년 서브프라임 사태 이후 '88만원 세대'라는 별칭을 얻은 바 있다. 이들은 무엇보다 경제위기, 청년실업, 편의점 아르바이트, '영끌' 대출, 비트코인, 테슬라, 코로나19, 플랫폼경제, 메타버스 등을 표상한다. 여기에 20대 대선 정국과 맞물린 '2030/5060' 세대간 대결 구도가 새로이 추가됐다. 이 '2030/5060' 대결 구도가 예사롭지 않게 보이는 것은 2002년 W세대가 2002년 16대 대선 국면에서 '정치적' 적자로 등극한 후 '촛불'민주주의 시대를 활짝 열었다는 사실을 우리가 똑똑히 기억하기 때문이다. 공교롭게도 지금은 20대 대선 국면이다.

이 MZ세대는 '공정(fairness)'을 최고 가치로 꼽는다. 그리고 공정한 국가와 사회, 공정한 기회, 공정한 게임 규칙, 공정한 집행관, 공정한 보상체계 등 '공정한 삶의 조건들'을 자기 시대의 문법으로 독해한다. 이는 '촛불' 이후 한국 민주주의가 어디로 향해 나아갈 것인지를 예측해볼 수 있는 중요한 단서이다. 무엇이 공정한 삶의 조건들인지를 규명하고 합의점을 도출하는 일은 숙의민주주의의 본령이기 때문이다.

조만간 우리 W세대의 세계이자 의미 지평이었던 시민광장은 빠르게 MZ세대를 위한 각양각색의 크고 작은 온·오프 숙의의 장들로 대체될 것이다. 그리고 시민들은 숙의의 장에 출현하여 고대 아테네 시민들처럼 '개인 자격으로' 자신의 '말과 실행'을 통해 국가공동체의 정치과정에 직접 개입함으로써 자신의 공민적 의무를 다하게 될 것이다. 바야흐로 한국 민주주의가 확실한 숙의적 전환의 시점을 맞이하고 있다.

|참고문헌|

마넹 저, 곽준혁 역, 2007,『선거는 민주적인가』, 서울: 후마니타스. [원서: Bernard Manin. 1997. *The Principles of Representative Government*. New York: Cambridge University Press]

바버 저, 박재주 역, 1992,『강한 민주주의: 새 시대를 위한 정치참여』, 서울: 도서출판 인간사랑. [원저: Benjamin Barber. 1984. *Strong Democracy: Participatory Politics for a New Age*. Berkeley: University of California Press]

박성민, 2012,『정치의 몰락: 보수 시대의 종언과 새로운 권력의 탄생』, 서울: 민음사.

서병훈, 2015,「민주주의: 밀과 토크빌」,『한국정치연구』제24집 제1호 (2015년 봄): 303-328.

서유경, 1999,「아렌트 政治美學과 現代 政治的 含意: 政治行爲와 人間實存의 力學」, 경희대학교 대학원 정치학과 박사학위 논문(1999. 2).

서유경, 2000,「한나 아렌트의 "政治行爲" 개념 분석」,『정치사상연구』3집 (2003년 가을).

서유경, 2002,「아렌트 정치적 실존주의의 이론적 연원을 찾아서: 성 어거스틴, 마틴 하이데거, 그리고 칼 야스퍼스」,『한국정치학회보』36집 3호(2002년 가을).

서유경, 2003,「현대 대의(代議)민주주의에 있어 시민불복종의 정치철학적 논거: 미셸 푸코와 한나 아렌트의 '저항(resistance)' 개념 연구」,『정치사상연구』9집 3호(2003년 가을).

서유경, 2009,「글로벌 거버넌스 시대 한국 NGO의 정치적 역할 재규정」,『대한정치학회보』16집 3호(2009년 2월): 47-922.

서유경, 2012, 「한나 아렌트 정치사상에 비춰본 1987년 이후 한국의 참여민
주주의」, 『국제정치논총』 52집 3호(2012년 9월): 227-256.

서유경, 2014a, 「공연의 정치에서 심의의 정치로?: 한국 참여민주주의 진화
과정에 대한 아렌트 정치행위론적 성찰」, 『대한정치학회보』 제22집
2호(2014년 5월): 19-45.

서유경, 2014b, 「5·18 민중항쟁과 시민 주도적 자치공동체: 『오월의 사회과
학』의 '절대공동체 논의와 한나 아렌트 정치이론」, 『21세기정치학회
보』 제24집 3호(2014년 12월): 161-186.

서유경, 2018, "Theorizing a 'Civic Politics' Model with Special Reference
to the 2016-17 Candlelight Protest in South Korea: An Instruction."
『NGO연구』 제13집 제3호(2018년 12월): 195-231.

서유경. 2020a. 「촛불민주주의 이후 '더 좋은 한국 민주주의'를 생각한다:
직접민주주의와 숙의의 제도화」, 『열린정책』 제9호(2020년 4월):
64-75.

서유경, 2020b, 「한국 민주화운동의 4단계 진화과정과 한국 민주주의 패
러다임(KDP) 4.0: '공민정치(Civic Politics)'의 등장과 미래 전망」,
『NGO연구』 15집 3호(2020년 12월): 67-106.

손덕호, 2019, 「'조국 사태'에 40대는 돌아섰는데 30대는 왜 文대통령 지지
고수할까」(조선일보, 2019. 09. 22일자). https://news.v.daum.net/
v/20190922060313680 [검색일: 2020. 11. 30.]

아리스토텔레스 저, 최명관 역, 1984, 『니코마코스 윤리학』, 서울: 도서출판
서광사.

안진걸, 2008년 5월 12일자. 「시민사회뉴스」(2008. 05. 12.).

이지문, 2012, 『추첨민주주의 이론과 실제: 직접·대의민주주의를 보합하는
새로운 시민정치 패러다임의 모색』, 파주: 이담 Books.

임혁백, 2009, 『신유목적 민주주의: 세계화·IT혁명 시대의 세계와 한국』, 서
울: 나남출판.

장동진, 2012, 『심의민주주의: 공적 이성과 공동선』, 서울: 박영사.

조대엽, 2015, 『생활민주주의의 시대: 새로운 정치패러다임의 모색』, 파주: 도서출판 나남.

조유빈, 2016, 「정치권의 개조를 바라는 모든 사람들이 촛불집회로 모일 것이다」(시사저널, 2016년 11월 11일자). http://www.sisajournal. com/news/articleView.html?idxno=160440 [검색일: 2020. 11. 30.]

조희정·강창묵, 2008, 「네트워크 정치와 온라인 사회운동: 2008년 '미국산 쇠고기 수입 반대 촛불집회' 사례를 중심으로」, 『한국정치학회보』 42집 3호.(2008년 가을).

조규희, 2021, 「[월간중앙] 독점 인터뷰-'정치 구루' 최장집(고려대 정치학과 명예교수) 교수에게 대통령의 자격을 묻다」(2021년 11월 24일자). https://www.joongang.co.kr/article/25026556 [검색일: 2021. 11. 24.]

투키디데스 저, 박광순 역, 2011, 『펠로폰네소스전쟁사』(개정판 완역본, 상/하), 서울: 종합출판 범우(주).

투키디데스 저, 천병희 역, 2011, 『펠로폰네소스 전쟁사』, 서울: 도서출판 숲.

촛불혁명출판시민위원회, 2018, 『촛불혁명: 시민의 함성』, 서울: 밥북.

한국행정연구원, 2018, 「2016-2017년 촛불민주주의 이후 국민인식조사 결과」(2018. 12).

Arendt, Hannah. 1958. *The Human Condition*. Chicago: The Univ. of Chicago Press.

Arendt, Hannah. 1963. *On Revolution*. New York: The Viking Press.

Arendt, Hannah. 1968. *Between Past and Present*. New York: Viking Press.

Arendt, Hannah. 1972. *Crises of the Republic*. New York & London: Harcourt Brace & Company.

Arendt, Hannah. 1978 Ⅰ & Ⅱ. *The Life of the Mind*. New York: Harcourt Brace Jovanovich, Publishers.

Arendt, Hannah. 1996. *Love and St. Augustine*, eds. by Joanna V. Scott & Judith C. Stark. Chicago: University of Chicago Press.

Barber, Benjamin. 1984. *Strong Democracy: Participatory Politics for a New Age*. Berkeley & London: University of California Press.

Dalton, J. Russell. 2008. *Citizen Politics: Public Opinion and Political Parties in Advanced Industrial Democracies*. Fifth Edition. Washington DC: CQ Press.

Dryzek, John. 2002. *Deliberative Democracy and Beyond: Liberals, Critics, Contestations*. Oxford: Oxford University Press.

Dunn, John. 2005. *Democracy: A History*. New York: Atlantic Monthly Press.

Fishkin, James. 2018. *Democracy When the People Are Thinking: Revitalizing Our Politics Through Public Deliberation*. Oxford: Oxford University Press.

Habermas, Jürgen. 1977. "Hannah Arendt's Communications Concept of Power." *Social Research*, vol. 44, no. 1.

Honohan, Iseult. 2002. *Civic Republicanism*. New York & London: Routledge.

Jiang, Yi-Huah. 1993. "Thinking Without a Bannister: An Interpretation of Hannah Arendt's Aesthetic Politics." Ph.D. Dissertation, Dept. of Poliltical Science, Yale University.

Lloyd, Margie. 1995. "Arendt and Tocqueville." *The Review of Politics*, Vol. 57.

Parekh, Bhikhu. 2008. *A New Politics of Identity: Political Principles for an Interdependent World*. New York: Palgrave Macmillan.

Pocock, J.G.A. 1998. The *Citizenship Debates*. Ch. 2 "The Ideal of Citizenship since Classical Times." Minneapolis: The University of Minnesota.

Rawls, John. 'Justice as Fairness.' https://en.wikipedia.org/wiki/Justice_as_ Fairness [검색일: 2021. 11. 28.]

Schumpeter, Joseph A. 1987. *Capitalism, Socialism and Democracy*. London, Boston & Sydney: Unwin Paperbacks.

Soutphommasane, Tim. 2012. *The Virtuous Citizen: Patriotism in a Multicultural Society*. Cambridge & New York: Cambridge University Press.

Suh, You-Kyung. 2017. *The Political Aesthetics of Hannah Arendt: How Is Her Concept of 'Human Plurality' to Be the Condition for It?*, Norderstedt (Germany): LAP Lambert Academic Publishing.

Toqueville, Aelxis de. 2003. *Democracy in America*. Penguin Classics (13th printing) edition. London: Penguin Books.

제3장

정당정치와 운동정치: 관계의 재설정

김선혁 고려대학교 행정학과 교수

I. 서론: 문제의 제기

한국 현대 정치사에서 사회운동이 갖는 중요성은 특별히 강조할 필요가 없다. 1987년 민주화에 이르는 과정에서 운동은 지극히 중요한 역할을 수행했다. 4·19, 부산·마산, 광주, 6·10으로 이어진 운동은 민주화의 염원을 담아 권위주의의 폭압에 항거하면서 한국 현대 정치사의 굽이굽이마다 큰 변화를 끌어냈다. 민주화 과정에서 운동이 점하는 중요한 지위로 말미암아 한국은 비교정치학, 특히 민주화를 비교적 관점에서 분석하는 비교민주화론(Schmitter & Karl, 1994 참조)에서 대표적인 대중고양형(mass-ascendant) 이행, 즉 '운동에 의한 민주화'의 사례이다(Karl, 1990; 최장집, 2002; Kim, 2000).

민주화 이후 열린 정치사회적 공간에서 운동이 부활했던(resurrection) 남유럽이나 라틴아메리카와 달리(O'Donnell & Schmitter, 1986: Chapter 5) 한국에서는 민주화 이전 반권위주의 투쟁 내내 시민사회와 사회운동이 주도적 역할을 했다(Bermeo & Nord, 2000). 한국의 민주화 사례가 세계적 수준에서 가지는 가장 큰 이론적 가치는 바로 이 점이다. 한국 사례의 등장 전까지만 해도 "무릇 민주화치고 권위주의 내부의 강성 엘리트와 연성 엘리트 간의 균열에서 비롯되지 않는 민주화는 없다"는 명제가 비교정치학계의 지배적인 통설이었다(O'Donnell & Schmitter, 1986: 19). 한국의 사례는 지배적인 '협약에 의한 민주화(pacted transition)' 패러다임에 심각한 의문을 제기했고, '운동에 의한 민주화'는 이후 1990년대에 아시아, 아프리카, 동유럽 등 세계 각지에서 일어난 아래로부터의 민주화 물결에 의해 그 일반성을 인정받았다.

비교정치학적으로 볼 때 한국 사례에서 더욱 특이한 점은 민주주의로의 이행 이후에도 시민사회와 사회운동이 '여전히' 큰 중요성을 갖고, 약해지지 않고 지속되어 왔다는 점이다. 한국에서 사회운동은 6·10 민주화운동으로 멈추지 않았다. 민주화 이후에도 시민사회의 운동은 계속되었고, 시민의 동원도 계속되었다. 2002, 2004, 2008, 2012, 2014, 2016~17년 등 중요한 시기마다 '촛불'이 등장했고 한국 정치에 중요한 변화를 불러일으켰다. 특히 가장 최근 2016~17년 발생했던 촛불시위는 대통령의 탄핵과 파면, 그리고 구속을 가져왔고 한국 민주주의를 정상화시킨 운동이었다. 이같이 '운동정치'가 지속적으로 저항성과 집결력을 가지고 정치 발전에 큰 영향력을 행사하는 사례는 흔치 않다. 한국 민주화의 가장 큰 특징은 운동이었고, 운동은 민주화 이후에도 각종 개혁을 이루는 데 큰 힘을 발휘해왔다.

하지만 강력하고 지속적인 사회운동의 존재에도 한국의 민주화가 '혁명'이었던 것은 아니다. 마찬가지로 민주화 이후 여러 차례의 촛불시위를 '혁명'이라 부르기도 힘들다. 제아무리 개념을 확장해도 한국에서의 민주화, 그리고 이후 탄핵 등 중요한 정치적 변화들이 지배계급의 근본적인 교체와 지배구조의 근본적인 변화를 뜻하는 '혁명'의 고전적 정의에 들어맞지는 않기 때문이다. 1987년 민주화의 경우, 시민사회의 대대적인 동원에 의해 권위주의 지배블록의 '투항'이 일어난 직후 1987년 하반기에 대단히 빠른 속도로 진행된 민주적 이행의 정치(the politics of democratic transition)에서 주인공은 권위주의 체제의 붕괴에 가장 크게 기여한 시민사회나 운동이 아니라 정당, 정치인들이었다. 헌법을 개정하고 선거제도를 개편하는 등 민주주의로의 제도적 이행과정과 관련된 의제를 결정하고 실제 결정을 내리는 원탁에 시민사회와 사회운동의 대표자가 앉을 자리는 없었다. 민주화가 급속히 '이행의 정치'로 전환되면서 국면은 빠르게 정당정치 위주로 움직였고, 정치판은 정당정치에 의해 짜였다. 그 결과 운동정치는 뒤로 밀려났다.

사실 현대 '대의'민주주의에서는 당연한 이야기이지만 정당정치는 운동정치와 함께 민주화 과정에서 이미 큰 지분을 갖고 있기는 했다. 1970~80년대 반독재 민주화 투쟁을 이끌었던 것은 사회운동만은 아니고 사회운동과 야당 정치세력이 결합한 거대민주화연합(grand democracy coalition)이었다. 인적으로, 조직적으로 정치사회와 시민사회는 다층적으로 복잡하게 연결되어 있었다. 1970년대의 운동을 지칭하던 '재야'라는 상당히 독특한 한국적 용어는 당시 저항세력의 정치사회-시민사회 결합적, 혼합적 특성을 잘 드러내주고 있다. 정치사회와 시민사회는 지연, 학맥 등을 통해 인적으로 상당히 긴밀히 연계되어 있어 두 영역을 구분하는 것이 큰 의미가 없을 정도였다.

이러한 정치사회-시민사회 네트워크의 동원력, 투쟁성, 헌신은 민주화 과정에서 큰 역할을 했고, 정치권은 당연히 민주화 성취에 대해 자신의 지분을 주장할 만했다. 하지만 신생 민주주의 제도와 규칙을 심의, 결정하는 중대한 과업들이 널려있는 1987년 하반기에 정당정치가 운동정치와 비교해 가졌던 지분은 절반보다 훨씬 큰 것으로,

정당정치는 민주적 이행이라는 극(劇)에서 무대 위의 유일한 주인공으로 등극하고 말았다. 이행의 정치(transitional politics)의 '때이른 위임(premature delegation)'이라고도 부를 수 있는(Kim, 2000: 103) 급속한 시민사회의 퇴각과 정치사회의 전진 배치를 통해 민주주의의 제반 규칙이 만들어졌고 1987년 대통령선거가 치러졌다. 그리고 야권 후보 단일화를 요구하는 시민사회의 절규는 대체로 무시되어 구 권위주의 체제 창건자의 한 사람이자 최대의 수혜자이기도 한 자가 민주화 이후 초대 대통령으로 당선되는 허탈한 겨울을 맞게 되었다.

아마도 당시의 역사적인 허탈감이 이후 시민사회로 하여금 정치사회에 대한 '때이른 위임'을 철회하고 동원과 투쟁의 운동정치를 지속하게 만든 동력이 되었는지도 모른다. 아무튼 민주화 이후에도 한국정치에서 시민사회의 운동정치는 정치사회의 정당정치와 더불어 국민의 의견과 요구를 표출하고 반영하는 중요한 기제로 작동해 왔다. 이러한 측면에서 민주화된 한국에서 대의(representation)는 정당정치와 운동정치라는 양대 통로를 통해 이중적으로 이루어져 왔다고 보아야 할 것이다. 한마디로 일종의 "독특한 민주적 대의의 패턴"이 발생했다(Lee, 2009: 48). 목소리 큰 사회운동이 민주정치의 최전선에 위치하여 국민의 개혁과 변화에의 요구를 대변, 결집, 반영하고 상대적으로 무능하고 무책임하며 불안정한 정당은 비판과 비난의 대상이 되어버리고 만 것이다(Lee, 2009).

이 글은 한국의 민주화 과정에서, 그리고 민주화 이후 정치에서 상당히 복잡한 양상을 보이며 발전해 온 정당정치와 운동정치의 관계를 고찰하고 한국 민주주의의 장래 발전을 위해 양자의 관계를 재설정할 것을 제안하는 것을 내용으로 한다. 글의 순서는 우선 제Ⅱ절에서는

정당정치와 사회운동의 관계에 대한 기존의 관점들을 검토한다. 제Ⅲ
절에서는 민주화 이후 한국 민주주의에서 정당정치와 운동정치의 관
계가 어떻게 진화해 왔는지를 역사적으로 고찰한다. 이를 통해 현재
한국 민주주의에서 정치사회와 시민사회가 맺고 있는 관계의 본질을
조명한다. 제Ⅳ절에서는 한국 민주주의가 발전해 온 경로의 고유한 특
성을 고려하여, 그리고 한국 민주주의의 향후 발전을 구상하면서 정당
정치와 운동정치의 관계가 어떻게 재설정되어야 하는지를 고민해 본
다. 마지막으로 제Ⅴ절에서는 한국의 정치 발전에서 그 중요성이 지속
적으로 입증되어 온 운동정치가 앞으로도 더 나은 민주주의를 구상하
고 구축하는 데 수행할 수 있는 역할을 제언하면서 글을 맺는다.

Ⅱ. 정당정치와 운동정치: 기존 관점의 검토

한국 민주화 과정에서 운동정치가 수행한 중요한 역사적 역할에도
불구하고 한국 민주주의 논의에서 운동의 지위는 확고한 편이 아니다.
특히 학문 분야에 따라 '운동정치' 혹은 '광장의 정치'에 대한 시각이
상당히 다르다. 단적으로 축약하여 말한다면 사회학자들은 대체로 운
동이 주도하는 '광장의 정치'에 대해 긍정적 입장을 가지지만 정치학
자들은 그에 대해 회의적 시각을 가지는 경우가 많은 편이다.

정당정치는 '제도정치' 혹은 '제도화된 정치(institutionalized politics)'
라고도 불리고, 운동정치는 '비제도정치' 혹은 '제도화되지 않은 정치
(noninstitutionalized politics)'라고도 불린다(Goldstone, 2003). 또 선거나
정당을 통한 정치참여를 통상적 참여(conventional participation)라고 부

르는 데 비해, 시위와 항의 등 주로 운동을 통해 이루어지는 참여를 비통상적 참여(unconventional participation)라고 부른다. 명칭이 어떻든 정당정치와 운동정치 간의 관계는 민주주의 연구와 실제에서 상당히 중요한 주제임에 틀림없다. 그러나 정당과 운동의 관계에 관한 연구는 예상 외로 많지 않다. 대체로 정당 연구와 운동 연구는 별다른 상호작용 없이 별개로, 독립적으로 발전해왔다. 정당 연구는 정치학에서, 운동 연구는 사회학에서 주로 이루어졌다.

우선 전제할 것은 정당정치와 운동정치라는 대의의 온전한 '메뉴'를 향유하는 정체(政體)는 기본적으로 민주주의체제라는 것이다. 권위주의체제 하에서 만연한 야당의 탄압이나 사회단체의 억압을 고려할 때 민주화 이전 권위주의체제에서 정당정치와 운동정치가 국민의 의사를 적절히 대변하여 정책에 반영하는 기제로 작동하기는 힘들다. 권위주의체제 하 정당정치와 운동정치는 권위주의 국가가 가진 역량의 강도와 범위에 따라 첫째, 양자 모두 국가에 의해 통제·포섭되거나, 둘째, 둘 중 하나만 통제·포섭되거나, 혹은 셋째, 양자 모두 권위주의 국가의 통제 밖에서 권위주의 국가를 대상으로 저항활동을 전개하거나 하는 세 가지 가능성 중 하나에 해당될 것이다. 또한 권위주의체제 하 정당정치-운동정치의 관계는 반권위주의·민주화 투쟁을 위한 대연합이 형성되는 경우를 제외하고는 대체로 국가의 의도와 전략에 의해 결정된다고 할 수 있다. 즉 국가가 정당정치와 운동정치를 전체적으로(holistically) 통제·포섭하려고 하든지 혹은 둘 중 하나만 통제·포섭하고 나머지 하나는 분리해 관리하는 일종의 분할통치(divide and conquer)를 꾀하든지의 시나리오가 국가의 전략적 선택에 의해 결정된다.

이러한 권위주의체제 하 정당정치와 운동정치의 관계는 민주화 이후 일정한 변화를 겪게 된다. 민주주의 하의 정당정치와 운동정치, 제도정치와 비제도정치는 국가라는 요인에 의해 결정되는 정도가 권위주의체제 때보다 감소하고 양자가 좀 더 긴밀하게 상호연관되는데, 이러한 상호연관성은 인과적일 수도 있고, 그렇지 않을 수도 있다 (Goldstone, 2003). 민주주의 하에서 정당정치와 운동정치 간에 형성, 발전되는 상호연관성을 바라보는 관점은 정당정치와 운동정치 각각의 위상과 민주주의에 미치는 영향을 어떻게 평가할 것인가에 따라 대략 네 가지 관점으로 나누어볼 수 있다.

첫 번째 관점은 대의민주주의의 근간은 어디까지나 정당정치이고 운동정치는 정당체계가 제대로 작동하지 못할 때 발현되는 일시적 병리현상(pathological phenomenon)으로 보는 것이다. 이 관점은 일종의 정당 근본주의(party fundamentalism)라고도 부를 수 있다. 이에 따르면 사회운동, 항의행위, 시민동원 등 다양한 이름으로 불리는 집합행위는 정당정치로 적절히 소화되어야 할 사회의 다양한 갈등과 대립이 정당정치의 고질적인 고장 혹은 일시적인 기능 저하로 말미암아 소화되지 못할 때 발생하는 이상 현상이라는 것이다. 현대 대의민주주의의 근간은 정당정치이고 광장의 정치는 정당정치, 선거정치, 대의정치를 보완하는 간헐적이고 일시적인 민의의 표출로 간주된다. 제대로 된 대의민주주의라면 대부분의 중요한 대의는 정당을 통해 이루어질 것이기 때문에 운동이 대의할 수 있는 잔여적 영역은 그리 넓지 않다. 운동의 일출(溢出)은 가급적 자제되어야 하는 거친 열정으로 간주된다. 사회운동은 어떤 이유로든 정당이 제대로 대변해주지 못하는 이슈를 시의적절하게 표출할 수는 있고 또 실제로 그러한 기능을 수행하기도 하지만, 궁극적으로는 정당정치의 일부로 흡수, 편입되거나 혹은 아예 새로운 정당으로 변모함으로써 정치변화의 원동력으로 작용하는 활동으로 이해된다(Tarrow, 1994; Schwartz, 2010).

결과적으로 운동정치는 폭발적일 수는 있지만 지속적이고 영구적인 현상이 아니라 정당(혹은 이익집단)으로 제도화될 그런 잠정적인 힘에 불과하다. 사실 국내의 대표적인 정치학자들은 명시적 혹은 암묵적으로 운동정치를 병증(病症)으로 간주하는 경우가 적지 않다. 최장집·박상훈 등과 같은 대표적인 정치학자들이 "촛불집회로 표출된 시민정치를 단지 위기의 산물, 효과 없는 저항, 심지어 제도정치의 위기 심화 요인으로만 파악하는 일면적 시각"을 가지고 있기 때문에 이를 거부해야 한다는 주장(신진욱, 2008: 122-123)은 그래서 나오는 것이다.

운동은 정치권력에 의해 억압되거나 수용되는데, 완전히 억압된다면 운동이 실패하는 것이고 그렇지 않고 수용되면 운동이 성공하여 운동의 요구가 정책으로 구현되거나 운동의 주체가 정체(政體)의 제도화된 성원이 되어 합법적인 이익집단으로 된다(Gamson, 1990). 만약 제도와 정책에 참여할 기회가 충분히 주어진다면 운동의 조직자들이나 동조자들은 비용이 덜 드는 보다 온건한 방식을 선택하고 온건화되기도 한다(Kriesi et al., 1995: 47). 유사한 맥락에서 사회운동은 설사 처음에 급진적으로 출발하더라도 결국에는 제도권 내에 흡수되어 체제 내에 포섭되고, 결국 본질을 상실하고 소멸한다는 운동의 생애주기(life cycle) 이론(Piven & Cloward, 1977)도 이러한 관점에 가깝다고 할 수 있다.

두 번째 관점은 대의민주주의의 근간이 정당인 것은 맞지만, 사회운동이 정당의 부진 때문에 발생하는 일시적인 병리적 현상은 아니고 정당정치가 부족한 부분을 상시적으로 보충해주는 보조적인 혹은 보완적인 역할을 수행한다는 것이다. 대의민주주의의 기본적인 대의 기제는 정당이지만 정당정치와 선거는 일정한 한계를 가지고 있고, 운동은 그러한 한계를 보완하는 역할을 한다. 예컨대 선거와 선거 사이의 기간 동안 운동은 중요한 대의 기능을 수행한다. 또 반(反)정치 혹은 혐(嫌)정치 감정이 높아 투표율이 저조하다든지 하는 상황에서 운동은 기존의 정당정치가 대변해주지 못하는 국민의 목소리를 대변해 준다. 이 관점은 정당과 운동 간에 일정한 주종관계를 설정하는 것이므로 정당-운동 주종론이라고도 부를 수 있다. 많은 정치학자들이 이러한 입장을 취하고 있다고 볼 수 있다.

흥미로운 것은 한국에서 개혁적 운동정치가 정당정치에 대해 흔히 취하는 '비판적 지지'의 입장도 어떤 면에서 보면 정당-운동 주종론과 가깝다고 볼 수 있다는 점이다. 비판을 위한 공간을 유지하면서, 즉 '거리두기'를 유지하면서 협력하는 '비판적 지지'의 관계는 한국에서 개혁적 시민운동이 발전시켜온 매우 독특한 형태의 협력 유형이다. 이때 '거리두기'는 시민운동이 정당정치를 대체하기 위해서라기보다 정당과 좀 더 나은 협력관계를 형성하기 위한 것이었기 때문이다. 요컨대 개혁적 시민운동이 '거리'를 필요로 했던 이유는 비민주적인 정당을 개혁하고 정체성을 망각하는 정당을 비판하는 공론장을 확보하기 위해서였고, "'비판'과 '지지'의 병행을 통해 달성하려고 했던 것은 결국 정당정치의 정상화였던 셈이다"(최종숙, 2012: 109-110).

세 번째 관점은 민주주의에서 정당정치와 운동정치의 대등한 상보성을 인정하는 입장이다. 대의에서 정당이 중요한 것은 사실이지만 사회운동도 유사하게 중요한 대의의 기제라는 관점이다. 사회운동은 정당 활동의 부진으로만 나타나는 현상이 아니라 다양한 원인에서 비롯되는 현상이며, 사회운동은 정당과 병렬적, 경쟁적으로 사회의 다양한 의견, 이익, 필요, 요구 등을 반영하는 유의미하고 효과적인 대의의 장치라는 것이다. 정당정치와 운동정치 중 어느 것이 더 중요하냐고 묻는 것은 우문(愚問)이며 둘은 서로 때로는 경쟁적으로 때로는 협력적으로 국민의 이익을 대의하는 기능적 분업을 하고 있다는 것이다. 일종의 정당-운동 경쟁적 공존론이라고 할 수 있다. 아마도 가장 대다수의 연구자들이 택하는 관점일 것이다.

이 관점에 따르면 정당과 시민단체는 제도권 안팎에서 서로 경쟁도 하고 협력도 하는 이중적 관계를 가진다(Banaszak, 1996; Heaney & Rojas, 2007). 운동정치를 전개하는 시민단체들은 정당과 유사한 기능을 수행하는 '준정당'으로서 이들이 전개하는 운동은 정당이 제대로 대변하지 못하는 이익들을 대표하는 것이다. 한국의 경우 민주화 이후 경제정의, 권력 감시, 인권, 생태, 환경, 여성, 평화 등과 같은 다양한 의제를 포괄적으로 제기하면서 등장한 주창적, 종합적 시민운동이 이에 해당한다(김호기, 2002; 김윤철, 2017: 24). 운동의 병렬적 대의 기능은 특히 정당이 미발달했거나 불충분할 때 긴요한데, 이 경우 운동에 의한 '대의의 대행' 현상이 발생하기도 한다(김호기, 2002).

서구 민주주의 국가들에서 운동정치는 대단히 일상화되고 제도화되어 운동정치가 일상정치의 한 부분으로 자리잡은 운동사회(Movement Society)가 도래했다는 명제도 정당정치-운동정치 병행론의 일종이라고 볼 수 있다(Meyer & Tarrow, 1998: 13-15). 이 관점은 비제도정치, 즉 '광장의 정치'를 폄하하지 않고 있는 그대로 받아들이면서 운동정치를 정당의 제도정치에 버금가는 제2의, 대안적 대의 기제로 상정한다. 이러한 입장은 많은 사회학자들이 취하고 있는 입장이다. "지금 한국 사회는 대의정치와 시민정치라는 이 두 가지 차원에서 '동시에' 민주주의를 복원, 방어 또는 전진시켜야 하는 이중적 과제에 직면해 있다"(신진욱, 2008: 97)는 문제의식이 이 견해를 잘 요약하고 있다. 정치학자 중에서도 정당정치가 발전하고 선거제도가 개방적인 선진 민주주의 국가일수록 정당과 운동 간의 경쟁과 협력의 관계를 안정적으로 제도화시켜 왔다고 하면서 정당정치와 운동정치의 경계가 "상호 침투적이며, 유동적"이라고 강조하는 입장도 있다(정상호, 2007: 180).

정보통신기술의 발전으로 인해 온라인 공론장이 활성화되면서 정당정치와 운동정치의 상호경쟁적 대의는 온라인 공간에까지 확대되고 있다. 정당들은 정당정치의 홍보와 동원의 수단으로, 그리고 정치세력화를 확대할 수 있는 영역으로 온라인 공론장의 활용 가능성에 관심을 가진다. 반면 시민사회는 온라인 공론장을 국가와 정치사회로부터 자율성과 독자성을 고수할 수 있는 근거지로 확립하고자 한다. 정당정치와 운동정치는 이렇게 근본적으로 상이한 입장을 가지고 경쟁적으로 각축을 벌이면서 온라인 공론장에서 '헤게모니 쟁탈전'을 벌인다는 것이다(김성수, 2008: 183).

이상에서 살펴본 두 번째와 세 번째 관점은 제도화된 정치와 제도화되지 않은 정치가 상호보완적 관계를 가진다는 점을 강조하고 있다 (Goldstone, 2003). 이는 클라우스 오페(Claus offe)가 민주주의에서 '제도정치와 비제도정치의 변증법'이 중요하다는 점을 강조한 것과도 연결된다(김윤철, 2017: 11). 다만 '상호보완성'을 규정함에서 두 번째 관점은 정당정치의 주도적 위치와 운동정치의 보조적 위치를 강조하고, 세 번째 관점은 양자의 동등성과 평등성을 강조하는 것이 다를 뿐이다.

마지막 네 번째 관점은 사회운동이 민주주의에서 정당정치에 대해 보조적으로 혹은 정당정치와 병렬적인 기능을 수행하는 정도가 아니라 정당정치가 대체할 수 없는 대단히 중요하고 고유한 역할을 수행한 다는 것이다. 이 관점에 따르면 사회운동은 정당정치를 근간으로 하여 성립, 발전되어 온 현대의 대의민주주의 체제 자체의 재성찰과 재구성 을 요구한다. 이러한 관점은 운동에 기초한 민주주의 변혁론이라고 부 를 수 있겠다. 다음 절에서 한국에서의 정당정치-운동정치 관계의 진 화를 살피면서 더 자세히 보겠지만, 2000년대 한국에서 개진된 '시민 정치론'이 이에 해당한다. 정당정치의 기본적인 임무는 시민들의 정치 적 열망에 부응하는 것이므로 그 임무가 잘 수행된다면 시민정치는 불 필요할 수도 있다. 하지만 정당정치가 그 임무를 제대로 수행하지 못 할 경우 시민정치는 정당정치가 담아낼 수 없는 비전으로 남는다. 이 경우 시민정치는 정당정치를 변혁하면서 '새로운 정치'를 실현하기 위 해 나서야만 하고 나서게 된다(홍일표, 2011: 57).

운동정치가 정당정치를 넘어서는 '초월적(transcendental)' 역할을 수 행하는 것은 '블랙홀'과도 같은 선거에 의해서 주기적으로 방해를 받 기는 하지만, 기본적으로 운동정치의 사명은 정당정치가 지향할 수 없 는, 혹은 지향하려고 하지 않는 높은 비전을 향해 나아가는 것이다.

운동정치가 가지는 고유한 초월적 역할에 초점을 맞춘다면 종국에 는 운동정치의 정당정치 대체론에까지 이르게 된다. 한국에서도 운동 정치가 정당정치에 대한 도전자로서 새로운 의제를 제기하고 인물 교 체나 제도 개선을 요구하는 등 정당정치를 비판하고 보완하고자 하는 노력을 지속적으로 했으나, 이러한 활동은 결국 정당들로 하여금 민주 주의의 근본 의제인 사회경제적 권리의 신장이 아닌 절차적 민주주의 와 정치 개혁만을 주요 과제로 설정하게 만들었다. 이는 궁극적으로 정당에 대한 대중 신뢰와 운동에 대한 대중 신뢰의 동반 하락을 초래하고 말았다(김윤철, 2017: 8). '시민정치'는 정당정치의 대체에까지 나갈수 있어야 했는데 보완만을 자임함으로써 정당정치를 견인하기는커녕 공동 몰락의 길을 걷게 되었다는 비판이다. '촛불'에 관해서도 "한국 시민사회의 새로운 에너지가 한국 정치를 규정하는 강력하고도 비가역적인 힘이며, 그 안에는 한국 제도정치와 시민사회의 민주주의를 재건하고 강화하기 위한 잠재력이 분명히 존재한다"는 주장은 운동정치의 변혁적 속성을 강조하는 입장이라 할 수 있다(신진욱, 2008: 125).

이상에서 살펴본 정당정치와 운동정치의 관계에 관한 네 가지 관점은 민주주의 미래를 구상하는 데에도 서로 다른 방향을 제시한다. 운동정치를 정당정치의 저발전으로 인한 일시적 이상현상, 혹은 정당정치의 보완물이라고 본다면 정당정치의 강화가 미래 처방이 될 것이다. 반면 정당정치와 운동정치가 서로 병존적이고 경쟁적인 이익대표 기제라고 본다면 양자 간의 분업과 협력체계를 어떻게 구축해야 하는가가 가장 중요한 과제로 대두된다. 마지막으로 운동정치가 정당정치를 근본적으로 변혁하는 역할을 해야 한다는 입장을 취한다면 대의민주주의에서 '대의'를 어떻게 새롭게 해석할 것인지 그리고 어떻게 새롭게 구성할 것인지를 고민하지 않을 수 없다. 근대 대의민주주의가 출범하면서 그 근간적(根幹的) 제도로 성립·발전해 온 정당체계가 과연 '대의'의 독점적 기제인지, 만약 정당체계가 저발달했거나 부진할 경우 대안적 방법을 모색하는 것은 '대의'민주주의의 원칙에 어긋난 것인지 등 많은 질문이 제기될 수 있다.

결론적으로 정당정치와 운동정치의 관계는 상당히 다층적이고 복잡하다고 할 수 있다. 흔히 회자되는 정당과 운동의 '상호보완성'은 관점과 견해에 따라 그 내용이 상당히 다르다. 운동은 정당의 형상을 구체화하기도 하고(shape), 정당 자체를 생성하기도 하며(produce), 정당과 협력하기도 하고, 정당의 행동에 선택지를 제시하기도 하기 때문이다(Goldstone, 2003: 24). 그리고 바로 이러한 다층적이고 복잡한 정당정치와 운동정치의 관계가 바로 민주주의 하에서 통상적으로 이루어지는 쟁론의 동학(動學, the dynamics of contention)을 결정하게 된다.

Ⅲ. 한국 민주주의에서 정당정치와 운동정치

이제 한국에서 민주화 이전 그리고 이후에 정당정치와 운동정치의 관계는 어떻게 역사적으로 진화해 왔는가를 살펴보자. 한국의 민주화를 가져온 결정 요인으로 시민사회의 치열한 동원과 저항이 유일무이한 것은 아니었다. 여러 가지 설명 요인이 존재한다. 하지만 비록 유일한 것은 아니었을지라도 시민사회의 운동정치가 가장 중요한 요인이었다는 점에 대해서는 국내외 학계에 광범위한 합의가 존재한다. 게다가 민주화 이후에도 오랫동안 시민사회의 간헐적인 대중동원(mass mobilization)과 체계적인 시민운동으로 요약되는 운동정치가 상당한 영향력을 가지고 지속되었다는 점에 대해서도 큰 이견이 없다. 즉 한국에서 운동정치가 민주화 이전이나 민주화 이후에 공히 민주주의 발전에 중요한 역할을 했다는 사실의 영역에서는 큰 이견이 없다.

쟁점은 이러한 운동정치 지속의 원인·지위, 그리고 결과를 어떻게 볼 것인가 하는 평가의 영역에 있다. 단적으로 말하면 운동정치는 정당정치 부진의 부산물이며 그 결과 또한 중요하지 않다고 볼 것인지, 아니면 운동정치는 정당정치와 독립적인 위상을 가진 중요한 현상이며 그 지속적인 발전이 민주주의에 긴요하다고 볼 것인지에 관해 서로 다른 입장이 존재하며 있다.

우선 민주화 이전의 경우, 이미 지적했듯이 정당정치와 운동정치의 관계는 반독재·민주화라는 기치 아래 강고한 연합(alliance)의 관계였다. 1960년대 대체로 지식인 운동이었던 민주화 운동은 1970년대 산업화와 더불어 생성된 노동자계급, 그리고 노동운동의 활성화로 인해 노동자라는 새로운 구성원을 포함하게 되었다. 1970년대 학생, 노동, 종교단체의 삼각연대로 요약할 수 있는 시민사회의 운동체는 야당과의 연대를 통해 재야의 반유신 운동에 앞장섰다. 1980년대에는 재야운동이 '민중'운동으로 발전했고 정당과 운동단체들의 연합은 더욱 강화, 조직화되었다. 전술에 대해서뿐 아니라 민주주의를 바라보는 시각에서도 '민주화연합' 내 다양한 구성원들의 견해는 동일하지 않고 상당히 달랐을 것이다. 하지만 시민사회와 정치사회의 거대 민주화연합이 권위주의 지배블록에 대항하여 전개하는 치열한 투쟁 속에서 그러한 이견은 과소평가되거나 절제되었고, 단일대오가 강조되었다.

정당정치와 운동정치가 연합하여 전개한 반독재·민주화 투쟁의 결과 1987년 6월 말 민주화로의 일정이 제시되고 같은 해 하반기 본격적인 이행의 정치(politics of transition)가 개시되었을 때 정당정치와 운동정치의 연합은 느슨해졌다. 운동이 전국적인 조직화와 노동투쟁에 눈을 돌리고 있을 때 헌법 개정을 비롯하여 민주주의의 새로운 여러 제도를 기획하고 설정하는 작업은 정당정치에 전적으로 위임되고 말았다. 12월 정초 선거를 둘러싸고 야권은 분열의 길로 나아갔고, 시민사회의 단일화 노력에도 민주화 이후 최초의 대통령선거는 권위주의 체제 최대 주주의 당선으로 귀결되고 말았다.

비교정치학적 관점에서 볼 때 이행의 정치에서 시민사회가 배제되고 정당 중심으로 의사결정이 이루어지는 것이 아주 이례적인 현상은 아니다. 사실 다른 나라의 사례에서도 시민사회가 협상의 테이블에 직접적으로 참여하는 경우는 흔치 않았다. 정치세력화한 노동조직이 집권에 성공한 폴란드의 솔리다르노시치 사례나, 비록 실패하기는 했으나 구 동독에서 권위주의체제가 무너지고 잠깐 동안 집권 인민회의와 시민운동의 대표자들이 '라운드테이블'을 구성하여 일종의 이원적 지배구조(Doppelherrschaft)를 구성했던 것이 드문 예라고 볼 수 있다(고상두, 1998: 250).

하지만 운동정치의 상대적인 약화는 일시적인 것이었다. 1987년 12월의 허탈한 결과를 마주하고 시민사회 세력은 운동을 재개했다. 민주화에 매진해 권위주의체제의 '항복'을 이끌어냈던 운동정치의 관점에서 볼 때 1987년 대선으로 형성된 정부는 새로운 민주주의체제의 시작이라기보다 권위주의체제의 존속을 의미하는 것이었다. 그것은 경성화된 민주주의(democradura)에도 미치지 못하는 연성화된 독재(dictablanda)라고 불릴 수 있는 것으로, 본질적으로 민주주의가 아니라 독재로 여겨졌다. 따라서 운동 전략에도 의문의 여지는 없었다. 운동정치의 목표는 '민주화' 이전과 동일하게 '반독재·민주화 투쟁'으로 설정되었던 것이다. 그 결과, 역설적으로 민주화 직후 운동정치는 더욱 활성화되었다. 부문별로 전국 조직이 결성되었고 전열이 정비되었으며 다양한 주제 영역에서 '민주화' 투쟁이 전개되었다.

그렇다고 1987년 민주화가 운동정치에 아무런 변화를 가져오지 않은 것은 아니다. 시민사회의 지형은 중요한 변화를 맞고 있었다. 종전의 반독재·민주화 운동과 주체, 목적, 이슈, 방식을 달리하는 새로운 운동이 등장했던 것이다. 이와 같은 새로운 운동은 비록 서구사회에서처럼 '탈근대적인' 문제들을 거론하거나 그 해결을 시도하지는 않았지만, 적어도 '민주화 이후의' 혹은 '정치민주화 이외의' 문제들을 다루기 시작했다. 정당정치와 운동정치의 거대 연합이 가열찬 반독재·민주화 투쟁 기간 동안 미처 돌아볼 겨를이 없었던 문제들을 의제화하고 개혁운동을 전개했던 것이다. 이들은 자신을 '시민운동'으로 부르며 기존의 '민중운동'과 차별화했다.

1987년 민주화 이후 노태우 정부 시기가 새로운 시민운동의 등장과 기존 민주화 운동 세력의 조직 정비와 역량 회복으로 특징지어진다면, 이후 1990~2000년대 초반까지 김영삼 정부와 김대중 정부 시기는 운동정치가 활성화되어 각종 제도 개혁을 화두로 국가와 정당정치를 압박하는 사실상 시민사회의 '전성기'였다고 할 수 있다. 정당정치가 운동정치와 병존했고, 양자의 관계는 경쟁의 관계라기보다는 운동정치가 상당한 주도성을 가진 시기였다.

민주화 이후 정당정치가 발전하고 민주화 이전에 비해 입법부의 위상과 권한이 강화되었지만 아직 정당정치는 시민들의 정치적 효능감을 증진시키지 못했고, 정당 및 국회의원에 대한 신뢰도도 지속적으로 하락했다. 이는 이후 시기 다양한 촛불 현상에서 나타난 일종의 '반정당 정서'로도 드러나게 되었다(김윤철, 2017: 14).

제도화의 정도가 약하고, 이념적 협애성 때문에 사회의 균열구조를 정확히 반영하지 못하며(최장집, 2002), 국민의 요구와 괴리된 정당정치는 당연히 운동정치에 의해 변화와 개혁을 요구받게 되었다. 특히 야당 정치지도자 출신이 대통령이었던 김영삼·김대중 정부 시기에는 시민사회의 운동정치가 제기하는 개혁 안건들을 정부 스스로

의제화하여 선제적·적극적으로 개혁에 앞장서는 패턴까지 나타나게 되었고, 이는 여야 대립과 정쟁으로 점철된 정당정치와 대조되어 시민사회의 중요성과 의의를 온 국민에게 깊이 각인시키는 효과를 가져오기도 했다.

김영삼 정부의 등장과 함께 정부의 민주적 정통성에 관한 논쟁은 상당 정도 잦아들었고 시민사회는 더 이상 종전의 '민주화' 추구 민중운동 세력과 새로운 시민운동 세력 간 양분 구도가 아닌, 다원화와 다양화의 단계로 진입했다. 이전의 민중운동과 연속성을 가진 세력은 민중운동과 시민운동의 결합을 강조하며 새로운 시민단체를 만들었다. 김영삼 정부 시기 시민사회의 지형이 대체로 새로운 시민운동을 상징했던 경실련의 약진으로 대표된다면, 김대중 정부 시기 시민사회의 지형은 시민운동 내의 분화로 인한 경실련과 참여연대 간 경쟁으로 요약될 수 있을 것이다. 특히 김대중 정부 시기 경제위기를 계기로 참여연대가 소액주주운동 등으로 성공적으로 의제화한 재벌 개혁의 이슈는 국가와 정치권에 상당한 반향을 일으키며 과제와 도전을 제기했다.

경실련, 참여연대를 비롯하여 시민단체들이 개혁운동의 방법론으로 채택한 것은 주로 입법운동이었는데 이는 정책 대안에 관한 논의를 시작으로 법률안 기초작업, 공청회와 토론회 개최 등을 포함한 여론화 작업, 가두 캠페인과 서명운동을 중심으로 한 대중 청원운동, 입법청원, 그리고 국회의원들을 대상으로 한 호소와 압박 등을 주 요소로 하는 것이었다. 이와 같이 운동정치의 궁극적 목표가 개혁적 '입법'으로 상정되었기 때문에 필연적으로 시민사회는 정치사회를 대상으로 상당한 요구를 제기할 수밖에 없었다. 물론 민주화 이후에 정당과 시민사회의 협력이 없었던 것은 아니다. 예컨대 주요 시민운동단체들은

1993년 겨울의 쌀 협상 국면이나 1996~97년 노동계 총파업 국면을 공동 대처해 나가기 위해 야당들과 연대조직을 결성하였다. 또한 김대중 정부와 노무현 정부 시기에는 시민단체들이 대체로 집권 여당의 정책적 입장을 지지하는 모습을 보여주기도 했다. 하지만 1987년 민주화 이후 2000년대 초반까지 한국의 운동정치는 협애한 한국의 정당 체계로 적절히 대표될 수 없는 국민의 개혁과 변화에의 요구를 적절히 반영하여 운동정치가 정당정치를 운동의 주 타깃으로 압박하며 그 활동의 반경과 영향력을 확대했던 시기라고 볼 수 있다.

대(對) 입법부, 대 정당 개혁 캠페인을 주된 요소로 하는 이러한 운동정치는 그 전개과정에서 몇 가지 중요한 진화를 겪게 된다. 우선 민주화 직후인 1990년대 초만 해도 정치자금법, 선거법, 국회법, 정당법 등의 법률 개정안을 제출하거나 개정 방향에 대한 토론회 및 공청회에 참여하는 수준이었다. 하지만 시민운동의 지도자들은 이러한 법 개정 운동의 과정 속에서 자신들이 국회나 정당의 들러리만 선다는 판단을 하게 되었고, 보다 공세적인 입법부 개혁운동을 전개하는 것으로 운동 전략을 선회하였다. 그 결과 의정감시 운동이 1990년대 중반부터 전개되었다. 1994년 나라정책연구회에서 의원 개인의 의정활동을 점수화하여 발표한 것을 필두로, 1996년에는 경실련이 의정감시 활동을 전개했고, 1998년에는 정치개혁시민연대가 발족하여 방청 모니터링을 기초로 의정활동을 평가했다. 또한 1999년에는 국감 모니터 시민연대가 발족하여 국정감사 기간 동안의 의정활동을 집중적으로 분석하고 평가하기도 했다(이정진, 2007: 84).

한국 시민사회의 대 입법부, 대 정당 개혁캠페인은 2000년 총선을 기점으로 또 한 번의 중요한 진화를 하게 된다. 지금까지의 '의정감시'

운동에 더해 혹은 그러한 운동의 좀 더 진화된 형태로 아예 입법부를 생성하는 선거 과정에 적극 참여하여 더욱 양질의 선량이 뽑히도록 캠페인을 전개한 것이다. 1990년대에도 시민운동이 선거를 간과한 것은 아니었다. 부정선거 감시를 위한 공명선거실천시민운동협의회의 공명선거운동 등 보다 깨끗한 선거를 지향하는 절차적 민주주의 중심의 운동은 이미 존재했다. 하지만 2000년 16대 총선을 앞두고 대 입법부, 대 정당 개혁 캠페인의 전략에 중요한 수정이 이루어졌다.

전혀 새로운, 선거 결과에 상당한 영향을 미칠 운동이 기획·실행되었던 것이다. 총선시민연대가 전개한 낙천·낙선운동은 대단한 정치·사회적 반향을 불러일으켰다. 86명의 낙선 대상자 가운데 59명(68.6%)이 낙선했고, 22명의 집중 낙선 대상자 중에 실제 낙선자는 15명(68.2%)에 이르렀다. 특별히 수도권에서는 20명의 낙선 대상자 중 무려 19명이 무더기로 떨어져 낙선운동의 위력을 과시했다(김윤철, 2017: 29). 특히 낙천·낙선운동은 막 활성화되고 있던 인터넷과 사이버 공간을 적극적으로 활용함으로써 정보 전달의 효과를 극대화하고 참여의 폭을 확장하는 등의 결과를 낳았다(김성수, 2008: 203).

다른 한편, 2006년 5·31 지방선거를 기점으로 전개된 매니페스토 운동은 후보자 정책공약 평가 운동으로 경실련 등을 중심으로 각 정당의 공약을 분석하고 대상이 되는 정당이나 입후보자의 공약을 일정한 기준에 따라 평가하는 활동이었다. 2006년 2월 1일 '5·31 스마트 매니페스토 정책선거 추진본부'가 출범했고 이 단체는 지역순회간담회, 시도당 및 후보자들과의 협약식, 공약자료집 발간, 공약은행 개설 등을 주도하고 시도지사 주요 공약 예비 검증, 유권자들이 활용할 수 있는 개인용 채점표 배포 등의 활동을 전개했다. 그리고 평가지표 개발,

평가단 구성을 통한 공약 평가를 진행하기도 했다(이정진, 2007: 87-89).

이후 운동정치는 더욱 과감해져 2000년과 2004년의 낙천·낙선운동이 목표로 했던 부패·부적격 정치인의 퇴출을 넘어서서 2004년에 총선물갈이연대는 대안 정치인을 지지하고 그의 당선을 위해 힘쓰는 운동을 전개했다. 한마디로 새천년으로 진입하면서 운동정치는 이미 상당히 깊숙이 정당정치의 영역으로 들어와 있었다. 민주화 이후 한국에서 시민사회는 늘 부진하고 오작동하는 정당체계의 한계, 보다 근본적으로는 대의민주주의의 한계를 극복하는 대안으로 시민이 주체가 된 참여민주주의, 숙의민주주의를 활발히 논의하고 있었다(이정진, 2007). 이러한 면에서 한국의 시민운동은 늘 정치 참여를 논의했고 지향했다고 볼 수도 있다. 한 분석가는 "한국 시민운동에 있어 정치 참여는 '예외적'이기보다 '일반적'이고, '계속적'인 것이었다"라고 지적하고 있다(홍일표, 2011: 56).

적어도 1990년대까지 한국의 개혁적 시민운동은 대체로 '정당정치를 추구하지 않는 사회운동' 혹은 '정당정치에 도전하는 사회운동' 등의 정체성을 추구해 왔다. 그 과정에서 정당과 운동의 관계는 대체로 긴장과 갈등으로 특징지어졌다(최종숙, 2012: 84). 하지만 이제 시민사회의 운동정치가 '선거'를 구태여 회피하지 않게 되면서, 그리고 더 이상 비정파성(non-partisanship) 혹은 중립성을 금과옥조로 여기지 않게 되면서 시민사회의 정치화(politicization) 혹은 정치사회화(political societization)는 필연적인 귀결이었다. 2010년대로 들어서면서 '시민정치운동'이 본격적으로 추진되었다. 시민사회의 정치세력화는 몇 가지 양상을 띠고 전개되는데, 첫째는 창당을 통해 직접 의회 진출을 꾀하는 것이다. 2000년대 들어 '노동자·민중의 독자적 정치세력화'를 기치로 내건 진보정당이 등장했고, 사회적 약자의 권리 신장을 최우선 과제로 설정하고 나섰다. 민주노동당은 2004년 17대 총선에서 13%가 넘는 정당득표율을 얻어 10개 의석을 차지하면서 4·19혁명 이후 40여 년 만에 국회에 입성했다(김윤철, 2017: 18-19).

한편 2012년 19대 총선을 앞두고 녹색당도 창당되었다. 한국에서 노동운동과 녹색운동 등 운동을 기반으로 한 정당이 등장한 데에는 운동에 대한 국가의 낮은 수용성, 상대적으로 높아진 정치제도의 개방성, 여타 시민사회 단체들과의 낮은 연대관계 등으로 인해 시민들의 정치적 표출 욕구를 기존 정당들이 제대로 반영하지 못하는 것에 대한 수요를 운동이 포착하여 새로운 정당으로 발전시킨 결과이기도 했다(민병기, 2017).

시민사회 정치세력화의 또 다른 양상은 후보 출마운동이다. 즉 운동세력을 대표하는 지도자가 선거에서 후보로 선출되어 정치권에 진입하는 방식이다. 2002년과 2006년 총선에서 환경운동연합의 녹색자치위원회와 초록정치연대는 후보 출마운동을 벌인 바 있다. 하지만 '시민정치'라는 기치 하에 시민사회의 직접적인 정치 개입이 본격적으로 일어난 것은 2008년 이후이다. '시민정치' 활성화의 최대 명분은 그것이 정당정치를 감시, 압박, 혁신함으로써 '새로운 정치'를 가능케 할 것이라는 예측이었다(홍일표, 2011: 57-58). '시민정치' 논의의 절정은 2011년 박원순의 서울시장 보궐선거 당선이라고 할 수 있을 것이다. 한국 시민운동의 대부 중 한 사람이자 대표적 활동가였던 박원순은 선거에 출마하여 정치의 적극적 행위자로 변신하였다. 박원순은 민주당 후보와의 경선을 거쳐 범야권 단일 후보로 되었고 시장으로 선출된 뒤 2012년 3월 민주통합당에 입당했다(최종숙, 2012: 84).

박원순 현상 이후 한국의 시민사회가 정치사회에 대해 견지했던 '비판적 지지'라는 입장은 '배타적 지지'라는 입장으로 이동하고 말았다. 정당과 시민단체 간 배타적 지지라는 새로운 관계는 개혁적 정당과 시민운동이 개혁이라는 대의를 위해 물적·인적 자원을 공유하고, 국민의 요구와 불만에 대해서도 공동으로 책임을 지게 되었다는 긍정적 의미를 찾을 수 있는 부분도 있지만, 1987년 이후 약 25년 동안 개혁적 시민운동이 '비판적 지지'라는 관계를 통해 정당정치로부터 확보했던 자율성과 비판·견제의 공간이 더 이상은 유지하기 힘들어졌다는 점을 시사하는 것이기도 했다(최종숙, 2012: 111).

이후 시민단체, 특히 참여연대 출신 인사들의 정관계 진출이 이어졌다. 2012년 총선에서 김기식 참여연대 정책위원장의 비례대표 국회의원 진출, 2014년에 조희연의 서울특별시 교육감 당선으로부터 문재인 정부 초대 정책실장이자 주중대사를 지낸 장하성에 이르기까지 시민운동 지도급 인사들의 정치 참여, 관계(官界) 등용이 계속되었다.

이렇게 2010년대부터 10년이 넘게 진행되어온 시민사회의 정치화 혹은 정치사회화의 한 여파는 이제 시민사회가 정치사회에 대해 누려왔던 도덕적 우월성, 그리고 국민의 신뢰가 모두 소진되었다는 것이다. "시민단체의 정치 참여가 일부 지식인들의 정치 입문을 위한 도구로 사용될 경우 시민사회운동의 정당성은 훼손된다 … 밑으로부터의 지지가 없는 시민사회운동은 정당의 한계를 보완한다기보다 또 다른 이익집단들의 성장일 뿐이다"(이정진, 2007: 93)라는 지적은 결코 지나치지 않다.

정당정치와 운동정치는 그 경계가 모호해졌고, 운동계 인사가 선거·등용 등을 통해 정치사회나 국가로 진출한다 해서 한국 민주주의의 현실이 체감할 만큼 달라진 것도 없다는 것을 간파한 국민은 이제 정치사회와 시민사회를 구분하지 않게 되었다. 어떤 의미에서 일반 시민의 관점에서 바라본 정치사회와 시민사회의 지위와 역할은 하향 평준화되었다. 현재 한국 민주주의에서 그 누구도 시민사회가 과거 민주화 직후 수행했던 것과 같은 강력한 개혁 추동적 역할을 할 것이라고 기대하지는 않을 것이다.

운동정치는 시민단체들의 중요한 활동 양식이지만, 운동정치가 시민단체와 동의어는 아니다. '운동'은 시민단체만 전개하는 것이 아니라 일반 개인 시민들도 전개하기 때문이다. 시민사회의 정치화 혹은 정치사회화가 빠르게 진행되어 온 지난 10여년 간, 아니 그 이전부터 운동정치의 '분화' 또한 빠르게 진행되었다. 운동정치의 '분화'란 운동이 더 이상 정당정치의 종속물도 아니고 더 이상 시민단체의 체계적 조직화와 희생적 선도의 결과도 아니게 되었다는 것이다. 2000년대 초부터 운동은 급격히 변화하기 시작했다. 사회운동에의 참여가 민주화 이전 혹은 민주화 직후와 같이 참여자의 삶에 심각한 위협을 초래하는 고위험 활동이 아니며, 오히려 일상의 시간을 약간 할애하여 '가볍게' 참여할 수 있는 역사적 사건에의 축제적 동참, 개인적 의사 표현의 장이 되었다.

2002, 2004, 2008, 2012, 2014, 2016~17년으로 면면히 이어지는 '촛불'은 이러한 분화한 '운동'의 가장 대표적인 예라고 볼 수 있다. 운동정치는 더 이상 권위주의 이전이나 민주화 직후처럼 지휘부에 의해 조직되고 기획되고 지도되는 그러한 활동이 아니라 자생적이고 자율적이며 상당 부분 통제 불가능한 의사표현의 공간으로 진화한 지 오래이다.

2008년 촛불을 분석하면서 사회학자들은 이전 운동과의 다양한 차이점을 지적하고 있다. 주체의 측면에서 성별·연령·직업·지위 등 여러 측면에서 참여자 구성이 대단히 이질적이고, 조직과 네트워크 측면에서 느슨한 네트워크에 유동적인 멤버십을 갖고 있는 네티즌들이 주도했으며, 이념과 정체성의 측면에서도 생명·안전·연대·공동체성 등과 더불어 주권재민(主權在民)과 자결(自決)의 사상이 두드러졌고, 참여방식과 행동양식의 측면에서 자율적이고 무정형적이라는 것이다. 촛불에서 대규모 노동·시민단체들은 "사람들을 조직하는 동원력도, 저항의 프레임을 생산하는 지도력도, 행동지침을 내리는 지휘 능력도 발휘할 수 없었다. 다수 시민들은 개인적 결단으로 참여했다(신진욱, 2008: 113-118)."

동시에 시민사회 내부의 지형 또한 2010년대 이래 상당한 변화를 겪고 있다. 1990년대와 2000년대를 주름잡았던 주창형 시민단체들은 소강 상태를 맞고 있는데 반해 사회적 기업, 사회적 협동조합 등 신생 사회연대경제조직들(Social and Solidarity Economy Organizations)은 괄목할 만한 약진을 거듭하고 있다(Kim, 2021). 정당으로 전화되어서든 아니면 개별적으로 정치에 투신해서든 정치화 혹은 정치사회화되어 공동화된(depopulated) 시민사회의 영역을 우리 사회의 다급한 현안들을 의제화하고 혁신적인 해결 방법을 제시하는 데 집중하는 실사구시형 조직들이 급속히 채워나가고 있는 것이다.

IV. 정당정치와 운동정치 관계의 재설정

한국에서 민주화 전후 정당정치와 운동정치의 관계를 정리하면, 민주화 이전 강고한 연대에서, 민주화 직후 운동정치의 정당정치 개혁에의 압박의 관계로, 그리고 이후 시민사회의 정치사회화로 운동정치의 정당정치에의 복속으로, 그리고 현재는 운동의 분화와 시민사회 내부적 변화의 등장 등으로 요약할 수 있다.

하지만 이러한 정당정치와 운동정치의 관계의 역사적 연혁을 보면서 반드시 물어야 할 질문은 과연 한국의 '민주화 이후 민주주의'에서 '대의(代議)'가 증진되어 왔는가 하는 점이다. 민주화 이전에는 정당정치와 운동정치가 단합하여 국민의 민주화 요구를 표출했다. 민주화 직후에는 아직 저발달한 정당정치에 대해 운동정치가 개혁 드라이브를 강력하게 구동함으로써 대의성의 증진을 위해 노력했다.

하지만 최근 들어 발생한 운동정치의 정당정치에의 복속 현상은 대의가 총체적으로 실종된 것은 아닌가 하는 의문을 불러일으키고 있다. 정당체계는 여전히 이념적으로 협애하고 시민의 목소리를 받아 의제로 삼을 능력도 의지도 없는 저제도화된 정당(underinstitutionalized political parties)의 특성을 온존하고 있다. 이러한 상황에서 과거 정당정치를 압박하던 운동정치는 전반적으로 약화되고 국민의 신뢰와 공감을 잃어 정책 변화를 주도할 주도력(agency)을 상실하면서 한국의 대의민주주의는 대의의 전반적인 실종, 총체적 난국을 맞고 있는 것으로 보인다(Lee, 2009: 48).

말할 필요도 없이 당연한 것이지만 민주주의의 발전은 정당정치와 운동정치가 각각 제대로 서 있고, 상호강화적인(mutually reinforcing) 관계를 구축·발전시킬 때 효과적으로 이루어질 수 있다. 민주주의로의 이행기에 정당과 운동 모두가 집합행동(collective action)의 주된 행위자로서 동등한 중요성을 가지는 것은 말할 것도 없고, 민주화 이후 발전하는 민주주의의 질을 결정하는 데에도 정당과 운동이라는 두 축은 지극히 중요하다(Bermeo & Yashar, 2016: 24). 왜냐하면 정당과 운동은 한 나라가 당면한 문제를 해결하기 위해 조직역량(organizational capacity)을 동원하는 가장 대표적이고 전형적인 수단이자 통로이기 때문이다(Bermeo & Yashar, 2016: 27).

이러한 면에서 볼 때 현재 한국 민주주의의 정당정치와 운동정치는 상당히 심각한 위기를 맞고 있는 것으로 보인다. 정당정치는 여전히 고질적인 문제들에 시달리고 있고, 정당정치를 보완 혹은 대신하여 국민의 목소리를 대변하던 보루였던 시민사회도 이제는 적어도 그 조직화된 부분들은 단체 지도급 인사들의 정관계 진출로 정당성을 상실하고 공동화되었다. 하지만 현재 한국 민주주의에서 운동정치가 처한 위기를 영구적인 것으로 규정하는 것은 속단이다. 운동정치의 위기는 조직화된 시민사회 일부의 위기라는 국지적 성격을 띠고 있기 때문이다. 그리고 그러한 국지적 위기의 본질은 민주화 이후 반복적으로 지적되어 온 한국 시민운동의 한계, 즉 '시민 없는 시민운동'이라 할 수 있다. 명망가들과 사회 엘리트가 주도하는 '시민 없는 시민운동'이 운동정치를 변질시키고 운동정치의 한계를 드러낸 근본적 요인이다.

'시민 없는 시민운동'은 정치를 도덕화하고 반정치적인 민주주의관을 확산시켜왔다. 운동은 정치를 도덕적으로 이해하도록 함으로써 정당과 정치인에 대해 부정적 태도를 보이도록 하는 데 결정적으로 기여했고 "반정치의 정치(최장집, 2020: 14)", 혐(嫌) 정치의 정치를 전개해 왔다. 결과적으로 한국의 시민사회는 정당과 다를 바 없는 정치행위를 행하는 곳으로 전락해 버렸다(최장집, 2020: 9). 운동정치가 정당정치와 동치되었고, 그 결과 공론장은 위축·소멸되었다. 공론장의 소멸과 시민운동의 파당적 재편으로 말미암아 대부분의 지식인 그룹도 권력에 포섭되었고, 특히 2020년 총선은 "시민운동이 곧 정당이고, 정당이 곧 시민운동인 현상(최장집, 2020: 10)"을 현실로 만들어 버렸다는 뼈아픈 진단이다.

하지만 이미 강조했듯이 이러한 운동정치와 정당정치의 수렴 혹은 운동의 정당화(政黨化) 현상은 국지적이다. 한국 정치에서 운동은 여전히 건재하고 여전히 중요하다. 다만 시민'단체'의 운동이 개별 시민의 운동으로 변화하고 있을 뿐이다. '촛불'이 표상하는 것은 이러한 운동의 개별화(individuation)이다. 과거 '시민단체'보다 정확히는 명망적 엘리트가 지휘한 '시민단체'가 주도한 '시민 없는 시민운동'에서는 시민이 운동정치의 주체로 서지 못하고, 일상적 참여도 제한적이었다. 시민운동은 시민들의 생활적 경험 속에서 시민들이 다급하게 '필요로 하는 것'을 귀납적으로 '공익'으로 만들어내기보다, 시민운동을 주도하는 활동가들의 이념적 가치관을 통해 애초에 '옳다고 여겨지는 것'을 연역적으로 '공익'으로 내세우기 더 쉬운 운동구조를 갖고 있었다(김윤철, 2017: 35). 그런 식으로 공익을 이념적으로, 연역적으로, 하향식으로 구성하던 대표적인 시민운동 활동가들이 정치인, 준정치인, 정치 지망생이 되어버린 지금은 오히려 공익이 시민의 실제 필요를 중심으로 구성될 수 있는 중요한 전기가 될 수 있을 것이다. 그렇게 '시민 없는 시민운동'은 '시민 있는 시민운동'으로 바뀌고 있고, 이것이 현재 한국 민주주의에서 운동정치가 겪고 있는 중요한 변화이다.

'시민 있는 시민운동'으로서의 새로운 운동정치는 두 가지 대표적인 표출 양식을 가진다. 하나는 '긴급동원'이고 다른 하나는 '일상정치'이다. 긴급동원은 나라 전체의 비상적 상황에서 관건적인 이슈를 둘러싸고 대대적으로 일어나는 간헐적인 대중동원을 의미한다. 이미 여러 차례의 '촛불'을 통해 보여준 우리 시민의 강력한 저항성과 견제력을 뜻한다. 그리고 그러한 촛불은 특정한 정치세력이나 시민단체에 의해 조직되거나 지휘되지 않는 개별화의 경향을 강하게 보이고 있다. 하지만 촛불은 말 그대로 긴급동원이기 때문에 수시로 활용 가능하기가 힘들고 대단한 위기 상황이 아니고서는 발휘되지 않는 대의 양식이다. 따라서 시민의 일상의 삶에서 의제가 도출되어 '공익'으로 정의되고 그것의 해결이 창의적이고 혁신적으로 모색되는 일상정치도 동일하게 중요하다.

전국적으로 들불처럼 일어나는 긴급동원에 '시민'이 참여하는 것도 중요하지만 일상적인 문제 해결에 '시민'이 기여하는 것도 운동정치에는 긴요하다. 최근 10여 년 동안 급성장을 기록한 사회연대경제 조직들에 시민들이 참여하고 그곳에서 민주적 의사결정 과정을 익히는 등 민주적 시민의 자질을 키워가는 것은 대단히 중요한 일이다.

그러면 이렇게 시민동원이라는 '긴급동원'과 삶의 정치라는 '일상정치'의 두 개 축으로 재구성된 운동정치는 정당정치와 어떤 관계를 맺어야 하는가. 무엇보다도 운동정치는 정당정치에 대해 정당체계가 우리 사회의 변화한 균열구조를 반영하여 재편될 수 있도록, 그리고 우리 사회의 다양한 목소리와 요구를 제대로 반영할 수 있도록 강력히 압박해야 한다. 운동정치가 정당정치와 차별적으로 구비하고 추구해야 할 중요한 성격은 급진성(radicality)이다. 한국 민주주의에서 운동정치가 정당정치와 마찬가지로 이념적으로 협애하고 보수적이라면 운동정치가 독자적으로 구축하고 발전시킬 수 있는 영역은 별로 없다. 급진성은 한국 사회의 근본 구조에 대한 성찰적 고민을 하고 문제화하며 대안을 제시하는 것으로 나타난다.

이 점에서 여전히 중요한 의제는 '실질적 민주주의', 쉽게 말하면 사회경제적 불평등과 격차의 해소이다. 1997년 경제위기와 이후 신자유주의적 세계화의 물결 속에서 주로 진보적 지식인들에 의해 한국 민주주의의 위기론이 제기되었고 시민단체 운동에서도 '실질적 민주주의'와 관련된 의제들이 제기되기도 했다. 하지만 이러한 운동으로 인해 대대적인 민주주의의 사회화(socialization)(O'Donnell & Schmitter, 1986: 12)나 민주주의의 실질화(substantivization)가 일어난 바는 없다. 그 주된 이유는 정당정치가 운동정치의 요구를 받아들이지 않은 것도 있지만, 한국의 시민단체들 자체가 그러한 사회경제적 의제들을 중심으로 운동을 기획하고 전개하기에는 지나치게 정치 지향적이었고, 일면 보수적이었기 때문이다. "민주화 이후 운동정치의 한계는 전문가와 언론에 주로 의존하는 시민운동, 대기업 정규직 노조원에 의존하는 노동운동과 그에 기반한 '정파과두제 정당'의 성격을 띤 진보정당의 한계에서 기인한다. 이 때문에 사회경제적 권리의 신장을 선호하지 않는 주류 보수언론을 넘어설 수 없었고, 노동약자 중심의 정치를 촉진할 수 없었다(김윤철, 2017: 9)"라는 관찰이 이 점을 잘 포착하고 있다.

따라서 이제 운동정치는 보다 사회경제적으로 중요한 구조적 현안들을 의제화하고 그것으로 국가와 정당정치를 강력히 압박해 나가지 않으면 안 될 것이다. 이러한 압박의 과정은 다양하게, 파상적으로 진행되지 않으면 안 된다. 통상적인 시민단체의 운동, 시민의 동원, 새로운 시민조직의 혁신적인 문제해결법 주창 등은 물론이거니와 시민의 의견을 직접적으로 정책 결정과 입법과정에 반영할 수 있는 직접민주주의 제도의 확대 등 다양한 방식을 통해야 한다. 이러한 측면에서 투표, 제안, 소환을 포함한 다양한 직접민주주의 기제의 연구와 구현은 중대한 의미를 가진다. 이러한 산발적이고 파상적인 공세를 통해 운동 정치는 정당정치가 사회경제적으로 중요한 구조적 현안들을 간과하지 않고 의제화할 수 있도록 부단히 압박해야 한다. 그리고 궁극적으로 한국 민주주의 하 정당체계가 그간 변화한 사회균열 구조를 정확히 반영하는 방향으로 재편되도록 끊임없이 요구해야 할 것이다.

문재인 정부는 '촛불혁명'으로 탄생한 점을 강조했다. 하지만 '촛불'은 정당정치를 변혁시키지 못했다. 정치의 기본적인 문법도 바꾸지 못했다. 여전히 한국 민주주의는 '위기의 제도정치'와 '불만에 찬 시민사회' 사이에 출구 없는 갈등이 계속되고 있다(신진욱, 2008: 122). 운동정치가 정당정치로부터 독립된 영역으로 재구성되어 정당정치에 대해 보다 구조적이고 근본적인 방식으로 압력을 행사해 제도정치의 혁신과 실질적 민주주의를 향한 노력을 강화해가는 것은 한국 민주주의의 미래를 위해 대단히 중요한 과제가 될 것이다.

V. 결론
: 정치사회와 시민사회, 그리고 새로운 민주주의

이 글에서는 한국의 민주화가 정당정치와 운동정치의 반권위주의 거대 연합에 의해 이루어졌음을 전제로, 정당정치와 운동정치의 관계에 대한 기존의 관점들을 검토하고 한국에서 그 관계의 역사적 진화를 고찰한 다음, 그에 기초하여 한국 민주주의의 발전을 위해 정당정치와 운동정치의 관계가 어떻게 재설정되어야 할 것인가를 살펴보았다.

한국의 '민주화 이후 민주주의'에서 정당정치는 그간의 여러 발전에도 여전히 국민의 다양한 의사와 이익을 반영하기에는 협애하고 부족하다. 정당보다 더 큰 국민의 신뢰와 기대를 받으며 대안적인 대의의 기제로 작동해오던 시민단체의 운동정치도 최근 들어서는 정당정치에 편입되어 독자성을 상실하고 부차적인 위치로 추락하고 말았다. 이러한 상황에서 나라의 중대한 위기와 중요한 현안들을 둘러싸고 시민의 동원력을 보여주는 '촛불' 현상은 여전히 발생하고 있다. 다른 한편 시민사회 내부적으로 다양한 문제해결 중심의 실사구시적 조직들이 생겨나 약진하고 있다.

정치사회는 큰 변화가 없지만 시민사회는 여러 중요한 변화들을 목도하고 있다. 그 결과 시민사회 영역은 빠르게 재구성되고 있다. 이제 시민사회의 여전한 동원력과 새로운 문제해결력을 바탕으로 '시민'이 중심이 된 새로운 민주주의를 지향해야 한다. 시민이 중심이 된 풀뿌리 민주주의, 문제해결형 민주주의로 나아가야 한다. '시민 없는 시민사회'를 극복하고, '시민의 목소리를 반영하지 않는 정치사회'를 개혁하여 시민이 참여하고 시민이 구성하는 그러한 민주주의를 향해 전진해야 한다. 이러한 점에서 시민의 직접참여를 법·행정적으로 제도화하는 직접민주주의 기제에 관한 논의와 그 법제화는 큰 중요성을 가진다. 다양한 층위에서 다양한 방식으로 시민의 목소리를 높이고 시민의 의사를 정책과정에 담아내려는 노력이 계속되어야 한다.

문재인 대통령은 2017년 취임 직후 6·10 항쟁 30주년 기념사에서 "극심한 경제적 불평등 속에서 민주주의는 형식에 지나지 않"는다면서 "함께 사회경제적 불평등을 해소해가는 것이 민주주의"라고, 즉 경제민주화를 통한 사회경제적 불평등 해소가 한국 민주주의의 핵심 과제라고 천명한 바 있다. 안타깝게도 여러 가지 제도적, 정책적 노력에도 문재인 정부 재임 기간 동안 한국의 사회경제적 불평등이 획기적으로 개선되었다는 증거는 별로 없다. '실질적 민주주의'는 여전히 한국 민주주의의 미래적 과제로 남아있다.

시민사회의 운동정치는 한국이 불평등공화국의 현실을 넘어 실질적 민주주의로 나아갈 수 있도록 사회경제적 불평등의 해소를 야무지게 의제화하여 정당정치를 압박하고 견인할 수 있어야 한다. 한국의 민주화 과정에서 운동정치는 핵심적 역할을 했다. 이제 한국 민주주의의 실질화 과정에서 운동정치는 또다시 핵심적 역할을 수행하지 않으면 안 된다. 아마도 운동정치에 주어진 책무는 과거보다 더 무거울 것이고 앞길은 더 험할 것이다. 하지만 운동정치가 이 사명을 기꺼이 감당하지 못한다면 한국에서 '모든 시민이 행복한 민주주의'는 영원히 신기루로 남을 것이다.

|참고문헌|

고상두, 1998, 시민운동에서 정당으로의 이행: 구 동독 반체제 그룹의 한계, 사회과학논집 29: 241-258.

김성수, 2008, 온라인 공론장을 둘러싼 정당과 시민사회운동의 헤게모니 경쟁에 대한 분석, 시민사회와 NGO 6(2): 175-213.

김윤철, 2017, 민주화 30년의 한국정치: 정당과 운동정치의 성과와 한계를 중심으로, 정치비평 10(1): 5-45.

김호기, 2002, 의회와 시민사회의 관계, 의정연구 8(1): 105-123.

민병기, 2017, 사회운동 기반의 정당 등장과 정치적 기회구조: 민주노동당과 녹색당의 사례, 한국정치학회보 51(1): 207-231.

신진욱, 2008, 정치위기와 사회운동의 새로운 주기: 2008년 촛불시위 이후 한국 민주주의의 이중적 과제, 기억과 전망 19: 96-128.

이정진, 한국 민주주의와 정당정치: 시민사회운동과 정당정치, 기억과 전망 17: 69-94.

정상호, 2007, 시민사회운동과 정당의 관계 및 유형에 관한 연구, 한국정치학회보 41(2): 161-184.

최장집, 2002, 민주화 이후의 민주주의, 후마니타스.

최장집, 2020, 다시 한국 민주주의를 생각한다: 위기와 대안, 한국정치연구 29(2): 1-26.

최종숙, 2012, 개혁적 시민운동과 정당의 관계맺기: '비판적 지지'를 통한 거리두기와 협력, 기억과 전망 26: 83-114.

홍일표, 2011, 한국 정당정치의 변화 가능성과 시민정치운동: 10·26 서울시장 보궐선거 과정과 결과를 중심으로, 법과 사회 41: 51-70.

Banaszak, Lee Ann. 1996. Why Movements Succeed or Fail: Opportunity, Culture, and the Struggle for Woman Suffrage. Princeton: Princeton University Press.

Bermeo, Nancy & Philip Nord, eds. 2000. Civil Society Before Democracy: Lessons from Nineteenth-Century Europe. New York: Rowman & Littlefield Publishers.

Bermeo, Nancy & Deborah J. Yashar. 2016. Parties, Movements, and the Making of Democracy. Parties, Movements, and Democracy in the Developing World, eds. Nancy Bermeo & Deborah J. Yashar. Cambridge: Cambridge University Press.

Gamson, William. 1990. The Strategy of Social Protest. Belmont, CA: Wadsworth Publishing Company.

Goldstone, Jack. A. 2003. Bridging Institutionalized and Noninstitutionalized Politics. States, Parties, and Social Movements, ed. Jack A. Goldstone. Cambridge: Cambridge University Press.

Heaney, Michael T. & Fabio Rojas. 2007. Partisans, Nonpartisans, and the Antiwar Movement in the United States." American Politics Research 35(4): 431-464.

Karl, Terry Lynn. 1990. Dilemmas of Democratization in Latin America. Comparative Politics 23(1): 1-21.

Kim, Sunhyuk. 2000. The Politics of Democratization in Korea: The Role of Civil Society. Pittsburgh, PA: University of Pittsburgh Press.

Kim, Sunhyuk & Lee, Eunsun. 2021. "From Advocacy to Social Entrepreneurship: The Changing Configuration of South Korean Civil Society." ms.

Kriesi, Hanspeter, Ruud Koopmans, Jan Willem Duyvendak & Marco G. Giugni. 1995. New Social Movements in Western Europe: A Comparative Analysis. Minneapolis: University of Minnesota Press.

Lee, Yoonkyung. 2009. Democracy without Parties? Political Parties and Social Movements for Democratic Representation in Korea. Korea Observer 40(1): 27-52.

Meyer, David & Sidney Tarrow. 1998. A Movement Society: Contentious Politics for a New Century. The Social Movement Society, eds. David Meyer & Sidney Tarrow. Lanham: Rowman & Littlefield.

O'Donnell, Guillermo & Philippe C. Schmitter. 1986. Transitions from Authoritarian Rule: Tentative Conclusions about Uncertain Democracies. Baltimore: The Johns Hopkins University Press.

Piven, Frances Fox & Richard A. Cloward. 1977. Poor People's Movement: Why They Succeed, How They Fail. New York: Vintage Books.

Schmitter, Philippe C. & Terry Lynn Karl. 1994. "The Conceptual Travels of Transitologists and Consolidologists: How Far to the East Should They Attempt to Go?" Slavic Review 53(1): 173-85.

Schwartz, Mildred A. 2010. Interactions between Social Movements and US Political Parties. Party Politics 16: 587-607.

Tarrow, Sidney. 1994. Power in Movement: Social Movements and Contentious Politics. Cambridge: Cambridge University Press.

제4장

직접민주주의와 숙의민주주의의 조화
: 공론조사의 역할과 가능성[1]

하상응 서강대학교 정치외교학과 교수

I. 들어가며

민주주의(democracy)라는 개념은 정의하기 어려울 뿐 아니라 경험연구를 위한 측정도구를 개발하기도 까다롭다고 알려져 있다 (Coppedge et al, 2011; Fuchs & Roller, 2018). 정치학 분야만 살펴보아도 많은 학자들이 다양한 방식으로 이상적인 민주주의에 대한 규범적 판단을 내려왔음을 알 수 있다(Dahl, 1998; Landemore, 2020; Urbinati, 2008). 또한 자료를 구체적으로 축적하고 분석하여 민주주의 국가들 간에 존재하는 제도 상의 차이점을 비교하는 연구 및 한 국가의 민주주의 공고화 정도의 시계열적 변화를 보는 작업 역시 꾸준히 축적되어왔다 (Mettler & Lieberman, 2020; Przeworski et al, 2000). 민주주의 관련 기존 연구들의 양은 실로 방대하나, 이들이 공유하는 단 하나의 민주주의 개

---

1 이 장의 내용 중 일부는 다음의 논문 내용을 수정 및 보완한 것이다. 졸고 "한국 유권자들의 포퓰리즘 성향이 정치행태에 미치는 영향", 『의정연구』 24-1, 2018, 135-170. 외교정책 영역에서의 공론조사 관련 초안은 외교부 보고서 『외교과정에서의 국민 참여 방안 연구(2018)』를 참조.

넘은 존재하지 않는다. 현실 정치에서도 민주주의를 이해하는 시각은 다양하다. 일례로 2018년 6월 한국의 초중등 역사교과서 개정고시를 둘러싼 논쟁은 민주주의 개념을 둘러싼 진보진영과 보수진영 간의 이해 차이를 극명하게 보여주었다. 개정고시의 원안은 '자유 민주주의'라는 용어를 '민주주의'로 대체하는 내용이었는데, 보수 성향의 단체들이 '자유'라는 단어가 빠진 민주주의는 곧 '사회 민주주의' 혹은 북한식 '인민 민주주의'까지 용인하는 표현이 된다고 주장하였다. 결국 '민주주의'와 '자유 민주주의'라는 두 개의 용어를 혼용하는 방식으로 논란이 일단락 지어졌지만, 정책에 대한 입장 차이 혹은 역사적 사건에 대한 해석의 차이뿐 아니라, 단 하나의 용어를 이해하는 방식의 차이 역시 갈등을 증폭시킨다는 교훈을 얻은 사건이다.[2]

일반적으로 민주주의는 투표권을 가진 국민들이 선거를 통해 정책 결정자들을 선출하고, 이들이 국민의 목소리를 대변하여 법률을 제정하는 대의민주주의(representative democracy)를 의미한다. 많은 국가들이 형식적으로는 대의민주주의 제도를 채택하고 있지만, 민주주의를 실제로 어떤 방식으로 운영하는 것이 바람직한지를 놓고 다양한 의견이 존재한다. 가령 국민발안(ballot initiative), 국민소환(recall election), 그리고 국민투표(referendum)와 같이 적극적인 국민의 참여를 보장하는 직접민주주의(direct democracy) 요소가 보완되어야 한다고 보는 이들이 있다(Matsusaka, 2005; Olken, 2010). 한편 법안 심의과정 및 정책 결정과정에서 신속한 처리 대신 심도 깊은 논의가 선행된다고 주장하

---

2 "'자유민주주의' 뺀 개정교과서는 위헌 헌법소원"(중앙일보, 2018. 11. 14); "새 역사 교과서 '민주주의', '자유민주주의' 혼용"(세계일보, 2018. 7. 23).

는 숙의민주주의(deliberative democracy) 지지자들도 있다(Karpowitz and Raphael, 2014; Neblo et al, 2010). 또 한편으로는 복잡해진 현대사회의 문제를 효과적으로 해결하기 위해 비전문가인 선출직 정치인보다 관료 및 전문가의 역할이 더 중요하다고 생각하는 전문가 민주주의(stealth democracy) 지지자들 역시 존재한다(Hibbing & Theiss-Morse, 2002; Lavezzolo & Ramiro, 2018). 이외에도 사회에 기여한 만큼의 권리를 주는 것이 바람직한지, 아니면 세금 등을 통한 사회기여도와 상관없이 모든 국민들에게 평등한 권리를 주는 것이 바람직한지를 둘러싼 논쟁이 학계 일각에서 꾸준히 진행되고 있고, 민주주의 국가에서 중앙정부와 지방정부 간의 권한 배분 문제 역시 핵심 주제 중 하나이다.

문제는 민주주의를 바라보는 다양한 시각들 사이에 모순이 존재한다는 것이다. 예를 들어 직접민주주의가 실현되어 많은 사람들이 적극적으로 정책 결정과정에 참여한다면 숙의민주주의에서 요구하는 심도 깊은 토의의 가능성은 줄어들 수밖에 없다. 마찬가지로 직접민주주의는 전문가 민주주의에서 요구하는 내용과도 상충된다. 하지만 논리적 차원에서 서로 상충되는 내용이 현실에서도 그대로 나타나리라는 보장은 없다. 이론적으로 서로 모순되는 내용을 보완해주는 제도 설계가 불가능하지만은 않을 것이다.

만약 '민주주의 다양성'이라는 이론적 내용에만 지나치게 관심을 갖는다면, 현재 많은 민주주의 국가가 겪고 있는 대의민주주의의 위기를 극복하기 위한 처방을 제공하기 어렵다. 대의민주주의를 보완하기 위해 직접민주주의를 제안하면 숙의민주주의 시각에서 비판을 받고, 반대로 숙의민주주의 강화를 대안으로 제시하면 직접민주주의 시각에서 비판을 받아 교착상태에 빠질 가능성이 있기 때문이다. 이론보다 현실에 초점을 맞추어 대의민주주의의 위기에서 비롯된 포퓰리즘 (populism)의 확장을 제어하기 위한 제도적 장치를 설계하려 한다면 궁극적으로 "정치 현안을 잘 이해하고 있는 국민의 의견을 정확하게 반영하는" 제도를 만들어야 할 것이다. 이러한 제도의 예가 바로 공론조사(deliberative polls)이다(Ackerman & Fishkin, 2008; Fishkin, 2011).

이 글은 대의민주주의의 위기와 포퓰리즘의 등장이라는 문제를 간략히 기술하고, 이에 대처하기 위한 방안으로 직접민주주의와 숙의민주주의라는 아이디어를 어떻게 공론조사라는 제도로 융합할 수 있는지를 다룬다. 특히 공론조사가 전제로 하는 숙의민주주의 내용을 자세히 살펴본다. 그 다음, 공론조사를 수행하는 과정에서 겪는 문제점들을 최근 한국에서 진행된 공론조사의 예를 통해 살펴보고, 그 해결책에 대해 토의한다.

II. 대의민주주의의 위기와 그 대안들

1. 대의민주주의와 포퓰리즘

대의민주주의 제도는 유권자들이 선거를 통해 대표를 선출하고, 선출된 정치인들(elected officials)이 입법 및 정책 결정 과정에서 유권자들의 의견을 대신 반영하는 제도이다. 원칙적으로 대의민주주의 제도는 유권자들의 의견을 대변하는 선출직 정치인을 상정하고 있으나, 특정 상황에서는 유권자들의 의견보다 정치인 자신의 소신을 정책결정 과정에서 앞세우는 것도 용인하고 있다(Rehfeld, 2009). 이러한 경우가 용인되는 이유는 선출직 정치인이 자신의 지역구를 대표하는 동시에 국가 전체의 이익을 위해 일하기 때문이다. 지역구 유권자의 이익에는 도움이 되나 국가 전체 이익에는 도움이 되지 않는 정책을 추진하는 선출직 정치인들만 있다면 국정 운영은 올바른 방향으로 진행되지 않을 것이다. 교과서적인 원칙 차원에서 이야기한다면, 정치인은 선거에서 자신을 뽑아준 유권자에 대한 반응(responsiveness)과 국익에 대한 책임(responsibility) 간의 균형을 잘 맞추어 정책을 만들고 집행해야 한다. 그러나 현실 정치에서는 많은 경우 정치인의 조응보다는 책임에 방점이 찍히곤 한다. 선출직 정치인이 어떤 특정 분야에 전문지식을 가지고 있는 경우, 정치인과 유권자 간의 정치 현안에 대한 정보의 차이(information gap)가 있을 수밖에 없다. 이러한 경우에는 정치인이 유권자의 목소리에 귀를 닫는 행위가 정당화될 수도 있다. 현안에 대한 전문성을 습득한 정치인의 입장이 일반 유권자의 입장보다 더 비중 있게 다루어지는 것이 납득되기 때문이다.

이렇듯 대의민주주의 제도는 선출직 정치인이 이유 여하를 막론하고 유권자의 의견을 따라야 함을 전제로 하지는 않는다. 현실 정치에서 문제가 되는 정치인은, 자신을 뽑아준 유권자의 의견을 정당한 이유로 정책결정 과정에 반영하지 않는 선출직 정치인이 아니라, 자신의 정치적 야망 혹은 자신이 소속된 소수의 특권집단의 이익을 위해 유권자들의 목소리를 무시하는 정치인이다. 또한 부득이하게 유권자의 의견을 정책결정 과정에 반영하지 못하는 경우, 그 이유를 유권자들에게 설명하지 않는 정치인 역시 문제가 되는 부류이다. 선출직 정치인이 유권자로부터 유리되는 정도가 심해지면 유권자들은 기성 정치인과 정치 제도에 대한 불신을 증폭시키게 되고, 궁극적으로 현재 여러 민주주의 국가에서 목도되고 있는 포퓰리즘의 성장과도 밀접한 관계를 갖는다(Mudde & Kaltwasser, 2017; Müller, 2016).

학자들이 합의하고 있는 단순하고 명쾌한 개념 정의가 없기는 하지만, 포퓰리즘이라는 용어를 통해 설명하고자 하는 다양한 내용은 다음과 같이 정리할 수 있다.

> 대의민주주의(representative democracy) 제도 하의 정치과정에서 자신의 의견이 충분히 반영되지 못한다고 생각하여 불만과 분노에 찬 일부 국민들이, 자신들의 입장이 국민 전체의 일반 의지(general will)라는 믿음을 갖고, 자신과 다른 사회집단에 대해 배타적인 태도를 취하면서, 타성에 젖은 기성 정치인 대신 카리스마를 갖춘 정치 신예를 내세워 정치체제의 획기적 변화를 추구하는 정치 이념 혹은 정치운동.

위의 내용에서 특히 주목해야 하는 것은 다음의 세 가지다. 첫째, 포퓰리즘은 '일반 국민(people)' 대(對) 기성 정치 엘리트 간의 이분법적 구도에 근거하고 있어서, 기본적으로 일반 유권자의 정치 불신과 연관성이 높은 개념이라는 점이다. 둘째, 포퓰리즘은 진정한 '국민'으로 정의되는 내집단(in-group) 대 국민의 범주에 속하지 못하는 외집단(out-group)이라는 이분법적 구도를 상정하면서, 배척해야 될 대상을 부패한 기성 정치인뿐 아니라 외집단으로 규정된 일반인에게서도 찾는다는 점이다. 셋째, 포퓰리즘은 대의민주주의의 작동에 오류가 생길 때 발생할 가능성이 높고, 포퓰리즘이 널리 퍼지기 위해서는 강한 흡인력을 가진 정치 신인이 필요하다는 점이다.

이 세 가지 요인들은 포퓰리즘이 성장하고 진화하기 위해 필요한 조건들이다. 이 중에서 유권자 수준의 심리적 요인인 '포퓰리즘 성향 (populist attitudes)'으로 잘 대변되는 것은 첫 번째 요인이다. 즉 기성 정치인에 대한 반감 및 '일반 국민' 중심주의 경향의 강도는 유권자에 따라 다를 것이다. 두 번째 요인인 내집단과 외집단의 구분은 기본적으로 한 사회의 인구학적 구조를 반영한다. 다양한 인종들이 섞여 사는 다문화사회이거나 사회를 구성하는 집단들 간의 이질성 혹은 위계구조가 명확한 경우, 내집단/외집단 구분이 용이하여 포퓰리즘이 뿌리내리기 쉽다. 한편 사회가 인종, 문화, 계급, 종교 등의 기준으로 볼 때 동질적이라면 포퓰리즘 현상이 나타나기 어렵다. 마지막으로 카리스마 있는 정치 신인의 등장은 역사적 우연(historical contingency)으로 설명할 수밖에 없는 현상이다.

포퓰리즘의 내용을 들여다보면 "일반 국민은 순수하지만 기성 정치인은 타락했다"는 이분법이 있음을 알 수 있다. 올바른 정치를 구현하기 위해서는 순수한 일반 국민의 뜻이 정책으로 실현되어야 함에도 기성 정치인들이 이를 대변하지 않고 오히려 왜곡함에 따라 일반 국민들이 고통 받는다는 것이다. 따라서 포퓰리즘을 지지하는 유권자들은 기존 정치 질서에 대한 불신과 기성 정치인에 대한 혐오감을 표현하는 경우가 다분하다. 전문 정치인보다는 자신과 같은 일반인이 국민의 '일반 의지'를 잘 반영할 것이라 생각하는 것이다. 이러한 맥락에서 포퓰리즘은 모든 분야의 전문가 의견을 신뢰하지 않는 반지성주의 (anti-intellectualism)와 맞닿아 있기도 하다. 예를 들어 전문 정치인이 민생을 이해하지 못하면서 정책을 펴는 것처럼, 경제 전문가들은 일반인들이 알아듣기 어려운 용어만을 사용하면서 경제 정책에 혼란을 주고 있고, 환경 전문가들은 피부에 와닿지 않는 자연현상을 과장해서 일반인들에게 겁을 주고 있고, 교육 전문가들은 학생과 학부형들의 현실적인 고충을 이해하지 못하면서 이상적이고 순진한 논평들만 일삼는다는 생각이 팽배해지면 포퓰리즘이 성장할 가능성이 농후하다.

하지만 포퓰리즘은 일반인들의 정치 불신 혹은 정치 혐오로 환원 혹은 대체될 수 있는 개념은 아니다. 정치 불신 혹은 정치 혐오가 높은 경우, 유권자는 보통 정치에 관심을 두지 않거나 정치 참여를 기피하는 경향을 띤다. 이와는 정반대로 포퓰리즘 성향이 높은 유권자는 자신의 정치에 대한 불만을 표현하기 위해 적극적으로 정치 과정에 참여하려는 태도를 보인다(Zaslove et al, 2021). 다만 기존 정치 과정과 기성 정치인에 대한 불신이 있기 때문에 포퓰리즘 성향이 높은 사람들은 정치 참여를 위해 정해진 대의민주주의의 수순을 밟지 않으려는 경향을 띨 뿐이다. 포퓰리즘의 내용 중에는 국민 주권과 참여의 강화와 같은 긍정적 요소가 분명히 있다. 그러나 포퓰리즘의 배타성 및 획일성이 다양성을 전제로 하는 민주주의 원칙과는 배치되는 것 역시 사실이다. 바로 이것 때문에 많은 정치학자와 정치인들이 포퓰리즘을 경계하고 있는 것이다.

2. 대안들: 직접민주주의와 숙의민주주의

대의민주주의가 갖는 잠재적인 문제인 선출직 정치인과 유권자 간의 간극을 줄이기 위해 많은 민주주의 국가에서는 부분적으로 직접민주주의 제도를 갖추고 있다. 일반적으로 직접민주주의 제도는 ① 선출직 정치인에 대한 불만이 높을 때 임기 전 축출할 수 있는 국민소환,

② 일반 유권자들이 모여 직접 법을 만드는 국민발안, 그리고 ③ 헌법 개정과 같이 중요한 안건에 대해 모든 유권자들의 의견을 묻는 국민투표로 나뉜다(Lupia & Matsusaka, 2004).

직접민주주의는 대의민주주의 제도의 대체물이 아니라 대의민주주의를 보완하기 위해 주로 사용된다. 하지만 직접민주주의 역시 나름의 문제를 갖고 있다. 우선 직접민주주의는 다수의 일반 유권자들이 중요한 정치 현안에 대해 충분한 정보를 가지고 있지 않다는 문제로부터 자유롭지 못하다. 유권자들의 정치 현안에 대한 이해가 낮은 상황에서 직접민주주의가 보장된다면 바람직하지 못한 결정으로 이어질 가능성이 크다. 그리고 직접민주주의의 이상과는 달리, 많은 유권자들의 목소리를 동원할 능력을 갖춘 집단의 영향력이 직접민주주의 제도에서 비대칭적으로 강하게 나타난다는 경험 연구결과도 있다(Matsusaka, 2008). 즉 현안에 대해 잘 알고 있는 전문가 집단이 현안에 대한 지식이 일천한 일반 유권자의 여론을 조작할 가능성이 상존한다는 말이다.

대의민주주의는 경우에 따라 선출직 정치인들이 민의를 제대로 정책결정 과정에 반영하지 못해 민주주의의 기본 원리를 훼손할 가능성이 있는 반면, 직접민주주의는 정치 현안에 대한 기본 지식조차 갖추지 못한 유권자들의 참여로 인해 민주주의의 원활한 작동을 방해할 가능성이 있다. 이러한 문제점들을 해결하기 위한 고민의 결과, 숙의민주주의라는 다른 형태의 민주주의에 대한 관심이 생겼다.

원래 숙의민주주의는 선출직 정치인들이 정책 결정을 할 때, 논의되는 정책의 장단점, 정책 찬성 논리와 반대 논리를 오랜 시간 잘 검토하고 서로 설득하여, 가능하다면 정책결정자들 간의 합의(consensus)를 도출하는 것이 바람직하다는 논리에 기반하고 있다(Gutmann &

Thompson, 2009). 가령 미국 상원에서 무제한 토론을 보장해주기 위해 만든 필리버스터(filibuster) 제도가 숙의민주주의 입장이 반영된 제도적 장치라고 볼 수 있다. 이렇듯 원래 의미의 숙의민주주의는 주어진 법안 혹은 정책 제안에 대한 깊이 있는 논의 없이, 찬반으로 갈린 정책결정자들의 결정이 다수결에 의해 허무하게 매듭지어지는 상황을 피하는 것을 목적으로 한다. 하지만 오랜 시간에 걸친 논의 및 만장일치 지향성은 숙의민주주의가 실현될 수 있는 조건을 소수의 정책결정자 집단으로 한정시키게 된다(Sanders, 1997). 많은 사람들이 숙의에 참여하게 되면 논의에 쏟는 시간이 늘 수밖에 없게 되어, 혹시라도 있을지 모르는 만장일치의 가능성은 더욱 희박해지기 때문이다. 따라서 숙의민주주의는 주로 대의민주주의의 맥락에서 논의되어왔지, 직접민주주의의 맥락에서는 논의되지 않았다.

하지만 통념과 달리 숙의민주주의가 대의민주주의뿐 아니라 직접민주주의의 맥락에서도 고려될 수 있다는 주장이 있다(Fishkin, 2011; Pateman, 2012). 직접민주주의의 맥락에서 논의되는 숙의민주주의는 정치 현안에 대한 정보가 부족한 일반 유권자들에게 정보를 제공해주는 일, 그리고 최대한 많은 일반 유권자들을 숙의 과정에 포용하는 일에 초점을 맞추고 있다. 즉 여기서의 숙의민주주의는 일반 유권자를 숙의 과정에 포함시킴으로써 합리적 유권자(rational voters)로 만들고, 이렇게 만들어진 합리적 유권자의 의견을 종합하여 정책결정 과정에 반영하는 그림을 상정한다. 합리적 유권자들이 모여 종합한 의견만을 바탕으로 정책이 결정되면 직접민주주의의 실현이 되는 것이고, 합리적 유권자의 의견을 선출직 정치인인 정책결정자들이 참고만 한다면 대의민주주의 제도 하에서의 숙의민주주의의 실현이 되는 것이다.

3. 숙의민주주의의 이상: 합리적 유권자

민주주의, 특히 대의민주주의 정치제도의 성패는 국민들의 의견을 어떻게 정치과정에 잘 반영하느냐에 따라 결정된다. 민주주의 정치제도에서 상정하는 가장 이상적인 유권자는 중요한 정치 현안을 정확하게 이해하고 있는 유권자이다. 아무런 선입견 없이 중요한 현안에 대한 충분한 정보를 접하고 그것을 편향 없이 소화시키면서 심사숙고한 후 의견을 표출하는 유권자를 '합리적 유권자'라 칭한다. 민주주의 이론에 따르면, 합리적 유권자 개개인의 의견이 여론조사, 사회운동 또는 투표를 통해 정치과정에 반영된다면 건강한 민주주의 정착이 가능하다.

하지만 현실에서 이와 같은 합리적 유권자를 찾기란 쉽지 않다. 우선 문제가 되는 것은 잘 모르는 유권자(uninformed voters)이다. 예상보다 유권자가 보유하고 있는 정치 현안에 대한 정보의 양은 적다. 많은 유권자들이 중요한 정치 현안 자체를 잘 인지하지 못하는 경우가 허다하고, 설사 현안의 중요성을 인지한다 하여도 그에 대한 소신 있는 판단을 하기에는 턱없이 부족한 정보를 갖고 있다. 이렇게 정치 현안에 대한 이해가 부족한 유권자들의 비율이 크다면, 민주주의 제도를 효율적으로 운영하는 데에 큰 걸림돌이 될 수밖에 없다(Lupia, 2015).

또한 상당수의 유권자들은 몇 개의 현안에 대해 서로 상충하는 태도를 갖고 있기도 하다. 가령 정부가 사회복지 정책을 확대하는 것은 지지하는 동시에 세금을 인상하는 것에는 반대한다던가, 아프리카 지역에 인도적 지원을 하는 일은 찬성하면서 동시에 북한에 대한 인도적 지원 정책에는 반대하는 경우가 드물지 않게 발견된다.

그런데 최근 정치심리학과 정치커뮤니케이션 분야에서의 경험 연구들은 잘 모르는 유권자들이 민주주의에 주는 위협이 과장되었다고 주장하기도 한다. 이 연구들에 따르면, 유권자들은 현안에 대해 상세한 정보를 가질 필요가 없고, 대신 제한된 양의 정보를 정보지름길(heuristics)로 삼아 합리적 유권자와 유사한 정치 행태를 보일 수 있다고 한다(Lau & Redlawsk, 2006). 가장 대표적인 정보지름길의 예는 정당일체감(party identification) 혹은 정치이념(political ideology)이다. 예를 들어 최저임금·부동산·비정규직·가상화폐 등과 같은 경제 현안들이 논의되는 상황에서 이상적인 합리적 유권자는 각각의 현안에 대한 충분한 정보를 얻어 판단하겠지만, 정보지름길을 사용하는 유권자는 현안에 대한 구체적인 정보를 얻는 대신, 자신이 지지하는 정당 혹은 자신과 정치 이념이 유사한 정치인이 이 현안들에 대해 어떤 입장을 취하는지를 보고 그 단서를 이용해 판단한다는 것이다. 기존 연구들은 이 경우 합리적 유권자와 정보지름길을 사용하는 유권자 간에 정치 행태에서의 차이가 보이지 않음을 규명하고 있다. 즉 정치현안에 대한 결정적 단서를 제공해주는 정보지름길을 잘 이용한다면 많은 양의 정보를 습득하지 않아도 충분히 합리적인 판단을 할 수 있다는 것이다.

4. 숙의민주주의에의 도전: 합리화하는 유권자

하지만 정보지름길이 항상 바람직한 결과를 가져다주는 것은 아니다. 정보지름길은 어디까지나 완전한 정보(complete information)보다는 열등한 도구이기 때문에 언제든 잘못된 판단과 결정을 가져다 줄 가능성이 농후하다(Dancey & Sheagley, 2013). 이러한 맥락에서 주목해야 할 개념은 바로 동기화된 사고(motivated reasoning)이다(Lodge & Taber, 2013). 동기화된 사고는 유권자가 가지고 있는 선입견·가치관 등이 정보처리 과정에 개입하여, 객관적이고 투명한 정보처리를 방해하는 경향성을 의미한다.

동기화된 사고는 대략 다음 세 가지로 나누어 볼 수 있다. 자신이 가지고 있는 이념 경향성과 일치하는 의견이나 논리를 자신의 이념과 상충하는 의견 혹은 논리보다 더 설득력 있다고 생각하는 이전 태도 효과(prior attitudes effect), 자신이 가지고 있는 이념 경향성에 반하는 논리에는 즉각적으로 반론을 제시하고, 자신의 이념 경향성과 일치하는 논리는 무비판적으로 받아들이는 비확증 편향(disconfirmation bias), 그리고 자유롭게 정보 취득이 가능한 상황에서 무의식중에 자신의 경향성과 일치하는 정보만을 찾으려는 확증 편향(confirmation bias)이 바로 그것이다. 즉 정당일체감 혹은 정치 이념을 정보지름길로 사용하는 유권자들은 자신의 정당 혹은 이념과 일치하지 않는 정보를 설득력이 없다고 느끼고, 자신의 정당 혹은 이념과 일치하지 않는 정보를 접하면 그에 즉각 반박하며, 자신의 정당 혹은 이념과 일치하는 정보를 무의식 중에 찾아나서는 경향이 있다는 것이다.

이러한 경우 정보 처리에 편향(bias)이 발생하게 되고, 결국 정치 현안에 대한 정확한 판단과 결정을 저해하게 된다. 다시 말해 동기화된 사고를 하는 유권자는 합리적인 유권자가 아니라, 의도하건 의도하지 않건 자신의 선입견, 가치관, 이념 성향에 부합되는 방향으로 정보를 처리하는 '합리화하는 유권자(rationalizing voters)'인 것이다.

이제까지 검토한 합리적 유권자, 정보지름길, 그리고 동기화된 사고는 모두 주어진 사회 및 정치 현안에 대한 정보들이 '사실'에 부합하는 상황을 전제로 한다. 이 경우 유권자들은 잘 알고 있는 유권자(즉, 합리적 유권자)와 잘 알지 못하는 유권자(uninformed voters), 이렇게 두 부류로 나누어진다. 이와는 다른 세 번째 부류의 유권자, 즉 잘못 알고 있는 유권자(misinformed voters)가 최근 큰 문제로 대두되고 있다(Flynn et al, 2017; Hochschild & Einstein, 2015). 잘못 알고 있는 유권자들은 현안에 대한 정보를 많이 가지고 있다는 점에서 이상적인 합리적 유권자와 유사하다. 하지만 이들이 판단과 결정을 위해 사용하는 정보는 가짜 뉴스 등에 근거한, '사실'과 다른 잘못된 정보라는 점에서 합리적인 유권자와는 명백하게 구분된다.

잘못 알고 있는 유권자(misinformed voters)는 정치 관련 정보가 유통되는 미디어 환경의 변화 때문에 급속도로 증가 추세에 있다. 과거에는 얼마 안 되는 숫자의 대중매체가 정보를 독점하면서 유권자에게 필요한 정보를 미리 걸러 제공해주는 수문장(gatekeeper) 역할을 했던 것에 비해, 오늘날에는 모든 개인이 정보 제공 및 유포를 할 수 있는 조건이 갖추어져 있어서 잘못된 정보를 미리 솎아내는 것이 거의 불가능하다. 유권자 개인 차원에서 잘못된 정보를 유통시키는 것도 문제이지만, 더 큰 문제는 정치인들이 자신의 세력 확대를 위해 정략적으로 잘못된 정보를 적극 활용하는 경우도 있다는 것이다. 정치인들이 종종 확인되지 않은 정보, 명백히 잘못된 정보, 혹은 음모론을 유포하는 경우의 대표적인 예로는 미국 트럼프 전 대통령의 트위터 메시지들을 들 수 있다(Allcott & Gentzkow, 2017).

유권자가 정치 현안에 대해 잘못 알고 있는 경우, 선거와 같은 중요한 상황에서 잘못된 선택을 할 가능성이 높아지고, 이는 바람직하지 않은 정책 결정으로 이어질 수 있다. 이에 잘못 알고 있는 유권자를 다시 잘 알고 있는 유권자로 바꾸는 기제가 무엇인지를 확인하는 작업은 건강한 민주주의 정착을 위해 반드시 필요하다. 동시에 잘 모르는 유권자에게 중요한 정보를 알려주는 작업 역시 민주주의 공고화에 필수 불가결한 요소이다. 바로 이 점이 숙의민주주의 논리에 기반한 공론조사가 기여할 수 있는 부분이다.

Ⅲ. 공론조사

1. 기본 틀

'공론조사'란 전체 국민 혹은 유권자 중에서 무작위로 선정된 (randomly selected) 사람들이 모여 쟁점이 되는 정치 현안에 대한 숙의를 심도 있게 한 후, 그 현안에 대한 입장을 표명하여 정책결정 과정에 기여하는 의사결정 방식을 의미한다(Fishkin, 2011). 공론조사는 기본적으로 민주주의의 두 가지 형태인 대의민주주의와 직접민주주의의 단점들을 서로 보완하고, 제3의 민주주의 형태인 숙의민주주의 이념을 구현하는 의사결정 방식이다. 숙의민주주의의 내용을 현실에서 실현시키기 위한 구체적인 방식은 여러 가지가 있다(〈표 4-1〉 참고).

공통적으로 적용되는 숙의민주주의의 핵심 원리는 정보(information)의 제공과 포용성(inclusiveness)이다(Fishkin, 2011). 숙의민주주의에서는 정치 현안을 잘 이해하지 못하는 일반 유권자에게 정보를 제공해줌으로써 활발한 토론을 독려하고 숙의 과정에 참여할 수 있도록 도와주는 것, 그리고 될 수 있는 대로 많은 일반 유권자를 숙의 과정에 참여하게 해주는 것을 중요하게 여긴다.

공론조사의 본질을 정확히 파악하기 위해 〈표 4-1〉의 내용을 살펴보자. 우선 유권자들의 의견(여론)을 두 가지로 분류해 볼 수 있다. 하나는 '정제되지 않은 여론(raw public opinion)'으로서 숙의 과정을 겪지 않은 상태에서 일반 유권자 개개인이 갖는 의견을 말한다. 일반적으로 통용되는 여론조사에 반영되는 정보이고, 정책결정자 혹은 정당에서 여론을 참고할 때 활용하는 것이 바로 이것이다. 다른 하나는 '정제된 여론(refined public opinion)'인데 이는 숙의 과정을 겪은 후 다듬어진 일반 유권자의 의견을 말한다. 숙의민주주의가 관심을 갖는 영역은 '정제된 여론' 부분이다.

〈표 4-1〉 숙의의 다양한 형태

구 분	숙의 참여자 결정 양식		
여론의 성격	편의 표본 (convenience sample)	무작위 표본 (random sample)	전체 유권자
정제되지 않은 여론 (raw public opinion)	일부 여론조사	대부분의 여론조사	국민투표 (referendum)
정제된 여론 (refined public opinion)	배심원 (jury system)	공론조사 (deliberative polls)	숙의의 날 (Deliberative Day)

다음으로 누가 숙의 과정에 참여하는가를 결정하는 방법에 따라 세 가지 구분이 가능하다. 우선 과학적 방법에 근거하지 않고 편의에 의해 표본(convenience sample)을 구축하는 방법이 있다. 학교나 회사에서 학생 혹은 직원의 자발적인 참여로 표본을 구축하는 예가 대표적이다. 다른 하나는 확률표집방식(probabilistic sampling method)이라는 과학적 방법에 근거하여 무작위 표본(random sample)을 만드는 것이다.

무작위 표본이 과학적 방법에 근거하여 제대로 만들어진다면, 표본에 포함된 일반인들의 특성과 표본에 포함되지 않은 일반인들의 특성이 비슷해진다. 즉 한 나라의 전체 유권자의 의견에 관심을 두고 있는 경우, 그들의 의견을 다 듣는 것은 현실적으로 어렵기 때문에 표본에 의존할 수밖에 없다. 이때 과학적 방식을 사용한 무작위 표본을 구축하게 되면 표본에 포함된 유권자의 의견이 곧 전체 유권자의 의견을 대표(representation)하는 이점을 갖게 되는 것이다. 마지막으로 표본을 사용하지 않고 모집단(population)인 전체 유권자를 대상으로 숙의를 운영하는 방식이 있다.

이렇게 여론의 성격 및 숙의 참여자 결정 양식을 활용해 유형을 나누면 모두 6가지의 시나리오가 만들어진다. 숙의 과정을 겪지 않은 상황에서 일반 유권자의 의견을 모으는 방식은 숙의 참여자 결정 양식에 따라 ① 편의 표본을 이용한 여론조사, ② 무작위 표본을 이용한 여론조사, 그리고 ③ 국민투표로 나뉜다. 숙의 과정을 겪으면서 다듬어진 일반인의 의견을 모으는 방식은 ① 배심원제, ② 공론조사, 그리고 ③ '숙의의 날'로 나뉜다. 이 중에서 배심원제는 미국의 법정의 예가 있기 때문에 낯설지 않다. 설명이 필요한 방식은 공론조사와 '숙의의 날'이다.

공론조사는 무작위 표집방식에 의해 선정된 표본을 대상으로 숙의 과정을 갖는 작업을 말한다. 숙의 과정에 참여하는 일반 유권자들은 확률표집방식과 같은 과학적 방법에 의해 선출되고, 이렇게 선출된 유권자들은 전체 유권자들을 대표한다고 볼 수 있다. 다시 말해 편의 표본에 포함된 일반 유권자들은 과학적 방법에 의해 선출되지 않았기 때문에 전체 유권자들의 특성과 다른 특성을 보일 가능성이 농후한 것에 비해, 무작위 표본에 포함된 일반 유권자들은 전체 유권자들과 유사한 특성을 보이게 된다는 말이다. 이렇게 대표성 있는 표본이 숙의 과정에 참여하게 되면, 마치 전체 유권자들을 대상으로 한 숙의와 유사한 상황을 연출할 수 있다는 이점이 있다. 무작위 표집방식으로 선정된 유권자들은 몇 개의 소집단으로 나뉘어 주어진 정치 현안 혹은 정책 아이디어에 대해 충분한 정보를 전달 받고, 심도 깊은 논의를 수행한 다음, 의견을 제시한다. 그리고 이렇게 제시된 의견들을 바탕으로 최종 결정을 내린다(Karpowitz & Raphael, 2014).

'숙의의 날'은 위에서 설명한 공론조사 여러 개를 날을 잡아 전국 단위에서 동시에 수행하는 것을 의미한다(Ackermann & Fishkin, 2008). 공론조사가 이미 대표성 있는 표본을 사용하고 있기 때문에 거기서 얻은 정보를 활용하여 전체 유권자의 의견을 유추하는 것이 가능하긴 하다. 그러나 공론조사가 여전히 상대적으로 적은 숫자의 유권자(표본에 포함된 유권자)를 대상으로 하고 있기 때문에 직접민주주의의 실현과 관련된 상징적 의미는 확보하기 어려운 문제점이 있다. 이에 국가 차원에서 '숙의의 날'을 정하여 중요 현안에 대한 판단을 전체 유권자의 합리적 선택에 맡기게 된다면, 직접민주주의 제도의 단점을 숙의민주주의로 보완하는 효과를 얻게 된다.

2. 성공적인 공론조사를 위한 조건들

성공적인 공론조사를 위해 가장 중요한 조건은 전체 유권자를 잘 대표하는 표본을 구축하는 일이다. 대표성 있는 표본이 구축되었다는 전제 하에, 공론조사의 숙의민주주의적 성격을 최대한 활용하기 위한 조건으로는 다음의 세 가지가 있다.

정보(information) 숙의 참여자들은 논의 대상인 정치 현안에 대해 정확한 정보를 제공받아야 한다. 이를 위해 공론조사에 전문가들이 참여하여 도움을 주는 것이 필요하다. 공론조사에 참여하는 전문가들의 역할은 다음의 두 가지이다. 하나는 가치관 혹은 이념의 영향으로부터 자유로운 객관적인 정보를 모아서 제공해 주는 일이다. 정치 이념, 종교, 이익집단의 가치라는 색안경을 통해 해석된 정보를 제공해 주어서는 안 된다. 다른 하나는 무엇이 잘못된 정보이고 무엇이 올바른 정보인지를 명확히 구분하여 후자만을 제공해 주는 일이다. 이렇게 함으로써 전문가들은 공론조사 참여자들의 합리적 결정에 방해가 되는 요인들을 제거해 줄 수 있다.

의견의 다양성 및 균형(diversity and balance) 숙의 참여자들은 논의 대상인 정치 현안에 대한 찬반 논리에 같은 비율로 노출되어야 한다. 우선 찬반 입장을 대변하는 전문가들에게 동일한 비중의 발언권을 주는 것이 필요하다. 그리고 공론조사에서 소집단을 구분하는 과정에서 각 소집단에 포함되는 참여자들의 찬반 비율을 비슷하게 하는 것도 바람직하다. 그러려면 논의 대상인 현안에 대한 입장을 공론조사 참여자에게 소집단 구분 이전에 미리 물어봐야 한다. 즉 공론조사에 참여자를 무작위로 선정하고, 그렇게 선정된 참여자들을 소집단으로 나누기 전에 현안에 대한 태도를 물어보고 찬반 비율이 비슷하도록 각 소집단을 구성한 다음, 숙의 과정을 밟는 것이 바람직한 공론조사 설계이다.

성실성(Conscientiousness) 숙의 참여자들은 자신들의 선입견 및 이전 태도(prior attitudes)와 상관없이 숙의과정에서 고려되는 찬반 논리를 숙지하고 합리적인 판단을 해야 한다. 이 과정에서 찬반 논리 중 어느 하나의 논리가 논의를 주도하거나 독점해서는 안 되고, 각각의 참가자들이 성실하게 자신의 의견을 개진해야 한다.

3. 공론조사를 통한 정책결정: 장점

공론조사는 정치 현안에 대한 정보가 부족한 일반 유권자에게 정확한 정보를 제공하는 시민교육(civic education)의 역할을 한다. 공론조사 숙의 과정에서 찬반 입장을 대변하는 정보를 권위 있는 전문가로부터 받게 되면, 합리적 유권자의 형성을 방해하는 이전 태도 효과, 확증 편향, 비확증 편향으로부터 자유롭게 된다. 또한 잘못된 정보의 영향력으로부터도 자유로울 수 있다. 따라서 공론조사가 여러 정치 현안으로 확대되어 적용된다면, 장기적으로 민주시민으로서의 유권자의 자질을 향상시킬 수 있다.

공론조사의 또 다른 장점은 서로 다른 의견을 가지고 있는 참가자들이 구체적인 정보에 근거하여 상대방을 설득한다는 데 있다. 일반 유권자들은 일상생활에서 정치 현안에 대한 대화를 자주 주고받는다. 그런데 일상생활에서의 정치 관련 대화는 보통 자신과 유사한 정치적 견해를 가지고 있는 사람들 간의 대화인 경우가 많다(McPherson, Smith-Lovin & Cook, 2001).

자신과 입장이 다른 사람과 정치 논의를 하게 되면 감정 소모가 많은 논쟁으로 비화될 가능성이 크고 이는 곧 대인관계에 직접적 악영향을 주기 때문에 이 경우 사람들은 정치 관련 논의를 회피하기 때문이다(Mutz, 2006). 비슷한 의견을 가지고 있는 사람들끼리 정치 관련 논의를 하게 되면, 그와 다른 의견을 고려할 가능성은 점점 더 줄어들게 되고, 이는 극단적인 의견이 형성되는 상황으로 이어진다. 즉 일상생활에서 많은 일반 유권자들은 자신들만의 '메아리 방(echo chamber)'에서 정치 논의를 하게 되는데, 그들을 공론조사의 숙의과정에 참여하게 하면 극단적인 의견이 형성되는 위험을 줄일 수 있다.

마지막으로 공론조사의 숙의 과정을 통해 의견이 수렴되고 그것이 정책 결정과정에 반영되면 그 정책은 민주적 정당성을 확보할 수 있는 이점이 있다. 이러한 순기능이 잘 작동한다면 공론조사는 최근 민주주의 공고화에 큰 걸림돌이 되고 있는 포퓰리즘의 성장에 제동을 거는 기제로 작동할 수 있다. 다양한 정치 현안과 관련하여 공론조사를 활성화한다면 대의민주주의가 포퓰리즘으로 이행되는 현상을 어느 정도 완화시킬 수 있다.

4. 공론조사를 통한 정책결정: 문제점

공론조사 숙의과정이 잘 설계되었어도 원활한 운영에 장애가 되는 요인들이 여러 가지 있다.

지배(domination) 공론조사의 숙의과정에서 논의되는 현안에 대해 원래 많은 정보를 가지고 있는 참가자 혹은 논의되는 현안에 대해 아주 강한 찬성 (혹은 반대) 의견을 가지고 있는 참가자가 있는 경우, 그 참가자의 의견이 숙의과정을 지배하는 상황이 발생할 가능성이 있다. 예를 들어 논의되는 현안과 연관된 분야에서 박사학위를 취득한 참가자와 고등학교도 채 졸업하지 못한 참가자가 함께 숙의하는 경우, 후자는 발언을 하고 싶어도 하지 않는 자기 검열을 할 가능성이 높고, 다른 참가자들이 전자의 의견보다 후자의 의견을 상대적으로 무시할 가능성이 높으며, 전자가 후자의 논리를 필요 이상으로 강하게 반박할 가능성이 있다.

양극화(polarization) 공론조사에 참여하는 사람들은 논의되는 현안에 대해 어느 정도 기존의 입장이 있기 마련이다. 이러한 기존의 입장은 참가자의 정치 이념, 지지 정당, 가치관 등에 의해 형성된다. 공론조사의 이론적 근거인 숙의민주주의 논리에 따르면, 서로 다른 의견을 갖는 참가자들이 숙의과정을 거치면서 어느 한 방향으로 의견이 수렴하게 되고, 궁극적으로 만장일치라는 바람직한 결과를 얻게 된다. 하지만 현실에서는 숙의과정이 의견 수렴으로 이어지기보다 오히려 의견의 양극화를 낳게 될 가능성이 더 크다(Lawrence, Sides & Farrell, 2010). 예를 들어 여성의 권익 보장과 관련된 현안이 공론조사에서 논의된다고 한다면, 많은 양의 정보가 제공되면 될수록 여성 참가자와 남성 참가자들 간의 의견 격차가 더 심해질 가능성을 배제할 수 없다. 이는 앞에서 설명된 비확증 편향 때문에 발생할 수 있는 현상이다.

집단사고(groupthink) 집단사고란 토의 과정에서 어느 한 방향으로 의견이 수렴되는 경향이 보이면, 그에 반대되는 입장을 취하고 있더라도 일종의 사회 압력(social pressure) 때문에 의견 개진을 못하는 현상을 말한다(Janis, 1982). 1986년 미국 우주왕복선 챌린저호 폭발사고 전, 발사 여부를 결정하는 회의에서 확인된 현상으로서, 숙의가 잘못된 판단 혹은 결론으로 이어질 수 있다는 위험성을 알려주는 개념이다. 보통 집단사고는 숙의과정에 참여한 집단 구성원 간에 위계구조가 있을 때 발현될 가능성이 높다. 예를 들어 회사의 임원진 회의에서 회장의 뜻이 확고한 것을 인지한 임원진들이 자신들의 의견은 적극적으로 개진하지 않고, 회장의 의견에 힘을 실어주다 보면 생기는 현상이 집단사고인 것이다. 공론조사에서 문제가 될 만한 집단사고의 가능성은 위에서 언급한 지배의 문제와 일맥상통한다. 공론조사에서 각 참여자들 간에는 위계구조가 없다. 하지만 각 참여자들이 논의되는 현안에 대해 이미 가지고 있는 정보의 양과 질에 차이가 나고 그것을 다른 참여자들이 모두 인지하는 상황에서는 의견을 이끄는 특정 참여자의 입장으로 수렴되는 집단사고의 가능성을 배제할 수 없다. 또한 미리 정해진 어떤 시점까지 결정을 내려야 하는 심리적 압박감이 숙의에 참여한 사람들 사이에 팽배해 있다면 이 또한 집단사고의 위험을 증폭할 수 있다.

IV. 공론조사의 활용

1. 고려사항

정책 결정과정에서 공론조사를 활용하고 그 장점을 극대화하기 위해서는 몇 가지를 고려해야 한다. 우선 공론조사의 숙의과정은 찬반이 명확하게 갈리는 결정을 내리는 데 도움을 주는 방향으로 사용되어야 지, 두 개 이상의 정책 옵션을 놓고 하나를 선정하는 행위 혹은 의제를 선정하는 행위(agenda-setting)에 사용되어서는 안 된다. 상기한 바와 같이 공론조사의 주된 목표는 주어진 현안에 대한 찬성 입장과 반대 입장에 사람들을 동일한 비중으로 노출시키고, 그 입장들에 담긴 논점 들을 잘 살펴볼 수 있는 기회를 마련해주는 것이다. 따라서 찬반 논리 가 명확하게 구분되고, 하나의 선택이 곧 다른 하나의 배제임이 명확 할수록 공론조사에서 얻게 되는 결과가 설득력을 얻는다.

예를 들어 "새로운 원자력 발전소를 세울 것인가 말 것인가", "재판 절차에 국민배심원을 포함시킬 것인가 말 것인가"와 같은 문제는 공 론조사로 다루기에 적합하지만, 세 개 이상의 옵션을 두고 우선순위를 결정하는 문제라던가, 세 개 이상의 옵션 중에 하나를 선택하게 하는 문제는 공론조사의 성격에 적합하지 않다. 일반적으로 A·B·C라는 세 개의 옵션이 존재하는 경우, A보다 B를 선호하고, B보다 C를 선호하 나, C를 A와 비교하면 C를 선호하는 상호 모순적인 선택이 일어날 가 능성을 배제할 수 없기 때문이다.

숙의민주주의에 이론적 근거를 두고 있는 공론조사는 직접민주주 의와 맞닿아 있지만, 대한민국의 정치제도가 대의민주주의에 기반하 고 있기 때문에 입법부 혹은 행정부의 고유 권한을 침해하는 방향으로 사용된다면 곤란하다. 어디까지나 대의민주주의 하의 정책결정 과정 의 보완책으로 사용되어야 한다. 공론조사는 일반 유권자들의 정치 정 보 수준을 높여 놓은 상황에서 그들의 의견을 듣는 방법이다.

하지만 공론조사를 수행하는 과정에서 참여자들에게 무한정 정보를 제공할 수는 없으며, 논의되는 현안들 중의 일부는 고차원적 지식을 필요로 하는 경우도 있다. 그렇다면 공론조사에서 제공되는 정보에만 근거해 일반 유권자가 내린 결정은 여전히 그 분야 전문가들의 눈으로 보아서는 완전하지 않을 수 있다. 또한 정부에서 충분히 소화할 수 있고, 책임을 져야 하는 정책을 공론조사를 통해 일반 국민의 손에 맡긴다면 정부의 존재 이유가 무엇인지에 대한 물음에 설득력 있는 답을 하기 어렵다.

이와 관련하여 하나 더 고려해야 할 문제는 정책 결정자 혹은 정책을 집행하는 관료들의 사기이다. 오랫동안 한 분야의 전문지식을 축적해온 정치인 혹은 관료의 목소리를, 일반 유권자의 의견을 경청한다는 이유로 상대적으로 무시한다면 정부 조직의 안정성을 해칠 가능성이 높다. 정책 결정자와 일반 유권자 간의 관계가 밀접해지는 것은 바람직한 일이나, 그렇다 해서 필요 이상의 많은 현안들에 대한 결정을 공론조사에 의존해서는 안 된다.

공론조사는 주어진 정보의 양과 질에 의해 찬반 양 진영에 속한 참가자들이 서로 설득하는 과정을 전제로 한다. 따라서 정보에 의한 결정이 아닌, 종교와 같은 개인 신념에 의한 결정 가능성이 농후한, 첨예한 대립각이 형성되는 민감한 현안은 공론조사에 적합하지 않다. 가령 남녀 갈등의 여지가 있는 여성정책, 세대 갈등의 여지가 있는 청년정책 혹은 노인정책, 성소수자, 이민자, 난민, 양심적 병역 거부자와 같은 소수자 관련 정책, 역사 해석을 둘러싼 갈등을 유발할 수 있는 국가정책(예를 들어 광복절/건국절 문제)은 공론조사에 맡길 경우 역효과가 날 가능성이 크기 때문에 주의해야 한다.

2. 예시: 외교정책에서의 공론조사 활용 가능성

공론조사를 설계하는 예를 외교정책 분야에서 살펴보자. 일반적으로 외교정책은 일반 국민들의 의견이 가장 반영되지 않는 정책 분야라고 알려져 있지만(Holsti, 2004), 공론조사의 성격과 내용을 잘 활용한다면 외교정책에서도 여론을 반영할 여지가 충분히 있다.

〈표 4-2〉 외교정책에서의 공론조사 활용 가능성

구 분	정책의 민감도	
정책의 전문성	높음	낮음
높음	공론조사 불가능 (국방/안보, 통일)	공론조사 어려움 (환경, 에너지, 과학기술)
낮음	공론조사 어려움 (인권, 이민/난민)	공론조사 적합 (공공외교, 개발협력)

우선 외교정책을 정책의 민감성과 정책의 전문성에 근거하여 나누어 본다. 정책의 민감성이 높은 경우, 공론조사 숙의과정에서 제공될 수 있는 정보의 양과 질에 제약이 있기 때문에 공론조사를 적용할 의제로 적합하지 않다. 정책의 전문성이 높은 경우, 합리적인 판단을 유도하기 위해 제공되어야 하는 정보의 양이 지나치게 많을 수 있고, 인지 능력이 뛰어난 참가자와 그렇지 못한 참가자 간에 정보를 소화하는 정도에 차이가 클 가능성을 배제할 수 없기 때문에 이 또한 공론조사를 위한 의제로 삼기 어렵다.

외교정책의 민감도와 전문성이라는 두 가지 기준을 활용하면 〈표 4-2〉와 같은 네 가지 종류의 외교정책을 나누어 볼 수 있다. 이 중에서 공론조사에 가장 적합한 정책은 민감도와 전문성이 모두 낮아 정부의 관할 부서에서 많은 양의 정보를 공개할 수 있고, 일반 유권자가 정책 관련 쟁점을 상대적으로 쉽게 이해할 수 있는 정책들이다. 이미 일반인들에게 많은 양의 정보가 제공되어 있고, 원한다면 쉽게 정보를 습득할 수 있는 공공외교와 개발협력과 관련된 정책들이 좋은 예이다.

한편 정책의 민감도와 정책의 전문성 중 어느 하나라도 높은 경우 공론조사를 수행하기가 어려워진다. 정책 민감도가 높고 정책 전문성이 낮은 경우는 이민/난민 정책, 인권 관련 정책 등이 있는데, 이러한 사안들에서는 굳건한 신념 혹은 강한 이념 성향에 근거하여 의견을 표출하는 일반인의 비율이 상대적으로 높기 때문에 공론조사를 하더라도 합의를 도출하기가 쉽지 않다. 설사 공론조사에서 어떤 식으로든 결론이 내려진다 해도, 그 결과를 공론조사에 참여하지 않은 유권자의 반발 없이 정책에 반영하기가 쉽지 않을 가능성이 높다.

정책 민감도는 낮으나 정책 전문성이 높은 사안들의 좋은 예는 과학기술(환경, 에너지) 관련 현안들이다. 이는 앞에서 언급한 바와 같이, 공론조사 참여자들 간의 전문지식의 차이 및 인지 능력(혹은 학력)의 차이에 따라 왜곡된 결과를 낳을 가능성이 높은 경우이다. 따라서 합의가 도출되었을 때, 일반 유권자들의 반발을 불러일으킬 여지는 상대적으로 적으나, 일반적으로 전문지식을 독점 혹은 과점하고 있는 사람들의 의견이 비대칭적으로 많이 반영될 위험성이 있다.

마지막으로 정책 민감도와 정책 전문성이 모두 높은 정책의 예로는 국방/안보 및 통일 관련 정책이 있다. 이 영역에서는 정부가 일반인에게 정보를 공개하기 매우 어려울 뿐 아니라 사안 자체가 단순하지 않고 복잡하게 얽혀있기 때문에 공론조사에 맡기는 것은 부적절하다. 예를 들어, 통일 관련 정책의 경우, 통일이라는 궁극적 목표를 위해 단계적으로 밟아야 하는 절차, 상대국과 밀고 당기는 구체적인 정책의 내용, 남-북 간의 관계를 넘어 주위 국가들의 입장을 이해하고, 필요하다면 그들을 설득하는 방책을 모두 숙지해야 하는데, 이것을 공론조사에서 실현시키는 일은 불가능하다.

3. 공론조사의 실례들

한국 공론조사의 대표적인 사례는 '신고리 5·6호기 공론화', '헌법개정 숙의형 시민토론회', '한국외교 국민참여형 정책선호조사', '2022학년도 대학입학제도 개편방안 및 고교교육 혁신방향' 등이 있다. 각고의 노력을 기울였음에도 기존의 공론조사들은 내용적 측면, 제도적 측면, 설계적 측면에서 여러 문제점이 있다. 각 문제점을 구체적으로 살펴본다.

첫째, 기존 공론조사에서 내용적 측면의 한계들로는, 의제 선정과정에서의 문제, 숙의과정 분석에서의 문제, 단순 찬/반 의견조사의 문제 등이 있다. 공론조사가 시민의 정치·사회적 현안에 대한 의견을 반영하기 위해 도입된 방법이지만, 지금까지 실시된 공론조사의 의제 선정과정은 전문가나 관료에 의해 독점되었고, 이는 종종 공론조사가 정치적 도구화에 불과하다는 비난의 요인이 되었다. 또한 공론조사는 참여단이 토론과 협의를 통해 변한 태도와 의견의 정도를 보여주는 숙의효과 및 조사 전반에 대한 체계적인 분석이 필요하지만, 외교부의 국민외교 사업을 제외하고 이에 대한 분석이 전무한 실정이다. 결국 현재 공론조사는 숙의과정에 대한 심도 있는 분석과 이를 바탕으로 적합한 토론방식을 설계하려는 노력 없이, 여론조사와 마찬가지로 특정 사안에 대한 찬성/반대 의견 변화에만 치중하고 있다.

둘째, 제도적 측면에서의 한계로는 제도화와 법제화의 미비, 그리고 국민적 수용성 확보 노력 부족을 들 수 있다. 그동안 공론조사는 시행 주체의 정당성 부족, 공론화위원회의 법적 근거, 권한, 위원 선정 규정의 부재, 공론조사의 절차와 기간에 대한 공신력 있는 매뉴얼의 부재 등이 한계로 제시되어 왔다. 공론조사의 홍보와 내용의 확산, 공론조사 결과의 정책 반영과 환류 과정의 공개 등이 미흡하여, 공론조사의 결과가 국민에게 수용되는 과정이 원활하게 작동하지 않는다는 지적 또한 있다. 즉 공론조사에 참여한 국민들은 학습과 토론을 통해 주어진 현안에 대한 이해도가 높아지지만 이러한 긍정적 효과가 공론조사에 참여하지 않은 국민들에게 확대되지 못한다는 말이다. 국민 참여가 단순한 홍보 소재로 머물지 않고, 실제 국민이 주체가 되어 사회의 주요한 사안을 두고 함께 소통하고 협의하여 의사를 결정하는 과정이 공론조사라는 인식의 전환이 필요하다.

셋째, 공론조사 참여단의 대표성 확보 부족과 자료의 체계적 축적 및 활용에서의 문제가 조사 설계 차원의 한계로 지목된다. 공론조사는 일반 국민으로 구성된 참여단 표본을 과학적으로 구축하고, 이들이 참여하는 설문조사 및 토론회에서 어떠한 태도와 의견을 제시하는지를 추적하는 제도이다. 따라서 공론조사 참여단이 모집단인 일반 국민을 얼마나 대표할 수 있는지가 공론조사의 신뢰성을 평가하는 핵심 척도가 된다. 하지만 조사방법의 현실적 한계로 인해 표본의 대표성이 훼손되는 사례가 지속해서 발생하고 있다.

안심번호를 활용할 수 없어 완전한 확률표본추출이 불가능한 경우가 대표적이다. 게다가 무응답 편향, 표본탈락 등으로 발생하는 표집

오차와 조사 및 토론과정 설계의 문제로 인해 형성되는 태도 편향 등의 비표집 오차를 적절히 관리하지 못했다. 조사 설계 과정뿐 아니라 태도의 왜곡을 최소화할 수 있는 토론 설계, 조사와 토론 후에 확보된 자료의 관리 및 활용, 공개의 측면에서도 미흡한 지점들이 확인된다. 이를테면 공론화위원회 회의록이나 온라인 상의 소통채널 등이 공론 조사가 시행된 후에 바로 삭제되는 등 자료 보관 문제, 숙의 효과를 확인할 수 있는 토론 녹취록 등의 질적 자료가 분석과정에서 완전히 배제되는 문제, 공론조사의 자료 및 분석 결과가 일반 대중에게 공개되지 못하는 문제 등이 발견된다. 공론조사 과정에서 산출되는 자료에 대한 종합적이고 체계적인 관리가 필요하다.

V. 나가며

광복 이후 한국 사회를 특징짓는 가장 대표적인 표현은 아마 '압축적 경제성장'과 '민주주의의 제도적 정착'일 것이다. 2017년에 벌어진 현직 대통령 탄핵이라는 충격적인 사건은 형식적 민주주의가 가진 취약성을 적나라하게 드러냈지만, 역으로 한국의 민주주의가 나름의 토대를 다지면서 묵묵히 발전해 온 사실을 확인하는 기회이기도 했다. 대통령 탄핵을 이끈 일련의 평화적 시위는 국민이 단순히 통치 대상에 머무는 것이 아니라 정치의 실질적 주체로 등장해야 한다는 시대정신을 상징적으로 보여준 운동이다. 국민과의 소통과 국민의 직간접적 참여를 통한 민주적 정당성을 갖춘 정책 결정이 한국의 민주주의 공고화에 필수불가결한 요소라는 점에 이의를 달 사람은 거의 없을 것이다.

1987년 절차적 민주주의의 확립 이후 한국의 민주주의 수준이 지속적으로 상승해왔음에도 일반 국민과 유리되어 엘리트 중심으로 이루어지는 대의제 민주주의에 대한 불만이 없지 않다. 국회의원 선거 때마다 불거지는 선거법 개정 및 선거구 획정 문제를 둘러싼 갈등, 대선 예비선거 과정에서 당원과 일반 유권자의 의견 수렴 비율을 어떻게 정해야 하는지를 놓고 벌어지는 논쟁, 잊을 만하면 다시 등장하는 소위 '정치의 사법화' 문제 등의 이면에는 정책 결정과정에서 일반 국민이 실질적으로 배제되어 있다는 문제의식이 있다. 즉 우리 사회에서 관찰되는 정치 불신의 핵심은 정책 결정이 일반 국민의 목소리를 반영하지 않은 채 엘리트들 사이의 거래와 타협을 통해 이루어져 정책의 결과물이 일반 국민의 평균적인 선호와는 다르다는 데에 대한 반발이라 할 수 있다.

　이러한 상황은 약 30년 전인 1991년 소련의 붕괴와 함께 냉전이 종식되면서 민주주의 정치체제의 우월성을 확인하였을 때 기대했던 모습이 아니다. 국가가 과도하게 개입하는 공산주의 계획경제 체제가 자유로운 경제활동을 보장하는 시장경제 체제로 바뀌고, 개인의 의견을 존중하지 않는 전체주의적 정치체제가 일반 국민의 정치 참여를 보장하는 민주주의 체제로 전환되는 과정은 실로 극적이었다. 그렇지만 2021년 현재 한국을 비롯한 민주주의 제도를 채택한 많은 국가들은 1990년대에 예측하지 못했던 내홍을 겪고 있다. 코로나19라는 역병 때문에 겪는 어려움이 큰 부분을 차지하지만, 바이러스의 확산만으로 설명하기 어려운 내용도 있다.

　왜 정치인과 유권자가 다른 진영의 의견을 듣지 않고 다투는 양극화 현상이 심화되는가? 왜 일부 사회집단이 다른 집단을 정당한 경쟁자 혹은 협력의 대상으로 생각하지 않고, 절멸시켜야 하는 적으로 상정하고 혐오와 편견을 강화시키는가? 어떻게 이러한 문제들이 자유가 충분히 보장된 환경에서 일어날 수 있는가?

민주주의는 자유무역을 통한 부의 창출과 번영을 약속했지만 선진국 내 경제 불평등을 가속화시켜 중산층에게 큰 타격을 주었다. 자유로운 노동의 이동 역시 순수 경제적 관점에서 보면 효율적으로 이윤 창출에 기여했지만 자국민 노동자의 상대적 박탈감과 문화적 이질감을 자극하여 반이민 정서와 국수주의를 강화하는 역효과를 낳았다. 표현의 자유가 보장되어 국가의 억압과 감시의 위협 없이 개인의 의견을 자유롭게 개진할 수 있다는 사실은 그 자체로 긍정적 현상이지만 확증편향을 강화시켜 양극화를 부추기는 원동력으로 작동하기도 하였다. 이러한 '자유의 아이러니'가 낳는 부작용을 완화시키기 위해서는 합리적인 유권자의 적극적 참여를 통한 정책 결정이 요구된다.

다시 말해 숙의민주주의와 직접민주주의 내용을 가미하여 기존 대의민주주의 제도의 체질 개선을 유도해야 한다는 것이다. 관료의 전문성과 선출직 정치인의 민주적 정당성은 그대로 유지하되, 숙의를 통한 일반 국민의 교육과 참여의 장이 확장된다면 포퓰리즘의 위협으로부터 상대적으로 자유로울 수 있을 것이다. 공론조사는 이러한 희망의 씨앗을 품은 제도이다. 따라서 정부의 정책 홍보수단 혹은 난무하는 여론조사의 다른 형식이라고 여기지 말고, 공론조사의 기본 원리에 충실한 설계와 적용이 지속되어야 할 절실한 필요가 있다.

| 참고문헌 |

Ackerman, Bruce & James S. Fishkin. 2008. *Deliberation Day*. New Haven: Yale University Press.

Allcott, H. & M. Gentzkow. 2017. "Social Media and Fake News in the 2016 Election." *Journal of Economic Perspectives* 31(2): 211-36.

Coppedge, Michael, et al. 2011. "Conceptualizing and Measuring Democracy: A New Approach." *Perspectives on Politics* 9(2): 247-267.

Dahl, Robert A. 1998. *On Democracy*. New Haven: Yale University Press.

Dancey, L. & G. Sheagley. 2013. "Heuristics Behaving Badly: Party Cues and Voter Knowledge." *American Journal of Political Science* 57(2): 312-325.

Fishkin, James S. 2011. *When the People Speak: Deliberative Democracy and Public Consultation*. New York: Oxford University Press.

Flynn, D. J., B. Nyhan & J. Reifler. 2017. "The Nature and Origins of Misperceptions: Understanding False and Unsupported Beliefs about Politics." *Political Psychology* 38(S1): 127-150.

Fuchs, Dieter & Edeltraud Roller. 2018. "Conceptualizing and Measuring the Quality of Democracy: The Citizens' Perspective." *Politics and Governance* 6(1): 22-32.

Gutmann, Amy & Dennis Thompson. 2009. *Why Deliberative Democracy?*. Princeton: Princeton University Press.

Hibbing, John R. & Elizabeth Theiss-Morse. 2002. *Stealth Democracy:*

Americans' Beliefs about How Government Should Work. New York: Cambridge University Press.

Hochschild, Jennifer L. & K. L. Einstein. 2015. "Do Facts Matter? Information and Misinformation in American Politics." *Political Science Quarterly* 130(4): 585-624.

Holsti, Ole R. 2004. *Public Opinion and American Foreign Policy*. Ann Arbor: University of Michigan Press.

Janis, Irvin L. 1982. *Groupthink: Psychological Studies of Policy Decisions and Fiascoes*. Houghton Mifflin.

Karpowitz, C. F. & C. Raphael. 2014. *Deliberation, Democracy, and Civic Forums: Improving Equality and Publicity*. New York: Cambridge University Press.

Landemore, Hélène. 2020. *Open Democracy*. Princeton: Princeton University Press.

Lau, Richard R. & Daivd P. Redlawsk. 2006. *How Voters Decide: Information Processing in Election Campaigns*. New York: Cambridge University Press.

Lavezzolo, Sebastián & Luis Ramiro. 2018. "Stealth Democracy and the Support for New and Challenger Parties." *European Political Science Review* 10(2): 267-289.

Lawrence, E., J. Sides & H. Farrell. 2010. "Self-segregation or Deliberation? Blog Readership, Participation, and Polarization in American Politics." *Perspectives on Politics* 8(1): 141-157.

Lodge, Milton. & Charles S. Taber. 2013. *The Rationalizing Voter*. New York: Cambridge University Press.

Lupia, Arthur. 2015. *Uninformed: Why People Know So Little about Politics and What We Can Do about It*. New York: Oxford University Press.

Lupia, Arthur & John G. Matsusaka. 2004. "Direct Democracy: New Approaches to Old Questions." *Annual Review of Political Science* 7: 463-482.

Matsusaka, John G. 2008. *For the Many or the Few: The Initiative, Public Policy, and American Democracy*. Chicago: University of Chicago Press.

Mettler, Suzanne & Robert C. Lieberman. 2020. *Four Threats: The Recurring Crises of American Democracy*. New York: St. Martin's Press.

McPherson, M., L. Smith-Lovin & J. M. Cook. 2001. "Birds of a Feather: Homophily in Social Networks." *Annual Review of Sociology* 27(1): 415-444.

Mudde, Cas & Cristóbal Rovira Kaltwasser. 2017. *Populism: A Very Short Introduction*. New York: Oxford University Press.

Müller, Jan-Werner. 2017. *What Is Populism?*. Philadelphia: University of Pennsylvania Press.

Mutz, Diana C. 2006. *Hearing the Other Side: Deliberative versus Participatory Democracy*. New York: Cambridge University Press.

Neblo, Michael A., Kevin M. Esterling, Ryan P. Kennedy, David M. J. Lazer, & Anand E. Sokhey. 2010. "Who Wants to Deliberate-and Why?" *American Political Science Review* 104(3): 566-583.

Olken, Benjamin A. 2010. "Direct Democracy and Local Public Goods: Evidence from a Field Experiment in Indonesia." *American Political Science Review* 104(2): 243-267.

Pateman, C. 2012. "Participatory Democracy Revisited." *Perspectives on Politics* 10(1): 7-19.

Przeworski, Adam, R. Michael Alvarez, Michael E. Alvarez, Jose Antonio Cheibub, Fernando Limongi & Fernando Papaterra Limongi Neto,

2000. *Democracy and Development: Political Institutions and Well-being in the World, 1950-1990*. New York: Cambridge University Press.

Rehfeld, A. 2009. "Representation Rethought: On Trustees, Delegates, and Gyroscopes in the Study of Political Representation and Democracy." *American Political Science Review* 103(2): 214-230.

Sanders, Lynn M. 1997. "Against Deliberation." *Political Theory* 25(3): 347-376.

Urbinati, Nadia. 2008. *Representative Democracy*. Chicago: University of Chicago Press.

Zaslove, Andrej, et al. 2021. "Power to the People? Populism, Democracy, and Political Participation: A Citizen's Perspective." *West European Politics* 44(4): 727-751.

제2부

민주주의 관련 법과
제도 비교 검토

제5장

입법의 민주적 정당성과 직접민주주의적 입법과정

이우영 서울대학교 법학전문대학원 교수

I. 서론

한국의 민주주의 실현에 있어 대의민주주의를 원칙으로 하며 이를 직접민주주의적 요소가 특히 공개와 참여 개념을 통해 보완해 가는 현시점에 한국 직접민주주의의 현황과 나아갈 방향을 입법의 민주적 정당성을 제고하기 위한 입법과정의 개선 내지 보완 방안으로서의 직접민주주의적 입법과정 내지 요소의 관점에서 의의와 필요성을 검토하고 도입시 법제화의 방향을 논의하는 것은 한국 민주주의의 당면 과제이다. 입법의 정당성은 근본적으로 그리고 궁극적으로 입법대상에 대한 그리고 전체로서의 입법에 대한 공동체 구성원의 의사와 입장이 실체와 절차 면에서 정확하고 합리적으로 반영되어 입법이 정당하고 효율적으로 이루어지는지에 기초한다. 입법의 민주적 정당성과 이에 대한 신뢰는 민주주의 실현에 있어 근간이 된다.

다음에서는 이와 같은 관점에서 입법의 정당성 제고를 위한 한국에서의 직접민주주의적 입법과정의 보완적 도입 논의를 분석하고 그 실질적 입법화 방향을 제안한다.

Ⅱ. 입법의 민주적 정당성 제고를 위한 직접민주주의적 입법 요소 내지 과정 도입 논의의 의의와 방향

1. 입법의 민주적 정당성과 직접민주주의적 입법 요소 내지 과정 도입 논의의 의의

대한민국헌법은 대한민국이 민주공화국이며 모든 권력은 주권자인 국민에게 있음을 규정하고 확인하면서, 정치과정의 원칙적 운용 원리로서 대표(representation)의 개념에 입각한 대의민주주의를 채택하고 있다.[1] 이를 입법의 관점에서 볼 때 헌법, 국회법, 공직선거법 기타 관련 법령을 통해 대표로서의 입법자의 선출 및 이들의 권한과 책무, 그리고 대표에 의한 공동체 의사 결정으로서의 입법의 절차에 관해 여러 제도와 장치가 규정되어 있고, 이러한 제도는 기본적으로 다수결원리

---

[1] 대한민국헌법 제1조, 제40조. 헌법재판소도 대한민국헌법이 국민주권의 실현에 있어 대의제를 원칙으로 하고 있으며 대의제 민주주의가 헌법의 기본원리임을 판시하여 왔다. 헌재 2003.11.27.선고, 2003헌마694·700(병합)·742(병합), 헌재공보 제87호, 80면 이하(85면) ("우리 헌법이 국민주권의 실현에 있어서 대의제를 원칙으로 삼고 예외적으로 단 두 가지의 경우에 한하여 그것도 국민발안을 배제하는 매우 제약적인 직접민주주의적 요소를 수용하고 있다는 점에 비추어 헌법 제72조는 예외조항에 해당되며, 이와 같은 원칙과 예외의 관계에서 볼 때, 예외에 속하는 규정은 확장적으로 해석하여서는 아니되고 축소적이고 엄격하게 해석되어야 하며, 또한 헌법규범 상호간의 긴장관계와 부조화현상을 가능한 한 최대한으로 완화시켜 헌법 전체로서의 조화가 이루어질 수 있도록 해석하여야 할 것이다."); 헌재 1998.10.29.선고, 96헌마186, 헌법재판소판례집 제10권2집, 600면 이하(606면) ("대의제 민주주의도 [대한민국]헌법의 기본원리에 속한다."); 헌재 1995.5.25.선고, 91헌마44, 헌법재판소판례집 제7권1집, 687면 이하(708면) ("오늘날의 민주주의는 사실상 대의제의 형태를 띨 수밖에 없고, 선거는 국민주권 및 대의민주주의를 실현하는 핵심적인 수단인 것이다.") 등 참조.

에 의해 작동한다. 한국의 입법은 1980년대 중반에 이르기까지 대거 행정부에 의해 주도되었으나, 정치과정의 민주화와 함께 정보와 의사의 교환과 소통을 위한 기술적 기반 및 표현의 자유 법리를 포함한 관련 기본권과 제도를 보장하는 법제가 발전적으로 정립되며 특히 행정부에 대한 입법부의 입법기능이 시민사회에서의 적극적 공론화와 시민사회의 적극적 입법참여와 함께 정상화되어 왔다. 또한 국제화 및 세계화 현상 역시 입법을 통해 구현되는 자유와 권리 및 이를 위한 입법과정 관련 정보와 기준의 소통과 공유 나아가 이를 통한 정치과정의 민주화에 긍정적으로 작용해 왔다.

국회가 헌법이 부여하고 규정한 입법권에 따라 헌법과 국회법 등 관련 실정법상의 입법과정을 통해 입법한 법률이 갖는 효력의 근거는 무엇보다도 입법의 민주적 정당성에 있고, 이 때 입법의 민주적 정당성은 실체적 정당성과 절차적 정당성의 양면 모두에서의 민주적 정당성이다. 또한 필요한 입법이 적시에 그리고 가능한 한 최소의 비용으로 이루어질 때 이러한 의미에서의 입법의 효율성도 입법에 대한 존중과 신뢰를 제고한다. 나아가 한국의 입법과 입법과정을 분석함에 있어 주목할 또 다른 점으로서 근래 정치과정 전반에 걸쳐 직접민주주의적 요소가 다양한 각도에서 다양한 비중으로 도입되고 있다.[2]

---

2 한국의 경우 이러한 예를 보면, '지방자치단체 주민의 조례 제정 및 개폐 청구권'이 1999년 8월 개정을 통해 도입되어 있으며(「지방자치법」 제15조), 역시 지방자치 단계에 1994년 3월 이후 '주민투표' 제도가 도입되었고(「지방자치법」 제14조), '주민소환' 제도가 2007년 5월 도입·시행되고 있다(「지방자치법」 제20조 및 「주민소환에 관한 법률」). 또한 주민의 '감사청구' 제도(「지방자치법」 제16조)와 '주민소송' 제도(「지방자치법」 제17조)도 도입되었다. '지방자치단체 주민의 조례 제정 및 개폐 청구권' 제도는 2021년 10월 개별 법률인 「주민조례발안에 관한 법률」(법률 제18495호,

이 점은 한국뿐 아니라 세계의 많은 민주 국가에서의 추세이기도 하며, 대의민주주의와 직접민주주의의 제도적 특징과 장단점을 비교 고찰하며 궁극적으로 입법의 민주성과 효율성을 제고할 수 있는 정치 과정을 구체적 법제를 통해 어떻게 실현해 갈 것인지의 과제를 제시한다. 이러한 맥락에서 한국의 입법과정에는 어떤 형태와 차원에서이든 앞으로도 발전적 변화가 예고되고 있다.[3] 이에 입법의 정당성과 입법에 대한 신뢰의 제고를 궁극적 목적으로 하여 입법의 의의와 과정을 실체적·제도적 관점에서 체계적으로 연구하는 것이 요구된다.

2. 입법의 민주적 정당성 제고를 위한 직접민주주의적 입법 요소 내지 과정 도입의 방향

대한민국헌법 제40조는 "입법권은 국회에 속한다."고 규정하고 있다(의회입법의 원칙). 국회는 원칙적으로 단독으로 입법권을 행사하고(국회단독입법의 원칙), 입법권을 독점한다(국회독점입법의 원칙).[4] 입법권을 의회의 본질적 기능으로 규정한 로크나 몽테스키외의 고전적 권력분립론이 추구한 권력 분립과 균형의 원리는 다양한 요소와 현상에 의해

2021.10.19.제정, 2022.1.13.시행)로 규정되었다. 보다 넓은 맥락에서는 2007년 7월에 제정되어 2008년 1월부터 시행된 「국민의 형사재판 참여에 관한 법률」에 따른 '국민참여재판' 제도의 도입도 공권력 행사 과정에의 공동체 구성원의 참여를 통해 민주적 정당성을 제고하기 위한 취지로 이해할 수 있다.

3 이러한 변화를 적시한 것으로 최송화, "21세기의 국회상을 그리며", 입법에 관한 국회의 책임과 역할(국회법제실·한국행정법이론실무학회 공동 주최, 여의도국회 제30주년·국회 개원 제57주년 기념 공동학술대회 기조연설)(2005.6.2.) 등 참조.

4 성낙인, 『헌법학』 제21판(법문사, 2021), 349~356면.

오늘날 상당히 약화되었으나,[5] 현행 국회입법과정상 법률안에 대한 상임위원회 심의 단계에서의 공청회 및 청문회 제도와 입법청원 등 일부 직접민주주의적 요소의 간접적이고 비강행규범적 도입 정도를 제외하면 국회는 여전히 입법권을 단독으로 독점적으로 행사하고 있다.[6]

지방자치 정치과정에는 일정 수 이상 주민의 연서(連署)로 해당 지방자치단체장에게 조례의 제정이나 개정·폐지를 청구하는 제도인 주민조례 제정·개폐 청구제도(이하 '주민조례발안제')가 1999년 도입되어 2000년부터 시행되고 있으나,[7] 주민조례안의 엄격한 청구요건, 청구대상의 제한, 서명수집의 어려움, 조례안 마련 과정에서의 의회차원에서의 입법지원의 부재 등으로 인해 실제 운영 실적 내지 이 제도를 통한 입법례는 풍부하지 않다. 특히 이와 같은 주민조례발안제 하에서 청구인들은 지방의회에의 조례안 발의 권한만 있을 뿐 이를 주민투표에 부칠 권한이 없으며, 주민조례안에 대해 지방의회의 심의과정에서 절차와 기준, 방식에 대한 특례 내지 의결기한 등의 규정이 부재하여, 지방의회가 의결하지 않거나 부결하는 경우 이에 관여하거나 사후적으로 통제할 절차나 방법이 존재하지 않는다. 실제 발의된 주민조례안

---

5   성낙인, 『헌법학』 제21판(법문사, 2021), 357~365면.

6   나아가 의원발의 법률안 중심으로 국회에 제출되는 법률안의 수가 급증하면서 입법과정에서의 공청회 및 청문회의 개최 수와 빈도는 오히려 줄어들고 있음을 볼 수 있다.

7   「지방자치법」(법률 제18092호, 2021.4.20.일부개정 및 2021.10.21.시행) 제15조(조례의 제정과 개폐 청구) 및 제15조의2(주민청구조례안의 심사절차) 등. '지방자치단체 주민의 조례 제정 및 개폐 청구권' 제도는 2021년 10월 개별 법률인 「주민조례발안에 관한 법률」(법률 제18495호, 2021.10.19.제정 및 2022.1.13.시행)로 규정되었다. 이와 같은 입법으로 「지방자치법」은 법률 제18661호(2021.12.28.일부개정(타법개정), 2022.1.13.시행)로 개정되었다.

중 20% 가량은 지방의회에서 토론 대상이 되지 못한 채 임기만료로 폐기되었다.[8]

2021년 10월에 제정된 「주민조례발안에 관한 법률」[9]은 위 「지방자치법」[10]상의 주민조례발안제에서 청구인들의 조례안을 지방자치단체장을 통해 지방의회에 제출하도록 했던 것을 지방자치단체의 의회에 직접 주민조례청구를 하도록 하고(법 제2조), 주민청구조례안이 지방의회에 수리된 날부터 1년 이내에 주민청구조례안을 의결하도록 하되 필요한 경우 본회의 의결로 1년 이내의 범위에서 한 차례만 그 기간을 연장할 수 있도록 규정하였다(법 제13조 제1항). 또한 2022년 1월 시행된 2021년 10월 제정 「주민조례발안에 관한 법률」상 주민청구조례안의 대표자는 지방의회가 심사 안건으로 부쳐진 주민청구조례안을 의결하기 전에 질의·답변 포함 지방의회가 청구의 취지를 들을 수 있도록 할 수 있고(법 제13조 제2항), 주민청구조례안은 「지방자치법」 제79조 단서에도 불구하고 주민청구조례안을 수리한 당시의 지방의회의 임기가 끝나더라도 다음 지방의회의 임기까지는 의결되지 못한 것 때문에 폐기되지 아니한다(법 제13조 제3항).

나아가 2021년 10월 제정 「주민조례발안에 관한 법률」은 주민청구조례안의 심사 절차에 관하여 필요한 사항을 지방의회의 회의규칙으

---

8 하혜영, "주민조례발안제도 현황과 향후 과제" (국회입법조사처, 이슈와 논점 제1597호, 2019.7.12.).

9 법률 제18495호 (2021.10.19.제정, 2022.1.13.시행).

10 2022년 1월 「주민조례발안에 관한 법률」(법률 제18495호) 시행 이전의 「지방자치법」(법률 제18092호). 「지방자치법」(법률 제18092호)은 2022년 1월 「주민조례발안에 관한 법률」(법률 제18495호)의 시행과 함께 법률 제18661호(2021.12.28.일부개정(타법개정), 2022.1.13.시행)로 개정되었다.

로 정하도록 하고(법 제13조 제4항), 국가 및 지방자치단체로 하여금 청구권자가 지방의회에 주민조례청구를 할 수 있도록 필요한 조치를 하도록 의무화하고(법 제3조 제1항), 지방자치단체로 하여금 청구권자가 전자적 방식을 통하여 주민조례청구를 할 수 있도록 행정안전부장관이 정하는 바에 따라 정보시스템을 구축·운영하여야 하며 이 경우 행정안전부장관이 정보시스템을 구축·운영하는 데 필요한 지원을 할 수 있도록 규정하고 있다(법 제3조 제2항). 이와 같이 2021년 10월의 입법으로 인해 주민조례발안제의 취지를 구현하기 위한 실질적 방안이 이전에 비해 보다 구체적으로 입법화되었으나, 지방의회에의 조례안 발의 권한과 함께 주민투표에 부칠 권한을 부여할 것인지 여부, 주민조례안에 대한 지방의회 심의 및 의결에 적용되는 절차와 기준, 방식에 관한 규정의 구체화 필요성, 지방의회의 심의 및 의결에 대한 통제 방식과 기준, 실질적 입법지원의 면에서 입법적 개선이 요구된다.

이하에서는 대의민주체제를 국민주권의 실현과 공동체 의사 결정의 원칙적 체제로 채택하여 운용하는 대한민국에서 특히 헌법적 권리의 보장과 실현을 위한 공동체 의사 결정으로서의 입법의 정당성을 제고하기 위해 직접민주주의적 요소의 도입을 통해 대의제의 형식화를 보완하고 대의제 숙의기능을 실질화하는 방법을 논의한다. 국회와 지방의회의 현행 입법과정에서 실질적으로 모든 권한을 선출된 대표에게 위임한 상황에서 국민과 주민이 자신들이 입법권을 위임한 대표가 입법기능을 행사함에 있어 의사와 입장을 표출하고 반영할 수 있는 과정과 절차는 입법의 정당성을 제고한다. 국회 입법과정에 국민발안 요소를 도입하는 논의 그리고 지방의회 입법과정에서 지방자치단체 주민의 조례 제·개정 및 폐지 청구 제도를 실질화하고 활성화하는 논의는 이와 같은 취지에서 한국 민주주의에 큰 헌법적 의의를 갖는다. 국민발안제 도입 관련 국민발안제의 유형 및 국외사례를 검토한 후 2018년 1월 국회 헌법개정특별위원회 자문위원회 안과 2018년 3월 대통령 발의로 제안된 대한민국헌법개정안의 관련 내용을 중심으로 도입 관련 쟁점을 분석한다. 이에 이어 주민조례발안제 활성화 방안 관련 제도의 운영 현황과 관련 국외사례를 검토한 후 2021년 10월 제정되어 2022년 1월 시행된 「주민조례발안에 대한 법률」[11]의 분석을 통해 관련 쟁점 논의와 함께 직접민주주의적 요소를 대의제 입법과정과 함께 사용하여 입법의 정당성을 제고하는 제도의 취지를 실질적으로 구현하는 방안을 논한다.

Ⅲ. 국민발안제 도입 논의 관련 쟁점

1. 국민발안제의 기능과 유형

국민발안(voter initiative) 제도는 헌법 개정 또는 법률의 제·개정을 포함하여 공동체 의사결정 대상 사안을 국민이 직접 제안하는 제도이다. 국민발안제는 국민투표제, 국민소환제와 함께 대표적 직접민주제적 제도로서, 헌법개정안 등 특정 사안에 대해 국가공동체 구성원으로서의 국민이 정치과정상 직접 의사를 표명하여 실현을 추구하는 점에서 대의민주체제를 보완하는 기능을 가진다.

---

11 법률 제18495호 (2021.10.19.제정, 2022.1.13.시행).

국민발안의 유형은 발의 후 의회의 역할에 따라 직접입법방식(direct initiative)과 간접입법방식(indirect initiative)으로 구별된다. 직접입법방식은 국민이 발의안을 제안하고 국민투표를 통해 그 채택 내지 입법 여부를 결정하는 형태이고, 간접입법방식은 국민이 발의안을 제안한 후 그 채택 내지 입법 여부는 의회가 결정하는 방식이다. 의회의 심의·의결을 원칙으로 하되 일정기간 내 심의되지 않을 경우 국민투표에 회부하는 직접방식과 간접방식의 중간적 형태도 제도화될 수 있다.

현행 대한민국헌법은 국민발안제를 채택하고 있지 않으나, 헌정사상 헌법개정안에 대해 국민발안제를 채택했던 예가 있다. 제1공화국 1954년 제2차 헌법개정을 통해 도입된 국민발안제는 민의원 선거권자 50만 명 이상이 헌법개정안을 제안할 수 있도록 하였고, 양원 재적의원 3분의 2 이상의 찬성으로 헌법개정이 의결되도록 했다. 다만, 국민발안을 통해 실제로 헌법개정이 이루어진 사례는 없다. 대한민국헌법의 국민발안제는 제4공화국 1972년 제7차 헌법개정시 폐지되었다.

2. 국외의 국민발안제 사례

스위스는 국민발안, 국민투표 등 직접민주제적 제도를 채택하고 있으며 이와 같은 제도들이 상대적으로 활발히 사용되고 있는 국가이다. 스위스연방헌법은 헌법개정안에 대해 국민발안제도를 두고 국민발안 형태로 발안된 헌법개정안이 국민투표를 통해 확정되도록 하고 있다. 헌법개정안 중 전부개정안은 중간절차 없이 바로 국민투표에 회부되고, 일부개정안은 의회의 심의와 성안 절차를 거쳐 국민투표에 회부된다. 법률안에 대한 국민발안제도는 2003년 도입되었으나 2009년 폐지되었다. 스위스의 헌법개정안 국민발안 절차를 보면, 10만 명 이상의 선거권자가 연방헌법 전부개정안 또는 일부개정안을 발안할 수 있다.[12] 일부개정안의 국민발안 형식은 개정의견 제안 방식, 특정조항에 대한 개정안 발의가 모두 가능하다. 제안된 헌법개정안은 국민투표에서 과반수 찬성과 칸톤 투표에서의 칸톤 과반수 찬성으로 승인된다.

스위스 연방의회는 연방헌법 일부개정안 국민발안에 대해 일정한 심의권한을 갖는 바, 형식적 요건이 결여되었거나 그 내용이 국제법의 강행규정(jus cogens)을 위반한 국민발안에 대하여는 연방의회가 무효를 선언할 수 있다. 연방의회는 개정의견 제안 방식의 헌법개정안에 대해 개정안을 작성하여 국민투표에 회부할 수 있으며, 해당 제안에 연방의회가 동의하지 않을 경우에는 채택여부 자체에 대해 국민투표가 이루어진다. 개정안 발의 형식의 헌법개정안은 곧장 국민투표와 칸톤 투표에 회부되는데, 연방의회는 해당 헌법개정안의 채택 또는 거부를 권고할 수 있으며 대안 제출도 가능하다.[13] 1891년 헌법개정안 국민발안제도가 도입된 이래 총 209건이 제안되었고 이 중 22건이 최종적으로 채택되었다.[14]

핀란드는 2012년 법률안에 대한 국민발안제[15]를 도입했다. 국민투표 절차는 두고 있지 않은 간접발안 방식으로서, 국민발안을 통해 제출된 법률안은 의회의 심의와 의결을 통해 확정된다. 국민발안을 위해

---

12 10만 명 이상 서명은 18개월 이내에 이루어져야 한다.

13 대안이 제출된 경우 원안과 대안 모두 국민투표 대상이 된다.

14 국민발안이 채택된 대표적 사례로는 원자력 발전소 신규 건설 중지(1990년), UN가입(2002년), EU국가로부터의 이민 제한(2014년) 등이 있다.

15 법률안 제출과 입법조치를 요구하는 일반적 입법의견 제안 모두 가능하다.

서는 6개월 이내 18세 이상 국민 5만 명 이상의 서명을 요하며, 서명은 온라인 방식으로도 가능하다. 핀란드 법무부는 2012년 12월부터 국민발안에 대한 온라인 플랫폼[16]을 운영하고 있다. 국민발의안이 의회에 제출되면 의회가 제출한 법률안과 동일하게 소관 상임위원회의 심의를 거쳐 본회의에 회부되고 본회의 의결 후 대통령의 서명을 요하며, 의회 임기 내 의결되지 않으면 임기만료 폐기된다. 국민발안제 도입 이후 국민발안 방식으로 의회에 제출된 발의안이 최종 입법된 예는 1건이다.[17] 미국은 연방헌법 내지 연방법률에서 국민발안제를 채택하고 있지는 않으나, 주(州)의 차원에서는 현재 24개 주(州)에서 주민발안제를 채택하고 있다(IV-2).

3. 국민발안제 도입 관련 헌법개정안 검토

1) 국회 논의 경과

한국에서는 종래 개헌 논의 과정에서 국민발안제가 적극적으로 검토되지는 않았다. 2009년 국회 헌법연구자문위원회에서도 국민발안제 도입은 논의되지 않았으며, 2014년 국회 헌법개정자문위원회의 헌법개정안에도 국민발안제는 포함되지 않았다. 그러다가 2017년 이후 최근의 개헌 논의 과정에서 직접민주주의에 대한 관심이 높아지면서 국민발안제가 보다 적극적으로 논의되고 있다.[18]

---

16 http://kansalaisaloite.fi.
17 동성결혼 합법화 취지의 국민발안으로서 2015년 채택되었다.
18 관련하여, 장영수, "직접민주제 강화 개헌의 쟁점과 성공조건" (한양법학회, 「한양법

국회는 국민발안제 도입 관련 다양한 논의를 진행해 왔으며, 2018년 1월 국회 헌법개정특별위원회 자문위원회는 헌법개정안 제안과 법률안 제출에 국민발안제를 도입하는 내용의 자문의견을 제시하였다.[19] 이후 2018년 3월 26일 문재인 대통령이 발의한 헌법개정안이 국회에 제안되어 2020년 5월 24일 국회 본회의 표결에 부쳐졌으나 의결정족수 미달로 자동폐기되었다.

2) 법률안 국민발안제 도입을 위한 2018년 헌법개정안의 내용

법률안 국민발안제를 도입하려면 국민발안제의 구체적 형태 특히 국회의 역할 정도에 따라 국회의 입법독점을 규정한 현행 헌법 제40조를 개정해야 할 여지가 있다. 이에 대해서는 현재까지 두 가지 헌법개정안이 성안된 바 있다. 먼저 2018년 1월에 보고된 국회 헌법개정특별위원회 자문위원회 안[20]은 법률안 국민발안제의 도입취지에 대하여 "국회가 법안의 붕괴에 소극적인 선거법과 재벌, 검찰 등의 입법관련로비에 취약한 검찰개혁, 재벌개혁 법안의 효과적인 입법화를 위하여 대의제의 한계를 보완하기 위한 직접민주주의 제도의 도입에 대한 국민적 요구가 비등하고 있음을 고려할 때 헌법에 국민발안제도의 헌법적 근거를 창설하는 것이 바람직"하고, "정보과학기술의 발달로 국민의 직접발안 의견수렴과 공론화에 대한 기술적 장애가 제거되었고,

---

학」 제28권 제2집, 2017) 참조.

19 최정인, "국민발안제 도입 관련 쟁점" (국회입법조사처 이슈와 논점 제1399호, 2017. 12,28.) 2면.

20 국회 헌법개정특별위원회 자문위원회 보고서 (2018.1.) 333~335면.

빈발하는 광장민주주의 혹은 시위민주주의를 효과적으로 정책결정과정에 제도화하기 위해서도 국민발안제는 유용"하다고 하면서, 헌법 제40조를 "입법권은 국민 또는 대표기관인 국회가 행사한다."로 바꾸고, 법률안 국민발안제에 관한 헌법조항을 다음과 같이 신설하는 방안을 제시하였다.

헌법 제00조 ① 국민은 국회의원선거권자 100분의 1 이상 서명으로 법률안과 국가 주요 정책에 대해 발의할 수 있다. 국회는 국민이 발안한 법률안이나 국가 주요 정책에 대해 6개월 이내에 원안대로 의결하거나 대안이나 의견을 제시할 수 있다.

② 국회가 국민이 발안한 법률안이나 정책안을 원안대로 의결하지 않을 경우, 국민이 발안한 날로부터 6개월 이내에 그 안을 대상으로 국민투표를 실시하여야 한다. 국민투표에서 국회의원선거권자 4분의 1 이상이 투표하여 투표자 과반수의 찬성을 얻어야 한다. 국회가 대안을 제시하는 경우, 원안과 대안 모두 국민투표에 회부한다.

한편, 문재인 대통령이 2018년 3월 26일 제안한 헌법개정안[21]은 법률안 국민발안제의 도입취지에 대해 "권력의 감시자 및 입법자로서 직접 참여하고자 하는 국민의 요구를 반영하여 국민이 국회의원을 소환하고 직접 법률안을 발의할 수 있도록 하는 등 직접민주제를 대폭 확대하여 대의민주주의를 보완"하되, "다만, 국회에서 사회적 합의를

---

21   대통령 발의 「대한민국헌법개정안」(20-12670)(2018.3.26.)[임기만료폐기].

통해 구체적인 내용을 정할 수 있도록 국민소환과 국민발안의 요건과 절차 등 구체적인 사항은 법률로 정하도록" 하였다고 설명하면서, 현행 헌법 제40조는 그대로 둔 채 국민발안권을 인정하는 추가 조항으로 현행 헌법 제52조에 다음과 같이 제2문과 제3문을 신설하는 방식으로 헌법개정안 제56조를 다음과 같이 제시하였다.

> 헌법개정안 제56조 국민은 법률안을 발의할 수 있다. 발의의 요건과 절차 등 구체적인 사항은 법률로 정한다.

3) 헌법개정안에 대한 검토

대통령이 제안한 2018년 3월 헌법개정안은 국민발안제를 포함시켰다는 점에서 의미가 크나, 국민발안권 행사시 발안의 요건과 처리시한 및 결정방식 등 모든 사항을 법률로 정하도록 하였다. 이는 국회의 입법권을 존중하기 위한 것이라는 점에서 바람직한 측면이 있다. 그러나 국민발안제와 같은 직접민주주의적 입법과정 내지 요소는 그 도입취지 자체가 대의제적 대표인 국회의원에게 정당한 입법을 기대하기 어려운 이해관계 충돌의 경우를 포함하여 국회의 입법권 행사에 대한 통제와 보완임을 고려하면, 국민발안의 요건과 그 이후의 입법과정 등 관련 모든 사항을 법률로 정하도록 하는 것은 제도의 취지에 온전히 부합하지는 않는다.[22]

---

22 차진아, "시민의 입법참여와 헌법 – 국민발안제 도입논의를 중심으로 –" (한국외국어대학교 법학연구소, 「외법논집」 제42권 제3호, 2018.8.) 230면. 관련하여, 박성용, "입법과 시민참여" (한국법제연구원, 「입법평가연구」 제14호, 2018) 및 변해철, "한국 헌법상의 직접민주제" (한국외국어대학교 법학연구소, 「외법논집」 제40권 제1호,

2018년 1월 국회 헌법개정특별위원회 자문위원회 안은 대통령 제안 헌법개정안에 비해 헌법 및 법률안에 대한 국민발안제의 근거와 요건 및 효과를 상세하게 명시하고 있고 나아가 국민청구에 의한 국회의결 법률안 폐지 여부에 대한 국민투표(abrogative referendum)의 요건과 절차도 규정23하고 있다. 그러나 국회 헌법개정특별위원회 자문위원회 안도 "다만 요건을 엄격히 설정하여 제도의 오남용으로부터 국회의 입법권을 안정적으로 보장할 필요가 있기 때문에 ① 대의제도의 안정적 운영을 원활히 하기 위하여 국민이 발안할 수 있도록 하되 국회가 수정의결을 할 수 있게 하는 방안, ② 연2회 등 정기적으로 국민발안제가 운영될 수 있도록 제도화하는 방안, ③ 국민발안과 국민투표를 연계시키는 방안을 고려할 수 있음."이라고 하여24 여러 가능성을 열어두었다.

2016) 참조.

23 제00조(조문시안) ① 국민은 국회의원선거권자 100분의 1 이상의 서명으로 국회가 의결한 법률안에 대해 90일 이내에 국민투표를 청구할 수 있다. 국민투표에서 국회의원 선거권자 4분의 1 이상의 투표와 투표자 과반수의 찬성을 얻지 못하면 국회의 의결은 효력을 상실한다. ② 국민투표의 절차는 법률로 정한다.

24 국회 헌법개정특별위원회 자문위원회 보고서, 334면.

IV. 2022년 1월 이전 「지방자치법」 및 2022년 1월 시행 「주민조례발안에 관한 법률」상 주민조례발안제 관련 쟁점과 입법적 개선 방안

1. 한국의 주민조례발안제 현황

한국의 지방자치 정치과정에는 일정 수 이상 주민의 연서(連署)로[25] 해당 지방자치단체장에게 조례의 제정이나 개정·폐지를 청구하는 제도인 주민조례 제정·개폐 청구제도(이하 '주민조례발안제')가 1999년 도입된 이래 2000년부터 시행되어 왔다.[26] 2022년 1월 이전의 「지방자치법」[27] 제15조 제2항상 그리고 2022년 1월 시행된 「주민조례발안에 관한 법률」[28] 제4조상 주민조례청구의 대상은 일부 사항을 제외하고 원칙적으로 모든 조례의 입법대상에 대해 발의할 수 있는데, 법령

---

25 2022년 1월 「주민조례발안에 관한 법률」(법률 제18495호) 시행 이전의 「지방자치법」(법률 제18092호) 제15조 등에 규정된 주민조례발안제상 주민조례의 청구 요건은 시·도 또는 인구 50만 이상의 대도시의 경우에는 19세 이상 주민 총수의 1/100~1/70 이하, 시·군·구의 경우에는 1/50~1/20 이하의 범위에서 지자체의 조례로 정하는 숫자 이상의 연서였다. 「주민조례발안에 관한 법률」(법률 제18495호)의 제정 및 시행으로 「지방자치법」은 법률 제18661호(2021.12.28.일부개정(타법개정), 2022.1.13.시행)로 개정되었다.

26 「지방자치법」(법률 제18092호) 제15조(조례의 제정과 개폐 청구) 및 제15조의2(주민청구조례안의 심사절차) 등. '지방자치단체 주민의 조례 제정 및 개폐 청구권' 제도는 2021년 10월 개별 법률인 「주민조례발안에 관한 법률」(법률 제18495호, 2021.10.19.제정 및 2022.1.13.시행)로 규정되었다.

27 법률 제18092호(2021.4.20.일부개정, 2021.10.21.시행). 「주민조례발안에 관한 법률」(법률 제18495호.)의 제정 및 시행으로 「지방자치법」은 법률 제18661호(2021.12.28. 일부개정(타법개정), 2022.1.13.시행)로 개정되었다.

28 법률 제18495호(2021.10.19.제정, 2022.1.13.시행).

을 위반하는 사항, 지방세·사용료·수수료·부담금의 부과·징수 또는
감면 관련 사항, 행정기구의 설치·변경 또는 공공시설의 설치를 반대
하는 경우는 제외된다. 그간 운영실적을 보면, 제도가 시행된 2000년
부터 2018년 12월말까지 전국에서 총 242건이 청구되었는데, 연평균
13건 정도로 양적으로 활용도가 낮으며 발안 내용도 일부 안건에 편
중되어 있었다.[29]

2. 국외의 주민발안제 사례

스위스는 1891년 헌법개정안에 대한 국민발안제를 도입했으며, 국
민투표와 국민발안 등 직접민주주의적 요소와 제도가 비교법적으로 활
발히 사용되는 국가이다. 국가 단위의 직접민주주의적 제도(Ⅲ-2) 뿐 아
니라 지방정부인 칸톤(州)과 기초자치단체 단위에서도 주민발안제도가
운영되고 있는데, 주민발안의 대상, 요건, 절차 등에 지역별 차이가 있
다. 주(州)와 기초자치단체의 주민발안은 일반적으로 1~2%의 주민서
명을 요한다. 발안이 주민투표에 부쳐지기 전 주로 의회와 발의안 대표
자 간 사전 토의를 거치며, 이 과정에서 수정되는 경우가 적지 않다.[30]

---

29 연도별로 보면 2003년~2005년에는 학교급식 지원 조례가 각각 38건, 19건, 32건 청
   구되었고, 2010년에는 총 15건 중 학교무상급식 조례가 9건 청구되었다. 2017년에는
   인권조례 폐지(6건) 등으로 전년 대비 청구건수가 크게 증가했으나, 2018년에는 지
   방선거 등의 영향으로 3건에 그쳤다. 안건의 처리결과를 보면, 원안의결·수정의결
   등 가결 121건(50%), 부결 33건(13.6%), 각하·철회·폐기 88건(36.4%)이었다. 하혜
   영, "주민조례발안제도 현황과 향후 과제" (국회입법조사처, 이슈와 논점 제1597호,
   2019.7.12.) 1~2면.
30 하혜영, "주민조례발안제도 현황과 향후 과제" (국회입법조사처, 이슈와 논점 제
   1597호, 2019.7.12.) 2~4면.

구체적 예를 보면, 베른주의 경우 주민발안의 주체는 주에 거주하는 18세 이상 시민권자이며, 주(州)헌법의 개정, 주(州)법률의 제·개정 및 폐지 등에 관한 사항을 발안할 수 있다. 발의안은 6개월 이내에 1만 5천명 이상의 서명을 요하고, 주(州)헌법 전면 개정의 경우 3만 명 이상의 서명이 필요하다. 발의안 제출시 주(州) 내각은 형식적 성립요건에 대해 심사하고 주(州)의회는 발의안의 유효성 여부를 판단하는데, 발의안이 법률에 위배되거나 이행불가능한 경우 그리고 형식적 및 실질적 체계정합성이 없는 경우에는 무효를 선언할 수 있다. 주민발의안의 채택 여부는 주민투표를 통해 결정되며, 선거권자 과반수 이상의 찬성을 얻거나 유효투표수의 과반수 이상의 찬성을 얻어 채택된다.[31]

핀란드는 법률안에 대한 국민발안제는 2012년에 도입하였으나(Ⅲ-2), 지방자치단체 단위에서는 1970년대부터 주민발안제를 도입하여 운영해왔다. 주민발안의 경우 지방자치단체 인구의 2%가 넘는 주민들이 서명한 정책 제안이나 요구에 대해 6개월 이내에 지방자치단체가 공식적인 심의결과를 회신해야 한다. 지방자치단체 인구의 5% 이상의 주민이 서명하는 경우에는 관련 제안을 주민투표에 부친다. 주민투표의 결과는 자문 내지 권고 성격을 지니고 있어 지방자치단체가 이를 반드시 수용할 필요는 없으나, 주민이 찬성한 안건은 지방자치단체에 대한 압력으로 작용하기 때문에 일반적으로 지방자치단체의 최종 결정에 반영된다.[32]

---

31 배건이, "주요 외국의 지방자치제도 연구 - 스위스" (한국법제연구원, 2018) 97~98면.
32 서현수, "'직접 입법'과 새로운 의회-시민 관계 - 2018년 헌법 개혁 논의에 부쳐" (박종철출판사, 「월간 시대」 통권58호, 2018.5.) 16면-17면.

미국은 연방 차원에서는 국민발안제를 채택하고 있지 않으나(Ⅲ-2), 주(州) 차원에서는 현재 24개 주에서 주민발안제도를 운영하고 있으며 발안 대상은 주(州)헌법개정안 또는 주(州)법률개정안이다. 21개 주에서 주(州)법률개정안을, 18개 주에서 주(州)헌법개정안을 주민발안 방식으로 발안할 수 있다. 발안 후 입법 방식의 유형을 주민의 발의안 제안 후 주민투표를 통해 입법 여부를 결정하는 직접입법방식과 주민의 발의안 제안 후 입법 여부는 의회가 결정하는 간접입법방식으로 분류할 때, 주(州)법률개정안의 경우 직접입법방식을 채택한 주는 14개[33]이고, 간접입법방식을 채택한 주는 9개[34]이며, 2개 주[35]는 두 방식을 모두 채택하고 있다.

3. 「주민조례발안에 관한 법률」의 주민조례발안제도 검토

1) 「주민조례발안에 관한 법률」의 제정 경과와 주요 내용

정부는 2020년 7월 3일 「주민조례발안에 관한 법률 제정안」(의안번호21-01440, 이하 주민조례발안 정부법률안)[36]을 국회에 제출했다. 제안 취지

---

33 애리조나, 아칸소, 캘리포니아, 콜로라도, 아이다호, 미주리, 몬태나, 네브래스카, 노스다코타, 오클라호마, 오리건, 사우스다코타, 유타, 워싱턴.

34 알래스카, 메인, 매사추세츠, 미시간, 네바다, 오하이오, 유타, 워싱턴, 와이오밍.

35 유타, 워싱턴.

36 정부 제출 「주민조례발안에 관한 법률안」(의안번호21-01440) (2020.7.3. 정부제출). 소관위인 행정안전위원회에 2020.7.6. 회부되어 2020.7.10. 상정되었으며, 2020.9.10. 제382회 국회(정기회) 제2차 전체회의에 상정되어 제안설명, 검토보고, 대체토론을 거쳐 소위회부되었고, 2020.11.30. 제382회 국회(정기회) 제9차 법안심사 제1소위

는 "지방자치행정에 대한 주민의 직접참여를 강화하여 지방자치행정의 민주성과 책임성을 제고하기 위하여 주민조례청구 요건 및 절차를 완화하고, 주민조례청구와 관련된 국가와 지방자치단체의 조치 의무를 규정하며, 주민청구조례안에 대해서는 일정 기간 내에 의결하도록 의무를 부여하는 등 주민의 조례 제정과 개정·폐지 청구를 활성화하기 위하여 종전에 「지방자치법」및 그 하위법령에서 규정하던 주민조례청구에 관한 사항을 분리하여 이 법을 제정하려는 것"으로서, 그 주요 내용[37]은 다음과 같다.

에 상정, 2021.4.22. 제386회 국회(임시회) 제1차 법안심사 제1소위에 상정되었다. 이후 2021.9.28. 국회 행정안전위원장의 「주민조례발안에 관한 법률안(대안)」(의안번호21-12688) 발의로 의원발의안 「주민조례발안에 관한 법률안」(의안번호21-08636, 2021.3.8. 김철민의원 대표발의)과 함께 대안반영폐기되었다. 국회 행정안전위원장의 「주민조례발안에 관한 법률안(대안)」(의안번호21-12688)은 2021.9.28. 국회 본회의에서 원안가결되고 2021.10.19. 「주민조례발안에 관한 법률」(법률 제18495호)로 공포되어 2022.1.13. 시행되었다.

37 「주민조례발안에 관한 법률안」(의안번호21-01440)(2020.7.3. 정부제출)의 주요 내용은 다음과 같다.
가. 주민조례청구권자(안 제2조)
18세 이상의 주민으로서 해당 지방자치단체의 관할 구역에 주민등록이 되어 있는 사람 등은 지방의회에 조례를 제정하거나 개정·폐지할 것을 청구할 수 있도록 함.
나. 주민조례청구의 보장(안 제3조)
국가 및 지방자치단체는 주민이 조례의 제정이나 개정·폐지 청구를 할 수 있도록 필요한 조치를 하고, 지방자치단체는 전자적 방식을 통한 주민조례청구를 할 수 있도록 정보시스템을 구축·운영하도록 함.
다. 주민조례청구 요건(안 제5조)
조례를 제정하거나 개정·폐지하여 줄 것을 청구하는 경우 특별시와 인구 800만 이상의 광역시나 도의 경우 해당 지방자치단체의 18세 이상 주민인 청구권자 총수의 200분의 1, 인구 800만 미만의 광역시 등은 청구권자 총수의 150분의 1, 인구 50만 이상 100만 미만의 시·군 및 자치구는 청구권자 총수의 100분의 1 이내에서 해당 지방자치단체의 조례로 정하는 청구권자 수 이상이 연대 서명하도록 하여 청구요건을 대폭 완화함.

첫째, 조례를 제정하거나 개정·폐지할 것을 청구하는 경우 특별시와 인구 800만 이상의 광역시나 도의 경우 해당 지방자치단체의 18세 이상 주민인 청구권자 총수의 200분의 1, 인구 800만 미만의 광역시 등은 청구권자 총수의 150분의 1, 인구 50만 이상 100만 미만의 시·군 및 자치구는 청구권자 총수의 100분의 1 이내에서 해당 지방자치단체의 조례로 정하는 청구권자 수 이상이 연대 서명하도록 하여 청구

라. 대표자 증명서 발급 등(안 제6조)
청구권자는 주민조례청구를 하려는 경우 대표자를 선정하고, 선정된 대표자는 주민청구조례안 등 관계 서류를 첨부하여 대표자 증명서 발급을 신청하며, 대표자 증명서 발급을 신청할 때 「전자서명법」에 따른 공인전자서명의 요청을 위한 정보시스템의 이용을 함께 신청할 수 있도록 함.
마. 서명의 요청 등(안 제7조 및 제8조)
대표자 또는 서명요청권을 위임받은 수임자는 대표자 증명서 발급 사실을 공표한 날부터 6개월(시·군 및 자치구는 3개월) 이내에 청구권자에게 청구인명부에 서명할 것을 요청할 수 있으며, 서명을 갈음하여 공인전자서명을 할 것을 요청할 수 있도록 함.
바. 청구인명부의 작성 및 제출 등(안 제9조부터 제11조까지)
1) 청구권자는 청구인명부에 성명·생년월일·주소 등을 적고 서명하거나 도장을 찍어야 하고, 대표자는 청구인명부에 서명한 청구권자 수가 해당 지방자치단체의 조례로 정한 청구권자 수 이상이 되면 지방의회의 의장에게 청구인명부를 제출하여야 함.
2) 지방의회의 의장은 청구인명부를 제출받으면 그 내용을 5일 이내에 공표하여야 하고, 공표한 날부터 10일간 청구인명부나 그 사본을 공개된 장소에 두어 열람할 수 있도록 함.
3) 열람기간 중에 청구인명부의 서명에 이의가 있는 사람은 이의신청을 할 수 있으며, 지방의회 의장은 청구권자가 아닌 사람의 서명 등을 무효로 결정하고 청구인명부를 수정하도록 함.
사. 주민청구조례안의 심사 절차(안 제13조)
1) 지방의회는 주민청구조례안이 수리된 날부터 1년 이내에 해당 조례안을 의결하되, 필요한 경우 본회의 의결로 1년 이내의 범위에서 한 차례만 그 기간을 연장할 수 있도록 함.
2) 주민청구조례안은 「지방자치법」에도 불구하고 지방의회의원의 임기가 끝나더라도 다음 지방의회의원의 임기까지는 회기 중에 의결되지 못한 것 때문에 폐기되지 아니하도록 함.

요건을 대폭 완화하고, 둘째, 지방의회는 주민청구조례안이 수리된 날부터 1년 이내에 해당 조례안을 의결하되, 필요한 경우 본회의 의결로 1년 이내의 범위에서 한 차례만 그 기간을 연장할 수 있으며, 셋째, 주민청구조례안은 지방자치법에도 불구하고 지방의회의원의 임기가 끝나더라도 다음 지방의회의원의 임기까지는 회기 중에 의결되지 못한 것 때문에 폐기되지 아니하도록 한다.

관련하여, 2021년 3월에는 의원발의안인 「주민조례발안에 관한 법률안」(의안번호21-08636, 김철민 의원 대표발의)[38]이 국회에 발의되었는데, 정부제출 「주민조례발안에 관한 법률안」(의안번호21-01440)과 주요 내용[39] 면에서 같다. 2021년 8월에는 또 다른 의원발의안인 「지방자치

---

[38] 제안이유는 "최근 「지방자치법」이 전부개정되면서 조례의 제정·개정 또는 폐지 청구의 청구권자·청구대상·청구요건 및 절차 등에 관한 사항은 따로 법률로 정하도록 규정되었음. 이에 종전의 「지방자치법」에서 규정하였던 주민조례청구 관련 내용을 정비하여 별도의 법률로 제정함으로써 지방자치행정에 대한 주민의 직접참여를 강화하려는 것"이다.

[39] "주민조례발안에 관한 법률안" (21-08636) (2021.3.8. 김철민의원 등 14인 발의) 주요 내용은 다음과 같다.
　가. 18세 이상의 주민으로서 해당 지방자치단체의 관할 구역에 주민등록이 되어 있는 사람 등은 지방의회에 조례를 제정하거나 개정·폐지할 것을 청구할 수 있도록 함(안 제2조).
　나. 지방자치단체의 규모에 따라 주민조례청구의 요건을 달리 정함(안 제5조).
　다. 지방의회의 의장은 청구인명부를 제출받으면 그 내용을 5일 이내에 공표하여야 하고, 공표한 날부터 10일간 청구인명부나 그 사본을 공개된 장소에 두어 열람할 수 있도록 함(안 제10조).
　라. 지방의회는 주민청구조례안이 수리된 날부터 1년 이내에 주민청구조례안을 의결하여야 하며, 필요한 경우에는 그 기간을 연장할 수 있음(안 제13조).
　마. 주민청구조례안을 수리한 당시의 지방의회의 의원의 임기 내에 심사기간이 종료되는 경우 외에는 주민청구조례안을 수리한 당시의 지방의회의 의원의 임기가 끝나더라도 다음 지방의회의 의원의 임기까지는 의결되지 못한 것 때문에 폐기되지 아니함(안 제13조).

법 일부개정법률안」(의안번호21-02734, 장경태의원 대표발의)이 국회에 발의되었는데, 주민조례안을 청구할 수 있는 주민의 연령을 16세 이상으로 인하하는 내용 이외에는 다른 두 법률안과 주요 내용 면에서 같다. 위 법률안들 및 이와 같은 법률안들의 대안으로 발의되어 제정된 「주민조례발안에 관한 법률」(법률 제18495호)의 경우 그간 주민조례청구제도의 실효성을 낮춘 주요 요인으로 지적된 주민조례청구의 요건을 완화한 점, 지방자치단체장을 경유하지 않고 청구자가 지방의회 의장에게 직접 조례안을 발의할 수 있도록 한 점, 주민조례안에 대한 지방의회 의결기한을 정한 점, 임기만료로 인한 폐기를 방지한 점 등은 고무적이다.

2)「주민조례발안에 관한 법률」의 쟁점 및 입법적 개선 방안

2021년 9월 행정안전위원장의 「주민조례발안에 관한 법률안(대안)」(의안번호21-12688)이 발의되어 위 세 법률안을 대안반영폐기하고 「주민조례발안에 관한 법률」(법률 제18495호)로 원안가결된 바, 2021년 10월 공포되어 2022년 1월 시행되었다. 위 법률안은 "지방자치행정에 대한 주민의 직접참여를 강화하여 지방자치행정의 민주성과 책임성을 제고하기 위하여 주민조례청구 요건 및 절차를 완화하고, 주민조례청구와 관련된 국가와 지방자치단체의 조치 의무를 규정하며, 주민청구조례안에 대해서는 일정 기간 내에 의결하도록 의무를 부여하는 등 주민의 조례 제정과 개정·폐지 청구를 활성화하기 위하여 종전에 「지방자치법」 및 그 하위법령에서 규정하던 주민조례청구에 관한 사항을 분리하여 이 법을 제정하려는 것임"을 제안이유로 하였으며, 법률의 주요 내용은 다음과 같다.

첫째, 주민조례청구권자를 타 법률 등에서의 권리주체 연령에 맞추어 18세 이상의 주민으로 규정하여, 18세 이상의 주민으로서 해당 지방자치단체의 관할 구역에 주민등록이 되어 있는 사람 등은 지방의회에 조례를 제정하거나 개정·폐지할 것을 청구할 수 있도록 하였다. 또한 「출입국관리법」에 따른 영주의 체류자격 취득 후 3년이 지난 외국인으로서 해당 지방자치단체의 외국인등록대장에 올라 있는 사람도 주민조례청구권자로 규정하여, 일정 조건을 충족하는 외국인 내지 비국적자에게도 주민조례청구권을 부여하였다(법률 제2조).

둘째, 국가 및 지방자치단체는 주민이 조례의 제정이나 개정·폐지 청구를 할 수 있도록 필요한 조치를 하고, 지방자치단체는 전자적 방식을 통한 주민조례청구를 할 수 있도록 정보시스템을 구축·운영하도록 하여, 주민조례청구권을 실질적으로 보장하고자 하였다(법률 제3조).

셋째, 조례를 제정하거나 개정·폐지하여 줄 것을 청구하는 경우 특별시와 인구 800만 이상의 광역시나 도의 경우 해당 지방자치단체의 18세 이상 주민인 청구권자 총수의 200분의 1, 인구 800만 미만의 광역시 등은 청구권자 총수의 150분의 1, 인구 50만 이상 100만 미만의 시·군 및 자치구는 청구권자 총수의 100분의 1 이내에서 해당 지방자치단체의 조례로 정하는 청구권자 수 이상이 연대 서명하도록 하여 청구요건을 대폭 완화하였다(법률 제5조).

넷째, 주민청구조례안을 지방자치단체장을 통해 지방의회에 제출하도록 하였던 것을 지방의회 의장에게 직접 제출할 수 있도록 규정하였다(법률 제2조, 제9조, 제10조, 제11조). 다섯째, 주민청구조례안의 심사절차에서 지방의회로 하여금 주민청구조례안이 수리된 날부터 1년 이내에 해당 조례안을 의결하되 필요한 경우 본회의 의결로 1년 이내의 범위에서 한 차례만 그 기간을 연장할 수 있도록 하고, 주민청구조례안은 「지방자치법」에도 불구하고 지방의회의원의 임기가 끝나더라도 다음 지방의회의원의 임기까지는 회기 중에 의결되지 못한 것 때문에 폐기되지 아니하도록 하였다(법률 제13조). 여섯째, 대표자 증명서 발급 내지 서명 요청 등에 있어 전자서명 및 정보시스템의 이용을 가능하도록 하였다(법률 제6조, 제7조 및 제8조).

「주민조례발안에 관한 법률」(법률 제18495호)에서 그간 2022년 1월 이전의 「지방자치법」 제15조의 주민조례청구제도의 실효성을 낮춘 주요 요인으로 지적되었던 주민조례청구의 요건을 완화한 점, 지방자치단체장을 경유하지 않고 청구자가 지방의회 의장에게 직접 조례안을 발의할 수 있도록 한 점, 주민조례안에 대한 지방의회 의결기한을 정한 점, 임기만료로 인한 폐기를 방지한 점 등은 입법의 정당성 제고를 위한 직접민주주의 요소의 도입 취지에 비추어 대단히 고무적이다. 그러나 동 제정 법률에 아래 사항들이 포함되지 못한 바, 아래의 사항들은 국회에서 개선 입법을 위해 추후 논의되어야 할 쟁점들이다.

첫째, 주민조례안의 발안 이후의 입법 방식 관련, 현행 간접입법 방식과 함께 직접입법 방식도 활용될 수 있도록 하는 제도적 방안 도입을 고려할 필요가 있다. 2022년 1월 이전까지의 「지방자치법」상의 제도와 2021년 10월 제정되어 2022년 1월 시행된 「주민조례발안에 관한 법률」상의 주민조례청구제도에서 주민조례안 청구 이후의 입법 방식은 모두 간접입법 방식으로서, 조례의 제·개정 등에 대한 입법 여부를 의회 단독으로 정하게 된다.

대표제 하에서 대의기관으로서의 의회 기능의 본질을 침해하지 않는 범위에서, 민의가 정확히 반영될 수 있도록 하여 입법의 민주적 정당성을 제고할 수 있는 주민의 입법과정에의 직접참여 방식과 정도에 대해 심층적 논의가 필요하며, 직접민주주의적 입법의 방식 내지 요소를 원칙적인 대의제적 입법과정에 보완하여 궁극적으로 입법의 민주적 정당성을 제고할 수 있는 법제화의 방법이 발전적으로 논의되어야 하겠다. 같은 취지에서, 즉 주민발안제가 입법의 민주적 정당성을 제고하기 위한 직접민주주의적 제도로 기능하도록 하려면, 의회가 부결하거나 대안을 의결할 때 주민발의안 청구인 대표가 조례안을 철회하지 않는 한 주민투표에 자동회부되는 주민발안제 형태를 채택하는 가능성도 고려할 수 있다.

둘째, 주민이 조례안을 지방의회에 제출하기 전 해당 지방자치단체 특히 지방의회의 입법전문가의 검토를 포함한 입법지원을 받을 수 있도록 하는 방안을 고려할 필요가 있다. 미국 캘리포니아주의 경우 주민발의가 지방의회에 정식으로 접수되기 전 입법자문관(legislative counsel)의 검토를 받을 수 있다.[40] 법률 전문가 또는 입법 전문가가 아닌 주민들이 작성한 조례안에 대해 제출 전 성안 검토를 포함한 입법지원을 지방의회 차원에서 제공하도록 뒷받침하는 규정과 제도는 주민조례청구권 제도의 취지 구현과 실효성 제고에 크게 기여할 수 있을 것이다.

셋째, 또한 입법심의과정에서 주민발안을 한 주민들과 관련 전문가 및 이해관계자들의 실질적 입법협의절차가 필요하다. 스위스의 경우 발의안을 주민투표에 부치기 전 의회에서 발의자와 충분한 토의과정을 거친다. 「주민조례발안에 관한 법률」상 주민청구조례안 심의 절

---

40 California Elections Code § 9003.

차에서 "지방의회는 심사 안건으로 부쳐진 주민청구조례안을 의결하기 전에 대표자를 회의에 참석시켜 그 청구의 취지(대표자와의 질의·답변을 포함한다)를 들을 수 있다"고 규정(법률 제13조 제2항)하고 있으나, 지방의회가 임의로 결정하는 방식이 아닌 주민청구조례안의 대표자의 권리로 주민청구조례안을 심의하는 지방의회 위원회와 본회의 등에 직접 출석해 발의안의 취지를 설명하고 의원들의 질문에 답하고 의원들과 토의할 수 있도록 하는 방안을 구체적으로 규정하는 것이 바람직할 것이다.

V. 직접민주주의적 요소의 입법과정에의 도입 관련 쟁점의 분석

입법의 정당성을 제고하기 위해 직접민주주의적 요소를 입법과정에 보완적으로 도입하고자 하는 논의와 입법적 시도 관련, 다음과 같은 점들을 지속적으로 토의하여 관련 입법의 구체적 개선안을 찾아가야 할 것이다.[41] 첫째, 직접민주주의 요소 내지 제도들의 보완적 도입 논의 관련, 한국 민주주의가 나아갈 방향에 대한 근본적이고 지속적인 논의와 이에 관한 합의 도출이 필요하다. 직접민주주의 요소 내지 제도들이 대의제를 약화시킨다는 주장이 있으나, 직접민주주의적 입법과정과 요소들은 제도화와 운용의 묘를 살리면 입법을 위한 논의 과정

---

41 논의의 헌법적 이해를 위해, 권영설, "대의민주주의와 직접민주주의 - 그 긴장과 조화의 과제 - "(한국공법학회, 「공법연구」 제33집 제1호, 2004) 참조.

에서 특정 정당이나 정치인이 아닌 정치 현안 즉 안건의 내용에 초점을 맞추기에 용이한 면이 있다.

오늘날 직접민주주의적 제도는 특히 공동체 내 소수 보호의 관점에서 볼 때 독자적 존재 내지 기능의 필요성이 있다기보다는 대의제적 공동체 의사 결정 과정의 단점을 보완하여 입법을 포함한 공동체 의사 결정의 민주적 정당성을 제고하는 역할 면에서 의의를 가진다. 이와 같은 점에서 직접민주주의적 입법 과정 내지 요소를 도입하여 법제화하고 운용함에 있어 대의제를 보완하는 기능에 주목하여 그와 같은 효과를 최대화할 수 있도록 하는 생산적 논의가 필요하다.

둘째, 주민발안 내지 국민발안과 같은 직접발안제도를 법제화함에 있어서도 입법과정의 일부로서 주민투표 내지 국민투표 제도의 사용이 논의되는 바, 입법의 정당성 제고의 관점에서 발안제도의 취지를 최대한 구현할 수 있는 방식의 주민투표 내지 국민투표 제도와의 결합 필요성 및 법제화 방안을 논의해야 한다. 주민조례청구제도의 취지를 실질적으로 구현하는 방안으로서 주민투표제도와의 결합이 효율적 개선안이 될 수 있는 한편, 빈번한 주민투표 시행으로 인한 예산 낭비 우려가 있을 수 있다. 스위스의 경우 의원선출을 위한 공직선거와 별도로 연3회의 정기 투표일을 미리 확정해두고 있다. 우리나라도 주민조례청구제도 관련 또는 국민발안제도 도입논의 관련 직접입법방식의 채택을 고려한다면 이와 같은 방식의 입법을 위한 주민투표 내지 국민투표 일자를 1년 단위로 미리 확정해두는 것이 필요하고 바람직할 것이다. 새로운 제도의 도입과 시행에 추가적 비용이 발생할 개연성이 있으나, 투표 시행의 빈도와 비용을 제도의 설계 과정에서 효율적으로 조정하고 최소화해야 할 것이다.

셋째, 주민발안제 내지 국민발안제 역시 소수의 강력한 이익집단에게 유리하여 입법의 민주적 정당성 제고에 도움이 되지 못한다는 우려가 있다. 이 점에 대해서는 조직비용과 정보비용을 낮출 수 있는 전문가 집단 포함 소수의 횡포 내지 강력한 소수 이익집단의 부정적 영향력이 대의제에서도 심각한 문제가 되어 왔다는 점과 그 양태를 동시에 고려해야 한다. 소수 이익집단이 의원집단을 설득하는 경우에 비해 일정 단위 주민 내지 전 국민을 설득하는 경우 더 많은 노력이 필요할 개연성이 크다. 한편 주민발안제 내지 국민발안제의 경우 비용공영제 등 개인과 집단 간 자원과 영향력 격차를 줄여 공정성을 담보하기 위한 장치를 법제화 과정에서 마련해야 할 것이다.

넷째, 국민발안제의 경우 대상에 대한 논의가 있다. 법률이 아닌 헌법에 대해서만 국민발안제를 도입하자는 주장에 대해서는 헌법이 법률에 비해 개정빈도가 현저히 낮을 뿐 아니라 우리나라는 비교법적으로도 헌법 개정이 빈번하지 않다는 점도 고려되어야 한다. 법률이 아닌 헌법에 대한 국민발안제만 도입하는 것으로는 대의제적 입법에서 민주적 정당성을 제고하기 위한 공동체구성원 의사의 직접반영의 경로 마련이 실질적으로 구현되기 어렵고 이해충돌의 경우 등에 대의기관으로서의 입법부를 통제함으로써 입법의 정당성을 제고하는 효과를 구현하기도 어렵다. 지방자치단체 차원을 넘어 국가 차원에서의 직접민주주의적 입법과정의 도입을 논의한다면, 어느 하나의 대상에 대한 도입 논의로 제한하는 것보다 양자의 지속적 비교를 통해 제도의 취지를 보다 실질적으로 구현하는 방식의 도입 논의가 이론과 현실의 양면 모두에서 필요할 것이다.

다섯째, 주민발안제 내지 국민발안제를 통한 입법과 의원입법이 충돌하는 경우를 제도 도입을 위한 논의 초기부터 고려하여 설계에 반영함으로써 각 제도의 정당성과 장점을 보다 균형 있게 조화시킬 수 있다. 주민발안제 내지 국민발안제를 통한 발의안의 의회 제출 후 입법과정이 간접입법방식이 아닌 직접입법방식인 경우 이러한 문제가 특히 두드러질 수 있다. 우선 입법과정에 주민발안 내지 국민발안을 한 주체와 의회 간 협의절차를 두어 충분한 협의를 거치도록 해야 하며, 합의에 이르지 못한 경우 주민투표 내지 국민투표를 통해 주민발의안 내지 국민발의안과 의원발의안 중 채택해야 할 것이다. 또한 주민투표 내지 국민투표를 통해 입법된 법률에 대해 기간·방식 등 개정에 대한 어느 정도의 제한을 두는 것도 고려할 수 있다.

여섯째, 입법과정이 이원화되는 경우 법률의 위헌성 심사 기준의 차등 여부에 대해서도 충분한 검토와 논의가 필요하다. 법률의 위헌성 심사에 임할 때의 현실적인 정치적 부담감의 차이는 있을 수 있으나, 입법과정이 이원화되더라도 입법의 결과물로서의 법률의 위헌성 심사에 적용되는 기준은 원칙적으로는 동일하고 일관되어야 할 것이나, 이에 대한 공동체 전체 차원에서의 충분하고 심층적인 검토와 논의가 요구된다.

VI. 결론: 입법의 정당성 제고를 위한 직접민주주의적 요소 도입 논의의 방향

직접민주주의의 본질은 정책 또는 법안을 제안하고 추진하는 특정 정당 내지 정치인이 아닌 사안 자체에 대해 주권자가 직접 의사를 표출하고 결정권을 갖는 것에 있다. 대표로서의 공직자 선출을 위한 투표는 물론 청원제도나 숙의민주주의 제도들은 대의제적 제도로서, 입후보한 특정 후보자 또는 특정 정책 또는 법안을 추진하는 선출직 대표를 내용과 분리하고 그에 대한 찬반을 고려하기 어렵게 되는 점이 있다. 이에 비해, 예를 들어 무상급식 여부에 대한 주민투표 사례에서 보듯 사안에 대한 직접적 결정 권한이 주어지게 되면 주민 또는 국민은 상대적으로 현안의 내용을 주시하게 되어 실체적 내용에 대한 정보교환과 이에 대한 토론이 공론화의 장에서 활성화될 개연성이 적어도 상대적으로 커진다. 이는 정치적 무관심이라는 대의제의 위기를 극복할 수 있는 효과적 방안이 될 수 있다.

또한 직접민주주의적 입법 방식은 이를 통해 주권자의 의사를 직접 확인하는 점에서 의사 결정에 대한 승복이 상대적으로 자연스럽고 설득력 있게 이루어질 수 있다. 나아가 대표로서의 의원의 이해관계에 직결되는 입법 사안의 경우 이해충돌로 인한 공정성 저하는 입법의 정당성을 해할 수 있는 바 이러한 입법 사안에 대해 직접민주주의적 입법 방식 내지 과정을 우선적으로 또는 부분적으로 도입할 수도 있다. 직접민주주의적 요소와 제도의 활용은 기존 체제를 대체하며 새로운 체계를 전면적으로 도입하는 방향보다는 현행 체제에 공동체 구성원의 권리와 의사를 직접참여 방식으로 통합시켜 공동체 의사 결정의 민주적 정당성을 제고하는 취지와 방향으로 논의되는 것이 바람직하고 필요하다.

다양한 현안에 대해 신속한 결정을 내려야 하는 현대 국가에서 대의기관과 대의제적 공동체 의사 결정은 필요하지만, 다른 한편 대의제가 과두제화함을 방지하고 민주적 제도로 운영되도록 하기 위한 직접민주주의적 요소와 제도의 기능이 민주적 공동체 의사 결정의 정당성을 제고하기 위해 필요하기 때문에 이와 같은 취지에서 그 도입을 논의하는 것이다. 헌법개정을 통해 헌법이나 법률에 대한 직접입법방식의 국민발안제가 도입되거나 관련 법률의 개정을 통해 주민조례발안제가 확대된다고 하더라도 모든 입법 사안에 직접발안 방식이 적합하다고 할 수 없다.

국민발안제 또는 주민발안제는, 특히 직접입법방식의 경우, 제도의 특성상 상대적으로 단순하고 잘 알려져 있으며 추가적 상세정보의 제공이 많이 필요하지 않고 가부 결정을 명확히 내릴 수 있는 의제들이 그 입법대상으로 더 적합하다고 할 수 있다. 예를 들어 우리 현실에서 국회의원의 특권 제한 내지 당선가능횟수 또는 징계와 자격심사 등 대표로서의 국회의원에 대한 통제를 위한 법안이 국민발안제를 통한 제1호 법안이 되는 것이 제도의 도입 취지에 비추어 상징적 의의와 긍정적 의미를 가질 여지가 있다. 이러한 취지에서 직접민주주의적 입법 방식을 가장 필요한 영역에서 내지 입법대상에 대해 부분적으로 도입하는 것도 직접민주주의적 입법 방식 법제화의 한 방안으로 고려될 수 있다.

국회 헌법개정특별위원회 자문위원회 안처럼 직접입법방식의 국민발안제가 도입되면 입법과정은 필연적으로 이원화된다. 국민발안을 통해 국회에 제출되는 의안의 경우, 국회가 국민이 발안한 법률안이나 정책안을 원안대로 의결하지 않을 경우, 국민이 발안한 날로부터 6개월 이내에 그 안을 대상으로 국민투표를 실시하여야 하기 때문이다. 다만, 이 때 국회가 대안을 제시하는 경우에는, 원안과 대안 모두 국민투표에 회부하게 된다.[42]

---

[42] 국회 헌법개정특별위원회 자문위원회 보고서, 335면.

반면 국민발안제가 현재의 주민조례발안제처럼 발안 후 간접입법 방식의 형태로 도입된다면, 발의안 국회 제출 이후의 입법과정은 지금과 동일할 것이며, 여전히 국회의원들이 입법 여부의 결정권을 갖게 된다. 이 경우에는 현행 주민조례발안제 운영 현황에서 보듯, 국민발안제 도입을 통한 입법의 민주적 정당성 제고와 이를 통한 대의제 실질화의 효과 역시 크게 기대하기는 어려울 것이다.

입법의 민주적 정당성 제고를 위한 직접민주주의적 입법과정으로서 국민발안제의 도입 내지 주민발안제도의 활성화를 위해서는, 국회 헌법개정특별위원회 자문위원회 안과 같이, 국민발의안 국회 제출 후 직접입법 방식의 국민발안제 내지 주민조례발의안 지방의회 제출 후 직접입법 방식의 주민발안제 도입을 통한 입법과정의 이원화가 보다 바람직할 수 있다.

오늘날 한국 민주주의에 주어진 과제 중 하나는 대의민주주의를 원칙으로 하며 이를 직접민주주의적 요소가 특히 공개와 참여 개념을 통해 보완해 가고 있는 현실에서[43] 입법의 민주적 정당성을 어떻게 제고할 것인가이다. 입법의 민주적 정당성과 이에 대한 신뢰는 민주주의 실현의 근간이다. 직접민주주의적 입법과정 및 그 요소의 도입을 포함하여 입법과정 민주화를 위한 체계적이고 신중한 검토와 논의 및 법제화를 통해 입법의 절차적·실체적 정당성 제고와 민주주의의 발전이 이루어질 것을 기대한다.

---

43 이에 관한 심층적 연구로서, 허진성, "국민발안에 관한 연구 - 제도 구성 방안을 중심으로 - "(한국헌법학회, 「헌법학연구」 제27권 제1호, 2021) 및 최정인, "대의민주주의 보완장치로서의 국민발안제에 관한 연구 - 최근 개헌논의에 관한 분석을 중심으로 - "(충북대학교 법학연구소, 「법학연구」 제30권 제2호 (통권 48호), 2019) 참조.

| 참고문헌 |

『국회 헌법개정특별위원회 자문위원회 보고서』(2018.1.)

권영설, "대의민주주의와 직접민주주의 - 그 긴장과 조화의 과제 - "(한국 공법학회,「공법연구」제33집 제1호, 2004).

박성용, "입법과 시민참여"(한국법제연구원,「입법평가연구」제14호, 2018).

배건이,『주요 외국의 지방자치제도 연구 - 스위스 -』(한국법제연구원, 2018).

변해철, "한국 헌법상의 직접민주제"(한국외국어대학교 법학연구소,「외법 논집」제40권 제1호, 2016).

서현수, "'직접 입법'과 새로운 의회-시민 관계 - 2018년 헌법 개혁 논의에 부쳐"(박종철출판사,「월간 시대」통권58호, 2018.5.)

성낙인,『헌법학』(제21판) (법문사, 2021).

장영수, "직접민주제 강화 개헌의 쟁점과 성공조건"(한양법학회,「한양법 학」제28권 제2집, 2017).

차진아, "시민의 입법참여와 헌법 - 국민발안제 도입논의를 중심으로 - " (한국외국어대학교 법학연구소,「외법논집」제42권 제3호, 2018).

최정인, "대의민주주의 보완장치로서의 국민발안제에 관한 연구 - 최근 개 헌논의에 관한 분석을 중심으로 - "(충북대학교 법학연구소,「법학 연구」제30권 제2호 (통권 48호), 2019).

최정인, "국민발안제 도입 관련 쟁점"(국회입법조사처「이슈와 논점」제 1399호, 2017.12.28.)

하혜영, "주민조례발안제도 현황과 향후 과제"(국회입법조사처,「이슈와 논점」제1597호, 2019.7.12.).

허진성, "국민발안에 관한 연구 - 제도 구성 방안을 중심으로 - "(한국헌 법학회,「헌법학연구」제27권 제1호, 2021).

제6장

한국 헌법사에서의 직접민주제의 시련과 발전[1]

정태호 경희대학교 법학전문대학원 교수

I. 광장의 촛불을 계기로 탄력받은 직접민주제 확대론

대의제가 폭넓게 보급되기 시작하던 19세기에 비하여 세계는 상전벽해의 변화를 겪고 있다. 선진국의 경우 19세기에 비하여 교육·소득·저축 수준이 현저하게 높아지고 주당 노동시간도 많이 줄어들어 지적인 일, 공적인 문제에 투입할 수 있는 국민의 시간적 여유도 크게 늘었다.[2] 게다가 정보화 진전으로 유권자들이 손쉽게 그리고 신속하게 다량의 양질의 정보를 입수할 수 있게 됨으로써 국민의 정치적 대표자들에 대한 환상이 깨지고 또 대표자 못지않은 결정을 내릴 수 있다고 생각하는 유권자들이 많아지고 있다. 정당정치의 과잉 속에서 정당에 예속된 대표자들이 파당적 이익에 매몰되어 있거나 종종 부패하고 무

---

1 이 글은 〈경희법학〉 56권 제4호(2021.12)에 게재된 글을 이 책에 맞게 수정한 글임을 밝혀둔다.

2 구체적인 통계자료에 대해서는 B. Beedham, Full Democracy, in: The Economist magazine of London, Vol. 21, 1996. 12. 참조(이 글에서는 인터넷 문서인 http://npsnet. com/cdd/econom-1.htm를 참조함).

능한 모습을 보여주고 있는 것도 시민들의 직접적 정치참여의 욕구를 자극하고 있다.

국민 대부분이 쌍방향 의사소통과 정보의 제공·접근을 용이하게 하는 인터넷과 스마트폰을 이용하게 됨에 따라 민주주의의 기술적 토대가 급변하고 있다. 정보혁명으로 인하여 이처럼 사람들 사이의 시공간적 간격이 좁아지면서 직접민주제의 현실성을 부정하는 논거 중의 하나였던 국가 및 인구의 과대화 논거가 무력화되고 있다. 그에 따라 미래학자 엘빈 토플러(Alvin Toffler)의 전망처럼 정보혁명이 '반직접민주제'를 낳을 가능성이 높아지고 있다.

우리 사회도 경제 및 정보통신기술의 고도의 발전이 수반하고 있는 이와 같은 정치적 변화의 와중에 있다. 대통령과 국회는 물론 그들에 의해 구성되는 헌법재판소에 대한 국민의 불신은 2016년 10월에서 2017년 3월까지 전개된 이른바 '촛불혁명'을 촉발했다. 엄동설한의 추위에 떨면서도 국사를 걱정하면서 거리로 나올 수밖에 없었던 수많은 시민은 위정자들이 국민의 신임을 배신하고 중대한 위법행위를 저지를 때 그들을 국민이 소환하거나 파당적 이해관계에 얽매여 공동체에 필요한 결정을 내리지 못하거나 거부할 때 관련 국가의사를 국민이 직접 결정할 수 있는 직접민주제의 부재를 아쉬워했다.

2017년 3월 박근혜 대통령이 헌법재판소에 의해 대통령직에서 파면된 후부터 활발히 전개되기 시작한 개헌 논의에서 국민발안제, 국민투표제, 국민소환제 등 직접민주제적 제도들을 보강하여 대표의 독선과 무능, 부패에 대처함으로써 민주주의의 질을 높여야 한다는 요구는 정치권이 외면하기 어려울 정도로 여론의 강력한 지지를 얻었다. 독재정권에 의해 국민투표제도가 악용되곤 했던 우리 역사의 영향으로 헌법학계를 지배해왔던 직접민주제적 요소에 대한 부정적 평가가 무색해진 것이다.

2017년 19대 대통령 선거를 전후하여 정치권은 시민사회의 이와 같은 요구에 부응하는 개헌안 내지 개헌 초안을 제시하였다. 물론 직접민주제 확대 주장에 대한 반대론도 잦아들지 않고 있다(최장집).[3] 어쨌든 문재인 대통령이 대선공약에 따라 개헌안을 발의하였으나, 무엇보다도 정부 형태를 둘러싼 정파 간의 이해관계가 갈리면서 개헌 시도는 좌초되었다. 2020년 3월에도 여야 국회의원 148명은 26개 시민단체로 구성된 '국민발안개헌연대'의 촉구 속에서 100만 명 이상의 국민에게 개헌발의권을 부여하는 것을 내용으로 하는 원포인트 개헌안을 발의하였으나, 제1야당인 미래통합당의 불참으로 인해 투표가 성립되지 못한 채 폐기되었다. 결국 헌법적 차원의 직접민주제 보강은 미래의 과제로 남게 되었다.

차제에 우리나라 직접민주제가 한국 민주주의의 부침에 따라 어떤 운명을 겪었는지를 개관하고, 이를 배경으로 최근 제시되고 있는 다양한 직접민주제 확대안들의 문제점과 한계를 살펴보면서 직접민주제의 올바른 개선 방향을 모색하는 것은 의미 있는 작업이 될 것이다.

다음에서는 먼저 대의제와 직접민주주의제의 결합 가능성에 관한 헌법학의 논쟁과 함께 직접민주적 제도의 발전사를 비교헌법적으로 조감한 뒤 한국 헌법학계의 논의를 개관한 후(Ⅱ), 우리 현대헌법사에서 직접민주주의 제도의 발전과정을 1987년 헌법 이전의 직접민주제

---

3 가령 연합뉴스, 2017.11.08 10:39, "최장집 '촛불시위 이후 직접민주주의 추구는 방향 착오.'"(https://www.yna.co.kr/view/AKR20171108068300004)도 참조.

악용기(Ⅲ), 1987년 헌법 이후의 직접민주제 민주적 시행기(Ⅳ) 및 직접민주제 확충 시도기(Ⅴ)로 나누어 차례로 살펴본 뒤, 간단한 결론(Ⅵ)을 맺고자 한다.

Ⅱ. 현대적 직접민주제 제도화에 대한 헌법이론적 논쟁

민주주의론에서의 쟁점은 직접민주제적 요소가 민주주의의 질을 제고할 수 있는지 내지는 그것이 진정 민주주의적 장치인지 여부라면 헌법학에서는 대의제와 직접민주제적 요소와의 양립 가능성이 주된 쟁점이었다.

다음에서는 국제헌법학계에서 직접민주제적 요소에 대한 정당성 논쟁이 사실상 잦아들고 직접민주제적 요소, 특히 국민투표를 이례적 행사로서가 아니라 통상적 정치과정의 하나로서 대의제와 결합하는 것의 타당성에 대한 논쟁이 전개되는 제2차 세계대전 이후와 그 이전으로 나누어 학문적 논쟁과 직접민주제의 발전과정을 조감한 후 한국 헌법학계의 논의를 간략히 개관할 것이다.

1. 제2차 세계대전 전의 논쟁과 직접민주제의 발전

주지하는 것처럼 스위스는 중세시대부터 민회(Landsgemeinde)를 통해 공동체의 문제를 처리해 온 직접민주제의 전통을 가지고 있다. 그러나 직접민주제의 대표적 제도인 국민투표제에 대한 헌법이론적 논쟁의 기원은 국민투표를 민주적으로 정당한 유일한 입법의 방법으로

본 루소(J. Rousseau)와 국민에게는 입법자를 선택할 수 있는 능력만 있다고 본 몽테스키외(Montesquieu)에서 찾곤 한다. 그러나 실제적인 논쟁은 헌법학계의 주류인 대의제 옹호론자들 사이에서 전개된 국민투표가 대의제를 보완할 수 있는지를 둘러싼 논쟁의 형태로 나중에서야 전개되었다(L. Morel, 501).

미국 연방헌법 제정 과정에서 연방주의자들(The Federalist No. 10)은 유권자 무능론과 다수파 전횡 위험론에 의거하여 미국 헌법에 국민투표제를 예정하지도, 연방헌법안을 국민투표에 부치지도 않았다. 그러나 연방 차원과는 달리 다수의 주에서는 헌법안이나 의회가 발의한 개헌안에 대한 필요적 국민투표제도가 채택되었다. 1778년 매사추세츠주에서는 주헌법안이 국민투표에서 부결되기도 했다.

수년 후 프랑스의 대혁명 와중에서 프랑스의 사상가이자 시민의 대표였던 시에예스(E. J. Sieyès)[4]는 국민주권론에 기반을 둔 대의제 이론을 전개하였다. 그에 의하면 대의제를 통해 그가 정치적으로 무능하다는 낙인을 찍은 국민을 입법에서 배제하는 주권이론으로는 인민주권론보다 국민주권론이 효율적이라고 보았다. 그러나 정치 현실에서는 헌법안에 대한 국민투표 원칙이 프랑스혁명 동안 "국민이 인준하지 아니한 헌법은 있을 수 없다"는 엄숙한 선언과 함께 등장했다. 스위스나 미국과는 달리 직접민주제의 전통이 없었던 프랑스에서는 1783년, 1795년, 1799년 헌법안에 대한 국민투표를 통해 국민의 동의를 받았다.

---

4 그의 사상의 핵심은 프랑스혁명 직전 배포된 〈Qu'est-ce que le tiers état?〉란 소책자에 담겨 있다. 이 책자의 번역본은 E. J. 시에예스 저/박인수 해제, 『제3신분이란 무엇인가?』, 2003 참조.

국민투표제도는 대의제에 대한 호된 비판이 제기되면서 19세기 중반부터 제도화되기 시작한다. 미국에서 입법에 대한 국민투표에 관한 규정은 특수이익과 정당 수뇌부의 영향에서 벗어나지 못하는 국민대표의 부패에 대한 비판 속에서 다수의 주, 특히 서부의 여러 주에서 채택되었다.

유럽에서는 19세기 말에 영국의 다이시(A. V. Dicey)가 의회절대주의 및 정당의 독주는 영국의 민주주의 기저에 있는 원리와 합치하지 않으며 법의 실효성은 궁극적으로는 국민의 동의에 의존한다(Dicey, 19)는 이유로 헌법 및 주권 문제에 대해서는 의회에 대한 견제 수단으로 필요적 국민투표를 채택하여야 한다고 주장했으나 무위에 그쳤다(Qvortrup, 6).

독일에서도 제1차 세계대전 후 직접민주제에 대한 논쟁이 전개되었다. 슈미트(C. Schmitt)는 반의회주의자로서 의회주의를 직접민주제로 대체하여야 한다고 주장했지만(카를 슈미트, 77 이하), 켈젠(H. Kelsen)은 의회주의의 대체는 불가능하고 국민투표제나 국민발안제 등을 통해 민주적 요소를 강화하는 방향의 개혁을 옹호하였다(Kelsen, 38 이하). 바이마르 헌법은 일정 법률안에 대하여 연방(Reich)대통령, 의회의 소수파가 주도하는 국민투표제, 국민청원이나 국민발안과 결합되는 국민투표제를 예정하였다(제78조).[5]

5　제73조 [국민투표; 국민청원]
　　(1) 연방(Reich)의회가 의결한 법률은 1개월 이내에 연방대통령의 명령이 있을 때에는 그 공포에 앞서 국민투표에 부의하여야 한다.
　　(2) 연방의회의 의원 3분의 1 이상의 청구에 의하여 공포를 연기한 법률은 선거유권자 수의 3분의 1의 신청이 있을 때에는 국민투표에 부의하여야 한다.
　　(3) 선거유권자의 10분의 1이 법률안의 제출을 청원하는 경우에도 또한 국민투표에 부하여야 한다. 국민의 청원은 상세한 법률안을 갖추어서 하여야 한다. 정부는 자

히틀러는 연방대통령과 수상 지위의 통합 등 나치 독재체제의 구축을 위하여 일방적 선전선동 수단을 동원하면서 국민투표제를 효과적으로 활용하였다. 연방대통령인 힌덴부르크르크(Paul von Hindenburg)가 사망한 뒤 17일밖에 지나지 않았음에도 연방대통령의 지위와 연방수상의 지위를 통합하는 독일연방국가원수법(Gesetz über das Staatsoberhaupt des Deutschen Reichs, 1. August 1934)안에 대해 1934년 8월 19일 실시된 국민투표는 89.93%라는 압도적 찬성으로 통과되었다. 이 법을 통해 히틀러는 연방대통령의 권한과 연방수상의 권한을 장악한 막강한 권좌에 오르게 되고, 바이마르공화국은 몰락의 길을 걷게 된다. 대의제도가 아닌 국민투표를 통한 직접민주주의를 이상으로 삼고 제정된 바이마르 헌법이 전체주의의 등장에 유리한 제도적 환경을 제공했다는 반성 때문에 전후에 제정된 서독 헌법인 기본법은 연방 영역의 재편을 위한 국민투표를 제외하면 대의제를 지향하게 된다.

프랑스에서도 대의제와 직접민주제적 제도와의 양립 가능성에 관한 논쟁이 전개되었다(이에 대해서는 박인수, 14 이하). 말베(Carré de

기의 의견을 첨부하여 이 법률안을 의회에 제출하여야 한다. 만일 연방의회에서 아무런 변경을 가하지 아니하고 국민의 청원에 관한 법률안을 가결한 때에는 국민투표를 행하지 아니한다.
(4) 예산, 조세법 및 급료법에 대하여는 연방대통령의 명령에 의한 외에 국민투표에 부할 수 없다.
(5) 국민투표 및 국민청원에 관한 절차는 연방법률에 의하여 정한다.
이 규정의 의미에 대해서 상세한 것은 카를 슈미트(김효전 역), 국민표결과 국민발안, 『헌법과 정치』, 2020, 143 이하 참조. 이 논문은 1927년 Volksentscheid und Volksbegehren, Ein Beitrag zur Auslegung der Weimarer Verfassung und zur Lehre von der unmittelbaren Demokratie, Berlin und Leipzig: Walter de Gruyter & Co., 1927, 54 이하를 통해 발표되었다.

Malberg)는 국민투표는 국민주권 원리와 양립할 수 없다는 에스망(A. Esmein)의 주장과는 달리 국민투표는 국민을 법의 원천으로 만드는 깃이기에 대의제의 논리적 귀결이라고 하면서 프랑스 제3공화국의 절대적 의회주의에 대한 견제 요소로 국민발안을 제안하였다.

2. 제2차 세계대전 후의 논쟁과 직접민주제의 발전

위에서 살펴온 직접민주제에 관한 고전적 논쟁은 제2차 세계대전 후 국민투표제도의 정당성을 둘러싼 논쟁이 전개되지 않음으로써 사실상 낡은 것이 되어 버렸다. 국민투표제에 대한 부정적 이론이 제시한 논거들의 취약성은 현실에서 드러났다. 대의제에서 선거는 필수적 요소이고 국민은 선거를 통해 입법하는 대표자들에 대해 사실상 영향력을 행사하고 있기 때문이다. 즉 유권자들의 자질을 근거로 한 국민투표에 대한 부정적 논거들은 대의제를 겨누고 있는 것이기도 하기 때문이다. 국민투표제를 부정하는 실천적 논거들도 제2차 세계대전 후 민주주의가 승리의 행진을 지속하고 있는 가운데 국민투표제의 완전 배제를 정당화할 수 없게 되었다.

현재의 논쟁은 국민투표제의 예외적 활용을 옹호하는 진영과 그것을 정규적 요소의 하나로 활용하는 것을 지지하는 진영 간에서 전개되고 있다(L. Morel, 504). 국민투표의 예외적 활용을 옹호하는 진영이 훨씬 많은 지지를 받고 있음은 물론이다. 어쨌든 이 진영은 그것이 간헐적으로 사용되고 유권자에게 선택의 자유를 보장하는 헌법 규정에 의하여 규율된다면 그것은 현대 입헌주의에 대한 진정한 조정이라고 한다(Carl J. Friedrich, 571).

오늘날 직접민주주의의 대표적 제도인 국민투표제를 둘러싼 헌법학적 논쟁의 주된 쟁점은, 국민투표의 대상이 헌법 문제에 국한되어야 하느냐 아니면 통상적 입법도 그 대상이 될 수 있느냐, 그리고 국민투표를 임의적인 것으로 하느냐 아니면 필요적인 것으로 해야 하느냐, 그리고 입법을 대상으로 한 국민투표의 경우 발의권을 정치적 다수파에게만 부여해야 하느냐, 아니면 소수파에게도 부여해야 하느냐이다. 대체로 헌법안, 개헌안이나 주권 문제에 대해서는 필요적 국민투표제가 채택되어야 한다는 견해가 우세하다(L. Morel, 504).

특히 유럽의 민주주의 국가들에서 헌법 문제와 관련한 국민투표가 실시되는 빈도가 높아지고 있는 현상과 관련하여 이를 입헌주의가 공화주의로, 즉 헌법의 최고 권력이 국민의 최고 권력으로 점차 대체되고 있는 긍정적 현상이라는 평가도 있지만(Tierney, 360) 다원론자들은 국민투표가 분열된 사회에서는 동질화를 강요하는 수단이 될 수 있고 소수파에게 불리하게 작용한다는 이유로 국민투표제도에 회의적이다(Tierney, 375 이하). 이처럼 상반된 주장들은 유럽 통합에 관한 국민투표와 유럽연합 차원에서 실시되는 국민투표의 전망과 관련한 논의에서도 확인된다. 특히 유럽연합 차원에서 실시되는 국민투표가 유럽연합시민으로서의 정체성을 형성하는 데 기여할 수 있는지, 유럽연합 각 회원국 국민의 정체성을 해하는 방향으로 작용하게 될 유럽연합국민이 창조되는 것을 억제할 수 있을 것인지가 다투어진 바 있다.

국민투표제도는 19세기까지만 해도 소수 국가에서만 시행되었으나 20세기에는 세계로 확산되었다(L. Morel, 513-514; 정상호, 21 이하). 2차대전 이후 각국에서의 국민투표제 시행 횟수는 뚜렷한 증가세를 보여준다. 1980년에서 2008년 사이에 세계 각국에서 국가 차원에서 시행된 국민투표 횟수는 900회에 근접하는데, 이는 1950년에서 1979년까지 시행된 국민투표 횟수 362회의 약 2.5배에 해당한다.

물론 국민투표제가 모든 국가에서 더 빈번하게 시행되었다고 말하는 것은 아니다. 1802년부터 연방 차원에서 국민투표를 실시해 온 스위스를 필두로 이탈리아, 아일랜드, 호주가 다른 국가들보다 훨씬 자주 국민투표를 실시했다. 그렇지만 전국 차원의 국민투표가 없었던 영국, 네덜란드, 1940년 이래 국민투표가 실시된 적이 없던 핀란드, 룩셈부르크, 노르웨이와 같은 국가에서도 국민투표가 실시되는 등 유럽의 다수 국가에서 유럽 통합 문제는 물론 이혼, 낙태와 같은 도덕적 문제와 관련하여 국민투표가 실시되었다.

3. 직접민주제에 대한 한국 헌법학계의 부정적 기류

한국 헌법학계의 주류는 국민 자치의 이상적 실현 형태로 직접민주주의를 지향하는 루소나 슈미트의 민주주의론에 대해 부정적이며 국가 의사의 예외적 결정 수단으로서만 그 정당성만을 인정한다.[6] 예외적으로 그 정당성을 인정받고 있는 것은, 개헌안에 대한 국회의결(국회재적의원 2/3 이상의 찬성)에 더해지는 국민투표제뿐이다. 이 제도는 헌법의 최고규범적 성격과 헌법에 의하여 마련된 헌정제도와 법질서의 안정 추구라는 관점에서 그 제도적 당위성을 갖는다는 것이다(허영, 751; 장영수c, 69-70 참조).

---

6 가령 계희열, 233; 장영수c, 735; 전광석, 99 이하; 정종섭, 141-142; 한수웅b, 129 이하 등 참조.

다만, 대의제와 결합되는 직접민주제도는 국민이 직접 국가 의사를 결정하는 직접통치적 요소가 많이 탈색되고 '국가권력의 제한성'과 '국가권력의 법적 구속성'이라는 전제를 수용함으로써, 즉 국민의 경험적 의사의 절대성을 포기하면서 대의제와 조화를 이룰 수 있는 새로운 제도로 정착되고 있다고 한다(허영, 728-729; 성낙인, 159-160). 이러한 평가에는 직접민주제와 관련한 최근의 국제적 흐름에 대한 인식이 반영되고 있다고 본다.

직접민주제적 요소에 대한 우리 헌법학계의 부정적 기조는, 후술하는 것처럼 국민투표제도가 독재체제의 정권 기반 강화를 위해 악용당하곤 했던 1987년 민주화 이전의 한국 헌법사에 대한 생생한 기억 때문에 강화된 것으로 추정된다.

국내 헌법학계는 ① 국민 자치라는 민주주의 이상에의 접근, ② 국민의 경험적 의사의 정확한 확인을 통한 정치적 갈등의 신속한 해소, ③ 공적 문제에 대한 시민의식 고양, ④ 공적 문제를 제기할 수 있는 대안적 통로 제공, ⑤ 대의기관의 국민적 요구에 대한 반응성 제고, ⑥ 정치체제에 대한 국민의 애착심 제고 등 직접민주제에서 기대할 수 있는 긍정적 효과보다는 그 위험성을 부각하는 경향이 있다.

직접민주제에 대한 부정적 평가는 크게 유권자의 자질 내지 특성에 대한 회의적 시각과 직접민주제의 구조적 문제점에 근거를 두고 있다. 유권자의 자질 내지 특성에 대한 회의적 시각으로부터는 ① 복잡한 공공정책에 대한 유권자의 판단력 부족, ② '선동정치'나 '국민의사 조작' 수단화의 위험, ③ 유권자의 이기주의적 결정의 위험, ④ 다수파 전횡의 위험, ⑤ 지나치게 새로운 요구를 통해 정치체계에 과중한 부담을 안길 위험 등이 지적되고 있다. 직접민주제의 구조적 문제점과 관련해서는 ① 정치적 절충과 타협의 어려움, ② 안건, 회부 등이 소수 엘리트에 의해 주도되고 국민은 수동적으로 가부 판단만 하므로 직접민주제의 이상인 국민 자치의 구현에는 한계가 있다는 점, ③ 낮은 투표율로 인한 소수파에 의한 결정의 위험, ④ 대의기관이나 정당이 부담스러운 결정을 미루는 등 책임 회피를 조장할 위험, ⑤ 주권자인 국민의 경험적 의사를 확인하는 국민투표의 결과에 대한 사법적 통제의 어려움, ⑥ 고비용 유발적 결정구조 등이 지적되고 있다.[7]

그러나 유권자의 자질과 관련한 문제들은 선거를 핵심적 구성요소로 하는 민주주의 자체에, 따라서 대의제에도 내재해 있는 것이다. 대의제도 역시 국민의 관용적 자세나 개방성 등을 포함하는 민주적 정치문화, 정치 환경 등에 의해 큰 영향을 받을 수밖에 없기 때문이다.

다른 한편, 직접민주제의 약점을 보완하는 것도 가능하다. 특히 정보혁명으로 국민이 결정하여야 할 문제를 이해하기 쉽게 간명하게 작성하여 제시하고, 이 문제에 대한 전문가들의 토론을 집중적으로 전개하면서 관련 자료들에 유권자가 쉽게 접근할 수 있도록 제도적으로 보장하는 것이 용이해졌다. 안건을 국민투표에 부치기 전에 질문 방식이나 제안될 법안의 조문 등을 유권자들이 참여할 수 있는 다양한 공론장에서의 논의를 통해 확정함으로써 유권자의 전문성 부족이나 수동적 지위 등의 문제점을 보완할 수도 있다. 직접민주제적 제도의 청구요건, 대상, 효과, 국회 또는 사법기관에 의한 사전·사후의 통제를 비

---

7 국민투표제도의 장단점에 대해서는 위에서 인용한 교과서들 외에도 김병록, 국민투표제도 소고, 「연세법학연구」 8-1(2003), 112 이하; 이공주, 국민주권 실질화를 위한 국민투표제도 활성화 방안, 「법학연구」 제49집(2013); 정상호, 전게 논문, 10 이하 등도 참조.

롯한 대의제와의 결합방식 등 제도의 디자인을 통해 잠재적 위험요인
은 낮추고 그 장점은 살릴 수 있는 길도 있다.

요컨대, 국민투표 제도가 민주주의의 토대가 매우 취약했던 시대에
빈번하게 악용되었다는 역사적 사실에 의해 강화된 직접민주제에 대
한 우리 헌법학계 주류의 회의론은, 경제발전 및 정보통신기술의 발전
이 수반하는 유권자의 자각을 비롯한 민주주의의 토대 변화와 대의제
의 위기적 현상 속에 커져만 가고 있는 대중의 정치참여 욕구의 증대,
직접민주제적 제도의 다양한 형태, 직접민주제적 요소와 대의제의 다
양한 형태의 결합 가능성에 입각한 직접민주제 확대론의 도전에 직면
하고 있는 것이다.

Ⅲ. 1987년 헌법 이전의 직접민주제의 역사
: 국민투표제 악용기

1987년 이전의 한국 헌법에서 국민투표제는 독재 내지 권위주의
정권의 정통성 조작 수단으로 악용되곤 하면서 직접민주제에 대한 부
정적 인식이 확산되는 계기가 되었다. 이 장에서는 이 시기의 직접민
주제에 관한 헌법적 규율의 변천과정을 조감하는 한편, 국민투표제가
헌정의 현실에서 겪었던 시련의 역사를 개관하기로 한다.

1. 제헌헌법: 순수대의제

1948년의 제헌헌법은 순수대의제를 채택하였다. 제헌헌법에 의하

면 입법권은 국민이 직선하는 의원으로 구성되는 국회가 행사하고(제 31, 32조), 행정권의 수반은 국회에서 무기명투표로 선거되는 대통령이 었으며(제51, 53조), 대통령의 권한에 속하는 중요 국책에 대한 의결권 은 대통령, 국무총리, 국무위원으로 구성되는 국무원에 부여되었다(제 68조). 국민에게는 법률안발안권이나 법률안이나 정책에 대한 표결권, 고위공직자 소환투표권 등 어떤 권한도 부여되지 않았다.

국민은 개헌 절차에서도 아무런 직접적 역할을 부여받지 못했다. 개헌발의권은 대통령과 재적 1/3 이상의 국회의원에게만 부여되었고, 발의된 개헌안은 국회 재적 2/3 이상의 찬성으로 확정되도록 되어 있 었기 때문이다(제98조).

1946년 7월 미군정은 서울 시내에서 일반국민 1만 명(응답자 8,476 명)을 상대로 '미래 한국정부의 형태와 구조(Type and Structure of a Future Korean Government)'에 대한 여론조사를 실시했다(신복룡 편, 7-42). 이 조사는 압도적 다수의 응답자가 정부 형태로는 대의제(85%) 를, 정치 이념으로는 사회주의를 선호하며(70%), 미래 한국은 성문헌 법에 근거하여야 하며(87%), 이러한 성문헌법은 민선의 헌법회의에서 작성한 후(70%), 한국 사람들에 의한 일반투표를 통해 통과되어야 하 고(79%), 남한의 임시 의회의원(64%)과 임시 대통령(68%)은 각각 한국 사람들에 의해 직접 선출되어야 한다는 것을 보여주고 있다.

헌법이 국민투표를 통해 확정되어야 하고 대통령도 국민에 의해 직 접 선출되어야 한다는 위의 여론조사 결과와는 달리 제헌헌법은 제헌 의회의 의결로 확정되었으며, 대통령도 국회에서 간접선거로 선출하 도록 하였다. 이처럼 대통령 직선과 헌법의 국민투표에 의한 확정을 배제한 이유는 당시 미군정이 한국민의 민주주의 실천 역량에 대하여

회의적이었다는 점, 남한만의 단독선거를 둘러싼 좌우의 심각한 갈등에 비추어 볼 때 국회 구성을 위한 총선거 후에 헌법안에 대한 국민투표를 실시하기 쉽지 않았을 것이라는 점 등 복합적인 사정 때문이었을 것으로 추정된다.[8]

1952년의 제1차 헌법개정에서도 직접민주제적 제도는 등장하지 않는다. 이승만이 국회 내의 최대 세력이었던 민주국민당의 의원내각제로의 개헌을 반대하는 한편 정권 연장을 위해 1948년 헌법의 단원제가 양원제로, 정·부통령의 국회간선제가 국민직선제로 각기 바뀌었을 뿐이다.

2. 1954년 헌법에 의한 국민발안제 및 국민투표제 채택

초대 대통령에 한하여 3선 제한을 철폐하는 것을 주된 내용으로 하는 1954년의 제2차 개헌안은 개헌안 의결정족수인 재적의원 2/3 이상의 찬성 요건에 미달하여 부결된 것으로 처리되었어야 했다. 그러나 이승만 정권은 '사사오입'이라는 기만적 논리에 의거하여 개헌안을 통과시켰다. 우리 헌법사에서 최초의 직접민주제적 요소는 유감스럽게도 이처럼 개헌 절차를 규율하는 헌법 규정이 무시되는 가운데 헌법에 들어온다. 이는 한국의 국민투표제도가 민주화 이전에 겪어야 했던 불행한 역사의 전조였다.

1954년 헌법에서 국민투표 대상은 매우 제한적이었을 뿐 아니라 예외적인 정치적 사안에 국한되어 있기 때문에 대의제의 기조에 큰 변

---

8 그 원인의 분석에 대해서는 유진오, 12-18; 정용욱, 424-425; 변해철, 21-22 등 참조.

화가 있었던 것은 아니었다.

먼저 "대한민국의 주권의 제약 또는 영토의 변경을 가져올 국가안위에 관한 중대 사항"에 대한 국회의 의결을 거부할 수 있는 국민투표 제도가 채택되었다(제7조의 2).[9] 국민투표발의권은 국민에게만 부여하고 국회의 소수파나 대통령에게는 인정하지 않았으며, 해당 사안이 국회에 의해 가결된 후에만 실시될 수 있었다. 특이한 것은 민의원의원 선거권자 2/3 이상의 투표와 유효투표 2/3 이상의 찬성을 얻어야 가결되도록 함으로써 국민투표 가결정족수를 가중하고 있다는 점이다. 국회의 의결에 대하여 반대하는 국민의 소수파에게 국가의 명운을 가를 수 있는 사안에 대한 국회의 의결을 저지할 수 있는 기회를 부여한 것이지만, 국회의 의결에 대해서는 가중정족수를 적용하지 않으면서 국민투표에만 가중정족수를 적용한 것이 과연 사리에 맞는 것인지 의문이다.

1954년 헌법의 또 다른 직접민주제적 요소는 국민의 개헌발의권이다. 개헌발의권이 대통령과 국회의원(민의원 및 참의원 재적의원 1/3 이상의 찬성) 외에도 국민(민의원 선거권자 50만 이상의 국민)에게도 부여되었다(제98조 제1항). 국민이 개헌안을 발의하면 국회는 의무적으로 이 개헌안

---

9 제7조의 2 대한민국의 주권의 제약 또는 영토의 변경을 가져올 국가안위에 관한 중대 사항은 국회의 가결을 거친 후에 국민투표에 부하여 민의원의원 선거권자 3분지 2 이상의 투표와 유효투표 3분지 2 이상의 찬성을 얻어야 한다.
전항의 국민투표의 발의는 국회의 가결이 있은 후 1개월 이내에 민의원의원 선거권자 50만 인 이상의 찬성으로써 한다.
국민투표에서 찬성을 얻지 못한 때에는 제1항의 국회의 가결 사항은 소급하여 효력을 상실한다.
국민투표의 절차에 관한 사항은 법률로써 정한다.

에 대하여 표결을 하여야 했다, 국민의 표결권이 수반되지 않는 약한 형태의 국민발안제에 해당했다. 개헌안에 대한 표결권은 국회에만 부여되었다. 즉 헌법개정의 의결은 양원에서 각각 그 재적의원 2/3 이상의 찬성으로써 한다(제98조 제4항). 그러나 국민이 이 권리를 행사한 적은 한 차례도 없었다.

상술한 두 가지 직접민주주의적 제도는 4·19혁명으로 개정된 1960년 헌법에도 그대로 유지된다.

3. 1963년 헌법과 직접민주제 축소 및 국민투표제 악용

5·16 군사쿠데타로 실권을 장악한 박정희는 내각책임제에서 대통령제로 정부 형태를 변경하는 것을 골자로 하는 개헌안에 대하여 1962년 12월 17일 국민투표를 실시하였다. 개헌안은 85.3%라는 높은 투표율 속에서 전체 투표자의 78.8%의 찬성으로 가결되었다. 그러나 군사정부의 '비상조치법'이 헌법의 기능을 대신하고 있었고, 정당과 국회가 해산되었을 뿐 아니라 1962년 3월의 이른바 「정치정화법」에 의해 3,027명의 기존 정치인들의 정치활동을 규제하고 있던 비정상적 상황에서 국민투표가 실시되었다는 점에서 당시의 헌법개정이 민주적이었다고 보기는 어렵다. 국민투표가 제대로 된 토론과 논의가 이뤄질 수 없는 상황에서 실시된 것이었기 때문이다(김욱 외, 47 이하).

군사정부가 개헌안을 국민투표에 회부할 수밖에 없었던 것은 쿠데타로 국회가 해산되는 등 헌정이 중지됨으로써 개헌안을 심의 의결할 국회가 없었을 뿐 아니라, 1960년 헌법이 규율하는 개헌 절차를 따른다면 자신들이 제시한 개헌안의 통과를 장담할 수 없었을 것이라는 현실적인 정치 상황 때문일 것이다. 즉 선거를 통해 국회를 구성하고 개헌안을 국회에 회부하여 국회에서 재적의원 2/3 이상의 찬성을 얻는 것은, 박정희가 민정 이양을 약속하고도 대선에 후보자로 나와 심각한 부정선거를 획책했음에도 야당 후보였던 윤보선과 접전을 벌였다는 사실에 비추어 볼 때 극히 어려웠을 것이기 때문이다.[10]

이처럼 우리 현대 헌법사에서 최초로 실시된 개헌안에 대한 국민투표부터 집권세력이 원하는 체제의 민주적 정당성을 조작해내기 위한 수단으로 악용되면서 직접민주주의 제도에 대한 부정적 인식이 자라나기 시작하였다.

어쨌든 1963년 헌법에서도 직접민주제에 관한 규율은 변화를 겪는다. 먼저 "대한민국의 주권의 제약 또는 영토의 변경을 가져올 국가안위에 관한 중대 사항"에 대한 거부적 국민투표 제도는 폐지되었다. 반면 대통령의 개헌안 발의권은 삭제되고 국민(50만 이상의 찬성)은 국회(재적 과반수의 의원의 찬성)와 더불어 개헌안 발의권(제119조 제1항)을 부여받았을 뿐 아니라 국회에서 재적의원 2/3 이상의 찬성을 얻은 개헌안을 국민투표로 최종적으로 결정하는 권한을 부여받았다(제121조 제1항).

---

10 1963년 10월 15일 실시된 제5대 대통령 선거에서 박정희는 관권 부정선거를 획책했다는 의혹에도 불구하고 윤보선 후보에게 불과 15만 표 차로 승리하였다. 곧이어 실시된 국회의원 총선에서 박정희의 민주공화당은 지역구에서 88석, 전국구에서 22석을 얻어 총 175석 가운데 110석을 얻었다. 야당의 경우에는 민정당 41석, 민주당 13석, 자유민주당 9석, 국민의당 2석 등이었다. 민주공화당의 승리는 다수당에 유리한 선거제도의 도움을 크게 받았다. 즉 민주공화당의 의석은 63%였지만 민주공화당이 얻은 득표율은 33.5%에 불과했다. 상대다수제 선거제도의 불비례 효과에 제1당에 유리하게 규정된 전국구 의석 배분 방식 및 야당의 난립이 더해진 결과였다. 그 밖에도 관권 부정선거의 영향도 큰 것으로 분석되고 있다(김욱 외, 50).

군사정부는 이와 같은 내용의 개헌안을 공고하면서 대통령이 임기 말에 영구집권을 위해 국회에서 쉽게 헌법을 개정하는 폐습을 없애는 것이 개헌 절차를 이처럼 변경한 이유라고 설명하였다(한태연 외, 127). 그러나 박정희 정권은 1969년 9월 14일 대통령 3선 개헌안을 변칙으로 국회에서 의결한 후 1969년 10월 17일 야당의 격렬한 반대와 3선 개헌에 반대하는 전국적인 시위에도 불구하고 박정희의 정치적 신임을 결부시킨 대통령 3선 개헌안에 대한 국민투표에서 65.1%의 찬성을 얻어냄으로써 자신의 정치적 목적을 달성하였다.

민주적 정치문화의 토대가 취약하고 정치적 자유가 충분히 보장되지 못하는 가운데 실시되는 국민투표는 이처럼 독재 내지 권위주의적 정권의 권력기반을 강화하기 위한 수단으로 전락하기 쉽다.

4. 1972년 유신헌법 하에서의 국민투표제
: 유신체제 정통성 조작 수단

1) 국민투표를 통한 유신체제 구축과 유지

박정희는 1969년 당내·외의 강력한 반발을 무릅쓰고 3선개헌을 통해 3회 연속으로 대통령이 될 수 있는 길을 열어 놓은 후 1971년 4월 제7대 대통령 선거에서 제1야당 후보였던 김대중을 약 94만여 표 차이로 누르고[11] 다시 대통령직에 오른 것에 만족하지 않고 종신집권을

---

11 그러나 당시 광범위한 관권 부정선거가 행해졌으며, 이 점을 고려하면 김대중 후보가 승리한 선거였다는 분석도 있다(프레시안 2015.12.02. 11:17:34 "검은돈 펑펑 쓴 박정희 분노 '표차가 이것밖에…'"(https://www.pressian.com/pages/articles/131521#0DKU).

획책하였다.

그는 1972년 10월 17일 국회 해산, 정당 및 정치활동의 중지, 1972년 10월 27일까지 헌법개정안 공고 등을 골자로 하는 대통령 특별선언을 발표하면서 헌정을 중단시켰다. 이날의 대통령 특별선언은 1963년 헌법에서 근거를 찾을 수 없는 초헌법적 비상조치였다. 그는 같은 날 제주도를 제외한 전국 일원에 비상계엄까지 선포하였다. 이를 통해 군을 정치 도구로 동원하고 언론과 국민의 입을 봉쇄하였다. 한마디로 말하면, 종신집권을 위한 친위 쿠데타를 일으킨 것이었다. 박정희는 이처럼 반대 토론을 철저하게 차단한 채 자신을 입법, 행정, 사법의 3권을 장악하는 선출황제의 지위에 올려놓기 위한 법적 틀이었던 이른바 유신헌법에 대한 국민투표를 속전속결로 밀어붙였다. 1972년 11월 21일 국민투표에 회부된 유신헌법은 전체주의 국가에서나 유례를 찾아볼 수 있는 91.9%의 투표율, 91.5%의 찬성률로 통과되었다.

유신헌법 상의 대통령은 임기 6년의 대통령직에 아무런 횟수의 제한 없이 연임할 수 있으며(제47조), 국회의원 중 통일주체국민회의에서 선출되는 국회의원의 1/3에 대한 추천권(제40조)과 모든 법관에 대한 임명권(제103조 제1, 2항), 긴급조치권(제53조) 및 국회해산권(제59조)을 가지고 있었다. 대통령 선거 방식은 국민 직선제에서 무당적의 대의원으로만 구성되는 통일주체국민회의에 의한 선출로 간선제로 바뀌었다(제39조). 박정희는 제8, 9대 대통령 선거에서 단독으로 입후보하여 각기 99.92%, 99.85%의 득표율로 대통령이 되었다. 박정희는 유신헌법을 통해 정당정치의 무대를 국회로 좁혀놓고 대통령 선거를 황제의 대관식으로 변질시켜 버린 것이다.

이처럼 정치권력에 대한 제한과 합리화의 기제가 사라진 유신헌법

에 민주적 정당성의 외피를 입혀주기 위한 수단으로 다시 한번 국민
투표 제도가 동원되었다. 그러나 국민의 진정한 동의를 받지 못한 유
신체제는 국민의 격렬한 저항을 피할 수 없었다. 야당과 재야인사들은
'헌법개정청원운동본부'를 만들어 도덕적으로 취약한 유신체제에 도
전하였다. 박정희는 체제 수호를 위해 긴급조치 1, 2호를 1974년 1월
8일에 선포하면서 헌법개정에 대한 논의는 물론 유신헌법에 대한 비
판·비방 자체를 봉쇄하고 그 위반자를 비상군법회의를 통해 처벌하도
록 하였다. 1974년 8월에는 긴급조치 제4호를 통해 전국민주청년학생
총연맹(민청학련) 관련 가입·활동 등 모든 행위를 금지하고, 학교 내외
의 집회·시위·농성 등을 일절 금지하면서 그 위반자에 대해서는 최고
사형까지 선고할 수 있도록 함으로써 유신체제 유지를 위해 공포정치
를 펼쳤다.

그렇지만 국민의 저항이 수그러들지 않자 1975년 1월 22일 박정희
는 대통령 특별담화를 통해 유신헌법 제49조의 정책국민투표 조항에 의
하여 유신헌법에 대한 찬반을 묻는 국민투표를 실시하겠다는 것과 그
결과에 자신의 신임을 결부시키겠다고 발표했다. 표현의 자유가 충분히
보장되지 못함으로써 유신헌법의 문제점에 대한 정보의 유통이 자유롭
지 못한 가운데 실시되는 국민투표의 성격상 결과는 뻔했기 때문에 야
당은 국민투표 반대 운동을 펼쳤으나, 같은 해 2월 12일 유권자 79.8%
가 참여한 유신헌법 찬반 국민투표에서 유신헌법은 74.4%의 지지를 받
았다. 유신헌법은 3년도 채 되지 않아 표면상으로도 20% 이상이나, 투
표율을 고려하면 그보다 높은 비율로 국민의 지지를 상실한 것이다.

2) 직접민주제의 축소

먼저 유신헌법은 제1조 제2항에서 "대한민국의 주권은 국민에게 있고, 국민은 그 대표자나 국민투표에 의하여 주권을 행사한다"라고 하여 국민투표가 주권행사 방법의 하나임을 우리 헌법사에서 처음으로 명시하였다.

유신헌법은 이어 제49조에서 "대통령은 필요하다고 인정할 때에는 국가의 중요 정책을 국민투표에 부칠 수 있다"고 하여 대통령에게 중요 정책을 국민투표에 붙일 수 있는 광범위한 재량권을 부여하였다. 그러나 주권자인 국민이 원하는 정책을 국민투표에 부칠 수 있는 길, 즉 국민발안은 예정하지 않았다. 유신헌법에서 정책국민투표는 대통령이 자신이 내린 정치적 결단을 국민의 주권적 결단인 것처럼 포장하기 위한 수단으로 디자인되었다고 해도 과언이 아니다. 실제로 유신헌법의 기초에 참여한 것으로 알려진 한태연은 그러한 의도에 맞추어 제49조의 국민투표를 통한 국가의사의 결정은 주권적 결정, 헌법제정권력의 행사와 다름없으며, 따라서 국회의 어떤 의결보다 우월한 효력을 가질 뿐 아니라 국민투표를 통해 법률이 제정되었을 때는 그에 대한 사법심사도 배제된다고 해석하였다(한태연, 180).

그 밖에는 유신헌법에서 직접민주제는 축소되었다. 국민의 개헌안 발의권을 삭제하고 개헌발의권은 대통령과 국회(재적의원 과반수)에게만 부여하면서 발의권자에 따라 개헌 절차를 이원화하였다(제124조 이하). 즉 국회가 발의한 개헌안은 국회의 의결을 거쳐 통일주체국민회의의 의결을 통해 확정되고, 대통령이 발의한 개헌안은 국민투표를 통해 확정된다. 만의 하나 국회가 대통령이 원하지 않는 개헌 시도를 하더라도 통일주체국민회의를 통해 그러한 기도를 근원적으로 봉쇄할 수 있게 만들어 놓은 것이다.

5. 1980년 헌법과 직접민주제

1) 신군부의 권력 기반 구축을 위해 동원된 국민투표제도

1979년 10월 26일 대통령 박정희가 중앙정보부장 김재규의 저격으로 사망하면서 강고해 보였던 유신체제는 종언을 고하게 된다. 그러나 전두환, 노태우 등을 중심으로 한 신군부 세력은 12·12 군사반란, 이듬해 5·17 비상계엄의 전국 확대를 통한 군사쿠데타에 항의하는 광주민주화운동을 진압하고 5월 31일 신군부의 공식 쿠데타 기구인 국가보위비상대책위원회의 발족으로 이어지는 다단계 쿠데타를 통해 정권을 장악했다. 이후 개헌 논의를 주도하던 국회와 정당을 무력화하고, 국가보위비상대책위원회를 통해 군부 인사 중심으로 개헌안을 논의하기 시작했다. 통일주체국민회의에서 제10대 대통령으로 선출되었던 최규하가 1980년 8월 16일 사임하자, 같은 해 8월 27일에 전두환 국가보위비상대책위원회 상임위원장이 통일주체국민회의에서 제11대 대통령으로 선출된 뒤 9월 1일에 대통령으로 취임했다.

국가보위비상대책위원회는 7년 단임(제45조)의 대통령을 대통령선거인단을 통해 선출하도록 하는(제39조 이하) 개헌안에 대한 자유로운 찬반토론을 비상계엄을 통해 차단한 상태에서 10월 22일 국민투표에 회부하여 투표율 95.5%, 찬성률 92.9%로 확정하였다. 국민투표제도가 쿠데타 세력에 의해 거듭 집권의 기반이 되는 헌법 질서의 민주적 정당성을 조작하는 수단으로 악용된 것이다.

2) 1980년 헌법에서의 직접민주제

1980년 헌법에서 국민이 주권을 행사하는 방식을 명시한 부분은 삭제되고 "대한민국의 주권은 국민에게 있고 모든 국가권력은 국민으로부터 나온다"는 유신헌법 이전의 법문으로 복귀한다(제1조 제2항).

정책적 국민투표의 대상은 "국가의 중요 정책"에서 "외교·국방·통일 기타 국가안위에 관한 중요 정책"으로 축소되었다.

1963년 헌법처럼 국민에게 개헌발의권은 부여되지 않았으며, 유신헌법에서 이원화되었던 개헌 절차는 통일주체국민회의를 없애면서 국민투표에 의한 확정으로 일원화되었다(제129조 이하). 즉 대통령이나 국회 재적과반수의 의원에 의해 발의될 수 있는 개헌안은 국회에서 재적의원 2/3 이상의 찬성을 얻으면 국민투표에 회부되어 국회의원 선거권자 과반수의 투표와 투표자 과반수의 찬성을 얻으면 확정되도록 규율되어 있었다.

IV. 1987년(현행) 헌법에서의 직접민주제
: 직접민주제의 민주적 시행기

한국의 민주화가 진전됨에 따라 직접민주제적 제도는 민주화 이전과는 근본적으로 다른 헌법학적·정치학적 의미를 획득하기 시작했다. 안건에 대한 언론의 자유가 보장되는 가운데 국민투표가 실시됨으로써 국민투표 제도가 본래의 기능을 발휘하기 시작했다. 이 장에서는 우리 헌정의 민주화와 더불어 현행 헌법의 직접민주제가 본래의 기능을 발휘하게 되는 과정과 현행 헌법의 직접민주제 및 관련 사건을 개

관한다.

1. 현행 헌법
: 민주적·합헌적 국민투표로 확정된 최초의 헌법

국민의 정부 선택권을 사실상 박탈한 대통령 간선제 헌법의 유지를 통한 신군부의 정권 연장 기도에 대한 국민의 저항은 전두환의 강권 통치에도 불구하고 집요하게 전개되었다. 국민의 민주화 열망은 1985년 2월 12일 총선에서 김대중, 김영삼 등이 출마가 금지되어 있던 상태에서 창당한 신한민주당 등 야당의 약진으로 표출되었다.[12] 화려하게 정치무대에 복귀한 '양김씨'는 간선제로 선출된 제5공화국 전두환 대통령의 도덕성과 정통성 결여 및 비민주성을 비판하면서 민주 회복을 위한 법적 제도적 조치, 즉 언론의 자유, 자유선거, 전면적인 지방자치 실시, 대통령 직선제를 포함한 민주헌법에로의 개정 등을 요구했다. 1986년 2월 각계각층에서 대통령 직선제를 중점으로 하는 민주헌법쟁취를 위한 투쟁이 확산되고, 신한민주당이 '1000만 개헌 서명운동'에 돌입하면서 개헌 논의는 더욱 확산되었다. 이어 같은 해 7월 30

---

12 총선 결과 전체 260석 가운데 민주정의당이 148석(지역구 87, 전국구 61), 신한민주당이 67석(지역구 50, 전국구 17), 민주한국당이 35석, 국민당이 20석을 차지했다. 신한민주당은 서울·부산·광주·인천·대전 등 5대 도시에서 전원 당선되었고, 득표율에서도 민정당 32% 대 신민당 29%로 백중세였다. 특히 서울에서는 신한민주당이 득표율 43%로 민주정의당을 16%나 앞섰다. 민주한국당 의원들까지 옮겨오면서 신한민주당은 102석의 제1야당이 되었다(한겨레 2018.05.10 13:47 [길을 찾아서] 개헌 투쟁 불 지핀 '양김'의 2·12 총선 승리https://www.hani.co.kr/arti/society/media/635957.html#csidx0b29044c26e78dfa76d59ade2d6e29f).

일 국회는 여야 만장일치로 헌법개정특별위원회를 발족시켰다.

대통령 직선제 개헌 논의가 활발하게 이루어지자 정권 유지에 불안을 느낀 전두환이 1987년 4월 13일 모든 개헌 논의를 금지하는 조치를 단행함으로써 정권 연장 의지를 노골화한 데다가 잇달아 터진 권인숙 부천경찰서 성고문 사건, 박종철 고문치사 은폐 조작 폭로, 이한열 최루탄 피격 등 대형 시국사건으로 전두환 정권에 대한 국민의 분노가 폭발하면서 1987년 6월 10일 이후 대학생만이 아니라 일반 시민까지 가세하는 시위가 전국적으로 전개되었다.

그러자 여당이던 민정당의 대선 후보였던 노태우의 직선제 개헌안 수용 건의를 전두환이 수용하면서 정국은 급반전되었다. 이후 노태우는 1987년 6월 29일 6·29 선언을 통해 대통령 선거 직선제 개헌, 김대중 사면복권 및 구속자 석방, 사면, 감형 등을 비롯하여 야당과 재야 세력이 주장해온 개헌 등 한국의 민주화를 위한 요구를 대폭 수용하고 직선제 형태의 대통령 선거를 골자로 하는 내용의 8개 항의 시국 수습 방안을 발표하였다.

그 이후 대통령 직선제를 핵심으로 하는 개헌 작업이 여야 동수로 구성된 '8인정치회담'과 국회 헌법개정특별위원회를 통해 일사천리로 진행되었다. 대통령 5년 단임의 직선제 개헌안은 1987년 9월 18일에 여야 공동으로 국회에서 발의되어 10월 12일 국회에서 의결된 뒤 10월 27일 국민투표에서 투표율 78.2%, 찬성 93.1%로 확정되었다.

1987년 개헌에 대해서는 유력 대권 후보들의 집권욕 때문에 국민과의 충분한 소통 없이 졸속으로 이뤄진 개헌이며, 여러 가지 한계를 드러내고 있다는 비판이 없는 것은 아니다. 그러나 1987년 헌법은 6월항쟁으로 표출된 국민의 의사가 비교적 충실히 반영되었다. 또한

1987년 헌법은 1980년 헌법이 정한 개헌 절차를 준수하면서 그리고 정치적 표현의 자유가 충분히 보장되는 가운데 실시된 최초의 국민투표를 통해 개정된 헌법이다. 현행 헌법이 이런저런 결함과 한계에도 불구하고 오늘날까지 유지되는 이유 중의 하나도 압도적 다수 국민의 자발적 동의에 기반을 두고 있다는 데서 찾을 수 있을 것이다.

2. 현행 헌법의 직접민주제적 제도 및 관련 사건

1) 직접민주제적 제도

현행 헌법도 우리의 역대 헌법과 마찬가지로 대의제의 기조를 유지하면서 두 가지 유형의 국민투표제만을 채택하고 있다. 즉 현행 헌법은 1980년 헌법의 정책국민투표제(제72조)와 개헌안에 대한 국민투표제(제130조 제2항)를 조문의 위치만을 달리한 채 그대로 이어받고 있다.

(1) 정책국민투표제

현행 헌법은 제72조에서 "대통령은 필요하다고 인정할 때에는 외교·국방·통일 기타 국가안위에 관한 중요 정책을 국민투표에 붙일 수 있다"고 규정하고 있다. 제72조에 의해 규율되고 있는 국민투표제는 다음과 같은 특성이 있다.

투표의 대상은 "외교·국방·통일 기타 국가안위에 관한 중요 정책"에 한정된 '정책'에 관한 국민투표 제도이다. 따라서 법률안이 그 대상이 될 수 있는지에 대해서는 견해가 갈리지만(학설의 현황에 대해서는 박찬주, 180 이하), 국회의 입법권(헌법 제40조)을 제한하기 위해서는 헌법의 명시적 근거가 필요하다는 점에서 부정설이 타당하다고 본다. 국민투표에서 국민이 찬성한 정책의 시행을 위한 법률의 제정을 국회가 반대하기 어렵다는 이유로 법률안에 대한 국민투표도 가능하다고 해석하는 것은 논리적 비약이다. 현행 헌법의 헌법개정 절차에 관한 명문의 규율에 비추어 볼 때 개헌안도 그 대상이 될 수 없음은 물론이다.

정책국민투표 부의권은 대통령에게만 있으며 국회의 다수파는 물론 소수파, 나아가 국민에게는 없다. 정책국민투표 제도는 그 회부 여부가 대통령의 재량에 맡겨져 있으므로 임의적 국민투표 제도이다. 이처럼 국민투표의 실시 여부, 실시 시점, 구체적 안건, 설문의 내용 등의 결정도 대통령만이 결정할 수 있게 되어 있어서 대통령이 정책에 대한 정당성이나 대통령의 정치적 입지를 강화하는 수단으로 이용하기 쉬우며(헌재 2004. 5. 14. 선고 2004헌나1), 따라서 헌법 상의 권력분립을 위협할 수도 있다(한수웅a, 107)는 우려가 제기되고 있다.

정책국민투표 결과에 대통령의 신임을 결부시킬 수 있는지에 대해서는 학설이 대립한다(김선택b, 254 이하). 이에 대해서는 노무현 대통령의 재신임투표 제안 사건에서 살펴볼 것이다.

헌법은 제72조에서 표결의 가결정족수는 물론 국민투표의 효력을 직접 규율하지도, 그에 대한 규율을 법률에 위임하고 있지도 않다. 이 때문에 정책국민투표가 정치적·사실적 구속력만을 가질 뿐인 자문형인지(가령 김선택b, 258 이하), 아니면 법적 구속력을 갖는 결정형(가령 음선필, 70; 한수웅a, 107-109)인지를 둘러싸고 학설은 대립하고 있다. 이 문제에 관한 판례도 형성되어 있지 않다.

(2) 헌법 제132조 제2항의 개헌안에 대한 국민투표제

이에 비하여 헌법 제130조 제2항의 개헌안에 대한 국민투표 제도의 특성은 다음과 같다. 개헌발의 주체가 대통령과 국회(국회의원 재적 과반수의 찬성)로 한정됨으로써 국민은 정치 엘리트가 개헌안을 발의한 경우, 그것도 그 개헌안이 국회에서 재적의원 2/3 이상의 찬성으로 통과된 경우에만 국민투표를 통해 최종적인 결정권을 행사하게 된다. 통과요건은 국회의원 선거권자 과반수의 투표와 투표자 과반수의 찬성이다. 개헌안의 국민투표 회부에 관하여 개헌 발의권자에게 재량권이 없는 필요적 국민투표 제도이며, 국민투표의 결과는 법적 구속력을 갖는(제130조 제3항 전단: "헌법개정은 확정되며") 결정형 국민투표 제도이다.

2) 국민투표 관련 사건

현행 헌법이 시행된 이래 상술한 두 제도 모두 단 한 차례도 실시된 적이 없다. 2007년 노무현 대통령은 대통령 4년 연임제를 핵심으로 하는 원포인트 개헌안을 제안하였으나 정치권의 냉담한 반응에 직면하면서 18대 국회에서 각당이 개헌 논의를 하겠다는 약속을 받고 개헌발의 계획을 철회하였다. 문재인 대통령이 발의한 현행 헌법에 대한 전면 개헌을 내용으로 하는 2018년 개헌안도 국회의 문턱을 넘지 못했다. 헌법 제72조의 정책국민투표 역시 실시된 적이 없다. 그러나 일련의 정치적 사건 때문에 정책국민투표제가 주목을 받았다.

(1) 노태우 민정당 후보의 재신임투표 공약

1987년 12월 대통령 선거운동 중 민정당 대통령 후보였던 노태우는 "대통령 재임기간 중에 중간평가를 받겠다"며 중간평가를 공약으로 내걸었다. 그는 '양김씨'의 분열 속에 대통령에 당선되었으나 1988년의 총선에서 민정당이 원내 과반을 확보하지 못하고 '여소야대' 정국이 형성되자 제1야당이던 평민당 등으로부터 중간평가 공약 이행 압력에 시달리게 되었다. 평민당 총재였던 김대중은 신임투표와 연계한 중간평가라는 사실상의 국민투표제를 들고나와 노태우 대통령을 압박했다.[13]

이에 관하여 1989년 3월 대한변호사협회는 「국민투표 실시에 관한 성명」을 통해 다음과 같이 중간평가를 위한 국민투표를 위헌이라는 이유로 반대했다. 즉 "…국가안위에 관한 중요 정책이 아니라 대통령 자신의 입후보자로서의 선거공약에 따른 그 정치윤리를 지키고자 지난날의 성과에 대한 국민의 평가를 받기 위하여 국민투표의 방법을 선택한다고 하니 이는 분명히 헌법에 위배되는 일임을 밝히고자 한다. 이른바 중간평가가 과거의 정책평가에 그치든 또는 국민에게 신임을 묻는 일이든 또 장래를 위한 중요 정책을 내걸든 간에 적어도 그 실체가 지난 날의 정치적 성과에 대한 국민의 평가를 받는 일이라면 명목 여하를 막론하고 그 국민투표는 위헌임에는 아무 변함도 없는 것이다."

그러나 노태우는 이듬해인 1989년 3월 김대중 평민당 총재와 물밑타협을 통해 중간평가 유보를 받아낸 데 이어 1990년 1월 제2, 3 야당이던 통일민주당, 신민주공화당과의 전격적인 3당 합당 발표를 통해 여소야대를 극복해버림으로써 그의 대선 공약이던 중간평가도 무산되고 말았다.

---

13 연합뉴스, 2003.10.10 15:54, "'재신임카드' 내건 역대 대통령" (https://www.yna.co.kr/view/AKR20031010015600001).

(2) 노무현 대통령의 순수 재신임 국민투표 제안 사건

노무현 대통령은 측근이 비리로 구속되면서 정권의 도덕성에 흠집이 나자 자신에 대한 재신임 국민투표를 국회에 제안하면서 그러한 국민투표가 헌법적으로 허용되는 것인지가 큰 정치적 쟁점으로 부상하였다. 현행 헌법에 순수 재신임 국민투표에 관한 명문 규정이 없기 때문이다. 박정희가 3선개헌안 국민투표와 유신헌법 찬반 국민투표를 자신의 신임을 걸고 관철시킨 헌정사적 사건으로 인한 트라우마 때문인지 정책국민투표에 대통령의 신임을 결부시키는 것도 허용되지 않는다는 것이 당시 헌법학계의 다수설(가령 음선필, 55 이하 및 그곳에서 인용된 문헌 참조)이었다.[14] 위헌론이 유력한 것으로 받아들여지면서 노무현 대통령도 국회가 동의하면 정책과 결부되지 않는 순수 재신임국민투표를 실시하겠다는 제안을 했다.

노무현 대통령의 국정 지지도가 매우 낮았기 때문에 정권을 탈환할 수 있는 기회가 저절로 찾아왔다고 생각한 주요 야당은 노무현의 제안에 반색했었다.[15] 그러나 노무현 대통령에 대한 재신임 여부를 묻는 여

---

14 그러나 다수설이 타당한지는 의문이다. 국가안위에 관한 중대 정책에 대한 국민투표의 결과는 대통령의 정치적 입지에 큰 영향을 미친다. 영국의 캐머런 총리는 브렉시트 투표를 강행한 장본인이지만, 자신의 예상과 다르게 국민투표에서 브렉시트 찬성 결정이 나오자 이에 책임을 지고 2016년 7월 총리직에서 사퇴했다. 캐머런이 국민투표 결과에 공개적으로 신임을 결부시키지 않았음에도 말이다. 정책적 국민투표의 성공 가능성을 높이기 위하여 투표 결과에 자신의 진퇴를 결부시킬 것인지는 대통령의 정치적 선택의 문제라고 본다(동지: 김선택b, 255-256; 성낙인, 578). 관건은 국민투표에 회부된 안건에 대한 반대의 자유가 충분히 보장되는지 여부이지 신임의 결부 여부가 아니다.

15 "한나라·민주 조기 투표, 신당 투표 반대"(https://news.kbs.co.kr/news/view.do?ncd=493081).

론조사에서 재신임 찬성률이 높게 나오자[16] 야당은 재신임 국민투표 반대로 선회하였다. 재신임 국민투표 반대론이 여론을 주도하는 가운데 노무현 대통령은 결국 자신의 제안을 철회할 수밖에 없었다.

그러나 순수 재신임 국민투표는 국민투표로 정책을 결정하는 것이 아니므로 국민 대표기관인 국회의 입법권이나 대통령의 정책결정권을 침해하는 것이 아니며, 따라서 현행 헌법의 대의제와 충돌하지 않는다. 또한 재신임 국민투표는 헌법이 보장하는 대통령의 임기에도 불구하고 타의에 의해 대통령을 임기 만료 이전에 그 의사에 반하여 소환하는 것도 아니므로 대통령의 임기제에 반하는 것도 아니다. 그러므로 순수 재신임 국민투표가 현행 헌법의 대의제에 반하거나 대통령 임기제에 반하여 위헌이라고 볼 수는 없는 것이다(동지: 김선택a; 김하열, 67-68). 순수 재신임 국민투표를 국민에게 대통령 진퇴를 법적으로 구속력 있게 결정하도록 하는 것이 아니라 국민에게 자문을 구하는 형식으로 실시한다면, 헌법이 예정하지 아니한 새로운 유형의 국가 의사결정 방식을 국회가 법률로 채택하는 것이 아니므로 더욱더 위헌 시비를 피할 수도 있다. 성문헌법 국가에서도 헌법에 근거가 없음에도 자문형 국민투표를 실시한 예가 있으며, 그것이 허용된다는 해석론도 있다.[17,18]

---

16 "여론조사 '노대통령 재신임' 우세"(https://www.chosun.com/site/data/html_dir/2003/10/11/2003101170084.html); "SBS 60.2%-MBC 56.6% "재신임" [12일 발표 여론조사] 지지세력 결집 '한나라당 대안 안돼'"(http://www.ohmynews.com/NWS_Web/View/at_pg.aspx?CNTN_CD=A0000147832) 등 참조.

17 네덜란드는 헌법에 국민투표에 관한 명시적 규정이 없음에도 2005년 유럽연합헌법 제정 조약에 관한 국민투표를 위한 한시법이 제정된 바 있으며, 2015년에도 영구적 법률로 자문형 국민투표제도를 채택한 적이 있었다. 그러나 이 법률은 최소투표율 30% 요건이 유권자를 죄수의 딜레마에 빠지게 한다는 비판을 받다가 2018년 폐지되었다(네덜란드의 국민투표제도에 대해서는 https://en.wikipedia.org/wiki/

그러나 헌법재판소는 헌법에 순수 신임투표에 관한 명문의 헌법 규정이 없는 한 그것을 제안하는 것조차 헌법 준수 의무에 반한다고 판단하였다. 관건적인 문제는 현행 헌법이 그러한 유형의 국민투표를 금지한 것으로 해석할 수 있느냐 하는 것이었다. 헌법재판소는 재신임 국민투표 제안이 양심의 자유 등 헌법상 보장된 기본권을 침해한다는 이유로 제기된 헌법소원 사건에서는 그러한 제안이 헌법소원의 대상이 될 수 있는 공권력의 행사가 아니라는 이유로 각하하였지만(헌재 2003. 11. 27. 2003헌마694 등), 노무현 대통령 탄핵사건에서는 재신임 국민투표의 강행이 아닌, 국회가 동의하면 하겠다는 제안조차도 헌법이 금지한 것으로 보는 헌법해석론의 손을 들어주었다.

Referendums_in_the_Netherlands). 국민에게 국가의사의 결정을 맡기는 결정형이 아닌 국민에게 자문만을 구하는 자문형은 허용된다는 전제하에서 그러한 법률을 제정·시행했던 것으로 이해된다.
독일에서도 헌법인 기본법이 법률에 의한 국민투표 실시 가능성을 명시적으로 금지하지도 허용하지도 않았기 때문에 학설은 대립하고 있다. 물론 긍정설을 취하는 학자들 간에도 법률로 채택할 수 있는 국민투표제의 범위, 형태 등에 대해 견해가 일치하는 것은 아니다. 즉 모든 유형의 국민투표를 법률로 실시할 수 있다는 설(Hans Mayer, Das parlamentarische Regierungssystem des Grundgesetzes, in: VVDStRL 33 [1975], S. 69 ff., 115 요지 28; Rudolf Wassermann, Die Zuschauerdemokratie, 1986, S. 183 ff.; Bodo Dennewitz, Das Bonner Grundgesetz und die westdeutschen Länderverfassungen, DÖV 1949, S. 342 ff.), 자문형 국민투표만을 법률로 채택하는 것이 가능하다는 설(Albert Bleckmann, Die Zulässigkeit des Volksentscheides, JZ 1978, S. 217 ff.; Christian Pestalozza, Volksbefragung – das demokratische Minimum, NJW 1981, S. 733 ff.; Ingwer Ebsen, Abstimmungen des Bundesvolkes, AöR 110[1985], S. 2 ff.; Ekkehart Stein, in: Grundgesetz Alternative Kommentar, Art. 20 Abs. 1-3 S. 2 Rn 39 f.), 자문형 국민투표는 연방정부의 결정만 있으면 실시할 수 있다는 설(Christian Pestalozza, NJW 1981, S. 735)에 의하여 실시할 수 있다는 설이 있다. 독일의 학설에 대해서는 P. Krause, 단락 1, 2 및 그곳에서 인용된 문헌 참조.

18 오세훈 서울시장은 2011년 8월 24일에 치러진 무상급식 관련 주민투표에서 투표율이 33.3%에 미달하여 주민투표 개표가 무산될 경우 시장직을 사퇴하겠다는 의사를

즉 "국민투표는 직접민주주의를 실현하기 위한 수단으로서 '사안에 대한 결정', 즉 특정한 국가정책이나 법안을 그 대상으로 한다. 따라서 국민투표의 본질상 '대표자에 대한 신임'은 국민투표의 대상이 될 수 없으며, 우리 헌법에서 대표자의 선출과 그에 대한 신임은 단지 선거의 형태로서 이루어져야 한다. 대통령이 자신에 대한 재신임을 국민투표의 형태로 묻고자 하는 것은 헌법 제72조에 의하여 부여받은 국민투표 부의권을 위헌적으로 행사하는 경우에 해당하는 것으로, 국민투표 제도를 자신의 정치적 입지를 강화하기 위한 정치적 도구로 남용해서는 안 된다는 헌법적 의무를 위반한 것이다. 물론 대통령이 위헌적인 재신임 국민투표를 단지 제안만 하였을 뿐 강행하지는 않았으나 헌법 상 허용되지 않는 재신임 국민투표를 국민들에게 제안한 것은 그 자체로서 헌법 제72조에 반하는 것으로 헌법을 실현하고 수호해야 할 대통령의 의무를 위반한 것이다"(헌재 2004. 5. 14. 2004헌나1 결정의 요지 11).

(3) 신행정수도 건설에 관한 특별법 사건

노무현 대통령의 신행정수도 건설계획은 그 계획을 실행하기 위해 16대 국회에서 여·야 4당의 합의로 통과시킨(출석 194인 중 찬성 167인, 반대 13인, 기권 14인) 법률을 헌법재판소가 '대한민국의 수도는 서울에 두어야 한다'는 관습헌법에 위반된다는 이유로 위헌으로 선언(헌재 2004. 10. 21. 2004헌마554 등)함으로써 무산된 것은 주지의 사실이다. 행정수도

공식 발표함으로써 주민투표 성립과 자신의 신임을 결부시켰다가 투표율이 25.7%에 미달하자 서울시장직에서 사퇴한 바 있다. 정책주민투표에 단체장의 신임을 결부시킬 수 있는 주민투표법 상의 근거가 없음에도 신임결부 주민투표가 강행된 것이다.

이전을 위해서는 개헌 절차를 밟거나 헌법 제72조의 국민투표를 통해 수도의 위치에 관한 국민의 법적 확신이 변경되어 해당 관습헌법이 소멸되었음을 확인해야 한다는 것이 헌법재판소의 판단이었다.[19]

헌법은 제72조에서 국민투표 회부 여부를 대통령의 재량 사항으로 명시하고 있음에도 행정수도 이전이라는 정책의 중대성과 이 정책에 관한 국민의 부정적 여론에 비추어 볼 때 국민투표 회부 여부에 관한 대통령의 재량이 제로 상태로 축소되었으며, 따라서 대통령은 해당 정책을 국민투표에 회부하여 국민의 의사를 확인하고 그 의사를 따라 관련 정책을 추진했어야 했음에도 법률 제정만으로 신행정수도 건설 사업을 추진함으로써 국민투표를 통한 국민의 정책결정권을 침해하였다는, 법리적으로 매우 의심스러운 별개의견(헌재 2004. 10. 21. 2004헌마554 등 결정에 대한 김경일 재판관)까지 있었다.

행정청에게 부여되는 법률 상의 행정재량권의 축소에 관한 행정법 이론(Karl E. Hain, Volker Schlette, Thomas Schmitze, S. 40 ff.; Udo di Fabio, S. 214 ff., 특히 232; 김중권, 114 이하 등 참조)을 헌법에 의하여 대통령에게 부여된 정책국민투표 부의 여부에 관한 폭넓은 정치적 재량권을 부정하기 위하여 오용한 것이다.

---

19 헌법재판소는 '대한민국의 수도는 서울에 두어야 한다'는 논란이 많은 관습헌법의 고지를 점령한 뒤 그 관습헌법이 사멸되었음을 국민투표를 통해 입증하든지 아니면 헌법개정 절차를 밟으라고 요구한 것이다. 그러나 국민투표에서 가령 51~70%의 유권자가 행정수도 이전에 반대하였더라도 수도의 위치에 관한 국민의 법적 확신은 소멸한 것이고, 따라서 해당 관습헌법도 사멸한 것이다. 관습헌법 성립 요건이자 존속 요건인 국민의 법적 확신은 단순한 다수의 지지가 아니라 국민의 합의를 의미하기 때문이다. 이처럼 헌법재판소는 관습헌법의 법리를 왜곡 내지 오해하면서 신행정수도 건설을 가로막은 것이다(이에 대해 상세한 것은 정태호b; 정태호c 참조).

V. 1987년(현행) 헌법에서의 직접민주제
: 직접민주제 확충 시도기

민주화가 진전되고 시민사회가 국민의 민주역량에 대해 자신감을 가지면서 점차 독재정권 내지 권위주의 정권이 국민투표제를 정통성 조작을 위하여 악용함으로써 생긴 트라우마에서 벗어나 대통령과 국회 등 국민 대표기관을 견제하고 민주주의의 질을 개선하기 위해서는 직접민주제 확대가 필요하다는 주장에 힘이 실리고 있다.

지방자치 차원에서는 비교적 일찍이 다양한 형태의 직접민주제가 채택·시행되고 있고, 국가 차원에서도 이를 확충하려는 다양한 시도가 행해지고 있다. 이 장에서는 지방 자치와 중앙 정치의 차원 그리고 법률과 헌법의 차원에서 직접민주제 확대 시도를 개관하면서 그 한계와 문제점도 살펴보기로 한다.

1. 법률 차원의 보강 노력

1) 지방자치단체 차원의 직접민주제의 채택

국민의정부는 2000년부터 법령이 정하는 주민수 이상의 연서로 지방자치단체의 장에게 조례의 제정이나 개폐를 청구할 수 있도록 하는 주민발의제도(지방자치법 제15조)와 시·도에서는 주무부 장관에게, 시·군 및 자치구에서는 시·도지사에게 그 지방자치단체와 그 장의 권한에 속하는 사무의 처리가 법령에 위반되거나 공익을 현저히 해친다고 인정되면 감사를 청구할 수 있는 주민감사제도를 실시하면서 지방자치단체 차원의 직접민주제의 닻을 올렸다.

참여정부는 2004년 「주민투표에 관한 법률」, 2006년 「주민소환에 관한 법률」의 제정을 통해 직접민주제적 요소를 보강하였다. 지방자치단체의 정책에 관한 주민투표는 지방자치단체의 장의 직권으로 또는 지방의회, 주민의 청구로 그리고 국가정책에 대한 주민투표의 경우에는 중앙행정기관의 장의 요구로 실시된다. 지방자치 단체장이나 지방의회 의원에 대한 주민소환은 주민의 청구에 의해 실시된다. 주민의 청구에 의한 주민투표도 가능하므로 지방자치에서는 주민대표기관을 견제할 수 있는 강력한 형태의 주민발안제도 채택된 것이다.

현행법의 주민소환은 주민이 발의하고 주민이 표결로 결정하는 강한 유형의 주민소환제(full recall)이다. 그러나 주민투표와 주민소환이 채택된 이래 2020년 9월까지 그것이 실시된 사례는 각각 12건과 10건에 불과하다.[20]

행정자치부는 2020년 9월 주민이 주민투표를 청구할 경우 주민투표 실시를 지방자치단체의 장의 재량에서 의무로 변경하고, 주민발안에 대한 주민투표로서 두 제도의 투표 확정 요건인 투표권자 1/3 이상의 참여, 유효투표의 과반수를 투표권자 1/4 이상의 참여, 유효투표 과반수로 완화하고, 종이 서명부 외에 온라인 서명청구를 도입하는 한편, 온라인 포털·휴대전화 앱 등을 활용해 어디서나 투표를 할 수 있도록 하는 등 두 제도의 활성화를 목표로 하는 법률개정안을 입법 예고하였다(「주민투표에 관한 법률 개정안」 행정안전부공고 제2020-644호; 「주민소환에 관한 법률 개정안」 행정안전부공고 제2020-645호). 그러나 투표 확정 요건

---

20 "주민투표 때 투표율과 상관없이 개표…전자투표 제도 도입"(https://www.yna.co.kr/view/AKR20200928058800530).

의 완화는 제도의 활성화를 위해 소수파에 의한 결정을 용인하는 것으로서 주민자치의 질 개선에는 도움이 되지 않는다는 비판을 피하기 어렵다고 본다. 주민에 의한 소환 청구가 제기되면 소환 대상 공무원의 권한행사를 자동적으로 정지시키는 것(「주민소환에 관한 법률」 제21조)도 타당한지에 대해서도 의문이 제기되고 있다.[21]

2021년 9월에는 「주민조례발안에 관한 법률」도 제정되어 2022년부터 시행된다. 이 법에 따라 법률이 정하는 수의 주민이 단체장이 아닌 지방의회에 직접 조례안의 제정이나 개정, 폐지를 청구할 수 있으며, 해당 지방의회는 원칙적으로 주민청구조례안이 수리된 날부터 1년 이내에 해당 조례안을 의결하여야 한다.

2) 국가 차원에서의 직접민주제 확충 시도

지방자치에 대한 규율의 대부분이 법률로 이루어지기 때문에 법률 차원에서 주민투표제나 주민소환제와 같은 직접민주제적 요소를 채택하는 것이 용이한 반면,[22] 국가 차원에서의 민주주의 핵심은 헌법에 의해 규율되고 있기 때문에 사정이 다르다. 즉 국가 차원에서는 명시적인 헌법적 수권 없이 직접민주제적 요소를 법률로 채택하는 것, 따라서 헌법이 명시하고 있는 국가의사 결정방법과 다른 결정방법을 법률로 추가하는 것은 헌법에 반한다는 설이 유력한 것으로 받아들여지고

---

21 헌재 2009. 3. 26. 2007헌마843 결정에 대한 4인의 재판관은 소환청구 사유에 아무런 제한이 없고 발의 요건이 엄격하지 않음에도 소환청구 시 소환 대상자의 권한행사를 필요적으로 정지시키는 규정은 위헌이라는 반대의견을 제시하고 있다.

22 주민소환제와 관련하여 헌재 헌재 2009. 3. 26. 2007헌마843 참조.

있다.[23] 이 때문인지 법률로 직접민주제적 제도를 추가하려는 다양한 시도에도 불구하고 아직 입법적 성과는 없는 상태다.

국회의원 소환제 채택은 2004년 제17대 국회의원 총선에서 여야 모두 공약으로 제시한 이후[24] 주요 선거 때마다 등장하는 단골 공약이다. 관련 최초의 법률안은 18대 국회인 2008년 12월 김재윤 의원이 대표발의하였던 '국민소환에 관한 법률안'(의안번호 1803099)이다. 20대 국회에서도 5개 법률안이 제출되었다가 입법기 만료로 폐기되었고, 21대 국회에서도 박주민 의원 대표발의안(의안번호 2101965) 등 5개 법률안이 국회에 계류되어 있다.

제21대 국회에서 제출된 박주민 의원 대표발의안은 소환 사유를 국회의원이 헌법 제46조에 규정된 의무(청렴 의무, 국익우선 의무, 국회의원 지위 남용을 통한 이익 등의 취득이나 제3자를 위한 이익 등의 알선)를 위반한 경우, 직권을 남용하거나 직무를 유기하는 등 위법·부당한 행위를 한 경우로 한정하고, 지역구민에 의한 해당 지역구 국회의원의 소환은 물론 국민소환 투표권자 가운데 선정된 사람들에 의한 타 지역구 국회의원 및 비례대표 국회의원의 소환도 가능하게 소환제도를 디자인하고 있다.

그러나 타 지역구 국회의원이나 비례대표 국회의원에 대한 소환 투표의 경우 전국 단위로 선정되는 소환인단의 투표참여율 확보가 이 제도의 실효성을 좌우하게 될 것이다. 또한 소환 사유가 지나치게 추

---

23 우리 헌법학계에서는 헌법이 명시적으로 이를 금지하지 않았으므로 법률로 국민발안제(김하열, 65), 국회의원 소환제(이경주 외; 이승우)를 채택하는 것이 가능하다고 보거나 상술한 것처럼 자문형 국민투표의 채택 가능성을 인정하는 소수의 학자들이 있을 뿐이다.

24 "국민소환제 실현되나"(https://news.kbs.co.kr/news/view.do?ncd=591486).

상적이고 광범위하여 헌법 제45조, 제46조 제2항 등에 근거를 두고 있는 국회의원의 자유위임의 원칙(헌재 2003. 8. 21. 2001헌마687등; 헌재 2020. 5. 27. 2019헌라3)과 충돌할 소지가 있고, 따라서 위헌 시비에 휘말릴 소지가 크다.[25]

헌법의 수권이 없는 상태에서 법률로 국민발안제를 채택하는 것도 상술한 것처럼 현행 헌법의 대의제 기조, 국회의 입법권(제41조), 국회와 정부의 법률안 제출권(제52조)과 충돌하여 위헌이라는 비판에 직면할 가능성이 크다. 따라서 법률 차원에서 국민에게 부여되는 법률안 제안권은 헌법 제26조의 청원권에 근거를 둔 입법청원의 모습을 띨 수밖에 없다. 즉 국회에 국민이 청구하는 법률안에 대한 심사 및 결과통지 의무를 부과할 수는 있으나, 그 수용 여부는 전적으로 국회의 재량에 맡겨야 한다. 따라서 국회가 채택을 거부하더라도 법률의 제정이나 개폐를 요구한 국민에게 이의제기권이나 국민투표 회부 요구권을 부여할 수는 없다.

2019년 박주민 의원이 대표 발의하였으나 입법기 만료로 폐기된 국민입법청구법안(의안번호 2021495)도 국민이 30만 명 이상의 동의를 얻어 법률의 제정·개정·폐지 등을 국회에 청구할 수 있도록 하고 있지만, 국회는 이에 대한 심의 의무만을 질 뿐 그 채택은 국회의 재량에 맡겨져 있다. 국민입법청구법안은 핀란드의 제도(이에 대해서는 박성인, 134 이하; 최정인 참조)를 모델로 삼았었다. 2019년부터 국회법 제123조의 2의 전자청원시스템을 통해 가능해진 전자적 방식의 국민동의 청

---

25 이러한 우려를 해소하기 위해서는 특수이익을 앞세우는 지역구 유권자의 요구로부터 의원의 독립성을 보장하기 위해 소환 사유를 부패로 한정한 영국의 국민소환법(Recall of MPs Act 2015)을 주목할 필요가 있다. 장영수a; 김선화a, b 참조; 이설로는 이경주 외; 이승우 참조.

원은 국민입법청구제와 유사한 제도이다. 국민동의 청원은 국민이 의원의 소개를 받지 않고 직접 국회에 청원할 수 있는 요건인 청원 안건의 등록, 10만 명 이상의 국민동의를 전자적인 방식으로 충족할 수 있도록 편의를 제공하고 있다는 점에서 국민입법청구법안과 다를 뿐이다(국회청원심사규칙 제2조의 2 참조).

2. 직접민주제 확충을 위한 개헌 시도

국민투표제도가 악용되었던 과거에 대한 반성으로 국내의 주류 헌법학계는 직접민주제 확대에 소극적이다.[26] 유력 헌법학자들이 참여한 2009년 발표된 국회의장자문기구 헌법연구자문위원회가 제안한 개헌안은 물론 2014년 국회 헌법개정자문위원회가 제안한 헌법개정안에도 직접민주제적 요소의 보강은 없었다.

그러나 모두에서 언급한 것처럼 2016~17년 광장의 촛불을 계기로 직접민주제적 요소의 보강 필요성을 주장하는 시민사회의 목소리가 높아졌다. '나라살리는 헌법개정 국민주권회의', '대화문화아카데미', '지방분권개헌국민행동' 등의 시민단체는 자체적으로 마련한 개헌안

---

26 물론 직접민주제적 요소 확대론이 전혀 없었던 것은 아니다. 2006년 헌법학회 내에 조직된 헌법개정연구위원회 최종보고서 「헌법개정연구」는 '직접민주주의'에서 선출직 공직자 국민소환제, 법률안, 정책안, 개헌안 발안권을 국민에게 줄 필요가 있다는 제언을 하고 있다. 이 제언은 헌법학회의 공식 의견이 아니라 '권력구조' 연구분과에 속했던 7인 학자들의 의견이었다. 또한 일부 헌법학자도 참여해서 만들어진 2011년 대화아카데미 개헌안은 개헌 발의권자에 대한 규율에서 국민에게 발의권을 부여하는 대신 대통령을 발의권자에서 제외하고 있다; 그 밖에도 장용근, 정태호a 등도 전향적 자세를 보였다.

을 통해 각기 국민투표로 이어지는 강한 형태의 국민발안제, 입법 및 개헌 관련 국민투표제, 국민이 청구하고 표결하는 국민소환제의 채택을 주장했다. 국민의당, 바른정당 등의 야당도 각기 개헌안을 발표하면서 시민사회와 보조를 맞추었다.[27]

이와 같은 흐름은 제20대 국회에서 구성된 헌법개정특별위원회 산하 자문위원회가 2018년 1월 발표한 『국회헌법개정특별위원회 자문위원회 보고서』에도 그대로 반영되고 있다. 이 보고서는 법률안, 개헌안, 정책안에 대한 국민발안권 및 국민표결권, 국회의원은 물론 대통령에 대한 국민소환제도를 제안하고 있다(273 이하, 333 이하 참조).[28]

그러나 원내 주요 정파가 정부 형태에 관한 이견 때문에 개헌안에 합의하지 못하면서 국회가 개헌안을 발의하지 못했다. 그러자 문재인 대통령이 대선공약 이행을 위해 2018년 3월 개헌안을 발의했다. 그의 개헌안도 직접민주제를 보강하고 있음은 물론이다. 다음에서 직접민주제와 관련한 위 보고서와 대통령 개헌안의 내용과 문제점을 간략히 살펴본다.

1) 국민발안제

문재인 대통령 개헌안은 국민에게 법률안 발의권만 부여하는 약한 형태의 법률안 국민발안제[29]를 제시하면서도 그 발의 요건 및 절차를 법률에 유보하고 있다. 이 제도에 관한 전통과 경험이 실질적으로 없

---

27 당시 발표된 주요 시민단체 및 야당의 직접민주제 관련 개헌안의 비교에 대해서는 장영수b, 70 이하 참조.

28 이 보고서는 참여위원들 일부가 제기한 이런저런 유보가 포함되어 있다.

29 제56조 "국민은 법률안을 발의할 수 있다. 발의의 요건과 절차 등 구체적인 사항은 법률로 정한다."

기는 하지만 국민에게 발안권만을 부여하고 있기 때문에 시행착오의 위험성도 크지 않을 것이다. 그렇다면 발의 요건 확정을 굳이 법률에 맡길 필요가 있었는지 의문이다.

이에 비하여 『국회헌법개정특별위원회 자문위원회 보고서』는 입법과 정책을 포함해 개헌과 관련하여 국민에게 발안권은 물론 표결권까지 부여하는 강한 형태의 국민발안제를 제시함으로써 국민을 국가의 사의 직접적인 최종결정권자의 지위에 올려놓고 있다. 직접민주제가 예외적 국가의사결정 제도가 아닌 정규적 국가의사결정 제도가 되는 것이다. 스위스[30]보다 국민에게 더 광범위한 직접적 결정권을 부여하고 있다. 즉 국회가 의결한 법률안에 대한 거부적 국민투표(발의요건: 국회의원 선거권자 1/100 이상의 서명, 표결정족수: 국회의원 선거권자 1/4 이상의 투표와 투표자 과반수 찬성)는 물론 법률안 및 중요정책안(발안요건: 국회의원 선거권자 1/100 이상의 서명, 표결정족수: 국회의원 선거권자 1/4 이상의 투표와 투표자 과반수 찬성), 개헌안(발안요건: 국회의원 선거권자 2/100 이상의 서명, 표결정족수: 국회의원 선거권자 과반수 투표와 투표자 과반수 찬성)에 대한 국민발안과 국민표결을 결합하고 있다.

위 보고서의 국민발안제 구상의 문제는 매우 대담한 기획을 전개하면서도 발의 요건, 표결정족수 외에는 시행착오에 대비한 안전장치가 없다는 것이다. 어떤 제도도 장단점이 있게 마련이므로 부작용을 예방하는 대책을 마련하는 것이 지혜로운 길이다. 관련 전통과 경험이 없

---

30 스위스는 국민투표와 결부되어 있는 법률안 국민발안제도를 2009년 폐지하고, 의회가 제정한 법률의 폐지를 구하는 국민의 청구에 기한 임의적 국민투표(스위스 헌법 제141조 제1항 제1호)만 남겨두고 있으며, 별도의 정책발안제도 없다.

을 때는 더 말할 나위가 없을 것이다.

스위스처럼[31] 의회를 통한 최소한의 사전통제를 받도록 할 것인지 그리고(또는) 프랑스처럼[32] 헌법재판소를 통해 필요적으로 그 위헌 여부에 대하여 사전통제를 받도록 할 것인지, 아니면 사후통제만을 받도록 할 것인지, 헌법재판소에 의한 통제의 범위에 국민투표를 통해 확정된 법률(안), 개헌(안)을 모두 포함시킬 것인지, 아니면 법률(안)만을 포함시킬 것인지, 형식적·절차적 합헌(법)성 심사에 국한시킬 것인지, 아니면 실질적 합헌성 심사도 포함하도록 할 것인지, 스위스[33]나 이탈리아[34]처럼 발안의 범위를 제한할 것인지 또 어느 정도로 제한할 것인지 등의 문제에 대한 심층적 검토가 필요하다.

또한 강한 형태의 국민발안제의 핵심 요건 모두를 헌법에 확정함으로써 시행착오 발생의 경우 탄력적 대응을 어렵게 만들고 있는 것에 대해서도 재고할 필요가 있다.

법률안에 대한 국민투표의 표결정족수를 투표율이 낮을 것으로 예상하여 국회의원 선거권자 1/4 이상의 투표와 투표자 과반수 찬성으로 낮게 설정한 것도 유권자 1/8 + 1에 불과한 다수로도 법률을 제정

---

31 헌법개정을 위한 국민제안이 형식 통일의 원칙, 내용 통일의 원칙, 또는 국제법 상 강제규범에 위배되는 경우, 연방의회는 전면적으로 또는 부분적으로 해당 제안의 무효를 선언한다(스위스 헌법 제139조 제3항).

32 프랑스 헌법 제11조 제1항 및 제61조 제1항 참조.

33 스위스 헌법 제139조 제3항(위의 주 26 참조) 및 제5항 "초안 형식으로 작성된 모든 발의안은 국민투표 및 칸톤의 주민투표에 회부된다. 연방의회는 발의안의 승인 또는 부결을 권고한다. 연방의회는 대안으로 발의안에 맞설 수 있다.

34 이탈리아 헌법은 제75조 제1, 2항에서 이미 시행된 법률의 전부 또는 일부의 폐지를 요구하는 국민투표만을 허용하고, 세금, 예산, 사면, 조약의 이행과 관련된 것은 그 대상에서 제외하고 있다.

할 수 있도록 하는 것이어서 소수에 **의한** 통치의 제도화라는 비판을 **피하기 어렵다.** 유권자 과반수가 참여하지 않는 가운데 제정되는 법률이 '국민'의 입법이라는 이름으로 정당화될 수 있을지는 의문이다.

2) 대통령 및 국회의원 소환제

문재인 대통령 개헌안은 국회의원 소환제[35]만을 채택하면서 그 구체적 절차는 물론 소환투표 성립 요건, 소환 사유, 가결정족수 등과 같은 핵심적 사항에 대한 규율까지도 모두 법률에 맡기고 있다. 이 제도와 관련한 국가 차원의 전통과 경험이 없는 상황에서 그 요건과 절차를 헌법으로 확정하는 것은 시행착오에 대처하기 어렵다는 판단 때문에 그러한 선택을 했을 것이다. 타 지역구 국회의원 및 비례대표 국회의원의 소환방식에 관한 규율의 기술적 어려움 때문에도 소환투표 성립 요건에 대한 규율을 법률에 맡긴 것은 설득력이 있다. 그렇지만 소환사유는 소환제도가 특수이익의 관철을 위한 압력수단으로 악용되지 않도록 국회의원의 자유위임의 원칙과 조화를 이룰 수 있는 범위에서, 따라서 부패로 한정하여 헌법에 직접 명시할 필요가 있었다고 본다.

이에 비하여 국회 개헌특별위원회 국민자문위원회 보고서는 지역구의 유권자가 해당 지역구 국회의원을 소환할 수 있는 요건을 제시하고 있을 뿐, 타 지역구 국회의원이나 비례대표 의원의 소환 가능성에 대해서는 침묵하고 있다.

한편, 국회 개헌특별위원회 국민자문위원회가 제출한 보고서에 담

---

35   제45조 "① 국회의원의 임기는 4년으로 한다. ② 국민은 국회의원을 소환할 수 있다. 소환의 요건과 절차 등 구체적인 사항은 법률로 정한다."

긴 대통령 국민소환제는 국회의원 선거권자 2/100의 서명을 소환투표 청구 요건으로 제시하고 있다. 취임 후 1년 간은 소환할 수 없도록 한다고 하더라도 현재와 같은 심각한 정치 분열상을 감안하면 총유권자의 2%(21대 총선의 총유권자의 2%는 약 88만 명)의 서명을 받는 것은 어려운 일이 아니다. 소환이 성립하는 것은 예외적인 경우에나 가능하다 하더라도 소환투표가 사실상 정례행사가 되면서 정정 불안을 초래하기 쉽다. 그렇다고 소환투표 청구를 위한 서명 요건을 소환제도가 무의미하게 될 정도로 강화할 수는 없는 일이다.

정치적 오남용의 위험성에도 불구하고 굳이 대통령 소환제를 채택하려면 그 사유를 부패로 한정하고, 관련 사유의 존부에 대한 분쟁에 대해서는 헌법재판소의 판단을 받도록 하는 안전장치를 두는 것이 합리적이라고 본다.[36]

VI. 결어

상술한 고찰을 통해 우리 국민의 민주역량에 대한 자신감과 국민 대표기관에 대한 불신이 맞물리면서 시민사회의 직접민주제 확대 요구가 정치권이 외면할 수 없을 정도로 커지고 있는 등 우리나라도 독재정권에 의한 국민투표제의 악용에 대한 경험 때문에 심화된 직접민

---

36 참고로 대만은 대통령 소환 요건으로 의회의 가중다수결을 요구함으로써 대통령 소환제도의 오남용을 억제하고 있다. 즉 의회 재적의원 1/4 이상의 소환신청과 재적의원 2/3 이상의 찬성을 얻은 대통령소환안이 유권자 과반의 투표와 투표자 과반의 찬성을 얻을 때 대통령은 소환된다(1994년 대만 수정헌법 제2조 제9항 참조).

주제에 대한 부정적 인식을 점차 떨쳐내면서 국민투표제의 사용 빈도가 폭발적으로 높아지고 있는 국제적 흐름에 올라타기 위한 용트림을 하는 중임을 확인하였다.

그러나 어떤 제도나 장점만이 아니라 단점도 있게 마련이다. 더구나 관련 전통과 축적된 경험이 없는 가운데 직접민주제를 예외적인 것이 아니라 정규적인 국가의사결정 제도로 격상할 경우 심각한 부작용이 발생할 수도 있다. 그러므로 그 부작용을 줄이기 위한 대책도 동시에 마련하는 것이 안전한 길이다. 그래야 직접민주제 확대에 회의적인 사람들의 우려를 다소라도 누그러뜨리면서 관련 개헌의 가능성도 높아질 것이다. 이러한 관점에서 볼 때 촛불 이후 직접민주제 확대론자들에 의해 제시되고 있는 구상들은 좀 더 섬세하게 다듬을 필요가 있다고 본다.

특히 국민에게 법률안이나 개헌안 발의권만이 아니라 표결권을 부여하는 강력한 국민발안제를 지향한다면 발의의 요건이나 표결정족수 요건에 주의를 기울이는 것 못지않게 국회를 통한 무의미한 발안에 대한 최소한의 사전 통제, 헌법재판소에 의한 필요적 또는 임의적 사전 합헌성 통제, 헌법재판소의 사후 합헌성 통제, 발안의 범위에 대한 제한 등과 같은 다양한 부작용 예방 수단을 국민발안제와 결합하는 방안, 부작용에 대한 신속한 대응을 위한 여지를 확보하기 위한 일부 핵심 요건의 법률 유보 등을 고려해야 한다고 본다.

국회의원, 대통령에 대한 소환제도를 형성할 때도 소환 사유를 부패로 한정함으로써 대의제와의 조화를 모색하는 동시에 특수이익을 관철하기 위한 압력수단으로 소환제도가 오용되거나 극심한 정치 분열적 현실에서 정파적으로 악용되면서 심각한 정정 불안을 초래할 위험에 대처할 필요가 있다.

| 참고문헌 |

〈국내문헌〉

강태수, 2007, 국민투표에 관한 헌법적 고찰, 「경희법학」 42-2, 41 이하.

계희열, 『헌법학(상)』, 서울: 박영사.

국회 헌법개정특별위원회 자문위원회, 2018.1, 『국회헌법개정특별위원회 자문위원회 보고서』, 서울: 국회 헌법개정특별위원회 자문위원회.

국회 헌법개정자문위원회, 2014, 『국회 헌법개정자문위원회 연구보고서』 Ⅰ, Ⅱ, Ⅲ, 서울: 국회사무처.

김병록, 2003, 국민투표제도 소고 – 미국과 한국을 중심으로-, 「연세법학연구」 8-1, 109 이하.

김선택a, 2004, 재신임국민투표의 법률적 무의미성과 정치적 유의미성, 「공법연구」 32-3, 21 이하.

김선택b, 2000, 정책국민투표의 성격과 효력, 「헌법논총」 11집, 255 이하.

김선화a, 2013, 국회의원에 대한 국민소환제도에 대한 비판적 검토, 「입법과 정책」 15-1, 199 이하.

김선화b, 2017.11.14, 헌법개정시 국민소환제 도입의 쟁점, 국회사무처 「이슈와 논점」 제1380호.

김욱·서복경·장성훈·강원택·신두철·조진만·조성대·이현우·임성호·지병근 공저, 2010.10, 선거사 교육교재 『대한민국 선거 60년: 이론과 실제』, 서울: 선거학회.

김중권, 2021, 『행정법』, 서울: 법문사.

김하열, 2018, 『헌법강의』, 서울: 박영사.

대화문화아카데미a, 2011, 『새로운 헌법 무엇을 담아야 하나』, 서울: 대화문화아카데미 대화출판사.

대화문화아카데미b, 2016,『새헌법안』, 서울: 대화문화아카데미 대화출판사.

박성용, 2018.10, 입법과 시민참여,「입법평가연구」제14호, 111 이하.

박인수, 2004, 대표제민주주의와 국민투표,「공법연구」32-3, 1 이하.

박찬주, 2010, 중요 정책에 대한 국민투표,「아주법학」4-1, 167 이하.

변해철, 2016, 한국 헌법상의 직접민주제,「외법논집」40-1, 19 이하.

성낙인, 2020,『헌법학』, 서울: 법문사.

신복룡 편, 1993,『한국분단사 자료집』6, 서울: 원주문화사.

유진오, 1980,『헌법기초회고록』, 서울: 일조각.

음선필, 2004, 대통령 재신임국민투표의 위헌성 논의,「공법연구」32-3, 55 이하.

이경주·정영태·최준영, 2020,『국회의원 소환제도 도입에 대한 연구』, 2020년도 중앙선거관리위원회 연구용역보고서, 서울: 중앙선거관리위원회.

이공주, 2013, 국민주권 실질화를 위한 국민투표제도 활성화 방안,『법학연구』제49집, 253 이하.

이승우, 2012, 국회의원에 대한 국민소환제도의 도입과 합헌 여부 - 도입의 필요성과 합헌성 및 위험성을 중심으로 -,「공법연구」41-1, 213 이하.

장영수a, 2006, 참여민주주의의 실현과 국민소환제 도입의 문제점,「공법학연구」7-2, 3 이하.

장영수b, 2017, 직접민주제 강화 개헌의 쟁점과 성공 조건,「한양법학」28-2, 59 이하.

장영수c, 2017,『헌법학』, 서울: 홍문사.

장용근, 2004, 전자민주주의의 도래와 직접민주주의의 도입의 검토,「헌법학연구」10-2, 403 이하.

전광석, 2017,『한국헌법론』, 서울: 집현재.

정상호, 2018, 직접민주주의의 국제 현황과 이론적 쟁점에 관한 연구: 국민투표·국민발안·국민소환을 중심으로, 시민사회와 NGO 16-1, 3 이하.

정용욱, 2003,『해방 전후 미국의 대한정책』, 서울: 서울대학교출판부.

정종섭, 2016,『헌법학원론』, 서울: 박영사.

정태호a, 2003.12, 정보사회에서 직접민주주의의 가능성과 한계,「시민과 변호사」.

정태호b, 2005.1, 헌법재판소에 의한 "관습헌법"의 왜곡,「시민과 변호사」.

정태호c, 2010, 성문헌법 국가에서의 불문헌법규범과 관습헌법,「경희법학」 45-3, 299 이하.

최장집, 2017.11.8, 한국의 민주화와 민주주의에 대한 불만, 6월민주항쟁 30 년사업추진위원회 개최 국제학술대회 자료집『한국의 민주화 30년 – 세계 보편적 의미와 전망』.

최정인, 2017.12.18, 국민발안제 도입 관련 쟁점, 국회입법조사처「이슈와 논점」제1399호.

카를 슈미트(김효전 역), 2020, 국민표결과 국민발안,『헌법과 정치』, 143 이하, 부산: 산지니. 원문은 C. Schmitt, Die geistesgeschichtliche Lage des heutigen Parlamentarismus, Unveränderter Nachdruck der 2. Aufl., 1926.

한국헌법학회 헌법개정연구위원회, 2006,『헌법개정연구』, 서울: 사단법인 한국헌법학회.

한수웅a, 2004, 대통령 재신임 국민투표의 위헌 여부 – 헌법 제72조의 규범 적 해석을 중심으로 –,「인권과 정의」333호, 104 이하.

한수웅b, 2020,『헌법학』, 서울: 법문사.

한태연·갈봉근·김효전·김범주·문광삼 공저, 1991,『한국헌법사(하)』, 서 울: 한국정신문화연구원.

한태연, 1977,『헌법학』, 서울: 법문사.

허영, 2021,『한국헌법론』, 서울: 법문사.

헌법연구자문위원회(국회의장자문기구), 2009.8,『헌법연구 자문위원회 결 과보고서』, 서울: 헌법연구자문위원회.

〈외국문헌〉

Dicey, A. V., 1911, A Leap in the Dark (2nd edn.). 본고에서는 L. Morel, Referendum, in: M. Rosenfeld/A. Sajó(편저), The Oxford Handbook of Comparative Constitutional Law, 2012에서 재인용.

Fabio, Udo di, 1995, Die Ermessensreduzierung - Fallgruppen, Systemüberlegungen und Prüfprogramm, VerwArch 86, 214-234

The Federalist No. 10 - The Utility of the Union as a Safeguard Against Domestic Faction and Insurrection (continued) - Daily Advertiser - November 22, 1787 - James Madison. Retrieved 2007-09-07.

Carl J. Friedrich, 1950, Constitutional Government and Demokracy. 본고에서는 L. Morel, Referendum, in: M. Rosenfeld/A. Sajó(편저), The Oxford Handbook of Comparative Constitutional Law, 2012에서 재인용.

Hain, Karl E./Schlette, Volker/Schmitze, Thomas, 1997, Ermessen und Ermessensreduktion - ein Problem im Schnittpunkt von Verfassungsund Verwaltungsrecht, AöR 122, 32-64.

Kelsen, H., 1929, Vom Wesen und Wert der Demokratie, 2. Aufl., Tübingen: J.C. B. Mohr.

Krause, P., 1998, § 39 Verfassungsrechtliche Möglichkeiten unmittelbarer Demokratie, in: J. Isensee/P. Kirchhof(편저), Handbuch des Staatsrechts, 2판, Heidelberg: C. F. Müller.

Morel, L., 2012, Referendum, in: M. Rosenfeld/A. Sajó(편저), The Oxford Handbook of Comparative Constitutional Law, Oxford: Oxford University Press, 501-528.

Qvortrup, Matt, 2017, Referendums Around the World, New York City: Springer International Publishing AG.

Stephen Tierney, 2009, Constitutional Referendums: A Theoretical Enquiry, Modern Law Review 72-3, 360-383.

〈인터넷자료〉

1934 German Referendum, https://en.wikipedia.org/wiki/1934_German_
referendum

B. Beedham, Full Democracy, in: The Economist magazine of London,
Vol. 21, 1996. 12. 참조 (이 글에서는 인터넷 문서인 http://npsnet.
com/cdd/econom-1.htm)

Direct Democracy (http://ping.be/jvwit/directdemocracynow.html)

KBS, 2003.10.10. (17:00), "한나라·민주 조기 투표, 신당 투표 반대"
(https://news.kbs.co.kr/news/view.do?ncd=493081)

Referendums in the Netherlands, https://en.wikipedia.org/wiki/
Referendums_in_the_Netherlands

연합뉴스, 2003.10.10 15:54 "'재신임카드' 내건 역대 대통령"(https://
www.yna.co.kr/view/AKR20031010015600001).

연합뉴스, 2017.11.08. 10:39, "최장집 '촛불시위 이후 직접민주주의 추구는
방향착오'"(https://www.yna.co.kr/view/AKR20171108068300004)

오마이뉴스, 2003.10.13. 00:31, "SBS 60.2%-MBC 56.6% "재신임"[12
일 발표 여론조사] 지지세력 결집 '한나라당 대안 안돼'"(http://
www.ohmynews.com/NWS_Web/View/at_pg.aspx?CNTN_
CD=A0000147832)

조선일보, 2003.10.11. 17:37, "여론조사 '노대통령 재신임' 우세"(https://
www.chosun.com/site/data/html_dir/2003/10/11/2003101170084.
html)

프레시안, 2015.12.02. 11:17:34, "검은돈 평평 쓴 박정희 분노 '표차가 이것
밖에…'"(https://www.pressian.com/pages/articles/131521#0DKU)

한겨레, 2018.05.10. 13:47 [길을 찾아서] 개헌 투쟁 불 지핀 '양김'의 2·12
총선 승리 (https://www.hani.co.kr/arti/society/media/635957.html#
csidx0b29044c26e78dfa76d59ade2d6e29f)

제7장

한국의 직접민주주의 관련 법과 제도[1]

김선화 국회입법조사처 입법조사연구관

I. 서

직접민주주의 제도는 국민이 직접 국가정책에 대한 의사결정에 참여하는 제도를 말한다. 직접민주주의 제도로 대표적인 것은 국민투표제, 국민발안제, 국민소환제가 꼽히고 있다. 지방자치 단위에서는 주민투표제, 주민소환제, 주민발안제가 될 것이다.

현대의 민주주의에서 직접민주주의 제도는 보완적 역할을 하는 것으로 이해되고 있다. 즉 국가의사의 결정에 있어서 숙의과정을 중시하여 대의제 기관을 둔 대의제 민주주의를 기본으로 하고, 이러한 대의제 민주주의에 보충적 역할을 하는 직접민주주의 제도를 일정한 경우에 실시할 수 있도록 설계하는 것이 일반적이다. 각국의 역사적 배경이나 국가 규모 등의 차이에 따라 양상은 조금씩 다르지만 대의제를 기본으로 하는 것이 대체적인 경향이라 하겠다.

우리 헌법에서는 직접민주주의 제도 중에서 '국민투표제도'만 명시

---

1 이 글의 국민투표법 관련 내용은 김선화, 「국민투표법 개정 논의의 주요 내용과 쟁점」, 『이슈와 논점』 1815호, 국회입법조사처, 2021.4.7에 정리된 사항을 중심으로 한다.

하고 있다. 현행 헌법 이전에는 헌법개정안에 대한 국민발안제를 규정한 사례도 있지만, 9번째로 개정된 현행 헌법은 국민발안제를 두고 있지 않다. 다만 입법청원제도를 통해 법률 제·개정안을 제안하는 경우가 가능하기는 하다. 국민소환제는 헌법에 규정이 없으나 이를 도입하고자 하는 법률안이 계속 발의되었다. 국민소환제가 실현되지 않은 여러 이유 중에는 국회의원의 자유위임 원리와의 충돌 문제가 가장 중요하다고 할 수 있을 것이다.

우리 헌정사를 보면 역사적으로 중요한 시기에는 결국 국민들의 판단과 힘으로 가장 중요한 결정이 이루어졌다. 3·1운동(혁명)이, 4·19혁명이, 5·18 광주민주화항쟁이, 6·29 선언을 이끌어낸 6·10 민주화운동이 그러했고, 2016년 권력농단에 항의한 촛불항쟁이 가장 가까운 예가 될 것이다. 이러한 헌정사적인 기여를 고려하건대 직접민주주의의 의미나 효용을 과소평가하기 어렵다. 최근의 과학기술 발전은 국민의 직접 의사를 바로 확인하는 제도 마련, 직접민주주의의 활성화를 보다 더 쉽게 하고 있다. 대의기관에 대한 불신과 제도정치에 대한 실망까지 겹쳐지면서 주권자 국민이 직접 국가의사를 결정하는 권한을 요구하는 주장도 높아졌다.

그러나 일상의 민주주의는 다수결만 의미하는 것이 아니며, 다수의 의사가 바로 최선의 선택으로 정당화되지는 않는다. 국민주권의 행사라 하더라도 숙의과정과 토론과정이 반드시 전제되어야 한다. 숙의와 토론과정은 사회구성원의 소외없이 모든 계층의 모든 이해관계가 함께 동등하게 고려되었을 때 의미가 있을 것이다. 현행 헌법에서 직접민주제도를 전면에 도입하지 않고 엄격한 요건을 정하고 있는 것도 이러한 맥락이라 볼 수 있다. 만일 헌법개정 등을 통하여 직접민주제를

강화한다 하더라도 그 제도들은 다양한 국민의 참여와 합의를 이끌어
낼 수 있는 구체적인 절차나 제도가 전제되어야 할 것이다.

다음에서는 현행 직접민주주의 제도 중에서 가장 대표적인 국민투
표제도와 관련하여 국민투표법에 대해 살펴보고, 헌법에서 도입하고
있지 않은 국민소환제와 국민발안에 대한 헌법적·법적 논의와 가능성
에 대해 진단할 것이다. 또한 각 장에서 각 지방자치단체의 유사한 제
도인 주민투표제도, 주민발안제도, 주민소환제도에 대해서도 간략하
게 살펴본다.

II. 국민투표제도

1. 국민투표제도의 연혁

우리 헌법에서는 국민투표제를 두 가지 경우로 나누어 규정하고 있
다. 또한 국민투표제도가 실시될 수 있는 요건은 헌법에 엄격하게 규
정되어 있다.

하나는 헌법개정안에 대한 필수적 국민투표(헌법 제130조, 소위 레퍼렌
덤)이고, 다른 하나는 대통령이 외교·국방·통일 기타 국가안위에 관한
중요 정책에 대하여 국민투표에 부칠 수 있도록 정한 임의적 국민투표
(헌법 제72조, 소위 프레비시트)이다. 임의적 국민투표라 할지라도 실시 요
건은 엄격하게 해석된다.

우리 헌정 중에서 최초의 국민투표는 제2차 개정헌법(1954년 헌법)
에서 규정되었다. 즉 "대한민국의 주권 제약 또는 영토 변경을 가져

올 국가안위에 관한 중대 사항은 국회의 가결을 거친 후에 국민투표에 부하여 민의원의원 선거권자 2/3 이상의 투표와 유효투표 2/3 이상의 찬성을 얻어야 한다. 전항의 국민투표의 발의는 국회의 가결이 있은 후 1개월 이내에 민의원의원 선거권자 50만 인 이상의 찬성으로써 한다"(제7조의 2)라고 정한 것이 최초의 국민투표제도이다. 이 규정을 살펴보면, 일정한 사유에 해당해야 하고, '국회의 가결을 거친 후'에 할 수 있도록 하여 국가안위에 대한 중대 사안에 대해 바로 국민투표로 가는 것이 아니라 대의기관의 결정 후에 국민투표 절차를 개시할 수 있게 되어 있다. 또한 그 요건도 매우 가중되어 유권자 2/3 이상 참여와 2/3 이상의 찬성이 있어야 가결로 보게 되어 있다.

헌법개정에 대한 국민투표가 최초로 규정된 것은 헌법에서가 아니라 1962년 「국가재건비상조치법」[2]에서였다. 이 법은 일종의 과도기 헌법과 같은 역할을 한 우리 헌정사의 특이한 법률이고, 헌법이라 하기는 어렵지만 일단 헌법개정을 위한 국민투표는 이 법에서 처음 도입된 것이다. 제3공화국의 1963년 헌법은 「국가재건비상조치법」에서 정한 헌법개정 국민투표를 거쳐 개정된 헌법이었다. 그리고 1963년 헌법에서 헌법개정을 위한 국민투표제도가 헌법으로서는 처음 규정되었다.

---

2 국가재건비상조치법[시행 1962.10.8] [국가재건최고회의령 제0호, 1962.10.8, 일부개정]
제9조 (국회의 권한행사) ① 헌법에 규정된 국회의 권한은 국가재건최고회의가 이를 행한다. 단, 헌법의 개정은 국가재건최고회의의 의결을 거친 후 국민투표에 부하여 유권자 과반수의 투표와 투표자 과반수의 찬성을 얻어야 한다.
② 전항의 국민투표에 부하는 공고는 대통령이 하고 국민투표에 관하여 필요한 사항은 법률로서 정한다.
③ 헌법개정이 국민투표에서 찬성을 얻은 경우에는 대통령은 즉시 이를 공포하여야 한다.

2021년 10월 현재까지 국민투표가 실제로 실시된 사례는 6차례이다. 그중 5회는 헌법개정을 위한 것이었고, 1975년 2월에 실시된 국민투표는 유신헌법에 대한 신임을 묻는 것이었다.[3] 지금까지 국민투표가 부결된 적은 한번도 없다.

2. 국민투표법 개요

국민투표의 절차 등 필요한 사항에 대하여 구체적으로 정한 것은 「국민투표법」이다. 이 법은 "「국가재건비상조치법」 제9조의 규정에 의한 국민투표에 관하여 필요한 사항을 규정함을 목적"으로 하여 1962년 제정되었다. 1969년에는 "헌법상 국민투표에 관하여 필요한 사항을 규정할 목적"으로 목적 조항이 개정되었다. 현행법은 2009년 재외국민으로서 국내거소신고가 되어 있는 투표권자를 선거인수에 포함하기 위하여 개정된 이래(2016년 타법개정에 따른 개정 외에는) 현재까지 유지된 것으로 볼 수 있다.

현행 「국민투표법」은 총 14장 125개 조문으로 구성되고 국민투표권, 투표운동, 투표절차, 투표소송 등에 대해 정하고 있다. 그러나 현재 이 법률은 헌법재판소에서 국민투표권자에 재외국민에 관한 사항을 개정하도록 헌법불합치 결정[4]이 있었음에도 지금까지 개정되지 않아

3　① 1962.12.17 제3공화국 헌법개정(78% 찬성), ② 1969.10.17 소위 3선개헌(65.1% 찬성), ③ 1972.11.21 유신헌법개정(91.5% 찬성), ④ 1975.2.12 헌법개정 및 정부신임(73.1% 찬성), ⑤ 1980.10.22 제5공화국 헌법개정(91.6% 찬성), ⑥ 1987.10.27 제6공화국 헌법개정(93.1% 찬성)

4　헌재 2014.7.24. 2009헌마256 등, 국민투표법 조항은 재외선거인이 대한민국 국민임에

당장 국민투표를 실시하기 어려운 상황이 되어 있다. 그 외에도 「공직선거법」이나 「주민투표법」 상 선거연령 인하, 사전투표제도와 같은 선거권 강화 및 개선 사항도 반영되어 있지 않다.

중앙선거관리위원회는 이와 관련하여 2017년 10월 『국민투표법 개정의견』을 국회에 제출했다.[5] 이러한 내용을 반영한 국민투표법 개정안[6]도 제20대 국회에서 발의되었으나 임기 만료로 폐기되었다. 제21대 국회에 와서도 몇 차례 법안 발의[7]가 있었으며 2021년 10월 현재 계류 상태이다.

3. 국민투표법 개정 방안

1) 재외국민투표제도의 마련

2014년 7월 헌법재판소는 국내거소신고가 되지 않은 경우까지 포함한 재외국민에 대한 투표권 행사에 관한 규정을 마련하지 않은 「국민투표법」에 대하여 2015년 12월 31일까지를 입법 개선 시한으로 하

도 주민등록이나 국내거소신고가 되어 있지 않다는 이유로 국민투표권을 행사할 수 없도록 하여 재외선거인의 국민투표권을 침해한다고 결정함.

5 중앙선거관리위원회, 『국민투표법 개정의견』, 2017.10.

6 의안번호 2010219, 제안일 2017.11.7, 국민투표법 전부개정법률안(이용호 의원 등 12인); 의안번호 2007388, 제안일 2017.6.14, 국민투표법 일부개정법률안(심재권 의원 등 11인) 등.

7 의안번호 2104924, 제안일 2020.11.4, 국민투표법 일부개정법률안(박범계 의원 등 10인); 의안번호 2102158, 제안일 2020.7.17, 국민투표법 전부개정법률안(김영배 의원 등 27인) 등.

여 헌법불합치 결정을 내렸다.[8] 이에 따라 동법 제14조[9]가 개정되었어야 하나 입법 시한을 넘긴 채 개정되지 못한 상태이므로 조속한 입법개선이 필요한 상황이다.

구체적으로는 재외국민투표인 명부 작성에 대한 규정을 마련하고, 관련 법의 국내거소신고가 되어 있는 재외국민의 등록, 국민투표 공고일 등 일정의 변경, 재외국민 명부 작성 기준일 등을 고려하여 개정할 수 있다. 현재 이러한 내용의 국민투표법 전부개정안과 국민투표법 일부개정안이 발의되어 있다.[10]

2) 선거연령 18세로의 하향 조정

2020년 1월 14일 「공직선거법」(법률 제16864호)은 선거연령을 만18세로 하향하여 개정되었는데(제15조), 현행 「국민투표법」은 아직도 투표권 부여 연령을 만19세로 정하고 있으므로(제7조), 이를 만18세로 하향 조정할 필요가 있다. 현재 계류중인 국민투표법 전부개정안과 국민

---

8 헌재 2014.7.24. 2009헌마256 등, 공직선거법 제218조의 4 제1항 등 위헌확인(재외선거인 선거권 및 국민투표권 제한 사건): 재외선거인의 국민투표권을 제한한 국민투표법 (2009.2.12. 법률 제9467호로 개정된 것) 제14조 제1항 중 '그 관할 구역 안에 주민등록이 되어 있는 투표권자 및 「재외동포의 출입국과 법적 지위에 관한 법률」 제2조에 따른 재외국민으로서 같은 법 제6조에 따른 국내거소신고가 되어 있는 투표권자' 부분(이하 '국민투표법조항'이라 한다)이 재외선거인의 국민투표권을 침해한다고 판단하였다.

9 제14조(투표인명부의 작성) ② 투표인명부에 등재된 국내 거주자 중 다음 각 호의 1에 해당하는 자로서 국민투표일 현재에 스스로 투표소에서 투표할 수 없는 때에는 대통령령이 정하는 바에 따라 국민투표일 공고일로부터 5일 이내에 구·시·읍·면의 장에게 부재자신고를 할 수 있다. 이 경우 우편은 무료로 한다.

10 국민투표법 전부개정법률안(김영배 의원 등 27인) 제10장 이하; 국민투표법 일부개정법률안(박범계 의원 등 10인) 제2조 등.

투표법 일부개정안에도 이 내용이 반영되어 있다.[11]

3) 새로운 투표방식의 도입

(1) 선상투표제도 도입

선상투표제도는 2012년 2월 29일 일부 개정된 「공직선거법」(법률 제11374호)에서 새로 도입되어 현행 「공직선거법」 제38조 제2항에서 정하고 있다. 그러나 현행 「국민투표법」에서는 이를 반영하지 않고 있다. 국민투표 시에도 선박에 장기 승선한 선원의 참정권을 보장해야 하므로 「국민투표법」에서 직접 선상투표방식을 정하거나 선상투표방식을 정한 「공직선거법」 규정을 준용하도록 정할 필요가 있다.

(2) 사전투표제의 도입

현행법에는 부재자신고제도가 규정되어 있다. 그러나 「공직선거법」에는 투표의 편의성을 높이고 투표 참여율을 높이기 위해 부재자투표를 폐지하는 대신 사전투표제도와 거소투표제도[12]가 도입되어 있다. 따라서 사전투표제를 「국민투표법」에서도 정하는 것이 「공직선거법」

---

11 국민투표법 전부개정법률안(김영배 의원 등 27인) 제8조; 의안번호 2100397, 2020.6.12., 국민투표법 일부개정법률안(백혜련 의원 등 31인) 제7조.

12 「공직선거법」 상 거소투표 대상자는 '① 법령에 따라 영내 또는 함정에 장기 기거하는 군인이나 경찰공무원 중 사전투표소 및 투표소에 가서 투표할 수 없을 정도로 멀리 떨어진 영내 또는 함정에 근무하는 자, ② 병원·요양소·수용소·교도소 또는 구치소에 기거하는 사람, ③ 신체에 중대한 장애가 있어 거동할 수 없는 자, ④ 사전투표소 및 투표소에 가기 어려운 멀리 떨어진 외딴 섬 중 중앙선거관리위원회 규칙으로 정하는 섬에 거주하는 자, ⑤ 사전투표소 및 투표소를 설치할 수 없는 지역에 장기 기거하는 자로서 중앙선거관리위원회 규칙으로 정하는 자'임.

과 일관성도 있으며 선거권 확대에도 부합한다고 할 수 있을 것이다.

「국민투표법 전부개정안」 제41조에 사전투표, 거소투표, 선상투표 등 개정 사항이 포함되어 있다.[13]

4) 국민투표운동 제한 개정

(1) 투표운동 주체 제한 개정

현행법은 투표운동의 주체를 정당원의 자격을 가진 자로 한정하고 있다(제28조 제1항). 이에 대해서는 국민투표가 국민의 직접적 정치 참여를 보장하는 의의를 고려하여 일반 유권자의 정치적 표현의 자유를 강화하기 위하여 개정해야 한다는 지적이 있다.[14]

현재 「국민투표법 전부개정안」에서도 투표운동 주체에 관한 개정안이 포함되어 있다(제23조). 국민 일반의 정치적 표현의 자유를 보다 확대하는 취지에 충실하도록 검토할 필요가 있다고 생각된다.

(2) 기간제한 개정

현행법은 국민투표운동을 국민투표의 대상이 되는 사항에 관하여 찬성하게 하거나 반대하게 하는 행위를 말한다고 정의하면서, 국민투표 대상이 되는 사안에 대한 단순한 의견의 개진, 의사 표시는 국민투표운동으로 보지 않는다고 정하고 있다(제25조). 그러나 국민투표운동

---

13 의안번호 2104924, 제안일 2020.11.4, 국민투표법 일부개정법률안(박범계 의원 등 10인) 참조.

14 기현석, 「국민투표법 상 투표운동에 관한 고찰」, 『공법연구』 제42집 제3호, 한국공법학회, 2014, p.190

기간(국민투표 공고일로부터 투표일 전일까지)만 국민투표운동을 할 수 있다고 정하고(제26조), 국민투표운동도 동법에서 정한 방식에 한정하여 허용하고 있다(제27조).[15]

국민투표의 대상은 헌법개정안이나 국가안위와 같은, 국가적으로 매우 중요하고 심도있는 논의가 필요한 사안들이다. 충분한 논의 시간이 확보되지 않은 채로 투표에 임하게 한다면 자칫 국민투표를 정당성 확보 수단으로만 전락시킬 가능성도 지적될 수 있다. 더욱이 헌법개정안의 경우에는 국민투표 전에 국회의 표결을 위해서도 사안과 쟁점에 대한 논의가 필요할 뿐 아니라 국회의 표결 절차보다 앞서서 개헌안의 제안 전 단계부터 의견 수렴 등이 활발히 전개되는 것이 바람직하다. 따라서 국민투표운동 기간을 별도로 정하여 규제하는 것에 대해서는 전향적으로 방향을 바꾸어야 할 필요가 있다. 즉 국민투표 사안에 대해 충분히 토론하고 다양한 의견이 개진될 수 있도록 투표운동 기간에 대한 제한을 폐지하는 방향도 고려할 필요가 있다.[16]

「국민투표법 전부개정안」제22조도 투표운동 기간을 폐지하고 다만 투표일에만 투표운동을 하지 못하도록 하고 있다.

---

15 제25조(정의) ① 이 법에서 '국민투표에 관한 운동'이라 함은 국민투표의 대상이 되는 사항에 관하여 찬성하게 하거나 반대하게 하는 행위를 말한다.
② 국민투표의 대상이 되는 사항에 관한 단순한 의견의 개진, 의사의 표시는 국민투표에 관한 운동으로 보지 아니한다.
제26조(국민투표에 관한 운동의 기간) 국민투표에 관한 운동(이하 '운동'이라 한다)은 국민투표일 공고일로부터 투표일 전일까지에 한하여 이를 할 수 있다.
제27조(운동의 한계) 운동은 이 법에 규정된 이외의 방법으로는 이를 할 수 없다.

16 기현석, 위의 논문, p.191.

(3) 방식제한 개정

현행법은 투표운동 방식에 대해 법에서 열거하여 정한 방식만 허용하고 그 외에는 제한하고 있다. 정치적 표현의 자유를 최대한 보장하는 것이 헌법의 취지이고 민주주의 원리에 부합되는 것이므로 국민투표운동 방식은 '원칙적 허용, 예외적 금지' 방식, 즉 원칙적으로 국민투표에 대한 토론을 자유롭게 하되, 자유로운 의사교환을 어렵게 하거나 국민투표를 방해할 수 있는 행동을 제한하는 방안을 고려할 수 있을 것이다.[17]

중앙선거관리위원회에서도 이미 제안한 바와 같이, 선거운동 기간이 아닌 때에 선거운동을 할 수 있는 자 누구에게나 허용된 인터넷 홈페이지, 전자우편 또는 문자메시지를 이용한 투표운동은 상시 허용하도록 하고, 말이나 전화로 하는 투표운동과 「공직선거법」 제68조 제1항에서 정한 어깨띠 등 소품을 이용한 투표운동은 투표 당일 외에는 자유롭게 할 수 있게 정할 수 있으며, 세미나나 강연회, 집회 등 옥내 모임에 참석하여 토론할 수 있도록 하는 것도 자유롭게 할 수 있을 것이다.[18]

국민의 정보접근성을 보장하기 위해서는 방송, 신문, 인터넷 광고 등을 할 수 있도록 하여 국민투표 안건에 대한 토론이 자유롭게 이루어질 수 있도록 할 수 있다. 또한 선거방송토론위원회 주관 토론회에 대해서도 국민의 알권리를 위하여 규정할 것을 검토할 수 있다.[19]

현재 계류중인 「국민투표법 전부개정안」에도 투표운동의 자유를 원칙으로 하면서 예외적 금지나 제한을 정하고 있다(제22조).

---

17 기현석, 위의 논문, p.183 이하 참조.

18 중앙선거관리위원회, 『국민투표법 개정 의견』, 2017.10, p.12.

19 중앙선거관리위원회, 위 보고서, p.18.

5) 국민투표안 게시 규정 개정

현행법에서는 중앙선거관리위원회가 공고된 국민투표안을 인구 100인당 1매 비율로 게시하는 원칙을 규정하고 있다.[20] 1962년 제정될 당시 국민투표 게시를 하위 법령에서 정한 대로 하게 했던 것을 1969년 법률에서 이와 같이 게시하도록 개정한 이래 현재까지 유지되고 있다.

현재는 다양하고도 효과적인 매체가 많이 발달되었으므로 국민투표안의 게시에 대해서는 발달된 시대 환경에 맞게 게시 방식 등을 개정할 필요가 있다. 또한 시각장애인 등 편의를 위하여 점자형 국민투표 공보의 작성 발송이나 청각적인 인지방식 등 투표안의 공고 방식을 다양하게 마련하도록 규정할 필요가 있다. 이는 「국민투표법 전부개정안」 제19조에서도 반영되었다.

6) 투표의 전부무효로 인한 재투표 실시 시기 조정

현행법은 국민투표에 대한 전부무효 판결이 있을 경우에 판결 확정일로부터 30일 이내, 국민투표일 전 18일까지 대통령이 국민투표일을 공고하도록 규정하고 있다. 이에 대해 중앙선거관리위원회는 판결 확정일로부터 60일 이내에 재투표를 실시하고 대통령은 재투표일 전 50일까지 재투표일을 공고하는 방안을 제시한 바 있다.[21] 이는 재외국민

---

20 제22조(국민투표안의 게시) ① 중앙선거관리위원회는 공고된 국민투표안을 투표권자에게 주지시키기 위하여 게시하여야 한다. ② 국민투표안의 게시는 인구 100인에 1매의 비율로 한다. 다만, 구·시에 있어서는 인구밀집상태 및 첩부장소 등을 감안하여 중앙선거관리위원회가 정하는 바에 따라 인구 500인에 1매의 비율까지 조정하여 첩부할 수 있다. ③ 국민투표안의 게시문에는 국민투표안만을 기재하여야 한다. ④ 국민투표안의 게시문의 규격·서식 기타 필요한 사항은 중앙선거관리위원회가 정한다.

21 중앙선거관리위원회, 위 보고서, p.42, 국민투표법 전부개정안에서도 제75조에 이

투표에 필요한 시간을 감안한 사항이다. 이 역시 현재 「국민투표법 전부개정안」에 반영되어 있다(제75조~제78조).

4. 주민투표제도

주민투표제도는 주민에게 과도한 부담을 주거나 중대한 영향을 미치는 지방자치단체의 주요 결정 사항으로서 그 지방자치단체의 조례로 정하는 사항 또는 지방자치단체의 폐치(廢置)·분합(分合) 또는 구역변경, 주요 시설의 설치 등 국가정책의 수립에 관하여 선거권이 있는 주민 전체의 의사를 묻는 투표를 말한다. 현재 주민투표제도는 「지방자치법」 제18조와 「주민투표법」에 의하여 시행되고 있다.

주민투표를 할 수 없는 사항은, ① 법령에 위반되거나 재판 중인 사항, ② 국가 또는 다른 지방자치단체의 권한 또는 사무에 속하는 사항, ③ 지방자치단체의 예산·회계·계약 및 재산관리에 관한 사항과 지방세·사용료·수수료·분담금 등 각종 공과금의 부과 또는 감면에 관한 사항, ④ 행정기구의 설치·변경에 관한 사항과 공무원의 인사·정원 등 신분과 보수에 관한 사항, ⑤ 다른 법률에 의하여 주민대표가 직접 의사결정 주체로서 참여할 수 있는 공공시설의 설치에 관한 사항(제9조 제5항 상 지방의회가 주민투표의 실시를 청구하는 경우는 제외), ⑥ 동일한 사항(그 사항과 취지가 동일한 경우를 포함)에 대하여 주민투표가 실시된 후 2년이 경과되지 아니한 사항이다(「주민투표법」 제7조 제2항).

주민투표의 개시는 주민 또는 지방의회의 청구에 의하거나 자치단

를 반영함.

체장이 직권으로 청구할 수 있다. 또한 중앙행정기관의 장도 국가정책에 관한 주민투표를 요구할 수 있다.

2005년부터 2020년 12월까지 주민투표 사례를 보면, 총 12건의 주민투표가 실시되었고 3건이 요건불충분으로 실시되지 못하였다.[22] 미실시의 경우는 모두 주민이 개시를 요구한 경우였으며, 실시된 12건의 주민투표 중에서 6건은 국가중앙행정기관의 요구에 의한 것이었고, 3건이 자치단체장의 요구에 의한 것이었으며, 3건은 주민청구에 의한 것이었다. 투표율은 50%가 안 되는 경우가 많았다. 50% 이상의 높은 투표율을 보인 경우는 2005년 방사선폐기물 처리시설 설치에 관한 주민투표와 강원도 평창군에서 미탄면 주민지원기금 관리방안 결정에 관한 주민투표의 경우였다.[23]

III. 국민발안제도

1. 개요

국민발안제도는 국민이 직접 국가의 중요 결정 사안, 특히 헌법안 또는 법률안을 제안하는 제도이다. 현행 헌법 상 국민발안제도는 규정되어 있지 않다.

---

22 행정안전부 선거의회과, 「[통계] 주민투표, 주민소환, 주민소송 운영 현황」, 2021.2.2. 참조(https://www.mois.go.kr/frt/bbs/type001/commonSelectBoardArticle.do?bbsId=BBSMSTR_000000000050&nttId=82669#none).

23 위 자료 참조.

헌법개정안 제안권자는 대통령과 재적과반수 국회의원으로 한정되어 있다(제128조 제1항). 그러나 헌정사를 보면, 헌법개정 국민발안제를 둔 적이 있다. 1954년 제2차 개정헌법에서 민의원 선거권자 50만 명이상이 헌법개정안을 제안할 수 있고 이에 대해 양원 재적의원 2/3 이상의 찬성으로 헌법개정이 의결되도록 하였다(제98조 제1항 및 제4항). 이규정은 제6차 개정헌법까지 유지되다가 1972년 유신헌법에서 폐지되었다. 실제로 국민발안에 의한 헌법개정안이 제안된 예는 없다.

법률안에 대해서는 국민발안제가 규정되거나 시행된 일이 없다. 현행 헌법에서 법률안은 정부와 국회의원이 제안할 수 있고(제52조), 현재 국회법 상 국회의원은 10인 이상의 찬성으로 의안을 발의할 수 있다(제79조)고 정하고 있다.

조례에 대해서는 주민발안제도가 시행되고 있다. 「지방자치법」 제15조에서 상세히 규정하였으나, 「주민조례발안에 관한 법률」이 2021년 제정되고 2022년부터 발효되게 되어 역시 2022년에 발효될 「지방자치법」에서는 제19조에 주민발안에 대하여 간략하게 규정하고 상세한 사항은 법률에서 정하도록 하고 있다.[24] 또한 2021년 10월에 제정된 「주민조례발안에 관한 법률」이 2022년 발효될 것인데, 이 법에서는 주민조례발안에 대해 상세하게 규정하고 있다. 특히 청구요건 완화, 청구절차 간소화 및 지원 강화, 주민조례안에 대한 이행력 강화 등

---

24 지방자치법[시행 2022.1.13] [법률 제18497호, 2021.10.19, 일부개정] 제19조(조례의 제정과 개정·폐지 청구) ① 주민은 지방자치단체의 조례를 제정하거나 개정하거나 폐지할 것을 청구할 수 있다.
② 조례의 제정·개정 또는 폐지 청구의 청구권자·청구대상·청구요건 및 절차 등에 관한 사항은 따로 법률로 정한다.

을 내용으로 하고 있다.

2. 국민발안제 도입 관련

헌법개정안에 대한 국민발안제를 도입할 것인가에 대해서는 국회
의 심의 여부, 수정 가능성 여부 등에 대해 논란이 있다. 국민발안제가
특정 이익단체 등에 의하여 악용되는 문제 등이 제기되기도 하였다.[25]

법률안에 대한 국민발안제도도 두고 있지 않다. 법률안 발의권자를
정한 규정상으로 국민발안제는 일단 두지 않은 것으로 볼 수 있다. 법
률에 대한 국민발안제에 대해 국회 헌법개정특별위원회 자문위원회에
서 헌법에 이를 도입하도록 하는 논의가 되었었는데, 국회의원 선거권
자 1/100 이상이 발안하고 국회 의결로 확정하되, 국회가 발안된 법률
안을 거부하거나 대안을 제시하는 경우에는 국민이 발안한 날로부터
6개월 이내에 원안 및 대안을 놓고 국민투표를 실시하며 국회의원 선
거권자 1/4 이상의 투표와 투표자 과반수의 찬성으로 결정된다는 내
용이 제시된 바 있다.[26]

---

25 정종섭, 『헌법과 정치제도』, 박영사, 2010, p.144.
26 『국회 헌법개정특별위원회 자문위원회 보고서 2』, 국회사무처, 2018, pp.334~336.
  "조문시안 제○○조 ① 국민은 국회의원 선거권자 1/100 이상 서명으로 법률안과
  국가 주요 정책에 대해 발안할 수 있다. 국회는 국민이 발안한 법률안이나 국가 주
  요 정책에 대해 6개월 이내에 원안대로 의결하거나 대안이나 의견을 제시할 수 있
  다. ② 국회가 국민이 발안한 법률안이나 정책안을 원안대로 의결하지 않을 경우, 국
  민이 발안한 날로부터 6개월 이내에 그 안을 대상으로 국민투표를 실시하여야 한다.
  국민투표에서 국회의원 선거권자 1/4 이상이 투표하여 투표자 과반수의 찬성을 얻
  어야 한다. 국회가 대안을 제시하는 경우, 원안과 대안을 모두 국민투표에 회부한다.
  ③ 국민발안의 절차는 법률로 정한다."

헌법 상 국민발안제가 규정되어 있지 않지만 국민발안제의 취지가 구현될 여지로서 청원제도를 생각해볼 수 있다. 즉 헌법 상 청원제도 (제26조)[27]가 있고, 「청원법」에서 청원 사항은 피해의 구제, 공무원의 위법·부당한 행위에 대한 시정이나 징계의 요구, '법률·명령·조례·규칙 등의 제정·개정 또는 폐지', 공공의 제도 또는 시설의 운영, 그 밖에 국가기관 등의 권한에 속하는 사항이라고 정하고 있다. 따라서 「국회법」에서는 청원의 처리에 관하여 정하고 있으며, 입법청원을 보다 적극적으로 할 수 있도록 '국민동의청원'이라는 인터넷 사이트를 개설하고 다수의 전자입법 청원이 이루어지고 있다.

최근에는 18세 이상의 국민이 법률의 제정·개정·폐지를 요청하고, 일정한 수 이상의 동의를 받은 청원은 신속한 처리가 가능하도록 하고, 각 상임위원회가 해당 청원의 취지 등을 담은 위원회안을 발의할 수 있도록 하여 대의민주주의의 한계를 보완하고 시민의 정치 참여를 활성화하고자 한다는 취지의 국회법 개정안[28]이 발의되기도 하였다. 현재로서는 입법청원제도에 의하여 국민발안의 한 형태를 구현할 수 있는 상황으로 볼 수 있을 것이다.

국민발안제도는 국민의 직접참여라는 목적에서는 바람직하지만 국민들의 이해관계가 상충되는 내용 등 조정과 타협이 필요한 법안이라면 이에 대해서는 공개적 심의의 장이 적극적으로 활용되어야 할 것이다. 즉 발안 전후로 발안의 공개와 이에 대한 토론, 심의가 가능하도록 하는 절차를 마련하거나, 또는 의회가 대안을 제시할 수 있도록 하고

---

27 대한민국 헌법 제26조.

28 2020.9.9. 제안, 의안번호 2103639, 국회법 일부개정법률안(민형배 의원 등 10인).

심사를 할 수 있도록 하여[29] 직접민주제와 대의제의 핵심적 기능이 작동할 수 있도록 할 필요가 있다.

3. 주민발안제도

주민이 스스로 조례를 제정하거나 개정하거나 폐지할 것을 발안하는 제도는 이미 1999년 「지방자치법」이 제정될 때부터 시행되도록 하고 있었다. 그러나 이는 크게 활용되지 못하였다. 주민발안이 시행된 2000년부터 2018년 말까지 전국 평균 13건 정도에 불과하고, 2017년에는 인권조례 폐지(6건)에 대한 발안이 많아 17건이나 되었지만, 다시 2018년에는 3건으로 줄어들었다. 2019년에는 광역자치단체에서 9건, 기초자치단체에서 18건 등 총 27건으로 가장 많은 주민조례발안이 있었으나, 2020년 1년간 광역자치단체에서 5건, 기초자치단체에서 3건으로 총 8건에 불과하였다.[30]

또한 주민의 발안 내용이 가결되어 반영된 정도를 본다면, 평균 50%에 달하여 높은 편이라 할 수도 있지만 워낙 건수가 적고 발안 내용도 편중되어 가결률이 큰 의미가 없다[31]는 분석도 있다. 2021년 10월 「주민조례발안에 관한 법률」이 제정되면서 이전에 엄격하던 주민발안 요건을 완화하는 등 주민조례발안을 활성화하기 위한 노력도 진행되고 있다.

---

29 최정인, 「국민발안제 도입 관련 쟁점」, 이슈와 논점, 국회입법조사처, 2017.12.28.

30 행정안전부 자치법규과, 「2020년 지방자치단체 조례·규칙 현황」, 2021.5.12(https://www.mois.go.kr, 최종검색일: 2021.10.28).

31 하혜영, 「주민조례발안제도 현황과 향후 과제」, 이슈와 논점 제1597호, 2019.7.12, p.2.

2022년부터 적용될 주민조례발안 요건을 보면, 우선 청구권자가 18세 이상의 주민으로서 ① 해당 지방자치단체의 관할 구역에 주민등록이 되어 있는 사람 또는 ②「출입국관리법」제10조에 따른 영주(永住)할 수 있는 체류자격 취득일 후 3년이 지난 외국인으로서 같은 법 제34조에 따라 해당 지방자치단체의 외국인등록대장에 올라 있는 사람이다(「주민조례발안에 관한 법률」제2조). 실제로 발안을 하기 위하여는 주민의 일정수가 연서하여야 하는데, 각 자치단체별로 인구수에 따라 이를 달리 정하고 있다(제5조).

〈표 7-1〉 주민발안 청구 요건

구 분	자치단체 인구	주민발안 청구 요건
1	특별시 및 인구 800만 이상의 광역시·도	청구권자 총수의 1/200
2	인구 800만 미만의 광역시·도, 특별자치시, 특별자치도 및 인구 100만 이상의 시	청구권자 총수의 1/150
3	인구 50만 이상 100만 미만의 시·군 및 자치구	청구권자 총수의 1/100
4	인구 10만 이상 50만 미만의 시·군 및 자치구	청구권자 총수의 1/70
5	인구 5만 이상 10만 미만의 시·군 및 자치구	청구권자 총수의 1/50
6	인구 5만 미만의 시·군 및 자치구	청구권자 총수의 1/20

주민조례발안의 대상이 될 수 없는 경우는 ① 법령을 위반하는 사항, ② 지방세·사용료·수수료·부담금을 부과·징수 또는 감면하는 사항, ③ 행정기구를 설치하거나 변경하는 사항, ④ 공공시설의 설치를 반대하는 사항이다(제4조).

그간 조례발안 내용 중에는 성평등을 양성평등으로 고치도록 하는 안, 인권조례 폐지안 등이 여럿 발견되고 있다. 민주주의가 다수결만을 의미하는 것이 아니며, 소수의 인권보호도 중요한 민주주의의 가치라는 점을 고려하여 주민발안의 범위나 한계에 대해 면밀히 검토할 필요가 있다고 생각된다.

Ⅳ. 국민소환제

1. 의의

국민소환은 선거로 대표가 된 자를 임기 도중에 그 직에서 물러나도록 유권자가 결정하는 제도이다. 현재 우리나라는 이 제도를 헌법에 규정을 두지 않고 있으며, 법률에서도 국가기관의 국민소환제는 정한 바 없다. 다만 「지방자치법」과 「주민소환에 관한 법률」에서 지방자치 단위에서 주민소환제를 두고 있다.[32]

국민소환제를 둔 국가는 많지 않다.

〈표 7-2〉 국가 단위에서 국민소환제를 둔 사례

단위	소환 대상	국가(도입 연도)	총국가수
국가 단위	모든 선출직	볼리비아(2009), 쿠바(1976), 에콰도르(1998), 베네수엘라(1999), 타이완RC(2003)	5
	의회 전체	리히텐슈타인(1921)	1
	의원 개인	러시아, 에티오피아, 키리바시, 키르기스스탄, 나이지리아, 리베리아, 우간다, 파나마, 말라우, 영국	10

32 지방자치법 제20조(주민소환) ① 주민은 그 지방자치단체의 장 및 지방의회 의원(비례대표 지방의회 의원은 제외한다)을 소환할 권리를 가진다.
② 주민소환의 투표 청구권자·청구요건·절차 및 효력 등에 관하여는 따로 법률로 정한다.

헌법적으로는 자유위임원리(강제위임금지), 즉 유권자의 개개 의사에 일일이 구속되지 않고 국정과 관련된 의사결정을 할 수 있도록 하는 원리와 충돌된다는 점에서 그리고 정치적으로 정적을 제거하는 방식으로의 악용 가능성이 높다는 점에서 이를 도입하기 어렵고, 대다수의 국가가 이를 채택하지 않는 또는 못하는 이유가 된다고 생각한다.

2. 도입 논의

최근의 논의들을 보면, 이러한 문제에 대한 세심한 제도 설계를 전제로 하여 국민소환제도를 도입하고자 하는 주장이 상당히 힘을 얻고 있는 것을 볼 수 있다. 국회의원이 국민소환제를 도입한 법률안을 제안한 바도 있었다.[33] 2017년 12월에 시작하여 2018년 활동하였던 국회의 헌법개정특별위원회와 정치개혁특별위원회의 논의에서는 모든 정당이 국민소환제 도입에 긍정적이다.

국민소환제도를 도입하고 있는 해외 입법례의 소환 유형을 보면, 유권자 소환 발의-유권자 투표, 유권자 소환 발의-국가기관 결정, 국가기관 소환 발의-유권자 투표의 3가지가 있다.[34]

현대의 선진적인 민주주의 국가 중에서는 영국이 거의 유일하게 2015년부터 의원소환제도를 두고 있다. 영국은 오랜 논란 끝에 2015

---

33 19대 국회에서는 황주홍 의원 대표발의안, 김병욱 의원 대표발의안이 있었고, 20대 국회에서는 김병욱 의원 대표발의안, 황영철 의원 대표발의안, 박주민 의원 대표발의안, 정동영 의원 대표발의안 등이 있었다.

34 김선화, 「헌법개정 시 국민소환제 도입의 쟁점」, 『이슈와 논점』, 국회입법조사처, 2017.11.14, p.2.

년 「의원소환법(Recall of MPs Act)」을 제정하였다. 제정 당시 자유위임 원리와의 조화 문제가 논의의 가장 핵심적 논점이기도 했고, 지역구 의원을 전국의 다른 지역구의 유권자도 소환할 수 있는가 등의 소환권 자의 문제도 중요하게 다루어졌다. 소환 사유에서 자유위임원리를 침 해하는 문제 때문에 정책적인 책임은 빠지게 되었다. 소환 사유는 매 우 제한적으로 정하여, "하원의원이 영국 내에서 형사문제로 기소되어 자유형 이상의 처벌을 받은 경우"와 "2009년 의원윤리기준법 제10조 상의 범죄로 기소되어 유죄로 일정 기간 이상 출석정지 징계를 받은 경우"에 소환 절차를 개시하도록 하였다.

의원 소환은 전국 단위로는 이루어지지 않으며, 지역구에서만 가능 하게 하였다(영국 하원은 지역구 의원뿐이며 비례대표 의원이 없다). 또한 소환 절차를 거쳐 소환투표에서 가결되어 의원직을 상실하더라도 소환으로 직을 잃은 의원도 다시 보궐선거에 출마할 수 있도록 하였다.

실제로 소환 청구가 있었던 사례는 2021년 6월까지 4차례였다.[35] 최초로 소환 사례가 된 2018년 Ian Paisley(North Antrim 지역구) 의원 사례에서는 소환청원이 기각되었고, 2019년에는 두 번의 소환이 있었 고 한 번의 소환 시도가 있었는데, 소환이 성립된 두 개의 소환 사례에 서 재선거에서 한 번은 당사자가 불출마하고 한 번은 당사자가 출마하 였다.[36] 소환 시도 사례는 윤리위 징계가 권고된 가운데 총선이 실시되 게 되어 소환이 불필요하게 된 상황이었다.

---

35 Neil Johnston, Richard Kelly, Recall elections Research Briefing, 02 June, 2021. 참조.
    (https://commonslibrary.parliament.uk/research-briefings/sn05089/)

3. 국민소환제의 헌법적 쟁점

1) 자유위임원칙

현대 대의제는 자유위임원칙을 근간으로 하고 있다. 즉 임기 동안 국회의원은 자신의 직업적 양심에 따라 정책 결정을 하는 것이고 자신을 선출해준 선거민의 구체적인 의사에 따라 정책 결정을 하는 것은 아니다.

현대 민주주의에서 대의제가 불가피한 이유는 수많은 국가 사무에 있어서 정책 결정을 할 때, 일일이 국민 모두의 의사를 그때그때 물어서 반영하는 것은 현실적으로 불가능하다는 점도 있다. 또한 다양한 이해관계의 충돌을 해결하기 위해 국민이 뽑은 대표들이 대표성과 전문성을 갖고 대화와 타협을 통하여 의사수렴을 가능하게 하는 절차가 대의제이기 때문이라 할 수 있다.

이러한 토론과 숙의가 가능하도록 하기 위해서는 일단 국민들이 신뢰하여 대표로 뽑은 의원에 대해서는 구체적인 업무를 헌법과 법률,

---

36 영국의 소환 사례(이경주 등, 『국민소환제도 도입에 관한 연구』, 중앙선거관리위원회 용역보고서, 2020, p.52의 표 10.)

소환 대상	사유	서명기간	최소서명	실제서명	결과
Ian Pisisley North Antrium (DUP)	의원윤리규정 위반	2018.8.8. ~9.16.	7,543	7,099	소환청원 기각
Fiona Onasanya Peterborough (Lab)	법 정의 실현방해죄 3개월 구금	2019.3.19. ~5.1.	6,967	19,261	소환 2019.6.6. 재보궐선거 (불출마)
Chris Davies Brecon and Radnorshire (Con)	2009 의회기준법 10항 위반	2019.5.9. ~6.20.	5,303	10,005	소환 2019.8.1. 보궐선거 (재출마, 낙선)

직업적 양심에 따라 수행하도록 하고, 정해진 임기 동안은 선거인이나 정당으로부터 자유롭게 그 업무를 할 수 있게 하는 것이 필요하다. 이 것을 '자유위임원칙'이라고 하는데, 국민소환제도는 자유위임원칙에 반할 소지가 있다.

우리 헌법은 대의제의 보완책으로 도입하는 직접민주제적 요소를 매우 제한적으로만 인정하고 있다. 즉 직접민주제적인 보완은 대의제 의 근간을 흔들지 않는 한도 내에서 헌법개정이나 국가의 중요한 정책 에 관한 경우에만 국민투표를 하는 제도를 두고 있으며, 직접민주제적 요소를 헌법에 근거없이 설치하기는 어렵다고 생각된다.

국민의 대표로 선출된 자에 대해 임기 중간에 대표직을 상실시키기 위하여는 헌법상 근거가 필요하다. 헌법에 명문의 근거가 없는 소환제 도를 법률에서 정하는 것은 헌법이 정한 임기제도에 대한 중대한 예외 를 근거없이 신설하는 일이 될 수 있다는 점도 고려해야 할 것이다.

2) 국회의원의 국민대표성

국회의원은 지역구에서 선출되거나 전국구 비례대표로서 선출되지 만 일단 선출된 후에는 지역의 대표가 아니라 국민 전체의 이익을 위 하여 활동하여야 할 의무를 가진 국민대표가 되는 것이다.

만일 국민소환제도를 도입할 경우에는 국회의원의 지역대표로서의 성격을 강요하는 일이 될 수 있다. 또한 국민소환을 도입한다 해도 국 민소환의 요건으로 선출된 지역과 상관없이 전국의 유권자에 의한 소 환발의와 투표가 가능하다고 한다면, 끊임없이 자신이 반대하는 당에 속한 의원을 국민소환의 대상으로 하려고 하는 현실적인 문제점도 고 려하여야 할 것이다.

3) 주민소환 대상인 지방의원과의 평등 문제

국회의원에 대한 국민소환제도를 도입하려고 하는 입장에서는, 지방의회 의원이나 지방자치 단체장에 대한 주민소환제도가 인정되고 있는데 국회의원에 대해서는 이를 인정하지 않고 있는 것은 형평에 맞지 않고, 평등권 위반이라고 주장한다.

그러나 헌법상 임기가 보장된 국회의원의 지위와 법률로 정해지는 지방의회 의원의 지위는 다르며, 지방의회 의원은 지역대표성을 가지는 것이어서 국민대표성을 가진 국회의원과는 본질적으로 성격이 다르다고 볼 수 있다.

또한 주민소환으로 인해 지방 단위에서 발생하는 정치적 불안정과, 국가 단위에서 발생하는 정치적 불안정은 같다고 할 수 없고 다르게 평가할 여지가 있다. 지방자치 단위에서는 풀뿌리 민주주의의 실현과 주민참여가 용이하여 국가 단위의 정치와는 다르다.

즉 지방의회 의원에 대해서는 소환제도를 두면서 국회의원에 대해서는 소환제도를 두지 않는 것은 합리적 차별로 볼 수 있는 근거가 충분히 있다고 볼 수 있다고 생각한다.

4) 우회적인 신임투표로 악용될 가능성

헌법재판소는 중요 정책에 대한 국민투표를 규정한 현행 헌법 제72조의 해석상 '신임투표'를 하는 것은 위헌이라고 밝힌 바 있다.[37] 신임투표의 위헌성을 인정하는 입장에서는, 국민소환제도의 도입 자체가 사실상 헌법 제72조에 반하는 신임투표를 인정하는 것과 같은 결과를 가져온다

---

37 헌재 2004.5.14. 2004헌나1.

는 점을 국민소환제도를 위헌으로 주장할 수 있는 근거로 들고 있다.[38]

4. 주민소환제

국민소환제를 도입한 적이 없는데 비하여, 주민소환제도는 2007년에 도입되었다. 주민소환은 주민들이 지방의 선출직 지방공직자에 대해 소환투표를 실시하여 그 결과에 따라 임기 종료 전에 해직시키는 제도이다.

〈표 7-3〉 주민소환 요건

구분	소환 대상	소환청구 주민수
1	특별시장·광역시장·도지사	당해 지방자치단체의 주민소환투표청구권자 총수의 10/100 이상
2	시장·군수·자치구의 구청장	당해 지방자치단체의 주민소환투표청구권자 총수의 15/100 이상
3	지역선거구시·도의회의원 및 지역선거구자치구·시·군의회의원	당해 지방의회의원의 선거구 안의 주민소환투표청구권자 총수의 20/100 이상

주민소환 투표권자는 19세 이상의 주민으로 규정되어 있다.[39] 주민소환의 청구도 일정 수 이상의 주민의 서명으로 그 소환 사유를 서면에 구체적으로 명시하여 관할 선거관리위원회에 주민소환투표의 실시

---

38 장영수, 「참여민주주의의 실현과 국민소환제 도입의 문제점」, 『공법학연구』 제7권 제2호, 2007, p.10; 이성환, 「국민소환제의 헌법적 검토」, 『공법연구』 제33집 제1호, 2004.11., pp.159~180.

39 「주민소환에 관한 법률」[시행 2021.3.9] [법률 제17577호, 2020.12.8, 일부개정] 제3 조. 이는 공직선거법 상의 선거연령과 주민발안권자가 18세 이상인 것과 균형이 맞 지 않아 차후에 18세로 개정되어야 할 것이다.

를 청구할 수 있다. 각 지자체 별로 일정 수는 달리 정해져 있다(「주민소환에 관한 법률」제7조).

〈표 7-4〉주민소환 실시 사례

대표자 증명서 교부일	지 역	소환대상	투표일	추진 사유	투표율 (%)	투표결과
2007. 7.2.	경기 하남	시장	2007.12.12.	화장장 건립 추진 관련 갈등	31.1%	소환 무산 (미개표)
		시의원			23.8%	소환 무산 (미개표)
		시의원			37.6%	소환 (찬성 91.7%, 반대 6.3%, 무효 2.0%)
		시의원			37.6%	소환 (찬성 83.0%, 반대 13.7%, 무효 3.3%)
2009. 6.29.	제주	도지사	2009.8.26.	해군기지 건설 추진	11.0%	소환 무산 (미개표)
2011. 7.19.	경기 과천	시장	2011.11.16.	보금자리 지정 수용	17.8%	소환 무산 (미개표)
2012. 6.26.	강원 삼척	시장	2012.10.31.	원전 유치 강행	25.9%	소환 무산 (미개표)
2011. 12.1.	전남 구례	군수	2013.12.4.	법정구속에 따른 군정 공백	8.3%	소환 무산 (미개표)
2019. 7.22.	경북 포항	시의원	2019.12.18.	생활폐기물 에너지 화시설(SRF)운영에 따른 주민피해 직무 유기	21.75%	소환 무산 (미개표)

출처: 행정안전부 선거의회과, 「주민소환 현황(2020.12.31 현재)」, 2021.2.2.

2020년 12월 말을 기준으로 실제로 주민소환이 실시된 것은 10건이며, 103건이 미실시되거나 진행중이었다. 주민소환의 대부분은 투표율이 매우 낮아 50%를 넘는 경우는 없고, 투표 결과 소환된 경우는 2건으로 화장장 설치 정책과 관련된 사유였다.[40]

V. 마치며

우리나라는 헌법에서 국민투표제도만 정하고 있고, 국가 단위에서는 국민투표제도만을 두고 있다고 이해된다. 국민소환이나 국민발안 제도는 모두 헌법에서 명문의 근거를 마련해야 제도로 정립될 수 있을 것이다. 그러나 주민자치단체 단위에서는 주민투표, 주민발안, 주민소환제도를 모두 실시하고 있다. 헌법상 직접적인 근거는 없지만 청원규정을 근거로 입법청원제도와 같이 사실상 국민발안제와 유사한 제도를 제한적으로 도입하고 있다.

그러나 소수자 인권 문제 등 다수결로 정하기 어려운 문제라든가 소수자 인권보호와 같이 민주주의의 요청에 부합하지 않는 경우에 직접민주주의 제도가 이용되는 경우에 대해서는 면밀히 검토할 필요가 있다. 직접민주주의 제도는 오히려 대의제로도 대표되지 않는 소수자에게 더욱 효용이 있는 제도로 활용될 필요도 있다.

---

40 행정안전부 선거의회과, 「[통계]주민투표,주민소환,주민소송 운영 현황」, 2021.2.2 (https://www.mois.go.kr/frt/bbs/type001/commonSelectBoardArticle.do?bbsId=BBS MSTR_000000000050&nttId=82669#none).

주민투표, 주민발안, 주민소환제도의 실시 현황을 보면 기대보다 그 활용도가 낮은 것을 알 수 있다. 주민들이 자발적으로 참여할 수 있는 여러 제도적 보완이 필요하다 할 수 있다. 한편 이러한 제도 활동과 관련하여 지역 이기주의 이슈가 제기될 사안에 대해서도 신중하게 검토할 필요가 있다.

이상에서 대표적인 직접민주주의 제도에 대해 간략하게 살펴보았다. 국민주권의 실현은 민주주의 국가에서 가장 중요한 정치적 목적이다. 그러나 국민은 단순한 개념이 아니라 그 자체로 스펙트럼이 다양하고 층위도 다양하며 이해관계도 입체적이다. 그러므로 자칫하면 국민의 직접적인 의사결정제도는 악용될 가능성도 매우 크다. 또한 목소리 큰 다수 또는 목소리와 영향력 큰 소수가 대의제를 왜곡하듯이 직접민주제도 왜곡하여 의사결정에 이르는 문제가 발생할 수 있다. 지금처럼 온갖 가짜 뉴스와 정보가 거침없이 유통되는 구조에서 이러한 문제는 더욱 증폭될 수 있다. 의도치 않은 잘못된 판단 가능성도 있다.

그러므로 직접민주주의 구현을 위한 제도는 그 설계가 간단할 수 없을 것으로 예상한다. 만일 대의제로 제대로 국민의 의사가 반영되지 못하고 있어 직접민주제를 활용해야 한다면, 일반 국민 모두 자신의 이익보다 전체 사회를 생각하여 의사결정을 할 수 있는 공익에 대한 개념을 가지고 의사결정이 될 수 있도록 하여야 할 것이다. 또한 대의기관 등에서 대표되지 못한 사회구성원에게 공동체의 의사결정 시에 목소리를 낼 수 있는 창구로서의 기능도 할 수 있도록 하는 등 다수결의 보완적 성격도 가지는 제도를 마련할 필요가 있다.

| 참고문헌 |

성낙인, 2020, 『헌법학』, 법문사.

정종섭, 2010, 『헌법과 정치제도』, 박영사.

기현석, 2014, 「국민투표법 상 투표운동에 관한 고찰」, 『공법연구』 제42집 제3호, 한국공법학회.

장영수, 2007, 「참여민주주의의 실현과 국민소환제 도입의 문제점」, 『공법학연구』 제7권 제2호.

이성환, 2004.11, 「국민소환제의 헌법적 검토」, 『공법연구』 제33집 제1호.

김선화, 2017.11.14, 「헌법개정 시 국민소환제 도입의 쟁점」, 『이슈와 논점』 제1380호, 국회입법조사처.

김선화, 2020.3.20, 「헌법개정 국민발안제 도입의 쟁점」, 『이슈와 논점』 제1676호, 국회입법조사처.

김선화, 2021.4.7, 「국민투표법 개정 논의의 주요 내용과 쟁점」, 『이슈와 논점』 제1815호, 국회입법조사처.

최정인, 2017.12.28, 「국민발안제 도입 관련 쟁점」, 『이슈와 논점』 제1399호, 국회입법조사처.

하혜영, 2019.7.12, 「주민조례발안제도 현황과 향후 과제」, 『이슈와 논점』, 제1597호, 국회입법조사처.

국회사무처, 2018, 『국회 헌법개정특별위원회 자문위원회 보고서 2』.

중앙선거관리위원회, 2017.10, 『국민투표법 개정 의견』.

이경주 등, 2020, 『국민소환제도 도입에 관한 연구』, 중앙선거관리위원회 용역보고서.

Neil Johnson, Richard Kelly, *Recall Elections*, 2021.11. (https://research briefings.files.parliament.uk/documents/SN05089/SN05089.pdf)

21세기 민주주의의 새로운 도전, 직접민주주의 강화가 답이 될 수 있는가? : 스위스, 독일의 직접민주주의의 특징과 시사점[1]

차진아 고려대학교 법학전문대학원 교수

I. 서론: 21세기 민주주의의 새로운 도전

민주주의의 역사적 뿌리는 고대 그리스의 아테네에서 찾을 수 있다. 비록 아테네의 민주주의는 오래 지속되지 못했지만 근대 민주주의 탄생의 밑거름이 되었다. 다만 아테네의 민주주의와 근대적 민주주의 사이에는 단지 직접민주제와 간접민주제를 각기 채택했다는 것으로 설명되기 어려운 커다란 차이가 있다. 그것은 무엇보다 세 가지 요인에서 비롯된다.

첫째, 도시국가였던 고대 그리스의 아테네와 근대 시민혁명을 통해 성립된 민주국가(영국, 미국, 프랑스 등)는 그 규모에서 매우 큰 차이가 있었다. 영토의 규모뿐 아니라 국민의 숫자에서 비교하기 어려울 정도의 차이가 있었으며, 이는 아테네에서 민회 중심의 직접민주제를 시행하

---

1 이 글은 고려법학 제102호(2021.9), 45~104면에 게재된 논문의 핵심적인 부분을 요약·정리한 것임.

던 것이 근대 민주국가에서는 기술적으로 불가능하게 만들었다.

둘째, 국가 규모의 확대에 따른 국가기관들의 세분화·전문화 및 이와 연계된 통치기술의 발달은 국정 운영에 요구되는 지식과 정보 및 이에 접근할 수 있는 자격 및 권한 등에 커다란 변화를 가져왔다. 아테네에서와 같이 비전문가인 국민들이 모여서 토의하는 것만으로 쉽게 합리적인 결론을 내릴 것으로 기대하기 어렵기 때문이다(장영수, 2021, 154면; 조한상, 323면).

셋째, 근대 시민혁명 이후 신분제가 타파되면서 정치 전문가 집단이 등장하였다. 초기에는 일부 귀족 출신들과 부르주아 계층에서 시작되었으나 점차 의회제도가 정착되고 보통선거권의 확립 및 정당의 역할·비중이 높아지면서 직업정치인들이 점차 늘어나게 된 것이다.

근대 시민혁명 이후에도 민주국가들은 시대의 변화에 따른 민주주의의 구조 변화를 여러 차례 겪었다. 대표적인 예로 보통선거의 확립에 따른 선거권 확대를 통해 민주주의의 구조에 큰 변화가 있었고, 이를 배경으로 대중정당이 탄생·발전함에 따라 '정당(국가적) 민주주의' (G. Leibholz, S. 93 ff.)라는 용어가 생겨날 정도로 민주주의의 성격에 커다란 영향을 미치기도 했다.

그런데 21세기에 들어와 서구적 대의제 민주주의에 대한 새로운 도전이 나타나고 있다. 영국의 브렉시트, 미국의 트럼프 당선, 프랑스의 마크롱 당선, 독일에서 급진주의 정당인 독일대안당(Alternative für Deutschland: AfD)의 약진 등은 서구 민주주의에서 전반적으로 대의제에 대한 불신이 팽배하고 있음을 보여주는 것이다. 그런 가운데 직접민주제의 급진적 확대·강화에 대해서도 관심이 높아지고 있다.

이러한 급진적인 변화의 시도는 매우 신중하게 검토되어야 한다.

새로운 시도는 항시 위험요소를 안고 있으며 ―영국의 브렉시트가 그랬던 것처럼― 자칫 안정된 민주주의의 틀을 깨뜨림으로써 정치적 혼란뿐 아니라 국민들의 이익에도 결코 바람직하지 않은 결과를 야기할 수 있기 때문이다.

Ⅱ. 근대 민주주의에서 직접민주제와 간접민주제의 관계

1. 근대 시민혁명과 간접민주제 중심의 민주국가 형성

근대 시민혁명을 통한 민주주의의 확산은 인류 역사의 흐름을 바꾸어 놓은 중요한 변곡점이라 할 수 있으며, 각국의 정치체제는 근대 시민혁명을 기점으로 코페르니쿠스적 전환을 겪게 되었다. 물론 시민혁명을 통한 민주주의의 발전도 각국 상황에 따른 차이가 적지 않았으나 근대 민주주의 정치사상의 영향 하에 일정한 공통분모를 갖고 있었다는 점은 부인할 수 없다.

마찬가지로 각국의 정치문화에 따라 영국, 미국, 프랑스 등은 각기 다른 정부 형태를 채택하고 있으나, 이러한 정부 형태의 차이에도 민주주의에 대한 신봉에는 차이가 없었고, 대의제의 형태로 민주주의를 실현한다는 점에서도 공통점을 보이고 있다.

시민혁명 당시에도 직접민주제에 대한 요구가 전혀 없었다고 볼 수는 없지만 현실적으로 직접민주제를 관철하는 것이 가능하리라고 생각하지 않았다. 이미 루소가 사회계약론에서 민주주의는 작은 나라에서만 가능하다고 이야기했던 것처럼(장 자크 루소, 219면), 직접민주제는 영국이나 미국, 프랑스와 같은 큰 나라에서는 영토의 규모 및 인구의 수 때문에 가능하지 않다고 보았던 것이다.

다만, 제한된 범위에서 직접민주제적 요소를 통해 정당성을 강화하는 것에 대해서는 활발한 논의가 있었다. 대표적인 예로 헌법의 제정 및 개정에 국민투표를 거치도록 하는 것을 들 수 있는데, 성문의 헌법전을 갖고 있지 않은 영국에는 해당 사항이 없지만 미국과 프랑스 등에서는 이를 둘러싼 논의가 있었으나 결국 대의기관에 의한 결정을 우선하는 것으로 결론이 내려졌다.[2]

2. 서구의 선진 민주국가의 근대적 특징과 한계

서구의 선진 민주국가들에서 시민혁명은 20세기 이후의 사회주의 사상가들에 의해 주장되는 이른바 민중혁명과는 뚜렷하게 구별되는 차이점을 보인다. 그중에서도 가장 주목할 점은 이른바 엘리트 민주주의적 특징이 나타나고 있었다는 점이다.

엘리트 민주주의는 세 가지 고려에 기초하고 있다. 첫째, 교육의 대중화 이전에는 소수 엘리트가 대중을 지도하는 것이 불가피한 것으로

---

2 페더럴리스트 페이퍼를 보면, 당시 민주적 정당성을 확보하기 위해 대의제의 구조를 취해야 한다는 점이 강조되고 있었고(매디슨, 페더럴리스트 39~40, 235면 이하), 미국 연방헌법 제5조는 상하 양원의 하나에서 2/3 이상의 찬성으로 헌법개정을 발의하며, 주 의회의 3/4 이상의 찬성 또는 주 헌법회의의 3/4 이상의 찬성으로 이를 의결하도록 규정함으로써 국민투표를 배제하였다. 또한 프랑스 제1공화국 헌법 제7장의 헌법개정에 관한 조항들도 의회에 의한 헌법개정을 규정하고 있으며, 국민투표는 예정하지 않았다.

보았다. 둘째, 교육의 대중화 이후에도 ─현대 국가 사무의 전문성을 생각할 때─ 분야별 전문성을 갖춘 전문가 집단이 국가 사무를 담당하는 것이 바람직한 것으로 보았다. 셋째, 이러한 엘리트 민주주의도 다원적 엘리트 집단이 경쟁구조 속에서 대중의 동의를 얻어 집권함으로써 민주적 정당성 및 합리적 통제가 가능한 것으로 보았다(요제프 슘페터, 380면 이하).

그러나 20세기에 들어와 엘리트 민주주의는 흔들리기 시작했다. 현대 국가 사무의 처리에 전문성이 요청된다는 점은 인정되지만, 대중의 참여를 다양한 방식으로 확대하는 참여민주주의 내지 숙의민주주의가 확산되었고, 엘리트 민주주의의 단점인 엘리트 집단의 귀족화 내지 특권계층화를 견제하는 것에 대한 관심이 높아졌다.

그럼에도 어떤 사회에서도 국가의 원활한 운영 및 국가경쟁력의 확보를 위한 엘리트의 육성은 필요하며, 이를 무시하는 극단적인 대중주의도 심각한 문제를 낳는다. 엘리트 집단과 대중의 부당한 차별을 억제하는 것은 필요하지만 엘리트 집단의 존재 자체를 부정하거나 이들의 역할이 갖는 의미를 전면 부정하는 것은 결국 글로벌 경쟁에서 국가경쟁력의 약화, 나아가 사회의 몰락으로 이어질 수 있기 때문이다.[3] 이러한 맥락에서 볼 때, 서구의 근대 민주주의는 엘리트 민주주의에서 출발하여 참여민주주의 내지 숙의민주주의를 통해 점진적 진화를 겪

---

3 그런 의미에서 대중과 엘리트의 역할 분담이 필요한 것이지, 엘리트의 전적인 배제가 바람직한 것은 결코 아니다. 서구 선진국 중에서 직접민주제가 가장 적극적으로 활용되고 있는 것으로 평가되고 있는 스위스에서도 정치엘리트가 ─대의제에서뿐 아니라 국민발안과 국민투표에서도─ 지도적인 역할을 하고 있다고 한다(Ch. Mayer, S. 66 ff.).

고 있지만, 아직 적절한 균형점에 대한 합의는 이루어지지 않고 있는 것으로 보인다.

전통적인 엘리트 민주주의는 대중에 의해 선출된 의원들이 자유위임의 원칙에 따라 국가 사무를 담당하는 것으로 이해했으며, 이러한 기본 구조는 여전히 유효하다. 그러나 한편으로는 정당 및 여론을 매개로 대중의 정치적 의사를 수시로 국정에 반영할 수 있도록 함으로써 정치엘리트의 역할을 제한하고, 민주적 통제를 강화하고 있으며, 다른 한편으로는 위헌법률심판제도의 도입 등과 같은 사법적 통제를 강화하고 있는 것도 정치엘리트의 통제에 큰 역할을 하고 있다.

3. 직접민주주의를 통한 간접민주제의 보완과 그 한계

현대의 정치적 조건 하에서 대의제가 불가피하다는 인식과 더불어 대의제의 한계 내지 딜레마도 널리 알려져 있다. 그로 인하여 직접민주제를 통한 대의제의 보완 필요성도 폭넓게 인정되고 있다(장영수, 2017, 59-90면; 차진아, 213-238면). 그러나 각국의 정치 상황 내지 역사적 경험에 따라 대의제를 보완하는 직접민주제의 인정 범위에서 상당한 차이를 보이고 있다.

이러한 차이는 크게 두 가지 측면에서 나타나고 있다. 하나는 국민의 숫자이다. 우리나라에서 직접민주제를 가장 잘 활용하는 나라로 많이 소개된 아일랜드나 아이슬란드는 인구가 각기 500만과 30만에 불과한 작은 나라이다. 이런 경우 직접민주제를 폭넓게 활용하는데 부담이 적을 수밖에 없으며, 이와 달리 대표적인 서구의 선진국인 영국, 미국, 독일, 프랑스 등에서 이러한 식의 직접민주제를 적극적으로 활용하지 못하고 있는 것은 시사하는 바가 크다.

다른 하나의 요인은 역사적 경험이다. 오래전부터 직접민주제에 익숙하였고, 성공적으로 운영했던 나라에서는 직접민주제의 활용에 적극적인 반면 정치적 선전과 선동에 의해 국민들이 잘못된 판단을 내린 경험이 있는 나라에서는 직접민주제에 대해 소극적일 수밖에 없다. 전자의 대표적인 예로 스위스를 들 수 있다면, 후자의 대표적인 예로는 히틀러의 나치당을 국민 다수가 지지하였던 역사적 경험에 대한 반성이 크게 작용하고 있는 독일을 들 수 있다.

물론 스위스나 독일은 모두 서구의 민주주의를 대표하는 국가이며, 어느 쪽이 절대적으로 옳고, 다른 쪽은 틀렸다고 말할 수 없다. 다만 다른 여러 가지 정치제도와 마찬가지로 직접민주제의 적극적 활용에 있어서도 다양한 요인이 작용할 수 있음을 확인할 수 있으며, 과연 우리의 경우는 어떤 쪽에 더 가까운지에 대해 신중한 검토가 요청된다는 것이다.

주목할 점은 히틀러의 집권이라는 특별한 역사적 경험을 갖고 있는 독일뿐 아니라 영국이나 미국, 프랑스 등에서도 연방 내지 국가 차원의 직접민주제의 확대·강화에 대해서는 대체로 소극적인 태도를 보이고 있다는 것이다. 이는 인구 규모의 문제도 있지만 엘리트 민주주의의 영향도 적지 않은 것으로 보인다. 대중의 이익을 위한 정부(government for the people)가 되어야 하지만, 대중의 의사에 따르는 정부(government by the people)가 될 경우에는 포퓰리즘에 빠지게 될 것이라는 우려도 적지 않은 것이다.

Ⅲ. 대의제의 한계와 직접민주제에 대한 요구의 강화

1. 대의제의 한계: 정당과 국가기관이 국민의사를 제대로 반영하지 못하는 경우

대의제의 이상(理想)은 국민에 의해 선출된 대표자가 그 전문성을 적절하게 활용하여 국민의 의사를 합리적으로 수렴함과 동시에 국민의 이익을 합리적으로 조정함으로써 국민의 의사와 이익을 조화시키는 최상의 결과를 낳는 것이다.

그러나 이상과 현실 사이에는 항상 괴리가 있을 수밖에 없다. 대의제 민주주의를 가장 먼저 발전시켜온 영국을 비롯한 서구의 선진국들에서도 이러한 대의제의 이상이 제대로 실현된 경우는 거의 없다고 말한다(K. Kluxen). 오히려 국민에 의해 선출된 대표자가 국민의 의사를 무시하고 독선적인 국정 운영을 하는 경우가 드물지 않았고, 국민의 이익을 위한다고 하면서 집권자 개인을 위해 활동한 경우도 있었다.

대의제가 지향하는 이상과 현실의 완벽한 합치는 어렵다고 할 수 있지만 괴리의 정도가 심각한 경우에는 민주주의를 파괴하게 된다. 히틀러의 나치당 집권처럼 민주적 절차에 의해 민주주의를 파괴하는[4] 극단적 경우까지 발생할 수 있는 것이다. 이를 예방하기 위해 국민과 대표자 사이에 다양한 형태의 소통 및 통제가 필요하다.

고전적인 대의제가 선거에 의존하고 있었다면, 현대적인 대의제는

---

4 바이마르공화국의 민주주의가 국민 다수의 선택에 의한 히틀러 집권으로 인해 붕괴된 것을 일컬어 민주주의의 자살로 표현하기도 한다(H. Pol; K. J. Newman).

정당의 활동에도 크게 의존한다. 즉 선거 시기에만 대표자가 국민들의 지지를 얻기 위해 노력하는 것이 아니라 평상시에도 정당을 매개로 국민의 의사를 지속적으로 수렴함으로써 보다 적극적인 소통이 가능하게 되며, 정당이 제 기능을 하지 못할 경우에는 여론의 압력, 나아가 탄핵 등에 의한 통제까지도 가능하다.

그러나 현실적으로 당내 민주주의가 제대로 활성화되지 못하여 정당의 민주적 기능이 충분히 발현되지 못하는 경우도 드물지 않고, 기존의 정당들이 국민의 다양한 의사를 충분히 수렴하지 못하는 경우는 더욱 많다. 이는 대의제의 구조적 한계라 할 수 있으며, 이를 어떻게 극복할 것인지가 대의제 민주주의의 성패를 좌우할 수 있다.

2. 서구 선진국에서 정치권에 대한 불신과 불만의 확대

21세기에 들어와 더욱 뚜렷해지고 있는 대의제 민주주의에 대한 불신과 불만은 사회구조의 변화 속도를 정치권의 변화가 따라잡지 못하고 있는 것에서 비롯된 것으로 볼 수 있다. 선거 때만 국민의 목소리에 귀를 기울이는 대의제의 문제점을 극복하기 위해 정당 민주주의가 발달되었으나 이제는 정당도 국민의 다양한 목소리를 효과적으로 수렴·대변하지 못한다는 점이 문제되고 있는 것이다.

21세기를 특징짓는 요소들은 다양하지만 대의제의 한계와 관련하여 주목할 만한 요소로 '글로벌 시대', '정보화 시대', '저출산·고령화 시대', '제4차 산업혁명 시대' 등을 들 수 있다. 이러한 요소들은 경제적·사회적 구조 변화를 통해 국민들의 새로운 요구를 자극하며, 이는 기존의 정치체제에 대한 중요한 도전이 되고 있다.

첫째, 글로벌 시대는 다원성과 더불어 글로벌 스탠다드에 대한 세계시민들의 욕구를 강화시켰다. 교통과 통신의 발달로 인하여 다른 나라의 정치제도와 그 운용방식에 대해 손쉽게 접할 수 있게 된 국민들은 자국과 외국의 정치체제와 비교하는 가운데 기대 수준이 계속 높아지고 있다.

둘째, 현대의 복잡화된 다원적 사회의 수많은 요구들에 대해 기존의 정당시스템이 효과적으로 대응하지 못하고 있다. 정치적 세력관계 내지 정당들의 역학관계가 상당한 정도로 고착화·경직화됨에 따라 새로운 정당의 출현이 쉽지 않을 뿐 아니라, 기존 정당들이 국민들의 다양한 의사를 폭넓게 수용하고 또 조정하는 데에서도 한계를 드러내고 있기 때문이다.

셋째, 정치 엘리트에 대한 환상이 사라지고, 신뢰가 붕괴되고 있다는 점을 들 수 있다. 과거 정치 엘리트에 대한 환상이 존재하고, 이를 바탕으로 한 강력한 카리스마에 힘입어 대중을 이끌 수 있었던 것과는 달리 온갖 정보가 실시간으로 공개·전파되는 정보화사회에서는 정치 엘리트의 이면이 드러나면서 대중의 환상을 깨뜨리고 있다. 이러한 정치 엘리트에 대한 환멸이 대의제 민주주의 전체에 대한 불신과 불만으로 이어지고 있는 것이다.

이러한 서구 선진국들의 대의제 및 이를 이끌어가는 정치 엘리트에 대한 불신과 불만은 상당한 정도의 보편성을 갖고 있으며, 대한민국에서도 이러한 요인들은 매우 크게 작용하고 있다.

3. 대한민국에서 정치권에 대한 불신과
직접민주제에 대한 요구의 강화

서구 선진국들에서는 20세기까지 대의제 민주주의에 대한 신뢰가 매우 높았다. 그러나 대한민국에서는 건국 직후부터도 정치 불신이 매우 높았다. 이러한 정치 불신은 1987년 민주화 직후에 잠시 낮아졌지만 최근 20년 동안 진보-보수-진보로 정권이 바뀌는 과정에서 다시금 매우 심각한 수준으로 높아졌다. 그 원인은 무엇보다 진영논리에 따른 양극화에서 찾을 수 있다.

1987년 민주화 이전에는 독재와 민주의 투쟁이라는 이분법적 구도가 분명하였고, 국민들의 민주화에 대한 열망이 결국 1987년 6월 민주혁명을 통해 관철되면서 이른바 87년 체제에 대한 국민들의 자부심에 의해, 그리고 민주화의 주역이었던 김영삼, 김대중 대통령에 대한 국민들의 존중으로 인해 정치에 대한 불신도 상당한 정도로 낮아질 수 있었다.

그러나 노무현 대통령의 집권 후반기에 국민들의 지지율이 심각한 수준으로 떨어지면서 갈등이 심화하였으며, 무엇보다 이명박-박근혜 정부에서 과거의 김대중-노무현 정부 시기를 '잃어버린 10년'으로 지칭하면서, 그리고 문재인 정부에서는 이명박-박근혜 정부 시기를 잃어버린 10년으로 지칭하면서 진영 간의 갈등이 더욱 날카로워졌고, 그런 가운데 국민들의 정치 불신도 더욱 높아진 것이다.

이러한 국민들의 정치 불신에 화룡점정의 역할을 했던 것이 이른바 '제왕적 대통령' 논란이었다. 최순실 사태로 인한 국정농단이 문제되면서 제왕적 대통령의 문제는 시대의 화두가 되었고, 문재인 대통령의 집권 중에도 제왕적 대통령에 대한 우려 내지 비판은 끊이지 않았다. 그 결과 국민들의 정치 불신은 민주화 이후 최고조에 달했다고 해도 과언이 아니다.

이처럼 정치 불신이 높아지면서 국민들이 대의기관의 결정보다는 국민들의 직접적인 결정을 강화하는 직접민주제에 대한 관심으로 이어지는 것은 자연스러운 일이라 할 수 있다.

IV. 스위스의 직접민주제 경험과 시사점

1. 스위스의 역사적 배경과 직접민주제의 발전

스위스는 다양한 갈등과 내전을 겪는 가운데 1848년에 제정된 연방헌법에 의해 사실상 느슨한 국가 간 동맹에서 벗어나 실질적인 연방국가의 구조를 갖추게 되었으며(G. Biaggini, 2007, Rn. 6; W. Haller u.a., Rn. 48 ff.), 예컨대 관세징수권과 같이 과거 칸톤(Kanton)에 속했던 권한 중 일부가 연방으로 이관되었다(W. Haller u.a., Rn. 51). 그럼에도 어떤 연방국가에서도 스위스처럼 칸톤의 독자성과 자율성이 강한 경우를 찾아보기 어렵다(G. Biaggini, 2007, Rn. 11).

연방의회(Bundesversammlung)는 상하 양원으로 구성되는데, 양원은 동등한 권한을 갖는다. 연방상원(Ständerat)은 각 칸톤에서 선출된 46명[5]의 의원들로 구성되며 칸톤들의 대표로 이해된다(스위스 연방헌법 제

5　각 칸톤에서 2명의 의원을 선출하나 26개의 칸톤 중에서 6개의 칸톤은 인구 규모가 작기 때문에 1명의 의원만 선출한다(스위스 연방헌법 제150조 제2항).

150조 제1항). 연방하원(Nationalrat)은 비례대표로 선출된 200명의 의원으로 구성되며 국민의 대표로 이해된다(스위스 연방헌법 제149조 제1항, 제2항). 즉 연방의회의 의결은 국민대표의 결정일 뿐 아니라 칸톤의 동의까지도 받은 의결이라고 할 수 있다.

연방과 칸톤 간의 권한 배분에 있어서 연방의 권한은 연방헌법에 열거된 권한 및 연방의회에서 개별적으로 위임한 권한에 한정된다. 나아가 칸톤에게는 헌법의 부분개정안에 대한 발의권(8개 이상의 칸톤: 스위스 연방헌법 제139조 제1항)과 연방법률 등에 대한 임의적 국민투표발의권(8개 이상의 칸톤: 스위스 연방헌법 제141조), 연방법률안 제출권(스위스 연방헌법 제141조) 등 연방법률의 입법절차에 대한 광범위한 참여권이 인정되고 있으며, 헌법개정안 등 국가의 중요한 사안에 대한 정책투표에서 국민투표와 더불어 주의 투표(이른바 이중적 다수)도 요구하는 등 연방헌법과 연방법률, 그리고 국가적 중대 사안에 대하여, 한편으로 칸톤이 적극적으로 의사를 개진할 수 있는 권한이, 다른 한편으로 칸톤의 의사에 반하는 결정을 저지할 수 있는 다양한 수단들이 확보되고 있다.

이는 스위스의 역사적 발전과정에서 확인될 수 있는 칸톤의 독자성·자율성에 대한 요구가 강하게 작용하였기 때문이다. 다른 연방국가와 비교하더라도 스위스 칸톤의 독자성은 두드러졌고, 이를 바탕으로 칸톤에서 각자의 방식으로 직접민주제를 발전시켰던 것은 나중에 연방 차원의 직접민주제에도 큰 영향을 미쳤다. 물론 칸톤의 독자성이 강하기 때문에 칸톤마다 직접민주제의 인정 범위, 방식 등에 상당한 차이가 있으나 이를 하나하나 조망하는 것은 지면의 제약으로 인해 여기서는 연방 차원의 직접민주제에 주목하고자 한다.

1848년 제정된 스위스 연방헌법에서 헌법개정안에 대한 필요적 국

〈표 8-1〉 스위스 연방헌법 상 국민발안(Volksinitiative)

적용 범위	요건과 방식		
헌법의 전면개정을 위한 국민발안	발의권자: 투표권자 10만 명 이상 서명수집기한: 해당 발안이 공고된 날로부터 18개월 이내		
	구체적 개정안이 아닌 전면개정의 여부를 발의하며, 이에 대해 국민투표(사전투표[Vorabstimmung]) 실시		
	국민투표 가결시 양원을 새로 선거하여, 새로 구성된 연방의회에서 작성한 헌법개정안을 국민투표와 주의 투표(Ständeabstimmung)에 부의함		
헌법의 부분개정을 위한 국민발안	발의권자 및 서명수집기한: 투표권자 10만 명 이상, 해당 발안이 공고된 날로부터 18개월 이내(서명수집기간)		
	발의의 형식: 일반적 제안(Anregung) 또는 완성된 개정안		
	발의의 한계: 연방의회에서 형식의 통일성, 내용의 통일성 및 국제법상의 강행규정과 실행 가능성에 대해 심사하여 위반시 부분 또는 전부에 대해 무효를 선언함		
	일반적 제안	연방의회가 일반적 청원에 동의할 경우, 일반적 제안의 취지대로 헌법개정안을 작성하여 국민투표 및 주의 투표에 부의함	
		연방의회가 일반적 제안에 동의하지 않을 경우, 국민투표(사전투표)에 부의함. 국민투표 가결시 연방의회에서 상응하는 헌법개정안을 작성하여 국민투표 및 주의 투표에 부의함.	
	완성된 개정안	연방의회가 해당 개정안을 국민투표 및 주의 투표에 부의함. 연방의회는 해당 국민발안에 대해 채택 또는 거부를 권고함.	
		연방의회는 완성된 개정안에 대한 대안을 발의할 수 있음	
		연방의회의 대안이 발의된 경우 국민투표 및 주의 투표 절차	완성된 개정안과 연방의회의 대안 모두에 대해 동시에 투표함
			양 안 모두에 대해 찬성할 수 있음
			추가 문항(세 번째 문항)에서 양 안 모두 채택될 경우, 투표지에 어떤 안이 우선순위인지를 표시할 수 있음
			양 안 모두 채택되고 어느 한쪽 안은 국민투표에서, 다른 쪽 안은 주의 투표에서 더 많은 득표를 한 경우에는, 추가 문항(세 번째 문항)에서 국민투표의 득표율과 주의 투표의 득표율의 합계가 더 많은 안이 시행됨.

민투표와 연방헌법의 개정에 대한 국민발안을 도입한 이래 스위스연방의 직접민주제는 지속적으로 확장되어 왔을 뿐 아니라 세계에서 가장 성공적으로 정착된 것으로 평가받고 있다. 특히 직접민주제의 확대 및 적극적 활용을 통해 언어의 차이(독일어, 프랑스어, 이태리어, 로망슈어), 종교의 차이(특히 신교와 구교 간의 대립과 갈등의 역사) 및 지리적 여건의 차이(특히 같은 칸톤 안에서도 다양한 언어와 종교가 공존하는 경우가 많음)가 있음에도 다양성 속에서 타협과 조정을 통해 조화를 이루는 이른바 조화의 민주주의(Konkordanzdemokratie)를 실현해 온 것에 대해 스위스 스스로도 자부하고 있다(G. Biaggini, 2007, Rn. 6, 11, 41, 63).

〈표 8-2〉 스위스 연방헌법 상 필요적 정책투표(obligatorisches Referendum)

적용 범위			요건과 방식
헌법개정	전면 개정	국민발안	〈표 8-1〉의 「헌법의 전면개정을 위한 국민발안」과 같음
		상원 또는 하원의 발의	헌법의 전면개정 여부에 대해 상하 양원의 의결이 일치하지 않을 때 국민투표를 실시함
			국민투표 통과시 상하 양원을 새로 선거하여, 새로 구성된 연방의회에서 헌법개정안을 국민투표와 주의 투표에 부의함
		연방의회의 발의	헌법개정안을 국민투표와 주의 투표에 부의함
	부분 개정	국민발안	〈표 8-1〉의 「헌법의 부분개정을 위한 국민발안」과 같음
		연방의회의 발의	국민투표와 주의 투표에 부의함
집단안보조약 또는 초국가적 공동체 가입			국민투표와 주의 투표에 부의함
헌법개정적인 성격의, 긴급한 연방법률에 대한 사후적 국민투표			대상: 헌법적 근거가 없고, 시행기간이 1년 이상으로서 상하 양원 재적 과반수의 찬성으로 긴급한 것으로 선언된 연방법률
			방식: 국민투표와 주의 투표에 부의함

현행 스위스 연방헌법은 국민발안과 국민투표를 두고 있다. 스위스 연방헌법 상 국민발안은 연방법률(의 제정·개정·폐지)에 대해서는 허용되지 않고, 연방헌법의 (전면 또는 부분)개정에 대해서만 허용되며, 반드시 국민투표를 거치도록 하고 있다(필요적 국민투표).

스위스 연방헌법 상 국민투표는 신임투표가 금지되고 정책투표만 허용되는데, 정책투표 사항은 필요적 정책투표 사항과 임의적 정책투표 사항으로 나뉜다. 정책투표 사항 중에는 국민투표(Volksabstimmung)만 거치면 되는 경우와 주의 투표(Ständeabstimmung)까지도 요구되는 경우(스위스 연방헌법 제139조 제3항 및 제5항, 제140조 제1항, 제142조 제1항)로 나뉜다. 국민투표의 가결을 위한 정족수는 투표에 참여한 투표권자(투표자) 과반수의 찬성이며, 전체 투표권자 중 일정한 수 내지 비율의 투표권자의 투표를 요구하지 않는다(스위스 연방헌법 제142조 제1항, 제2항). 주의 투표까지도 얻도록 하는 것은 칸톤들의 이해관계와 의사를 반영하기 위한 연방국가적 요소라 할 수 있는데, 주의 투표는 칸톤의 과반수의 찬성을 얻어야 한다(스위스 연방헌법 제142조 제2항, 제3항).

〈표 8-3〉 스위스 연방헌법 상 임의적 정책투표(fakultatives Referemdum)

부의권자	투표권자 5만 명 이상 또는 8개 이상 칸톤
부의기한	해당 부의사항이 공고된 날로부터 100일 이내
	연방법률
	긴급한 (시행기간이 1년 이상으로서 상하 양원 재적 과반수의 찬성으로 긴급한 것으로 선언된) 연방법률에 대한 사후적 정책투표
	헌법이나 법률에 규정되어 있는 연방의회 의결(Bundesbeschlüsse)
	다음에 해당하는 국제조약: ① 시행기간에 제한이 없고 폐기할 수 없는 조약, ② 국제기구의 가입을 예정하고 있는 조약, ③ 중요한 법규적인 규정(rechtsetzende Bestimmung)을 포함하고 있거나 그 이행을 위해 연방법률의 제정이 필요한 조약
방식	국민투표에 부의함

주목할 점은 스위스 연방헌법에서 헌법개정에 대한 국민발안을 매우 폭넓게 인정하고 있는 것과는 달리 연방 차원의 국민소환에 대해서는 명문 규정을 두지 않고 있다는 점이다. 이는 스위스의 직접민주제가 갖고 있는 특징이 무엇인지에 대한 중요한 시사점이라 할 수 있다.

2. 스위스 직접민주제의 성공 배경으로서 숙의적 구조

스위스는 직접민주제가 가장 폭넓게 활용되고 있는 나라 중의 하나로 손꼽힌다. 물론 현대 민주국가가 일반적으로 그러하듯이 대의제를 근간으로 하고 있다는 점은 스위스의 경우에도 예외는 아니다(G. Biaggini, 2007, Rn. 6). 그러나 직접민주제를 통해 대의제에 변화를 준다는 것, 즉 대표자가 자유위임의 원칙에 따라 책임정치를 실현하고 있는 과정에 국민들이 직접 의견을 제시하고 이를 국가 의사로 관철시킬 수 있다는 것은 장점과 더불어 위험성도 갖는다.

그러므로 스위스가 폭넓은 직접민주제의 활용에도 불구하고 그 위험성을 최소화하는 가운데 장점을 잘 살릴 수 있었던 구조적 특징 및 전제조건이 무엇인지에 대해 관심을 가질 필요가 있다. 이러한 맥락에서 스위스 연방헌법 상 직접민주제의 특징적 요소로서 첫째, 국민투표와 관련하여 신임투표(Plebizit)는 허용되지 않고 정책투표가 널리 인정되며 헌법개정을 필요적 정책투표 사항으로 삼고 있다는 점, 둘째, 국민소환이 인정되지 않는다는 점, 셋째, 헌법개정에 대한 국민발안이 인정되는 반면, 연방법률에 대한 국민발안이 인정되지 않지만 연방법률에 대한 임의적 국민투표가 인정된다는 점을 들 수 있다.

이러한 스위스연방의 직접민주제의 인정 범위는 숙의적 구조와 직결된다. 국민이 발의한 연방헌법의 개정 절차와 국민투표 절차가 숙의적 구조를 반영하고 있을 뿐 아니라 숙의적 구조의 반영이 사실상 어려운 국민소환을 배제하고 있다는 점에서도 그러하다. 숙의적 구조가 제대로 작동하기 위해서는 참여자들이 공론화 과정 속에서 이해관계를 떠나 논의하고 결정할 수 있어야 하는데, 국민소환의 경우 정치적 이해관계의 충돌로 인하여 이를 기대하기 어렵기 때문이다.

숙의적 구조란 다양한 의미로 사용될 수 있지만 가장 기본적인 의미는 공론화 과정이라 할 수 있다. 즉, 논란이 되는 쟁점들에 대해 충분한 시간과 노력을 기울여 차분하게 논의하는 과정을 거침으로써 경솔한 결정, 일시적인 감정적 호소에 부화뇌동하는 것이 아니라 보다 합리적이고 객관적인 판단을 내릴 수 있도록 하는 것이다. 이러한 숙의적 구조의 활용을 통해 직접민주제의 오·남용을 상당 부분 방지할 수 있을 것이다.

이러한 맥락에서 스위스연방의 직접민주제의 숙의적 구조는 무엇보다도 충분한 시간적 여유를 가지고 숙의할 수 있도록 운영된다는 점과 대의기관, 특히 연방의회와의 긴밀한 상호작용 속에서 국민이 보다 합리적인 판단을 내릴 수 있도록 운영된다는 점에서 찾을 수 있다. 이러한 숙의적 구조는 특히 (부분)헌법개정안 국민발안에서 가장 잘 드러난다.

첫째, 헌법개정안에 대한 국민발안은 개정안 공고 후 18개월의 서명수집기한이 요구된다. 충분한 시간이 주어진다는 것은 일시적인 충동에 의한 결정의 위험성을 크게 낮출 수 있기 때문이다.

둘째, 연방의회는 완성된 개정안이 형식의 통일성, 내용의 통일성과 국제법상 강행 규정에 위반되는지 여부, 나아가 이론 및 실무적으로 인정되는 한계인 실행 가능성(G. Biaggini, 2017, S. 1098, Rn. 9, S. 1105,

Rn. 17; A. Epiney, S. 98) 여부에 대해 심사하여 위반되는 경우 개정안 전부 또는 위반되는 부분에 대해 무효를 선언한다. 사전심사 사유 중 가장 의미 있는 기준은 국제법상 강행 규정이라 할 수 있으나 연방의회가 국제법상의 강행법규 위반을 이유로 전부무효를 선언한 경우는 1건밖에 없었고, 일부무효를 선언한 경우도 1건 밖에 없었다.

셋째, 연방의회는 국민발안에 대한 대안도 국민투표에 부의할 수 있다. 연방내각이 투표 시행을 확정하기 전까지 국민발안위원회는 위원 과반수의 찬성으로 국민발안을 철회할 수 있다. 연방의회가 국민발안의 취지를 수용하는 간접적인 대안을 의결하는 경우, 대안이 국민투표 및 주의 투표에서 부결되지 않을 것을 조건으로 하는 조건부 철회도 가능하다. 이를 통해 연방의회의 대안에 대한 심의과정에서 의원들과 발의자들 간 조정과 타협이 이루어질 수 있고(이기우, 209면; 정재각, 29면), 국민발안이 연방의회 등 대의기관에 대한 통제 기능을 실효적으로 수행할 수 있다.

넷째, 연방의회는 완성된 개정안의 발안 후 30개월 이내에 국민투표와 주의 투표에서 찬성 또는 반대에 대한 권고안을 의결해야 한다.

다섯째, 연방내각은 연방의회의 대안 및 권고안에 대한 의결이 있은 날로부터 10개월 이내에, 간접적 대안에 대한 조건부 철회가 있는 경우 연방내각이 간접적 대안이 국민투표에서 부결되었음을 확인한 날로부터 10개월 이내에 국민투표에 부의한다.

3. 스위스 직접민주제가 대한민국에 주는
시사점과 그 한계

  스위스의 직접민주제는 특수한 역사적 배경, 지리적 특징 등이 크게 작용하였다. 그렇다면 이러한 요소는 직접민주제의 발전에 본질적인 요소인지, 아니면 그와 같은 특징을 갖고 있지 않은 대한민국에서도 스위스식의 직접민주제 확대가 가능할 것인지에 대해 신중한 검토가 필요하다.

  스위스 직접민주제의 성공 요인으로는 크게 세 가지를 들 수 있다. 첫째, 국가의 규모가 비교적 작고, 칸톤 중심의 독자성이 매우 강하게 유지되고 있으며, 지방자치단체인 게마인데(Gemeinde)의 각 규모와 인구수가 매우 작아 직접민주제 방식으로 운영되는 비중이 매우 높다. 둘째, 스위스 정치문화가 상대적으로 탈이념적이고, 특정 정파에의 집중이나 정당기속이 강하지 않다(G. Biaggini, 2007, Rn. 63). 셋째, 직접민주제가 대의기관과 유기적으로 상호작용하는 가운데 숙의적 구조 속에서 적절하게 활용·통제되고 있다.

  그러나 다른 한편으로 스위스 직접민주제의 한계 내지 문제점도 간과해서는 안 된다. 무엇보다도 한편으로 법률로 규율하여야 할 사항들이 국민발안을 통해 다수 연방헌법에 규정[6]됨으로 인하여 ─연방법률

---

6 예컨대, 공공장소에서 얼굴 가리는 것 금지(제10조a), 이슬람 첨탑의 건축금지(제72조 제3항), 별장의 면적비율의 제한(제75조b), 주주총회에 의한 상장 주식회사의 이사와 임원 등의 보수총액 결정, 경영진에 대한 보수의 결정, 경영진에 대한 퇴직금 등 지급제한 등과 위반시 형사처벌(제95조 제3항), 아동성범죄자의 아동 관련 직업의 취업 등을 금지(제123조c) 등이 있다.

의 제정·개정·폐지에 대한 국민발안이 인정되지 않는 것도 그 주요 원인이라 할 수 있다— 헌법과 전체 법질서의 통일성과 체계성 및 탄력성이 약해지는 문제와, 다른 한편으로 국민발안을 통해 인권을 침해할 소지가 있는 헌법개정이 포퓰리즘적으로 관철되는 문제[7]는 민주주의와 법치주의의 근간을 흔들 수 있다는 점에서 매우 위험한 것이다.

스위스 연방의회는 국제법상 강행 규정에 위반되는 국민발안에 대해 무효를 선언할 권한이 있으나 실제 그 권한을 행사한 바는 거의 없다. 헌법개정은 연방의회의 입법 형식으로 이루어지므로(스위스 연방헌법 제192조 제2항), 이론적으로는 위헌법률심사도 가능할 것이지만 스위스 연방대법원(Bundesgericht)은 연방법률이 설령 위헌적이라 할지라도 이를 적용할 의무(스위스 연방헌법 제190조)가 있기 때문에(G. Biaggini, 2007, Rn. 69; W. Haller u.a. Rn. 2086 ff.) 이러한 문제를 해결할 수 있는 통로가 거의 없다는 점에서 문제의 심각성이 더욱 크다.[8]

7 대표적인 예로 이슬람 첨탑(Minarett)의 건축을 금지하는 헌법개정안 발안(Minarettbauverbotsinitiative)(2009년)(스위스 연방헌법 제72조 제3항), 아동성범죄자의 아동 관련 직업의 취업 등을 금지하는 헌법개정안 발안(Pädophilieinitiative)(2014년)(스위스 연방헌법 제123조c)이 있다. 무슬림 여인이 부르카 등으로 얼굴을 가리지 못하게 하는 헌법개정안 발안(Volksinitiative Ja zum Verhüllungsverbot)(2021년)(스위스 연방헌법 제10조a)도 종교의 자유와 관련하여 논란의 여지가 많다. 외국인 범죄자에 대한 강제추방 발안은(Ausschaffungsinitiative) 2010년에 시행된 국민투표 및 주의 투표에서 통과되었으나, 그 집행을 위한 국민발안(Durchsetzungsinitiative)이 2016년의 국민투표 및 주의 투표에서 부결됨에 따라 형법 및 군형법상의 개정규정이 2016. 10. 1 시행되었다(스위스 연방법무·경찰부, https://www.bj. admin.ch/bj/de/home/sicherheit/gesetzgebung/archiv/ausschaffung.html)(2021. 8. 14 접속).

8 연방법률에 대한 헌법의 우위를 관철시키는 제도적 장치가 없다는 점에서 실질적 법치주의에 큰 결함이 있다고 할 수 있다. 이러한 문제점을 해소하기 위해 스위스 연방헌법 제190조를 폐지하고 연방법률에 대한 위헌법률심판제도를 도입하고자 하는 시도들이 있었으나 모두 실패하였다(W. Haller u.a., Rn. 2092a).

이러한 스위스 사법체계의 약점이 아니라 하더라도 주권자인 국민이 국민투표를 통해 직접 결정한 사안에 대해 ―설령 그것이 헌법이 아닌 법률의 형식을 취하고 있다 하더라도― 사후에 사법심사를 통해 이를 위헌·무효화한다는 것은 사법기관에게 매우 큰 정치적 부담이 될 수밖에 없다. 이러한 맥락에서 직접민주제의 성공을 위해서는 숙의적인 절차와 더불어 인권, 권력분립 등[9] 법치국가적 보장에 의한 보완이 필수불가결한 전제조건이라 할 수 있다.

스위스연방의 직접민주제의 성공 요인들을 형식적으로만 평가하면, 스위스의 직접민주제는 대한민국에 직접 적용하기 어렵다고 볼 수 있다. 하지만 적극적으로 생각하면, 적절한 변형을 통해 스위스의 직접민주제를 한국적으로 활용하는 방안을 모색해볼 수 있을 것이다.[10] 비록 대한민국의 영토의 규모와 인구수, 지리적 여건 등은 스위스와 다르지만 이를 적절하게 극복할 수 있는 다양한 기술적 수단에 대한 적극적 고려가 필요할 것이며, 스위스에서 좁은 범위의 소통이 대한민국에서는 조금 더 확대된 범위의 소통으로 자리잡게 만들 수 있는 방법에 대한 논의, 사이버 공간을 이용한 공론장 활용의 적극적 검토, 그리고 직접민주제와 대의기관, 특히 의회와의 유기적 연결 등은 현재의 대한민국에서도 충분히 고려될 수 있을 것이다.

---

9 이는 또한 민주주의의 핵심적 가치인 자유민주적 기본질서의 요소이기도 하다. 자유민주적 기본질서에 대하여 자세한 것은 장영수, 2014, 299면 이하 참조.

10 다만, 스위스식의 직접민주제를 성급하게 전면적으로 도입하려는 것은 경계되어야 한다. 2017년 국회 개헌특위 당시의 논의 과정에서도 직접민주제를 크게 확대하려는 시민단체들의 주장과 이를 기피하는 정당들 사이에 상당한 의견 차이가 있었다는 점을 간과해서는 안 될 것이다.

이러한 맥락에서 특히 법률의 제정·개정·폐지에 대한 국민발안을 도입하고 국민투표를 확대·강화하되, 전술한 스위스 직접민주제의 한계를 보완할 수 있는 방안도 함께 고려되어야 할 것이다. 또한 국민소환에 대해서는 소극적인 스위스식의 직접민주제가 대한민국 국민들을 설득할 수 있을 것인지에 대해서도 충분한 논의가 필요할 것이다. 분명한 것은 스위스식의 직접민주제가 21세기 대한민국의 직접민주제 확대를 위한 중요한 모델의 하나이며, 스위스의 모델이 중요한 참고가 되어야 한다는 것이다.

V. 독일의 직접민주제에 대한 우려와 그 시사점

1. 독일의 나치 집권의 경험과 그에 대한 반성

독일은 유럽 내에서 후발 선진국으로 지칭된다. 비록 군사적으로는 비스마르크 제국에 의한 독일 통일 이전인 프로이센 시절부터 강국으로 평가되었지만 정치적 측면에서의 민주화, 경제적 측면에서의 산업화는 영국, 프랑스 등 주변 국가들에 비해 많이 늦었기 때문이다. 그러나 독일은 신성로마제국 시대부터 유럽의 역사를 이끌어 온 강대국의 하나였으며 현대에 들어와서도 제1차 세계대전과 제2차 세계대전의 전범국가로서 세계사의 변화에 큰 영향을 미쳤다. 이러한 독일의 역사에서 중요한 분수령이 되었던 것은 바이마르공화국의 붕괴와 히틀러의 집권이었다.

독일의 제2제국, 즉, 비스마르크 제국이 제1차 세계대전의 패전 결과로 붕괴된 이후에 1919년 성립된 바이마르공화국은 독일 최초의 민주공화국이었으나 민주주의에 대한 인식 및 경험의 부족으로 인하여 심각한 정치적·사회적 혼란을 겪었다(장영수, 2014, 299면). 더욱이 막대한 전쟁배상금으로 인한 부담과 1930년대 세계적인 대공황으로 인한 엄청난 인플레이션을 겪으면서 바이마르공화국은 매우 심각한 위기에 직면하였고(장영수, 2014, 299면), 이러한 상황에서 강한 독일을 내세우면서 등장한 히틀러가 집권하여 군국주의를 기초로 전체주의 체제를 만들었다.

히틀러의 제3제국은 유태인 학살 등과 같은 인권의 침해 외에도 서구민주주의의 전통으로부터 완전히 벗어난 길을 걸었고, 수권법(Ermächtigungsgesetz)에 의한 독재화는 민주국가에서는 상상조차 어려운 것이었다. 이러한 제3제국이 제2차 세계대전의 패전으로 붕괴한 이후 독일은 연합국의 분할 점령에 따라 동독과 서독으로 분리되었으며, 동독에서는 공산주의 체제가, 서독에서는 서구적 민주주의의 재건이 시도되었다.

전후 서독에서 민주주의를 재건하는 과정은 나치에 의한 바이마르공화국의 붕괴에 대한 반성에서 시작되었다. 한편으로는 당시 헌법학계의 주류였던 법실증주의적 헌법관에 따른 '상대주의적 민주주의', 즉, 최대한의 자유를 추구하는 민주주의는 가치중립성을 본질로 하기 때문에 어떠한 정치적 주의·주장도 다수의 지지를 얻으면 집권할 수 있고, 국정 운영의 방향을 바꿀 수 있다는 생각이 나치의 집권을 가능케 했다는 반성에 따라 '가치구속적 민주주의'를 지향하게 되었다(장영수, 2014, 299-301면). 다른 한편으로는 나치의 선전·선동에 현혹된 독일 국민들이 올바른 판단을 하지 못했다는 점에 대한 우려로 인해 엘리트 민주주의의 경향이 뚜렷해졌고, 직접민주제적 요소의 도입에 대해서는 매우 소극적인 태도를 보이게 되었다.

전자의 결과가 자유민주적 기본질서(freiheitlich-demokratische Grundordnung)의 명문화 및 이를 기초로 한 위헌정당해산제도 등 방어적 민주주의(streitbare Demokratie)의 인정이라면, 후자의 결과가 독일에서의 간접민주제 강화 및 직접민주제적 요소의 약화라고 할 수 있다.

2. 제2차 세계대전 이후 독일의 간접민주제

1949년 제정된 서독 기본법(Grundgesetz)은 의원내각제 정부형태를 통해 대의제 민주주의를 추구하였을 뿐 아니라 직접민주제의 도입을 최소화하였다. 국민발안과 국민소환이 인정되지 않았고, 헌법개정에 대한 국민투표조차도 배제되었고, 오직 연방 영역의 변경 내지 주 (州) 간의 경계 변경에 대해서만 국민투표가 인정되었다. 이는 현행 독일 기본법에서도 크게 다르지 않다.

〈표 8-4〉 현행 독일기본법 상 국민발안(Volksbegehren)

유 형	방식과 절차
연방 영역의 재편성에 관한 국민발안 (Volksbegehren)	대상: 여러 주(州)의 경계에 걸쳐 있거나 100만 명 이상의 주민을 가진, 연결되어 있으나 다른 지역으로 구분된 주거 및 경제권역(Siedlungs-und Wirtschaftsraum)을 통합하여 단일한 주에 속하는 것으로 편입시킬 것인지 여부
	발의요건: 해당 권역의 연방의회 선거권자 1/10 이상
	2년 이내에 연방법률로 연방 영역의 재편성에 대한 연방법률에 대한 국민투표절차에 따른 소속 주를 변경할 것인지 여부 아니면 해당 주들에서 국민투표(Volksbefragung)를 실시할지를 정하여야 함
	해당 연방법률은 어느 주에 속할 것인지에 관한 상이한 제안들(최대 2개까지)을 국민투표(Volksbefragung)에 부칠 수 있음

	국민투표(Volksbefragung)에서 다수가 제안된 주 소속 변경에 동의하면 2년 이내에 연방법률로 소속 주를 변경할지 여부를 국민투표(Volksentscheid) 절차에 따라 정함
연방 영역의 재편성에 관한 국민발안 (Volksbegehren)	국민투표(Volksbefragung)에서 국민투표(Volksentscheid)의 가결을 위한 요건을 충족할 경우, 국민투표(Volksbefragung)의 실시 이후 2년 이내에 제안된 주를 형성하는 연방법률을 제정하여야 함. 이 연방법률은 국민투표(Volksentscheid)에 의한 동의를 받을 필요 없음
	국민투표(Volksbefragung 및 Volksentscheid)의 결정정족수: 연방의회의원 선거의 선거권자 1/4 이상의 투표와 투표자 과반수의 찬성
	연방법률로 동일한 국민발안(Volksbegehren)을 5년 이내에는 다시 제기할 수 없도록 규정할 수 있음

〈표 8-5〉 현행 독일기본법 상 국민투표

유 형	방식과 절차
연방 영역을 재편성하는 연방법률에 대한 국민투표(Volksentscheid)	대상: 연방 영역을 재편성하는 조치는 연방법률로서 해야 하며, 이러한 연방법률은 국민투표(Volksentscheid)에 의한 동의를 받아야 함
	국민투표(Volksentscheid)는 영역 또는 영역의 일부가 새로운 주를 형성하거나 경계가 새로 획정되는 주들(해당 주들)에서 실시하며, 해당 주들의 의견을 들어야 함
연방 영역을 재편성하는 연방법률에 대한 국민투표(Volksentscheid)	국민투표(Volksentscheid)에 부쳐질 문제는 관련 주들이 현 상태를 유지하여야 할 것인지 아니면 새로운 주를 형성하거나 주의 경계를 새로 획정하여야 할 것인지에 관한 것임
	새로운 주의 형성이나 주 경계를 새로이 획정하는 것에 대한 국민투표(Volksentscheid)는 해당 주에 새로 편입될 영역, 그리고 해당 주에 새로 편입되지 않는 영역 전체 또는 일부 영역에서 각기 다수가 변경에 동의하면 가결됨. 해당 주들의 영역에서 다수가 반대하면 국민투표는 부결됨. 다만 해당 주로 편입될 일부 영역에서 2/3 이상의 찬성으로 변경에 동의할 경우, 해당 주의 전체 영역에서 2/3 찬성으로 변경에 반대하지 않는 한, 반대는 효력이 없음.
	국민투표(Volksentscheid)의 결정정족수: 연방의회의원 선거의 선거권자 1/4 이상의 투표와 투표자 과반수의 찬성

유 형	방식과 절차
영역재편성에 관한 주(州)들간협약 (Staats- vertrag)에 대한 국민투표(Volksentscheid)	주들간 협약(Staatsvertrag)에 참여하는 모든 주에서 국민투표를 통해 동의를 얻어야 함. 조약이 주들의 부분 영역에만 적용되는 경우 해당 부분 영역에서만 국민투표(Volksentscheid)를 실시할 수 있음.
	해당 게마인데(Gemeinde) 및 크라이스(Kreis)의 의견을 들어야 함
	국민투표(Volksentscheid)의 결정정족수: 연방의회 의원선거의 선거권자 1/4 이상의 투표와 투표자 과반수의 찬성
	해당 협약(Staatsvertrag)은 연방의회(Bundestag)의 동의를 얻어야 함
바덴, 뷔르템베르크-바덴 및 뷔르템베르크-호헨촐레른 주를 포함하는 영역의 재편성에 관한 국민투표(Volksbefragung)	바덴, 뷔르템베르크-바덴 및 뷔르템베르크-호헨촐레른 주를 포함하는 영역의 재편성은 참여하는 주들간의 합의(Vereinbarung)로 가능함
	합의가 되지 않을 경우, 영역의 재편성은 연방법률로 규율하며, 해당 연방법률은 국민투표(Volksbefragung)에 대해 규정하여야 함

　　이는 바이마르공화국 시절, 그리고 나치 독재 시기에 국민투표와 국민발안이 대중 선동·조작을 통해 극심한 분열과 정치적 혼란을 야기하고 나치 독재를 정당화하는 도구로 악용되었다는 뼈아픈 반성에 기초한 것이었다(U. Bachmann, S. 76 ff.; P. Krause, Rn 14 f.).

　　독일에서 직접민주제에 대한 관심이나 각종 시도가 없었던 것은 아니다. 주(州) 차원에서는 주법률에 대한 국민발안이나 국민투표 등 직접민주제를 도입하거나 확대하여 통일 이후에는 모든 주에서 —각 주마다 유형과 요건 등에서 차이가 있으나— 직접민주제를 갖게 되었다. 그러나 실제 시행된 사례는 —1990년대 이후 급증하기는 했으나— 그다지 많지 않으며, 성공적이라고 평가할 만한 사례도 많지 않다(P. Krause, Rn. 39, 45; J. Seybold, S. 102 ff., 107).

　　1960~70년대에는 지방자치 차원에서 이른바 평의원 민주주의

〈표 8-6〉 독일 제3제국(나치 독재 시기) 국민투표(Volksbefragung) 시행 현황

시행일	안건	방식	결과(결정정족수: 유효투표 총수의 과반수)	비고
1933. 11.12	국제연맹 탈퇴	이미 국제연맹을 탈퇴한 뒤 사후에 공화국의회(Reichstag)선거와 동시 실시	유효투표 총수의 95.1% 찬성 (총투표 총수의 89.9% 찬성)	투표지에는 연방의회 의원 선거와 관련해 나치당 소속 후보자들이 기재된 통합명부(Einheitsliste) 옆에 오로지 찬성의 표시만 하도록 하나의 원만 그려져 있었고, 투표지 말미에 국민투표와 찬성 또는 반대의 표시를 하는 원이 그려져 있었음.
1934. 8.19	힌덴부르크 공화국 대통령의 사망을 계기로, 공화국 대통령직을 총통이자 수상인 히틀러가 겸하는 것	수권법에 따라 해당 법률을 제정한 뒤 사후에 국민투표 실시	유효투표 총수의 89.9% 찬성 (총투표 총수의 84.3% 찬성)	
1938. 4.10	오스트리아 합병	공화국의회선거와 결합	독일제국 전체 (독일과 오스트리아) 유권자 99.59% 투표, 유효투표 총수의 99.01% 찬성 오스트리아 유권자 99.71% 투표, 유효투표 총수의 99.73% 찬성	투표지에는 '국민투표 및 대독일 공화국의회(Großdeutscher Reichstag)'라는 제목 하에 "너(Du)는 1938년 3월 13일에 이루어진 오스트리아와 독일의 통일에 동의하고, 우리 아돌프 히틀러의 명단에 동의하니?"라는 문항과 그 밑에 찬성 또는 반대를 표시할 수 있는 원이 각기 하나씩 그려져 있었음.

출처: O. Jung, S. 61~72의 내용을 저자가 표로 요약 정리함.

(Rätedemokratie)의 실험이 있었다. 평의원 민주주의란 대의제의 기본 틀을 유지하되, 자유위임이 아닌 기속위임을 인정함으로써 사실상 직접민주제에 가까운 운영을 하자는 것이었는데, 그 결과는 실패로 나타났으며(U. Bermbach), 일부 주에서 지방자치 차원에서 주민발안이나 주민투표 등을 도입하고 있다. 1980년대 이후 주 차원에서 인정되는 국민발안과 국민투표를 연방 차원에서도 도입하고자 하는 시도들이 있었으나 큰 공감을 얻지 못하여 실패하고 말았다(F. Decker, S. 137 ff.).

엘리트 민주주의의 요소가 강한 독일의 대의제 민주주의에 대해 통일 이전의 서독 국민들은 큰 불만을 표시하지 않았고, 기민당(CDU)·기사당(CSU)연합과 사민당(SPD), 자민당(FDP), 녹색당(Die Grüne) 등이 중심이 되어 서독 국민들의 정치적 의사를 잘 수렴하면서 안정적인 다당제 정치체제를 유지하였다. 이러한 성과는 연동형 비례대표제의 효율적 활용을 통해 정당대표성과 지역대표성을 잘 조화시킨 선거제도의 성공으로 평가될 수 있다(장영수, 2019, 126면 이하).

1990년 독일의 통일 방식은 동독이 5개의 주로 분할되어 서독에 편입하는 방식을 취하였으며, 서독의 기본법이 통일독일 전체로 적용을 확대하는 방식으로 추진되었다. 그 결과 통일헌법의 제정이나 이를 위한 국민투표도 없었고, 단지 기본법의 부분적 개정이 있었을 뿐이다. 하지만 통일 직후 서독의 정치체제를 동독에 이식시키는 것에 대해 큰 불만이나 반발은 없었다.

그러나 시간이 경과하고, 동독 내에서 자생적 정치세력들이 성장하면서 독일 내에서도 정치적 갈등이 점차 커지고 있다. 양대 정당인 기민당(CDU)과 사민당(SPD)이 크게 위축되었고, 대안당(AfD)과 같은 급진주의 정당들의 세력이 커지고 있다. 아직은 양대 정당 중심의 연정이 계속되고 있지만 언제 급진주의 정당들이 제1당이 되어 독일의 대의제 민주주의를 뒤흔들 것인지, 혹시라도 제2의 나치당이 등장하는 것은 아닌지에 대한 우려도 점차 커지고 있는 것이다.

3. 독일의 경험이 대한민국에 주는 시사점과 그 한계

바이마르 민주주의가 붕괴되고 히틀러의 전체주의가 집권하는 과정은 후대의 독일인들뿐 아니라 전 세계에 큰 영향을 미쳤다. 민주주의가 스스로를 지켜야 한다는 점이 널리 인정되었고, 이를 위한 각종 제도적 장치들이 강구되었다. 무엇보다 정치적 선전과 선동에 약한 국민들이 포퓰리즘의 덫에 빠질 우려가 매우 크다는 점이 심각한 문제로 고려되게 되었다.

이러한 포퓰리즘에 대한 우려는 ―독일의 예에서 보듯이― 직접민주제에 대한 거부감으로 이어질 수 있다. 국민이 항상 올바른 결정을 내리는 것은 아니며, 자칫 잘못된 결정으로 인하여 국민 모두가 돌아올 수 없는 다리를 건너게 될 수 있다는 점이 히틀러의 나치당 집권으로 인해 역사적으로 검증되었기 때문이다.

그러나 거꾸로 엘리트 민주주의에 기초한 대의제가 항상 올바른 결정을 내리는 것은 아니라는 점도 고려되어야 한다. 더욱이 정치 엘리트 집단의 판단이 국민의 생각과 괴리되면 될수록 ―정치 엘리트 집단과 국민들 중에서 어느 쪽이 더 옳으냐를 떠나― 민주주의의 위기 현상이 나타나게 된다.

그런 의미에서 직접민주제에 있어서 국민의 최종적 결정권이라는 의미보다는 정치 엘리트 집단과 국민들 간의 소통이라는 의미에 주목할 필요가 있다. 국민들이나 정치 엘리트 집단이나 어느 쪽도 완전하지 않으며, 상호 소통 및 상호 통제를 통해 보다 합리적인 균형점을 찾아내는 것이 바람직한 민주주의 실현의 조건이 될 수 있기 때문이다.

다만, 독일의 경험에서 한 가지 빠뜨려서는 안 될 것은 어떤 경우에도 ―심지어 다수가 이를 요구하는 경우에도― 침해되어서는 안 될 근본 가치, 인류 역사의 경험을 통해 검증되었고, 역사적 다수의 판단이 이를 지지하고 있는 근본 가치를, 국민 다수이건 정치 엘리트 집단이건 한순간의 선전·선동에 휩쓸려 잘못된 판단으로 침해하는 일은 없어야 한다는 점이다.

이러한 전제 하에서 직접민주제의 확대·강화는 대의제에 대한 국민들의 불신과 불만을 누그러뜨리며, 정치 엘리트 집단과 국민들 간의 소통을 촉진하는 긍정적 역할을 수행할 수 있을 것이다.

VI. 제10차 개헌 논의와
직접민주제의 확대·강화의 대안

1. 2017년 개헌 논의 당시의 직접민주제에 관한
논의 상황

1987년의 민주화 이후 직접민주제에 대한 관심이 서서히 높아졌지만 본격적인 직접민주제 확대·강화를 위한 개헌이 시도되었던 것은 2017년 국회 개헌특위에서 제10차 개헌을 위한 논의를 진행하던 시기였다. 박근혜 대통령의 사퇴를 요구하던 촛불시위가 결국 헌법재판소의 탄핵 결정(헌재 2017. 3. 10. 2016헌나1 결정)으로 이어지면서, 이에 고무된 국민들이 제왕적 대통령제의 종식과 직접민주제의 확대·강화를 주장하는 개헌을 요구했고, 정치권에서도 이러한 국민들의 요구를 받아들여 국회 헌법개정특별위원회(개헌특위)가 구성되었다.

그러나 정작 개헌특위가 구성된 이후에도 개헌의 구체적 방향과 내용에 대해서는 수많은 이견이 대립되었고, 직접민주제의 확대·강화에 대해서도 정치권과 시민단체들 사이에 이견이 뚜렷했다. 국회 개헌특위 자문위원회에서의 개헌시안과 여러 시민단체에서 작성한 개헌안에서도 직접민주제의 확대·강화를 강조한 바 있다(〈표 8-8, 9〉 참조). 반면 주요 정당들에서는 직접민주제의 확대·강화에 상당히 소극적이었고, 2018년 3월 26일 발의된 대통령 개헌안에서도 직접민주제의 확대·강화에 적극적이지는 않았다(차진아, 229-230면).

이러한 온도 차이는 한편으로는 국민들의 입장과 국민들에 의해 선출된 대표자의 입장에서 각기 직접민주제의 확대·강화를 바라보는 시각 차이에서 비롯된 것으로 볼 수 있지만, 다른 한편으로는 대의제와 직접민주제의 새로운 관계 정립에 대한 명확한 인식의 부족에 기인한 것으로도 볼 수 있다. 그런 가운데 국민발안을 합리적으로 인정함으로써 대의제와 조화를 이룰 수 있는 방안을 찾으려는 노력, 국민소환의 요건과 절차를 합리화함으로써 오·남용의 소지를 최소화하려는 노력은 많지 않았다.

결국 2017년 국회 개헌특위는 결실 없이 끝났고, 2018년 대통령 개헌안도 성과 없이 끝나면서 직접민주제의 확대·강화 노력도 수면 밑으로 가라앉게 되었다. 그러나 제10차 개헌 논의가 다시 시작되면 직접민주제의 확대·강화를 둘러싼 갈등도 재연될 것이다.

〈표 8-7〉 국민발안제 도입에 관한 국회 개헌특위 자문위원회안과 대통령 개헌안 비교

구 분	국회 개헌특위 자문위 조문 시안	대통령 개헌안
법률안 발의	○	○
국가중요정책 발의	○	×
발의 요건	국회의원선거 선거권자 1/100 이상의 서명	법률로 결정
처리 시한	6개월 이내에 국회에서 원안대로 의결 또는 대안이나 의견 제시	법률로 결정
결정방식	국회에서 원안대로 의결하지 않을 경우 국민투표에서 국회의원 선거권자 1/4 이상의 투표와 투표자 과반수의 찬성	법률로 결정
개헌안 발의	○	×
개헌안 발의요건	국회의원선거 선거권자 2/100 이상	×
개헌안 처리시한	100일 이후 200일 이내에 국민투표	×
개헌안 처리	국회의원 선거권자 과반수 투표와 투표자 과반수의 찬성	×

출처: 차진아, 231면의 〈표-1〉

2. 국민발안제의 도입에 관한 검토

정치권에서 국민의 의사를 충분히 수렴하지 못할 때 국민발안에 대한 요구는 높아진다. 이는 정치권에서 헌법개정에 합의하지 못하고 개헌이 무산되자 국민의 헌법개정발의권이 인정되어야 한다는 목소리가 높아지고 있는 것에서도 나타난다.

그동안 국민발안제와 관련한 주장들은 크게 세 가지 유형으로 나뉜다. 헌법개정안 발의권, 법률안 발의권, 그리고 중요 정책에 대한 국민발안에 관한 것이다.

헌법개정안 발의권의 도입에 대해서는 좀 더 신중하게 검토할 필요가 있을 것으로 보인다. 현재로서는 헌법개정안에 대한 국민발안의 도입으로 인한 긍정적 효과는 기대하기 어렵고 그 부작용이 매우 심각하

게 우려되기 때문이다. 스위스연방의 예에서 보는 바와 같이 헌법사항이 아닌, 법률로 규율할 사항이 헌법에 다수 규정됨으로써 헌법의 체계성과 통일성을 깨뜨림으로써 법질서 전체의 체계성과 통일성을 약화시키며, 헌법의 탄력성을 약화시키는 문제가 심각할 뿐 아니라, 인권과 권력분립 원리 등에 위배되는 국민발의에 대한 (사전적·사후적) 심사가 그 강력한 민주적 정당성 때문에 사실상 어렵다. 또한 헌법개정안에 대한 국민발안은 특정한 이익집단, 특정한 정치세력들이 특정 정당과 결탁하여 특정한 이익이나 가치만을 추구하면서 이를 전체 국민의 의사인 양 호도함으로써 오히려 갈등과 분열을 더 심화하는 기폭제가 될 위험이 매우 크다.

차후에 헌법개정에 대한 국민발안권을 도입할 경우 포퓰리즘의 도구가 되지 않도록 하기 위해 스위스의 경우처럼 충분한 시간을 두고 논의한 후에 신중하게 결정할 수 있도록 할 필요가 있다. 특히 스위스연방의 헌법개정안 발안제도가 안고 있는 문제를 최소화하기 위해 완성된 헌법개정안이 아닌 개정취지를 제안하는 발의권만을 도입하거나, 완성된 헌법개정안 발의권을 도입할 경우에는 발의 단계에서 국민투표에 부의하기 전에 그 체계와 자구 및 내용의 정당성에 대해 실효적으로 사전심사하는 제도가 마련될 필요가 있다.

국민의 법률안 발의권은 국회의원들이 가장 부담스러워하는 것이다. 이를 광범위하게 이용할 경우에는 국회의 입법부로서의 권한과 역할이 크게 위축될 수도 있다. 그러나 현대 민주국가에서 국가 사무의 전문성·복잡성 등을 고려할 때 국민의 법률안 발의권으로 인해 입법부가 무력화되는 것은 바람직하지 않다. 또한 국민 다수의 의사와 이익에 반하는 특정한 정치세력의 부분 이익이 자칫 국민의 이름으로 둔 갑하는 위험을 최소화하기 위해 국민투표 결정정족수를 엄격하게 할 필요가 있다. 이러한 관점에서 〈표 8-8〉에서 보는 유형 중에서 중간 유형이나 엄격한 유형이 채택되어야 할 것으로 생각된다.

〈표 8-8〉 입법에 대한 국민발안제의 유형

구 분	가장 완화된 유형	중간 유형	가장 엄격한 유형
발의 요건	법률로 결정 (대통령 개헌안)	국회의원선거 선거권자 1/100 이상(국회 개헌 특위 자문위원회안, 참여연대 개헌안)	국회의원선거 선거권자 50만 명 이상(국민주권회의, 대화문화아카데미 개헌안)
처리 시한	법률로 결정 (대통령 개헌안)	1년 이내(국민주권회의, 대화문화아카데미, 참여연대 개헌안)	6개월 이내(국회 개헌 특위 자문위원회안)
결정방식	법률로 결정 (대통령 개헌안)	×	국회에서 원안대로 의결하지 않을 경우 국민투표로 결정(국회 개헌 특위 자문위원회안 등)
국민투표시 결정정족수	투표자 과반수 찬성 (지방분권개헌국민행동 개헌안)	국회의원선거권자 1/4 이상 투표와 투표자 과반수 찬성(국회 개헌특위 자문위원회안, 참여연대 개헌안)	국회의원 선거권자 과반수 투표와 투표자 과반수 찬성(국민주권회의 개헌안)

출처: 차진아, 233면의 〈표-2〉

법률안에 대한 국민발안에 대해 국민투표를 거치도록 할 경우 비록 법률의 형식이기는 하나 주권자인 국민이 국민투표를 통해 확정한 법률을 헌법재판소가 위헌심사하는 것에는 상당한 부담이 따를 수밖에 없다. 그러므로 법률안에 대한 국민발안의 경우 국민투표에 부치기 전에 헌법재판소가 그 위헌성 여부에 대해 사전 심사하는 절차가 필요한 것으로 보인다.

그리고 중요 정책에 대한 국민발안은 아직은 시기상조이며, 좀 더 시간을 두고 숙고할 필요가 있을 것으로 보인다. 진영 간 갈등이 극단적으로 첨예화하는 가운데 특정한 정치인에 대한 팬덤정치 현상까지도 나타나는 정치 현실을 고려할 때 중요 정책에 대한 국민발안은 사실상 플레비시트처럼 오·남용되어 민주주의를 위태롭게 할 위험이 클 것으로 보인다.

3. 국민투표제의 확대에 관한 검토

국민발안의 도입은 국민투표에도 직접적인 영향을 미치게 된다. 스위스의 예에서도 보듯이 국민이 발안한 사안에 대해서는 국민이 직접 결정하여야 한다는 요구가 강력하게 대두될 수 있기 때문이다.

물론 대의제와의 조화라는 관점에서 국민이 발안한 사안을 의회에서 결정하도록 하는 경우도 있고, 국민발안에 대한 국민투표가 반드시 바람직한가에 대해 이견도 있다. 그러나 분명한 것은 국민발안의 도입과 더불어 국민투표의 가능성 및 기회가 확대된다는 점이다.

이와 더불어 현행 헌법상 대통령의 국민투표 부의권에 대해 수정이 필요하다고 보는 견해도 강하게 대두되고 있다. 헌법 제72조에서 규정된 국민투표 부의권은 대통령에게 임의적인 국민투표 발의권을 독점적으로 부여한 것으로 이해되고 있다(헌재 2004. 5. 14. 2004헌나1 결정).

그러나 예컨대, 수도 이전이나 북한과의 통일, 집단안전보장기구에 대한 가입과 탈퇴 등 국가적 중대 사안의 경우에는 대통령 또는 국회의 일방적인 결정보다는 주권자인 국민의 직접적인 의사 형성이 보다 강력한 민주적 정당성의 확보를 위해 필요하다고 인정될 수 있다.

이러한 맥락에서 대중 선전·조작의 위험성, 독재의 정당화 도구로 전락할 우려, 포퓰리즘의 우려 등 국민투표제 오·남용의 위험과 우려를 최소화하는 가운데, 국민투표제의 장점을 살리기 위해 전술한 스위스 연방헌법의 필수적 정책투표 사항처럼 대상을 명확하게 한정하고 —결정정족수를 면밀하게 검토하여— 이러한 사항에 대한 필요적 국민투표를 도입하는 것이 바람직하다.

4. 국민소환제의 도입에 관한 검토

국민소환제의 도입 여부에 대해서는 시민단체들과 정치권의 견해가 가장 첨예하게 대립되었다. 박근혜·최순실 사태를 겪으면서 국민들은 대통령 및 고위공직자들에 대한 국민소환을 강력히 요구했던 반면 정치권에서는 이를 부담스러워했기 때문이다.

〈표 8-9〉 국민소환 도입에 관한 개헌안 비교

구 분	국민주권회의	대화문화 아카데미	지방분권개헌 국민행동	국민의당	바른정당	자유 한국당
국민소환의 대상	국회의원	국회의원	국회의원 + 탄핵심판 대상자	국회의원, 행정부와 사법부 공직자	선출직 공직자 (대통령, 국무총리, 국회의원)	×
국민소환의 발의	하원의원 선거권자 100만 명 이상	법률로 정함	직전 국회의원 선거권자 1/50 이상	법률로 정함	법률로 정함	×
국민소환의 결정정족수	선거권자 과반수 투표와 투표자 과반수 찬성	법률로 정함	투표자 과반수 찬성	법률로 정함	법률로 정함	×
탄핵심판과의 중복 여부	×	×	○	○	○	×

출처: 장영수, 2017, 83면의 〈표 3〉.

전문가들 사이에서도 한편으로는 제왕적 대통령제의 극복, 나아가 국회의원들의 권력 오·남용의 통제를 위해 국민소환의 인정이 필요하다는 주장(이경주; 이성환)이 있지만, 다른 한편으로는 국민소환제가 오·남용되어 여야 정쟁이 확산될 것이라는 우려(이승우, 2012, 159면 이하; 장영수, 2006, 15면 이하)도 만만치 않다. 더욱이 국민소환의 대상을 국회의원에 한정할 것인지, 대통령을 포함한 선거직 공무원으로 할 것인지, 장관급 이상의 고위공무원으로 할 것인지도 논란의 대상이다.

그러나 소환투표는 기본적으로 정책투표가 아닌 신임투표의 성격을 가질 수밖에 없으며 이를 자칫 오·남용하게 될 경우에는 대의제의 근간을 뒤흔들 수 있다는 점을 고려할 때(장영수, 2006, 10면, 13면 이하; 허진성, 54면 이하) 국민소환제 도입에는 신중할 필요가 있다고 생각된다.

전술한 바와 같이 직접민주제를 가장 폭넓게 활용하고 있는 스위스에서도 국민소환은 인정하지 않고 있다는 점, 미국에서도 각 주에서 소환제도를 인정하는 예는 있어도 연방 차원에서 국민소환을 인정하지는 않는다는 점도 참고될 수 있을 것이다.

VII. 결론

민주주의의 역사 속에서 중요한 분기점들이 여러 차례 있었다. 역사적 사건으로 보면 영국의 명예혁명, 미국의 독립혁명, 프랑스의 대혁명 등을 들 수 있고, 민주주의 실현 방식의 측면에서 보면 의회제도의 변화와 발달, 보통선거권의 확립 등 선거제도의 변화, 정당민주주의의 확립과 정당을 매개로 한 새로운 민주정치의 확립 등이 그러하다.

주목할 점은 그러한 변화가 당시에는 민주주의 역사의 분기점이 될 정도로 중요한 것이라는 점을 인식하지 못한 경우도 많았다는 사실이다. 예컨대, 정당민주주의의 확립은 단기간에 이루어진 것도 아니었고 오히려 초기에는 부분 이익을 대변하는 정당이 공익을 실현해야 하는 민주주의에 장애가 된다는 인식도 적지 않았다. 많은 시간을 들여 논의하고 검토하고 실험한 끝에 오늘날 정당민주주의가 보편화될 수 있었던 것이다.

2021년 현재 전 세계의 서구적 민주주의가 새로운 도전에 직면하고 있다는 점은 점차 공감을 얻고 있다. 전통적인 대의제의 한계가 드러나고 국민들은 스스로 선출한 대표자들에 대한 불신과 불만을 직접적으로 표현한다. 기성 정당들은 국민의사를 충분히 대변하지 못하며 급진 정당들의 출현으로 정국 불안정이 심화되기도 한다. 이러한 도전을 극복하고 민주주의의 새로운 패러다임이 만들어질 수 있을 것인가?

아직은 기존의 것을 완전히 벗어나는 새로운 민주주의 실현방식에 대한 공감대는 형성되지 못하고 있다. 직접민주주의의 확대, 숙의민주주의 내지 공론화 과정의 적극적 활용에 대한 다양한 대안들이 모색되고 있지만 아직은 어느 것도 보편성을 얻었다고 보기 어렵다. 그나마 현재로서 위기 현상에 대한 ―어쩌면 단기적이고 대중적인― 대책으로 가장 설득력이 있어 보이는 것이 공론화 과정과 결합된 적정한 범위에서의 직접민주제의 확대·강화일 것이다.

스위스와 독일의 상반된 예에서 보듯이 직접민주주의의 적극적 활용은 약이 될 수도, 독이 될 수도 있다. 과거의 역사적 경험으로 인하여 직접민주제를 적극적으로 활용하려는 나라가 있는가 하면, 오히려 이를 최소화하려는 나라도 있다. 그러므로 직접민주제의 확대·강화는 각 나라마다 정치적·사회적·문화적 배경에 따라 달리 평가될 수밖에 없고, 그 성공 가능성에도 차이가 클 수밖에 없다.

우리의 경우는 어떠할까? 국민들은 직접민주제의 확대·강화에 대해 매우 적극적이다. 정치권에서는 이에 대한 우려가 크며, 학계에서도 조심스러운 접근이 필요하다는 견해가 적지 않다. 하지만 20세기적인 시각으로 이 문제를 볼 것이 아니라 21세기 민주주의에 대한 새로운 도전이라는 관점에서 이 문제를 볼 때는 변화의 필요성을 부인할 수 없다. 어쩌면 직접민주제의 확대·강화는 선택이 아닌 필수일 수 있다. 다만 우리의 역량, 정치적·문화적 배경 등을 고려하여 합리적인 범위와 방식에 대해 공론화 과정을 거쳐 합의를 도출하는 것이 필요할 것이다.

공론화 과정에서 스위스나 독일 등의 예는 중요한 참고가 될 수 있다. 다만 어디까지나 영토의 규모와 인구수, 역사적 배경 등 여건의 차이를 합리적으로 고려하는 가운데 우리에게 맞는 범위와 방식을 찾아야지, 외국의 제도를 그대로 답습하는 것은 또 다른 실패를 낳게 될 뿐이다. 그런 의미에서 직접민주제만이 아니라 대한민국의 민주주의 전체, 나아가 대한민국과 국민들의 50년 후, 100년 후 미래까지 내다보면서 거시적 관점에서 고찰하는 것이 무엇보다 중요하다.

| 참고문헌 |

〈단행본〉

이기우, 2016, 모든 권력은 국민에게 속한다. 이제는 직접민주주의다, 서울: 미래를소유한사람들.

장영수, 2021, 헌법학, 서울: 홍문사.

요제프 슘페터(이종인 옮김), 2018, 자본주의, 사회주의, 민주주의, 제주: 북길드.

알렉산더 해밀턴·제임스 매디슨·존 제이(박찬표 옮김), 2019, 페더랄리스트 페이퍼, 파주: 한울아카데미.

장 자크 루소(최석기 옮김), 2011, 사회계약론, 인간불평등기원론/ 사회계약론, 서울: 동서문화사.

Bermbach, Udo (Hrsg.). 1973. Theorie und Praxis der direkten Demokratie. Opladen: Westdeutscher Verlag.

Biaggini, Giovanni. 2017. BV Kommentar. Bundesverfassung der Schweizerischen Eidgenossenschaft, 2. Aufl. Zürich: Orell Füssli Juristische Medien.

Decker, Frank. 2016. Der Irrweg der Volksgesetzgebung -Eine Streitschrift-, Bonn: Dietz.

Haller, Walter., Häfelin, Ulrich., Keller, Helen., Thurnherr, Daniela. 2020. Schweizerisches Bundesstaatsrecht, 10. Aufl. Zürich·Basel·Genf: Schulthess Juristische Medien.

Leibholz, Gerhard. 1974. Strukturprobleme der modernen Demokratie, Frankfurt(M): Athenäum Fischer Taschenbuch Verlag(neue

Ausgabe der 3. erweiterte Aufl. 1967 von C. F. Müller Karlsruhe).

Newman, Karl J. 1965. Zerstörung und Selbstzerstörung der Demokratie -
Europa 1918-1938. Köln: Kiepenheuer & Witsch(KiWi).

Pol, Heinz. 1940. Suicide of a democracy. New York: Reynal and
Hitchcock.

〈논문〉

이경주, 2004, 대표제의 역사적 변화와 소환권, 민주법학 제26권.

이성환, 2004, 국민소환제의 헌법적 검토, 공법연구 제33집 제1호.

이승우, 2012, 국회의원에 대한 국민소환제도의 도입과 합헌 여부 -도입의
필요성과 합헌성 및 위험성을 중심으로-, 공법연구 제41집 제1호.

장영수, 2006, 참여민주주의의 실현과 국민소환제 도입의 문제점, 공법학연
구 제7권 제2호.

장영수, 2014, 정당 해산 요건에 대한 독일 연방헌법재판소의 판단기준에
관한 연구, 헌법학연구 제20권 제4호.

장영수, 2017, 직접민주제 강화 개헌의 쟁점과 성공조건, 한양법학 제28권
제2집.

장영수, 2019, 선거제도 개혁 -연동형 비례대표제 도입의 의미와 성공조
건-, 공법연구 제47집 제3호.

정재각, 2008, 직접민주제도의 확산과 정책적 영향 - 스위스를 중심으로 -,
한독사회과학논총 제18권 제1호.

조한상, 2009, 대의제는 위기에 처했는가? -대의제의 헌법적 의의, 문제점,
보완에 대한 검토-, (전남대) 법학논총 제29권 제2호.

차진아, 2018, 시민의 입법참여와 헌법 - 국민발안제 도입 논의를 중심으로
-, 외법논집 제42권 제3호.

허진성, 2020, 국민소환에 관한 연구, 외법논집 제44권 제4호.

Bachmann Ulrich. 1999. Warum enthält das Grundgsetz weder

Volksbegehren noch Volksentscheid?, in: Heußner, Hermann
K./ Jung, Otmar (Hrsg.), Mehr direkte Demokratie wagen.
Volksbegehren und Volksentscheid: Geschichte-Praxis-
Vorschläge, 1. Aufl. München: Olzog.

Biaggini, Giovanni. 2007. § 10 Grundlagen und Grundzüge staatlichen
Verfassungsrechts: Schweiz, in: von Bogdancy, Arnim/ Villalón,
Pedro Cruz/ Huber, Peter M. (Hrsg), Handbuch Ius Publicum
Europaeum. Band II: Offene Staatlichkeit -Wissenschaft vom
Verfassungsrecht-, Heidelberg: C. F. Müller(Kindle Ausgabe).

Epiney, Astrid. 2016. Intiative unter wahrung der Rechtsstaatlichkeit.
Überlegungen zu den Anfoderungen an die Gültigkeit von
Volksintiativen, in: Kreis, Georg (Hrsg.), Reformbedürftige
Volksinitiative: Verbesserungsvorschläge und Gegenargumente,
Zürich: Verlag Neue Zürcher Zeitung.

Kluxen, Kurt. 1967. Die Umformung des parlamentarischen
Regierungssystems in Großbritannien beim Übergang zur
Massendemokratie, in: Ders. (Hrsg.), Parlamentarismus. Köln:
Kiepenheuer & Witsch(KiWi).

Krause, Peter. 2005. § 35 Verfassungsrechtliche Möglichkeiten
unmittelbarer Demokratie, in: Josef Isensee/ Paul Kirchhof (Hrsg.),
Handbuch des Staatsrechts Ⅲ, 3. Aufl., Heidelberg·Müchen·Lands-
berg·Berlin: C. F. Müller.

Mayer, Christoph. 2017. Direkte Demokratie in der Schweiz, in: Merkel,
Wolfgang/ Ritzi, Claudia (Hrsg.), Die Legitimität direkter Demokratie
-Wie demokratisch sind Volksabstimmung?-, Wiesbaden: Springer
VS.

Seybold, Jan. 2021. Bürgerbegehren und Bürgerentscheid im Kontext
der Historie mit einem umfassenden Bundesländervergleich, in:

Heußner, Hermann K./ Pautsch, Arne/ Wittreck, Fabian (Hrsg.):
Direkte Demokratie. Festschrift für Otmar Jung, Stuttgart·München·
Hannover·Berlin·Weimar·Dresden. Richard Boorberg Verlag.

제9장

직접민주주의의 숙의성 제고를 위한 세 가지 방법
: 미국, 아일랜드, 핀란드의 민주적 혁신과 그 함의[1]

서현수 한국교원대학교 교육정책학과 교수

I. 서론

20세기 후반 민주주의의 '참여적 전환' 이후 직접민주주의에 대한 관심이 재생되면서 전 세계적으로 다양한 직접민주주의 기제들이 더 빈번하게 실천되고 있다. 그러나 정부와 의회, 정당과 미디어 등 국가와 시민을 매개하는 대표 기구와 행위자들을 배제하는 직접민주주의 기제의 위험성에 대한 경고는 사라지지 않고 있다. 직접민주주의의 가장 중대한 결함 또는 한계로 거론되는 것이 건강한 민주주의의 한 가지 핵심 가치이자 원리인 숙의성(quality of deliberation)의 결핍이다. 1978년 주민재산세 인상 제한을 요구한 시민발의안이 시민투표에서 그대로 통과된 뒤 빈번한 재정위기를 겪어온 캘리포니아의 직접민주주의 기제가 대표적인 사례로 자주 인용된다. 더 최근 사례로는 2014년 유럽연합(EU)으로부터의 이민 규제 강화를 요구한 시민발의안이

---

1 이 글은 경제인문사회연구회 협동연구총서(20-26-01: 이광희 외, 2020)에 포함된 필자의 원고를 수정, 발전시킨 것이다.

시민투표에서 통과된 스위스의 사례도 있다. 의회 등 책임있는 대표들의 숙의 과정 및 공론장에서의 충분한 토론 기회가 보장되지 않거나 현 정치공동체의 다수를 구성하는 중산층 요구를 관철하기 위한 도구로 직접민주주의 기제가 쓰이는 경향, 그리고 포퓰리즘 정당이나 조직화된 사회세력이 금권이나 조직 자원 등을 매개로 시민 참여 기제를 동원하고 활용하는 현상 등에 대한 비판은 모두 충분히 일리가 있으며, 이에 대한 경계와 대책이 요구된다(Altman, 2018).

그러나 직접민주주의 기제처럼 시민의 권리를 증대시키는 제도가 한 번 도입되고 나면 해당 정치공동체의 민주주의는 예외적 경우가 아닌 한 그 이전으로 돌아가지 않는다. 곧 제도가 더욱 발전하거나 아니면 유명무실하게 남는 경우는 있어도 아예 제거되지는 않는다는 것이다(Altman, 2018). 나아가 오늘날 빠르게 발전하는 정보통신기술(ICTs)과 이에 기반한 혁신적 민주주의 기제들의 등장은 앞으로 직접민주주의 기제의 도입과 활용에 대한 시민적 요구가 더욱 높아질 것임을 시사한다. 특히 오늘날 후기 근대적 사회 변동 과정에서 정당-선거-의회 간 순환적 거버넌스 체인 개념에 기반한 표준적인 현대 대의민주주의 시스템과 그 핵심 행위자들 전반이 광범위한 대중의 불신에 직면해 있으며, 오늘날 비판적 시민들은 더욱 직접적인 형태의 시민 참여를 요구하고 있는 현실을 진지하게 고려할 필요가 있다.

그러므로 현대 민주주의가 당면한 중요한 도전과제 한 가지는 대의민주주의와 직접민주주의 간 이분법적 접근의 한계를 뛰어넘어 정치적 대표 기구들의 본질적 기능과 역할을 침식하지 않으면서 직접민주주의 등 민주적 혁신 기제들의 장점을 극대화하는 방안을 모색하는 것이라 할 수 있다. 특히 직접민주주의의 중심 결함으로 거론되는 '토의 없는 국민투표' 등 숙의성의 결핍 문제를 해결하기 위한 이론적 탐색과 실천이 매우 중요하다.

이에 관한 하나의 유력한 해법은 시민들의 질적 참여를 강조하는 숙의민주주의와 직접민주주의 기제를 결합하거나 직접민주주의 기제의 숙의성을 강화하는 것이다. 기존의 시민발의 제도에 새로운 숙의적 시민포럼을 결합해 직접민주주의 기제의 숙의성을 강화한 미국 오리건주의 시민발의리뷰, 무작위 추첨에 기반한 숙의민주주의 포럼과 국민투표를 결합해 헌법적 수준의 사회변화를 만들어낸 아일랜드 시민의회, 그리고 온건한 의제형 발의제도를 도입해 의회 중심의 대의민주주의와 직접민주주의 기제 간 양립 가능성을 보여주는 핀란드의 시민발의제도 등이 그러한 대표적 사례를 제공하며, 이에 대한 체계적 연구와 비교 분석이 요청된다.

이 글의 목적은 미국, 아일랜드, 핀란드의 직접민주주의의 제도적 디자인과 실제 운용 경험에 관한 비교 분석을 통해 숙의민주주의와의 결합을 통한 직접민주주의와 대의민주주의 간 역동적 양립 발전 가능성을 탐구하는 것이다. 이를 위한 연구 질문은 다음과 같다. 첫째, 미국, 핀란드, 아일랜드가 직접민주주의 기제를 도입, 운영해온 역사적·정치적 맥락은 무엇이고, 구별되는 제도적 특징은 무엇인가? 둘째, 미국, 아일랜드, 핀란드의 직접민주주의 운영 과정은 어느 정도로 숙의적이며, 직접민주주의 기제가 민주주의의 전체 숙의 시스템(deliberative system)의 발전에 어떻게 기여하는가? 셋째, 직접민주주의와 대의민주주의의 역동적 양립 발전은 어떻게 가능한가? 특히 직접민주주의의 숙의적 요소 강화 방안은 무엇인가?

아래에서 우리는 우선, 대의민주주의와 직접민주주의 간 고전적 논쟁의 한계를 검토하고, 그 대안으로 직접민주주의와 숙의민주주의 기제의 결합을 통한 문제해결의 가능성을 제시한다. 이론적 검토에 기반하여 직접민주주의의 숙의성 결함을 해결하기 위한 세 가지 방안으로서 미국 오리건주 시민발의리뷰, 아일랜드 시민의회, 핀란드 시민발의 사례를 차례로 검토한다. 결론에서는 세 사례가 한국의 직접민주주의 도입 논쟁에 던지는 함의를 숙고한다.

Ⅱ. 직접민주주의와 숙의민주주의

1. 대의 vs. 직접민주주의 논쟁과 그 대안

프랑스혁명이 발발하기 한 세대 전에 출간한 『사회계약론』에서 장-자크 루소(2018: 117-118)는 "주권은 양도될 수 없는 것과 같은 이유로 대표될 수 없다. (⋯) 영국 인민은 자신이 자유롭다고 생각한다. 크게 착각하는 것이다. 그들은 오직 의회 구성원을 선출하는 동안만 자유롭다. 선출이 끝나면 그 즉시 인민은 노예이고, 없는 것이나 마찬가지다"라고 통렬히 비판했다. 주기적인 선거 참여를 통한 대표의 선출 외에 민주적 의사결정 전반에 대한 직접적 시민 참여를 보장하지 않는 현대 대의민주주의의 한계를 꼬집는 대표적 진술이라 할 수 있다. 그는 규모가 커진 근대 국가의 조건 속에서 인민의 잦은 회합과 직접참여에 기반한 정치 공동체의 운영이 여의치 않다는 사실을 인지하면서도 고대 아테네 민주주의, 그리고 자신이 사랑한 제네바 도시공화정에서 구현된 것과 같은 '회합 민주주의(assembly democracy)'의 이상을 적극 옹호했다.

그러나 루소의 소망과 달리 근대 민주주의 정치질서는 본질적으로 대의 정부의 원리에 기반해 구축되었다고 할 수 있다(Manin, 1997). 19세기 중반 이래 시민발의와 시민투표 등 직접민주주의 기제를 정치적 의사결정 시스템의 중심으로 통합하면서 국가적 거버넌스 체계를 구축한 스위스는 거의 유일한 예외 사례라 할 수 있다. 미국도 19세기 후반부터 시민발의와 시민투표를 활발하게 실시해온 국가이나 직접민주주의 기제는 주정부 이하 단위에서만 구현되고 있으며, 연방정부 수준에서는 허용되지 않고 있다. 직접민주주의의 나라로 불리며 일부 코뮌 수준에서는 아직도 회합 민주주의의 전통을 강하게 간직하고 있는 스위스에서도 정부와 의회, 그리고 정당 등 정치적 대표 기구들의 역할은 본질적으로 중요하며 정치 과정 전반에서 포괄적 영향력을 발휘하고 있다. 근대 국가의 규모와 사회적 복합성 증대에 대한 고려, 그리고 인민의 불완전성과 (직접)민주주의의 위험성에 대한 고전적 두려움은 대의 정부를 불가피하고 바람직한 정부 형태로 여기게 하였다(서현수, 2019).

오늘날 당연한 시민적 권리로 여겨지는 보편적 참정권조차도 19~20세기의 사회정치적 대격변을 거친 뒤에야 순차적으로 제도화되었다. 무엇보다 20세기 나치즘과 파시즘 등 전체주의 체제의 출현과 운용 과정에서 국민투표 기제 등을 활용한 '대중 독재'의 경험은 정치적 대표 기구로서 의회 및 정당과 미디어 등 국가와 시민사회를 매개하는 중간 기구들의 본질적 기능과 역할을 상기시켰다. 그러한 맥락에서 2차 세계대전 이후 서독 등 민주주의 질서를 회복한 다수의 서방 국가들은 시민투표 등 직접민주주의 기제보다 정당과 의회 중심의 안정적 대의민주주의 시스템의 확립을 추구하였다. 그러나 20세기 후반 들어 발달한 산업 자본주의 국가들을 중심으로 복지국가와 선거 민주주의 시스템이 완성되면서 역설적으로 현대 민주주의의 정당성 위기가 표면화되기 시작했다(Qvortrup, 2013; Altman, 2018).

특히 '68혁명'을 전후해 신사회운동과 '비판적 시민들'이 본격적으로 공론장의 중심에 등장하였고, 이들은 국가적 수준에서부터 지방정부와 직장, 학교, 가정 등 일상적 영역에 이르기까지 정치적 의사결정 과정 전반에 대한 더 많고, 더 직접적인 참여를 요구하였다. 시민의 역할을 주기적 선거 참여와 여론조사 응답 정도로 제한하는 엘리트 중심 대의민주주의 모델의 한계에 대한 비판이 널리 확산되었고, 참여민주주의와 숙의민주주의 이론에 기반한 민주적 혁신(democratic innovations) 담론과 실천이 새로운 대안적 흐름으로 떠올랐다. 이 과정에서 직접민주주의에 대한 관심이 새롭게 재생되었다. 특히 20세기 후반에 민주화 또는 탈권위주의화 과정을 통해 체제 전환을 이룬 국가들을 중심으로 직접민주주의 기제들을 새로 혹은 다시 도입하는 흐름이 나타났다. 시민발의와 시민투표 등 직접 입법 기제들은 정보통신기술 및 디지털 민주주의의 급속한 발전과 결합되어 민주적 혁신의 한 가지 대표적 유형으로 부상하였다(서현수, 2019; Smith, 2009).

직접민주주의에 대한 새로운 관심과 활용 증대에도 직접민주주의의 제도적 적합성, 정책적·정치적 효과성, 그리고 대의민주주의와 직접민주주의 간 관계 등을 둘러싸고 논쟁이 지속돼 왔다(Altman, 2011, 2018; Setälä and Schiller, 2012; Kriesi, 2013; Smith, 2009; Feld & Kirchgässner, 2000; 서현수, 2019 등). 벗지(Budge, 2013)는 직접민주주의의 비판과 옹호론의 핵심 주장을 〈표 9-1〉과 같이 요약한다.

〈표 9-1〉 직접민주주의에 대한 비판과 그에 대한 반론

비판	반론
1 근대 민주주의에서 직접적인 토론과 투표를 실시하는 것은 불가능하다.	쌍방향 의사소통 도구들은 물론이고 심지어 우편투표나 인쇄 미디어도 물리적으로 떨어진 시민들 간의 상호 토론과 투표를 가능하게 한다.
2 총선을 통해 시민들은 이미 서로 다른 정부와 프로그램들 사이에서 선택을 내렸고, 그러므로 직접적 정책 투표가 필요하지 않다.	많은 이슈들이 총선에서 토론되지는 않으며, 만약 시민들이 결정하는 것이라면 그 이슈들에 대해 직접적으로 투표할 필요가 있다. 나아가 총선은 주로 정부를 선택하는 것이며 유권자들은 비정책적 근거 위에서 그러한 선택을 한 것일 수 있다.
3 일반 시민들은 좋은 정치적 결정을 내리는데 필요한 교육, 관심, 시간, 전문성 그리고 다른 자질들을 갖고 있지 않다.	정치인들 또한 반드시 전문성과 관심을 보여주지는 않는다. 참여는 시민 역량을 증진시킨다. 시민들은 오늘날 TV와 라디오를 통해 정치에 관한 정보를 습득하는데 많은 시간을 쏟고 있다.
4 좋은 결정은 대중적 참여가 전문가의 판단에 의해 균형이 맞추어질 때 산출되기 쉽다. 그것은 대의민주주의이며, 그 속에서 시민들은 일반적 정책 방향을 제시할 수 있지만 그 실행은 전문가들에게 맡겨야 한다.	전문성은 중요하지만 무오류인 것은 아니다. 어떤 경우에도 시민들의 결정을 위해 (충분한) 정보를 제공할 수 있다. 근대의 대의(정당) 민주주의는 대중 참여에 관한 한 현저한 불균형 상태에 있다.
5 특정 결정에 반대 투표한 사람들은 자신들이 항상 소수자에 머문다면 그에 동의하지 않을 것이다.	이 문제는 일반적이며 직접민주주의에 국한되지 않는다. 개별 이슈에 따라 투표하는 것은 소수자들에게 더 많은 목소리를 부여한다.
6 민주적인 집합적 결정을 위한 어떤 절차도 자의적 결과를 산출하지 않는다고 보장할 수 없다. 하나의 강력한 다수처럼 보이는 것도 다른 방식으로 대안들을 설계하면 얼마든지 불안정해질 수 있다.	그러한 문제는 민주적 투표 절차에 일반적인 것이다. 그러나 이분법적인 질문들에 대해 하나 하나씩 투표하는 것(대중적 정책 협의에서 일어나는 통상적 절차)은 순환 투표(cyclical voting)를 방지하고 한쪽 혹은 다른쪽을 위한 안정적 다수를 보장한다.
7 중간매개적 기구들(정당, 의회, 정부)이 없이는 일관되고, 안정적이며 숙고된 정책은 만들어지지 않는다. 직접민주주의는 정당을 비롯한 중간매개 기구들을 침식한다.	직접민주주의가 반드시 비매개적이어야 하는 것은 아니다. 정당들과 정부들은 대의(정당) 민주주의에서 오늘날 수행하는 것과 같은 역할을 할 수 있고 실제로 행한다.

출처: Budge, 2013: p. 27의 Table 1.1을 필자가 옮긴 것임.

표에서 정리한 양자의 논리를 읽다보면 아마도 독자들은 직접민주주의에 대한 비판도 충분히 일리가 있지만 이에 대한 옹호론자들의 반론에도 고개가 끄덕여진다고 생각할 것이다. 이러한 이론적 교착을 풀 방법은 없는 것일까? 바로 이 지점에서 우리가 특별히 주목하는 것은, 벗지 등이 주장하듯이, 대의민주주의와 직접민주주의가 반드시 양립 불가능하지 않을 수 있으며, 신중하게 설계된 직접민주주의 기제들은 정당, 의회, 정부 등 중간매개적 대표 기구들의 본질적 기능과 역할을 침식하지 않으면서 민주적 의사결정 과정에 대한 직접적 형태의 시민 참여를 활성화할 수 있다는 주장(Budge, 2013)이다.

이로부터 한 가지 핵심적인 질문이 도출된다: 오늘날 후기 근대적 민주주의의 조건 속에서 대의민주주의 기구들의 본질적 기능을 훼손하지 않으면서 대의민주주의와 직접민주주의 간 역동적이고 양립 가능한 모델을 정립하는 것이 어떻게 가능한가?

2. 직접민주주의와 숙의민주주의의 결합 가능성

직접민주주의란 주기적 선거 참여를 넘어 개별 정책이나 입법 의제 또는 헌법적 사안 등의 결정 과정에 시민 유권자들의 직접참여를 허용하는 제도적 기제와 원리를 뜻한다. 직접민주주의 기제(direct democratic mechanisms: DDMs)의 대표적 유형으로 ① 시민투표(referendums), ② 시민발의(popular or citizens' initiatives), ③ 소환(recalls)을 들 수 있다. 시민투표는 발의 주체에 따라 다시 시민 주도의(아래로부터의) 직접 투표 기제(referendums)와 국가 주도의(위로부터의) 투표 기제(plebiscites)로 나뉠 수 있는데, 후자의 경우는 권위주의적 국가 또는 지도자에 의한 남용

우려가 제기되며 학자에 따라서는 전자의 경우만 온전한 의미의 직접
민주주의 기제에 포함하기도 한다.

또한 시민투표는 구속력 여부에 따라 의무적 시민투표(mandatory
referendums)와 자문적 시민투표(consultative referendums)로 구분될 수
있다.[2] 전자의 경우 주로 헌법 제·개정 등 중대한 사안에 대하여 정부
가 국민의 의사에 합치된 의사결정에 이르도록 '강제'하는 기제라면
후자의 경우는 정부나 의회가 국민의 의사를 확인해 입헌적 숙의 과
정에 반영하도록 '촉진'하기 위한 기제라고 할 수 있다. 그러나 후자의
경우에도 일단 다수 유권자들의 의사가 확인되고 나면 정부나 입법부
가 이를 무시하기 어렵다는 점에서 상당한 수준의 효력을 발휘할 수
있다는 점이 고려되어야 한다.

시민발의는 앞서 논한 시민투표와 연결되는가 여부에 따라 완전형
발의제도(full-scale initiatives)와 의제형 발의제도(agenda-initiatives)로 구
분될 수 있다. 일정한 수의 서명을 모으는 경우 시민들은 자신들의 정
책 의제를 대의 기구(주로 의회)에 제출할 권리를 가지는 점에서는 두
제도가 동일하나, 의회가 이를 부결하는 경우 전자는 시민투표를 통해
최종 결정이 내려지는 반면 후자는 그러한 추가 절차를 허용하지 않
고 의회에 최종 결정권이 남겨져 있다는 점에서 차이가 존재한다. 일
부 학자에 따라서는 의제형 발의제도의 경우 그 효력이 제한적이라는
점에서 직접 입법(direct legislation) 기제에 포함하지 않기도 하나(예컨
대, Smith, 2009), 일정한 수의 시민들에게 입법적 또는 헌법적 의제 설정
권한을 부여하는 것만으로도 다양한 정치적, 정책적 효과와 새로운 민

2 직접민주주의 기제의 다양한 유형 구분에 대하여는 Altamn(2011)을 보라.

주주의의 다이내믹이 파생될 수 있다는 점에서 적극적인 검토가 요청된다(Setälä & Schiller, 2012; 서현수, 2019).

또한 시민발의와 시민투표가 어느 단위에서 이루어지는가에 따라 그 유형을 구분해볼 수 있다. 국가 또는 연방, 주정부(광역단체), 기초자치단체 등이다. 스위스는 연방정부, 칸톤, 그리고 기초자치단체 세 수준 모두에서 직접민주주의 기제들을 광범위하게 활용하는 나라이다. 반면 미국은 주정부와 기초자치단체 수준에서만 직접민주주의 기제들을 활용한다. 유럽연합은 2012년부터 유럽시민발의(European Citizens' Initiatives: ECI) 제도를 도입, 운영하고 있으며, 이는 세계 최초로 초국적 수준에서 도입된 직접민주주의 기제이다(Kaufmann, 2012).

한편, 시민발의 또는 시민투표의 내용적 요건과 형식에 따라 제도적 유형을 구분할 수 있다. 우선 내용적 범위와 관련하여 입법적 의제에만 국한하는가 아니면 헌법적 사안까지도 포함될 수 있는가를 논할 수 있다. 국가 예산에 관한 사항 및 국제조약에 관한 사항 또는 헌법 등에서 보장하는 기본적 인권에 관한 사항 등의 배제와 포함 여부도 중요한 기준이 될 수 있다. 발의안의 형식과 관련하여 그것이 구체적인 입법안의 형태로 제출되어야 하는가 아니면 일반적 정책 또는 입법 제안의 형태로도 제출될 수 있는가에 따라 유형을 구분할 수 있다. 나아가 최근 디지털 과학기술의 발달에 따라 온라인 서명 및 투표를 허용하는가 여부에 따라 유형 구분을 시도해볼 수 있다. 스위스의 경우에는 우편투표를 허용하며, 미국의 일부 주에서는 아예 우편투표만을 허용하기도 한다. 최근 도입된 핀란드의 시민발의제와 유럽시민발의는 온라인 서명 시스템(e-collecting systems)을 허용한다. 그러나 의제형 발의제도보다 큰 효력을 지니는 시민투표의 경우에는 온라인 투표를 허용하는 사례를 찾기 어렵다(Sedüle et al., 2016).

시민발의와 시민투표에 관한 의회 등 대표 기구의 관여 및 숙의 절차의 개방성(포용성)과 실질성(구체성) 여부도 중요한 기준이다. 곧, 의회와 입법자들은 시민 주도의 입법 의제에 관해 개방적·포용적 태도를 보이거나 폐쇄적·배타적 태도를 보일 수 있다. 또한 직접민주주의 기제들에 관한 의회 등의 심리 절차가 얼마나 구체적으로 규정, 정립되는가도 해당 기제의 효과성에 중요한 영향을 미칠 수 있다. 이탈리아 의회는 제기된 시민발의에 대해 포괄적 권한을 부여받고 있는 반면, 폴란드 의회는 관련 법령에 따라 구체적 의무 사항들을 수행해야 한다(Setälä & Schiller, 2012). 핀란드 의회는 그 중간형으로 엄격한 규정은 마련되지 않았지만 의회 상임위원회가 시민발의안에 대해 전문가 청문회를 비롯해 충실한 심사를 한 뒤 본회의에 별도의 보고서를 제출하는 것이 하나의 실천적 규범으로 정립되었다(서현수, 2019).

한편 스위스의 정부와 의회는 시민발의안에 대해 검토한 뒤 승인하거나 반대 제안(counter proposal)을 발의할 수 있으며, 이 경우 의회 등의 제안은 시민발의안과 함께 시민투표에 회부된다. 반면 미국 캘리포니아의 주민투표 절차에는 주정부나 의회 차원의 중간 매개적 관여와 숙의 절차가 제도화되어 있지 않다.[3] 이러한 제도적 디자인의 차이는 두 공동체에서 대의-직접민주주의 관계에 중요한 영향을 미친 것으로 평가된다(안성호, 2018; Budge, 2013).

직접민주주의의 개념과 제도적 유형에 대한 기본적 이해를 바탕으

---

3 최근 캘리포니아주에서도 관련 규정의 개정으로 시민발의에 대한 의회의 관여가 가능해졌다. 더 자세한 내용은 다음 절에서 부연한다.

로 우리가 검토할 한 가지 중요한 주제는 직접민주주의와 숙의민주주의의 결합 가능성과 그 구체적 방안이다. 숙의민주주의는 참여민주주의와 더불어 오늘날 전 세계적으로 확산되는 민주적 혁신 담론과 사례들의 중요한 이론적 원천으로 선호 집약적(aggregative) 민주주의와 양적 참여 확대론의 한계를 극복하기 위해 제안된 이론이다. 숙의민주주의는 시민들의 관점과 선호가 공론장에서의 충분한 토의 과정을 통해 '변환(trasnformation)'될 수 있음을 강조하며, 이를 위해 자유롭고 평등한 시민들 간의 공적 상호작용 및 이성적 의사소통의 중요성을 강조한다(Habermas, 1996; Rawls, 1993).

　1990년대 하버마스와 롤즈 등 1세대 이론가들을 통해 숙의민주주의의 규범적 정당화 노력이 전개되면서 민주주의의 '숙의적 전환'이 일어났고, 2000년대를 전후해 '숙의민주주의의 경험적 전환'이 일어나면서 이론적 규범성을 실제 현실에서 구현하기 위한 시민 숙의포럼의 디자인, 실행, 평가에 관한 실험과 연구들이 집중되었다(Ryfe, 2005). 합의회의 모델에 기반해 과학기술정책의 민주적, 시민적 의사결정을 추구한 덴마크 시민과학회의(Danish Board of Technology), 정치적 대표의 불비례성이 높은 선거제도 개혁을 위해 숙의적 시민포럼을 구성한 캐나다 브리티시콜롬비아 시민의회(British Columbia Citizens' Assembly), 기존 여론조사의 한계를 극복하고 시민적 학습과 토론에 기반한 숙고된 여론을 확인하기 위해 미 스탠포드대 피시킨 교수가 직접 고안한 공론조사(deliberative polling) 등 다양한 숙의적 제도의 디자인과 실험들이 활발히 전개되었다.

　그러나 이 과정에서 의회 등 엘리트 의사결정 기구와 분리된 하나의 단일한 시민 숙의포럼을 구성, 운영하는 데 초점을 둔 미시적 접근이 강조되면서 거시적 수준의 정치적 효과성에 대한 의문이 제기되었다(Beetham, 2011; 서현수, 2019). 이러한 문제를 성찰하면서 2010년대 초반 일군의 탁월한 숙의민주주의 이론가들을 중심으로 '숙의민주주의의 체계적 전환'이 일어났다. 이들은 입법부 중심의 포럼이나 숙의적 미니퍼블릭 중심의 고립적·미시적 접근이 갖는 한계를 비판하면서 개별 숙의 공간 내부의 의사소통을 넘어 '숙의 시스템의 다양한 부분들을 가로지르는 상호작용을 전체적으로' 이해하는 것의 중요성을 강조하였다(Mansbridge et al., 2012: 26).

숙의민주주의의 체계적 전환 이후 강조되는 이론과 실천의 새로운 방향은 다음과 같다. 첫째, 전체 공중의 주요 인구학적 특성을 반영해 무작위 선발 원칙에 따라 구성되는 숙의적 시민포럼을 적절한 형태와 수준으로 공식 의사결정 기구와 결합(coupling)하는 것이다. 둘째, 하버마스, 롤즈 등이 강조하는 '이상적 담화 상황'과 공정한 토의 절차를 확보하기 위해 설계된 공공포럼 내부의 숙의 과정을 전체 시민사회의 공중과 효과적으로 연계, 공유하는 것이다. 셋째, 시민발의와 시민투표 등 직접민주주의 기제와 숙의민주주의 기제를 결합함으로써 숙의없는 직접민주주의의 한계와 미시적·고립적 숙의포럼의 한계를 동시에 뛰어넘는 것이다(Papadopoulos, 2012; Chamber, 2012; Hendriks, 2016; Setälä & Smith, 2018; Rummens, 2016). 다음에서 우리가 검토하는 미 오리건주 시민발의리뷰, 아일랜드 시민의회, 핀란드 시민발의제는 바로 이러한 맥락에서 특히 중요한 함의를 제공하는 사례들이라 할 수 있다.

Ⅲ. 미 오리건주 시민발의리뷰(CIR)
　　: 포퓰리즘 우려 해소를 위한 숙의 기제

1. 미국의 직접민주주의

미국은 연방정부 차원에서는 대통령 중심의 행정부, 상·하원으로 구성된 입법부, 그리고 대법원의 삼권분립에 기반한 강한 대의 정부 시스템을 운영하고 있지만 주정부 이하 수준에서는 주민발의와 주민투표 등 직접민주주의 기제도 매우 활발하게 운영하는 나라이다. 19세기 말과 20세기 초반 시기에 인민주의적 지향을 가진 풀뿌리 활동가들이 주도하여 주정부 및 기초지방정부 단위에서 직접민주주의 기제를 도입하기 시작하였다. 이는 뉴잉글랜드 지방을 중심으로 한 타운홀미팅(townhall meetings) 등 오랜 민주적 자치 전통에 더하여 자본주의 산업화 이후 비대해진 대자본의 영향을 받아 금권정치 경향을 보이는 중앙 및 지방의 대의민주주의 시스템과 기성 정치세력에 대한 강한 불신이 결합하여 빚어낸 결과였다(Dalton et al., 2013; Smith, 2009). 1904년 오리건주에서 첫 주민투표가 이루어진 이래 2019년까지 미국 전역에서 총 2,610건의 주민발의가 투표에 부쳐졌고, 그중 1,080건이 통과된 것으로 나타나 41%의 매우 높은 성공률을 보여주고 있다. 그동안 24개 주에서 1건 이상의 주민발의가 이루어졌으며, 특히 캘리포니아(379건 발의), 오리건(373건 발의) 등 서부 태평양 연안의 주들에서 활발하게 활용되는 모습이 확인된다.[4]

4　http://www.iandrinstitute.org/docs/IRI-Initiative-Use-(2019-2).pdf (검색일:

〈표 9-2〉 미국의 직접민주주의: 연혁 및 제도적 유형

주	채택연도	제도적 유형		주민발의 유형		주민발의 유형 헌법 개정		주민발의 유형 법령	
		주민 발의	주민 투표	헌법 개정	법령	직접	간접	직접	간접
알래스카	1956	○	○	×	○	×	×	×	○
애리조나	1911	○	○	○	○	○	×	○	×
아칸소	1910	○	○	○	○	○	×	○	×
캘리포니아	1911	○	○	○	○	○	×	○	×
콜로라도	1912	○	○	○	○	○	×	○	×
플로리다	1972	○	×	○	×	○	×	×	×
아이다호	1912	○	○	○	○	×	×	○	×
일리노이	1970	○	×	○	×	○	×	×	×
메인	1908	○	○	×	○	×	×	×	○
메릴랜드	1915	×	○	×	○	×	×	×	×
매사추세츠	1918	○	○	○	○	×	○	×	○
미시건	1908	○	○	○	○	×	×	○	×
미시시피	1914/92	○	×	○	×	×	○	×	×
미주리	1908	○	○	○	○	○	×	○	×
몬태나	1904/72	○	○	○	○	○	×	○	×
네브라스카	1912	○	○	○	○	○	×	○	×
네바다	1905	○	○	○	○	○	×	○	×
뉴멕시코	1911	×	○	×	×	×	×	×	×
노스다코타	1914	○	○	○	○	○	×	○	×
오하이오	1912	○	○	○	○	○	×	×	○
오클라호마	1907	○	○	○	○	○	×	○	×
오리건	1902	○	○	○	○	○	×	○	×
사우스다코타	1898/72/88	○	○	○	○	○	×	○	×
유타	1900/17	○	○	×	○	×	×	○	○
워싱턴	1912	○	○	×	○	×	×	○	○
와이오밍	1968	○	○	×	○	×	×	×	○
합계(주)	26개	24개	23개	18개	21개	16개	2개	14개	9개

출처: http://www.iandrinstitute.org/states.cfm (검색일: 2019.12.19).

<표 9-3> 미국의 직접민주주의: 주민발의와 주민투표 활용 횟수(1904~2019)[5]

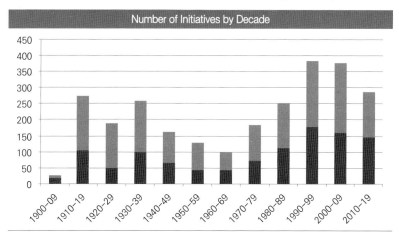

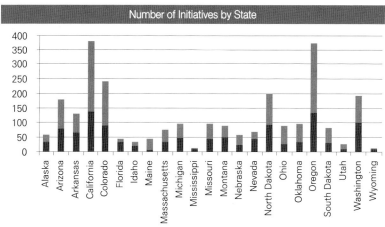

출처: http://www.iandrinstitute.org/docs/IRI-Initiative-Use-(2019-2).pdf, 검색일: 2019.12.19.

2019.12.19).

5 두 그래프의 막대선에서 하단의 짙은 부분은 주민투표에서 통과된 발의 건수를 나타낸다.

〈표 9-2〉는 미국의 주정부 차원에서 직접민주주의 기제가 도입된 연도와 그 제도적 유형을 정리한 것이며, 〈표 9-3〉은 1904년부터 2019년까지 주민발의와 주민투표가 활용된 횟수를 그래프로 나타낸 것이다.

2. 캘리포니아주의 포퓰리즘적 직접민주주의

위에서 살펴본 것처럼 미국에서는 서부 해안 지역에 위치한 주들이 가장 활발하게 직접민주주의 기제들을 활용하고 있다. 그 가운데서도 캘리포니아주는 오리건주와 더불어 가장 많은 주민발의 및 주민투표 횟수를 기록하고 있다. 캘리포니아 주민들은 주정부 및 상·하원과 더불어 주의 헌법과 법령의 제·개정에 중요한 영향을 미치는 핵심 행위자로 역할하며, 세금·예산·교육·환경·이민·동성결혼 등 많은 의제들이 주민발의와 주민투표를 통해 결정된다. 그러나 캘리포니아주의 직접민주주의 제도는 주민발의에 대한 정부와 의회의 검토 및 대안 발의를 허용하지 않으며, 그런 의미에서 '토의없는 주민투표'(안성호, 2018: 244)의 한계를 노정해 왔다.

특히 1978년 '주민발의 13호(Proposition 13)'가 74%의 찬성 투표를 얻어 통과된 뒤 부동산 재산세 및 연간 재산세 인상률의 엄격한 제한 조치로 인해 주재정 위기가 증대하는 현상이 나타나면서 '매개 없는' 직접민주주의 또는 포퓰리즘적 직접민주주의 유형의 대표 사례로 거론돼왔다(Budge, 2013). 한편 2016년에는 병원직장협회와 교사노조 등 시민사회단체들의 캠페인을 통해 발의된 '주민발의 55호(Proposition 55)'가 통과되어 소득 상위 1%가 주정부 수입의 주된 원천인 소득세 및 자본취득세 전체의 50%를 부담하도록 한 법안(2030년

이 발효되었다. 이 발의는 심화되는 소득불평등을 줄이고 건강과 교육 등 주의 공공서비스에 필요한 재정의 안정적 확보를 위한 진보적 조세정책의 구현으로 인식되며 다수 시민의 찬성을 얻었다. 그러나 이는 역설적으로 상위 1%에 주의 공공재정이 과도하게 의존하는 효과를 낳았고, 경제침체 국면에서는 건강과 교육 부문 예산이 25%까지 줄어들 수 있는 것으로 보고된다.

또한 동성결혼을 불법화한 '주민발의 8호(Proposition 8)'나 불법체류 이민자들의 공공서비스 이용을 제약하는 내용의 '주민발의 187호 (Proposition 187)' 등은 유권자 다수의 승인을 얻어 통과되었으나 결국 법원에서 위헌 판결을 받고 취소되는 등 포퓰리즘의 확산과 다수의 전제에 대한 우려를 증폭시킨 사례들로 비판받았다. 나아가 주민발의와 투표를 위한 캠페인 과정에서 수천만 달러에 달하는 막대한 비용이 수반되는 경우가 빈번하게 발생하고 있으며, 이 과정에서 석유회사나 담배회사 등 거대 자본과 산업계의 이익단체 또는 재정적, 조직적 자원이 상당한 대규모 노동조합 등의 이해관계가 과잉 대표되는 현상이 비판적 평가의 대상이 되고 있다.[6]

3. 오리건주의 '시민발의 리뷰(CIR)'

오리건주는 캘리포니아와 더불어 미국에서 직접민주주의 기제를 가장 많이 활용하고 있는 지역으로 '토의없는 주민투표' 현상을 예방

6　https://www.latimes.com/opinion/op-ed/la-oe-gardels-ballot-initiatives-20190110-story.html (검색일: 2019.12.19).

[그림 9-1] 미국 오리건주의 시민발의 리뷰 절차

출처: https://healthydemocracy.org/cir/ (검색일: 2019.12.19).

하고 직접민주주의 구현 과정에서 시민적, 공적 숙의 과정을 촉진하기 위해 2011년부터 '시민발의리뷰' 절차를 시민발의 절차에 통합된 공식 제도로 도입, 운영하고 있다. 이 제도는 시민발의안이 일정한 수 이상의 서명 요건을 채워 주민투표에 부쳐지는 경우에 시행된다. 인구적 특성을 반영해 10,000명의 등록 유권자들 중 희망 의사를 밝힌 사람들 가운데에서 무작위로 선발된 20~24명의 시민배심원단이 숙의 절차 및 주민투표 사안의 쟁점들에 대해 전문가들의 조력을 받아 공동 학습, 숙의한 뒤 '시민 의견서(Citizens's Statement)'를 작성해 전체 유권자들에게 송부한다. 의견서에는 시민배심원단이 숙의 과정을 통해 발견한 핵심 사항들(key findings)과 더불어, 발의안에 찬성 투표할 최상의 이유들 및 발의안에 반대 투표할 최상의 이유들이 제시된다. 최종 의견서의 견해는 시민배심원들 사이의 투표와 합의 절차를 통해 정해진다. 시민발의 리뷰 절차는 이 절차를 고안한 'Healthy Democracy(www.healthydemocracy.org/)'라는 비영리 민간 기구가 주관하며, 오리건 주정부가 설치한 시민발의리뷰위원회(CIR Commission)에 의해 2년에 한 번씩 주기적으로 평가받고 있다.

오리건주에서 시작된 시민발의리뷰 절차는 직접민주주의 기제의 주요 결함인 숙고되지 않은 정책 결정의 위험 등 포퓰리즘적 속성을 개선하는 혁신적 시민참여 기제로 널리 주목받고 있다. 관련 연구들은 시민발의리뷰 과정에서 시민배심원들 사이에 높은 숙의성이 관찰되며(Knochbloch et al., 2013), 실제 투표자들 가운데 40% 이상이 시민발의리뷰를 통해 생산된 의견서를 읽은 뒤 어떻게 투표할 것인가를 결정하였다고 답하는 등 효과성이 높다는 점을 보고하였다.[7] 이러한 긍정적 피드백에 힘입어 시민발의리뷰는 오리건주뿐 아니라 애리조나, 콜로라도, 매사추세츠 등에서도 시범 운영되는 등 확산되는 추세에 있으며, 국제적 활용 가능성 측면에서의 잠재력도 상당히 높은 것으로 판단된다.

한편 포퓰리즘적 직접민주주의 현상에 대하여 많은 비판을 받은 캘리포니아주의 경우에도 기존 제도의 한계와 문제점을 개선하기 위해 일부 개선 조치를 강구하였다. 2014년 캘리포니아 의회는 주민발의법(State's Initiative Law)을 개혁하여 주민투표 요건의 25%에 달하는 서명이 모이는 경우 주정부의 비서가 입법부에 이 사실을 통보하고, 이때부터 의회 의원들이 주민발의 대표들과 협상을 벌여 발의안의 법적 결

---

7 https://healthydemocracy.org/impact/ (검색일: 2019.12.19).

함 및 의도치 않은 부작용을 개선하거나 주민투표 대신 입법을 통한
문제해결 방안을 추진할 수 있도록 하였다. 또한 변경된 법률 하에서
입법부는 투표일 131일 이전까지 발의된 주제에 대한 청문회를 개최
할 것이 요구된다.[8] 이처럼 주정부와 기초지방정부 수준에서 직접민주
주의 기제가 활발하게 운용되어온 미국에서도 최근 들어 대의민주주
의와 직접민주주의 간의 상보적 관계 발전을 이루고, 특히 숙의민주주
의적 시민포럼의 접목을 통한 직접민주주의 제도의 개선을 도모하고
있어 주목된다.

IV. 아일랜드 시민의회: 지속적 숙의포럼과
국민투표의 결합을 통한 헌법적 제도 개혁

1. 1차 시민의회(2011년)
: 금융위기 후 시민사회 주도의 실험 프로젝트

2008년 아일랜드의 심각한 금융위기 이후 헌법 개혁의 필요성이
높게 제기되었고, 2011년 총선에서 제 정당들은 브리티시컬럼비아시
민의회(BCCA)와 같은 기구를 설치해 시민 주도의 헌법 개혁 추진을 공
약하였다. 그러나 총선 이후 시민의회 모델에 대한 회의로 인해 제도
적 진전이 없자 민주적 혁신 전문가인 데이비드 파렐(David Farrell), 제

---

8 https://www.latimes.com/opinion/op-ed/la-oe-gardels-ballot-initiatives-20190110-
story.html (검색일: 2019.12.19).

인 수터(Jane Suiter), 어인 오맬리(Eoin O'Malley) 등 일군의 정치학자들과 혁신 활동가들의 주도로 'We the Citizens'이라는 실험적 프로젝트를 실시하였다.

이 실험은 캐나다, 네덜란드 등에서 전개된 시민의회 실험 사례로부터 큰 영감을 받았다. 이들은 2011년 5~6월 동안 여러 도시에서 총 일곱 차례의 참여적 시민모임을 갖고 ① 선거제도 개혁 및 의회 의원들의 역할, ② 정치인들의 정체성, ③ 경제위기 시기의 증세 또는 예산 삭감 사이의 조정 등을 주제로 숙의한 뒤 헌법 개혁을 위한 시민의회 설립을 요구하는 보고서를 발표하였다(Farrell & Suiter, 2019: 6-22).

2. 2차 시민의회(2012~2014)
: 헌법회의(Convention on the Constitution) 설립, 운영

1차 시민의회 실험의 반향으로 2012년 총선 이후 새로 구성된 Fine Gael-노동당 연합정부는 학계 및 시민사회와의 협의를 거쳐 헌법 개혁을 위한 시민회의를 소집하였다. 정부 주도의 첫 공식 시민의회가 성립된 것이다. 헌법회의는 무작위 추첨으로 선발된 66명의 시민대표와 여러 정당을 대표하는 33명, 그리고 1명의 위원장 등 총 100명으로 구성되었다. 위원장은 현직 의회 의장이 직접 맡았고, 33명의 정당 대표는 정당별 의석수 비율을 반영해 총 52명의 의회 의원들이 순환하며 참석하는 방식으로 선발되었다. 숙의적 시민포럼에 의회 의원과 정당 대표들이 참여한 것은 매우 이례적인 것으로 아일랜드 시민의회 모델의 독특한 특징을 보여주며, 당시 헌법회의 구성에 관한 시민사회와 정치권 간의 협상 및 타협의 결과로 풀이된다.

2013년 1월 첫 숙의 세션에서 헌법 조항과 연계된 10개 의제가 선정(정부 의제 8, 자체 선정 의제 2)되었으며, 그 의제는 다음과 같다. ① 대통령 임기 축소, ② 선거연령 인하, ③ 가정 및 공공생활에서 여성의 역할, ④ 여성의 정치 참여 증진, ⑤ 동성결혼의 법적 허용, ⑥ 선거제도 개혁, ⑦ 대통령 선거 시 해외 교포 및 북아일랜드 거주자 투표권, ⑧ 신성모독(폐지), ⑨ Dáil(아일랜드 하원) 개혁, ⑩ 헌법에 경제, 사회, 문화적 권리 조항 추가. 앞의 8가지가 정부가 정해 의뢰한 의제이며, 뒤의 2개는 시민의회 자체로 선정한 의제이다(Farrell & Suiter, 2019: 22-24).

헌법회의는 10주 동안 주말을 이용해 1박 2일의 회합을 이어갔다. 회합은 관련 주제에 대한 전문가 발표, 찬반 옹호자 그룹 간의 논쟁, 그리고 퍼실리테이터와 기록 담당자를 포함한 원탁회의 토론으로 이루어졌다. 이틀간의 집중 숙의를 마치고 시민들은 무기명 투표를 통해 자신들의 의견을 표출하였고, 그 결과에 기반한 권고(recommendations)를 발표하였다. 헌법회의 진행 결과 총 43건의 권고가 공표되었고, 이 중 18가지는 국민투표를 통한 헌법 개정 사안이었다. 권고안에 대한 정부와 의회의 검토를 거쳐 세 건이 국민투표에 부쳐졌고, 그 가운데 동성결혼의 법적 허용안과 신성모독 폐지안이 각각 2015년과 2018년 국민투표에서 과반 지지를 얻어 통과되었다.

이는 보수적인 가톨릭 국가인 아일랜드의 역사적, 문화적 맥락을 고려할 때 상당히 파격적인 개혁으로 기성 정당과 정치인들이 시대적 변화와 개혁적 시민들의 요구에도 불구하고 사안의 휘발성을 감안해 회피해왔던 의제를 숙의민주주의 기반 시민의회 실험을 통해 해결한 것이다. 실제 시민의회 참가자들의 79%가 동성결혼의 법적 허용안에 찬성했으며, 2015년 5월 22일 실시된 국민투표에서도 투표자 중 62%

가 찬성함으로써 기성 정치 행위자들보다 더 전향적인 태도를 보여주었다. 그러나 의제 선정에서 구조적 정치개혁 의제들이 제외된 점, 18개 중 3개만 국민투표에 회부된 점 등 타협적 성격과 '선택적 청취'의 문제는 한계로 비판되었다(Farrell & Suiter, 2019: 25~28; Farrell et al., 2020).

3. 3차 시민의회(2016~2018)
: 아일랜드 시민의회(Irish Citizens' Assembly)

일부 한계에도 시민의회와 국민투표를 통한 헌법 개정 수준의 주요 의제 개혁을 성취한 2차 시민의회 실험의 성공을 바탕으로 2016년 총선 이후 3차 시민의회가 설립, 운영되었다. 3차 시민의회는 2차 때와 달리 1명의 의장(대법관)과 무작위 선발된 99명의 시민대표로 구성되었다. 이는 3차 시민의회가 다룰 의제에 포함된 낙태 이슈의 휘발성으로 인해 정치인들이 참여를 회피하였기 때문이다. 3차 시민의회는 5개 의제에 대한 숙의 임무를 부여받았다. ① 헌법상 낙태 금지 조항 폐지, ② 고령화의 도전과 기회에 대한 대응 방안 모색, ③ 기후변화에 대한 국가적 대응, ④ 국민투표 실행 방식, ⑤ 의회 임기 고정. 2차 때와 비교할 때 의제 수가 10개에서 5개로 줄었고, 기후위기, 고령화 등 해법이 열린 의제와 낙태 등 닫힌 의제가 결합된 것이 특징으로 나타났다(Farrell & Suiter, 2019).

이 가운데 가장 첨예하고 핵심적인 의제는 단연 낙태 문제였다. 동성결혼 문제와 마찬가지로 가톨릭 국가인 아일랜드에서 낙태 문제는 첨예한 갈등 이슈로 1980년대부터 자유주의적 방향의 개혁 압력이 국내외에서 높게 제기됐으나 정치권은 이 문제에 제대로 대응하지 않고 회피해왔다. 아일랜드 시민의회는 낙태 의제에 관해 2016년 11월부터 2017년 4월까지 5개월 간 집중적인 숙의 프로세스를 진행했다. 첨예한 갈등 이슈답게 총 12,000개가 넘는 의견서가 제출되었고, 찬반 진영의 캠페인도 치열하게 전개되었다.[9] 시민의회는 5개월 간의 숙의를 마치면서 비밀투표로 시민의회 의견을 결정하였는데, 참가자 중 64%가 낙태 합법화에 찬성하였다.

시민의회는 이에 따른 권고안을 의회에 제출하였고, 의회도 심의 후 시민의회 권고안과 같은 의견으로 이 사안을 국민투표에 회부하였다. 2018년 5월 25일 실시된 국민투표 결과 투표자 중 66.4%의 찬성으로 헌법 개정에 성공하였다. 동성결혼 합법화에 이은 또 하나의 중대한 제도 변화를 이끌어내며 아일랜드 시민의회는 큰 역사적 성취를 거두었다(Farrell & Suiter, 2019: 29-32; Farrell et al., 2019).

4. 4차 시민의회: 의회 주도로 성평등에 관한 시민의회 운영(2019~2021)

2차, 3차 시민의회의 성공은 시민의회 모델에 대한 높은 효능감과 신뢰를 낳았고, 지속적인 시민의회 소집, 운영으로 연결되었다. 2019년 7월 아일랜드 의회는 성평등을 주제로 한 시민의회를 소집하기로 했다. 본래 이 의제는 2013년에 소집된 헌법회의(2차 시민의회)가 숙의한 '가정 및 공공생활에서 여성의 역할'과 관련된 헌법 조항 개정 권

---

9 https://2016-2018.citizensassembly.ie/en/Submissions/Eighth-Amendment-of-the-Constitution/ (검색일: 2021.11.8).

고안의 정부 및 의회 심의 단계에서 더욱 심화된 공적 숙의와 토론의 필요성이 있다고 판단한 의회위원회(정의와 평등에 관한 합동위원회Joint Committee on Justice and Equality)가 시민의회 등 공공 참여 프로세스 설립을 권고한 데서 비롯되었다. 2019년 6월 정부가 이에 동의하였고, 7월 의회가 결정(Resolution)을 통해 성평등 시민의회를 소집한 것이다(Irish Citizens' Assmbly, 2021: 23-25).[10]

4차 시민의회는 무작위 선발된 99명의 시민대표와 1명의 의장으로 구성되었다. 의장은 유럽집행위원회 첫 여성 사무총장을 지낸 캐서린 데이(Catherine Day)가 맡았다. 의회가 시민의회에 부여한 숙의 의제들은 다음과 같다. ① 젠더 차별을 촉진하는 규범, 태도에 도전하기, ② 젠더 불평등을 야기하는 경제적, 임금 규범을 해체하기, ③ 여성의 온전하고 효과적인 참여 및 동등한 리더십 기회를 보장하기, ④ 유년기 부모 돌봄의 중요성을 인정하고 워라벨(work-life balance)을 증진하기, ⑤ 돌봄의 사회적 책임과 가정 내 돌봄에 관한 남녀 공동 책임에 관해 검토하기, ⑥ 구조적 임금 불평등을 조사하기(Irish Citizens' Assmbly, 2021: 102-103). 이후 설립 준비 과정을 거쳐 2020년 1월 25일 첫 모임을 개최한 4차 시민의회는 코로나19 팬데믹 상황으로 인해 주로 온라인 숙의 과정을 진행한 뒤 2021년 4월 헌법, 정치와 리더십, 돌봄 제공 및 아동돌봄, 가정폭력·성폭력·젠더 기반 폭력, 임금과 직장, 사회적 보호 등을 포괄하는 45개 항목의 대정부 권고를 발표하였다.

구체적으로 권고는 헌법의 '가정 내 여성의 위치' 조항 폐지, 사회의 자연적·근본적 기초 단위로서의 가정에 대한 헌법 조항 개정, 헌법 기

---

10   아울러, https://participedia.net/case/5316의 설명을 참조할 것(검색일: 2021.11.8).

본권 챕터 중심에 성평등과 차별금지 조항 삽입, 돌봄에 대한 정부 지원 강화, 피해자/생존자 독립 옹호기구 설립, 모든 선출직 대표들을 위한 모성 휴가 도입, 시간당 성별 임금 격차 감축, 아동 돌봄 지원 정책 강화 등 다수의 제도적 개혁 조치를 포함하였다.[11]

5. 아일랜드 사례의 특징과 함의

아일랜드는 세계 최초의 연속적 시민의회를 소집, 운영(4회 연속)한 중요한 사례를 제공한다. 설립 주체의 측면에서도 초기 시민사회 주도로부터 정부와 시민사회 간 합의를 거쳐 정부 주도 및 의회 주도의 단계로까지 나아가면서 상설화, 제도화의 여정을 밟고 있는 모습이 특징적이다. 무엇보다 아일랜드 사례는 숙의민주주의(시민의회)와 직접민주주의(국민투표) 기제의 결합을 통해 동성결혼 허용, 낙태죄 폐지 등 헌법적 수준의 제도 개혁 실현에 성공한 보기 드문 사례를 제공한다. 또한 2차 시민의회(헌법회의) 모델의 제도적 디자인에서 관찰되는 것처럼 무작위 선발된 시민 대표와 정당 대표로 구성된 일종의 하이브리드된 숙의포럼의 가능성을 보인 희귀한 사례이기도 하다(Suteu, 2015; Farrell et al., 2020; Courant, 2021).

연구자들은 직업 정치인들이 평범한 시민 대표들과 동등한 자격으로 참여했을 때 우려되는 토론의 독점 현상이 관찰되지 않았다며 충

---

11 https://www.citizensassembly.ie/en/news-publications/press-releases/ recommendations-of-the-citizens-assembly-on-gender-equality.html (검색일: 2021.11.1).

분히 의미있는 숙의 실험이었다고 평가한다. 정치인을 배제하거나 의회를 우회하지 않는 방식으로 시민의회를 설립, 운영한 것은 아일랜드 시민의회의 성공을 설명하는 한 가지 중요한 요소이기도 하다. 곧, 시민의회 설립, 운영, 결과 전반에 대한 기성 정치권과 의회 등 대표기구의 이해 수준이 높은 가운데 적극적 상호작용과 의사소통이 이루어지고, 국민투표 과정에서도 숙의적 시민포럼을 통한 충분한 논의와 그 결과가 투명하게 제시됨으로써 토의없는 직접민주주의의 한계를 뛰어넘을 수 있었다고 평가된다(Farrel & Suiter, 2019: 28, 32; Farrell et al., 2019). 다만 시민의회 권고안에 대한 정부의 '선택적' 국민투표 회부, 정치인들의 책임 회피 경향에 대한 비판, 정치적으로 민감하고 본질적으로 중요한 개혁 의제에 대한 우회 등 일부 한계와 도전과제도 관찰된다. 아일랜드 사례는 2019년과 2020년 개최된 영국과 프랑스의 기후위기 시민의회 설립 등에도 큰 영향을 미쳤다(Courant, 2021).

V. 핀란드의 시민발의 제도(FCI)[12]

1. 핀란드 정부의 시민발의제 도입 배경

북유럽 국가의 일원으로서 핀란드는 일찍부터 비례대표제와 다당

12　이 장의 내용은 서현수(2019)의 6장과 필자가 국회 토론회에서 발표한 원고(서현수, 2017)의 관련 부분을 축약, 재구성한 것이다. 핀란드 시민발의제도에 관한 더 자세한 내용은 원문을 참조.

제 정당체계에 기반한 강한 대의민주주의 시스템을 유지해왔다. 핀란드는 1919년 이래 준대통령제(semi-presidentialism) 헌법을 운영해왔으나 2000년 전면 헌법 개혁을 통해 표준적 의회주의(parliamentarism)에 가까운 모델로 변화하였다(Raunio, 2011; 서현수, 2018). 2012년 핀란드는 헌법 개혁의 연장선상에서 5만 명 이상의 시민들이 서명하는 경우(유권자의 약 1.2%) 그 법안을 의회가 심의하도록 허용하는 온건한 형태의 직접민주주의 기제를 도입했다. 이를 위해 핀란드는 헌법 조항을 개정하고 별도의 법률을 제정(시민발의법, kansalaisaloitelaki)하였다. 핀란드 정부는 법무부 산하에 헌법 개혁을 위한 실무그룹과 위원회를 만들어 운영하였고, 추가적 헌법 개혁의 필요성을 검토하는 과정에서 기존의 대의민주주의 시스템을 '보완', '강화'할 목적으로 온건한 직접민주주의 기제의 도입을 추진하였다.

핀란드는 1990년대 이후 지속적인 투표율 하락을 경험하였고, 이에 대응하여 정부와 지방자치단체 차원의 '시민 참여를 위한 정책 프로그램(1998~2007)'을 수립, 실행하였다. 그러한 맥락에서 시민투표와 연계되지 않는 '의제형 발의제도'의 도입 논의가 이루어졌고, 정부 주도의 민주적 혁신 프로세스를 통해 시민발의제가 도입된 것이다. 2012년부터 유럽연합이 유럽시민발의(ECI) 제도를 도입하기로 결정한 것도 핀란드 정부의 선택에 영향을 끼쳤다. 법안 마련을 위한 실무그룹에는 의회 사무처와 8개 원내 정당 그룹의 대표들이 모두 참여해 합의적 정책결정 프로세스를 진행했고, 이렇게 마련된 정부 법안에 대해 특별한 반대 의견이 제기되지 않으면서 의회에서 만장일치로 새로운 법률이 제정되었다(서현수, 2019).

2. 핀란드 시민발의 제도의 기본 설계

핀란드 시민발의 제도는 '의제형' 시민발의로 분류된다. 의제형 발의에서 시민들은 입법 의제를 의회에 제출할 권리를 갖지만 여전히 의회가 최종 결정권을 갖는다(Schiller & Setälä, 2012: 1). 의제형 시민발의도 직접민주주의 기제로 여겨지지만 시민 참여는 입법적 의제설정 단계로 한정된다. 이러한 한계에도 의제형 시민발의는 의회의 공식적 숙의 과정을 통해 직접민주주의 기제의 결함을 보완하고 다수의 독재나 비일관된 의사결정 등의 위험을 예방할 수 있는 장점을 지닌다. 이러한 특징 때문에 의제형 시민발의는 대의민주주의와 직접민주주의 간 '타협'으로 여겨지며, 의회로서도 제도 도입에 나설 유인이 큰 제도라고 할 수 있다(Setälä & Schiller, 2012).

6개월 이내에 5만 명 이상의 시민 서명을 받도록 한 핀란드 시민발의의 절차적 요건은 대체로 무난한 것으로 받아들여진다. 그러나 회기가 지나면서 의회에 제출되는 시민발의 수가 증가함에 따라 일부 보수적인 의원들을 중심으로 서명인 수 요건을 10만 명 이상으로 변경할 필요가 있다는 주장도 제기된다. 6개월이라는 서명 수집 기간도 적절하다는 평가를 받고 있다. 핀란드 정부 법안은 지나치게 기간이 길어지면 발의안의 내용을 변경할 필요가 생겨날 위험이 있고 주제의 중요성이 상황 변화에 따라 감소될 수 있다는 논리를 들어 6개월로 제안했다(HE 46/2011 vp, 29).

핀란드의 시민발의는 구체적 법안의 형태를 취하거나 일반적 정책 제안 수준의 문서 형태를 취할 수도 있다. 전자의 경우 법률의 구체적 조항 및 근거를 포함한 입법 조문을 포함해야 하는 반면, 후자는 정부 또는 의회가 입법 조치를 취할 필요성에 관한 근거와 의견만을 표현해도 된다(HE 46/2011 vp, 27). 핀란드 시민발의제는 유럽에서는 드물게 온라인 서명 수집을 허용한 것이 특징이다. 시민발의법(The Citizens' Initiative Act, Kansalaisaloitelaki) 제8조에 따라 핀란드 법무부는 시민발의 운영과 시민 참여를 위한 온라인 플랫폼 서비스(kansalaisaloite.fi)를 제공하고 있으며, 제도 시행 초기에는 NGO 기반 숙의적 온라인 플랫폼(Open Ministry)이 만들어져 중요한 매개 역할을 수행했다(서현수, 2019).

헌법과 새로 제정된 시민발의법은 발의안의 의회 심의 절차를 상세히 규정하지 않는다. 대신 법률적 지위를 갖는 「의회 절차에 관한 규칙」(Parliamentary Rules of Procedures)에서 시민발의안에 대한 심의 절차의 기본적 규정과 틀을 제공한다. 서명 수 기준을 충족한 시민발의는 인구등록사무소와 법무부 검토를 거친 뒤 의회 의장에게 직접 제출된다. 의회는 본회의장에서의 예비토론을 마친 뒤 해당 발의안을 소관 상임위원회에 전달하며, 상임위원회는 통상 시민발의 대표를 불러 의견을 청취한다.

위원회는 정책 이해관계자와 전문가들의 의견을 폭넓게 수렴하는 청문회와 2회 이상의 자체 토론 절차를 거친 뒤 보고서(report, mietintö)를 작성, 본회의에 제출한다. 위원회의 절차는 6개월 이내에 마무리되어야 하며, 그렇지 못할 경우에는 발의자에게 관련 계획을 통보한다. 현재까지 위원회들은 대부분 시민발의안에 대해 별도의 심의 후 보고서를 작성하였다(Eduskunta, [2000] 2012, 2015; 서현수, 2017, 2019). 또한 시민발의안에 대한 위원회 심의 과정에서 첫 번째 청문회는 공개 회의 형태로 개최되는 것이 관례로 자리잡았다. 핀란드 위원회는 합의적 프로세스를 중시하여 위원회 심의 과정을 잘 공개하지 않는데 시민발의

제도가 위원회 공개성을 증가시킨 것이다. 상임위 단계를 거친 시민발의안은 본회의에 회부되어 2회독 절차가 진행되며, 투표 또는 만장일치로 의회의 최종 결정이 내려진다.

3. 시민발의 제도의 운용 과정 및 정치적 효과

핀란드에서 시민발의 제도가 처음 시행된 2012년 3월 1일부터 2021년 11월 8일 현재까지 총 1,300건 이상의 시민발의가 제기되었고, 그중 56건이 5만 명 이상의 서명 요건을 충족하여 의회에 제출되었다. 그 가운데 동성결혼 합법화안과 모성보호법 개정안 등 3건이 의회 절차를 통과해 최종 입법되었다(kansalaisaloite.fi). 2015년 4월 총선 이후 실시된 설문조사(FNES2015)에 따르면 핀란드 유권자의 약 1/3 정도(35.0%)가 하나 이상의 시민발의에 서명한 경험이 있으며, 압도적 다수인 약 79%가 시민발의 제도가 핀란드 민주주의 향상에 기여하였다고 답할 만큼 핀란드의 시민발의 제도는 대안적 입법 의제 설정 채널로서 빠르게 자리 잡으면서 새로운 민주적 다이내믹을 창출하고 있는 것으로 평가된다(Christensen et al., 2017; Seo & Raunio, 2017).

시민발의의 조직화 과정을 살펴보면 의제, 발의 주체, 캠페인 방법 등에서 몇 가지 주목할 만한 특징들이 발견된다. 첫째, 의제의 측면에서 시민들은 새로운 참여민주주의 제도를 활용해 여러 논쟁적 사안을 공론장의 중심으로 가져왔다. 5만 명 이상의 서명 모집에 성공한 이슈들은 핀란드 내 모피산업 폐지, 동성결혼의 합법화 찬반, 제2공용어인 스웨덴어의 선택과목화, 시골 지역 산부인과병원 서비스 유지, 노동시장의 '0시간 근로계약' 금지, 유로존 탈퇴를 위한 국민투표 요구, 국회의원 특혜 축소, 정부의 '적극적 고용' 모델 폐지, 중등교육의 완전 무상교육 실시, 장애인 권리 증진 등으로 다양했다. 이들 중 상당수는 정부나 기성 정당들이 회피하거나 '테이블' 위에 올리지 않으려는 논쟁적 주제였다(〈표 9-4〉 참조).

둘째, 의제 발의자를 검토한 결과 다양한 행위자들이 시민발의 제도를 적극 활용하는 것으로 나타난다. 전통적인 이익단체, 공익적 성격의 NGO들, 시민사회의 개인 활동가들 또는 자발적 그룹들, 포퓰리즘 정당과 연계된 캠페인 단체, 범죄 피해자 가족, 장기 실업자 등 다양한 시민사회 단체 및 구성원들이 새로운 참여 채널을 활용해 자신들의 의제를 공론화하는데 성공했다(서현수, 2019).

셋째, 캠페인 방식에서도 역시 다양한 방식과 채널이 활용되었다. 특히 온라인 서명 시스템이 중요한 영향을 미친 것으로 확인된다. 시민발의법의 규정에 따라 핀란드 법무부는 2012년 12월부터 온라인 네트워크 서비스를 시작했다. 온라인 플랫폼은 시민들이 쉽게 발의안을 제기하고 서명을 모으거나 다른 발의안에 서명을 제공할 수 있도록 하는 촉진적 역할을 수행했다. 실제로 5만 명 이상의 서명을 모은 성공적 발의안들의 경우 온라인 플랫폼에서 수집된 서명이 매우 중요한 비중을 차지한다(Christensen et al., 2017).

발의안들의 의회 심의 결과 동성결혼 합법화 요구안 등 3건이 의회 심의를 거쳐 통과됨으로써 시민의 직접참여 채널에 기반한 입법 성공 사례들이 나타났다. 의회가 부결한 건들도 필요한 경우에는 의회가 정부에 권고안을 발표하는 등 일부 정책 개선 효과가 관찰된다. 간접적 정책 효과도 나타났다. 첫 시민발의였던 모피산업 폐지안은 언론과 미디어의 집중적 관심을 받으며 관련 의제의 공론화와 대중적 인식 향상에 큰 진전을 이루었다(서현수, 2019). 2017년 한 실업자가 제기한 정부의 '적극적 고용 모델' 폐기안은 의회 심의 결과 부결되었으나 2019년 총선 후 새로 구성된 정부가 받아들여 2020년 1월부터 정책 폐기가 결정되었다. 고등학교 무상교육 요구안도 2019년 총선 이후 출범한 새 정부의 정책 프로그램에 포함된 뒤 관련 입법이 이루어져 2021년 8월부터 적용되기 시작했다.

〈표 9-4〉 핀란드 의회에 제출된 25개의 시민발의: 의제, 서명수, 의회 심의 결과(2012.3~2019.4)

연도	의제	총 서명수	온라인 플랫폼 기반 서명수	의회 심의 결과
2013	핀란드 내 모피산업 금지	69,381	-	기각
	저작권법 개정	51,974	50,025	기각
	동성결혼 합법화	166,851	156,234	승인
2014	에너지인증법 개정	62,211	31,652	기각
	스웨덴어의 선택 과목화	62,158	31,552	기각
	음주운전 처벌 강화	62,835	61,930	기각
2015	시골 지역의 산부인과병원 서비스 보장	66,797	23,128	기각
	의료노동자의 양심의 자유 보장 (생명 중단 수술 거부권)	67,547	30,519	기각
	아동 대상 성범죄 처벌 강화	58,013	57,539	기각
	범죄 연루 외국인의 추방	54,324	54,314	기각
	노동시장의 '0시간'(zero-hour) 계약 금지	62,516	24,851	기각
2016	핀란드의 유로존 탈퇴 여부에 관한 국민투표 요구	53,425	51,203	기각
	동성결혼 합법화 법률 취소	106,195	38,613	기각
	모성보호법(The Maternity Act) 개정	55,707	51,114	승인
	소득률 지표로서 소득연계 연금 지수의 복원	84,820	64,833	기각

연도	의제	총 서명수	온라인 플랫폼 기반 서명수	의회 심의 결과
2017	헬싱키-말미(Helsinki-Malmi) 공항의 보존	56,067	31,556	기각
	좋은 죽음을 위한 안락사 허용	63,078	62,795	기각
	바사(Vaasa) 지역 주민들을 위한 24시간 응급병원 서비스 보장	67,422	33,136	기각
	주간절약시간제(서머타임) 폐지	70,393	70,393	기각
2018	국회의원들의 적응 연금(adjustment pension) 폐지	70,005	70,005	기각
	장애인 권리 증진	72,059	48,567	기각
2018	정부의 '적극적 고용' 모델 (activation model) 폐지	140,944	136,084	기각
	보편적 무상 중등교육 보장 (교재 구입비 등 폐지)	53,098	50,708	기각
	상속 증여세 폐지	57,489	56,649	기각
	사고보험법 개정 (보험연금기관 의사가 가진 환자 주치의 진술의 번복 권한 폐지)	59,381	59,381	기각

출처: 서현수(2019: p. 288)의 표를 일부 업데이트함.

한편 핀란드의 시민발의 도입 이후 입법부의 의사결정 과정에서 새로운 정치적 다이내믹이 발전하는 모습이 나타났다. 민감한 의제들이 다수 제기되면서 정당의 규율은 약화되는 반면 개별 의원의 선택과 그에 따른 책임성은 더 강화되었다. 정당들 간 전통적 균열 대신 새로운 균열도 나타났으며, 동성결혼이나 동물권 등 민감한 의제들은 정당 내부의 균열도 불러왔다.

위원회 의사결정도 전보다 더 갈등적인 양상으로 전개되었고, 상임위원회와 본회의의 결론이 다른 경우도 생겨났다. 참여민주주의적 기제 도입에 따른 새로운 정치적 다이내믹이 의회 내부의 의사결정과 의회-시민 관계를 어떻게 변화시킬 것인지 향후 지속적 관찰이 필요하다(서현수, 2019).

4. 핀란드 모델의 특징 및 함의

핀란드 시민발의 제도의 입법은 지속적인 헌법 개혁 과정과 유럽연합의 외적 영향 속에서 이루어진 정부 주도의 민주적 혁신 프로젝트였다고 할 수 있다. 제도 도입을 요구하는 시민사회 내부로부터의 요구와 압력이 높지 않았음에도 정당과 의회의 엘리트들은 의제형 시민발의 제도 도입이 기존의 대의민주주의를 보완, 강화할 것이라는 데 동의하였다. 제도 시행 이후 약 10년의 시간이 흐른 시점에서 볼 때 핀란드 시민발의제는 제도적 공고화의 초기 관문을 통과한 것으로 평가된다(Christensen et al., 2017; 서현수, 2019).

시민발의는 정부 법안, 의원발의에 이은 제3의 입법 의제설정 채널로 기능하며 입법 과정에 대한 시민 참여를 확대시켰다. 온건한 수준의 절차적 요건과 효과적인 온라인 서명 시스템, 시행 초기 시민사회의 적극적 대응과 새로운 시민 행동주의(new civic activism), 그리고 참여민주주의적 기제의 도입이 가져오는 자기강화적(self-reinforcing) 요소와 새로운 정치적 다이내믹이 함께 작용해 초기 의회 안팎의 논쟁과 엘리트 정치인들의 회의적 시선을 극복하며 신속하게 제도적으로 공고화하는데 성공하였다. 장기적으로 핀란드 사례는 표준적 형태의 대의민주주의와 포스트 대의제적 시민 참여 기제가 균형있게 양립 발전하는 하나의 사례를 제시할 것으로 기대된다.

VI. 결론: 대표, 참여, 숙의가 결합된 역동적 민주주의를 향하여

근대의 표준적 대의민주주의가 갖는 한계들에 대한 다양한 비판이 제기되면서 이를 극복하기 위한 새로운 민주적 실험들이 널리 확산하고 있다. 동시에 이 과정에서 제출된 참여·숙의·직접민주주의의 기획들이 갖는 의의와 한계에 대한 균형적 인식이 필요한 시점이다. 특히 다층적 수준의 정치적 의사결정 과정에 대한 시민들의 양적 참여 및 직접적 참여 확대를 주장하는 참여/직접민주주의의 기획이 공중 및 대표에 의한 숙고된 판단의 가능성을 봉쇄하지 않고, 지속가능하고 역동적인 민주주의 공동체의 부단한 창조와 재구성으로 이어지게 하기 위한 노력이 요구된다.

이 글에서 살펴본 미국 오리건주의 시민발의리뷰, 아일랜드의 연속적 시민의회 실험, 그리고 핀란드의 의제형 시민발의제 등은 제도적 디자인과 해당 정치공동체의 맥락적 차이에도 현대 민주주의의 핵심 원칙이자 상보적 속성이라 할 대표·참여·숙의의 3요소를 독창적으로 결합함으로써 시민 참여의 양적 확대와 더불어 공적 이성에 기반한 숙고된 의사결정을 실현하기 위한 다양한 실천 유형과 사례를 제공한다.

물론 하나의 혁신 기제가 현대 민주주의의 결함과 위기를 극복하게 해 줄 만능열쇠와 같은 역할을 할 것으로 기대할 수는 없다. 대부분의 개별 혁신 모델이나 사례는 현대 민주주의의 심화 발전을 위한 잠재력과 한계를 모두 갖고 있다. 완벽한 사례는 없으며, 따라서 민주적 혁신의 미래지향적 요소들에 대하여 지나치게 낙관적일 수 없다. 그러나 이 때문에 민주적 혁신 담론 전체에 대해 냉소적으로 등 돌릴 필요는 없다. 현 시기는 현대 민주정치의 위기이자 전환기임을 인식하고, 기성의 대의민주주의 시스템과 새로운 대안적 형태의 포스트-대의민주주의 간의 긴장과 다이내믹을 진지하게 탐색해야 한다.

이를 위해 표준적 대표 기제의 심화, 혁신과 더불어 현대 민주주의의 미래적 형태를 모색하는 정치적 실험들을 더 다양하고 광범위하며 지속적인 방식으로 전개할 필요가 있다. 특히 직접민주주의 기제의 숙의적 한계를 보완하기 위한 적극적 대안 모색, 그리고 미니퍼블릭 중심의 미시적 숙의민주주의 접근이 갖는 한계를 극복하기 위한 이론적, 실천적 노력이 동시에 요청된다. 이를 통해 문재인 정부 들어 전개된 공론화위원회 실험과 청와대 온라인 청원제도 등 민주적 실험들이 드러낸 성과와 한계를 성찰적으로 평가, 극복하면서 2020년대 이후 한국 민주주의가 요구하는 새로운 혁신과 내실있는 발전 방향을 모색할 수 있을 것이다.

|참고문헌|

서현수, 2019, 핀란드의 의회, 시민, 민주주의: 열린, 포용적 의회-시민 관계를 향하여, 서울: 빈빈책방.

서현수, 2018, 핀란드 헌법개혁 모델의 특징과 함의: 의회-행정부 관계와 의회-시민관계의 재구성, 한국정치연구 27(3), 175-205.

서현수, 2017, 변화하는 의회-시민 관계와 직접 민주주의적 입법 실험: 핀란드 시민발의(Citizens' Initiatives) 제도의 특징과 시사점, 국회 박주민 의원실 주최 토론회 〈핀란드 국민발안제: 직접 민주주의 입법 실험〉 발표문, pp. 3-34.

안성호, 2018, 왜 분권국가인가: 리바이어던에서 자치공동체로, 서울: 박영사.

이광희 외, 2020, 포용국가의 거버넌스와 공공리더십, 경제인문사회연구회 협동연구총서 20-26-01.

장-자크 루소·김영욱 옮김, 2018, 사회계약론, 서울: 후마니타스.

Altman, D. 2011. *Direct democracy worldwide*. Cambridge University Press.

Altman, D. 2018. *Citizenship and contemporary direct democracy*. Cambridge University Press.

Beetham, D. 2011. Do parliaments have a future?. In: Alonso, S. et al. (eds.) *The future of representative democracy*. Cambridge: Cambridge University Press, 124-143.

Budge, I. 2013. "Implementing popular preferences: is direct democracy the answer?" In: *Evaluating Democratic Innovations: Curing the democratic malaise?*, edited by Newton, Kenneth, and Brigitte

Geissel, 23-38. London: Routledge.

Chambers, S. 2012. Deliberation and mass democracy. *Deliberative systems: Deliberative democracy at the large scale*, 52-71.

Christensen, H. S., M. Jäske, M. Setälä & E. Laitinen. 2017. "The Finnish Citizens' Initiative: Towards Inclusive Agenda-setting?." *Scandinavian Political Studies* 40(4): 411-433.

Courant, D. 2021. Citizens' Assemblies for Referendums and Constitutional Reforms: Is There an "Irish Model" for Deliberative Democracy? *Frontiers in Political Science*, 2: 591983.

Dalton, R J., S. E. Scarrow & B. E. Cain (eds.). 2008. *Democracy Transformed? Expanding Political Opportunities in Advanced Industrial Democracies*. New York: Oxford University Press.

Eduskunta. [2000] 2012. *The Parliamentary Rules of Procedures*.

Eduskunta. 2015. *Valiokunnan Opas 2015*. (The Committee Guidance 2015)

Farrell, D. M. & Suiter, J. 2019. *Reimagining Democracy*. Cornell University Press.

Farrell, D. M., Suiter, J. & Harris, C. 2019. 'Systematizing'constitutional deliberation: the 2016-18 citizens' assembly in Ireland. *Irish Political Studies* 34(1), 113-123.

Farrell, D. M., Suiter, J., Harris, C., & Cunningham, K. 2020. The effects of mixed membership in a deliberative forum: The Irish constitutional convention of 2012-2014. *Political Studies* 68(1), 54-73.

Feld, Lars P. & Gebhard Kirchgässner. 2000. "Direct democracy, political culture, and the outcome of economic policy: a report on the Swiss experience." *European Journal of Political Economy* 16(2): 287-306.

Habermas, J. 1996. *Between facts and norms*. Trans. by William Rehg.

Cambridge: The MIT Press.

HE/46 2011 vp. 2011. *Hallituksen esitys Eduskunnalle kansalaisaloitelaiksi ja laiksi viranomaisten toiminnan julkisuudesta annetun lain 24 §:n muuttamisesta.*

Hendriks, C. M. 2016. Coupling citizens and elites in deliberative systems: The role of institutional design. *European Journal of Political Research* 55(1), 43-60.

Irish Citizens' Assmbly. 2021. *Report of the Citizens Assembly on Gender Equality* (다운로드: https://www.citizensassembly.ie/en/about-the-citizens-assembly/report-of-the-citizens-assembly-on-gender-equality.pdf).

Kaufmann, Bruno. 2012. "Transnational 'Babystep': The European Citizens' Initiative." In: *Citizens' Initiatives in Europe - Procedures and Consequences of Agenda-Setting by Citizens*, edited by Setälä, Maija & Theo Schiller, 228-242.

Knobloch, K., J. Gastil, J. Reedy & K. C. Walsh. 2013. "Did They Deliberate? Applying an Evaluative Model of Democratic Deliberation to the Oregon Citizens' Initiative Review." *Journal of Applied Communication Research* 41(2), 105-125.

Kriesi, Hanspeter. 2013. "Direct democracy: the Swiss experience." In: *Evaluating Democratic Innovations: Curing the Democratic Malaise?*, edited by Newton, Kenneth & Geissel Brigitte, 39-55.

Manin, B. 1997. *The principles of representative government.* Cambridge University Press.

Mansbridge, J., Bohman, J., Chambers, S., Christiano, T., Fung, A., Parkinson, J., ... & Warren, M. E. 2012. A systemic approach to deliberative democracy. Deliberative systems: *Deliberative democracy at the large scale*, 1-26.

Papadopoulos, Y. 2012. On the embeddedness of deliberative systems: why elitist innovations matter more. *Deliberative systems: Deliberative democracy at the large scale*, 125-150.

Qvortrup, M. 2013. *Direct democracy: A comparative study of the theory and practice of government by the people*. Manchester University Press.

Raunio, T. 2011. "Finland: Moving in the Opposite Direction." In: *The Madisonian Turn: Political Parties and Parliamentary Democracy in Nordic Europe*, edited by Bergman, Torbjörn, and Kaare Strøm, 112-157.

Rawls, J. 1993. *Political Liberalism*. Columbia University Press.

Rummens, S. 2016. Legitimacy without visibility? On the role of mini-publics in the democratic system. *Constitutional Deliberative Democracy in Europe*. Colchester: The ECPR Press, 129-146.

Ryfe, D. M. 2005. Does deliberative democracy work?. *Annu. Rev. Polit. Sci.* 8, 49-71.

Serdült, U., Mendez, F., Harris, M. & Seo, H. S. 2016. Scaling Up Democracies with E-Collecting? In *E-Democracy and Open Government (CeDEM), Conference for* (pp. 25-31). IEEE.

Setälä, M. & T. Schiller. (Eds.) 2012. *Citizens' Initiatives in Europe - Procedures and Consequences of Agenda-Setting by Citizens*. Basingstoke: Palgrave Macmillan.

Setälä, M. & Smith, G. 2018. Mini-publics and deliberative democracy. *The Oxford handbook of deliberative democracy*, 300-314.

Smith, G. 2009. *Democratic innovations: Designing institutions for citizen participation*. Cambridge: Cambridge University Press.

제10장

참여적 정책 숙의의 조건
: 영국과 일본의 연금개혁 비교

김선일 경희대학교 국제학과 교수

Ⅰ. 서론

참여와 숙의(deliberation)가 대의민주주의 국가의 정책 결정과 입법 과정에서 더는 실험이 아닌 규범으로 자리 잡은 지도 상당한 시간이 흘렀다. 시민참여형 정책 결정 과정(participatory policymaking)은 지방자치단체의 예산 결정부터 국가의 개발협력원조 심사에 이르기까지 다양한 분야에서, 그리고 서구의 선진 민주주의 국가부터 남미의 신흥 민주주의 국가를 망라한 많은 지역에서 시행, 확대되어 오고 있다. 이러한 참여형 정책의 확대는 대의민주주의 제도의 본질적 약점 중 하나인 정치적 반응성(responsiveness) 약화를 주권자가 정책 결정과 입법 과정에 직접 참여하도록 함으로써 집행 효과는 물론 정책의 사후 정당성(output legitimacy)을 제고할 수 있기 때문이라고 이해된다(Papadopoulos & Warin, 2007). 특히 높은 수준의 기술적 지식이 요구되는 분야에서 국가가 주도하는 엘리트 중심의 정책 결정 과정을 민주적으로 보완할 수 있다는 점도 그 중요한 의의로 제시되고 있다(Webler & Tuler, 1999; Steelman, 2001; Osnami, 2008). 아울러 특정 이익집단의 강한 반발이 예상되는 정책을 추진하는 데 있어서 참여형 결정 및 집행 과정의 도입은 해당 정책을 추진하는 집단에 사회적 정당성을 제공해 주는 경우도 있다(Ebbinghaus, 2011).

따라서 오늘날 복지개혁과 같이 시민의 동의를 얻기 힘들고 큰 정치적 저항이 예상되는 정책 영역에서 대의민주주의 절차를 통해 구성된 정부가 정책의 대상인 시민을 정책 결정 과정에 참여시킴으로써 정책의 효율성과 정당성을 높이고자 하는 것은 당연하다고 할 수 있다.

현대 복지국가가 발전시켜온 다양한 사회적 현물 이전 프로그램 중 가장 중심적인 것은 연금이다(Esping-Andersen, 1990: 79). 그러나 1980년대 이후 대부분의 선진 민주주의 국가들은 인구 고령화와 경제 저성장을 겪게 되고, 복지 지출, 그중 연금을 축소하는 긴축 개혁에 돌입하게 된다(Pierson, 2001: 456). 이러한 복지 혜택 축소는 강한 사회적 저항을 불러오고 있으며(Ortiz et al., 2013; Martin & Gabay, 2013), 특히 증가하고 있는 노령 유권자들의 가장 큰 소득 수단인 연금을 축소하는 정책은 그 예상되는 정치적·사회적 반향을 고려할 때 시민참여형을 고려하지 않을 수 없다.

실제로 연금개혁의 경우 그 내용의 복잡하고 기술적인 성격으로 인해 관료나 연기금 운용 주체들과 함께 '정치적으로 휘둘리지 않고 기술적으로 합리적인' 개혁안을 수립하고 사회적인 합의를 이뤄내기 위한 연금개혁특별위원회(special pension reform commission) 설립이 필수적이라는 것이 공통된 의견이다(Hinrich, 2000: 368-370). 1990년대 이후 기존 노사관계에 주요하게 나타나던 사회적 대타협(social pact)이 사회복지, 특히 연금개혁 분야로 확대되어 가고 있음도 경험적으로 확인되고 있다(Visser & Rhodes, 2011: 68-69).

이 글은 시민참여형으로 연금개혁을 시도한 두 국가, 영국과 일본의 사례를 통해 참여와 숙의의 의미와 효과를 검토하는 것을 목표로한다. 두 나라 모두 의원내각제를 정부 구성 원리로 하는 선진 민주주의 국가로 고령화와 재정위기 속에 2000년 이후 연금개혁을 시민참여형으로 시행했다. 개혁의 목적에 비추어보면 두 나라 모두 연금개혁은 성공적으로 마무리되었으나 그 정치적 결과는 사뭇 다르다. 정책을 어느 하나의 지표로 평가하는 것은 바람직하지 않으나, 만족도만을 놓고볼 때, 일본 시민들의 국민연금에 대한 만족도는 매우 낮은 반면[1] 영국의 경우는 상당한 수준의 만족도가 유지되어 오고 있다. 특히 영국은 다수의 유럽 국가들이 경험한 개혁의 좌초나 역전 없이 수차례의 총선과 정권 교체, 경제위기와 재정 긴축 압력에도 개혁의 기조가 유지, 발전되었다(Massala & Pearce, 2021: 1-2).

연금개혁의 가장 큰 목표가 지급 연령의 연기 또는 부담 수준의 향상, 그리고 소득대체율과 지급 수준의 인하라는 속칭 '더 내고 덜 받는' 방식으로의 변화였으므로 두 나라에서 보여지는 만족도의 차이는 참여형 정책 결정이 추구하는 동의와 정당성의 확보 여부를 평가하는데 적절한 지표라고 볼 수 있다. 따라서 다음에서는 두 나라의 시민참여형 연금개혁 과정을 비교 서술함으로써 유사한 정책 목표가 상이한 정치적 결과를 가져온 요인을 밝혀보고자 한다.

두 나라의 연금개혁과 관련해서는 많은 기존 연구가 존재한다. 일

---

1 최근의 여론조사에서 공적 연금제도에 대한 불안감을 크게 느끼고 있는 응답자가 66%, 특히 연금을 아직 받지 않고 있는 현역 세대의 불안감은 72%에 달했고 31%는 선택 가능하다면 가입하지 않겠다고 밝혔다. 또한 44%의 응답자는 연금제도에 대해 잘 알지 못한다고 말한 바 있다(『朝日新聞』, 2020년 1월 11일).

본의 연금개혁은 현 제도의 근간이 된 2004년 개혁 과정을 대상으로 한 연구를 중심으로 연금개혁의 동인(動因)과 과정, 그 결과에 관한 연구가 다수를 차지하고 있다. 특히 개혁의 결과로 도입된 거시경제 슬라이드 제도에 대한 평가 및 효과에 관한 연금경제학적 연구가 활발하다. 연금개혁의 정치 과정과 관련되어서는 복지정치(welfare politics)의 시각에서 정부와 의회, 그리고 기업과 시민사회 등 이해당사자 사이의 역학관계에 관한 연구가 많이 이루어지고 있으며, 연금개혁이 어떻게 가능했는지를 설명하는데 주안점을 두고 있다.

영국의 연금개혁과 관련한 기존 연구 또한 평가 및 효과에 대한 정책학적, 사회복지학적 연구 외에 오랜 전통을 지닌 유럽 복지정치의 연장선상에서 정당정치의 동학에 초점을 둔 연구들, 특히 연금개혁이 전통적인 베버리지 체제나 잔여적 자유주의 체제의 변화에 미친 영향에 대한 정치경제적 논의도 많다.

이에 비해 이 글은 서두에서 서술한 바와 같이 영국과 일본의 연금제도의 내용이나 개혁의 세부적 정치 과정이 아니라 연금개혁안의 입안과 시행 과정에서 시민참여와 숙의의 의미를 비교적 시각에서 분석하는 것을 목적으로 한다.[2]

---

2 두 나라 연금개혁의 내용 및 정치 과정, 그리고 기존 연구현황에 관해서는 국내의 대표적 저작인 김영순(2013; 2014), 정창률(2018), 김성조(2018), 송지연(2019) 등을 참조.

II. 영국: 문제에 대한 제한 없는 숙의

1. 자유주의 복지 체제의 잔여적 연금제도

이른 근대 국가 성립과 산업화, 그리고 구빈법(Poor Laws) 등 사회정책의 오랜 전통에도 영국에서의 공적 연금제도 도입은 오히려 후발 산업국인 독일 등에 비해 상대적으로 늦은 20세기 초에야 이루어졌다. 노령층 빈곤 문제의 심화로 인한 공적 연금제도의 필요성은 19세기 후반부터 제기되었으나 재원과 지급 시기, 연금액 등 구체적인 방안에 있어서 정치적 의견 차이로 인해 1908년에 이르러서야 70세 이상 '특정 빈곤층'(deserving poor)에 대한 비기여(non-contributory) 방식으로 처음 입안됐다(Fraser, 1973: 139-143). 이후 소득자산평가(means-test) 등의 수급 조건이 완화되고, 국가 재정의 안정을 위해 점차 기여 방식으로 전환되었다. 2차 대전 후에는 베버리지(William Beveridge)의 주도하에 전 국민을 대상으로 한 사회보험(social insurance) 제도가 만들어지고 애틀리(Clement Attlee) 내각은 '동일기여 동일혜택'(equal benefits in exchange for equal payments)이란 원칙으로 65세 이상을 대상으로 한 정률제 기여형 보편 퇴직연금제도(universal flat-rate contributory retirement pension)를 1948년 시행한다(Fraser, 1973: 212).

이처럼 노동계층 남성을 중심으로 보편적 정액 지급을 통해 기초적 사회안전망을 확보하고자 한 베버리지 모델 위에 성립된 전후 영국의 공적연금은 소득과 물가 수준의 지속적 상승 속에서 그 자체로는 노후소득을 전혀 보장할 수 없었으며, 따라서 중산층 이상은 기업연금 등 사적연금 제도에 의존하게 됐다(Korpi & Palme, 2004: 163). 이러한 상황에서 소득과 연금을 연계시키는 방식을 노동, 보수 양당 모두 고려하게 되었고 그 결과 소득별 차등연금(graduated retirement pension scheme)이 도입되었다. 소득 구간에 따라 추가 기여분을 납부하고 그에 따라 추가 급여를 받는 이 제도는 그러나 지급 시기의 연금액이 물가와 소득 상승분을 고려할 수 없도록 되어 있기에 연금재정 안정에는 도움이 되었지만 실질적인 노후소득 보장에는 크게 도움이 되지 않아 추가적인 개혁이 요구됐다(Deacon, 1995: 85). 노동당은 재분배 기능을 강화하기 위해 저소득층에 더 많은 혜택이 돌아갈 수 있도록 함과 동시에 연금액을 지급 개시 시기의 물가와 연동시키고자 한 반면, 보수당은 시장원칙을 강화해 사적연금 제도를 장려, 확대하려 했다.

1975년, 노동당 정부는 보수당과의 합의를 통해 물가와 연동되고 전반적으로 관대한 소득비례연금(State Earnings Related Pension Scheme)을 도입하는데, 유족연금 등에 있어서는 잔여적 성격을 강화하는 반면 소득에 따라 사적연금으로 부분 대체할 수도 있도록 설계되었다. 그러나 이는 미래의 경제 및 재정 상황에 대한 양당 모두의 다소 낙관적 인식에 기인한 것으로 결국 1980년대 이후 지속적인 혜택 축소 압력에 놓이게 된다(Deacon, 1995: 86).

작은 정부와 신자유주의 경제개혁을 기치로 한 보수당 대처(Margaret Thatcher) 정부는 경기 침체로 치솟는 실업률과 계속된 재정 악화 속에서 연금개혁을 대대적으로 추진하게 되며, 복지부 장관(Secretary of State for Social Services) 파울러(Norman Fowler)가 이를 심의한 위원회를 발족시킨다.[3] 소득비례연금의 폐지를 포함한 공적연금 삭

---

3 파울러위원회(The Fowler Inquiry into Provision for Retirement)는 모두 12명으

감과 개인연금 도입을 비롯한 급진적 민간보험 체제로의 전환을 희망하는 주장과 점진적인 공적연금의 축소와 사적연금 장려 정책이 대립하는 가운데, 1985년 소득비례연금의 폐지가 포함된 「녹서」(green paper)가 발표되고 이는 야당과 노동조합은 물론 연기금협회(National Association of Pension Funds)와 보험업계 및 보수당 내부로부터도 강한 반발을 불러일으켰다(James, 1997: 50-53).

이에 정부는 소득비례연금 폐지안에서 물러나 보다 완화된 내용의 「백서」(white paper)를 최종안으로 제시하고 공적연금의 소득대체율 인하, 유족연금의 축소, 직업연금 개편, 그리고 개인연금 도입 및 사적연금 장려를 위한 세제 혜택 등을 골자로 한 사회보장법(Social Security Act of 1986)을 수립했다(Bonoli, 2000: 78-79). 그 결과 공적연금과 사적연금의 비중이 점차 역전되어 이후 수십 년간 영국이 서유럽의 전통적 연금체제에서 완전히 이탈하는 계기가 마련되었다(Pemberton, 2018b: 37).

대처 정부하에서 전후 복지정치의 노동-보수 합의가 붕괴하게 됨에 따라 노동당은 공적연금의 강화를 당론으로 보수당과 맞섰으나, 선거에서 계속된 패배로 중간계급의 사적연금에 대한 선호를 인정하지 않을 수 없게 되었다(Pierson, 1994: 64). 반면 집권 보수당은 연금수급자

로 구성되었는데, 햄브로생명보험(Hambro Life Assurance) 설립자 웨인버그(Mark Weinberg), 경제학자 피콕(Alan Peacock)과 피닉스생명보험(Phoenix Assurance) 대표이자 계리사인 필드(Marshall Field), 리걸·제네럴(Legal & General) 대표이자 계리사협회(Institute of Actuaries) 회장 리온(Stewart Lyon), 재무부 부장관 해이호(Barney Hayhoe) 및 다수의 정부 인사 등으로 구성되었다(Pamberton, 2018a: 4-5). 정부와 학계, 그리고 업계 관련자들만이 참여했으며 노동조합 또는 연금수급자 대표 등이 전혀 포함되어 있지 않은 점이 위원회의 성격과 정책 목표를 잘 드러내주고 있다(Bonoli, 2000: 166).

의 지속적 증가와 함께 1986년 개혁에 따른 재정 문제 —특히 개인연금 전환 장려를 위해 만든 세제 혜택으로 인한 재정적자— 와 맥스웰 스캔들 등 잇단 사고로 드러난 사적 연기금의 안정성 문제를 해결하기 위해 다시 한번 연금개혁을 추진하게 된다.

릴리(Peter Lilley) 복지부 장관은 법학자인 구드(Roy Goode)를 위원장으로 하는 연금법검토위원회(Pension Law Review Committee)[4]를 구성하고 구드 위원회는 곧 사적연금의 안정성을 강화할 것을 권고하는 보고서를 발표한다(Durman, 1993: 23). 이를 기초로 연금법이 1995년 개정된다. 개정 연금법은 여성의 연금 개시 연령을 60세에서 65세로 올리고 소득비례연금의 자격을 까다롭게 하는 등 복지 축소의 성격을 갖고 있었으나 그 폭은 그다지 크지 않았다.

정권을 잡은 블레어(Tony Blair) 노동당 정부는 연기금협회 부회장인 로스(Tom Ross)를 위원장으로 하는 연금자문위원회(Pension Provision Group)를 구성하고 보장성 강화를 위한 개혁안 작업에 착수한다.[5] 그러나 노동당 정부는 연속된 선거 패배의 경험으로 세금 인상에 부정적일 수밖에 없었으며, 이에 따라 기초연금(Basic State Pension)으로 최소한의 보장성을 강화하고 소득비례연금은 저소득층 중심의 제2국가

---

4 위원은 위원장을 포함해 모두 10명으로 경제학자(Tony Atkinson), 법조인(Bryan Hines), 언론인(Sue Ward), 경영인(Terence Libby), 회계법인 파트너(Patricia Triggs)를 제외한 4명은 모두 연기금 및 보험업계 관계자(David Berridge, Harvie Brown, Stuart James, Alastair R. Goobey)들로 구성되어 있었다(Desmond, 2012: 6).

5 계리사이자 이후 연금정책연구소(Pension Policy Institute)의 초대 회장이 되는 로스를 위원장으로 학계(Ruth Hancock, Paul Johnson), 연금업계(Stewart Ritchie), 노동계(Joanne Segars), 재계(Anne Wood, David Yeandle), 그리고 3명의 사회보장부 관료 등 총 10명으로 구성됐다(Pension Provision Group, 1998).

연금(State Second Pension)으로 개편하며, 실질적인 노후소득은 직업 및 개인연금을 통해 보장하도록 하는 틀을 수립하게 된다(Clasen, 2005: 127). 이를 기초로 민간연금에 대한 규제 강화를 더한 복지개혁 및 연금법(Welfare Reform and Pensions Act)이 1999년 논란 끝에 통과되었으나, 공적연금의 기능 약화로 인해 소득 양극화, 특히 노후 빈곤 문제가 심각해지는 한편, 사적연금, 그중 직업연금의 안정성도 악화되었고 민간 보험업계 또한 과도한 규제에 불만을 높여가는 상황이었기에 다시 한번의 대대적인 개혁은 피할 수 없게 되었다(Taylor-Gooby, 1999: 16; Clasen, 2005: 130).

2. 독립 터너 연금위원회의 전방위적 숙의

선거 승리로 자신감을 얻은 블레어 2기 정부는 연금과 관련해 고조되는 재정 문제와 누적된 사회적 불만을 해소하기 위해 곧 개혁에 착수한다. 2002년 본격적으로 시작된 노동당 정부의 2차 연금개혁은 이전과 마찬가지로 위원회 구성과 함께 궤도에 오른다. 그러나 위원회 구성은 시작부터 난항에 부딪히는데, 연금에 대한 신뢰도 저하와 실질 소득보장 기능 강화에 중점을 두고자 했던 블레어 총리와 달리 감세와 재정 긴축을 중심으로 회생 정책을 추진하려던 그의 가장 가까운 정치적 동지이자 경제정책에 대한 전권과 차기 총리직을 보장받은 브라운(Gordon Brown) 재무부 장관은 이에 미온적이었다(White, 2003).

정치적 논의 끝에 합의된 연금위원회는 단 3명의 위원으로 구성되었는데, 총리가 추천한 터너(Adair Turner) 경영자총연합회(Confederation of British Industry) 회장을 의장으로, 재무부 장관이 추천한 드레이크

(Jeannie Drake) 노동조합회의(Congress of Trade Unions) 의장, 그리고 노동연금부(Department of Work and Pensions) 추천의 힐스(John Hills) 런던 정치경제대학 교수로 구성되었다. 이러한 소규모 위원회의 구성은 형식적으로는 재계, 노동계, 그리고 학계를 대표함과 동시에 총리와 재무부, 복지부를 대변하는 정무적 균형도 갖추고 있었으며, 정부, 정당, 그리고 특정 이익집단으로부터 독립적이었다(Pearce & Massala, 2020: 21). 아울러 각계각층을 망라한 대규모 위원회 구성을 통해 기계적인 합의를 도출하는 것보다는 심도 있는 논의를 통해 실현 가능한 구체적 대안을 만들어내기 위한 것이기도 했다(김영순, 2014: 155-156).

〈표 10-1〉 블레어 정부의 연금개혁 주요 일정

2002년 12월	터너 연금위원회(Pensions Commission) 구성
2004년 10월	1차 보고서 *Pensions: Challenges and Choices* 발표
2005년 5월	총선거
2005년 6~11월	연금토론(National Pensions Debates) 개최
2005년 11월	2차 보고서 *A New Pension Settlement for the Twenty-First Century* 발표
2006년 3월	'연금의 날'(National Pension Day) 공청회
2006년 4월	최종 보고서 *Implementing and Integrated Package of Pension Reforms* 발표
2006년 5월	노동연금부 백서 *Security in Retirement: Towards a New Pension System* 발표
2006년 12월	노동연금부 백서 *Personal Accounts: A New Way to Save* 발표
2007년 1월	연금법 개정(The Pensions Act 2007)
2007년 6월	블레어 퇴임, 브라운 취임
2008년 11월	연금법 추가 개정(The Pensions Act 2008)

1년여의 활동 끝에 터너 연금위원회는 2004년 초 연금의 현황과 전망을 상세하게 분석한 1차 보고서를 발표한다. 보고서의 내용은 영

국 연금체계가 소득보장과 재정 안정성의 모든 측면에서 예상보다 훨씬 심각한 위기에 직면하고 있으며 이를 해결하기 위해서는 근본적인 개혁이 시급하다는 것이었다. 정치권과 시민들의 우려와 반대가 격해지고 해결을 요구하는 목소리가 높아지는 가운데 연금위원회는 1년간의 추가 활동을 거쳐 구체적인 대안을 제시하는 2차 보고서를 발표하게 된다.

터너 위원회가 발표한 연금개혁 방안은 ① 기초연금(State Basic Pension)을 소득 수준에 연동시켜 보장성을 강화하고, ② 공공부조의 자산·소득평가 기준을 완화하며, ③ 기초연금의 개시 연령을 상향 조정함과 동시에, ④ 자율적 추가 납부가 가능한 민간 개인연금으로 고용주 및 국가 공동 기여를 의무화한 국민연금저축(National Pension Savings Scheme)을 출범시키는 것을 주요 골자로 했다. 이를 통해 전체적으로 공적연금 약 30% 그리고 민간연금 약 30%를 합해 은퇴 후 60% 정도의 소득대체율을 올릴 수 있도록 한다는 것이 터너 연금위원회의 방안이었다.

개혁안의 개괄이 언론을 통해 알려지자 각 이해 당사자들은 강력히 반대하게 된다. 먼저 일반 시민으로서는 연금 개시 연령 상향 조정이 가장 큰 반대 요인이었고, 기업 입장에서는 연금의 보편성 강화가 가져올 증세와 민간 개인연금에 대한 공동 기여 의무화가 중소기업에 미칠 영향에 강한 우려를 표명했다. 정부, 특히 재무부는 감세를 통한 일자리 창출과 '일을 통한 복지'(work to welfare)라는 정책 기조에 반한다는 이유로 개혁안에 긍정적이지 않았다. 차기 총리로 선거를 이끌어야 하는 브라운은 연금 개시 연령 상향과 증세가 가져올 선거에서의 불이익을 우선시하지 않을 수 없었으므로 연금개혁에는 난항이 예고되었다.

이를 돌파하고자 터너 위원장은 정치권과 이익단체를 설득하기 위한 전방위적인 협상을 진행함과 동시에 위원회는 노동연금부와 함께 숙의적 제도를 통해 지지를 확산시키는 데 주력하게 된다(Massala & Pearce, 2021: 9). 터너에 따르면 위원들 모두는 2004년 말 1차 보고서가 나올 무렵까지 각자 또는 별도로 거의 모든 이해관계 단체들의 담당자들과 만나 3~4시간에 걸친 토론을 했으며 추후 연금부 장관이 될 자유민주당(Liberal Democrats)의 웹(Steve Webb)과는 정치적 과정과 관해서도 깊게 논의하게 된다(UKPR 인터뷰).

대중과 함께하는 숙의 과정은 이후 전국으로 확대되어 진행되었는데, 이해관계자와 시민 패널을 포함한 일반 시민이 참여하는 연금토론(National Pensions Debates)과 여섯 지역의 천여 명의 일반 시민을 위성으로 연결해 숙의를 진행한 '연금의 날'(National Pension Day) 공청회(2006년 3월 18일)가 대표적이다(Pierce & Massala, 2020: 31).[6] 터너는 인터뷰에서 숙의 과정을 다음과 같이 묘사했다.

> 전국에서 초청된 천여 명의 시민들이 영상으로 연결된 정말 큰 전국적인 대화 행사(conversation events)가 네 군데 정도에서 열렸는데, 내 기억에 행사는 참석자들에게 연금 개시 연령을 올리는 것, 세금을 좀 올리는 것, 연금 혜택이 좀 줄어드는 것에 관해 물어보면서 시작되었고, 이후 지금 수치가 이렇다, 하고 보여주

---

6 연금토론(regional deliberative event)은 2006년 2월 18일과 25일 사우샘프턴과 맨체스터에서 각각 100여 명의 시민을 대상으로 진행되었고 연금의 날 행사는 런던, 버밍햄, 뉴캐슬, 글래스고, 사우스웨일스, 벨파스트에서 각각 100~250명 정도가 모여 진행되었다(DWP, 2006: 119).

고 이런 상황에서 당신들은 은퇴를 미루든가, 기여금을 더 내든가, 일하는 동안 더 저축하든가 해야 하며, 그렇지 않으면 은퇴할 때 더 가난해질 것이라고 말했다. 그리고 이러한 상황을 상쇄하기 위해 수치적으로 어떠한 선택을 더 선호하는지 물어보았다. 이러한 대화는 정말 중요하고 효과적이었다고 생각하는데, 발표를 마치고 힐스 교수와 드레이크 의장과 함께 모든 테이블을 돌며 참석자의 이야기를 들었고, 이를 다시 정리해서 발표하고 또 토론하는 것을 계속했는데, 마지막 투표에 부칠 때 사람들의 의견을 행사 처음과 비교해보면 [참석자들이] 연금개혁이 불가피하고 어느 정도의 불이익을 감수해야 한다는 점을 적극적으로 받아들이게 된 것을 확인할 수 있었다. 이것이야말로 사실에 기반한 (fact-based) 이해당사자 중심(stakeholder engagement)의 개혁이었다(UKPR 인터뷰).

즉 터너 위원장은 숙의 과정이 연금의 '해결책'에 대한 합의 자체가 아니라, 그 이전에 현 연금제도에 어떠한 '문제'가 있는지를 충분히 이해시키는 데서 출발해야 한다고 믿고 있었다. 다시 말해 연금에 대한 신뢰도뿐 아니라 연금에 대한 이해도 자체가 낮은 상태에서 개혁안을 숙의하는 것보다는 연금제도의 문제에 대한 이해를 서두르지 않고 확산시키려 했던 것이다(Pierce & Massala, 2020: 30).

실제로 대중을 대상으로 한 이러한 숙의 과정은 시민들의 연금에 대한, 특히 현 연금제도가 갖고 있는 문제를 인식하도록 하는데 크게 기여했다. 2005년 조사에 따르면 일반 시민들의 연금에 대한 이해도는 47% 정도로 2000년의 53%에 비해 오히려 떨어져 있었으며, 이는 은퇴 이후에 대한 준비도 소홀해지고 있는 경향과 함께 가고 있었다(Hills, 2007: 230). 반면 노후소득 보장에 대해 국가가 책임져야 한다는 의견은 같은 기간 42%에서 55%로 올라가고 있어서, 이는 재정 문제로 연금개혁을 추진하고 있던 정부로서는 난감한 일이 아닐 수 없었다. 이러한 상황에서 연금의 날 토론을 비롯한 연금위원회의 노력은 연금 문제와 국가의 재정 현실을 이해시키고 참석자들이 부담과 혜택의 균형을 새롭게 찾지 않으면 안 된다는 점을 납득하도록 하는데 크게 이바지했다(Hills, 2007: 234-236).[7]

숙의 행사는 참석자들에게만 영향을 준 것은 아니었다. 연금위원회와 정부는 숙의의 결과를 미디어를 통해 국민들에게 적극적으로 홍보함과 동시에 각 이해당사자 집단을 지속적으로 만나 여론 수렴과 설득 작업을 계속했다(Pearce & Massala, 2020: 22). 뒤에 살펴볼 같은 의원내각제 국가인 일본의 사례에 비추어 흥미로운 점은 연금위원회의 이러한 숙의 과정이 2005년 총선거 와중에 계획되고 차질없이 진행되었다는 점이다. 다시 말해 위원들은 선거와 정권교체 등 정치 상황을 충분히 고려하면서 연금개혁을 논의했고 그러한 점에서 역설적으로 정치 상황으로부터 어느 정도 독립성을 확보할 수 있었다. 실제로 정부의 신자유주의적 긴축정책에 반대하는 자유민주당의 약진으로 총선에서 다수의 의석을 잃은 블레어 정부는 기존의 여러 정책을 수정해야만 했다. 그러나 블레어 총리는 "연금개혁을 위해 무엇을 해야 하는지만 알려주고, 정치는 내게 맡겨두라(leave the politics to me)"고 하며 연금위원회의 정치적 중립성을 보장해 주었다(Pearce & Massala, 2020: 23).

---

7 숙의 과정 전후 참석자의 인식 변화에 대한 상세한 논의는 DWP(2006) 참조.

따라서 정부 연금개혁안의 기초가 되는 백서도 연금위원회와의 긴밀한 논의 속에서 진행되었는데, 이 또한 일본의 사례와 구분되는 점이다. 백서 발간과 거의 동시에 입법 과정이 이루어져 2007년 1월, 연금 수급 자격을 완화하고 소득비례연금을 정액으로 점진적으로 전환하며 연금 개시 연령을 단계적으로 상향하는 것을 골자로 한, 터너 위원회의 안과 약간의 모수(母數)적 차이만을 보인 연금법 개정이 이루어진다. 정부와 터너 위원회의 초당적 노력과 아울러, 자유민주당의 약진으로 국민들의 복지와 노후에 대한 불안을 확인한 보수당이 큰 틀에서 연금개혁에 동의한 것도 빠른 개혁 입법이 가능했던 이유 중 하나였다.

이후, 뒤로 남겨두었던 사적연금 강화 문제를 해결하기 위해, 새로 들어선 브라운 정부는 재계 및 노동계, 금융계의 이해관계자들과 개인의 국가연금저축(추후 National Employment Savings Trust로 변경) 가입 문제를 논의하게 된다. 2008년 세계금융위기 확산 와중에 연금의 책임을 국가에서 개인으로 넘겨야 한다는 주장이 크게 강화되었고(Berry, 2021: 32), 이에 기업연금에 가입하지 않은 개인의 연금저축 자동가입(auto-enrolment)과 사업자의 공동 기여를 골자로 한 연금법이 국회를 통과한다. 다만 자동가입 조항은 경제 상황을 고려해 유예하기로 했다.

3. 경제위기와 정권교체 속의 터너 합의

2007~08년 개혁 입법 이후 글로벌 경제위기의 여파 등으로 재정 상황은 더욱 악화되었으며, 2010년, 노동당은 선거에서 다수당 지위를 잃고 보수-자유민주 연립정부에 정권을 넘겨주게 된다. 캐머론

(David Cameron) 연립정부는 당면한 경제위기 극복을 위해 더 강력한 긴축정책을 추진하게 되며, 이에 연금법 개정 문제가 다시 제기되었다. 그러나 선거 과정에서 보수당은 연금개혁안이 자신들이 동의해온 것이라는 점을 강조하면서, 자유민주당의 연금정책을 대변하며 터너 위원회와 관계를 지속해 온 연금 전문가인 웹을 연금부 장관으로 임명함으로써 연금개혁이 초당적으로 계속될 수 있는 기반을 유지하게 된다(Massala & Pearce, 2021: 10·14). 이후 여야는 토론 끝에 2011년 연금 개시 연령의 65세 인상 시기를 남성과 여성 모두 각각 2년씩 앞당기고 2016년부터 기초연금과 소득비례연금을 통합한 정률제 연금을 도입하는 연금법 개정에 합의하게 된다.

이처럼 노동당 정부 이후의 연금개혁은 긴축이라는 거스를 수 없는 대원칙과 정권의 불안정성이라는 도전에 직면하고 있었지만 터너 위원회가 만든 기본적인 구조, 즉 연금 개시 연령 상향을 통한 재정압박 해소와 함께, 민간연금의 자율성을 유지하면서도 공적연금 강화를 통해 노후소득 보장성을 강화한다는 목표가 큰 틀에서 유지되었다. 심각한 재정위기 속에 모수적 개혁이 진행되면서도 연금개혁의 근본적 틀이 유지될 수 있었던 것은 연금위원회의 개혁안이 여야 및 이해당사자, 그리고 전국민적 합의에 어느 정도 기초한 것이었기에 가능한 일이었다. 터너는 한 인터뷰에서 "심의기구의 힘은 정책의 핵심 쟁점에 있어서 정당과 이해관계자들 사이에서 합의(consensus)를 끌어내는데 있다"(*Financial Times*, 2016년 3월 14일)는, 어쩌면 너무나 상식적이고 당연한, 그러나 실현되기 어려운 명제를 항상 강조했는데, 이를 견지한 결과, 비록 상당한 기간과 노력이 소요되었으나 긴축과 정권의 불안정성 속에서도 연금개혁의 큰 틀이 유지될 수 있었던 것이다. 이에 따라 지난 수년간 개인연금 가입자는 2012년 47%에서 2018년 76%로 높아졌고 연금에 대한 신뢰도도 대폭 상승하는 결과가 만들어졌다(Pearce & Massala, 2020: 48).

Ⅲ. 일본: 결론에 대한 계획적 숙의

1. 후발 산업국의 정치적 연금제도

19세기 후반, 메이지(明治) 유신과 함께 근대화에 돌입한 일본은 '부국강병'(富国強兵)을 국가 이념으로 세우고 서구 열강에 대항할 수 있는 강한 국가 건설에 매진하게 된다. 국가의 기간 인적 자원의 확보와 보상을 위해 해군과 육군 장병을 위한 일종의 시혜성 급부인 은급(恩給) 제도가 1875년과 1876년 각각 만들어지고 정부 관료를 위한 제도도 1884년 시작되었다. 이는 1923년부터 통합 운영되는데 기본적으로 은퇴, 질병, 사망 등으로 인한 퇴직 공무원과 그 유가족을 위한 비기여식 수당(退職手当)의 성격을 띤 것이었다. 이와 함께 공제조합(共済組合) 형태의 기여식 연금제도도 공공부문에서 시작되어 점차 확산되었다.

이후 제2차 세계대전과 동시에 전시 노동력 동원과 강제 저축의 일환으로 남성 노동자 중심의 노동자연금보험(労働者年金保険)이 1941년 시작되었고 이는 1944년 여성과 사무직 노동자를 포괄하는 후생연금보험(厚生年金保険)으로 확대되었는데, 그 목적에서 예상되듯이 비정상적으로 높은 기여율을 특징으로 했다(Kasza, 2006: 40). 패전과 함께 미군정(美軍政)은 군인에 대한 연금 지급을 중단시켰지만 공무원에 대한 비기여식 연금과 준(準)공공 부문의 저기여 연기금에 대한 정부 보조는 통치의 효율을 위해 허용했다. 이와 같이 일본의 전통적 연금제도는 뚜렷한 정치적 목적을 가진 것으로 직역별로 기여율과 혜택에 있어 상당히 불평등한 것이었다.

경제성장이 본격화되고 소위 '1955년 체제'로 일컬어지는 자유민주당(自由民主党, 이하 자민당) 일당 보수지배 체제가 공고화되면서 소득 재분배를 통한 국민통합을 위해 낮은 기여율과 상대적으로 높은 지급률을 기본으로 하는 연금제도가 자리 잡게 되었다. 특히 자민당은 전 국민을 대상으로 한 국민연금(国民年金)을 1958년 선거에서 공약으로 채택하고 1959년 출범시키게 된다(横山和彦·田多英範, 1991: 157). 이와 동시에 연금 수급 자격이 없는 국민을 대상으로 한 비기여식 복지연금(福祉年金)도 확대되면서 1960년대 소위 '전 국민 연금시대'(国民介年金の時代)가 시작되었다(Kasza, 2006: 64).

민주주의의 활성화와 함께 국민연금의 지급률도 비약적으로 증가하게 된다. 기업연금 또한 경제의 꾸준한 성장으로 확대되어 정부가 '복지원년'(福祉元年)을 선포한 1973년에는 이미 60%에 육박하는 높은 소득대체율을 기록하게 된다(Campbell, 1992: 140-141). 이와 같은 연금 확대는 정치권, 관료, 재계, 노동계 모두를 만족시키는 것이었지만 연금 간 불균형과 낮은 기여 구조가 경제의 지속적 성장에 따라 혜택이 꾸준히 증가함으로써 해결될 것이라는 가정 위에 있었기에 인구 고령화와 경제성장 둔화가 가속화됨에 따라 곧 개혁 압력에 놓일 수밖에 없었다(横山和彦·田多英範, 1991: 194-201).

연금수급자 간의 불평등과 저부담 고혜택 구조로 인한 재정 불안정성 문제를 해소하고자 1985년 정부는 연금 수급 연령 상향과 국민연금 의무가입을 골자로 한 연금개혁을 시행한다(MHLW, 2009: 10). 그러나 1990년대 초 버블경제 붕괴 이후 일본 경제는 침체로 돌아서고 고령화는 예상보다 훨씬 빠르게 진행되어 복지 지출이 급속도로 증가하게 됨으로써 연금재정에 심각한 문제가 제기되었다(Kabe, 2007: 74). 이에 1994년 연금 개시 연령을 또다시 상향하고 지급률을 단계적으로 올리는 개혁이 추진되었는데, 정치권과 노동계, 재계 모두 불만을 표시했으나 자민당 정권의 일시적 붕괴와 정치 개혁의 혼란 속에 개혁안이 통과되었다(Shinkawa, 2003: 27-28).

1994년 개혁은 그러나 임시방편에 불과한 것이었으며 따라서 5년마다 예정된 재정 재계산에 맞춰 1999년 다시 한번 모수적 개혁이 추진되었다. 이 개혁안이 1990년대 후반 극히 저조한 지지율을 보이던 집권 자민당에 의해 국회를 통과하자 국민들의 불만이 폭발 직전에 이르게 되었고, 정부는 더 근본적으로 연금체계를 개혁(抜本改革)할 필요에 직면하게 되었다(Yashiro, 2001: 16).

2. 후생노동성 연금부회와 시민 대표의 역할

몇 차례의 연금개혁 경험을 통해, 고성장 시기 '비현실적으로 낮은 부담과 높은 혜택'(Noguchi, 1986: 180)을 주도록 설계된 기존 연금을 개혁하는 것은 필연적으로 정치적, 국민적 반발을 불러올 수밖에 없다는 사실을 확인한 정부는 후생노동성(厚生労働省)을 중심으로 관료적 합리성에 기반해 더 평등하고 지속가능한 안을 만들고 국민적 공감대를 얻어 이를 실현할 방안을 추진하게 된다(Campbell, 1992: 341; Chopel, Kuno, & Steinmo, 2005: 29; Schoppa, 2011: 206). 기본적으로 일본 정부는 복지

정책을 시혜적인 것으로 인식했기에 심의회(審議会) 등 다양한 숙의 기제를 운영해왔음에도 참여적 정책 결정 제도 등은 찾아보기 어려웠다(Estévez-Abe, 2002: 173). 이에 2001년 후생노동성이 사회보장심의회(社会保障審議会) 산하에 연금부회(年金部会)를 설치하고 연금자, 즉 시민 대표와 함께 연금개혁 방안을 논의해 카이즈카(貝塚啓明) 위원장에게 보고하도록 한 것은 매우 의미 있는 일이었다.

연금부회의 위원은 후생노동성에서 임명하며 관련된 '학식과 경륜을 갖춘'(学識経験) 전문가로 구성하도록 했다(「内閣府令」, 제282호, 2000년 6월 7일). 상당한 기간이 지난 후 2002년 1월 출범한 연금부회는 모두 17명의 위원으로 구성되게 되는데 학계 전문가 9명, 이익단체 대표 5명, 그리고 시민 대표로 3명이 임명되었다(社会保障審議会, 2002년 1월 16일). 연금부회의 구성과 관련된 문서에서 위원회가 연금개혁과 관련된 일체의 논의를 하게 되어 있는 것과 달리, 그러나 부회의 위원 구성은 후생노동성의 연금개혁에 대한 방향성을 뚜렷하게 드러내고 있었다.

다시 말해 9명의 전문가 대부분은 경제학자로 후생노동성의 여러 전문 심의회, 특히 재정 추계나 모수 조정을 논의하는 연금수리부회(年金数理部会)에서 활동해 오던 사람들이었으며, 소수의 사회복지학자들은 정부가 연금 불평등 여론으로 인해 특별히 관심을 두고 있던 복지의 젠더 격차 문제 전문가들이었다. 이익단체는 표면적으로는 재계 2, 노동계 3의 균형을 갖추었으나 이들 모두 정부와 오랜 기간 관계를 유지해 온 정책 파트너 성격이 강했다. 따라서 연금부회의 숙의 과정이 심의회 등을 통한 전통적 합의제 정책 결정 과정(Pempel, 1974; Schwartz, 1998)과 다른 점은 바로 3명의 시민 대표가 포함된 것에서 찾을 수 있다(Kim, 2016: 285-286).

3명의 시민 대표는 모두 여성으로 각각 직장인(대기업 임원), 자영업자(농민단체 간부), 주부(자영업-시민단체 운영)로 구성되었으며 모두 공적 연금 개편에 분명한 입장을 갖고 있었다. 연금부회의 첫 회의에서 시민 대표들은 연금개혁 방향에 대한 의견을 분명하게 피력하면서 숙의과정에 적극적으로 참여할 것임을 표명했다(年金部会, 2002년 1월 16일). 특히 주부와 여성 은퇴자의 입장을 대변한 작가이자 출판인인 스기야마(杉山千佳) 위원은 여성과 육아 문제에 대해 활발하게 의견을 개진해 온 바 있기에(杉山千佳, 2003; 2005), 남다른 태도로 연금부회의 심의에 적극적으로 임하고자 했다.

실제 심의과정은 그러나 시민 대표들의 생각과는 다소 결이 달랐다. 첫 회의부터 정부는 연금개혁의 이유와 방향을 상세히 설명하는 데 시간 대부분을 할애했고, 「연금부회 당면 논의 방향」(年金部会における 当面の論議の進め方)이라는 논의의 취지와 검토 항목이 구체적으로 상술된 문건이 제공되었다. 연금개혁의 방향은 60%에 달하는 소득대체율을 낮추고, 재원 문제 해결을 위해 확정급부형(DB)에서 확정기여형(DC)으로 변경하며, 급부는 거시경제 지표와 인구수에 연동하는 소위 '거시경제 슬라이드'(macro-economic slide formula) 제도를 도입하는 것이 이미 제시되어 있었다.

빈곤 문제 해결을 위해 기초연금에 투입되는 정부 재정을 다소 인상하는 것도 아울러 제시되었으나 시민 대표들이 관심 두고 있던 세수에 기반한 연기금 조성으로 세대 간, 성별 간 연금격차를 해소하는 문제(Kunieda, 2002)는, 비록 의제에는 포함은 되어 있었으나 증세에 부정적인 집권 자민당과 정부의 입장(岩瀬達也, 2007: 255-256; 宮本太郎, 2003: 20)대로 실제 논의에서는 적극적으로 배제됐다.

〈표 10-2〉 2000년대 일본의 주요 연금개혁 일정

2002년 1월	사회보장회의(社会保障会議) 연금부회(年金部会) 출범
2002년 12월	연금부회 1차 보고서 발표
2003년 3월	연금개혁 전문가 조사 시행
2003년 3~9월	순회 공청회 실시(8회)
2003년 6월	기본정책 내각 의결
2003년 9월	사카구치 시안 발표 / 연금부회 연금체계 개편안 의견 발표
2003년 11월	연금부회 최종 시안 제출
2004년 2월	연금법 개정안 내각 의결, 의회 상정
2004년 4월	연금법 개정안 중의원 후생노동위원회 통과
2004년 5월	연금법 개정안 중의원 통과
2004년 6월	연금법 개정안 참의원 후생노동위원회 통과
2006년 6월 11일	연금법 개정

2002년 1월 16일부터 2004년 3월 4일까지 총 27회에 걸쳐 개최된 연금부회의 심의회는 경제학자 미야지마(宮島洋) 교수를 좌장으로 위원들과 함께 후생노동성과 연금청 관료, 그리고 연구기관의 전문가들이 참석하는 2시간 남짓(평균 140분)의 회의였다. 대부분의 회의는 정부 부처의 브리핑으로 시작해 위원들의 질의, 그리고 이에 대한 담당자들의 답변으로 채워졌으며, 매회 수백 페이지에 달하는 참고자료들이 제공되었다. 이러한 회의 구조에서 연금 문제의 전문가라고는 하기 어려운 시민 대표들의 참여는 제한적일 수밖에 없었다. 이는 전체 1,649회중 62회에 불과한 이들의 발언 횟수(회의당 평균 2.38회)에서도 잘 드러난다.[8] 회의 시간 대부분은 관료들의 설명과 답변에 할애되었으며 위

---

8 「年金部会議事録」, 1~27회에서 추정된 수치. 참석자 모두 동일한 속도로 발언한다고 가정하고 회의록을 기준으로 발언시간을 추정할 경우 평균 142분의 회의 시간 중 시

원들은 2~3번 정도의 질문 기회밖에는 가질 수 없었다. 앞에서 검토한 영국의 사례에 견주어 가장 중요한 차이는 매 회의의 주제뿐 아니라 다음 회의의 주제를 포함해 전체 일정이 미리 정해져 있었기 때문에 어느 문제가 해결되지 않았다고 이를 끝까지 토론할 수 있는 구조가 아니었다는 점이다.

이러한 상황에서 연금개혁안과 직접적 이해관계를 가진 경영 및 노동단체들은 심의회보다는 이미 정착된 정·관계 네트워크를 활용해 자신들의 의견을 전달하고 관철하려 노력했다. 경제단체연합회(経団連)나 노동조합총연합회(連合) 등은 실제로 사카구치(坂口力) 후생노동성 장관이나 자민당 지도부, 심지어 고이즈미(小泉純一郎) 총리와 직접 만나 연금안을 논의했으며, 이외에도 대규모 집회를 조직하는 등의 활동을 전개했다(『経済タイムズ』, 2649, 2691, 2700, 2720, 2725호; 『経済クリップ』, 13, 25, 35호 등 참조). 즉 주요 이해당사자들이 주어진 숙의의 장보다는 개별적인 정치적 자원을 동원해 의견을 관철하려 했기 때문에 연금부회는 정책 결정 과정의 중심에서 점차 벗어날 수밖에 없었다.

실제로 2003년 말 연금부회의 활동이 채 끝나기도 전에 후생노동성은 원안인 「공적 연금제도의 방향」(公的年金制度に関する考え方)에서 소득대체율만 조정한 거의 같은 내용의 연금개혁안, 소위 「사카구치 시안」(坂口試案)을 국회에 제출하며 입법 과정에 돌입하고, 2달 후 연금부회는 20개월의 심의를 마무리하는 최종 보고서를 제출한다. 최종 보고서의 내용 또한 사카구치 시안과 큰 차이가 없는 것이었으며,

민 대표의 발언은 7.09분에 불과했다. 정부 담당자들의 평균 발언 시간은 절반에 육박하는 68.3분이었다.

정부는 이로써 의견 수렴과 심의과정을 종료하게 된다(『日本経済新聞』, 2003년 11월 17일). 이후 경제재정자문회의(経済財政諮問会議)에서도 민간 위원들의 반대에도 정부와 연립여당 위원 중심으로 납부율의 대폭 인상 의견이 반영된 안이 마련되었다(田中雅子, 2010: 66).

주요 쟁점에 있어서 합의에 도달하지 못하는 경우, 연금부회의 숙의의 장이 확장되어 영국의 사례와 마찬가지로 공청회와 전문가 의견 조사가 이루어지긴 했다. 총 8차례에 걸친 전국 순회 공청회는 주로 대형 강당에서 진행되었는데, 미리 신청과 허가를 받은 청중을 대상으로 발표와 질의응답으로 이루어졌기 때문에 자유로운 토의나 개혁안의 변경이 가능한 조건은 아니었다. 일례로 2003년 3월의 한 공청회는 스기야마를 포함한 네 명의 연금부회 위원과 후생노동성 연금국장이 참석했는데, 사실상 일방적인 발표 위주로 진행되었다. 마지막 질문 시간에 한 청중은 "기여금 인상은 가계에 상당한 부담일 수밖에 없는데, 만약 올려야 한다면 왜 올려야 하는지 좀 더 상세히 설명을 해줘야 우리가 납득할 수 있지 않습니까?"라고 하소연하기도 했다(『週刊社会保障』, 2003년 3월 17일: 6).

입법 과정에 있어서 2003년과 2004년 선거를 앞두고 제1야당인 민주당(民主党)은 세수에 기반한 일원화된 연금제도로의 급진적 개혁을 주장했으나 그 세부 내용에서는 모호한 입장이었다(Estévez-Abe, 2008: 279). 법안 심의가 시작되자 민주당은 정부의 개혁안을 재정 안정만을 고려한 임시변통이라 비판하고 자체적으로 법안을 제출했으나 자민당과 정부로부터 실현 가능성이 낮다는 비판을 받았다(Yoshida 외, 2006: 398). 이후 연금기록 누락 스캔들이 정계를 강타하는 가운데 법안이 양원을 통과하면서 2004년 연금개혁은 그렇게 마무리되었다(田

中雅子, 2010: 66).

3. 관료적 의제 설정, 정치적 일정, 제한적 참여

이처럼 2004년의 연금개혁 과정에서 연금부회 시민 대표들의 역할은 매우 제한적이었다. 가장 큰 이유는 연금부회의 논의 주제와 일정이 미리 정해져 있었고, 특히 주제의 경우 상당히 높은 수준의 기술적 지식을 필요로 하는 것이었다는 점이다. 일반 시민이자 장래의 연금수급자인 시민 대표들이 전문가와 관료들의 논의에 참여하는 것은 매우 어려웠으며, 회의 중 원론적, 규범적 수준을 질문하는데 머무르고 말았다. 일반 시민을 대상으로 한 공청회에서도 이들은 시민의 대표가 아닌 연금부회의 일원으로 단상 위에 앉은 채 이들과 다른 목소리를 내지 못했다.

사실 시민 대표의 제한적인 역할은 연금부회 구성원의 임명 시점에 이미 정해져 있었다고 할 수 있다. 연금개혁 논의가 진행되던 시기에 전국적 수준의 연금수급자 조직인 전국연금수급자단체연합회(全国年金受給者連合会)와 전일본연금자조합(全日本年金者組合)이 있었으나 전자는 전직 관료들이 임원을 맡고 있는 일종의 관변단체였고, 10만여 명의 회원을 가진 이익단체인 후자의 경우는 연금개혁 논의 과정에 단 한 번도 초대되지 않았다. 정부와의 오랜 관계와 소속 이익단체의 조직적 지원을 받을 수 있었던 경영계 및 노동계 대표와 달리 시민 대표들은 연금개혁 과정에서 어떠한 정치적 자원도 동원할 수 없었다.

그 결과, 참여적 연금개혁의 가장 큰 목적 중 하나인 시민의 이해도와 지지도 제고는 달성되기 어려웠다. 개혁 초기인 2003년 2월의 여론조사에서 47.1%만이 연금개혁의 의의와 방향을 이해하고 있다고 답했으며(『読売新聞』, 2003년 4월 28일), 입법 과정이 한창이던 2004년 5월, 67%의 시민이 해당 개혁법안에 반대했다(『共同通信』, 2004년 5월 17일). 연금개혁법이 통과된 직후 78%의 시민들은 법안이 다시 수정되어야 한다고 말했다(『毎日新聞』, 2004년 7월 19일).

2004년 개혁으로 재정 안정이라는 일단 급한 불은 껐으나 경제침체의 장기화, 특히 비정규직 문제의 심화로 인한 연금 불평등 문제가 심각해지고 있어, 이를 해소하기 위해 5년 주기로 예정된 재정 재계산과 함께 2006년 연금부회가 다시 구성되고 비정규직의 후생연금 적용을 위한 별도의 실무반(パート労働者の厚生年金適用に関するワーキンググループ) 또한 아울러 설치된다.

이전의 연금부회와 유사하게 2006년의 연금부회는 18명의 위원으로 구성되었으며 3명 중 2명의 시민 대표는 유임되었고 2명의 언론인이 새로 포함되었다. 마찬가지로 나머지는 전문가들과 이익집단 대표들로 채워졌다. 2009년 종료된 연금부회는 3년이라는 시간이 무색하게 단 15회의 회의(실무반은 10회)만을 가졌으며, 모수적 조정과 함께 거의 정부의 원안대로 소득대체율을 50%까지 단계적으로 낮추고 기초연금의 국고 부담을 1/2로 올리는 안에 합의하게 된다.

역사적인 정권 교체를 이뤄낸 민주당은 야당 시절부터 주장해 온 세수 기반의 연금구조 전면 개편, 소위 '사회보장·세금 일체 개혁'(社会保障·税の一体改革)을 논의하기 위해 2011년 연금부회를 다시 가동한다(김상조, 2018: 90-91). 19명의 위원은 학계 11명, 노동계 3명, 재계 3명, 그리고 사회평론가 2명으로 구성되었다. 시민의 의견을 대변하는 역할은 2명의 평론가인 고무로(小室淑惠) 워크라이프밸런스 대표와 후지사와(藤沢久美) 씽크탱크소피아뱅크 대표가 맡게 된다. 이 둘은 정부와 정당의 여러 자문회의에서 활동해 온 인물들로 그중 후지사와 위원의 경우 투자운용사 근무 경험을 바탕으로 연기금 운용 문제에 있어 논의에 참여할 수 있었으나, 고무로 위원은 39회의 회의 중 12번만 참석해 모두 10회의 발언만을 하게 된다. 2014년 말 거시경제 슬라이드가 처음 발동된 이후 디플레이션 상황에서도 작동해 지급액을 낮출 수 있도록 하는 방식을 논의하게 되고 이 문제가 연금부회에서도 당연히 논의되나, 이로 인해 가장 큰 영향을 받게 될 연금수급자 시민의 몫인 고무로 위원은 2014년 10월 이후로 회의에 전혀 참석하지 않았다.

연금부회는 총리실 산하에 설치된 사회보장제도개혁국민회의(社会保障制度改革国民会議)와 함께 비정규직 후생연금 가입 확대와 기초연금 가입조건 완화, 국고 부담 확보 등 사회안전망의 전반적인 확대를 심의했으나 2012년 총선 패배로 논의는 원점으로 돌아가게 되고, 그 입법 과정은 다시 자민당 정부로 넘어가게 된다(駒村康平, 2015: 185). 이후 2016년까지 총 39회에 걸친 심의 일정을 마치고 연금재정의 지속가능성과 연기금 관리의 효율성 강화에 중점을 둔 법안을 보고한다(송지연: 93-94). 그리고 법 개정에 따라 물가하락 시에도 적용될 수 있도록 개정된 거시경제 슬라이드가 2019년 적용되어 연금액 감액이 이루어졌다(OECD, 2019: 41). 곧 대부분의 위원들이 연임된 새로운 연금부회가 2018년 설치되어 운영되었으나 중심 의제인 비정규직 연금 확대와 고령 취업자 및 고소득자 연금 지급 문제 등이 갖는 정치적, 재정적 중요성을 고려할 때 의미 있는 숙의 결과를 가져오기는 어려워 보였으며, 실제 연금부회는 재정 검토 외에 특별한 논의 없이 2019년 말 15차례에 걸친 회의를 종료했다(年金部会, 2019).

Ⅳ. 숙의의 조건: 토론 및 결론을 대신해서

숙의와 합의를 통한 영국과 일본의 연금개혁 시도 사례는 참여적 정책 결정의 '제도' 그 자체는 큰 의미가 없음을 잘 보여주고 있다. 즉 정부 산하에 입법을 통해 심의회를 설치하고 각계각층의 위원을 임명해 정해진 숙의 기간을 운영한다고 모두가 만족할 수 있는 결론이 나는 것은 아니기에 성공적인 참여식 개혁을 위한 어떤 제도적 공식을 찾는 일은 무의미한 시도로 보인다. 그렇다고 제도의 형태가 아무런 의미가 없다고 하는 것도 지나친 해석일 것이다. 충분히 독립적이고 정책 결정에 주는 영향과 권한이 보장되어 있었던 영국의 터너 위원회는 단 3명에 불과한, 그것도 이해관계자들의 대표 성격이 강한 위원들로 구성되어 있었지만 이미 정해진 의제와 정부의 개혁 일정에 맞춰 심의를 진행한, 더 다양한 구성과 시민 대표들의 직접적인 참여가 존재했던 일본의 연금부회와 비교할 때 개혁 결과에 있어서 더 높은 수준의 이해도와 정책 정당성을 얻을 수 있었다. 이러한 사실은 숙의의 제도, 특히 구성, 기간, 의제와 관련해 몇 가지 함의를 제시해 준다.

무엇보다 먼저 시민의 참여가 반드시 '순수한' 의미에서의 시민이 기계적으로 참여해야만 하는 것을 의미하는지 생각해 볼 수 있다. 연금부회의 경우 2004년 개혁에서는 연금수급자를 대표해 일반 시민이 심의회에 참여했지만 논의의 기술적 측면을 고려할 때 그 역할은 제한적일 수밖에 없었다. 이후 시민의 '입장'을 대변할 수 있는 언론인이나 사회평론가들로 점차 대체되었으나 이들의 역할 또한 그다지 의미 있는 결과를 가져오지는 않았다. 반면 터너 위원회는 각 이익집단에 소속된 3명의 전문가 위원으로 구성되었으나 깊은 토론과 정치권을 아우르는 광범위한 활동, 그리고 공청회와 토론대회, 언론 기고 등을 통한 일반 시민과의 접촉을 통해 연금개혁의 필요성과 방향성에 대한 공감대를 넓혀갈 수 있었다.

사실 소규모 독립기관으로 터너 위원회가 구성된 이유는 정치세력, 이해집단 간의 대립으로 아무것도 하지 못하거나 의미 없는 결론만을 내곤 했던 기존 왕립위원회(Royal Commission)들에 대한 반성에 기반한 것이었다(Pearce & Massala, 2020: 21). 터너 위원회의 위원 중 한 명인 힐스(John Hills)는 인터뷰에서 다음과 같이 언급하고 있다.

> 사실 우리 세 명[의 의견]이 모두에게 받아들여질 수 있을 것인가 걱정했지만 실제로 잘 이뤄졌다. 오히려 작은 위원회였기 때문에 우리는 엄청난 양의 자료를 일일이 다 함께 세밀히 들여다보았고 보고서에 쓰여 있는 한 줄 한 줄 다 모두 동의할 수 있었다. 이는 위원 중 누군가는 특정한 문제를 끝까지 고집하거나 자기가 잘 모르거나 관련되지 않은 문제에 대해서도 의견을 내야만 하는 [기존의] 대규모 위원회와는 완전히 다른 방식이었다(UKPR 인터뷰).

다시 말해, 소속 이익단체의 입장을 기계적으로 대변하는 것이 아니라 꾸준한 숙의를 통해 합의를 끌어내고자 했으며, 아울러 이 합의안은 반드시 정치권과 국민들에게 받아들여질 수 있어야만 한다는 원칙에 모두 동의했기 때문에 좋은 결과를 거두었다고 볼 수 있다.

이러한 숙의 과정이 가능하기 위해서는 제도적으로 위원회의 '의제'에 대한 독립성과 '충분한' 심의 기간 또한 보장되어야만 했다. 먼저 의

제의 측면에서 살펴보면, 터너 위원회에 대해 총리 특별보좌관 오펜하임(Carey Oppenheim, Special Adviser to the Prime Minister at No.10)은 출범 시점부터 연금과 관련된 문제 전반을 논의('all-embracing look at it')할 수 있는 권한이 주어졌다고 증언하고 있다(UKPR 인터뷰). 즉 노동당 정권과 노동연금부도 자신들이 선호하는 연금개혁안을 분명히 갖고 있었음에도, 이들도 야당과 각 이익단체들과 마찬가지로 독립적인 터너 위원회의 숙의 대상 중 하나였고, 따라서 터너 위원회의 최종안을 존중하게 된다. 반면 일본의 후생노동성도 연금부회를 설치하면서 '연금개혁에 즈음한 제도 전반'(年金制度全般にわたる議論)에 대해 논의하기 위한 것(社会保障審議会, 2001년 7월 13일)이라고 설치 목적을 밝혔지만 실제로는 정부의 안이 이미 공식적으로 마련되어 있었으며, 정부는 연금부회와 별도로 정치권 및 이해당사자들과 협의를 진행했다.

[그림 10-1] 2018년 연금부회 운영계획 도안(2018년 4월 4일)

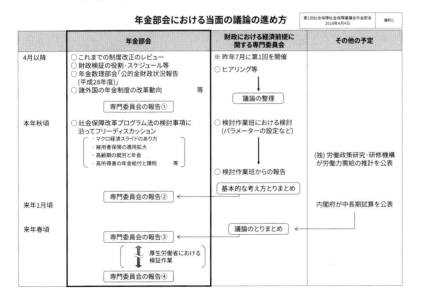

후생노동성의 [그림 10-1]의 문서 도안에서처럼 연금부회의 시작 시점부터 정부는 개혁안의 방향을 매우 구체적으로 세워놓고 있었으며, 심의는 이를 설명하고 토론 결과에 따라 약간의 수정만을 가하는 방식으로 진행되게 된다. 이러한 제도하에서 시민참여나 숙의의 진정한 의미를 찾기는 쉽지 않다. 앞에서도 상술한 것처럼 터너 위원회는 현행 연금제도가 가진 '문제'를 이해당사자들과 시민들이 이해하고 이들이 개혁의 불가피성을 인식하도록 하는 것을 핵심 의제로 선정한 반면, 연금부회는 개혁의 선택지, 즉 '해결책'을 이해시키고 그 과정에서 발생할 수 있는 부작용 등을 보완하는 것을 기본 의제로 하고 있었다.

위 그림이 또한 보여주고 있는 것은 정해진 개혁의 일정이다. 역시 매우 구체적으로 정해진 일정은 법으로 5년마다 정해진 재정 재계산에 맞춰진 것으로, 심의 진행 상황에 맞춰 개혁의 로드맵이 만들어지는 것이 아니라 그 반대였다. 이에 비해 터너 위원회는, 물론 대략적인 종료 예상 시점은 존재했지만, 확정된 숙의 일정을 갖고 있지 않았다. 이에 따라 실제로 연금개혁 과정은 상당히 오랜 기간 진행될 수밖에 없었는데, 힐스는 "위원들 서로 간에 절대 동의할 수 없는 일은 거의 없었는데, 이는 부분적으로 우리가 매우 오랜 기간 동안 모든 자료를 매우 열심히, 정말 열심히 함께 들여다보았기 때문"(UKPR 인터뷰)이라고 긴 활동 기간이 가져다준 이점을 설명하고 있다.

위원 중 다른 한 명인 드레이크 또한 인터뷰에서 "우리의 보고서가 다소 오래 걸린 것은 연금개혁이 20~30년 걸리는 일이라는 것을 알고 있었고 따라서 우리는 20~30년의 합의(consensus)를 이뤄내야만 했다"라고 말하면서, 연금위원회가 연금개혁에 대해 갖고 있었던 인식을 드러내고 있다. 실제로 정부는 최종 보고서가 나온 후 "이미 충분한 자문(extensive consultation)이 이루어졌으며 […] 지금은 더 이상의 자문이 아닌 행동(action)이 필요한 시기임이 명백하고 [따라서] 추가적인 자문은 불필요한 지연(unwarranted delay)만을 가져올 것"(DWP, 2003: 17)이라고 했으나 터너 위원회의 위원들은 활동을 멈추지 않았다.

충분한 숙의 일정은 과정에 참여한 사람들을 교육하고 적극적으로 의사를 표명할 수 있도록 하는 효과 또한 가져올 수 있다. 당시 노동연금부 부장관이던 퍼넬(James Purnell)은 말하길 "연금 개시 연령을 또 올린다고 하면 '맙소사, 다들 화가 나서 미쳐버릴 거야'라고 생각하겠지만 이를 계속해서, 계속해서, 차근차근 논의하자 어느 순간 '그것 봐. 다들 연금 개시 연령이 올라갈 수밖에 없다는 것을 알고 있잖아'라고 서로 말하는 때가 왔다"라고 회상한 바 있다(Rutter et al., 2012: 94).

일본의 경우에도 연금부회뿐 아니라 여러 위원회에서 활동했던 스기야마는 회상하길 "여러 위원회에 참여하게 되면서 고령화 문제가 정말 심각한데 제도나 재정이 충분하지 않다는 것을 비로소 알게 되었다"라고 했으며(『厚生労働』, 2008년 8월: 6), 정부 위원회가 정치인들 및 학계와 언론계의 지식인(有識者)들로 가득 차 있는 곳이어서 "처음엔 내가 정말 엉뚱한 곳(場違い)에 들어와 있다고 생각하고 빨리 마치고 돌아가고 싶은 마음뿐이었으나 시간이 지날수록 점차 자신감을 갖게 됐다"라고 말했다(杉山千佳, 2005: 20).

물론 오랜 기간 숙의를 통해 점진적 개혁을 추구하는 것이 반드시 연금에 대한 신뢰를 높이고 공정성과 안정성을 담보해주지 않음은 1989년부터 2017년 사이 11차례에 걸쳐 연금법을 개정한 독일의 사례가 증명해주고 있다(Hinrichs, 2021: 418). 특히 의원내각제 국가의 경우 정치체제가 가진 근본적인 불안정성으로 인해 연금개혁과 같은 장기적 정책은 선거 주기와 함께 뒤집히기 쉽다. 이를 염두에 두고 영국의 경우 독립적인 위원회를 통해 초정당적 합의를 이뤄내는 것을 매우 중요하게 여길 수밖에 없었다(Pierce & Massala 2020, 29). 터너 위원회는 이를 위해 제1야당인 보수당뿐 아니라 자유민주당과도 긴밀한 접촉을 유지했는데, 이에 대해 웹은 인터뷰에서 이렇게 말했다.

> 자유민주당은 정권을 잡을 가능성이 거의 없었기 때문에 나는 자유민주당의 [주장인 국가 주도 연금에 대한] 것에만 관심이 있었는데, 터너와 힐이 어느 날 찾아왔다. 터너는 국가연금에 대해서는 아무런 생각이 없었지만, 그는 이를 솔직하게 이야기했고 [이 문제의] 전문가인 힐과 함께 [토론을 계속했고], 이후 내각이나 재무부와 무슨 논의를 할 수 있는 위치에 전혀 있지 않은 나를 연금개혁 과정에 계속 참여(engaging)토록 했다"(UKPR 인터뷰).

반면 일당 우위의 정치체제가 유지되고 있던 2000년대 중반 일본의 경우 연금부회가 야당과 논의를 진행할 필요는 없었으며, 정권교체 시기(2009~2012년)의 민주당은 초당적 합의를 고려할 수 있는 정치적 안정성을 확보하지 못했다. 정권은 다시 자민당의 장기 집권으로 전환되었고, 정책 결정 과정에서의 참여적 기제들은 약화되었다. 2014년 거시경제 슬라이드가 적용되면서 연금지급액이 삭감되자 전일본연금자조합은 대규모 집회를 열고 1천5백여 명이 전국 13개 지방재판소에 연금감액 위헌소송을 제기하게 된다(『日本経済新聞』, 2015년 5월 30일). 물론 소송은 2019년부터 대부분 기각되었고(『毎日新聞』, 2021년 5월 28일) 이러한 목소리를 받아줄 시민 대표는 연금부회 안에 더는 존재하지 않게 되었다.

끝으로, 그렇다고 정당을 넘어선 합의의 창출이 반드시 더 나은 연금제도를 가져온다고 단정해 말할 수는 없다. 영국에서 연금개혁 이후 연금제도의 존속을 위해 가장 중요한 요소 중 하나인 세대 간 연대(intergenerational cooperation) 기제가 약화하였고 이는 2010년대 중반 이후 진행된 연금의 '자유와 선택'(freedom and choice) 개혁 과정에서 보이듯 터너 합의 자체를 점차 무력화시키는 결과를 가져오고 있는 것 또한 사실이다(Barry, 2021: 149·208). 그러나 '정책가'('policy entrepreneur', Kingdon, 1995: 179-183 참조)로서의 터너와 위원들은 최종보고서가 발간된 이후에도 터너 합의를 유지하기 위해 꾸준히 정당과 이익단체들, 그리고 일반 시민들을 대상으로 정책정치(policy-politics) 활동을 이어 왔다.

결론적으로, 숙의를 통한 개혁은 정해진 일정과 제한된 의제를 상정할 경우 그 목적을 달성하기 쉽지 않으며, 정책을 '참여'의 이름으로 사후적 정당화하는데 지나지 않을 가능성이 크다고 할 수 있다. 독립적인 심의기관과 정책가들이 충분한 자율성과 권한을 갖고 정파적 이해관계 등을 넘어 오랜 기간 정권의 교체와 상관없이 사회적 합의를 이뤄내도록 할 때 숙의와 참여적 정책 결정이 의미가 있다. 이러한 시시포스적 노력이 대의민주주의에 대한 신뢰 추락과 포퓰리즘의 득세 사이에서 결실을 보도록 하기 위해서는 더욱 깊은 논의가 필요할 것이다.

| 참고문헌 |

김성조, 2018, 「일본의 연금개혁과 정당정치: 2004년 연금개혁 사례를 중심
　　으로」, 『한국정치학회보』 52(2): 81-100.

김영순, 2013, 「적대정치에서 합의정치로? 블레어정부 이후 영국의 연금개
　　혁에 관한 연구」, 『한국정치학회보』 47(5): 95-116.

_____, 2014, 『코끼리 쉽게 옮기기: 영국 연금 개혁의 정치』, 서울: 후마니
　　타스.

송지연, 2019, 「일본 연금개혁의 정치경제」, 『국제지역연구』 28(4): 71-99.

정창률, 2018, 「회귀인가 발전인가? 적용제외 폐지 이후 영국 연금제도 검
　　토」, 『사회복지정책』 45(1): 1-26.

"UK Pension Reforms (1997-2015): Elite and Expert Interviews" (UKPR).
　　2020. *Data from UK Pension Reforms (1997-2015)*, collected
　　by Nick Pearce and Thomais Massala. Bath: University of Bath
　　Research Data Archive. https://doi.org/10.15125/BATH-00846.

- "Interview with Sir Steve Webb." 2019년 4월 2일. https://
  researchdata.bath.ac.uk/858/
- "Interview with Lord Adair Turner." 2019년 6월 26일. https://
  researchdata.bath.ac.uk/853/
- "Interview with Baroness Jeannie Drake." 2019년 6월 13일.
  https://researchdata.bath.ac.uk/854/
- "Interview with Sir John Hills." 2019년 4월 2일. https://
  researchdata.bath.ac.uk/855/

Berry, Craig. 2021. *Pensions Imperilled: The Political Economy of*

Private Pensions Provision in UK. New York: Oxford University Press.

Bonoli, Giuliano. 2000. *The Politics of Pension Reform: Institutional and Policy Change in Western Europe*. New York: Cambridge University Press.

Campbell, John. 1992. *How Policies Change: The Japanese Government and the Aging Society*. Princeton, NJ: Princeton University Press.

Chopel, Alison, Nozomu Kuno, and Sven Steinmo. 2005. "Social Security, Taxation, and Redistribution in Japan." *Public Budgeting & Finance* 25(4): 20-43.

Clasen, Jochen. 2005. *Reforming European Welfare States: Germany and United Kingdom Compared*. New York: Oxford University Press.

Deacon, Alan. 1995. "Spending More to Achieve Less? Social Security since 1945." In *British Social Welfare: Past, Present and Future*, edited by David Gladstone. London: Routledge.

Department for Work and Pensions (DWP). 2003. *The Future of UK Pensions: Reply by the Government to the Third Report of the Work and Pensions Select Committee, Session 2002-2003*. London: The Stationery Office.

_____. 2006. "National Pensions Debate: Final Report." May. Available from https://webarchive. nationalarchives.gov.uk/ukgwa/20121204165129/http://www.dwp. gov.uk/docs/final-report.pdf

Desmond, Helen. 2012. "Pensions and Retirement on the Agenda." *Dennings Law Journal* 7(1): 1-21.

Durman, Paul. 1993. "Goode Report." *Independent*, 9월 30일. https:// www.independent.co.uk/news/business/goode-report-goodeproposals-call-for-new-pension-law-powerful-regulator-and-compensation-scheme-are-recommended-by-committee-in-wake-of-maxwell-affair-1508008.html

Ebbinghaus, Bernhard. 2011. "The Role of Trade Unions in European Pension Reforms: From 'Old' to 'New' Politics?" *European Journal of Industrial Relations* 17(4): 315-331.

Esping-Andersen, Gøsta. 1990. *The Three Worlds of Welfare Capitalism*. Princeton, NJ: Princeton University Press.

Estévez-Abe, Margarita. 2002. "Negotiating Welfare Reforms: Actors and Institutions in the Japanese Welfare State." In *Restructuring the Welfare State*. edited by Bo Rothstein and Sven Steinmo. New York: Palgrave Macmillan.

Hills, John. 2007. "Pensions, Public Opinion and Policy." In *Making Social Policy Work*, edited by John Hills et al. London: Policy Press.

Hinrichs, Karl. 2000. "Elephants on the Move: Patterns of Public Pension Reform in OECD Countries." *European Review* 8(3): 353-378.

_____. 2021. "Recent Pension Reforms in Europe: More Challenges, New Directions." *Social Policy & Administration* 55(3): 409-422.

James, Simon. 1997. *British Government: A Reader in Policy Making*. London: Routledge.

Kabe, Tetsuo. 2007. "Japan." In *International Perspectives on Social Security Reform*, edited by Rudolph G. Penner. Washington, DC: The Urban Institute Press.

Kasza, Gregory. 2006. *One World of Welfare: Japan in Comparative Perspective*. Ithaca, NY: Cornell University Press.

Kim, Sunil. 2016. "Making Policy with Bureaucrats and Experts: The Dilemma of Citizen Members in the Participatory Pension Reforms in Japan." *Japanese Journal of Political Science* 17(2): 278-300.

Kingdon, John. 1995. *Agendas, Alternatives, and Public Policies*, 2nd edition. New York: Longman.

Korpi, Walter and Joakim Palme, 2004. "Robin Hood, St Mattew, or Simple Egalitarianism?" In *A Handbook of Comparative Social Policy*, edited by Patrica Kennett. Northampton, Edward Elgar.

Kunieda, Shigeki. 2002. "Japanese Pension Reform: Can we get out of Intergenerational Exploitation?" *Hitotsubashi Journal of Economics* 43(2): 57-71.

Martin, Issac & Nadav Gabay. 2013. "Fiscal Protest in Thirteen Welfare States." *Socio-Economic Review* 11(1): 107-130.

Massala, Thomais & Nick Pearce. 2021. "Statecraft and Incremental Change: Explaining the Success of Pension Reforms in the United Kingdom." *British Journal of Politics and International Relations*. http://doi.org/10.1177/13691481211044655

Ministry of Health, Labor & Welfare (MHLW). 2009. *Japan's Public Pension System*. Tokyo: MHLW.

Miura, Mari & Bruno Palier. 2003. "Veto Players and Welfare Reform: The Paradox of the French and Japanese Unions." Paper presented at the annual meeting of American Political Science Association, Philadelphia, 8월 27~31일.

Nobles, Richard. 1996. "Pensions Act 1995." *Modern Law Review* 59(2): 241-260.

Noguchi, Yukio. 1986. "Overcommitement in Pensions: The Japanese Experience." In *The Welfare State East and West*, edited by Richard Rose and Rei Shiratori. New York: Oxford University Press.

Organisation for Economic Co-operation and Development (OECD). 2019. *Pensions at a Glance 2019: OECD and G20 Indicators.*

Paris: OECD Publishing.

Ortiz, Isabel, et al. 2013. "World Protests 2006-2013." Initiative for Policy Dialogue Working Paper, 9월.

Osmani, Siddiqur. 2008. "Participatory Governance: An Overview of Issues and Evidence." In *Participatory Governance and the Millennium Development Goals*, edited by Department of Economic and Social Affairs. New York: United Nations Publications.

Papadopoulos, Yannis and Philippe Warin. 2007. "Are Innovative, Participatory and Deliberative Procedures in Policymaking Democratic and Effective?" *European Journal of Political Research* 46: 445-472.

Pearce, Nick & Thomais Massala. 2020. *Pension Reforms in the UK: 1997-2015*. London: Nest Insight.

Pemberton, Hugh. 2018a. "The Fowler Inquiry into Provision for Retirement and the Pension Reforms of 1986." Witness Seminar Transcript, 2017년 12월 6일. University of Bristol.

_____. 2018b. "UK Pensions: The Making and Breaking of a Welfare Consensus." In *The State of Welfare: Comparative Studies of the Welfare State at the End of the Long Boom*, edited by Erik Eklund et al. London: Peter Lang.

Pempel, T.J. 1974. "The Bureaucratization of Policymaking in Postwar Japan." *American Journal of Political Science* 18(4): 656-663.

Pension Provision Group. 1998. "We All Need Pensions: The Prospects for Pension Provision." London: The Stationery Office.

Pierson, Paul. 1994. *Dismantling the Welfare State? Reagan, Thatcher, and the Politics of Retrenchment*. New York: Cambridge University Press.

_____. 2001. *The New Politics of the Welfare State*. New York:

Oxford University Press.

Rutter, Jill, Edmund Marshall & Sam Sims. 2012. *The "S" Factors: Lessons from IFG's Policy Success Reunions*. London: Institute for Governance.

Schoppa, Leonard. 2011. "Policies for an Aging/Low Fertility Society." In *Routledge Handbook of Japanese Politics*, edited by Alisa Gaunder. New York, NY: Routledge.

Schwartz, Frank. 1998. *Advice and Consent: The Politics of Consultation in Japan*. New York: Cambridge University Press.

Shinkawa, Toshimitsu. 2003. "The Politics of Pension Retrenchment in Japan." *The Japanese Journal of Social Security Policy* 2(2): 25-33.

Steelman, Toddi. 2001. "Elite and Participatory Policymaking: Finding Balance in a Case of National Forest Planning." *Policy Studies Journal* 29(1): 71-89.

Taylor-Gooby, Peter. 1999. "Policy Change as a Time of Retrenchment: Recent Pension Reform in France, Germany, Italy and the UK." *Social Policy and Administration* 33(1): 1-19.

Visser, Jelle & Martin Rhodes. 2011. "The Evolution of Social Pacts: Trajectories and Mechanisms of Institutionalization." In *Social Pacts in Europe: Emergence, Evolution, and Institutionalization*, edited by Sabina Avadagic, Martin Rhodes & Jelle Visser. New York: Oxford University Press.

Webler, Thomas & Seth Tuler. 1999. "Integrating Technical Analysis with Deliberation and Regional Watershed Management Planning." *Policy Studies Journal* 27(3): 530-543.

White, Michael. 2003. "The Guarantee Which Came to Dominate New Labour Politics for a Decade." *The Guardian*, Friday, 6 June (https://www.theguardian.com/politics/2003/jun/06/uk.labour).

Yashiro, Naohiro. 2001. "On Reforming the Pension System." *Social Science Japan* 21(9): 15-16.

Yoshida, Kenzo, Yung-Shing Guo & Li-Hsuan Cheng. 2006. "The Japanese Pension Reform of 2004: A New Mode of Legislative Process." *Asian Survey* 46(3): 381-400.

岩瀬達也, 2007, 『年金大崩壊』, 東京: 講談社.

駒村康平, 2015, 『日本の年金』, 東京: 岩波書店.

社会保障審議会, 2001-2002, 「社会保障審議会議事録」, 東京: 厚生労働省 (https://www.mhlw.go.jp/shingi/).

杉山千佳, 2003, 「働く母親のための子育て支援」, 『現代のエスプリ』 429(4月): 131-139.

＿＿＿＿, 2005, 『子育て支援でシャカイが変わる』, 東京: 日本評論社.

田中雅子, 2010, 「連立政権下の福祉縮減過程: 1994年と2004年の年金改正を中心に」, 『公共政策研究』 10: 59-69.

年金部会, 2002-2019, 「社会保障審議会年金部会議事録」, 東京: 厚生労働省.

＿＿＿＿, 2019, 「社会保障審議会年金部会における議論の整理」, 12月 27일, 東京: 厚生労働省.

宮本太郎, 2008, 『福祉政治: 日本の生活保障とデモクラシー』, 東京: 有斐閣.

横山和彦・田多英範, 1991, 『日本社会保障の歴史』, 東京: 学文社.

| 제3부 |

한국의
직접·숙의민주주의 제도
: 현황과 개선 방향

제11장

지방자치와 주민의 직접참여
: 주민조례발안제도를 중심으로[1]

임 현 고려대학교 행정학과 교수

I. 서론

우리의 지방자치제가 본격적으로 시행되어 온 이래로 한결같이 강조되어 온 내용은 지방분권과 주민참여이다. 지방자치는 국가와의 관계에서는 분권을, 주민과의 관계에서는 자치행정에 대한 주민참여를 그 핵심적인 내용으로 하며, 이는 더 많은 민주주의의 실현을 궁극적인 목적으로 한다.[2]

2018년 확정된 자치분권 종합계획은 6대 전략과 33개 세부과제를

---

1 이 글은 필자의 논문인 "자치입법의 활성화를 위한 주민의 역할 -조례제정개폐청구제도의 개선논의를 중심으로-"의 문제의식과 내용에 기반하여 현재의 지방자치 환경과 변화된 제도를 담아 전면적으로 수정·보완한 것임을 밝힌다.

2 헌법재판소 1991. 3. 11. 91헌마21 결정: "지방자치제도는 민주정치의 요체이며 현대의 다원적 복합사회가 요구하는 정치적 다원주의를 실현시키기 위한 제도적 장치로서 주민의 자발적인 참여·협조로 지역내의 행정관리·주민복지·재산관리·산업진흥·지역개발·문화진흥·지역민방위 등(헌법 제117조 제1항, 지방자치법 제9조 참조) 그 지방의 공동관심사를 자율적으로 처결해 나간다면, 국가의 과제도 그만큼 감축되는 것이고, 주민의 자치역량도 아울러 배양되어 국민주권주의와 자유민주주의 이념구현에 크게 이바지할 수 있는 것이다."

내용으로 하는데, 주민주권 구현을 그 첫 번째 전략으로 하고 그에 대한 7개 과제로 주민참여권 보장, 숙의 기반의 주민참여 방식 도입, 주민자치회 대표성 제고 및 활성화, 조례 제·개정의 주민직접발안제도 도입, 주민소환 및 주민감사청구 요건의 합리적 완화, 주민대표 청구 대상 확대, 주민참여예산제도 확대를 제시하였다(자치분권위원회, 2018: 5-13). 이러한 추진과제들은 주민참여, 특히 주민의 직접참여를 전제로 하는 직접·참여민주제적 제도들을 강화하고 개선하는 내용들이다.

이 글에서는 지방자치의 영역에서 운영되고 있는 다양한 주민의 직접참여제도 중 주민조례발안제를 살펴보고자 한다. 앞서 언급한 바와 같이 지방분권과 주민참여를 지방자치의 핵심적인 내용이라고 할 때, 지방분권의 중심에는 자치입법권의 보장과 강화가 자리잡고 있다. 국가보다 좀 더 주민에 근접한 지방자치단체의 기관이 그 지역에 효력을 미치는 규범을 제정하도록 함으로써 입법자와 수범자 간의 간격을 좁히고, 지역 사정을 충분히 고려할 수 있도록 하는 의미를 갖는 자치입법권은 자치고권의 본질적인 내용이자 지방분권의 핵심적 내용을 이룬다. 이러한 측면에서 자치입법과정에 대한 주민의 참여는 지방분권과 주민참여를 핵심적인 내용으로 하는 지방자치에 있어 가장 중요한 논의 중 하나라고 하겠다. 주민조례발안제는 자치행정에 대한 주민 참여를 확대하기 위한 직접참여제도의 하나로 주민감사청구제도와 함께 1999년 8월 31일 「지방자치법」에 도입되었다. 이후 몇 차례의 개정을 거쳤으며, 2021년 1월 있었던 「지방자치법」 전부개정에 따라 별도의 법적 근거인 「주민조례발안에 관한 법률」이 마련되어 2022년 1월 시행을 앞두고 있다.

주민조례발안제를 검토함에 있어서는 먼저 이 제도가 주민의 직접참여제도로서의 성격을 갖는다는 점이 간과되지 않아야 한다. 그동안 지방자치의 영역에서 민주주의는 직접민주주의와 의회민주주의 및 정당민주주의의 강화가 함께 이루어지는 방식으로 변화되어 왔다. 즉 다양한 주민의 직접참여제도를 신설·운영하는 한편, 기초지방자치단체의 지방의회 선거까지 정당공천제를 도입하였고 지방의회의 자율성과 역량을 강화하기 위한 입법적 노력이 최근까지 이루어지고 있다. 지방자치의 영역에 정당민주주의가 확장되는 것은 곧 다양한 국가적·정치적 이해관계들이 지방행정과 정치의 전면에 등장하는 것을 뜻하며, 이로 인해 지역 주민들의 자치행정에 대한 관심은 오히려 약화될 수 있는 문제를 내포하고 있다. 이러한 측면에서 지방행정에 대한 주민참여의 강화는 정당정치를 통한 국가의 적극적 개입에 대해 지역과 주민의 이해관계를 방어하기 위한 제도적 조화의 모색으로도 이해할 수 있다(류지태, 2006: 379-380). 또한 주민의 직접참여제도는 지방자치단체 집행기관과 의회와의 관계에서 제3자적 통제의 역할을 함으로써 양자의 균형을 확보하고 권력의 집중을 방지하는 민주주의 수호기능을 담당한다(최봉석, 2006b: 109; 김태호, 2017: 45).

다양한 주민의 직접참여제도 중 주민조례발안제를 논의의 주된 대상으로 하는 이 글에서는 지방자치의 영역에서 주민의 직접참여제도의 의의와 한계를 먼저 살펴본 후, 주민조례발안제의 구체적 내용을 검토하고 그 개선방향을 제시해보고자 한다.

II. 지방자치제와 주민의 직접참여제도

1. 의회민주주의 원칙과 주민의 직접참여

우리 헌법은 지방자치단체에 의회를 두고, 지방의회의 민주적 정당성을 부여하는 절차로서 의원 선거에 관한 사항은 법률로 정하도록 규정하고 있다(제118조). 즉 지방자치의 영역에 있어서도 의회민주주의를 민주주의의 원칙적인 형태로 채택하고 있으며, 지방자치행정에 있어 주민의 직접참여가 어떠한 정도로 인정될 수 있는지에 대해서는 검토가 필요하다. 용어의 의미에 대해서는 견해가 나뉠 수 있지만, 주민의 직접참여제도의 내용이 주민에게 최종적인 의사결정권을 부여하는 것일 경우에는 직접민주주의, 최종적인 의사결정권까지는 부여하지 않는 경우에는 참여민주주의와 관련되는 것으로 일반적으로 이해될 수 있다(김태호, 2017: 32). 그러나 양자 모두 직접민주제적 성격을 갖는 주민참여제도로 보아도 무방할 것이다. 또한 주민의 직접참여는 많은 시민들의 정치적 참여가 가능한 절차를 마련하는 것이라는 측면에서는 절차적 민주주의의 관점에서도 검토될 수 있다(류지태, 2006: 386-387). 주민의 직접참여제도가 갖는 이러한 민주주의의 다양한 차원 중에 의회민주주의와의 관계에서 신중한 검토가 필요한 내용은 직접민주주의의 문제이다.

국가 차원보다 지방자치행정에 있어 다양한 직접참여제도가 운영되고 있는데, 그 이유로는 먼저 지방이 국가보다 주민의 직접참여제도를 실시하기에 적합한 규모와 상황이라는 점을 들 수 있다(김태호, 2017: 32). 즉 구성원의 수, 지역적 현안과 주민의사의 긴밀한 연계성을 고려할 때, 직접참여제도의 운영을 통해 주민의사의 왜곡이 나타날 가능성이 적으며, 중요한 사안에 있어 의사 형성의 질을 제고할 수 있는 측면이 있다(류지태, 2006: 386). 또한 주민의 직접참여를 보장하는 것은 지역의 사무를 주민의 의사에 따라 처리한다는 주민자치의 이념을 실현하는 것이라는 점에서 지방자치행정에 있어 주민참여는 규범적 당위성을 갖는다(김태호, 2017: 32).

이와 같이 지방자치행정에 있어 주민의 직접참여가 허용되고 필요하다는 것을 인정하는 경우에도 이를 어떠한 정도와 방법으로 구현할 것인지의 문제가 남게 된다. 앞서 언급한 바와 같이 지방자치제에 있어서도 의회민주주의를 원칙으로 하기 때문에 직접참여제도는 이를 보완하는 정도로 적용되어야 하는 한계를 가지며, 양자가 최적의 상태로 실현되는 것이 이상적일 것이다. 결정 대상의 성격상 지방의회가 주도권을 갖는 것이 타당한 사항에 대해서는 직접민주제를 통한 의사결정은 지양되는 것이 바람직할 것이며, 다만 의회민주주의의 정상적 작동의 통제를 위한 직접참여제도의 운영이 필요할 것이다(류지태, 2006: 391). 또한 지방의회의 구성 이후 일정 기간 동안은 직접참여제도의 실시를 제한하거나, 직접참여제도의 실시 이후 일정 기간이 경과할 때까지는 이를 다시 행사하는 것을 제한하는 등의 한계를 적정하게 설정할 필요가 있다(류지태, 2006: 392). 이 글에서 주로 살펴볼 주민조례발안제와 같이 주민에 의한 발의와 지방의회의 결정이라는 직접참여제도와 의회민주제가 결합된 성격의 제도를 운영하는 것도 합리적 대안이 될 수 있을 것이다.

2. 정치적 책임과 주민의 직접참여

주민의 직접참여제도의 확대와 강화는 직접참여제도를 통한 결정의 효과와 정치적 책임 소재가 상호관련성을 가지기 어렵다는 점에서도 한계가 있다(류지태, 2006: 390; 김태호, 2017: 49). 의회민주주의에서 지방의회의 결정은 선거를 통해 책임성과 연계되며, 지방자치단체 재정상황 등에 대한 검토가 행해지게 되나, 최종적인 의사결정권까지 인정되는 주민투표와 같은 주민의 직접참여제도의 경우 결정으로 인한 재정상 파급효과 등을 충분히 고려하지 않을 수 있고, 주민에 대한 정치적 책임을 묻기도 어렵다.

따라서 주민의 직접참여제도를 설계함에 있어서는 이러한 한계를 반영하는 것이 필요하다. 사후적인 정치적 책임성의 확보가 어려운 점을 고려하여 정족수 요건을 두고, 주민투표로 결정하는 것이 타당하지 않은 사항을 주민투표의 대상에서 제외하고 있는 점은 이러한 한계를 반영한 것이라 할 수 있다. 정족수 요건은 일반적으로는 합의를 도출하기 어려운 사항에 대하여 적극적인 소수가 직접참여제도를 통해 이를 강행하는 부작용을 방지하기 위한 조치라고 할 수 있다. 「주민투표법」은 주민투표청구권자 총수의 1/20 이상 1/5 이하의 범위 안에서 지방자치단체의 조례로 정하는 수 이상의 서명을 청구요건으로 규정하고 있다(제9조 제1항). 그런데 주민투표와 같이 최종적인 의사결정권이 부여되지 않는 직접참여제도의 경우에는 높은 정족수 요건이 제도의 활성화를 저해하는 요인으로 작용할 수 있다. 주민조례발안제의 경우 조례의 제정 또는 개폐를 지방의회에 발의하는 것에 불과한 간접적 주민발안제도로서 높은 수준의 정족수 요건을 두는 것은 제도의 성격에 부합하지 않으며, 2021년 새롭게 제정된 「주민조례발안에 관한 법률」에서 종래의 정족수 요건을 대폭 완화하였다.

직접참여의 대상과 관련하여 「주민투표법」이 지방자치단체의 예산·회계·계약 및 재산관리에 관한 사항과 지방세·사용료·수수료·분담금 등 각종 공과금의 부과 또는 감면에 관한 사항을 주민투표의 대상이 될 수 없도록 하고 있는 것(제7조 제2항 제3호) 또한 이러한 관점에서 이해할 수 있다.

3. 대상 사무의 성격과 주민의 직접참여

지방자치단체의 사무는 자치사무와 위임사무로 구분되며, 원칙적으로 주민참여는 지방자치단체가 국가사무나 광역지방자치단체의 사무를 위임받아 수행하는 경우가 아닌 그 지방자치단체의 자치사무의 수행에 관하여 적용된다고 이해된다(Becker, 2017: 162; Lissack, 1997: 135-136). 주민 직접참여제도의 대상에 대한 법률의 규정 내용을 살펴보면, 주민투표의 경우에는 '주민에게 과도한 부담을 주거나 중대한 영향을 미치는 지방자치단체의 주요 결정사항으로서 그 지방자치단체의 조례로 정하는 사항'(「지방자치법」 제14조 제1항, 「주민투표법」 제7조 제1항), 주민감사청구의 대상은 '그 지방자치단체와 그 장의 권한에 속하는 사무의 처리가 법령에 위반되거나 공익을 현저히 해친다고 인정되는 경우'(「지방자치법」 제16조 제1항)로 정하고 있다.

주민조례발안제의 경우 그 대상 사무는 조례의 대상 사무가 되며, 조례로써 규율할 수 있는 사무는 「지방자치법」 제9조 제1항 및 제22조의 체계적 해석상 지방자치단체의 자치사무와 위임사무 중 단체위임사무가 포함된다고 일반적으로 이해한다.

주민의 직접참여제도가 지방자치단체의 자치사무를 중심으로 운영되는 것은 당연할 것이나, 지방자치단체가 수행하는 사무 중 기관위임사무가 상당한 비중을 차지하고 있다는 점과 지방자치단체의 행·재정력과 주민생활에 미치는 영향 등을 고려할 때, 자치행정에 중요한 영향력을 갖는 위임사무에 대해서는 주민의 직접참여제도의 적용을 인정하는 것이 필요하다고 보여진다(오동석, 2002: 23-24). 보다 근본적으로는 중앙정부의 행정권한 및 사무의 지방이양이 지속적으로 이루어져 자치사무가 적정한 범위로 확대될 것이 요청된다.

Ⅲ. 주민조례발안제도의 현황과 쟁점

1. 제도의 현황

조례의 입법과정에 주민의 직접참여를 보장하기 위한 주민조례청구제도는 1999년 「지방자치법」의 개정을 통해 도입되었다. 이후 몇 차례의 개정을 거쳐 현행 제도에 이르게 되었으며, 2022년 1월부터는 「지방자치법」 전부개정법률과 이에 근거해 새롭게 제정된 「주민조례발안에 관한 법률」(이하, '주민조례발안법'이라 한다)에 근거하여 시행된다. 지금까지는 「지방자치법」 상 근거 조문의 제목에 따라 주민조례청구제도 또는 주민조례개폐청구제도로 주로 일컬어졌으나, 주민조례발안법의 제정을 계기로 앞으로는 주민조례발안제도라는 명칭이 많이 쓰일 것으로 보여진다.

주민조례청구제도는 비교적 엄격한 정족수 요건과 절차를 요구함
에도 실제적인 이행력은 매우 약하다고 평가되어 왔다. 2000년부터
2019년까지 주민조례청구 현황을 보면 총 269건이 청구되어 원안의
결이 40건, 수정의결된 경우가 81건이다(행정안전부, 2020: 7). 청구되는
조례의 내용은 다양한데, 학교급식 지원, 무상급식, 농민수당, 인권 등
주민들의 관심사항을 반영한 청구가 다수를 차지하고 있다(행정안전부,
2020: 7).

〈표 11-1〉 2000~2019년 주민조례청구 현황

계	청구결과						
	원안의결	수정의결	부결	각하	철회	폐기	진행
269	40	81	34	33	10	48	23

출처: 행정안전부, 2020: 7

청구건수는 평균 연 13건 정도로 많지 않은 편이며, 임기만료로 폐
기되는 비중도 상당한 편이다. 또한 주민의 청구로 조례가 발의되어
지방의회 의결을 거친 후 대법원에서 무효판결을 받는 경우도 있었으
며,[3] 법령에 위반된 내용의 청구, 위법한 서명수집(한준수, 2000: 46), 서
명수집 과정에서 얻게 된 개인정보의 유출 등도 제도 운영상의 문제로
나타난 바 있다.

주민조례발안법은 지방자치행정에 대한 주민의 직접참여를 강화함
으로써 지방자치행정의 민주성과 책임성을 제고하기 위해 청구요건
및 절차를 완화하고, 주민조례청구와 관련된 국가와 지방자치단체의

---

3 대법원 2005. 9. 9. 선고 2004추10 판결, 대법원 2002. 4. 26. 선고 2002추23 판결.

조치의무를 규정하며, 주민청구조례안에 대해서는 일정 기간 내에 의결하도록 의무를 부여하는 등 주민의 조례 제정과 개정·폐지 청구를 활성화하기 위하여 종전에 「지방자치법」 및 그 하위법령에서 규정하던 주민조례청구에 관한 사항을 분리하여 별도의 법적 근거로 규율하기 위한 목적으로 제정되었다.[4] 구체적으로는 종래에는 조례안을 지방자치단체장에게 제출하도록 하였으나, 지방자치단체장을 거치지 않고 지방의회에 주민이 직접 조례안을 제출할 수 있도록 하였고, 청구인이 조례안을 직접 작성하는데 대한 어려움을 지원하기 위해 정부가 조례안 작성을 지원하고, 온라인으로도 신청이 가능하도록 했다. 또한 국가 및 지방자치단체는 청구권자가 지방의회에 주민조례청구를 할 수 있도록 필요한 조치를 하여야 하며, 주민조례청구를 위한 정보시스템을 구축·운영하여야 하고, 주민이 지방의회에 제출한 조례안은 수리된 날부터 1년 이내에 심의·의결하도록 하여 지연되는 것을 방지하고 지방의회 임기 만료 시 자동 폐기되지 않고 그 다음 지방의회 임기까지는 계속 심사하도록 하여 청구조례안에 대한 이행력을 강화하였다.

「지방자치법」은 전부개정을 통해 주민조례발안제 외에도 자치입법 과정에의 주민참여를 위한 제도를 신설하였는데, 지방자치단체장이 제정하는 규칙의 제정·개폐에 대한 주민의 의견제출제도가 그 내용이다. 「지방자치법」 전부개정법률은 지방자치단체의 규칙이 상위법령이나 조례의 위임에 따라 주민의 권리·의무에 영향을 미치게 되나, 규칙에 대한 주민의 제정 및 개정·폐지 의견제출에 대한 처리가 미흡한

---

4 국가법령정보센터 홈페이지(https://www.law.go.kr/LSW/lsInfoP.do?efYd=20220113 &lsiSeq=236211#0000).

측면이 있었다는 점을 고려하여 주민의 규칙 제정·개폐에 대한 의견 제출 규정을 도입하였다.[5] 구체적으로 살펴보면, 주민은 권리·의무와 직접 관련되는 규칙에 대한 제정 및 개정·폐지 의견을 지방자치단체의 장에게 제출할 수 있고, 지방자치단체의 장은 제출된 의견에 대하여 그 의견이 제출된 날부터 30일 이내에 검토 결과를 통보하도록 하였다. 법령이나 조례를 위반하거나 법령이나 조례에서 위임한 범위를 벗어나는 사항은 의견제출 대상에서 제외되며, 의견제출, 의견의 검토와 결과 통보의 방법 및 절차는 해당 지방자치단체의 조례로 정한다. 지방자치단체 규칙과 관련하여 일반적인 입법예고절차에 비해 주민이 보다 적극적으로 참여할 수 있는 절차를 마련하였다는 점에 의의가 있으며, 그에 관한 구체적 사항을 지방자치단체의 조례로 정하도록 한점 또한 긍정적으로 평가된다.

이처럼 「지방자치법」 전부개정법률은 자치입법에의 주민참여를 강화하였는데, 다음에서는 주민조례발안제도를 통해 조례의 입법과정에 주민의 직접참여가 어떠한 정도로 보장될 수 있는지, 그 한계와 개선 방향은 무엇인지 검토한다.

---

5 국가법령정보센터 홈페이지(https://www.law.go.kr/LSW/lsInfoP.do?lsiSeq=228489&ancYd=20210112&ancNo=17893&efYd=20220113&nwJoYnInfo=N&efGubun=Y&chrClsCd=010202&ancYnChk=0#0000, 최종검색일: 2021. 10. 22.).

2. 주민조례발안의 요건과 절차

1) 청구의 방식과 정족수 요건

우리의 주민조례발안제도는 독일의 경우와 비교할 때, 법적 효력 측면에서 주민발안(Bürgerbegehren)보다는 주민신청(Bürgerantrag)에 가깝다. 독일의 주민신청은 지방자치단체의 특정 사안에 대해 지방 자치단체의 소관 기관(지방의회, 위원회, 지방자치단체장)이 심의·의결하도록 의무를 지우는 주민의 발의권(Inititivrecht)에 중점을 둔 제도이다 (Becker, 2017: 171). 최종적인 결정은 주민이 아닌 관할 기관이 하게 된 다는 점을 고려하여 주민신청의 정족수 요건은 일반적으로 낮게 설정되어 있다. 독일 바이에른주의 경우 최소 주민의 1% 이상의 서명 을[바이에른주 지방자치법(Gemeindeordnung für den Freistaat Bayern) 제18b조 제3항], 노르트라인-베스트팔렌주의 경우 최소 5% 이상 4,000명 이하의 주민의 서명을 요건으로 한다[노르트라인-베스트팔렌주 지방자치법 (Gemeindeordnung für das Land Nordrhein-Westfalen) 제25조 제3항 제1호]. 노르트라인-베스트팔렌주와 같이 정족수의 상한을 규정한 것은 서명 수집에 소요되는 사회적 비용을 줄인다는 취지를 가지며, 우리의 「지방자치법」과 주민조례발안법 또한 상한을 정하고 있다.

이에 비해 주민발안은 지방자치단체의 특정 사안을 주민투표 (Bürgerentscheid)로서 결정할 것을 지방의회에 청구하고, 지방의회에서 이를 승인하면 주민투표가 실시되는 주민의 직접참여제도이다. 바이 에른주의 주민발안 청구요건은 주민수에 따라 10,000명 이하인 경우 최소 10%, 20,000명 이하는 9%, 30,000명 이하는 8%, 50,000명 이하 는 7%, 100,000명 이하는 6%, 500,000명 이하는 5%, 500,000명을 초과하는 경우는 3%로 규정하고 있다(바이에른주 지방자치법 제18a조 제6항).

「지방자치법」은 지금까지 비교적 높은 서명 정족수를 규정하고 있었으나 주민조례발안법에서는 이를 상당 수준 완화하였다. 구체적으로 살펴보면, 「지방자치법」은 인구 50만 이상 대도시에서는 19세 이상 주민 총수의 1/100 이상 1/70 이하, 시·군 및 자치구에서는 19세 이상 주민 총수의 1/50 이상 1/20 이하의 범위에서 지방자치단체의 조례로 정하는 19세 이상의 주민 수 이상의 연서를 요구하고 있다(제5조 제1항). 이에 비해 시행을 앞두고 있는 주민조례발안법은 특별시와 인구 800만 이상의 광역시나 도의 경우 해당 지방자치단체의 18세 이상 주민인 청구권자 총수의 1/200, 인구 800만 미만의 광역시 등은 청구권자 총수의 1/150, 인구 50만 이상 100만 미만의 시·군 및 자치구는 청구권자 총수의 1/100 이내에서 해당 지방자치단체의 조례로 정하는 청구권자 수 이상이 연대 서명하도록 규정하였다(제5조).

청구권자는 18세 이상의 주민으로서 해당 지방자치단체의 관할 구역에 주민등록이 되어 있는 사람과 「출입국관리법」에 따른 영주의 체류자격 취득일 후 3년이 지난 외국인으로서 해당 지방자치단체의 외국인등록대장에 등재된 사람이다. 국내 거주 외국인 주민의 참여권은 2009년 「지방자치법」 개정 이래로 인정되고 있으며, 2020년 1월 「공직선거법」 상 선거권자의 연령이 18세 이상으로 조정됨에 따라 주민조례발안 청구권자의 연령도 함께 낮춰지게 되었다.

우리의 주민조례발안제도는 발의 단계에서만 주민의 참여를 인정하고 그에 대한 결정권한은 전적으로 의회가 갖도록 함으로써 주민의 직접참여와 대의제가 조화를 이루고 있는 제도라고 평가할 수 있다. 그러나 이러한 구조에 따른 낮은 이행력은 여전히 주민조례발안제도가 갖는 한계라고 지적할 수 있으며, 제도의 실효성 확보를 위해 심의 과정에서의 주민참여의 보장, 각하되거나 부결된 경우 불복제도와의 연계 등이 검토될 필요가 있다.

2) 청구의 대상

(1) 조례제정권의 범위에 따른 청구대상의 제약

주민조례발안은 조례로써 규율할 수 있는 사항을 대상 범위로 하기 때문에 청구의 대상은 지방자치단체의 조례제정권의 범위로 한정된다. 따라서 주민발의할 수 있는 사항이 확대되기 위해서는 지방자치단체의 자치입법권이 충분히 보장되는 것이 그 전제가 된다. 2021년 1월에 있었던 「지방자치법」 전부개정을 통해 지방자치단체의 자치입법권과 관련하여서도 다양한 변화가 있었다. 먼저 종래 "법령의 범위 안에서"로 규정되었던 조례제정권의 범위를 "법령의 범위에서"로 하고(제28조 제1항), "법령에서 조례로 정하도록 위임한 사항"은 그 '법령'의 하위 법령에서 그 위임의 내용과 범위를 제한하거나 직접 규정할 수 없도록 하는 내용을 신설하였다(제28조 제2항). 그러나 제28조 제1항의 변화는 단순한 자구 수정에 불과하고 조례제정권의 범위를 실질적으로 확대했다고 보기는 어렵다. 제28조 제2항의 신설은 중앙정부의 행정입법과의 관계에서 조례제정권을 존중하고자 한 취지로 이해할 수 있으나, 법령이 아닌 '법률'에서 조례로 정하도록 위임한 사항을 그 '법률'의 하위법령에서 제한하거나 직접 규정할 수 없도록 하였다면 조례제정권이 보다 실질적으로 보장될 수 있을 것이라 생각된다.

주민의 자치입법과정에의 참여와 관련하여서도 전부개정을 통한 변화가 있었는데, 이 글이 다루고 있는 주민조례발안에 관한 사항을 따로 법률로 정하도록 하고(제19조), 주민이 규칙의 제정과 개폐에 대한 의견을 제출할 수 있도록 하는 내용을 도입하였다(제20조). 또한 직접적으로 자치입법에 관한 사항은 아니지만 자치입법권의 강화에 영향을 줄 수 있는 내용으로는 지방의회의 역량 강화를 위해 정책지원 전문인력을 지방의회에 둘 수 있도록 한 것을 들 수 있으며(제41조), 중앙지방협력회의의 설치 근거를 마련하여(제186조) 지방이 중앙의 입법에 의견을 개진할 수 있는 통로가 확대되었다. 또한 2021년의 전부개정을 통해 도입된 내용은 아니지만 2019년의 「지방자치법 시행령」 개정을 통해 도입된 자치분권 사전협의제가 자치입법권의 실질적 보장에 많은 기여를 하고 있다.

이러한 다양한 변화에도 조례입법권의 범위가 확대되기 위해서는 무엇보다 조례로써 규율할 수 있는 대상, 즉 지방자치단체의 자치사무가 확대되는 것이 필수적 전제이다. 2020년 1월 「중앙행정권한 및 사무 등의 지방 일괄 이양을 위한 물가안정에 관한 법률 등 46개 법률 일부개정을 위한 법률」(이하, '지방일괄이양법'이라 한다)의 제정으로 400개 사무를 지방자치단체로 이양한 바가 있으며, 향후에도 국가사무의 지방이양이 지속적으로 이루어지는 것이 필요하다. 또한 법률에서 조례로서 정하도록 위임하는 사항을 확대하는 것도 조례제정권의 범위를 확대하는 방안이 될 수 있을 것이다(김희곤, 2015: 184).

(2) 주민조례발안 대상의 제한

주민조례발안법은 청구 제외대상으로 네 가지 사항을 규정하고 있는데, ① 법령을 위반하는 사항, ② 지방세·사용료·수수료·부담금을 부과·징수 또는 감면하는 사항, ③ 행정기구를 설치하거나 변경하는 사항, ④ 공공시설의 설치를 반대하는 사항이 그 내용이며(제4조), 제외 대상에 대한 청구는 각하된다(제12조 제1항). 다른 주민의 직접참여제도 인 주민투표의 대상을 살펴보면, 「주민투표법」은 주민에게 과도한 부담을 주거나 중대한 영향을 미치는 지방자치단체의 주요 결정사항으로서 그 지방자치단체의 조례로 정하는 사항은 주민투표에 부칠 수 있도록 하고 있으나(제7조 제1항), 주민조례발안법과 유사하게 제외대상을 규정하고 있다.

이는 ① 법령에 위반되거나 재판 중인 사항, ② 국가 또는 다른 지방자치단체의 권한 또는 사무에 속하는 사항, ③ 지방자치단체의 예산·회계·계약 및 재산관리에 관한 사항과 지방세·사용료·수수료·분담금 등 각종 공과금의 부과 또는 감면에 관한 사항, ④ 행정기구의 설치·변경에 관한 사항과 공무원의 인사·정원 등 신분과 보수에 관한 사항, ⑤ 다른 법률에 의하여 주민대표가 직접 의사결정 주체로서 참여할 수 있는 공공시설의 설치에 관한 사항, ⑥ 동일한 사항에 대하여 주민투표가 실시된 후 2년이 경과되지 아니한 사항이 그 내용이다(제7조 제2항).

주민의 직접참여제도로서 주민신청과 주민발안은 다양한 주민의 제안을 받아들이거나 검토하는 것을 제도의 의의로 하므로 그 대상은 가능한 개방하는 것이 필요하다고 생각된다(최봉석, 2006a: 203). 예컨대, 공공시설의 설치를 중요한 주민직접참여의 대상으로 하고 있는 국가들을 찾아볼 수 있고, 주민생활에 많은 영향을 미치는 사항임에도 이를 주민조례발안의 제외대상으로 하고 있는 것은 타당하지 않다. 또한 법령을 위반하는 사항을 청구 제외대상으로 하고 있는데, 청구 단계에서 법령 위반에 대한 판단이 어렵다는 점에서 문제의 소지가 있다(노현

수, 2020: 229). 주민조례발안제도가 갖는 제도적 의의를 실현하기 위해서는 청구 제외대상 목록에 대한 재검토가 필요하다고 보여진다.

3) 지방자치단체의 지원과 협력

주민들이 조례안을 작성함에 있어서는 행정과 법에 대한 전문지식의 부족이 많은 어려움을 줄 수 있으며, 이에 대한 지방자치단체 차원의 지원이 필요하다(김수진, 2002: 158). 독일의 노르트라인-베스트팔렌주 지방자치법은 지방자치단체가 자신의 행정력의 범위 내에서 주민신청과 주민발안을 지원할 것을 규정하고 있다(제25조 제2항, 제26조 제2항). 우리의 주민조례발안법에도 이와 같은 취지의 규정을 명시적으로 두어 조례안 작성에 대해 지방자치단체의 지원을 받을 수 있도록 하는 것이 제도의 활성화에 기여할 수 있을 것이라 생각된다.

또한 주민조례발안제의 운영에 있어 적극적인 소수 주민에 의해 전체 주민의 의사가 왜곡되는 위험을 합리적인 법제를 통해 최소화하여야 하며, 이를 위해서는 앞서 살펴본 바와 같이 적정한 정족수 요건의 설정 등이 필요하다. 이에 더하여 주민들이 합리적 의사결정을 할 수 있기 위해서는 지방자치단체 행정에 관한 정보 제공과 소통이 지속적으로 이루어지는 것이 중요한 전제가 될 것이다.

4) 주민발안조례의 심의절차와 심의과정에의 주민참여

(1) 심의절차

지금까지는 주민이 청구한 조례안이 지방의회의 임기만료로 인해 자동 폐기되는 사례들이 거의 20% 수준에 이를 정도로 상당한 비중을 차지하였다. 이에 주민조례발안법에서는 지방의회는 주민청구조례안이 수리된 날부터 1년 이내에 의결하여야 하며, 필요한 경우에 한하여 본회의 의결로 1년 이내의 범위에서 한 차례만 그 기간을 연장할 수 있도록 규정하였다(제13조 제1항). 또한 주민청구조례안을 수리한 당시의 지방의회의원의 임기가 끝나더라도 다음 지방의회의원의 임기까지는 의결되지 못한 것 때문에 폐기되지 않도록 하여(제13조 제3항) 지방의회가 심의를 회피하다가 임기만료로 폐기되는 문제를 입법적으로 해결하였다.

(2) 심의과정에의 주민참여

종래 「지방자치법」은 지방자치단체장이 조례안을 요건심사 단계에서 각하하는 경우 청구인의 대표자에게 의견을 제출할 기회를 부여하도록 하고 있으나(제15조 제8항), 조례안을 지방의회에서 심의하는 단계에서는 이를 청구한 주민이 참여할 수 있는 절차를 두고 있지 않았다. 주민조례발안법에서는 이러한 문제를 입법적으로 해소하였는데, 지방의회는 심사 안건으로 부쳐진 주민청구조례안을 의결하기 전에 대표자를 회의에 참석시켜 그 청구의 취지(대표자와의 질의·답변을 포함)를 들을 수 있도록 규정하였다(제13조 제2항).

독일 각 주의 지방자치법은 이른바 질의시간제도(Fragestunde)를 규정하고 이를 지방의회의 운영에 적용하고 있는데(김수진, 2002: 312), 지방의회 본회의나 위원회 심의에 있어 해당 결정과 중요한 관련성이 있는 시민단체의 대표자나 전문가를 참여시킬 수 있는 제도이다(예컨대, 노르트라인-베스트팔렌주 지방자치법 제48조 제1항). 이러한 질의시간제도는 주민신청이나 주민발안에 한정되지 않고 지방의회 안건 심의에 일반적으로 적용되는 절차로서 중요한 주민참여제도의 하나이다.

대의제와 주민 직접참여제가 결합된 형태라고 할 수 있는 질의시간제도를 우리의 지방의회 운영에 도입하는 방안을 적극적으로 검토할 필요가 있다. 대법원은 "지방자치법상의 의회대표제하에서 의회의원과 주민은 엄연히 다른 지위를 지니는 것으로서 의원과는 달리 정치적, 법적으로 아무런 책임을 지지 아니하는 주민이 본회의 또는 위원회의 안건 심의 중 안건에 관하여 발언한다는 것은 선거제도를 통한 대표제원리에 정면으로 위반되는 것으로서 허용될 수 없고, 다만 간접민주제를 보완하기 위하여 의회대표제의 본질을 해하지 않고 의회의 기능 수행을 저해하지 아니하는 범위 내에서 주민이 의회의 기능 수행에 참여하는 것 —예컨대 공청회에서 발언하거나 본회의, 위원회에서 참고인, 증인, 청원인의 자격으로 발언하는 것— 은 허용된다"[6]라고 판시한 바 있어, 질의시간제를 일반적으로 운영하기 위해서는 입법적 해결이 필요하다.

5) 주민조례발안에 대한 결정과 불복

(1) 결정기관

주민조례발안제도는 원래 지방의회의 권한인 조례제정권을 지방의회의 민주적 정당성의 기초가 되는 주민이 직접 행사하여 대의제 민주주의의 한계를 극복하기 위한 제도로서의 의의를 갖는다. 종래「지방자치법」은 주민조례청구를 지방자치단체장에게 하도록 하여 청구요

---

6 대법원 1993. 2. 26. 선고 92추109 판결.

건 충족 여부에 대한 검토를 지방자치단체장이 한 후 각하하거나 조례안을 지방의회에 제출하는 구조로 규정되어 있었다(제15조 및 제15조의 2). 이러한 방식에 대해서는 그동안 주민이 직접 지방의회에 조례안을 제출하는 실질적인 발안절차로 운영되는 것이 타당하다는 지적이 계속 있어 왔으며(김태호, 2017: 34), 주민조례발안법에서는 이러한 내용을 반영하여 지방자치단체장을 거치지 않고 주민이 지방의회에 직접 청구하고 지방의회가 이를 심의·의결하는 구조로 변경하였다.

독일 각 주의 지방자치법에서도 주민신청과 주민발안의 심의·의결기관은 대부분 지방의회로 규정되어 있다. 그러나 독일의 경우에도 행정에 관한 전문성이 부족하고 정치적 고려에는 익숙한 지방의회가 이를 심사하는 것이 타당한지에 대한 논의가 있다. 니더작센주의 경우에는 이러한 점을 고려하여 시장과 의회의원 일부가 참여하는 위원회(Hauptausschuss)가 주민신청과 주민발안에 대한 심사권한을 갖도록 규정되어 있다[니더작센주 지방자치법(Niedersächsisches Kommunalverfassungsgesetz) 제31조 제5항].

주민조례발안제도는 앞서 언급한 바와 같이 실질적으로 지방의회의 입법과정에 주민이 참여하는 제도이며, 이러한 측면에서 주민조례발안법이 지방의회를 중심으로 주민조례발안제가 운영되도록 규정한 점은 바람직한 변화라 할 수 있다. 또한 주민조례발안제의 성공적 운영을 위해서는 지방의회의 전문성과 역량을 강화하는 것이 수반되어야 할 것이다.

(2) 불복수단

주민조례발안법은 조례청구가 각하되거나 기각되는 경우의 구제방법에 대해 규정하고 있지 않다. 앞서 살펴본 바와 같이 조례안을 각하하는 경우 청구인의 대표자에게 의견제출 기회를 부여하고 있는 정도이다(제15조 제8항). 이에 대해서는 주민조례발안제를 주민의 발의에 중점을 두고 사후적인 불복제도는 인정하지 않는 제도로 운영할 것인지, 불복수단을 둘 것인지에 대한 검토가 우선적으로 필요하다.

주민조례발안제의 비강제성이 제도의 활성화를 저해하는 중요한 요인이라는 점을 고려하면 조례안이 수리되지 않고 각하되는 경우 이의신청제도를 두거나 지방의회에서 부결되는 경우 주민투표에 회부하는 방법을 생각해볼 수 있다(이기우, 2016: 382-383). 부결된 주민발안조례에 대해 주민투표의 실시를 허용하는 경우에도 의회의 결정권은 존중되어야 하며, 따라서 주민투표의 결과가 주민이 청구한 조례의 의결을 강제하는 효과를 갖는 것은 아니며 지방의회의 의결에 사실상 영향을 미치는 구조로 운영되는 것이 타당할 것이다.

즉 주민발안조례에 대한 지방의회의 부결에 대해 주민이 의사표시를 할 수 있고, 이러한 주민의 의사표시가 지방의회의 의결과정에 실질적으로 반영되는 방식을 취해야 할 것이다(김태호, 2017: 35-36). 다만 「주민투표법」상 주민투표의 실시를 위한 청구요건과 절차를 고려할 때, 주민조례발안에 이어 주민투표를 위한 시간과 비용의 소모가 고려되는 것이 필요하다. 현실적으로는 조례안의 심의과정에서 주민의 의사가 충분히 고려되고 참여가 보장될 수 있는 방안이 보다 실효적일 것이라고 보여진다.

Ⅳ. 결론

지방자치 영역에서 주민의 직접참여제도는 계속해서 확대되고 강화될 것으로 전망된다. 지방자치제와 이를 통한 민주주의의 확대는 주민의 관심 없이는 실현될 수 없으며, 주민의 직접참여제도는 이러한 측면에서 중요한 기능을 담당한다.

주민조례발안법의 제정을 통해 주민조례발안제도는 종래보다 많은 부분에서 개선이 이루어졌다고 평가되나, 청구대상의 확대, 지방의회와 집행기관의 협력과 지원, 지방의회의 전문성과 역량 강화, 심의과정에서의 주민참여 등의 문제는 여전히 지속적인 개선이 필요한 과제로 남아있다. 이러한 과제들을 풀어가기 위해서는 무엇보다 주민, 지방의회, 지방자치단체장 및 입법자의 인식의 전환이 필요하다. 입법자는 주민들의 능력을 믿고 실험의 가능성을 높여주어야 하며, 지방의회와 지방자치단체장은 주민의 협력기관으로서의 역할을 해주어야 한다. 특히 우리나라와 같이 지방자치 단체장의 권한이 강화된 상황에서 주민참여제도는 지방의회에 대한 최고의 협력자로서 기능하게 된다. 주민직접참여제도는 단지 주민이 자신의 의사를 표현하고 지방의회나 지방자치단체가 이에 구속되어야 한다는 것을 의미하는 것이 아니라, 자치에 대한 의지와 많은 시간과 노력, 비용이 요구되는 문제이다. 주민들의 지방행정에 대한 관심과 참여 노력에 대해 지방의회나 지방자치단체장이 귀 기울이고 대다수 주민의 뜻과 일치된 지방자치행정을 펼쳐나가는 것이 이상적인 지방자치를 통한 민주주의의 모습일 것이기 때문이다.

|참고문헌|

김수진, 2002, 독일과 한국의 지방의사결정과정에의 주민참여제도, 공법연구 30(3): 309-329.

김태호, 2017, 지방자치 주민직접참여와 더 많은 민주주의 - 법제도 개선의 쟁점과 방향성 -, 지방자치법연구 17(4): 31-58.

김희곤, 2015, 우리 지방자치법상 조례제정개폐청구제도 - 운영상황 및 과제를 중심으로 -, 국가법연구 11(2): 155-192.

노현수, 2020, 지방자치법상 주민직접참여제도의 발전과정과 개선방안, 법학연구 28(4): 223-245.

류지태, 2006, 지방자치와 직접 민주주의, 류지태 저, 행정법의 이해, 서울: 법문사.

오동석, 2002, 지방자치의 필요충분조건으로서 지방분권과 참여민주주의, 법과 사회 23: 9-36.

이기우, 2016, 모든 권력은 국민에게 속한다 이제는 직접민주주의다, 서울: 미래를 소유한 사람들.

임현, 2008, 자치입법의 활성화를 위한 주민의 역할 - 조례제정개폐청구제도의 개선논의를 중심으로 -, 지방자치법연구 8(4): 147-165.

자치분권위원회, 2018, 자치분권 종합계획.

최봉석, 2006a, 주민발안의 법리와 법제, 지방자치법연구 6(1): 179-210.

최봉석, 2006b, 주민참여법제의 현황과 개선방안, 지방자치법연구 6(2): 85-114.

한준수, 2000, 주민 조례개정·개폐청구제도의 입법적 개선 제안, 법제 2000년 5월호: 41-48.

행정안전부, 2020, 2019년 지방자치단체 조례·규칙 현황.

Becker, Ulrich. 2017. Bayerisches Kommunalrecht. in: Becker/Heckmann/
  Kempen/Manssen(Hrsg.) Öffentliches Recht in Bayern. München:
  C. H. Beck.
Lissack, Gernot. 1997. Bayerisches Kommunalrecht. München: C. H. Beck.

제12장

온라인 숙의 플랫폼: 공론화와 국민청원의 결합

이태동 연세대학교 정치외교학과 교수

I. 서론

민주주의 사회에서의 공적 의사결정 과정에 시민 참여가 증가하고 있다. 선거 외에도 시민들이 제도적으로 공적 사안에 대한 의사결정을 할 수 있는 방안이 마련되고 있는 것이다. 이는 온라인 정치 참여의 기반과 저변이 확대됨과 동시에 숙의형 공론화가 진행되고 있는 영향이라 할 수 있다. 청와대 국민청원, 국회 국민동의 청원, 국민 신문고 등 청원/민원 작성과 동의를 할 수 있는 다양한 온라인 시민 참여 플랫폼들이 증가하고 있다(조희정 et al., 2016). 또한 시민들이 갈등이 첨예한 문제에 참여하여 토론하고 결정하는 숙의형 공론화(Deliberative participation)가 정책 결정의 방법으로 도입되고 있다는 것도 온라인을 통한 숙의와 정책결정의 가능성을 보여주고 있다(정정화, 2018).

이 글은 온라인 숙의 플랫폼이 온라인 청원과 숙의를 결합하여 보다 성숙한 직접민주주의 요소를 정치 과정에 도입할 수 있음을 주장한다. 온라인 숙의 플랫폼이 문제 해결의 방안인가, 갈등의 원인인가는 이를 어떻게 제도화하고 만드는가에 따라 달라질 수 있다. 대의민주주의 하에서 시민들이 직접 정책을 결정한다는 것은 직접민주주의와 대의민주주의의 충돌로 여겨질 수 있기 때문이다(민희 & 민태은, 2020).

그러나 시민들이 민주주의 국가의 주인이고 정책결정의 주체라는 면에서 숙의형 참여/온라인 청원과 정책결정에 대한 필요는 늘어날 수 있다. 이에 숙의형 공론화가 갈등의 원인이 아닌 문제 해결 방안이 되기 위한 고려가 필요하다.

이 글에서 온라인 숙의 플랫폼의 필요성과 형태에 대해 논하기 위해, 다음 장에서는 숙의형 공론화의 개념과 사례를 살펴본다. 다음으로 ICT(Information & communication technology, 정보통신기술)의 발전과 동시에 시민들의 일상적 정치 참여를 가능하게 하는 온라인 정치 참여의 경향과 문제점을 소개한다. 네 번째 절에서 온라인 숙의 플랫폼의 가능성을 모색한다. 마지막 결론에서는 온라인 숙의 플랫폼이 상시적인 토론 공간으로서 정책 결정의 장으로 작동하기 위한 조건들을 고려하며 글을 맺는다.

II. 숙의형 공론화란?

공론화(public deliberation)는 '누가' '어떻게' 결정을 내리는가에 대한 정치적인 질문이다(Chambers, 2003). 고대 그리스 로마 시대부터 정책결정의 주체가 엘리트/철인/군주인가 혹은 시민들인가에 대한 논쟁이 이어져왔다. 대의민주주의는 시민들이 투표를 통해 선출한 대표가 논의를 통해 국가 주요 정책을 관료제와 더불어 결정하는 것이다. 선거 외에도 국민청원 등의 시민 정치 참여 방안은 있지만 시민들이 토론을 통해 문제 해결책을 제시하는 제도와 사례는 드물다(민희 & 민태은, 2020). 숙의형 공론화는 상식을 가진 일반 시민들이 의사결정에 참여하여 교육과 토론을 통해 직접 결정을 내리거나 권고하는 방법이다 (주성수, 2019).

숙의형 공론화 도입의 필요성이 대두되고 있다. 우선 시민들의 교육 수준과 정보 접근이 늘어나면서 직접 정책결정 참여에 대한 욕구도 늘어나고 있다. 또한 첨예하게 대립된 문제에 대해 상식을 가진 시민들이 결정한다는 점도 숙의형 공론화 도입이 증가하게 하는 요소이다. 이는 법정에서 국민배심원제를 도입하는 것과 유사한 이유이다. 숙의형 공론화는 특히 국책사업과 정책에 갈등 요소가 있을 때 활용할 수 있다. 아울러 민주주의에 직접민주주의 요소를 가미하고 강화할 수 있다. 숙의형 공론화는 대의민주주의를 대체하기보다는 보완하는 역할을 한다(정정화, 2018).

숙의형 공론화는 공론화를 총괄하는 공론화위원회를 추천과 제척으로 선정한다. 공론화 진행의 핵심은 시민참여단의 구성이다. 시민참여단은 인구 특성을 반영할 수 있도록 층화 추출과 대표성 확보를 위해 무작위 추출을 원칙으로 한다. 서베이에 참석할 다수의 참여단을 선정하고 참여단 중 토론에 참여할 시민토론단을 구성한다. 시민참여단은 숙의 자료집, 종합 토론회, 찬반 토론회, 온라인 교육 등의 과정을 통해 당면한 문제를 학습한다. 이후 시민참여단은 숙의 전, 과정 중, 숙의 토론을 마치고 서베이를 통해 사안에 대한 결정을 내린다. 시민참여단은 토론과 학습에 바탕을 둔 최종 결정을 내리고 권고 사항을 당국에 전달함으로써 공론화위원회의 공식적인 활동은 마무리된다(이상명, 2019).

시민들의 토론을 통해 공적 결정을 도모하는 숙의형 공론화에는 다양한 종류가 있다. 공론조사(deliberative polling)는 숙의 이전에 시민참여단의 의견을 물은 후, 토론을 통한 숙의 과정을 거쳐 당면한 문제에 대해 상식을 가진 시민들이 결정하는 방법이다. 시민배심원제는 배심원으로 선정된 시민배심원이 증언을 듣고 토의 후 정책 권고안을 제출하는 방법이다. 시나리오 워크숍은 정책결정자, 기업 관계자, 전문가, 시민들이 참여하여 정책 시나리오와 실천 계획을 작성한다. 주민공모제는 공공시설 입지 선정을 주민들의 자발적 신청과 타당성 조사를 바탕으로 결정하는 방법이다(민희 & 민태은, 2020).

숙의형 공론화는 다양한 사례에서 적용되어 왔다. 2004년 울산 북구의 음식물 자원시설 건립을 결정하기 위해 시민배심원제를 시행했다. 이후 부산 북항 재개발사업에서 2007년 공론조사를 진행했다. 최근에는 2022년 대입제도 개편을 위해 2018년 시나리오 워크숍을 진행했다(권형구 & 오원탁, 2020). 숙의형 공론화는 원전 관련 정책에 사용되었다. 2015년 사용후 핵연료 관리 방안과, 2017년 신고리 원자력발전소 5·6호기 공사 중단 및 탈원전에 대한 공론조사가 진행되었다.

그동안 한국에서도 그 필요성이 증대됨에 따라 숙의형 공론화 법제화 노력이 진행되었다. 19대 국회에서 「국가공론화위원회법안」이 발의되었으나 임기 만료로 폐기되었다. 「국책사업에 대한 공론화를 위한 국책사업국민토론위원회 설립 및 운영에 대한 법률안」도 19대 국회에서 발의되었으나 임기 만료로 폐기되었다. 20대 국회에서는 「국가공론화위원회 설립 및 운영에 관한 법률」이 제안되었으나 임기 만료로 폐기되었다. 이렇듯 숙의형 공론화를 제도화하기 위한 노력들이 있었지만 아직까지 법제화되지 못하고 있다(김은주, 2020). 이는 대의민주주의의 대표성, 책임성 하에서 시민참여형 숙의민주주의가 제도화되는 것이 용이하지 않다는 것을 보여주는 사례라 할 수 있다.

또한 숙의형 공론화가 문제해결의 방안이기보다 갈등의 원인이 될 수 있는 가능성도 존재한다(권향원 et al., 2017). 숙의형 공론화 결과를 못내거나 결론이 방치된 경우이다. 이는 공론화 과정이 예산, 인력, 노력 낭비라는 비판에 직면하게 되는 요소이다. 숙의형 공론화 결과와 대의민주주의 결정 간의 갈등과 대립의 가능성이다(민희 & 민태은, 2020). 또한 숙의형 공론화 운영(구성원 구성 등)의 투명성, 정당성을 상실한 경우 숙의민주주의는 갈등의 원인이 될 수 있다. 아울러 숙의형 공론화가 정치적 책임 회피의 도구로 쓰인 경우는 대의제의 대표성과 책임성을 감소시키는 역할을 할 수 있다(서복경, 2018). 특히 숙의 과정이 온라인으로 진행될 경우 진영 논리의 통로, 포퓰리즘의 행태를 보이는 것도 숙의 과정의 효과성을 떨어뜨리는 요소로 작용할 수 있다.

Ⅲ. 숙의형 공론화와 원자력발전 건설 결정 사례

앞서 살펴본 숙의형 공론화는 사회적, 경제적, 환경적으로 첨예하게 대립되는 문제에 대한 직접민주주의적 해결책을 제안하려는 방법이다(이영희, 2018). 한국에서는 지방자치단체의 공공사업의 공론화를 통한 문제 해결 방식으로 쓰였고, 특히 핵에너지와 관련된 결정에 활용되었다. 이 중 신상범과 이태동의 연구(2020)는 2015년 핵폐기물 공론화위원회와 2017년 신고리원전 5·6호기 건설 정책 결정과정에 활용한 숙의형 공론화(공론 조사)를 비교하였다. 공론화를 효과적으로 만드는 요인은 무엇인가?라는 연구 질문을 한국의 핵에너지 관련 이슈에서 경험적으로 분석한다. 공론화 참여의 효과성은 공론화의 책임성을 확실하게 만드는 신뢰할 만한 권한 부여(credible empowerment)가 요구됨을 강조하고 있다. 2013년 사용후 핵연료 공론화위원회는 20개월 동안 대규모 컨퍼런스, 투표 등을 실시하였으나 원칙적인 제안이 주가 되고, 구체적인 결정을 내리지는 못했다.

반면 2017년 원전 건설 재개에 대한 공론화위원회는 3개월 간 공론화 조사와 투표를 진행하였다. 그 결과 신고리원전 5·6호 건설을 재개하되, 점진적인 원전 감축과 재생에너지 비율 증가를 제안한다. 2017년 공론화위원회는 결론이 무엇이든 수용하겠다는 신뢰할 만한 권한을 대통령으로부터 부여받았다. 그 결과 정부의 에너지 전환의 방향과는 다른 원전 건설이 재개되었다. 이를 정리한 표는 〈표 12-1〉과 같다(Shin & Lee, 2021).

〈표 12-1〉 원전 숙의형 공론화 비교

구 분	2013년 공론화위원회	2017년 공론화위원회
기간	2013년 10월~2015년 6월	2017년 7월~2017년 10월
소요기간	20개월	3개월
주목적	High-level 핵폐기물 처리시설 장소 결정을 위한 권고안 제출	원전건설 재개 또는 철거 권고안 제출
위원선출	정부 주도(산업통상자원부 장관이 결정) 원전 인근 주민 포함	정부 주도(국무총리가 결정) 원전 인근 주민 제외
활동	숙의조사(Deliberative Polling)를 포함한 다양한 활동	주로 숙의조사(Deliberative Polling)에 주력하는 다양한 활동

출처: Shin & Lee, 2020.

여기에 더하여, 서복경의 연구는 공론화가 진행된 사례를 '신고리원전 5·6호기 공론화', '대입제도 개편을 위한 공론화'와 대통령 개헌안 마련을 목적으로 하는 '숙의형 시민토론회'로 확장하여, 국내적 맥락에서 '공론조사'는 어떻게 변형되었으며 미래에 숙의형 조사가 정책결정과 여론 형성에 있어서 어떤 지위를 가져야 하는지에 대하여 논의하고 있다.

결론적으로 한국의 중앙 및 지방정부 정책결정 과정에서 숙의형 기법들의 활용은 도입 단계에 있으며, 다양한 실험과 그 과정에서 발생하는 시행착오는 불가피하다고 본다. "결정 회피나 민주적 책임성의 원리를 훼손하는 수단으로서 시민참여에 의한 정책결정 과정의 개방이라는 원리가 사용되어서는 안 된다"고 주장한다. 또한 "숙의기법 도입의 목적이 분명해야 그에 맞는 설계와 기획이 가능하다"고 본다. 전문적이고 균형 잡힌 정보의 제공과 참여시민들 간의 수평적 토론 기회의 보장이라는 숙의의 기본 요건에 충실하려면, 의제의 성격과 숙의 과정, 원리를 숙지하는 주체와 참여자가 필요하다(서복경, 2018).

IV. 온라인 직접민주주의: 온라인 숙의 플랫폼

오늘날 많은 국가들은 중앙(지방)정부의 차원에서 인터넷을 통한 온라인 청원 시스템을 도입하고 있다. 이를 통해 시공간적 제약을 극복하여 시민들의 정치 참여를 돕고, 그들의 필요, 여론, 정책 제안 등을 수렴하여 대의민주주의를 보완할 수 있다. 특히 코로나19 확산으로 인한 비대면 활동의 증가는 정치 참여의 비대면 활동의 활성화를 가져왔다(조희정 et al., 2016).

온라인 청원 과정은 국가별로 상이하지만, 공적인 의제만을 수용한다는 점, 욕설, 비방, 허위 사실, 법에 어긋나는 내용들은 모두 거부한다는 점, 청원서가 심사로 넘어가기 위해서는 어느 정도의 서명 인원을 확보해야 한다는 점, 청원을 심사하는 별도의 기구를 설치한다는 점, 중앙정부(의회)의 소관이 아닌 것은 받지 않는다는 점 등 공통적인 요인들이 존재한다(이태동 & 차재권, 2020).

김범수와 장우영(2018)은 온라인 기반 시민참여 정치에 대한 연구를 통해 오늘날의 정보통신기술(Information & Communication Technology; 이하 'ICT'로 약칭)과 온라인은 시민과 정치인을 연결하는 유력한 정치자원으로, 온라인 기반 시민참여 정치의 특징을 다음과 같이 제시하고 있다. "우선 온라인은 시민들이 대규모로 정치에 참여하게 한다. 둘째, 시민들은 온라인을 이용하여 정책 중심의 참여를 한다. 셋째, 온라인 참여는 서로 입장이 다른 시민들이 타협하고 소통하는 공론장의 기능을 가지고 있다. 넷째, 온라인은 시민들에게 제3의 정치공간으로서 제도화의 대상이 되었으며 온라인에서의 참여자에 대한 자격과 권리 그리고 운영방식을 정치적으로 제도화한다. 다섯째, 오프라인에서의 정책 결정 과정의 불투명성을 온라인 참여가 해소할 수 있다."

국내외 14개 사례를 분석하여 5가지 공통점을 발견했다. "① 온라인을 통해 시민의 참여 수준이 크게 확대되었고, ② 시민에 의한 정책통제 수준이 높아졌으며, ③ 여러 다양한 시민들이 정부와 소통함으로써 심사숙고의 심화가 나타났다. ④ 온라인 시민참여에 대한 정치적 정당성을 제도화하여 법적 정당성을 부여하고, ⑤ 소통 데이터의 투명성이 높아지면서 행위자들에 대한 책임성도 증가하는 양태를 띤다"(김범수 & 장우영, 2018).

한국에서 가장 대표적인 시민 참여 정치의 통로는 2017년부터 운영되기 시작된 청와대 국민청원이다. 국회도 국민동의청원을 2020년부터 시작함으로써 행정부와 입법부는 온라인 시민정치 참여의 플랫폼을 구성하고 운영하고 있다. 행정부의 국민신문고는 일반제안, 공모제안 등 국민제안의 통로로 활용되기도 한다. 민원이나 청원은 시민의 요구사항을 정부에 전달하여 해결을 요청하는 청와대 국민청원은 온라인 활용으로 접근성과 여론 형성이 용이하다(송준모 & 박영득, 2019). 또한 국민들의 정치적 효능감을 증진하는 역할을 하고 있다. 국회 국민동의청원은 시민들이 청원하고 10만 명 이상이 동의한 사안을 국회의원이 상임위원회에서 논의하게 하는 구조이다.

이러한 시도들로 서울시 시민회의, 국가기후환경회의 미세먼지 해결 방안 등 온/오프라인 결합 온라인 시민 참여 플랫폼 실험이 진행되었다. 광주 시민총회, 경상남도 종합계획 온라인 공청회, 서울시 온라인학습에 대한 랜선 공론화 등 온라인 숙의를 활용하려는 시도가 이루어졌다(이태동 & 차재권, 2020).

그러나 현재까지의 온라인 청원 플랫폼은 동의/찬성의 기능은 있지만 토론과 숙의의 과정이 없다는 것은 한계라고 볼 수 있다. 이 글에서는 ICT 기술을 활용하여 시민들이 청원과 동의뿐 아니라 숙의할 수 있는 구조를 제안한다. 이는 온라인 토론이 가능한 공론장 역할을 할 것으로 기대한다. 온라인 숙의 플랫폼은 찬반 투표, 제안, 온라인 토론, 공유 등과 같은 기능을 할 수 있도록 설계하고 운영할 수 있다. 온라인 플랫폼을 활용하여 다양한 네트워크, 규범, 신뢰 형성을 만들어가야 할 필요가 있다. 몇몇의 인플루언서가 주도하는 것이 아닌, 다양한 의견을 가진 시민들이 참여하고 논의하며, 숙의를 통해 의제와 정책을 결정하는 과정과 플랫폼이 필요하다(강주현 & 임영호, 2019). 특히 지방자치(지역의 문제 해결)와 특정 주제에 대한 시민 온라인 참여와 정부·전문가·시민이 함께 심도 깊은 논의와 문제 해결을 모색해야 한다.

온라인 숙의 플랫폼은 다음과 같은 형태로 현재 온라인 청원 시스템과 결합할 수 있다.

1. 청와대 국민청원이나 국회 국민동의청원에서 청원을 올리면서 숙의가 필요한 주제라고 생각하면 체크(틱)한다. 모든 주제가 숙의가 필요한 주제는 아니다. 청와대 국민청원의 경우 많은 주제가 억울함과 처벌을 요구하는 주장이 20만 명 동의를 얻는 경우도 있다. 이러한 주제보다 다면적이거나 찬반의 토론을 요구하는 주제에 대해 숙의 어젠다로 설정할 수 있는 기능이 필요하다.

2. 일정 수 이상의 시민들이 온라인 숙의에 적합한 주제라고 생각하면, 청원동의와 더불어 온라인 숙의 동의를 찬성할 수 있다. 적정한 기준 이상의 동의를 얻은 주제는 숙의 과정에 들어간다.

3. 숙의 과정은 오프라인/온라인으로 동시에 진행될 수 있다. 우선, 숙의 진행을 위한 위원회는 숙의 참여자를 모집한다. 오프라인/온라인 채널을 통해 1차 조사, 2차 조사, 전문가 발표(찬/반의 다면적 평가), 분임 토의, e-learning, 질의 응답 공론조사틀을 활용하여 진행한다. 최종적으로 공론화와 토론 결과를 결정하고 공표한다. 결정은 사안에 따라 대의기관(국회 상임위원회)에서 더 논의하거나, 결정 자체로 수용될 수 있다.

4. 숙의 과정은 온라인으로 투명하게 공개된다. 시민들은 공식

적인 숙의 참여자가 아니더라도 다양한 의견을 피력할 수 있는 온라인 숙의 플랫폼을 통해 의견을 제시할 수 있다. 동영상이나 텍스트를 올려 다양한 의견(욕설, 비방 등을 제외한)을 청취한다.

5. 숙의의 전 과정은 설문조사, 빅데이터 분석 등을 통해 조사, 연구되며 이 결과 또한 투명하게 공표된다.

온라인 청원과 숙의가 결합되어 논쟁적인 주제에 대한 다면적 이해와 의견 수렴이 가능하고, 온라인과 오프라인 방식으로 (혹은 온라인 방식으로만) 토론하며 학습할 수 있다. 또한 이러한 과정을 통해 시민들은 직접민주주의 속 숙의 과정을 경험하게 되고, 정책결정 과정에 참여할 수 있게 된다.

V. 결론: 숙의형 공론화와 온라인 청원의 결합

대의민주주의의 한계를 극복하기 위해 의사결정에서 직접민주주의 요소를 도입할 필요가 증가하고 있다. 대중적이거나 감정적인 대응이 아닌 시민들의 토론과 숙의를 통해 학습하고 결정 혹은 권고안을 제시한다는 측면에서 숙의형 공론화가 필요하기 때문이다. 또한 국책사업뿐 아니라 지방의 갈등 유발 사업에 대한 공론화가 진행될 수 있다. 중앙정부 차원의 공론화도 필요하지만 지방정부에서의 공론화도 실험적으로 진행한 후 성공적으로 진행되는 방법과 거버넌스를 찾아 제도화해 볼 필요가 있다.

그러나 공론화가 토론과 논의로 그친다면 비용과 노력을 들여 시민들이 참여한 정책결정 과정에 효과가 떨어질 수밖에 없다. 어떤 주제에 대해 공론화를 할 것인가, 어떻게 하고, 토론과 숙의를 통해 결정된 권고안을 어떻게 활용할 것인가에 대한 제도화가 필요하다. 공론화를 정책결정 과정에서 제도적으로 도입한 사례로서 프랑스의 국가공론화위원회는 1997년 설립되어 환경 및 국토개발 사업에 대한 시민 참여와 토론을 진행하는 기구이다. 공론화선정위원회는 공론화 어젠다를 결정하고, 공론화위원회는 공론화 과정을 실행하는 구조다. 이러한 구조를 제도화 시에 고려할 수 있다. 독일에서도 사전적 갈등해결 제도로서 계획확정 절차와 입지선정법을 시행하고 있다(이광일, 2018).

한국에서도 정치적 독립성을 가진 국가공론화위원회 등의 설립을 통해 숙의 과정의 투명성, 전문성, 대표성을 확보할 수 있는 방안을 모색하자는 제안도 존재한다(이상명, 2019). 공론화 심화 및 확대는 시민들의 공적 문제에 대한 관심과 학습의 기회이며, 문제 해결의 방안으로 작용할 수 있다.

특히 온라인 숙의제도는 온라인 시스템을 통해 어젠다 세팅, 토론, 학습, 정책제안과 선호 투표를 가능하게 한다. 온라인 공론화 과정도 온라인 공유가 가능하다. 이렇게 온라인 숙의제도를 활성화할 경우, 자문 혹은 동원보다 의사결정 과정에 시민들의 직접참여가 활성화될 수 있다. 온라인 숙의제도는 시민의 공공 문제에 대한 관심 환기, 교육의 기회 제공이 가능하다는 장점도 있다. 결국 직접민주주의의 적용은 시민들의 정치 참여와 토론, 교육과 합의에 기반해야 한다.

| 참고문헌 |

강주현·임영호, 2019, 사회문제 해결을 논할 수 있는 온라인 공론장의 구조적 조건 [Structural Conditions of Online Public Sphere for Constructive Discussions of Social Issues], 한국언론학보 63(1): 113-164. https://doi.org/10.20879/kjjcs.2019.63.1.004

권향원, 김성민·한수정, 2017, '숙의 거버넌스'의 저해요인 연구: 한국의 사례들의 메타분석 [Impediments to Deliberative Governance: Meta-analysis on Korean Cases], 한국거버넌스학회보 24(2): 189-216. http://kiss.kstudy.com/thesis/thesis-view.asp?g=kissmeta&m=exp&enc=6F56FDC85A9F4DEC669DEFCCB45C3D13

권형구·오원탁, 2020, 공론화위원회 모델의 방향성: 대입제도개편 공론화위원회를 중심으로 [Reconsidering Deliberative Democracy in Korea: The Case of the Mini-Public on the College Admission System], OUGHTOPIA 35(1): 39-89. https://doi.org/10.32355/OUGHTOPIA.2020.06.35.1.39

김범수·장우영, 2018, 온라인 기반 시민참여정치의 탐색적 연구: 14개 국내외 사례 비교 분석 [The Exploratory Study on the 14 Cases of Online Based Citizen Participation Politics], 동서연구 30(1): 5-30. https://www.kci.go.kr/kciportal/ci/sereArticleSearch/ciSereArtiView.kci?sereArticleSearchBean.artiId=ART002325162

김은주, 2020, 숙의민주주의와 공론화위원회 [Deliberative Democracy and Public Opinion Committee], 공법연구 48(4): 231-255. https://doi.org/10.38176/PublicLaw.2020.06.48.4.231

민희·민태은, 2020, 대의민주주의에서 숙의 그리고 공론: 의미와 적용

[Deliberation and Public Deliberation in Representative Democracy:
Its Concept and Application], 비교민주주의연구 16(1): 5-32.
https://www-dbpia-co-kr.access.yonsei.ac.kr/journal/articleDetail?
nodeId=NODE09410135

서복경, 2018, 한국정치는 '숙의형 조사'를 어떻게 변형시켰나 [How
'deliberative polling' was misconstrued in Korea politics - Case
analysis of deliberative polls on 'Closing Shin-Kori 5·6 nuclear
reactors', 'Presidential bill for Constitutional amendment' and
'Revision of University entrance system' -], 시민과세계(33): 1-44.
https://www-dbpia-co-kr.access.yonsei.ac.kr/journal/articleDetail?
nodeId=NODE07588139

송준모·박영득, 2019, 청와대 국민청원에서는 무엇이 일어나는가? : 자연
어 처리를 활용한 청와대 국민청원 분석 [What happens in the Blue
House Online Petition? : An Analysis of the Blue House Online
Petition Based on Natural Language Processing], 한국정치학회보
53(5): 53-78. https://doi.org/10.18854/kpsr.2019.53.5.003

이광일, 2018, 신고리 5·6호기 '공론화 모델', 민주주의를 담보할 갈등 해결
의 보도인가, 황해문화(98): 269-279. https://www-dbpia-co-kr.
access.yonsei.ac.kr/journal/articleDetail?nodeId=NODE07398456

이상명, 2019, 공론화위원회와 민주주의 [Public opinion committee and
democracy], 19(1): 1-24. https://www-dbpia-co-kr.access.
yonsei.ac.kr/journal/articleDetail?nodeId=NODE09252577

이영희, 2018, 신고리 5·6호기 원전 공론화와 민주주의 [Public Discussion
on Shin-gori Nuclear Reactors and Democracy], 동향과 전망(102):
186-216. https://www.kci.go.kr/kciportal/ci/sereArticleSearch/
ciSereArtiView.kci?sereArticleSearchBean.artiId=ART002313630

이태동·차재권, 2020, 4차 산업혁명 시대 주민자치 유형과 활성화 방
안 연구 [Typology for Invigorating Residents'Autonomy in the

4th Industrial Revolution], 글로벌정치연구 13(1): 119-145. http://kiss.kstudy.com/thesis/thesis-view.asp?g=kissmeta&m=exp&enc=9797EFF48DF91F111684B53144DCB1AB

정정화, 2018, 공론화를 통한 사회적 합의형성의 성공조건 [The Successful Conditions of the Public Deliberation for Social Consensus Building], 한국정책과학학회보 22(1): 101-124. https://doi.org/10.31553/kpsr.2018.03.22.1.101

조희정, 이상돈·류석진, 2016, 디지털 사회혁신의 정당성과 민주주의 발전: 온라인 청원과 공공문제 해결 사례를 중심으로 [Legitimacy of Digital Social Innovation and Democracy: Case of Online Petition and Public Problem Solution Project], 정보화정책 23(2): 54-72. http://kiss.kstudy.com/thesis/thesis-view.asp?g=kissmeta&m=exp&enc=075FAD29F4F818686056A390F3B11E0E

주성수, 2019, 공론화위원회 발전방안 연구: 시민참여형 숙의과정의 발전적 운영 및 제도화를 중심으로, 서울: 정책기획위원회.

Chambers, S. 2003. DELIBERATIVE DEMOCRATIC THEORY. *Annual Review of Political Science* 6(1): 307-326. https://doi.org/10.1146/annurev.polisci.6.121901.085538

Shin, S. & Lee, T. 2021. Credible Empowerment and Deliberative Participation: A Comparative Study of Two Nuclear Energy Policy Deliberation Cases in Korea. *Review of Policy Research 38*(1): 97-112. https://doi.org/https://doi.org/10.1111/ropr.12407

제13장

지방정부의 시민참여 현황과 발전 방안[1]
: 서울특별시 서대문구를 사례로

정연경 경희사이버대학교 문화창조대학원 겸임교수

Ⅰ. 들어가며

현대 사회의 복잡한 문제에 대한 혁신적이고 실질적인 해결방안을 찾고자 거버넌스와 시민참여가 강조되고 있다. 시민들은 자신의 일상 생활 문제를 정책 의제로 설정하고, 정책 과정에 참여하여 의사결정을 하는 직접참여에 대한 요구가 증가하고 있다. 정책 과정에서 시민참여 는 현장과 밀접한 정책을 발굴하고, 사전에 조율하여 갈등을 예방하 며, 정책의 수용성을 강화하는 이점이 있다. 또한 시민이 직접 정책을 수립한다는 측면에서 직접민주주의를 강화한다.

직접민주주의는 국민투표, 국민발안, 국민소환 등 제도적으로 규정 하고 있는 국민참여제도[2]를 직접민주주의로 간주하였으나 최근에는

---

1 이 글은 정연경·이영미, 2021, 지방정부의 시민참여 현황과 과제 : 서울특별시 서대문 구 민관협력 거버넌스를 중심으로, NGO 연구 16(2), p.77-106을 수정·보완함.

2 시민참여와 관련하여 국가 단위는 국민참여, 지방 단위는 주민참여로 표기하였으며, 이 글에서는 정책 관련 내용을 인용할 때는 정책에서 표기한 방식으로 국민참여, 주 민참여로 표기하였으며, 논문에서는 국민참여, 주민참여를 포괄하여 시민참여로 기

정책 과정에서 시민참여를 포괄하는 것으로 직접민주주의의 범위가 확장되었다(주성수, 2009: 29-30). 이러한 맥락에서 정부도 정책 과정에서 시민참여를 실질적으로 확대하기 위한 방안을 다양하게 제시하고 있다. 일례로, 행정안전부는 2020년 3월 '국민참여 활성화 추진계획'을 통하여 "참여가 일상이 되고 제안이 정책이 되는 국가"를 비전으로 발표하였다. 이 계획은 일상적 참여를 활성화하기 위한 기반을 마련하고 참여를 통한 정책 효능감을 제고하기 위한 방향을 제시하고 있다(행정안전부, 2020a). 또한 2020년 12월 개정된 지방자치법에서는 지방의 정책 결정 및 집행 과정에서 주민이 참여할 권리를 목적에 포함하여 '주민의 참여권'을 신설하였다(행정안전부, 2020b). 최근 정책과 제도에서 나타나고 있는 변화는 국민주권과 직접민주주의의 구현을 위해 정책 과정에서 실질적인 시민참여가 중요한 과제로 등장하고 있음을 보여주고 있다.

그러나 정부에서는 정책 과정에서 시민참여를 강화하기 위한 노력을 다양하게 추진하였지만 선도적인 몇몇 국민참여 사례를 제외하면 뚜렷한 변화없이 기존 정부와 비슷한 수준에 머물고 있는 것이 현실이다(김지수, 2019). 정책 과정에서 국민참여의 변화가 실질적인 국민참여의 성과로 나타나기 위해서는 주민들의 일상생활과 가장 밀접하게 관련되어 있는 지방정부의 정책 과정에서 참여가 일상이 되고 주민들의 참여가 정책 과정에 내제화되는 것이 필요하다. 실제로 지방정부는 자치분권과 주민자치라는 시대적 흐름 속에서 주민들의 참여를 위한 다양한 형태의 민관협력 구조를 형성·운영하면서 직접민주주의의 기반

술하였음.

을 확장하고 있다.

그렇다면 지방정부의 시민참여의 현황은 어떠한가? 지방정부도 중앙정부와 상황이 다르지 않다. 지방정부도 전문가 중심의 참여 구조, 자문·심의 중심의 참여 방법, 정책결정 이후의 참여가 주를 이루면서 형식적 참여 수준에 머물러 있다는 문제가 지속적으로 제기되어왔다 (강인성, 2008; 조석주, 2005; 백형배 & 김필두, 2011; 서순복, 2002). 참여자 구성에 있어서도 일반 시민의 참여가 증가하였지만 새로운 구성원의 진입과 사회적 소수자의 참여 정도가 낮고, 참여자의 전문성과 대표성 확보에 있어 여전히 과제로 남아있다. 시민과 행정간 협력관계도 다소 증가하였지만 시민들은 자문·심의·의견 제시 등 의견 제시자로 다수 역할을 하고 있어 시민의 역할과 권한에 대해 뚜렷하게 변화를 체감하기 어려운 상황이다(정연경 & 이영미, 2021).

주민생활과 밀접하게 관련되어 있는 기초지방정부의 정책 과정에서 시민참여가 실질적으로 어떻게 운영되고 있는지 현황을 분석하고, 과제를 도출하는 것은 자치와 분권, 시민참여를 강화하고, 직접민주주의의 기반을 확장하는 데 실질적 도움이 될 것이다. 이 글은 서울특별시 서대문구의 민관협력 사업을 사례로 지방정부의 시민참여 현황을 분석하고, 발전 방안을 제시하고자 한다.

Ⅱ. 시민참여 현황 분석에 있어서의 주요 쟁점

시민참여의 현황을 분석함에 있어 누가 참여하였는가, 어떻게 참여하였는가, 무엇을 다루었는가, 심사숙고가 이루어졌는가, 논의 결과가 실질적 의사결정에 얼마나 반영되었는가 등의 문제가 전반적으로 검토될 필요가 있다(정연경 & 이영미, 2021). 정책 과정에서 시민참여 단계는 참여자 구성 및 선정 단계, 참여 과정 설계 및 운영 단계, 참여 결과의 평가 단계로 구분할 수 있다. 각 단계별로 고려해야 할 요소를 살펴보면 다음과 같다.

참여자 구성과 관련하여서는 포괄성과 대표성, 전문성이 고려될 필요가 있다. 참여자 구성에 있어 각계각층의 이해관계자들이 참여하고, 장애인·이주민 등 사회적 소수자들이 배제되지 않으며, 새로운 참여자들이 쉽게 참여할 수 있는 환경이 조성되어야 한다. 또한 참여자가 관련 사안에 이해관계를 가지는 다른 시민들이나 일반 대중을 올바르게 대표할 수 있는가? 참여자가 편협한 이해관계나 관점을 가지고 있지 않는가? 올바른 판단과 결정을 내릴 수 있는 정보와 능력을 소유하고 있는가? 참여자가 참여하지 않는 다른 시민에 대한 책임감을 가지고 있는가? 에 대해 필수적으로 고려되어야 한다(Fung, 2006: 67).

참여자 선정도 주요 쟁점 중 하나다. 참여자는 전문관료와 선출직 대표 등 정치·행정 엘리트부터 자문수당을 받는 전문적 이해관계자, 수당을 받지 않는 일반 이해관계자, 무작위로 선택된 일반 국민, 자발적으로 참여한 일반 대중, 집단화되지 않은 일반 대중까지 다양하다 (Fung, 2006; 박해육 & 김지수, 2018: 27). 이처럼 다양한 참여자 중 공개모집 방식으로 자원하는 자기 선발(self selection), 선별적 선발(selectively recruit), 무작위 선발(random selection), 이해관계자 선발(stakeholder selection) 등이 있다(Fung, 2006; Nabatchi, 2012). 각 선정 방식은 장·단점을 가지고 있으므로 의제의 특성을 얼마나 적절히 고려하여 선택·적용하였는가가 현황 분석에 있어 핵심이 된다.

참여 시기와 관련하여 의제설정, 정책형성, 정책집행, 정책평가의 각 단계 중 어느 시기에 참여가 이루어졌는지를 분석할 수 있다(강인성, 2008: 219). 정책 과정의 관점에서 각 단계별 참여의 특징은 다음과 같다(강인성, 2008: 219). 의제설정(agenda setting) 단계는 사회문제가 정책이슈 또는 정책문제로 전환되는 단계로 정책방향 설정에서 주민의 적극적 참여가 필요하다. 정책형성(policy formation) 단계는 정책목표를 설정하고 정책대안을 개발하는 정책수립 단계로, 시민·전문가·기업·시민사회단체 등 다양한 이해관계자들의 참여와 의견수렴이 진행된다. 정책집행(policy implementation) 단계는 결정된 집행을 실행하는 단계로 과거에는 정부에서 주로 담당하기에 주민참여가 제한되었지만 최근에는 실행그룹(working group)을 통해 집행 과정에서도 시민참여를 통해 정책 제안의 의미와 내용이 구현되는 방식으로 집행되고 있다. 정책평가(policy evaluation) 단계는 정책집행 과정과 정책목표 달성여부 등을 평가하는 단계로 참여를 통해 정책 개선을 강화할 수 있다.

참여와 관련된 정보 제공 방식도 진단이 필요하다. 시민참여 과정에서 제공되는 정보들은 참여자들이 경험, 관점, 입장을 바탕으로 문제를 해석하고 의견을 제시하는 기초가 된다. 정보는 참여자들에게 흡수·평가되어 재생산되고 사회적으로 재구성되며 공유된 지식으로 발전한다. 또한 참여 과정에서 전문가들이 제시하는 기술적 지식과 참여자들의 경험적·실천적 지식이 교류함으로써 검증·보완되고 정당화되며 결과의 질을 향상시킨다(정연경 & 김태영, 2020: 8 ; 정연경 & 이영미, 2020b: 20). 참여 과정에서 정보는 관련 사안에 대해 충분한 배경 지식을 제공하고, 모든 관점에 대해 중립적이고 공정한 입장을 견지하며, 참여자들이 창의적인 아이디어 제시와 새로운 선택을 할 수 있도록 신뢰성과 질이 보장되어야 한다(Lukensmyer & Brigham, 2002: 355; Nabatchi, 2012: 704).

의사소통 방법과 의사결정 권한에 대한 분석은 참여의 정도를 파악하는 데 도움이 된다. 의사소통 방법은 크게 일방향(one-way), 양방향(two-way), 숙의적(deliberative) 방식으로 구분된다(Nabatchi, 2012: 701-702). 의사결정 권한과 관련하여서는 학자들이 다양한 분류 방법을 제시하고 있다. Arnstein(1969)은 시민권력을 기준으로 참여의 유형을 구분하였으며, 조작·치료·정보 제공·상담·회유·파트너십·위임된 권력·시민 통제 등이 '시민참여의 사다리'를 구성하는 8가지라고 명명하였다. Nabatchi(2012)는 의사소통의 강도를 기준으로 '시민참여를 위한 국제연합'(International Association for Public Participation: IAP2)이 제시한 시민참여의 스펙트럼을 수정하여 정보제공(inform), 협의(consult), 관여(involve), 협력(collaborate), 권한부여(empower)의 다섯 유형을 제시하였다. Fung(2006: 69)은 시민의 의무를 다하고 교양을 쌓는 정도(personal benefits), 의사전달을 하는 정도(communicative influence), 조언과 자문을 하는 정도(advice/consult), 정부와 파트너십을 이루는 정도(co-govern), 직접적 결정권을 가지는 정도(direct authority)로 유형화하였다.

강인성(2008: 221)은 정보를 수동적 혹은 능동적으로 제공받는 정보제공형, 양방향적 피드백이 이루어지는 협의형, 정부와 협력적 관계를 유지하면서 전 참여 과정에 걸쳐 실질적 권한을 지니는 적극적 참여형으로 구분하였다.

참여 과정에서 참여의 규모와 빈도는 숙의의 질과 결과에 영향을 미치기에 중요하게 고려될 필요가 있다. 숙의의 규모와 관련하여

Nabatchi(2012: 703-704)는 숙의의 목적과 필요한 의사소통 방식에 따라 대규모 집단(large group) 혹은 소규모 탁상(small table) 형식을 취할 수 있다고 보았다. 대규모 집단 방식은 일반적인 공청회에서와 같이 회의장 앞쪽에 행정관료들이 착석하고 참여자들이 단상에 나서서 발언하는 형식으로, 일방향 혹은 제한적인 양방향 의사소통이 가능한 형태를 의미한다. 따라서 의미있는 정보와 의견이 교환되기 어렵고 간혹 갈등과 적대적 상황을 발생시키기도 한다. 반면 소규모 탁상 방식은 8~12명의 참여자가 한 테이블에 앉아 토론을 진행한 후 모든 참여자들과 토론 결과를 공유하는 방식으로, 양방향 의사소통 혹은 숙의적 의사소통을 가능케 하는 형태다. 한편 Fung(2003: 345)은 숙의의 빈도를 그 목적에 따라 다르게 설정해야 할 필요가 있다고 주장하였다. 예를 들어, 변동이 거의 없는 정적 사안에 대해 시민들의 일반적인 의견을 수렴하기 위한 목적을 지닐 때는 포럼·위원회 패널 등을 거친 후 1~2회 가량의 숙의 과정만을 거칠 수 있다고 하였다. 반면 상황이 빠르게 변화하고 새로운 정보가 지속적으로 갱신되는 사안의 경우 장기적으로 여러 번의 숙의 과정을 거치는 것이 필요하다고 보았다.

참여 과정을 통해 도출된 대안, 해결방안, 의사결정 등이 실질적으로 정책의 수립 및 집행에 반영되는가 여부는 시민참여 현황 분석에 있어서 중요한 고려 사안이다. 시민참여 결과가 정책의 내용과 실행에 영향을 미칠 때 참여 과정에 대한 책임감과 몰입감이 향상되며 참여에 대한 동기가 강화되기 때문이다(정연경, 2019: 97-98). 또한 참여자에게 결정 권한이 부여되지 않은 형식적 참여 과정은 결과가 정책의 결과에 영향을 미치지 못하기 때문에 오히려 참여자들에게 참여 과정에 동원되었다는 느낌을 주고 참여에 대한 적대적 감정을 유발하여 갈등을 발생시킬 수 있다(Innes & Booher, 2004; 정연경, 2019: 98). 실제 강인성 (2008)은 16개 광역시·도의 시민참여 담당 공무원들을 대상으로 설문 조사하여 사안의 중요성과 긴급성에 따라 차이가 있기는 하나 대체로 시민들이 숙의 과정에 적극적으로 참여한 경우 시민참여 결과가 정책 에 반영되는 경향이 높음을 밝혀냈다.

III. 지방정부 시민참여 현황 분석
: 서울특별시 서대문구를 사례로[3]

1. 연구의 분석틀

이 글에서는 참여자 구성 및 선정, 참여 과정의 설계 및 운영, 참여 결과의 평가 등 세 가지 측면에서 지방정부 차원에서 이루어지는 시민 참여의 현황을 진단한다.[4] 참여자의 구성 및 선정과 관련하여 공무원

---

3 서대문구는 민선 5기 이후 정책결정과 실행에 있어 다양한 형태의 민관협력구조를 갖추고 이를 통해 혁신적인 정책을 수립하는데 기여하고 있다는 평가를 받고 있음 (서대문구, 2019). 2019년 6월 현재 59개의 민관협력구조가 형성되어 있으며, 2021년 은 주민자치회가 전 동에 구성되고 지방자치에서 주민자치를 구현하는 원년이 될 것 이라는 기대감이 컸던 만큼 연구 대상으로 적절하다고 판단하였음.

4 분석 방법으로는 운영 실태조사와 설문조사, 포커스그룹 인터뷰(Focus Group Interview: FGI)를 활용하였음. 운영 실태조사는 '서대문구 2020 주요업무계획'에 명시 되어 있는 시민참여사업 112개를 대상으로 조사표를 바탕으로 2020년 6월 15일부터 7 월 31일까지 진행하였음. 설문조사의 경우 민관협력 사업에 참여하는 서대문구 주민 및 전문가, 공무원을 대상으로 진행하였음. 시민은 각 민관 협력 사업별로 참여인원을 파악한 후 표본을 할당하였으며, 최종적으로 시민 150명, 공무원 205명이 설문 대상 이 되었음. 시민의 경우 2020년 7월 3일부터 8월 7일까지, 공무원의 경우 2020년 6월

(구의회 포함), 전문가, 일반시민의 세 가지 참여자 그룹이 각각 어떠한 비중을 차지하고 있는지 진단한다. 또한 대중선택 방식, 무작위선발 방식, 이해관계자 선택 방식 중 어떠한 방식이 참여자 선정 시 주로 활용되었는지 분석한다.

참여 과정의 설계 및 운영과 관련하여 참여자 의견수렴, 협력, 정보제공, 심의, 정책제안, 자문, 권한부여, 현장점검 중 어떠한 목적을 달성하기 위해 이루어졌는지 평가한다. 참여 시기는 의제설정 단계, 정책형성 단계, 정책집행 단계, 정책평가 중 어떤 단계에서 이루어졌는지 분석한다. 정보제공 및 의사소통 방식은 일방향, 양방향, 숙의적 방식으로, 의사결정 권한은 정보제공, 심의·자문, 관여, 협력, 권한부여로 구분하여 진단한다. 숙의의 빈도와 규모의 경우 그 적절성을 평가한다.

[그림 13-1] 연구의 분석틀

참여자 구성 및 선정	참여 과정의 설계 및 운영	참여 결과의 평가
· 참여자 구성 · 참여자 선정	· 참여의 목적 · 참여 시기 · 정보제공 및 의사소통 방식 · 의사결정 권한 · 숙의의 빈도 및 규모	· 참여 결과의 반영 · 정책에 대한 영향력 · 정책의 효과성

기초지방정부 시민참여 현황 및 발전 방안

17일부터 7월 10일까지 설문조사를 진행하였음. 웹조사·모바일조사·서면조사 중 응답자가 선호하는 방식으로 조사를 실시하였음. FGI는 참여시민(6명), 공무원(11명), 구의원(5명) 등 총 22명을 대상으로 2020년 8월 21일부터 9월 15일까지 진행하였음.

참여 결과의 평가와 관련하여서는 시민참여 결과가 정책에 어느 정도로 반영되었는지, 정책에 대해 어느 정도로 영향력과 효과성을 발휘하였는지를 분석한다. [그림 13-1]은 이 연구의 분석틀을 시각화하고 있다.

2. 지방정부 시민참여 현황 분석 결과

1) 참여자 구성 및 참여자 선정방식

(1) 참여자 구성

참여자 구성과 관련하여 76개 분석 대상 사업을 분석한 결과, 일반시민 71%, 전문가 18%, 공무원 11%로 일반시민의 참여 비율이 가장 높은 것으로 나타났다. 김지수(2019)의 연구에서 전국적으로 기초지방정부의 경우 일반 국민 56.5%, 공무원 20.8%, 전문가 22.7%로 참여자 구성 비율이 조사된 것과 비교할 때, 서대문구는 일반시민의 참여 비율이 상대적으로 높은 편이라 할 수 있다. 일반시민의 참여 비율이 전국 평균 대비 높은 이유는 주민자치회, 협치, 주민참여예산 등 민관협력사업 추진 시 공개모집을 통하여 일반시민의 참여 통로를 확대한 결과로 해석할 수 있다.

설문조사 결과 '참여자의 자질과 역량'과 관련하여서는 시민과 공무원 모두 대표성(6.78점, 5.88점), 전문성(6.69점, 5.71점), 책임감(6.86점, 5.79점)이 평균 7점 이하의 낮은 수준으로 인식하고 있는 것으로 나타났다. 참여자 구성과 관련하여서도 시민과 공무원의 인식 수준이 유사한 것으로 나타났다. '선정 과정의 공정성과 투명성'(7.57점, 7.42점), '구성원의 다양성'(7.38점, 6.04점)은 대체로 평균 7점 이상의 높은 수준인 것으로 나타난 반면 '새로운 참여자의 진입'(6.30점, 6.02점), '사회적 소수자(외국인·장애인 등)의 참여 정도'(4.30점, 3.96점)는 낮은 수준인 것으로 나타났다.

[그림 13-2] 참여자의 자질·역량과 구성 방식

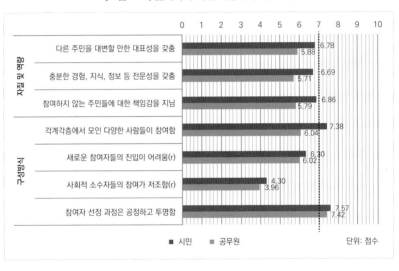

참여자의 중복성과 관련하여서는 1개 사업에만 참여하고 있는 응답자는 60.7%, 2개 사업 22.0%, 3개 이상 사업 17.3%로 응답자의 약 40% 이상이 2개 이상의 사업·활동에 중복적으로 참여하는 것으로 조사되어 참여자의 중복성이 다소 높은 수준이라 할 수 있다. 참여자의 중복성이 높은 이유는 기초지방정부의 경우 지역의 규모가 작다보니 참여할 수 있는 인력풀 자체가 크지 않고, 역량있는 주민들이 다양한 분야에서 동시에 활동하고 있기 때문인 것으로 볼 수 있다. 따라서 수치상으로 중복성을 낮추기 위해 노력하기보다는 참여자의 중복성이 긍정적 효과를 발생하도록 하는 방안을 모색하거나 다양한 시민들이 보다 쉽게 참여할 수 있는 환경을 조성할 필요가 있다.

(2) 참여자 선정방식

89개 분석 대상 사업에 대한 운영 실태조사 결과, 참여자 선정 방식으로 추천과 같은 이해관계자선택방식이 56%(50개) 이상으로 가장 높은 비율로 활용되고 있었으며, 그 다음으로 공개모집 27%(24개), 무작위선발방식 4%(4개) 등의 순으로 나타났다. 김지수(2019: 17)의 연구에서 국민참여 제도 중 약 14%만이 공개모집 및 무작위선발방식으로 참여자를 선정하고 있는 것과 비교할 때 서대문구는 공개모집 및 무작위선발방식의 비율이 28%에 달해 전국 평균에 비해 높은 수준이다.

참여자 선정 방식에서 공개모집의 비율이 전국 평균보다 높게 나타난 이유는 협치, 시민참여예산, 주민자치회 등 공개모집을 통해 위원

[그림 13-3] 참여자 선정 방식

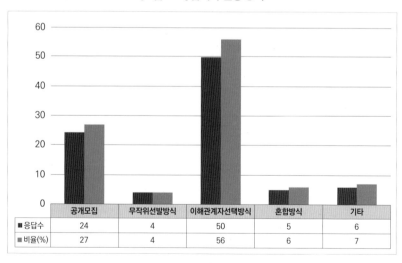

	공개모집	무작위선발방식	이해관계자선택방식	혼합방식	기타
■응답수	24	4	50	5	6
■비율(%)	27	4	56	6	7

을 선출하는 정책과 사업이 증가하였기 때문인 것으로 유추된다. 또한 서대문구는 서울의 다른 기초지방정부와 비교할 때 시민사회단체가 적은 특성이 있기에 이해관계자선택방식보다 공개모집이나 무작위선발방식을 통해 일반시민을 발굴하고, 일반시민의 참여를 확대하는 것이 필요한 상황을 역으로 활용한 결과로 해석할 수 있다(FGI, 인터뷰 B).

서대문구의 사례는 참여자 선정방식 중 공개모집과 무작위선발방식이 일반시민으로 하여금 구 시정에 참여하게 하는 참여 통로 역할을 하고 있으며, 이를 통해 지역사회에서 역량있는 시민의 참여가 강화되는 계기가 되고 있음을 보여준다. 실제로 주민자치회 2기의 경우 공개모집 방식을 통해 참여자를 모집하면서 기존에 없던 새로운 참여자가 나타나고 은퇴자와 30~40대의 참여가 증가한 경향이 있다. 또한 공개모집을 통한 위원 선출을 홍보하는 과정에서 주민들 사이에 참여에 대한 기대감이 크게 형성되기도 하였다(FGI, 인터뷰 B).

2) 참여 과정의 설계 및 운영

(1) 참여의 목적과 운영방식

86개 사업을 대상으로 한 운영 실태조사 결과, 참여의 목적과 운영 방식으로 의견수렴이 23%로 가장 높은 빈도를 나타냈고, 그 다음으로 협력(18%), 정보제공(17%), 심의(16%), 정책제안(15%), 자문(11%), 권한부여(9%), 현장점검(8%)의 순으로 나타났다. 김지수(2019)의 연구에 의하면 역대 정부별 참여자의 역할은 심의 기능이 가장 높은 빈도로 나타나고, 다음으로 의견수렴, 자문, 정책개선 등의 순으로 조사된 것과 비교할 때 서대문구 사례에서 협력의 비율이 다소 높게 나타난 점을

[그림 13-4] 참여의 목적과 운영방식

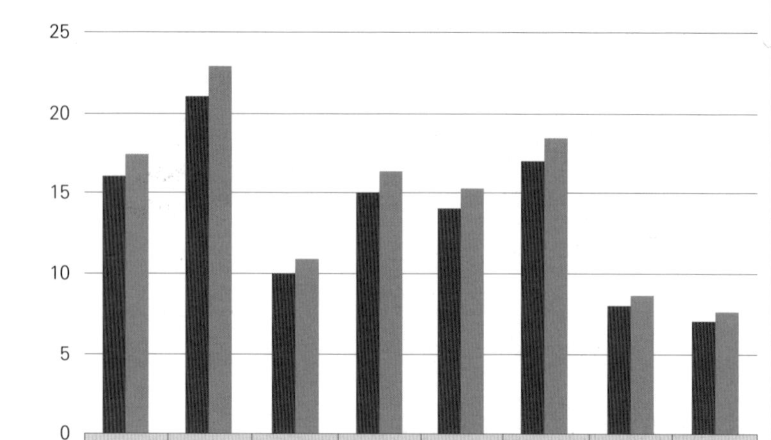

	공개모집	의견수렴	자문	심의	정책제안	협력	권한부여	현장점검
■ 응답수	16	21	10	15	14	17	8	7
■ 비율(%)	17	23	11	16	15	18	9	8

주목할 만하다.

전국적으로는 전문가를 포함하는 위원회형 국민참여의 비중이 높고 국민참여가 정책제안 단계에서 이루어지기 때문에 심의 기능이 가장 높은 빈도로 나타나는 반면 서대문구의 경우 참여자들과 의제 설정부터 정책의 전 과정을 운영·추진하는 사례가 증가하고 있어 협력의 비율이 다소 높게 나타난 것으로 해석할 수 있다. 그러나 의견수렴, 정보제공, 심의, 정책제안 등 65%로 높은 비율을 차지하고 있어 참여자의 역할이 의견 제시자로 다수 역할을 하고 있음을 알 수 있다.

(2) 참여 시기

79개 사업에 대한 운영 실태조사 결과, 시민참여가 시작되는 시기는 의제설정 단계(51%)가 가장 높게 나타났으며, 정책집행 단계(27%),

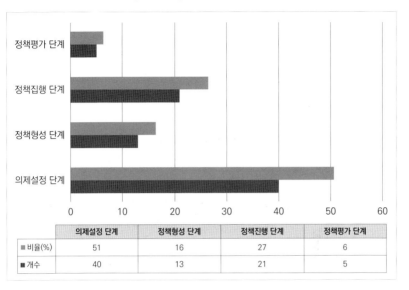

[그림 13-5] 시민참여 시작 시기

	의제설정 단계	정책형성 단계	정책진행 단계	정책평가 단계
■ 비율(%)	51	16	27	6
■ 개수	40	13	21	5

정책형성 단계(16%), 정책평가 단계(6%)의 순으로 나타났다.

강인성(2008) 등의 선행연구의 결과와 유사하게 서대문구의 경우에도 의제설정 단계(51%)가 시민참여가 시작되는 시기로 가장 높은 비율을 나타내고 있는데, 이는 정책 및 사업의 기획 단계에서부터 시민참여가 시작된다는 점에서 긍정적 측면을 지닌다. 하지만 정책형성 단계의 비율이 상대적으로 낮은 것과 연계하여 볼 때, 시민의 역할이 아이디어 제시에만 한정되고 있다는 점을 추정해 볼 수 있다(FGI, 인터뷰 A). 따라서 정책기획(의제설정), 정책수립(정책형성), 정책집행, 정책평가·환류의 전 과정에서 시민참여가 이루어질 수 있도록 노력할 필요가 있다.

(3) 의사소통 방법

89개 사업을 대상으로 한 운영 실태조사 결과, 의사소통 방법으로

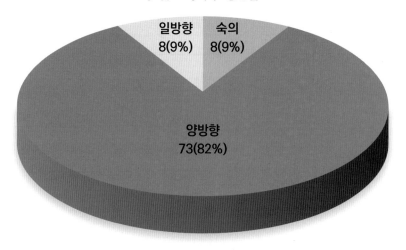

[그림 13-6] 의사소통 방법

일방향
8(9%)

숙의
8(9%)

양방향
73(82%)

양방향 의사소통이 82%로 가장 높게 나타났으며, 그 다음으로 일방향 의사소통(9%), 숙의적 의사소통(9%) 순으로 나타났다. 즉 의사소통 방법에 있어 의견수렴, 정책 제안, 자문, 심의 등 양방향 의사소통이 주로 이루어지고, 숙의적 의사소통 방법은 제한적으로 진행되고 있는 것을 알 수 있다.

(4) 의사결정 권한

설문조사 결과, 참여하는 주민들이 의사결정 시 가지는 권한과 관련하여 시민과 공무원 응답자들 간에 가장 크게 인식 차이가 존재하는 것으로 나타났다. '행정기관이 기획하고 추진하는 사업에 참여만 하는 수준'(29.3%)에 가장 많은 시민 응답자들이 동의한 반면, 다수의 공무원 응답자들이 '행정기관의 의견결정과 집행 전 과정에 걸쳐 주민들이 협력자로서 협의를 진행하는 수준'(40.6%)이라고 응답하였다. 즉 시민

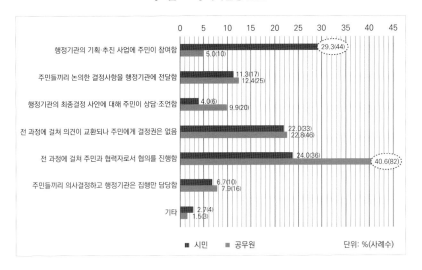

[그림 13-7] 의사결정 권한

행정기관의 기획·추진 사업에 주민이 참여함: 29.3(44) / 5.0(10)

주민들끼리 논의한 결정사항을 행정기관에 전달함: 11.3(17) / 12.4(25)

행정기관의 최종결정 사안에 대해 주민이 상담·조언함: 4.0(6) / 9.9(20)

전 과정에 걸쳐 의견이 교환되나 주민에게 결정권은 없음: 22.0(33) / 22.8(46)

전 과정에 걸쳐 주민과 협력자로서 협의를 진행함: 24.0(36) / 40.6(82)

주민들끼리 의사결정하고 행정기관은 집행만 담당함: 6.7(10) / 7.9(16)

기타: 2.7(4) / 1.5(3)

■ 시민 ■ 공무원 단위: %(사례수)

들은 의사결정 시 전반적으로 낮은 수준의 권한을 가지는 것으로 인식하고 있는 반면, 공무원들은 시민들이 의사결정 시 높은 수준의 권한을 가지고 있는 것으로 인식하고 있다.

이처럼 시민과 공무원 간 인식 차이가 큰 이유는 시민들에게 명시적으로 권한이 주어지지 않았기 때문에 정부에서 기획·추진하는 사업에 단지 참여하는 수준이라고만 인식하고 있는 것으로 유추된다(FGI, 인터뷰 A). 반면 공무원들은 시민과의 파트너십을 강조하는 정책 사업이 증가하고 있기 때문에 시민과 협력자로서의 관계로 협의를 진행하고 있다고 인식하고 있는 것으로 해석할 수 있다(FGI, 인터뷰 C).

(5) 숙의의 빈도와 규모

설문조사 결과, 숙의의 빈도 및 규모와 관련하여 시민과 공무원 모두 참여에 필요한 정보의 충분성과 적시성, 토론 시간의 충분성은 평

[그림 13-8] 숙의의 빈도와 규모

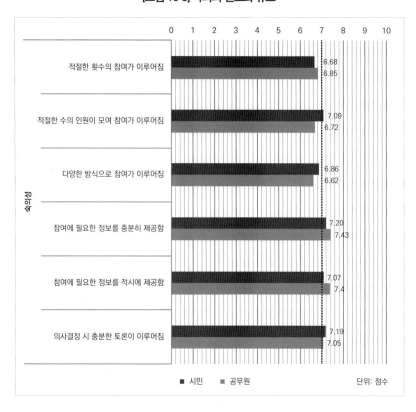

균 7점 이상의 높은 수준으로 인식하고 있지만, 횟수와 규모의 적절성, 다양한 방식을 통한 충분한 참여의 보장은 평균 7점 이하의 낮은 수준으로 인식하고 있는 것으로 나타났다. 이는 숙의를 통해 사업을 기획·추진하기에는 사업 기간이 단기간인 경우가 많기 때문에 다양한 방식으로 숙의 과정을 운영하기에는 한계가 있기 때문인 것으로 보인다.

3) 참여 결과의 평가

(1) 참여 결과의 반영

112개 사업에 대한 운영 실태조사 결과, 시민참여 결과가 정책을 기획·집행하는데 있어 71% 이상 반영되고 있는 것으로 나타났다. 즉 단순 홍보, 정보제공 등의 사업을 제외하고 대부분의 시민참여의 결과가 정책에 반영되고 있음을 알 수 있다.

[그림 13-9] 참여 결과의 반영

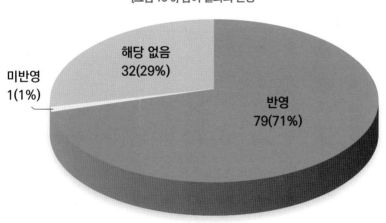

(2) 정책에 대한 영향력과 효과성

설문조사 결과, 정책에 대한 영향력과 효과성에 대해 시민이 평균 7.09점, 공무원이 평균 6.58점으로 평가해 시민들이 공무원에 비해 긍정적 평가를 내리는 것으로 나타났다. 한편 시민참여의 영향력과 관련하여 시민들은 주민 의견이 서대문구 정책에 직접적(7.01점)으로 반영되는 정도와 간접적(7.01점)으로 반영되는 정도를 동일하게 인식하고 있는 반면, 공무원들은 직접적(6.71점)보다는 간접적(6.75점)으로 반영되는 경향이 더 크다고 응답하였다. 시민참여의 효과성과 관련해서는 전반적으로 시민들이 공무원에 비해 긍정적 인식을 가지고 있었다. 공무원들은 효과성과 관련하여 전체 항목에 대해 7점 이하로 나타나고 있어 공무원들이 실질적으로 시민참여의 효과성에 대해 부정적 평가를 내리고 있음을 유추할 수 있다.

[그림 13-10] 시민참여의 영향력과 효과성

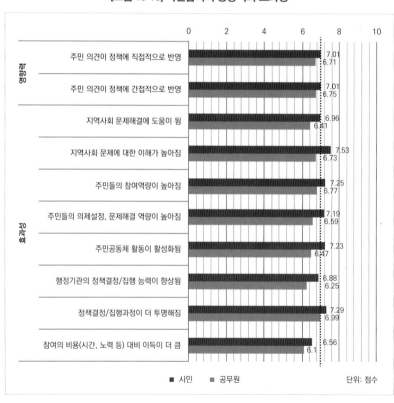

3. 주요 쟁점

서울특별시 서대문구를 사례로 지방정부의 민관협력 분야 시민참여 현황을 참여자 구성 및 선정, 참여 과정의 설계 및 운영, 참여 결과의 평가 세 가지 측면에서 운영 실태조사와 시민·공무원 인식조사, 포커스그룹 인터뷰(FGI)를 통해 분석한 결과는 다음과 같다.

첫째, 참여자 구성에 있어 포괄성과 대표성, 전문성 강화가 시급하다. 참여자는 일반시민(71%), 전문가 (18%), 공무원(11%)으로 구성되어 일반시민의 참여 비율이 높다는 점에서 긍정적으로 해석할 수 있다. 참여자 선정 방식으로는 이해관계자선택방식(56%)이 가장 많이 활용되고 있지만, 공개모집(27%), 무작위선발방식(4%) 또한 전국 평균(14%)보다 높게 나타났다. 다만 참여자 구성에 있어 '새로운 구성원의 진입'과 '사회적 소수자의 참여 정도'는 낮게 나타났다. 또한 '참여자의 자질과 역량'과 관련하여 대표성·전문성·책임성 등에 대해 시민·공무원 모두 낮은 수준으로 인식하고 있었다. 따라서 참여자 구성에 있어 포괄성을 강화하고, 대표성·전문성 등 참여자의 자질과 역량을 강화하기 위한 방안이 필요함을 알 수 있다.

둘째, 참여시민의 역할이 의견제시자(65%)의 역할에 머물러 있다. 참여의 목적 및 운영방식에 있어서 의견수렴(23%)이 가장 높게 나타났으며, 그 다음으로 협력(18%), 정보제공(17%), 심의(16%), 정책제안(15%), 자문(11%), 권한부여(9%), 현장점검(8%)의 순으로 나타나, 김지수(2019)의 연구결과와 비교할 때 협력의 비율이 다소 높게 나타났다. 그러나 참여시민의 역할이 심의, 정책제안, 자문, 의견수렴 등의 비율이 65%에 이르고 있어 참여시민의 역할이 의견제시 수준에 높은 비중을 차지하고 있음을 알 수 있다.

셋째, 정책의 전 과정에서 시민참여가 확대되는 것이 필요하다. 시민참여가 시작되는 시기는 의제설정 단계(51%), 정책형성 단계(16%), 정책집행 단계(27%), 정책평가 단계(6%)로 나타났다. 의제설정 단계에서 시민참여가 다수 이루어지는 것으로 나타나 참여 시기가 빠르다는 점에서 긍정적으로 해석할 수 있지만, 시민참여가 단순히 정책 아이디어 제안 수준에서 이루어지고 있다는 점에서 보완이 필요하며, 정책의 전 과정에서 시민참여가 확대될 필요가 있다.

넷째, 의사결정 권한과 관련해서 시민과 공무원 응답자 간에 인식 차이가 크게 존재하고 있다. 시민들은 의사결정 시 전반적으로 낮은 수준의 권한을 가지고 있는 것으로 인식하고 있는 반면, 공무원들은 시민들이 의사결정 시 높은 수준의 권한을 가지고 있는 것으로 인식하고 있어 시민과 공무원 간 의사결정 권한과 관련하여 인식 차이의 원인을 규명하고 이를 좁히기 위한 방안을 마련해야 할 것이다.

다섯째, 시민참여의 효과성을 강화하기 위한 방안이 마련될 필요가 있다. 참여결과는 71%가 정책에 반영되는 것으로 조사되었으며, 정책에 대한 영향력 및 효과성과 관련하여 공무원의 경우 7점 이하로 낮게 인식하고 있는 것으로 나타났다. 또한 '시민참여를 통한 정책 결정과 집행 능력 향상', '투입되는 비용 대비 이득'에 대해 시민·공무원 모두 낮게 인식하고 있어 시민참여의 효과성을 강화하기 위한 방안이 마련될 필요가 있다.

IV. 지방정부 시민참여 발전 방안[5]

이 연구의 분석 결과를 토대로 지방정부 시민참여 발전을 위한 과제를 △참여자 구성 및 선정방식 △참여자의 역할 △민과 관의 참여역량 강화 △시민참여 성과 측정 방안 △시민참여 기본 조례 제정 방안을 중심으로 발전 방안을 제시하고자 한다.

〈표 13-1〉 지방정부 시민참여 발전 방안과 세부 과제

발전방안	목표	세부 과제
참여자 구성 및 선정방식	포괄성 강화	• 공개모집과 무작위선발방식 확대·강화 • 사회적 소수자 참여 비율 안배 • 주민 역량강화 사업 담당자들과 주민 발굴 체계 운영
	대표성·전문성 강화	• 민관협력 시민참여 주민 데이터베이스 구축 • 마을 단위, 동 단위, 구 단위 시민참여 연계·통합 체계 마련
참여자의 권한과 역할	참여자의 역할 : 공동 생산자로 전환	• 참여 사업에 대한 시민의 역할 명시 • 민·관협력 구현 참여과정 설계·운영
참여역량 강화	참여를 통한 사회적 학습	• 참여 과정을 사회적 학습 과정으로 설계·운영
참여 결과의 성과 관리	시민참여 성과 측정 방안 개발·적용	• 시민참여 성과 측정지표 개발 • 민관협력 사업 년 단위 공동 조사 설계·분석
시민참여통합 조례 제정	시민참여 제도적 기반 마련	• (가칭)시민참여 기본 조례 제정

---

5 지방정부 시민참여 발전 방안의 주요 내용은 정연경·이영미(2020), 서대문구 시민참여 현황 및 발전 방안 연구 -민관 협력을 중심으로, 서대문구청을 수정·보완함.

1. 참여자 구성 및 선정 방식

1) 포괄성 강화 방안

이 연구에서는 사례분석을 통해 공개모집 등 다양한 시민이 참여할 수 있는 방법이 확대되면서 참여자 구성에 있어 일반시민의 참여 비율이 점점 증가하고 있다는 점을 확인하였다. 그러나 여전히 참여자 구성에 있어 새로운 구성원의 진입과 사회적 소수자의 참여 정도 등은 낮게 나타나 참여자 구성에 있어 포괄성을 확대할 수 있는 방안이 요구된다.

구체적인 방안으로 참여자 모집 방법으로 공개모집과 무작위선발 방식을 확대하여 각계각층의 주민들에게 참여 기회를 제공하고, 신청 방법 간소화 등을 통해 참여 의지가 있는 주민들이 쉽게 참여할 수 있는 환경을 조성하는 것이 필요하다. 그 외에도 새로운 주민들이 참여로 안내할 수 있는 면대면 주민발굴 체계도 고민해볼 만한다. 실제로 주민들은 공개모집 외에 지인의 권유가 참여를 결정하는데 주요하게 영향을 미치기 때문에 주민들에게 참여자 모집에 대해 광범위하게 알림과 동시에 면대면을 통한 홍보와 참여를 권유하는 새로운 주민발굴 체계를 도입·운영하는 것도 시도해볼 만하다.

현재 지방정부에서는 마을협력지기, 마을공간지기, 협치지원관·촉진가, 도시재생코디네이터, 청년 매니저 등 주민 발굴 및 역량강화 사업을 담당하는 활동가들이 있다. 주민 역량강화 사업 담당자들을 통하여 민관협력 사업에 대한 정보를 제공하고, 참여방법을 안내하는 등 참여를 권유하는 체계를 설계·운영하는 것도 다양한 시민들의 참여를 유도할 수 있는 방법이 될 수 있을 것이다.

참여자 구성과 관련하여 다문화·장애인 등 사회적 소수자의 경우 일반적으로 참여 자원이 낮기 때문에 자발적으로 참여를 유도하는 데 한계가 있다. 따라서 사회적 소수자(다문화, 장애인 등)의 참여 비율을 제도적[6]으로 정하여 사회적 소수자의 참여를 촉진하고, 참여 과정에서 배제되지 않도록 해야 할 것이다.

2) 대표성·전문성 강화 방안
: 마을 단위, 동 단위, 구 단위 참여 연계·통합

시민·공무원 인식조사 결과 시민과 공무원 모두 참여자의 자질과 역량에 대해 대표성, 전문성에 대해 낮게 인식하고 있는 것으로 나타나 참여자들의 대표성과 전문성 강화를 위한 노력이 요구된다. 이를 위해서는 마을 단위 → 동 단위 → 구 단위 참여 시민들이 상호 연계·통합될 수 있는 체계를 마련하는 것을 고려해 볼 수 있다. 마을·동·구 단위 참여자들이 관련 의제에 대해 주민들의 이해를 대변하고, 의제 간 연계된다면 참여 주민들의 대표성을 확보하고, 전문성을 강화할 수 있을 것이다. 예를 들어 마을공동체 사업의 의제, 주민자치회 분과모임, 참여예산 분과, 협치 분과 등 마을 단위 사업의 경험을 가진 참여 주체가 동 단위, 구 단위 참여로 연계된다면 동 단위 참여의 경험을 가지고 구 단위 참여를 할 경우 동의 대표성이 일면 확보되며, 마을 단위, 동 단위 참여의 경험이 구 단위 참여 의제와 연결될 경우 전문성을 강화하는 계기로 작용할 수 있다.

---

6 서대문구의 경우 참여자 구성과 관련하여 주민자치회, 협치위원, 주민참여예산위원 등의 구성에서 성별 비율 규정만 정하고 있음.

마을 단위, 동 단위 참여자들은 관련 의제에 대하여 주민들의 일상과 연계된 현장 중심으로 사고하고, 경험한다는 강점을 가지는 반면, 구 단위 참여 과정에서는 구 전체를 조망하면서 전체적이고 통합적인 사고를 요구한다. 따라서 의제별로 마을 단위와 동 단위 활동이 구 단위와 연계된다면 관련 의제에 대한 참여자의 대표성을 강화하고, 참여자들의 전문성과 역량을 강화할 것이라 기대할 수 있다.

마을 단위, 동 단위, 구 단위 참여가 상호 연계·통합되기 위해서는 민관협력 분야 시민참여 사업에 대하여 데이터베이스를 구축하여 참여 주민들의 참여 활동 내용을 정보화하는 것이 선행되어야 할 것이다. 데이터베이스 구축을 통하여 참여 시민들의 참여 경력이 인정되는 체계를 마련한다면, 참여자들의 책임성이 더욱 강화되는 효과를 이차적으로 기대할 수 있을 것이다.

2. 참여자의 권한과 역할
: 의견 제시자에서 공동 생산자로 전환

참여 과정에서 의사결정 권한과 관련하여 시민과 공무원 간에 인식 차이가 크게 나타나고 있어 인식 차이를 줄이기 위한 방안을 모색해야 한다. 참여 시민들은 의제 발굴 과정에서 시민참여가 다수 이루어져 긍정적으로 평가할 수 있지만, 행정이 추진하는 사업에 구색 맞추기 형식으로 참여하는 경우가 다수임을 지적하고 있다. 반면 행정의 경우 참여하는 시민의 수가 적은 상황에서 참여를 부탁하고 요청하는 입장이기 때문에 시민과 행정이 주체와 주체 간 협력관계로 보기 어렵다고 지적한다.

시민·공무원 모두 참여 시민의 역할과 권한이 명확해진다면 시민과 공무원 간 협력이 원활하게 진행될 수 있다고 제안하고 있다. 권한과 역할에 대한 시민·공무원의 인식 차이는 민관협력 시민참여 과정에서 상호 갈등의 원인이 될 수 있다. 따라서 '의견 제시자의 역할'을 하고 있는 참여자의 역할을 '행정과의 협력자', '공동 생산자'로 역할을 전환하기 위한 방안을 마련하는 것을 시급히 고민해야 한다.

우선적으로 시민들이 행정에서 마련한 사업에 의견을 제시하는 수준에서 참여하고 있다고 느끼는 이유로 참여 과정에서 시민의 역할이 결과로 제시되지 않아 참여의 결과를 체감하기 어렵다는 점이다. 따라서 민관협력 시민참여 정책과 사업의 결과에 시민의 역할을 분명하게 기록하고, 명시하는 것을 고려해 볼 수 있다. 시민들은 '지역사회 발전에 대한 기여', '시민으로서의 기본 의무' 등 공익을 위해 정책 과정에 참여하는 경향이 높다. 따라서 사업결과보고서, 사례집 등에 참여 시민의 역할을 구체적으로 기록하는 것을 통하여 민관협력 과정과 결과를 행정과 시민이 상호 공유하여 참여시민의 역할을 공식화할 필요가 있다. 참여 결과의 공유를 명확하게 함으로써 시민들은 공익에 기여했다는 자부심과 자존감이 향상되는 등 사회적 보상 요인으로 작용할 수 있을 것이라 사료된다.

또한 정책 과정에서 참여자들이 행정과의 '협력자', 정책의 '공동 생산자'로 역할을 하기 위해서는 해당 의제에 대해 민과 관이 공동으로 현황과 문제점을 공유하고, 문제해결을 위한 과제 도출, 집행, 평가·환류의 과정이 수행될 수 있도록 참여 과정을 설계·운영하는 것이 중요하다. 이 과정에서 참여 시민과 행정은 이해, 책임, 권한을 공유하고, 서로의 입장과 역할을 이해하는 계기가 될 것이다.

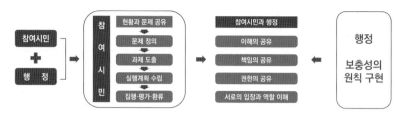

[그림 13-11] 민관협력을 통한 정책의 공동생산 과정

행정은 전체 과정을 주도하기보다는 '보충성의 원리'에 기반하여 부족한 부분을 지원해주고, 전체 과정을 촉진·조정하는 역할을 수행하면서, 행정의 역할은 '관리, 감독, 자원배분'의 역할에서 '촉진자', '조정자' 역할로, 시민은 '의견 제시자'에서 '공동 생산자'로 역할 전환이 이루어질 것이라 기대할 수 있다.

3. 참여를 통한 사회적 학습 설계·운영
: 참여하면서 배운다!

시민참여의 성과 향상을 위해 무엇보다 참여자의 역량강화가 우선시 되어야 한다. 시민·공무원 인식 조사결과에 의하면 '참여자의 자질과 역량'에 대해 시민·공무원 모두 낮게 인식하고 있으며, 시민참여의 성과 향상을 위해 시민·공무원 모두 '참여자의 자질 및 역량 향상'을 제안하였다. 참여자의 역량은 고정된 것이 아니며 참여 과정을 통한 경험, 대화와 토론을 통해 변화하고, 진화한다. 따라서 참여 과정을 시민들의 역량강화의 장으로 설정하고 설계·운영할 필요가 있다. 공공정책에서 시민참여 과정은 가장 훌륭한 민주시민교육, 평생학습, 시민학습의 현장이며, 실천의 장이다. 참여자들은 시민참여 과정에서 함께 소통하면서 문제해결을 위해 협력한다.

또한 참여자 간에 서로 다른 가치를 이해하며, 새롭게 지식을 형성하고, 상호 신뢰를 형성하면서 관계를 확장한다(정연경, 2020). 공공정책에서 참여자들 간에 사회적 학습이 가능하도록 시민참여 과정을 설계·운영하여 시민들의 역량을 강화하고, 사회변화를 이끌어내고, 변화에 대한 적응 능력을 향상시킬 수 있을 것이라 사료된다.[7]

[그림 13-12] 공공정책 참여 과정을 통한 사회적 학습의 내용

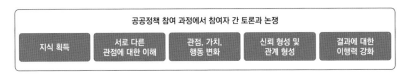

4. 참여 결과의 성과 관리
: 시민참여 성과 측정 방안 개발·적용

지방정부에서 다수의 민관협력 시민참여 사업이 추진되고 있지만 시민참여 사업에 대한 성과 관리가 부재한 상황이다. 시민참여 정책과 사업은 단기적으로 성과를 측정하기 어려우며, 성과 측정을 위해서는 장기적으로 데이터를 확보해야 한다. 시민참여 결과에 대한 성과 관리

---

7 정연경·김태영(2020)은 수원 지속가능발전목표(SDGs) 수립 과정을 사례로 참여자 간 대화와 토론, 논쟁이 가능하도록 참여자 구성, 정보와 자료의 제공, 쌍방향·숙의적 의사소통 방식 등을 설계·운영하여 참여자 간에 '서로 다른 인식과 관점의 차이 확인', '인식과 관점의 변화', '공동의 목표 수립', '공동의 목표 실천' 등 사회적 학습의 결과가 나타났음을 실증 분석함.

가 부재하다는 점은 시민과 공무원 모두에게 시민참여의 정책 효과와 효능감을 떨어뜨리는 요인으로 작용하여 시민참여 결과의 영향력과 효과성에 대해 낮게 인식하는 요인이 되고 있다. 따라서 주민자치회, 협치, 주민참여예산 등과 같이 민관협력 사업에 대해 공통의 시민참여 성과 측정지표를 개발하고, 년 단위로 매년 측정하여 시민참여 성과와 변화를 가시화하고 효능감을 향상시킬 필요가 있다.

1) 시민참여 성과 측정지표 민·관 공동 개발

시민참여 성과를 측정하기 위해 시민참여 성과지표를 민과 관이 공동으로 개발하는 것이 우선되어야 한다. 지표는 정량지표와 정성지표로 구성하여 시민참여를 통한 산출(output) – 결과(outcome) – 변화(impact)를 측정하는 기반을 마련한다.

〈표 13-2〉 시민참여 성과 측정지표(예시)

구분	지표 예시
정량지표	참여자수, 회의 횟수, 의제발굴 및 적용 건수, 지역사회문제 해결 건수, 정책 반영 건수 등
정성지표	참여자의 실존 측면(자존감 향상 등) 참여자의 지식과 정보 측면(정보, 지식, 지역사회문제 이해 정도) 사회적 학습 측면(가치, 인식, 관점의 변화, 실천 역량) 지역사회 변화 측면(신뢰, 관계 형성 등)

2) 시민참여 성과지표에 따른 년 단위 성과 측정

시민참여의 성과는 단기간 평가하기 어려우며 정량지표만으로는 시민참여를 통한 지역사회 변화까지 측정하는데 한계가 있다. 따라서 주민자치회, 협치, 주민참여예산 등 민관협력 사업에 대하여 년 단위로 시민참여 성과지표와 측정방법을 공동으로 설계하여 매년 정기적으로 성과를 측정하는 것이 필요하다. 년·단위 조사를 통해 매년 시민참여의 성과를 측정함으로써 시민참여의 효과성과 영향력을 진단하고 시민참여 결과와 성과에 대해 가시화하고, 시민참여의 효능감을 향상시킬 것이라 기대할 수 있다.

5. 제도적 기반 마련: 시민참여기본조례 제정

지방정부에서 진행하는 사업의 시민참여를 활성화하기 위해서는 시민참여기본조례 제정을 통하여 사업 기획, 집행, 평가, 모니터링 등 각 단계에서 시민참여 도입 근거를 마련해야 한다. (가칭)시민참여기본조례에 시민의 책임, 의무, 권한을 규정할 필요가 있으며, 시민참여 사업 추진을 위한 기획·자문기구를 설치하여 시민참여 과정이 일회성·형식적 참여 과정이 되지 않도록 지원하는 것이 필요하다.

(가칭)시민참여기본조례는 △사업추진 시 시민참여 계획 수립 △시민참여위원회 설치 △역할과 권한 △시민참여 기획·자문기구 설치 △시민참여 역량 강화 교육 △시민참여 포인트 제도 등의 내용을 포함하도록 하며, 세부 내용은 〈표 13-3〉과 같다.

〈표 13-3〉 (가칭) 시민참여기본조례의 주요 내용

내용	세부 내용
사업추진 시 시민참여 계획 수립	사업 추진 시 위원회, 공청회, 예산편성, 주민의견조사, 숙의 공론장 운영을 포함하도록 함
시민참여위원회 설치	의제 설정에서부터 집행·평가까지 시민참여 사업 심의·통합 조정의 역할을 하는 시민참여위원회 설치
권한과 역할	의제 설정부터 집행, 예산편성, 평가의 전 과정에 대해 주민참여를 정의하고, 참여주민의 역할과 권한을 명확하게 제시

내용	세부 내용
시민참여 기획·자문기구 설치	사업 계획·실행 단계별 시민참여에 대한 기획·자문, 숙의 공론장 운영에 대한 기획·자문
시민참여 역량강화 교육	시민참여 역량강화를 위한 시민과 행정 대상 교육계획 수립 및 추진
시민참여 포인트 제도	시민참여 활성화를 위한 시민참여 포인트 제도 규정

V. 결론

자치분권과 협치, 시민참여는 우리 시대의 과제이다. '국민이 주인인 나라' 즉 국민주권은 정책 과정에서 시민참여가 실질적으로 구현됨으로써 한층 더 강화될 수 있다. 시민은 정책과정 참여를 통해 사회문제 해결의 주체가 되고, 의제설정, 정책의 실행·집행의 주체로서 실질적 주권을 행사하는 것이 가능하기 때문이다. '국민주권 강화'라는 정책 기조 가운데 정부에서는 기존 정부와 국민 참여 및 소통에 있어 차별화를 지향해 왔지만 몇몇 사례를 제외하면 뚜렷한 변화를 체감하기 어려운 상황이다. 지방정부 역시 다양한 형태의 민관협력 구조를 형성하면서 시민참여를 확대해 왔지만 참여자의 포괄성·대표성·전문성 부족, 의견 제시 수준에 머물러 있는 참여자의 역할, 참여 시민의 권한 등에 대한 과제가 제기되고 있다(정연경 & 이영미, 2021).

정책 과정에서 시민참여가 활성화되기 위해서는 주민생활과 가장 밀접하게 정책이 수립·집행되는 지방정부에서 실질적인 시민참여가 이루어지는 것이 중요하다. 지방정부의 정책 과정에서 시민참여의 운영 현황을 진단하여 주요 쟁점을 도출하는 것이 시급하게 요청되고 있다. 지방정부의 시민참여 과정에 대한 실증분석을 통해 발전 방안을 모색함으로써 자치와 분권, 직접민주주의의 기반을 확장하는데 실질적 도움이 될 것이다.

이 글은 지방정부에서 진행되고 있는 민관협력 사업에 대한 실증분석을 통해 시민참여의 쟁점을 도출하고, 발전 방안을 모색하는 것을 목적으로 하였다. 서울특별시 서대문구의 민관협력 사업을 중심으로 지방정부의 시민참여 현황을 분석한 결과는 다음과 같다.

첫째, 지방정부의 시민참여는 일반 주민의 참여가 확대되는 성과가 있었지만 참여자 구성에 있어서 포괄성을 확대하고, 대표성과 전문성을 강화할 필요성이 제기되고 있다. 둘째, 정책 과정에서 다양한 형태의 민관협력 사업을 기획·추진하고 있지만 시민들이 아이디어 또는 의견을 제안하는 수준에서 진행되고 있다. 참여 과정에서 시민들은 주로 의견 제시자의 역할을 하고 있음을 확인하였다. 셋째, 의사결정 권한과 관련하여 시민과 공무원 간에 인식 차이가 크게 나타나고 있다. 넷째, 시민참여의 효과성에 대해 시민·공무원 모두 낮게 인식하고 있는 것으로 나타나 시민참여의 효능감과 효과성을 강화하기 위한 방안을 모색할 필요가 있다.

정책 과정에서 참여는 '경로 의존성'이 강하기 때문에 시민참여의 실질화를 위해서는 시민참여와 관련된 기존의 행정 관행에서 탈피하여 과감하게 경로를 전환할 필요가 있다(정연경·김태영, 2020). 연구 결과, 지방정부 시민참여 과제로 제시되고 있는 시민과 행정의 역할, 시민참여 운영 방식, 시민의 의사결정 권한 등이 변화되기 위해서는 기존의 시민참여의 관행에서 벗어나는 것이 시급히 요청된다. 우선적으로 시민참여 과정에서 시민과 행정의 역할 전환이 고려되어야 한다. 현재 '의견 제시자의 역할'에 머무르고 있는 시민의 역할을 '행정과의 협력자', '공동 생산자'로 역할을 전환하고, 행정은 기존 관리·감독 업무에서 민관협력의 촉진자·조정자로서 역할을 전환해야 한다.

둘째, 민관협력 참여 과정의 기획·설계 단계도 변화가 필요하다. 기존처럼 행정이 참여 과정을 설계하고, 시민이 참여하는 구조가 아니라 민과 관이 공동으로 해당 의제에 대해 문제점을 공유하고, 문제 해결을 위한 과제 도출, 집행, 평가·환류의 과정을 공동으로 수행할 수 있도록 참여 과정을 기획·설계·운영하는 것이 필요하다. 참여 과정을 통해 참여 시민과 정부가 책임과 권한을 공유하고, 서로의 입장과 역할에 대해 이해하는 계기를 마련함으로써 시민은 '공동 생산자'로서, 행정은 민관협력의 '촉진자'로서 역할 변화를 가져올 수 있을 것이다.

셋째, 공공정책 참여 과정을 시민 학습의 장으로 전환하는 것이 요구된다. 공공정책 참여 과정을 사회적 학습의 장으로 설계·운영한다면 참여 과정에서 시민과 공무원 모두 참여를 통한 학습(learning by doing)과 역량강화를 기대할 수 있다. 참여 과정에서 사회적 학습을 통해 시민, 행정, 지역사회 역량을 강화하고, 장기적으로 현대 사회의 다양한 문제에 대한 사회 구성원들의 대응 능력을 강화할 수 있을 것이다.

넷째, 시민참여기본조례 제정을 통해 제도적 기반을 강화하고, 시민의 권한과 역할을 명확하게 하고, 정책과정에서 시민참여를 활성화한다면 주민주권과 직접민주주의를 강화하는데 기여할 것이다.

| 참고문헌 |

강인성, 2008, 지방정부 주민참여제도의 정책과정과 참여유형에 따른 영향력 분석, 한국행정학보 42(3): 215-238.

김지수, 2019, 국민참여제도 실태분석 및 활용방안 연구, 한국지방행정연구원.

박기관·조석주, 2005, 민선자치시대 주민정책참여의 성과평가와 과제: 민선 10년의 성과를 중심으로, 지방정부연구 9(4): 111-130.

박해육·김지수, 2018, 지방자치단체 정책결정방식의 민주적 혁신에 관한 연구-숙의형 정책결정과정을 중심으로, 한국지방행정연구원.

백형배·김필두, 2011, 주민참여제고 방안에 관한 실증적 연구: 통합창원시를 중심으로, 지방정부연구 25(1): 117-136.

서대문구, 2019, 서대문구 민관협치 활성화 기본계획(2020~2022).

서순복, 2002, 지방자치시대 주민참여의 실태 평가와 대안모색 -광주광역시를 중심으로, 한국사회와 행정연구 13(1): 231-253.

유동상·임정빈, 2016, 도시 정책결정의 주민참여 상대적 효과성에 관한 연구: 플로리다 도시정부의 도시구조, 정치체제, 주민참여, 한국사회와 행정연구 26(4): 311-330.

정연경, 2019, 도시 지속가능발전목표(SDGs) 수립 과정에서의 사회적 학습 요인 분석- 수원 사례를 중심으로, 서울시립대학교 박사학위논문.

정연경·김태영, 2020a, 도시 지속가능발전목표(SDGs) 수립 참여과정에서의 사회적 학습: 수원 SDGs를 중심으로, 도시행정학보 33(1): 1-28.

정연경·김태영, 2020b, 경로의존성의 관점에서 도시 지속가능발전목표 수립 참여 과정 비교 연구: 서울시와 수원시 사례 비교, 한국거버넌스학회보 27(3): 177-206.

정연경·이영미, 2020a, 도시 공간 계획에서 참여형 계획 과정 모델 개발, 서대문구청.

정연경·이영미, 2020b, 서대문구 시민참여 현황 및 발전방안 연구 -민관
협력을 중심으로-, 서대문구청.

정연경·이영미, 2021, 지방정부의 시민참여 현황과 과제 : 서울특별시 서대
문구 민관협력 거버넌스를 중심으로, NGO 연구 16(2): 77-106.

주성수, 2009, 직접 민주주의 풀뿌리로부터의 민주화, 서울: 아르케.

최상현, 2016, 주민자치위원회 운영 실태와 개선방안에 관한 연구, 한국행
정연구 25(1): 139-214.

행정안전부, 2020a, 국민참여 활성화 추진계획.

행정안전부, 2020b, 12.9. 보도자료.

Arnstein, Sherry R. 1969. A Ladder of Citizen Participation. Journal of
American Institute of Planners 35(4): 216-224.

Fung, Archon. 2003. Recipes for Public Spheres: Eight Institutional
Design Choice and Their Consequences. The Journal of Political
Philosophy 11(2): 338-367.

Fung, Archon. 2006. Varieties of Participation in Complex Governance.
Public Administration Review 66: 66-75.

Innes, Judith E. and Booher, David E. 2004. Reframing Public Participation:
Strategies for the 21st Century. Planning Theory & Practice 5(4):
419-436.

IPA2. 2007. Spectrum of Public Participation.

Kim, Soonhee & Lee, Jooho. 2012. E-participation, Transparency, and
Trust in Local Government. Public Administration Review 72(6):
819-828.

Lukensmeyer, Carolyn J. & Brigham, Steve. 2002. Taking Democracy to
Scale: Creating a Town Hall Meeting for the Twenty-first Century.
National Civic Review 91(4): 351-66.

Nabatchi, Tina. 2012. Putting the "Public" back in Public Values Research:

Designing Participation to Identify and Respond to Values. Public Administration Review 72(5): 699-708.

Yang, Kaifeng & Pandey, Sanjay K. 2011. Further Dissecting the Black Box of Citizen Participation: When Does Citizen Involvement Lead to Good Outcomes? Public Administration Review 71(6): 880-892.

제14장

직접·숙의민주주의의 전망과 과제[1]

최창용 KDI 국제정책대학원 교수

I. 들어가는 말

자유시장경제 민주주의 사회에서 개인이 추구할 수 있는 이익의 범위와 자유는 어디까지 허용될 수 있는가. 지속가능한 사회를 위한 연대와 상생 등 공적 가치는 어느 만큼 개인의 자유와 선택에 개입할 수 있는가. 자신의 효용을 극대화하려는 자유주의적 개인과 제도적 장치를 통해 이를 제한하려는 국가와 정부 역할의 정당성과 그 근거는 무엇인가. 민주주의 발전 과정이 시민에 의한 통치 혹은 시민이 위임한 권력에 의한 통치를 확장하는 체제로의 이행이라고 할 때 그 핵심은 권력으로부터 시민적 자유와 정치적 자율성 공간의 범위라 할 것이다.

그럼에도 민주주의를 국체로 표방하고 있는 많은 나라들에서조차 이론적 민주주의와 일상에서 경험하는 민주주의 간 거리는 여전하다. 민주주의의 제도적 수준과 실제에서 관찰되는 괴리를 좁히는 보다 발전된 형태로서 일반시민에 의한 정치 과정 참여와 숙의가 진지하게 논

---

1 이 글은 최창용, 2022(근간), '사회개혁과 숙의민주주의', 혁신생태계 조성과 사회개혁, 한국개발연구원을 바탕으로 수정·보완한 것임.

의되어야 할 이유라 할 수 있다.

개발연대와 산업화를 거쳐 한국의 정치적 민주주의는 절차적 민주주의에서 실질적 민주주의로 발전하고 있다(최장집, 2008; 윤평중, 2018; 김정인, 2018; 홍성구, 2019). 광복 이후 이른바 '근대 국가' 형성 이후 '발전국가' 단계를 거쳐 민주주의의 공고화는 더 이상 거스를 수 없는 당면 과제라 할 수 있다. 주지하듯이 1980년대 민주화 이후 문민정부 등장과 함께 민주화가 산업화를 대체하는 사회적 지배 담론으로 자리하면서 한국 사회는 질적 변화를 겪게 된다.

민주주의가 제도화된다는 것은 곧 다양한 이해 충돌의 가능성을 인정하면서, 사적 편익 추구와 공적 가치 실현 간 괴리를 줄이면서 지속가능한 사회를 기획하는 것이라 할 수 있다. 불완전한 정보로 인한 불확실성, 그로 인한 인간의 본질적 한계를 민주주의라고 하는 구조화된 정치체제를 통해 극복하려는 집단 노력이 곧 민주주의인 것이다. 이러한 관점에서 민주주의는 불확실성의 제도화이면서 동시에 사회적 갈등의 제도화라고 할 수 있다.

사회에서 발생하는 갈등은 미시적으로는 다양한 사회 주체들 간 서로 다른 이해관계의 충돌이나 개인의 가치관의 불일치로 발생하고, 거시적으로는 사회적 자원 동원과 배분을 둘러싼 이데올로기적 갈등으로 그 층위를 달리한다. 민주주의 이론에서 '갈등의 제도화'는 한 사회 내에서 발생하는 정치적, 경제적 갈등이 특정 영역에서 해결되지 못한 채 다른 영역으로 확산되지 않도록 제도적으로 통제될 수 있다는 의미이며, 이러한 갈등의 제도화를 통해 시민권의 확장과 기회의 평등을 가져오게 된다.

민주화 이행기에 국가의 역할은 포괄적이었고, 중앙집중적이었으며, 강제와 통제를 특성으로 한다. 반면 민주적 국가와 정부는 전문화, 분권화, 자율을 강조한다. 이와 같은 문제의식에서 이 글은 자유주의적 민주주의와 그에 대한 비판적 대안으로서 참여민주주의 등장 배경 등을 간략히 정리하고, 참여민주주의의 보다 발전된 형태로서 숙의민주주의의 개념, 적용 조건, 제도화 요건 등을 살펴본다. 이를 바탕으로 현재 한국 사회에서 참여민주주의와 숙의민주주의 확대와 실천을 위한 몇 가지 과제에 대해 논한다.

II. 국가주권과 시민주권 관점에서 민주주의

1. 국가주권과 시민주권

현대 정치학 민주주의 이론의 대가였던 로버트 달(Robert A. Dhal)은 자신의 마지막 저서인 〈정치적 평등에 관하여〉(2007)를 통해 민주주의 발전과 관련하여 다음과 같은 세 가지 중요한 질문을 제기했다. "정치적 평등은 이상적인 목표인가", "정치적 평등은 현실에서 실현 가능한 목표인가" 그리고 "실현 가능하다면 어떤 조건이 필요하고, 어떤 노력을 해야 하는가."[2] 정치적 평등이야 말로 민주주의 발전의 핵심이며, 지속가능한 사회 발전과 연대를 훼손하는 장애물이 바로 정치적 불평등이라고 진단한 것이다. 소수 정치 엘리트와 경제자본에 포획된 국가에서 건전한 민주주의가 발전할 수는 없는 것이다. 달은 이 책을 통해

---

2 로버트 달. 김순영 옮김, 『정치적 평등에 관하여』, 후마니타스, 2010.

소수 정치 엘리트들이 통치하는 정치권력 구조와 거대 경제자본에 의한 정치적, 사회경제적 불평등을 비판하면서 시민의 자유와 참여를 통한 정치적 평등과 자유가 무엇보다 중요한 과제임을 역설했다.

한국 사회는 급속한 경제성장과 산업화 이후 민주화 과정을 거쳤지만 여전히 실질적 민주주의로 나가지 못하고 있으며, 사회적으로는 양극화와 불공정에 의한 계층간, 세대간 갈등이 심화되고 있다. 성장 이후 제기되는 한국 사회의 질적 발전의 핵심에는 정치 발전, 다시 말해 민주주의의 공고화가 있으며, 이를 위해서는 우리 사회가 지향해야 할 진정한 민주주의는 무엇인지, 시민이 참여하고 함께 만들어가는 민주주의는 무엇인지를 생각하고 성찰하는 시간이 필요한 것이다.

한편 근대적 국가 발전 과정에서 주목해야 할 지점은 국가주권의 확대에 반비례하여 축소되거나 혹은 국가주권에 대항하여 확대를 시도한 시민주권의 형성 과정이라 할 수 있다. 태생적으로 국가주권의 확대와 제도화는 역설적으로 국가의 '주체'가 되어야 할 시민권의 제약을 가져왔다. 외부로부터 안전을 보장하고, 국가 운영에 필요한 재원을 징수하고, 교육, 의료, 보건 등 일상생활에 필요한 지원을 제공하며, 특히 개인이나 민간이 감당하기 어려운 공공 인프라의 구축과 제공은 개인과 민간의 영역을 넘어 국가의 존재 이유와 기능에 정당성을 부여하는 근거가 되었다.

국방, 교육, 보건과 도로, 철도 등 물적 인프라 등의 공공재 제공과 이를 위한 징세권의 독점, 그리고 이러한 공공재를 기획하고 관리하는 전문 관료 집단의 등장과 확대는 절대왕권이나 전제적 통치체제를 일면 대체하면서 성장했고, 자원 배분의 기능을 담당하는 '정치' 영역에서 권력 분화를 가져오게 된다. 억압과 배타적 권력 독점체제에서 자유와 분권으로 전환, 다시 말해 'freedom from'에서 'freedom to'로의 전환은 국가주권의 성장에 대항한 시민주권의 확대 과정이라 할 수 있었다(Okulicz-Kozaryn, 2014).

그러나 앞서 언급했듯이 국가주권의 확대와 시민주권의 확대는 민주주의 확대, 특히 대표를 선출하여 운영되는 대의민주주의의 정착과 함께 상호 갈등과 충돌을 겪게 된다. 대의민주주의의 한계 혹은 역설이 발생한 것이다. 대표로 선출된 정치권력은 크게 두 가지 측면에서 시민주권과 대립하게 된다. 첫째, 위임된 권력으로서 대표성을 권력의 남용으로 훼손하기 시작했다. 민주주의 운영의 핵심인 선거제도는 그 특성상 주기성을 갖게 되고, 이는 선출된 정치권력이 이후 선거를 통해 지속적으로 권력을 향유하려는 의지로 연결되며, 주기적 선거체제는 선출된 위임자로 하여금 공공의 이익이나 국가 차원의 이익에 복무하기보다는 단기적이고 국지적 이익을 실현하는데 집중하도록 유인한다. 지역구의 이익에 복무함으로써 자신의 정치생명을 연장하는 선심성 지역사업(pork barrel)이 전형적인 예라 할 수 있다. 이는 개인을 넘어 정치적 결사체로서 정당이라고 하는 정치 집단 단위에서도 예외없이 적용되는 현실이자 한계라 할 수 있는 것이다.

둘째, 주인-대리인 간 정보비대칭(information asymmetry)을 들 수 있다. 이론적으로 민주주의에서 '주인'은 투표를 행하는 주체이며, '대리인'은 '주인'의 투표에 의해 일정한 권한과 권력을 '위임' 받은 대리인으로서 해당 기간 동안 자신에게 부여된 권한과 권력을 공공의 목적을 위해 사용한다는 전제 아래 유지되는 체제이다. 그럼에도 최적의 대리인을 선출하기 위한 객관적이고 올바른 정보는 대개의 경우 '주인'에게 공유되지 않는다. 오히려 '대리인'이 될 후보들은 공정한 선택을 저해하는 각종 거짓, 허위 정보를 남발하고 선출의 주체들은 대리인들에 의해 가공된 정보를 바탕으로 선거에 임하게 된다. 주인과 대리인 간 일차 왜곡이 발생하는 것이다.

더욱 심각한 문제는 선출된 '대리인'은 '주인'을 위해 자신의 권한과 권력을 사용하고 봉사하기보다는 선출된 이후에는 오히려 '군림하는 권력'으로 탈바꿈하게 된다. 주인-대리인 간 권력의 전치가 발생하는 것이다. 권력을 부여한 자가 오히려 위임된 권력의 지배를 받는 역설이야말로 대의민주주의의 현실이며 한계인 것이다.

결국 민주주의 발전 과정은 절대왕정과 권위주의로부터 시민이 주인이 되어 권력을 선출하고 위임하는 체제임에도 국가주권과 시민주권의 긴장과 갈등, 선출자와 피선출자 간 권력 행사의 전도가 반복되는 정치체제로 운영되고 있다. 참여민주주의가 단순히 참여의 총합을 의미하는 수준을 넘어 정치과정과 정책과정에 보다 깊고 효과적으로 영향을 미칠 수 있는 질적 참여민주주의로 이행이 필요한 이유라 할 수 있다.

2. 한국의 발전국가와 민주주의 발전

한국의 경우 압축경제성장과 압축정치민주화는 국가 형성과 사회 발전을 설명할 때 많은 시사점을 주는 사례라 할 수 있다. 달이 제기한 정치적 평등에 관한 세 가지 질문을 한국 사회 민주주의 발전과 정책과정, 나아가 사회개혁에 대입할 경우 다음과 같은 세 가지 질문이 가능할 것이다. "한국은 근대를 넘어 현대사회로 이행하면서 왜 실질적 민주주의가 여전히 문제되는가", "민주주의가 취약할 때 공정한 분배를 기초로 하는 사회정의는 어떻게 훼손되는가", "민주주의와 정의의 취약함으로 왜 시민적 자유를 향유하지 못하는가."

근대 국가 건설 이후 한국전쟁, 군부독재, 문민정부로 이행 등 한국 현대사의 궤적은 세계사적으로도 짧은 기간 동안 압축된 국가 발전을 보여준 매우 드문 경우로 평가받고 있다. 경제성장과 정치 발전, 그리고 이러한 두 가지 층위의 발전과 이행을 가능하도록 했던 정책 엘리트 집단의 역량을 과소평가할 수는 없다. 그럼에도 우리는 여기서 당시 작동했던 국가 관리 방식과 국가기구, 관료주의 발전국가 모델의 적실성에 대해 비판적 접근과 대안을 모색해야 할 시기로 진입했다(하연섭, 2020).

절차적 민주주의와 대의민주주의 발전이 실제 일상생활에서 민주주의로 착근되고, 사회적 가치와 연대가 실현된 사회로 진입했는가에 대해서는 회의적일 수밖에 없다(안경섭·김나영, 2009; 현재호, 2015). 왜 이러한 괴리가 발생했는가. 그리고 이러한 괴리는 필연적인 것이며 극복 불가한 것인가. 만약 사회 발전 과정에서 불가피하게 직면하는 문제이며, 극복 가능하다면 그 실천 방안과 대안은 무엇인가. 대의민주주의가 '광장의 정치'로 후퇴하지 않고, 시민들의 참여와 숙의를 바탕으로 공적 가치를 실현하고, 일상의 삶의 질을 높일 수 있는 정치 발전과 정책 과정의 민주화는 어떻게 달성할 수 있는가.

다음 절에서는 참여와 숙의민주주의로의 발전을 위한 전망과 과제를 정책 과정의 민주화 관점에서 짚어본다.

Ⅲ. 민주주의 담론과 정책 과정의 민주화

1. 공론장과 공민성의 개념 정의

참여민주주의와 숙의민주주의를 실천하는 공간으로서 하버마스는 '공론장(public sphere)' 개념을 정립했다. 공론장은 파편화된 개인의 이해관계를 넘어 공공성과 공공의 이익을 위해 사회구성원들이 특정의 이슈에 대해 담론을 형성하고, 서로 다른 가치관과 이해를 공론의 장을 통해 토론하고 합의해가는 과정을 의미한다.[3] 이러한 공론장이 중요한 이유는 개인의 자유를 강조하면서 개별적 존재로서 합리적 결정을 통해 개인의 효용의 극대화를 허용하는 자유민주주의의 비판에 기초하고 있기 때문이다.

부르주아적 자유민주주의는 물론 그 자체로서 상당한 의미가 있는 것은 사실이나, 자원의 제약은 개인과 집단의 '합리적 이성'의 충돌을 불가피하게 만든다. 각자의 효용을 극대화하려는 합리성과 합리성의 충돌은 궁극적으로 갈등과 분쟁을 초래할 수밖에 없고, 이를 조정할 수 있는 권위와 권력을 지닌 국가의 개입은 결국 개인의 자유를 제한하는 결과를 낳게 되는 것이다.

자유지상주의적 자유주의와 평등주의적 자유주의는 개인의 자유가 보장되는 공간과 공적 가치를 유지해야 하는 집단적 규율 공간의 범위 혹은 정당성 간 논쟁이라 할 수 있다. 자유의 충돌이 거대한 타자의 개

---

3 Chambers, Simone, Rhetoric and the Public Sphere, Political Theory 37(3), 2009, pp. 323-350에서 재인용.

입을 정당화함으로써 오히려 개인의 자유가 축소되고 억압되는 현상을 하버마스는 정확하게 지적하고 있는 것이다.

그렇다면 개인의 이해가 충돌함으로써 발생하는 자유의 억압과 통제는 어떻게 극복할 수 있는가. 여기서 공민성(publicness 혹은 citizenship)에 기초한 소통과 담론의 중요성이 강조된다. 시민은 자신의 이익을 합리적 선택을 통해 무한히 추구하는 경향도 있지만, 또 한편으로는 공동의 이익과 연대를 인식하고 '보다 합리적인 선택'으로서 공동의 이익을 추구하기도 한다는 것이다. 이때 동원되는 수단이 소통과 담론이며, 그 공간이 바로 '공론장'인 것이다(홍성구, 2011; 2019; 박근영 & 최윤정, 2014).

그러나 이와 같은 공론장은 진공 상태에서 형성되거나 운영되지 않는다. 공공의 이익을 이해하고 사회구성원 간 소통, 조정, 토론, 합의할 수 있는 조건이 필요한 것이다. 여기서 사회구성원 간 신뢰를 의미하는 사회적 자본은 매우 중요한 개념으로 등장하게 된다. 사회적 자본은 연구자에 따라 매우 다양하게 정의되고 있으나, 그 핵심은 사회 구성원으로서 개인 간 신뢰, 사회 운영 원리로서 제도에 대한 신뢰, 사회 운영 대리인으로서 조직에 대한 신뢰로 요약된다(장용석 & 정장훈 & 조문석, 2009; 송경재, 2010). 사회적 자본은 타자를 믿음으로써 상호 거래비용을 감소시키는 신뢰, 서로에게 유익한 정보를 공유하고 관계를 증진시키는 사회적 연결망, 그리고 공동체의 가치와 이익을 위배하는 사익과 개인적 행위를 통제하는 도덕 및 규범으로 범주화하고 있다.

신뢰에 기반을 둔 사회는 사회구성원 간 거래비용이 감소된다. 각자가 신뢰를 기반으로 합리적 결정을 내림으로써 의사결정 과정에서 자원을 낭비하거나 오해로 인한 불필요한 갈등을 방지할 수 있다. 또한 사회자본이 구축되면 공적 통제 기제로서 정부의 역할과 기능이 축소되는 반면 주체로서 시민에 의한 자율과 신뢰에 기초한 사회 운영이 가능하게 된다. 나아가 사회 구성원의 신뢰가 강화되면 '아래로부터의 변화'가 가능하고, 공공문제 예방과 해결에 주인의식을 갖고 참여하는 참여민주주의가 촉진되는 것이다. 또한 협업적 거버넌스, 민간 창의력과 집단지성이 발휘될 수 있는 사회문화적 토양이 조성되는 기반도 구축하게 된다.

그러나 사회적 자본은 내재된 특성으로 인해 몇 가지 한계를 갖고 있는 것으로 비판을 받기도 한다. 우선 사회적 자본은 기존에 구축된 사회적 규범, 비공식적 제도, 관습 등에 의해 구축되고, 축적된 사회적 관계를 바탕으로 하기 때문에 개인과 사회적 차원에서 동일하고 균질한 사회적 자본 축적은 불가능하며, 이러한 초기 격차로 인해 특정 개인과 집단에 의한 배타성과 폐쇄성을 강화할 가능성이 있다. 이는 신뢰를 근간으로 하는 사회적 자본이 오히려 특정 집단에 소속되지 않은 개인이나 집단에게는 불평등과 불공정 기제로 작용하게 된다.

사회적 자본, 더 적확하게는 사회적 네트워크를 보유하고 향유하는 집단과 어떤 이유에서건 그렇지 못한 개인과 집단 간에는 기회에 대한 접근에서 차이를 낳게 되고, 기회 접근의 차이는 물적, 인적 자원의 가용성에 격차를 가져올 것이며, 이러한 차이와 격차로 인해 결과의 불공정을 초래하는 것이다.

미시적 차원에서 발생하는 이러한 불균형과 불공정은 개인의 차원을 넘어 집단 수준의 갈등을 초래하고, 나아가 공적 자원의 배분이나 정책 과정에서 불공정을 심화시키고, 이로 인해 사회적 불안정을 초래하고 사회적 연대를 훼손하는 부정적 결과를 초래한다. 국가기구와 정부 또한 공적인 절차와 제도를 통해 문제를 해결하기보다는 폐쇄된 사적 관계와 '비공식적' 제도를 동원하면서 문제를 해결하려는 경향이 심화될 수 있다. 다시 말해, 사회적 자본이 개방성과 포용성을 갖지 못하고 특정 집단 내 혹은 집단 간 상호의존과 공모의 형태로 발현될 경우 사회자본의 왜곡으로 인해 오히려 '공공성'의 문제를 초래하게 되는 것이다.

사회발전 초기 단계나 공적 제도 수준이 미약한 상황에서는 상호부조, 빈곤구제 등과 같이 공동체 수준에서 사회자본의 긍정적 기능이 부각될 수 있으나, 사회가 발전하고 공적 제도에 의한 공공 문제해결 수요가 높아지는데도 배타적 사회관계망을 동원할 경우 공공성이 훼손되는 것이다.

2. 정책 과정 민주화의 몇 가지 전제조건들

민주주의는 정의하는 바 그대로 주권재민을 의미하는 것으로 일반대중에 의한 일반대중을 위한 통치체제를 의미한다. 통치자의 범위를 협애하게 해석할 경우 선출에 의해 대표성을 가진 소수에 의한 간접민주주의를 대의민주주의라고 칭할 뿐 그 전제는 역시 대중에 의한 선거를 통해 선출된 정치집단이 위임에 의해 국가를 경영하는 것이라 할 수 있다.

이러한 의미에서 '민주화'는 민주적으로 선출되지 않은 소수 권력집단이 통제되지 않은 권력을 행사하는 체제에서 시민에 의한 지배 혹은 국가기구에 대한 견제와 균형이 제도화되고 실제 작동하는 체제를 의미하는 것이다. 개인의 자유와 참여가 제한된 권위주의적 '경성체제'에서 개인의 자유와 참여가 보장되는 민주주의적 연성체제로 전환이 이루어질 때 우리는 이를 일러 '민주화' 과정이라 정의하는 것이다.

전술한 바와 같이 권위주의 체제는 이와 같은 민주주의 통치 이념에 반하는 통치체제로서, 권위주의 체제에서 민주주의로 이행 과정에서 나타나는 국가-사회 간 상호작용 변화, 다시 말해 민주화 과정에서 필연적으로 겪게 되는 국가-사회 간 작용과 반작용, 그리고 그러한 이행 과정에서 공공의 문제를 대하고 해결책을 모색하는 정책 과정의 민주화 제도화 여부도 중요한 문제라 할 수 있다.

정치이론에서 국가-사회관계에 대한 정치학적, 정치사회학적 논의는 상당한 정도로 이루어져왔다. 대표적인 학자로 Migdal의 경우 국가-사회관계를 각각의 강약에 따라 크게 네 가지 이념형, 즉 ① 강한 국가-약한 사회, ② 약한 국가-강한 사회, ③ 약한 국가-약한 사회, ④ 강한 국가-강한 사회로 구분했다.[4] 개념적으로 권의주의 체제는 강한 국가-약한 사회로서 민주주의로 이행은 강한 국가-강한 사회 혹은 약한 국가-강한 사회로의 이행을 의미하며, 관건은 강한 국가 기제가 상대적으로 약화되거나 혹은 약한 사회가 국가기구에 대등한 수준으로 강력해질 때 국가-사회 관계의 균형은 가능하다고 보는 것이다.

그러나 이러한 이념형적 구분과 이론적 논의와는 달리 현실세계에서 권위주의 체제는 국가 영역, 보다 정확하게는 통치기제와 폭력기제를 독점한 국가기구가 보유한 힘이 사회 부문에 비해 월등하게 높고,

---

4   국가-사회 간 관계에 대한 이론적 논의는 Davidheiser Evenly B. "Strong States, Weak States: The Role of the State in Revolution," Comparative Politics 24(4), pp. 463-475.: Acemoglu, Daron, "Politics and economics in weak and strong states," Journal of Monetary Economics 52, 2005, pp. 1199-1226. 등 참조.

이는 국가와 사회가 보유하거나 동원할 수 있는 권력의 크기, 정보비대칭 등에 기인하는 것이다. 따라서 본질적으로 국가와 사회 간 불균형은 해소되기 매우 어려운 출발조건을 갖고 있는 것이다.

최근에는 ICT, 인터넷, SNS 사용 확대를 시민사회의 성장과 민주주의 발전에 연계하여 연구의 경우 사회 영역에 비해 국가가 훨씬 조직화되었고, 통제의 경험이 풍부하며, 소수 엘리트 지배집단 내 이익은 집중되어 있다. 정치 엘리트 집단들 역시 상호 경쟁하지만 사회 영역으로부터 저항과 도전이 있을 경우 자신들의 기득권을 배타적으로 수호하려 한다. 반면 사회 부문은 개인들의 '합리적 이익 추구'에 따라 파편화되고 비조직적 성격을 갖게 된다. 국가와 사회 간 세력 불균형과 지배-피지배 관계가 지속되는 이유라 할 수 있다.

최근 정보통신기술과 인터넷의 발달, SNS 활용 증가에 따른 민주화 연구가 활발하게 진행되고 있다. 국가와 사회 모두 정보통신기술과 인터넷을 활용하여 상호 진화하고 있는 것이다. 많은 연구들이 국가에 대항하여 사회 부문의 민주화 촉진을 예측하고 주장한다. 그럼에도 국가는 사회에 비해 자원 동원 역량, 폐쇄된 집단 내 이익 공유와 집중, 통제 역량 등에서 훨씬 유리한 위치를 차지하고 있으며, 이로 인해 국가와 사회 간 자원 동원 역량, 정치권력의 크기는 줄어들지 않고 오히려 더욱 커지게 된다(Pirannejad, 2017; Choi & Jee, 2021).

'아랍의 봄' 이후 인터넷과 SNS 등을 통해 국내외 상황이 전파되고 공유되었으나 체계적이고 조직화된 전략과 리더십의 부재는 해당 국가들에 의한 사회통제를 더욱 강화시키는 계기가 되었고(Eltantawy, Nahed & Wiest, 2011), 코로나19 대응 국면에서도 관찰되듯이 일부 권위주의 국가들의 대중 통제는 더욱 세련된 형태로 진행되고 있다.

3. 숙의민주주의와 정책 딜레마

그렇다면 이러한 자유민주주의의 보완 혹은 대체로서 최근 강조되는 참여민주주의, 나아가 숙의민주주의는 미래 민주주의 발전의 대안이 될 수 있는가. '참여민주주의'는 광의적 정의와 협의적 정의로 구분할 수 있다. 광의로서 참여민주주의는 권력 선출 과정에 일반시민의 참여 —대개의 경우 '투표'를 통해— 가 제도화되어 주기적으로 정치과정에 참여하는 체제를 의미한다. 1인 1표로 압축되는 보편적 선거제도가 곧 참여민주주의의 기초가 되는 것이다.

협의의 측면에서 참여민주주의는 단지 대표의 선출을 위한 투표 참여에서 나아가 일상의 문제를 해결하기 위해 '정책 과정'에 보다 적극적으로 참여하고, 이러한 정책 과정 참여가 일회적, 간헐적이 아닌 제도화되고 실제 반영되는 선순환 구조를 구축한 체제를 의미한다(김종길, 2004; 김정인, 2018). 이 지점이 바로 참여민주주의의 두 가지 측면인 '정치참여'와 '정책참여'의 연계가 가능한 단계인 것이다.

물론 민주주의 발전 단계에서 '정치 과정'에 차별없이 주체로 참여하는 자체가 쉽지 않은 과정이라 할 수 있다. 많은 국가들에서 관찰되는 '절차적 민주주의'와 '실질적 민주주의' 간 간극이 바로 여기서 발생한다고 할 수 있다. 이와 함께 설령 시민에 의한 정치와 정책결정 과정 참여가 확대된다 하더라도 합의에 이르는 과정과 결정은 또 다른 영역이라 할 수 있다. 최근 우리 사회에서 관찰된 공유경제 모델에 대한 저항과 반발, '타다' 사태를 통해 경험한 이해집단 간 갈등, 원자력 발전소 폐기와 '친환경 정책'으로의 전환을 둘러싼 사회적 이견과 전문가 집단 간 대립 등은 참여민주주의와 숙의민주주의의 한계와 가능성을 함께 보여주는 실제 사례들이라 할 수 있다. 참여 확대에 따른 공공 갈등 증가의 딜레마는 참여민주주의와 숙의민주주의가 직면한 당장의 숙제라 할 수 있는 것이다.

Ⅳ. 직접·숙의민주주의 실현을 위한 과제

1. 숙의민주주의 실천을 위한 쟁점

사회적 자원 동원과 배분을 둘러싼 권력을 다루는 것이 '정치'라면, 정치는 곧 누가, 무엇을, 얼마만큼, 어떻게 갖는가 혹은 갖지 못하는가를 결정하는 기제라 할 수 있다. 민주주의는 곧 이러한 결정기제들이 왕권이나 소수 권력집단이 아닌 시민에 의해 결정되는 체제를 의미한다. 다시 말해 의사결정 과정을 독점했거나 하려고 시도하는 세력과 다수 시민에 의한 결정 과정 간 충돌, 갈등, 타협의 과정이 곧 민주주의인 것이다.

민주화 진전은 그 이전 사회에서 작동했던 국가-사회 관계의 재조정이 불가피함을 의미한다. 구체적으로 국가-사회 관계 재조정은 사회를 구성하는 주요 세 주체로서 정부-시장-시민사회 간 상호작용의 변화를 뜻한다. 한국의 경우 과거 발전국가 체제에서 작동했던 국가 중심 발전전략, 국가주도 자원동원과 투입, 관료적 권위주의에 균열이 생기면서, 이에 대한 반작용으로 정치적 민주주의와 정책 과정에서 민주화, 나아가 정치와 정책 과정에서 시민참여 확대로 발전해가고 있다. 한편 정책 영역의 경우에도 정책결정-집행-평가에서 민주성과 합리성 제고를 위한 사회적 요구가 증가하게 됨에 따라 국가, 정부, 시장의 변화가 불가피하게 되는 것이다.

숙의민주의는 결국 사회문제를 소수 엘리트나 어느 일방의 주도가 아닌 사회 구성원들의 집합적 노력에 의해 해결하고자 하는 정치 체제이다. 따라서 사회문제에 대한 직간접적 경험을 넘어 사회문제의 본질을 이해하고, 대안을 모색하려는 일상의 노력이 요구된다. 비용과 함께 역량이 중요한 까닭이다. 앞서 관련 연구에서 언급한 '기술(적) 시민(권)'은 일반 시민에 비해 사회문제와 의제에 대한 이해도가 높은 시민을 의미한다. 이상적으로 이러한 시민들이 보다 적극적으로 참여하면서 공공의 가치를 구현하는 것이 바람직할 수 있으나 현실에서 일반 시민들의 정책 문제에 대한 균등한 이해를 기대할 수는 없다. 시민사회와 참여를 수용하는 행정 관료들의 참여와 수용 역량은 참여와 숙의민주주의 구현을 위한 첫 번째 쟁점이다.

다음으로는 시민참여에 의한 정책 과정이 공개되고 투명하게 진행된다 하더라도 실제 현장에서 시민사회와 행정 집행 주체로서 정부(중앙정부와 지방정부)와 협력은 별개의 문제이다. 대부분의 의제는 사회적 갈등을 이미 내포하고 있으며, 사회적 갈등이 내포되었다 함은 이해당사자 간 충돌이 불가피함을 의미한다. 따라서 참여와 숙의에 의해 제안된 정책 대안을 어떻게 수용하고 집행할 것인가를 의미하는 '협업적 거버넌스(collaborative governance)'에 대한 보다 진지한 논의를 시작해야 할 것이다.

또 하나 중요한 과제는 많은 관련 연구들이 공통적으로 지적하고 있는 참여자의 대표성과 전문성 문제이다. 시민참여의 양적 확대에 이어 질적 제고를 담보하기 위해서는 시민참여자의 대표성, 전문성, 책임성이 전제되어야 한다. 그러나 윤진순(2018)이 적절히 지적하고 있는 바와 같이 인구비례에 의한 기계적 대표성이 반드시 바람직하지 않을 수 있다. 정책 의제에 따라 영향을 받을 수 있는 주민, 지역, 집단이 다르기 때문에 사안에 따라 대표집단을 달리 선정할 것인지, 사안에 무관하게 보편적이고 통일된 표집을 할 것인지는 매우 중요한 문제이다. 예컨대 원전 재개 여부에 대한 공론화위원회에 참여하는 시민을 어떻게 구성할 것인가. 원전에 직접 영향을 받는 '인근 지역의 주민'을 과다표집할 것인가, 아니면 이는 전국적 사안이므로 무차별 추출에 의한 표집방식을 선택할 것인가. 설령 '인근 지역의 주민'으로 한정할 경우 '지역'의 범위를 어떻게 설정할 것인가. 행정단위로서 읍면동 혹은 시군구로 할 것인가 아니면 가장 직접적인 영향권에 들 수 있는, 예를 들어 반경 30km~100km 거주 주민으로 할 것인가.

대입제도 개편 공론화위원회를 구성할 경우 교육기관, 전문가, 학부모, 교육 관련 부처 외 정작 정책 변화의 직접 당사자인 중고등학생의 참여 비율은 어떻게 조정할 것인가. 미성년자로서 정치 참여권이 제한된 중고등학생을 배제한 정책 논의의 대표성과 정당성을 어떻게 극복할 것인가. 징병제와 모병제에 대한 공론화를 시작한다면 남녀 참여집단의 구성을 어떻게 할 것인가. 남성에게 가중치를 줄 것인가 아니면 국민적 사안이므로 무작위 추출에 의할 것인가.

참여민주주의와 숙의민주주의를 개념적으로 이론적으로 확장한다 하더라도 실제 현장에서 구현하기 위한 가장 기초적인 그러나 근본적인 문제가 바로 참여자의 대표성 문제이다.

대표성과 함께 제기되는 또 다른 쟁점은 전문성의 문제이다. 많은 경우 사회적 갈등을 초래하는 사안들은 이해 충돌은 물론 가치관의 차이에서 비롯된다. 지역경제 활성화를 위해 임야나 하천을 개발할 것인가, 아니면 환경을 보존할 것인가. 방사능 유출로 인한 대규모 피해를 사전에 방지하기 위해 원전을 폐쇄할 것인가. 에너지 효율과 비용 절감을 위해 원자력발전소를 추가 건설할 것인가. 이와 같은 쟁점을 두고 공론화위원회를 조직할 경우 각각의 집단은 일반시민을 전제로 한 '설명자료'를 준비하게 된다. 문제는 이러한 설명자료를 준비하는 집단의 전문성 수준이 같지 않다는 점이다. 대표성과 함께 전문성, 그리고 참여집단의 결속의 강도가 간과되어서는 안 되며, 이와 함께 자료의 취사선택, 가공, 공유가 기계적인 객관성 혹은 중립성에 대한 점검이 필요한 이유이다.

정정화(2018)가 제시하고 있는 영역별 변인은 여러 시사점을 제공하고 있다. 중립성과 자율성을 가져야 할 '운영의 주체', 대표성과 포괄성을 고려해야 할 '참여자' 문제, 숙의성, 공정성, 투명성이 확보되어야 할 '공론화 과정', 그리고 성찰성과 수용성으로 정리되는 '합의결과'는 숙의민주주의 실천의 대표적 기제인 공론화위원회의 운영 원칙과 방향을 체계적으로 정리하여 보여주고 있다.

〈표 14-1〉 공론화 및 사회적 합의 성공 조건

범주		신고리 5·6호기	
운영 주체	중립성	• 정치적 판단으로 위원회 출범 • 위원 선정 과정에 관련 기관·단체에 제척 기회 부여	△
	자율성	• 정부가 공론화 의제 선정했으나 추가로 원전발전 축소 권고 • 시민참여형조사 자율적 결정 • 별도의 검증위원회 구성·운영	△
참여자	대표성	• 층화이중추출법 활용 및 표본규모 확대로 모집단 대표성 제고 • 시민참여단의 지역대표성 및 통계적 타당성 문제 제기	○

범주		신고리 5·6호기	
참여자	포괄성	• 시민참여단에 다양한 구성원 참여 • 미래세대, 사회적 소수 참여 미흡 • 소통협의회의 대표성 부족	△
공론화 과정	숙의성	• 다양한 숙의프로그램 운영 • 적극적 참여와 학습기회 제공 • 단기간 운영으로 숙의준비 미비 및 자료집 배포 지연	○
	공정성	• 자료집 작성 시 상호교차 검토 • 비교적 공정한 진행, 만족도 높음 • 기본 규칙 작성 미흡	○
	소통성	• 회의록 등 자료의 투명한 공개 • 이해관계 대표자 소통협의회 구성 • 대국민 숙의 효과 미흡	○
합의 결과	성찰성	• 참여자의 태도와 선호 변화(4차) • 본인과 다른 주장 공감도 낮음 • 자료집 제작에 합의 도출 노력	○
	수용성	• 대통령과 정부의 적극적 수용 • 권고안에 이행조치 마련 • 시민참여단 93.2%, 환경단체 수용	◎

출처: 정정화(2018: 119)를 바탕으로 재구성.

2. 참여비용과 정책 효능감

이와 함께 직접민주주의와 숙의민주주의의 성공적 안착을 위해 고려해야 할 요인은 일반시민의 참여역량과 참여비용이다. 공론화 과정과 숙의에 참여하는 동안 참여자들의 해당 사안에 대한 이해도는 제고될 것이나, 의제가 고도의 전문성을 요구하는 분야일 경우 숙의 과정 참여 기간 동안 주체적 자기 결정에 충분한 정도의 정보를 습득하고 분석할 수 있는 역량에 이를 수 있는가는 또 다른 문제라 할 수 있다.

참여비용과 효능감을 2×2 매트릭스로 구성할 경우 4가지 이념형으로 구분할 수 있을 것이다. 1사분면은 참여비용과 효능감 모두 높은 경우이며, 2사분면은 참여비용은 낮으나 효능감은 높은 경우, 3사분면은 참여비용과 효능감이 모두 낮은 경우, 4사분면은 참여비용은 높으나 효능감이 낮은 경우라 할 수 있다.

4개 이념형을 국가 발전 수준과 정치체제로 연계할 경우 1사분면은 주민들의 참여와 숙의 범위가 넓고 참여 기회가 많은 서유럽 복지국가 모델이라 할 수 있다. 실생활에서 다양한 문제를 직접 해결하기 위해서는 주인의식과 함께 참여비용을 지불하는 것이 불가피하다. 정책참여에 대한 직접 비용과 함께 기회비용이 발생하는 것이다. 반면 참여가 주는 효능감 역시 높은 경우이다.

2사분면은 참여비용은 낮으나 정책 효능감은 높은 권위주의적 발전국가 모델이다. 민주적 참여가 제한된 상황에서 국가주도 발전 전략과 산업정책은 일정 수준의 국가 발전을 가능케 한다. 발전국가로 정의되었던 한국, 싱가포르, 대만 등이 이 모델에 속할 수 있다.

〈표 14-2〉 참여비용과 효능감 4개 이념형

구 분	참여 비용	
효능감	저/고	고/고
	저/저	고/저

출처: 저자 작성.

3사분면은 참여비용과 효능감 모두 낮은 저발전국가 모델이다. 사회경제 발전이 지체되고, 정치적 민주화 역시 열악한 상황에서 극소수 엘리트 집단을 제외한 다수 국민들의 정치 참여는 비록 선거제가 있다 하더라도 실질적 민주주의로 이행은 달성되지 않았기에 참여비용이 낮을 수밖에 없다. 시민참여 자체가 제도화되지 않은 경우도 많고, 이에 따라 정책 참여비용에 인식도 높지 않은 모델이라 할 수 있다.

4사분면은 참여비용은 높으나 정책 효능감이나 정책 효과성은 낮은 모델이다. 제도적으로는 정책 참여가 보장되고, 정책 플랫폼을 주도하는 정당정치가 과도하게 성장한 경우 건전한 정책 대립보다는 대중영합주의적 정책이 남발되고 이는 결과적으로 사회비용을 증가시키는 요인이 된다. 그럼에도 실제 정책 효능감과 정책 효과성은 높지 않다는 한계가 있다.

물론 위에서 정리한 4개 이념형은 정의 그대로 이념형으로서 구분된 것이며, 실제 현실에서는 다양한 형태의 조합이 가능할 것이다. 가장 이상적인 경우는 참여비용은 줄이되 참여 시민들의 효능감과 정책 효과성은 높이는 것이다. 그렇다면 어떤 조건에서 이러한 목표는 달성 가능할 것인가. 몇 가지 쟁점을 정리하고 각각에 대한 대안을 논의하기로 한다.

3. 정부-시장-시민사회 관계 재구축과 민주주의 실천

민주화 이후 한국 사회의 정치 발전과 정책 과정에 대한 개방성 확대 관련 연구는 상당한 정도로 축적되고 있다. 갈등의 사회학을 강조하는 관점에서 한국 사회는 갈등의 해소를 통해 사회가 발전하기보다는 오히려 다양한 층위에서, 다양한 갈등이 표출되는 사회라고 진단한다. 양극화 심화의 원인이 되는 것이다. 진보와 보수라는 정형적 틀 외에도 세대 간, 소득층위 간 갈등은 물론 노동시장 내 고용 형태에 따른 갈등 역시 심화되고 있다. 진영 갈등, 국가-사회 갈등을 통칭하여 '이중적 시민사회'라고 규정하기도 한다.[5]

그러나 또 한편에서는 산업화와 민주화 이후 새로운 사회 갈등이 등장하고 있는 것은 사실이나 많은 경우 사회적 갈등, 특히 이념 갈등은 특정 집단의 특정한 목적에 의해 사실보다 더 크게 부각되는 경향이 있음을 지적하기도 한다(최창용 & 최슬기, 2018). 사회발전을 위해 일정한 정도의 사회적 갈등과 대립은 불가피함에도 '갈등' 그 자체를 지나치게 이슈화함으로써 오히려 사회적 연대와 통합을 저해한다는 것이다.

한 사회가 민주주의로 이행한다 함은 다양한 주체들의 이해 표출과 이해 충돌이 가능한 사회를 의미할 것이다. 문제는 이렇게 표출된 관점의 차이, 이해 출동이 어떻게 어떤 통로를 통해 상호 공유하고, 타협의 접점을 찾는가라고 할 수 있다. 여기서 다시 주목하는 것은 바로 국가, 시장, 시민사회의 소통 역량(communicative competency)과 숙의 역량(deliberative capacity)이다.[6] 민주화로 이행의 역사가 비교적 일천한 현실에서 급속한 경제성장은 분명 예전에 경험하지 못한 다양한 사회 문제와 갈등을 발생시키는 원인이 되었지만, 이러한 경제성장과 정치발전의 연관성은 비단 한국만의 문제가 아닌 민주주의 공고화를 지나온 국가들은 공히 넘어야 했던 역사적 경험이라 할 수 있다.

---

5 '이중적 시민사회'에 대한 논의는 김호기, 2006, 이중적 시민사회와 공론장의 구조 변동, 한일공동연구총서 15, pp. 335-360 참조.

6 소통역량과 숙의역량에 대한 이론적 논의와 사례는 Dryzek, John S. Democratization as Deliberative Capacity Building Comparative, Political Studies 42(11), 2009, pp. 1379-1402 ; Dryzek, John S. Rhetoric in Democracy: A Systemic Appreciation, Political Theory 38(3), 2010, pp. 319-339 참조.

보다 효율적이고 효과적인 발전을 위해 동원되었던 국가 기제와 관료 중심 발전국가 모델은 더 이상 작동할 수 없다. 선진국을 모방하고 추격했던 '빠른 추격자' 모델에서 혁신을 선도하고 국가경쟁력을 제고하는 '선도자 모델'로 탈바꿈하기 위해서는 국가와 시장을 넘는 시민사회의 건전한 시민성 강화와 공공가치 회복이 중요한 과제로 등장한다.

정부-시장-시민사회를 아우르는 참여적 민주주의, 정책 과정 참여자들이 보다 정확하고 객관적인 정보와 지식을 바탕으로 소수의 이해를 넘어 사회적 가치와 공공 이익 실현을 위해 자신의 시간을 투자할 수 있는 숙의적 민주주의로의 이행이야 말로 한국 사회의 정치 발전과 사회개혁을 위한 도전이 될 것이다.

| 참고문헌 |

김정인, 2018, 한국 사회에서의 숙의민주주의 제도화 가능성에 관한 연구, 한국정책과학학회보 22(1): 1-25.

김종길, 2004, 사이버공론장의 분화와 숙의민주주의의 조건, 한국사회학회 사회학대회 논문집(): 649-653.

김호기, 2006, 이중적 시민사회와 공론장의 구조 변동, 한일공동연구총서 15: 335-360.

로버트 달, 김순영 옮김, 『정치적 평등에 관하여』, 후마니타스, 2010.

박근영·최윤정, 2014, 온라인 공론장에서 토론이 합의와 대립에 이르게 하는 요인 분석, 한국언론학보 58(1): 39-69.

사재명, 2006, 정책과정에서 시민참여 활성화 방안, 한국행정과 정책연구 4(1): 69-99.

서문기, 2020, 「동아시아 발전경로와 국가의 역할에 대한 비교분석」, 『아시아리뷰』 제10권 1호: 27-52.

송경재, 2010, 한국의 사회적 자본과 시민참여 Ⅱ: 사회적 자본과 시민참여 동학의 변화, 16(4):125-150.

안경섭·김나영, 2009, 시민참여의 정책반영에 관한 신제도주의적 분석, 한국정책과학학회보 13(2): 145-174.

유재원, 2003, 시민참여의 확대방안, 한국정책과학학회보 7(2): 105-125.

윤순진, 2005, 공공참여적 에너지 거버넌스의 모색, 한국사회와 행정연구 15(4): 121-153.

윤평중, 2018, 국가의 철학, 세창출판사.

장용석·정장훈·조문석, 2009, 「한국의 사회적 자본과 갈등: 사회적 자본의 다면적 속성에 대한 재조명」, 『조사연구』 10(2): 45-69.

최장집, 2008, 한국 민주주의 무엇이 문제인가, 생각의나무.

최창용·최슬기, 2018, "한국인의 이념지형과 정책선호", 정부학연구 24(1): 157-191.

하연섭, 2020, 한국행정: 비교역사적 분석, 다산출판사.

홍성구, 2011, 숙의민주주의의 이론적 보완, 언론과사회 19(2): 152-184.

홍성구, 2019, 숙의민주주의의 한국적 수용 : 자유주의의 급진화와 정치참여 확대, 한국언론정보학보 96(): 140-164.

황성수, 2012, 스마트 정부 시대에 맞는 참여적 거버넌스 모색, 한국지역정보화학회지 15(4): 29-46.

현재호, 2015, 민주주의 제도와 정치행위자, 한국정치학회보 49(1): 177-203.

Acemoglu, Daron. 2005. "Politics and economics in weak and strong states." Journal of Monetary Economics 52: 1199-1226.

Andrews, Matthew. 2008. Good Government Means Different Things in Different Countries, Harvard Kennedy School RWP08-068.

Breuer, Anita, Todd Landman & Dorothea Farquhar. 2015. "Social Media and Protest Mobilization: Evidence from the Tunisian Revolution." Democratization 22(4): 764-92.

Chambers, Simone. 2009. Rhetoric and the Public Sphere. Political Theory 37(3): 323-350.

Chang, Ha-Joon. 1999. "The Economic Theory of the Developmental State." in Meredith Woo-Cumings (ed.), The Developmental State. Ithaca, NY: Cornell University Press.

Choi, Changyong & Sanghoon Jee. 2021. Differential Effects of Information and Communication Technology on (De-) Democratization of Authoritarian Regimes. International Studies Quarterly (65): 1163-1175.

Corrales, Javier & Frank Westhoff. 2006. "Information Technology Adoption and Political Regimes." International Studies Quarterly 50(4): 911-33.

Davidheiser Evenly B. "Strong States, Weak States: The Role of the State in Revolution." Comparative Politics 24(4): 463-475.

Dryzek, John S. 2009. Democratization as Deliberative Capacity Building Comparative. Political Studies 42(11): 1379-1402.

Dryzek, John S. 2010. Rhetoric in Democracy: A Systemic Appreciation. Political Theory 38(3): 319-339.

Eltantawy, Nahed & Julie B Wiest. 2011. "The Arab Spring| Social Media in the Egyptian Revolution: Reconsidering Resource Mobilization Theory." International Journal of Communication 5: 1207-24.

Evans, Peter. 1995. Embedded Autonomy: States and Industrial Transformation. Princeton: Princeton University Press.

Johnson, Chalmers. 1994. Japan: Who Governs? - The Rise of the Developmental State. W. W. Norton & Company.

Pirannejad, Ali. 2017. "Can the Internet Promote Democracy? A Cross-Country Study Based on Dynamic Panel Data Models." Information Technology for Development 23(2): 281-95.

국정과제협의회 정책기획시리즈 07

한국 민주주의의 새 길: 직접민주주의와 숙의의 제도화

발행일   2022년 01월 30일

발행인   조대엽

발행처   **대통령직속 정책기획위원회**
          서울특별시 종로구 세종대로 209 정부서울청사 13층
          대통령직속 정책기획위원회 (02-2100-1499)

판매가   34,000원

편집·인쇄   경인문화사 031-955-9300

ISBN   979-11-975858-4-5 93300

본 도서에 게재된 각 논문의 쟁점과 주장은 각 필자의 관점과 견해이며
대통령직속 정책기획위원회의 공식적 견해가 아닙니다.